Siedler
Deutsche Geschichte

Buch

Im sechzehnten Jahrhundert beginnt die nationale, konfessionelle und kulturelle Differenzierung Europas. Die mittelalterliche Ordnung, die über alle Konflikte hinweg von der Idee der Einheit der Christenheit getragen war, zerfällt endgültig. Nun zieht das frühneuzeitliche Europa der Mächte herauf, ein System unabhängiger Staaten, die Allianzen gründen, Kriege führen und ihre Verwaltungssysteme modernisieren.
In Deutschland verstellt das Erbe des mittelalterlichen Reiches den Weg zum Nationalstaat. Eine Vielzahl von kleinen Territorialstaaten entsteht statt dessen. Die frühe Neuzeit ist gekennzeichnet durch den Machtkampf zwischen Kaiser und Reichsständen. Karl V. versucht noch einmal, eine universale Herrschaft in Europa aufzurichten; die Landesherren auf seiten der Reformation bestehen dagegen zunehmend auf ihre Eigenständigkeit. Beide Seiten schalten wiederum die Kräfte außerhalb des Reiches ein. So wird das Reich von der Vormacht Europas zu einem von außen mitbestimmten politischen Gebilde. Die neue Konstellation findet ihre fatale Konsequenz im ersten europäischen Großkrieg: dem Dreißigjährigen Krieg.

Autor

Heinz Schilling, geboren 1942, ist Professor für Neuere Geschichte an der Berliner Humboldt-Universität. Veröffentlichungen unter anderem: »Religion, Political Culture and the Emergence of the early modern Society« (1992), »Die Stadt in der frühen Neuzeit« (1993).

Heinz Schilling

Aufbruch und Krise

Deutschland 1517 – 1648

Siedler

Inhaltsverzeichnis

Für Philipp und Jan Moritz

Vorwort zur vierten Auflage

In dem halben Jahrzehnt seit Erscheinen der beiden Bände »Aufbruch und Krise« und »Höfe und Allianzen« ist der Teil der deutschen und europäischen Geschichte, von dem sie berichten, nämlich die Jahrzehnte der frühen Neuzeit zwischen rund 1500 und 1770, in ein neues Koordinatensystem gerückt. Die Konsequenzen, die sich aus der Neugestaltung Ostmittel- und Osteuropas und aus der deutschen Wiedervereinigung ergaben, haben uns jene Epoche gleichermaßen näher und ferner gerückt, die wir frühe Neuzeit nennen und zu deren Grundzügen die nationale und konfessionell-kulturelle Differenzierung Europas sowie die damit verbundene Entstehung eines neuzeitlichen europäischen Mächtesystems zählen. Näher gerückt ist uns diese Epoche, weil in Mittel- und Osteuropa plötzlich wieder jene politische Landkarte gilt, deren Vielfalt und Differenziertheit in der werdenden Neuzeit entstanden war und die unter der schwerlastenden Eisdecke des Sowjetimperiums überwintert hat. Ja, komplizierter noch, die Wiederbelebung des nationalen Gedankens geht mit der staatlichen Neugliederung einher, diese einerseits stärkend, andererseits aber auch erschwerend, dort nämlich, wo es um nationale Minderheiten geht. - Diese neu aufgeworfenen Fragen nationaler Selbstbestimmung in einem eigenen Staatswesen oder als anerkannte, rechtlich abgesicherte Volksgruppe und Minderheit stellen dem Sachkundigen tagtäglich vor Augen, daß hier über das 20. und 19. Jahrhundert zurück in die werdende Neuzeit des 15. bis 18. Jahrhunderts verweisende Konfigurationen und Problemlagen wiedergekehrt sind. Die neueste Geschichte hat versäumt, diese aufzuarbeiten, aber sie sind nur verständlich und beherrschbar, wenn ihre historischen Wurzeln bloßgelegt werden.

Ähnliches gilt für die religiös-kirchlichen Verhältnisse, die - wie vor allem im fünften Kapitel von »Aufbruch und Krise« gezeigt wird - aufs engste mit der frühmodernen Staats- und Nationwerdung verkoppelt waren. Die im wesentlichen zwischen 1400 und 1700 entstandenen konfessionellen und politischen Identitäten, deren Zusammenspiel - wie vor allem die Selbstbehauptung der katholischen polnischen Nation beweist - auch in den jüngst vergangenen Jahrzehnten nie vollständig verlorengegangen war, treten nun an allen Ecken und Enden als neu belebte, gemeinschaftlich starke Allianzpartner auf. Man denke dabei nur an Armenien und Aserbaidschan, an Moslime, römisch-katholische beziehungsweise griechisch-orthodoxe Christen in Bosnien oder an die angespannte Konkurrenz zwischen russischer Orthodoxie, autokephaler ukrainisch-orthodoxer und ukrainisch-katholischer Kirche in der Ukraine. Diese Konkurrenz berührt zwar - soweit zu sehen ist - nicht oder noch nicht die innere nationale Identitätsbildung in der Ukraine, wohl aber maßgeblich die Frage der außenpolitischen Orientierung - nach Osten zum orthodoxen Rußland oder über das römisch-katholische Polen hin zum Westen Europas, eine Grundsatzentscheidung, die längerfristig natürlich nicht ohne Rückwirkung auf die Identität der ukrainischen Nation bleiben kann.

Ohne Zweifel, die Rückkehr von Nation, Konfession und Vielstaatlichkeit in Mittel- und Osteuropa hat das Spiel komplizierter gemacht, und das in zweifacher Hinsicht. Zum einen ist es europäischer geworden, und zwar in einem weiteren, älteren Sinne des Wortes als derjenige, den die Westeuropäer meinten, wenn sie vor 1989 von europäischer Einigung sprachen. Der betonte Europabezug, mit der die vorliegende Geschichte Deutschlands in der frühen Neuzeit vor gut fünf Jahren geschrieben wurde, ist somit heute noch aktueller und wichtiger als damals. Zum anderen ist das Spiel komplizierter geworden, weil alteuropäische Elemente wieder aufgetaucht sind, die als längst »überwunden« galten und die das Verlangen der Moderne nach Rationalität, Vereinfachung und klaren Trennlinien empfindlich stören. Vor allem die Westeuropäer, die seit mehr als einer Generation in die scheinbar für die Ewigkeit gedachten, von ungeplantem Wandel abgeschotteten Vorstellungen und Projekte eines post-nationalstaatlichen, laikalen Kleineuropa versunken waren, sahen sich über Nacht vor eine Situation gestellt, die sie überforderte, und zwar nicht zuletzt durch die Gewalt der wiederkehrenden Geschichte. So verwundert es nicht, daß der Jubel über die freiheitlichen und emanzipatorischen Momente dieses Aufbruchs nur kurz währte und sich bald Ratlosigkeit und Unsicherheit breitmachten. Das führt dazu, daß man gar zu leicht Bedrohung und einzudämmende Gefahren sieht, wo es auf eine historisch tiefenscharfe Analyse des überraschend aufgetretenen Wandels einschließlich seiner Chancen und Probleme angekommen wäre. Und statt die Geschichte Alteuropas, die der unversehens wieder komplex gewordenen Gegenwart zugrunde liegt, »anzunehmen«, das heißt das Geschichtsbild der Gegenwart zu integrieren und bei den Entwürfen für die Zukunft unseres Kontinents zu berücksichtigen, neigt man vor allem in Deutschland dazu, die Analyse des historischen Ursachensyndroms auf das 19. und 20. Jahrhundert, wenn nicht gar auf die jüngst vergangenen Jahrzehnte zu begrenzen. Die Geschichte der werdenden Neuzeit, in der sich so vieles von dem, was uns heute auf den Fingern brennt, herausbildet, in der sich so mancher Knoten schürzt, mit dessen Lösung wir uns heute schwertun, wird dadurch in die Ferne einer Unkenntnis gerückt, die sich durchaus einmal als fatal erweisen kann.

Natürlich steckte dahinter einerseits das begreifliche Entsetzen über die Fratze des gewaltbereiten Nationalismus, die sich gleichzeitig mit dem Anspruch auf nationale Selbstbestimmung wieder zeigte. Hinzu kam der besonders tiefe Schmerz darüber, daß sich dieser Ungeist auch dort wieder erhob, wo man meinte, ihn ein für allemal gebannt zu haben, nämlich in den Ländern der Europäischen Union selbst. Andererseits ist aber auch unverkennbar, daß es sich um Abwehrverhalten, um Unverständnis und um den Unwillen handelt, sich auf die neue komplexe Situation mit ihren tiefen historischen Wurzeln einzulassen. Ein zur Geschichte unwilliger Sozialwissenschaftler ging sogar jüngst soweit, sie gar als Bodensatz des ewig Gestrigen zu diffamieren, und führte die Misere mit der neuen Problemlage kurzerhand auf »den deutschen Dichter und Denker« Johann Gottfried Herder zurück, der das nationale Prinzip zu Ende des 18. Jahrhunderts erfunden habe und daher für die Auswüchse des Nationalismus im 19. und 20. Jahrhundert verantwortlich sei.

Mit einer solchen Geschichtsblindheit für die Welt vor 1800 wird –

das ist gewiß – die historisch-politische Kultur Europas zu Ende des 20. Jahrhunderts in gleicher Weise wie zu seinem Beginn die Aufgabe verfehlen, die langfristig wirksamen Strukturen und Einstellungen, die das Denken und Handeln der Menschen bestimmen, zu begreifen und in tragfähige Konzepte des friedlichen Miteinander einzufügen. Wie sehr die politischen und gesellschaftlichen Probleme der Gegenwart von mentalen und soziokulturellen Einstellungen geprägt sind, die weit über das 19. Jahrhundert zurückreichen und nur beherrschbar sind, wenn man diese alteuropäischen, frühneuzeitlichen Wurzeln kennt, wird nirgends deutlicher als in dem grausamen Krieg, den das zerfallene Jugoslawien hinterlassen hat. Denn so unbestreitbar dort die Wunden nachwirken, die die totalitären Regime des 20. Jahrhunderts geschlagen haben, und so unbestreitbar auch die panslawistischen Koalitionen des 19. Jahrhunderts noch virulent sind, so unübersehbar wird einem auf langfristige Perspektiven eingeübten Historiker vor Augen stehen, daß dies nur die oberen Schichten einer weit tiefer ansetzenden Verwerfung sind. Fanatismus und Unerbittlichkeit der Kämpfenden werden letztlich nur begreifbar, wenn man weiß, daß hier politische und religiös-kulturelle Identitäten aufeinanderprallen, für die mittelalterliche und frühneuzeitliche Erfahrungen und Mythen konstitutiv sind. Man denke dabei nur an die Serben und ihre gleichermaßen traumatische wie mystisch-heroisierte Niederlage gegen die Türken 1389 in der Schlacht auf dem Amselfeld oder an die spannungsreiche Symbiose zunächst im osmanischen, später dann im habsburgischen Vielvölkerstaat der frühen Neuzeit sowie an die vielen »Türkenkriege«, an denen auch die mitteleuropäischen Mächte beteiligt waren und die daher auch Teil der deutschen Geschichte sind.

Die Beobachtung, daß uns die Frühneuzeit in den letzten Jahren sowohl näher als auch ferner gerückt ist, gilt in spezifischer Weise für die historisch-politische Kultur des wiedervereinigten Deutschland. Denn auf der einen Seite ist deutlich, daß die Nationwerdung nach den mißglückten Versuchen des 19. und 20. Jahrhunderts neu und anders ansetzen muß. In mancher Hinsicht kann dabei eine Rückbesinnung auf Erfahrungen aus der Zeit vor 1800 hilfreich sein, war doch Deutschland damals, wie der Leser von »Aufbruch und Krise« und »Höfe und Allianzen« nahezu jeder Seite entnehmen kann, in einem Maße positiv in die europäischen Dinge eingebunden wie nie mehr im 19. und 20. Jahrhundert. Und was die Integration der alten Bundesrepublik in die Europäische Gemeinschaft anbelangt, so betraf sie ja nicht Deutschland insgesamt. Für die neue, erweiterte Bundesrepublik, sei sie nun wieder Nationalstaat oder nicht, gilt allemal, daß sie sich eher an der historisch-politischen Kultur des Alten Reiches orientieren sollte als an derjenigen der Macht- und Einheitsstaaten des 19. und 20. Jahrhunderts. Alles, was in den beiden vorliegenden Bänden über die republikanischen oder ständischen Freiheitstraditionen, die besondere Stärke der Rechts- und Gerichtsordnung des Alten Reiches, über den Reichstag als Instrument schiedlich-friedlichen Interessenausgleichs oder über den prinzipiell defensiven Charakter der Wehrverfassung gesagt wurde – all dies muß das wiedervereinigte Deutschland in einem noch ungleich größeren Maße interessieren als die kleine Bundesrepublik der ausgehenden achtziger Jahre. Dasselbe gilt für das Bild, das insbesondere in »Aufbruch und Krise« von der kulturellen Vielfalt der deutschen Länder und Territorien gezeichnet wurde, sowie von dem Willen und den darauf aufbauenden rechtlichen und institutionellen Vorkehrungen zum friedlichen Zusammenleben der Konfessionen als frühe Weltanschauungssysteme mit Totalitätsanspruch und radikalen Aus- und Abgrenzungstendenzen. Dies war eine Fähigkeit der Menschen des Alten Reiches, die in den langen und schmerzvollen Glaubenskämpfen des 16. und des frühen 17. Jahrhunderts geboren wurde und von ihnen daher bis zum Ende des Heiligen Römischen Reiches Deutscher Nation im Jahre 1806 sorgfältig bewahrt wurde. Auch diese Tugend, die die Ideologen des 19. und 20. Jahrhunderts verspielt haben, ist heute noch wichtiger als vor fünf Jahren.

Es sind indes Zweifel angezeigt, daß diese Aktualität der frühneuzeitlichen Geschichte Deutschlands tatsächlich mit dem gebotenen Nachdruck in das öffentliche Bewußtsein der Bundesrepublik eingeht und damit für ihre Zukunftsentwürfe wirksam werden kann. Denn die sachliche Nähe - und das ist die andere Seite des gegenwärtigen Trends - wird durch eine psychologische Ferne verstellt, die mit der Wiedervereinigung radikal zugenommen hat. In fast tragisch zu nennender Weise werden die Deutschen von immer neuen Schüben aktuell notwendiger »Aufarbeitung« der jüngsten Vergangenheit erfaßt und dadurch von einer längst überfälligen Bestandsaufnahme ihrer Geschichte insgesamt abgehalten. So ist es bezeichnend, daß von der abgewickelten DDR-Akademie der Wissenschaften die zeithistorischen Forschungsgruppen in neuer Gestalt weiterarbeiten, während man darauf verzichtet hat, die mit der Geschichte des 16. bis 18. Jahrhunderts befaßte Abteilung zu erneuern, obgleich gerade das in der bundesrepublikanischen Geschichtslandschaft ein Novum gewesen wäre. Allgemein fällt die Tendenz auf, und zwar im Westen wie im Osten, Institute für Neuere Geschichte zu Instituten für die Geschichte des 19. und 20. Jahrhunderts umzuorganisieren - mit einem kurzen Blick zurück, mit dem man sich gleichsam der Vorgeschichte der »eigentlichen« Neuzeit vergewissert. Für die ins Haus stehende Revision der universitären und schulischen Geschichtskurrikula zwecks notwendiger Verkürzung der Ausbildungszeit läßt das nichts Gutes erwarten. Wie belastet die Diskussion ist, wird jedesmal dann deutlich, wenn öffentlich für eine stärkere Berücksichtigung der älteren deutschen Geschichte gesprochen wird und das sogleich den Vorwurf einer Verharmlosung der jüngeren deutschen Geschchte nach sich zieht. Dabei kommt es doch darauf an, das eine zu tun ohne das andere zu lassen, nämlich die älteren - positiven wie negativen - Existenz- und Identitätsvoraussetzungen der deutschen Geschichte zu untersuchen und darzustellen ohne in der Erforschung der Unrechtsvergangenheit des 20. Jahrhunderts nachzulassen. Auf diesen tragischen Hang der Deutschen, ihre Geschichte zu verkürzen, hat jüngst kein geringerer als Norbert Elias nochmals nachdrücklich hingewiesen. Im Geschichtsbild und im Selbstbewußtsein der Deutschen spiele zum Beispiel, so stellt er in seinem letzten Buch »Studien über die Deutschen. Machtkämpfe und Habitusentwicklung im 19. und 20. Jahrhundert« (Frankfurt a.M., S. 17) heraus, »die Stadtkultur des Mittelalters und der frühen Neuzeit ... bis heute eine verhältnismäßig geringe Rolle«.

Diese Defizite im Umgang der Deutschen mit ihrer frühneuzeitlichen Geschichte wiegen um so schwerer, als im ausgehenden 20. Jahrhundert die Integration der einzelnen »nationalen« Geschichten in die europäische Perspektive not tut. Und hier gilt es zu erkennen, daß nahezu alle Nachbarn der Deutschen aus gutem Grund der Geschichte des 16. bis 18. Jahrhunderts besondere Aufmerksamkeit zollen. Denn das war die Epoche, die einerseits in einem besonderen Maße von vornationalstaatlich-europäischem Zuschnitt war, andererseits aber auch bereits zu Glanz- und Höhepunkten der einzelstaatlichen, nationalen Geschichte führte. Italiener, Holländer, Spanier und Franzosen nicht anders als Engländer, Polen oder Schweden setzen jeweils für eine bestimmte Spanne dieser Epoche ihr Goldenes oder Klassisches Zeitalter an. Für die Deutschen scheint das schwieriger zu sein, war das doch - wie die beiden vorliegenden Bände unmißverständlich zeigen - die Zeit großer europäischer Kriege auf deutschem Boden und einzelstaatlicher Zersplitterung. Das sind aber Urteilskriterien, die heute nicht mehr den Ausschlag geben können. Zudem weist die Bilanz genügend an religiöser, kultureller, politischer und vor allem rechtlicher Leistung auf, die den Vergleich mit den Nachbarn nicht zu scheuen braucht. - So ist denn zu hoffen, daß auch in Deutschland dem zeithistorischen Märchenprinzen einmal bewußt wird, daß er sein Glück nur zusammen mit dem alteuropäischen Aschenbrödel gewinnen kann.

Was den Gang der Forschung im engeren Sinne anbelangt, so sind in den letzten Jahren eine ganze Reihe von Spezialstudien zur deutschen Geschichte des 16. bis 18. Jahrhunderts erschienen, die hier im einzelnen nicht vorgestellt werden können und auch nicht vorgestellt zu werden brauchen, weil sie zwar neue Details und weitere Einsichten bringen, das Bild als solches aber nicht verändern. Lediglich zwei stadt- beziehungsweise bürgergeschichtliche Darstellungen seien genannt, nämlich Heinz Schilling, »Die Stadt in der frühen Neuzeit«, und Lothar Gall, »Von der ständischen zur bürgerlichen Gesellschaft«, beide München 1993, weil dort wichtige Zusammenhänge der deutschen Geschichte zusammenfassend abgehandelt werden, die in den beiden vorliegenden Bänden etwas zu kurz gekommen sein mögen, und weil das den Hinweis auf die Enzyklopädie Deutscher Geschichte (EDG) erlaubt, deren 24. und 25. Band sie sind. Dieses seit 1988 erscheinende Werk, das auf insgesamt rund hundert Bände angelegt ist, bringt noch für eine Reihe weiterer Sachzusammenhänge der frühneuzeitlichen deutschen Geschichte eine knappe zusammenfassende Darstellung, einen konzisen Abriß von Lage und Desiderata der Forschung sowie eine Liste der einschlägigen Publikationen.

In der von Beck in München publizierten Reihe »Neue deutsche Geschichte« sind 1989 und 1991 zwei Frühneuzeitbände erschienen, nämlich Horst Rabe, »Reich und Glaubensspaltung. Deutschland 1500-1600«, und Volker Press, »Kriege und Krisen. Deutschland 1600-1715«. Der an einem Vergleich interssierte Leser wird dort andere Informationen, Akzente und Einordnungen finden als in den vorliegenden Bänden, was teils in der Konzeption jener Reihe, teils im Temperament oder der Interessenausrichtung der Autoren begründet ist, ein auch nur in wichtigen Teilaspekten prinzipiell anderes Bild wird ihm jedoch nicht geboten. Im Gegenteil, beide Darstellungen berühren sich in vielem, so namentlich in der Betonung der theologisch-religiösen Dimension, die auch Horst Rabe vornimmt, oder in dem Bemühen um eine Neubewertung des Alten Reiches, die auch Volker Press am Herzen liegt. Der vielleicht deutlichste Unterschied liegt in einem gewissen historistischen Zug der beiden Beck-Bände und in ihrer unübersehbaren Zurückhaltung gegenüber europäisch vergleichenden Perspektiven, Modelldenken, Typisierungen und entwicklungsgeschichtlichen Aussagen, wie sie sowohl in »Aufbruch und Krise« als auch in »Höfe und Allianzen« immer wieder gewagt werden und wie sie nach Meinung ihres Autors – nicht zuletzt aus den eingangs skizzierten aktuellen Zusammenhängen heraus – eher noch zu verstärken wären, zumindest was die europäischen Zusammenhänge anbelangt.

Etwas anders als mit diesen beiden Veröffentlichungen zur allgemeinen Geschichte Deutschlands, die weitgehend als Paralleldarstellung gelesen werden können, verhält es sich mit der auf drei Bände angelegten Monographie »Das Alte Reich, 1648–1806« aus der Feder von Karl-Otmar von Aretin, deren erster, die Verfassung und Organisation des Reiches sowie dessen Geschichte von 1648 bis 1684 umfassender Band 1993 bei Klett-Cotta in Stuttgart erschienen ist. In nicht wenigen Punkten versteht von Aretin sein Buch explizit oder implizit als Gegendarstellung zu »Höfe und Allianzen« und ähnlichen Veröffentlichungen einer von ihm gerne als »politologisch« klassifizierten Geschichtsschreibung, der es neben der historischen Bestandsaufnahme auch um strukturgeschichtliche Zusammenhänge, langfristige Entwicklungslinien oder systematische Vergleichsperspektiven geht. Demgegenüber ergreift von Aretin geradezu leidenschaftlich Partei für das Alte Reich als einem Verfassungsorganismus originärer Qualität und süddeutsch-habsburgischer Couleur. Das ist alteuropäischer, süddeutscher Reichspatriotismus redivivus. In einer solchen Perspektive kann der strukturgeschichtliche Vergleich zwischen der Eingliederung der freien Reichsstadt Donauwörth in den bayrischen Territorialstaat einerseits und derjenigen der Reichsstadt Straßburg in den französischen Nationalstaat, wie er in »Höfe und Allianzen« angestellt wird, nur als Sakrileg erscheinen, und der dort unter Berufung auf den türkischen Historiker Fikret Adanir angemeldete Zweifel an den unerhört hohen zeitgenössischen Zahlenangaben zur Stärke der türkischen Belagerungsarmee von 1683 muß Unwillen auslösen, weil mit der scheinbaren Verkleinerung der Gefahr, der die Kaiserstadt Wien ausgesetzt war, auch der Glanz der siegreichen Habsburgerkaiser und des triumphierenden Reiches geschmälert wird. Die Debatte um die Bewertung des Alten Reiches war bisher – wie auch in der vorliegenden Darstellung angestrebt – durch eine ausgewogene Würdigung sowohl der Stärken als auch der Schwächen des Alten Reiches gekennzeichnet; sowohl seiner Teilmodernisierung und der dadurch ermöglichten funktionalen Leistungsfähigkeit als auch seiner Anpassungsbarrieren mit entsprechenden Kosten; sowohl der Interessen des Reiches als auch derjenigen der territorialen Einzelstaaten; der Motive und Ansprüche des süddeutsch-katholischen Kaisertums ebenso wie derjenigen seiner norddeutsch-protestantischen Herausforderer. Diese bislang auf analytisch distanziertes Abwägen ausgerichtete Debatte hat von Aretin nun wieder in Frage gestellt und damit neu eröffnet.

Was die seit Erscheinen der beiden Frühneuzeitbände in der Forschung eingeschlagenen methodischen und theoretischen Wege anbelangt, so bewegten sich hier die Untersuchungen zur deutschen Geschichte zwischen 1500 und 1800 im großen und ganzen auf denselben Bahnen wie die deutsche Geschichtswissenschaft allgemein. Das haben Wolfgang Hardtwig und Winfried Schulze sachkundig skizziert - der eine in dem Beitrag »Was kommt nach der Alltagsgeschichte?« in der *Neuen Zürcher Zeitung* vom 9./10. Januar 1993, der andere in dem Aufsatz »Von den großen Anfängen des neuen Welttheaters. Entwicklungen, neuere Ansätze und Aufgaben der Frühneuzeitforschung«, der in Band 43, 1993, der Zeitschrift *Geschichte in Wissenschaft und Unterricht* erschienen ist. Wolfgang Hardtwig charakterisiert die gegenwärtigen historischen Trends in Deutschland als »Pluralisierungsdynamik«, Abbau »festgefügter Erklärungshierarchien«, Skepsis gegenüber der »Vorstellung von historischer Entwicklung« sowie »Wiederkehr des Individuellen« und eines neuen »Interesses an Menschen mit Namen und unterscheidbarer Geschichte«, und Winfried Schulze verlangt von den Frühneuzeithistorikern ein akzentuiertes Interesse an »Geschichte der Erfahrungen und Verarbeitung von Veränderungen« und fordert sie auf, ihre Epoche als ein »handliches und desillusionierendes ›Musterbuch der Moderne‹« zu lesen.

Versucht man die hier erneut vorgelegte Darstellung der deutschen Frühneuzeit in diesen gegenwärtigen Interessenhorizont der Geschichtswissenschaft einzuordnen, so wird einerseits deutlich, daß sie ein Stück weit quer zu diesem Trend in der Einzelforschung geschrieben wurde, geschrieben werden mußte, ist es bei einer Gesamtdarstellung von rund dreihundert Jahren deutscher Geschichte, die zudem den europäischen Zusammenhängen breiten Raum gewähren möchte, doch unerläßlich, Erklärungen anzubieten und die tatsächlich abgelaufene Entwicklung zu konturieren. Dieses ist aber - so war es jedenfalls gemeint - nie dogmatisch geschehen und in der Regel mit ausdrücklichem Hinweis auf den interpretatorischen Charakter einer solchen Aussage, die damit kritisierbar wird und zwangsläufig alles an »Festgefügtem« aufgibt.

Was das »Interesse an Menschen mit Namen und unterscheidbarer Geschichte« anbelangt, so ist dieses in gewissem Umfang durchaus berücksichtigt, aber zugegebenermaßen hauptsächlich auf der Ebene von Herrschern, Reformatoren oder Angehörigen der politischen und kulturellen Elite. Wo Vertreter anderer Bevölkerungsgruppen, wie etwa der schwäbische Schuhmacher Hans Heberle und seine Erfahrungen mit dem Dreißigjährigen Krieg, ins Blickfeld gerückt werden, geschieht das eher exemplarisch. Bestünde nicht das ebenso banale wie eherne Gesetz, die Erzählung auf einer begrenzten Zahl von Seiten zum Abschluß zu bringen, so hätte der Autor noch von so manchem »Individuellen«, »Pluralen« oder gegen die Zeitläufte Schwimmenden zu berichten gewußt. Neben den makrohistorischen Entwicklungen und Profilen hätte er gerne auch die mikrohistorischen Verhältnisse in ihr Recht gesetzt, die in Alteuropa nur zu oft mit jenen im Widerstreit lagen. So wäre etwa zu berichten von den vielen Einzelmenschen oder den städtischen und ländlichen Korporationen und Nachbarschaftsverbänden, die sich, wie Ethnologen und Alltagshistoriker zu Recht betonen, dem Zugriff von Staat und Kirche sowie den von diesen getragenen Prozessen der Modernisierung, Disziplinierung, Formierung immer wieder und über Generationen hin zu entziehen vermochten, indem sie nicht müde wurden, Strategien des Sich-Versagens, des Ausweichens, des angeblichen Nicht-Verstehens oder einfach des folgenlosen Erduldens und Ignorierens zu entwickeln.

Ähnlich verhält es sich mit der Reformation, der Konfessionalisierung oder der sogenannten frühneuzeitlichen Christianisierung, die längerfristig Deutschland und Europa tiefgreifend verändert haben und daher als Kardinallinien der werdenden Neuzeit Beachtung verdienen, denen aber dessen ungeachtet manches an Gegenläufigem, Widerstrebendem, erratisch Unwandelbarem entgegenstand. So wurden etwa Magie und Volksreligiosität bis ins 19. Jahrhundert hinein praktiziert. Ähnlich verhielt es sich mit den Alternativmodellen zur lutherischen Reformation oder mit den nichtkonfessionalisierbaren Glaubenshaltungen und Weltanschauungen der Mystik, der Spiritualisten, Ireniker oder Humanisten bis hin zu frühen, noch sehr seltenen Vertretern des Skeptizismus oder gar Atheismus. Im 16. Jahrhundert und auf weite Strecken des 17. Jahrhunderts waren diese und all die anderen Strömungen, die die Engländer Nonkonformismus nennen, unzeitgemäß und wirkten im Verborgenen oder doch am Rande, bis sie dann in den Vordergrund treten konnten und seit der Mitte des 18. Jahrhunderts zusammen mit der Aufklärung eine weltgeschichtliche Wirkkraft erreichten, die dem älteren Aufbruch in Reformation und Konfessionalisierung kaum nachstand. Darüber unterrichten jetzt neben der großen Monographie von Siegfried Wollgast über »Philosophie in Deutschland zwischen Reformation und Aufklärung, 1550–1650« (Berlin 1988) vor allem die Aufsätze des von Günter Vogler herausgegebenen Sammelbandes »Wegscheiden der Reformation. Alternatives Denken vom 16. bis zum 18. Jahrhundert« (Weimar 1994), in gewisser Weise auch der von Martin Brecht herausgegebene erste Band der Geschichte des Pietismus »Der Pietismus vom siebzehnten bis zum frühen achtzehnten Jahrhundert« (Göttingen 1993).

Alldem hätte man gerne breiten Raum gewidmet, ebenso den Minderheiten und Fremden, die die deutsche Geschichte der frühen Neuzeit mitprägten, oder der Geschlechter- und Frauengeschichte, die in den letzten Jahren so gute Erkenntnisfortschritte gemacht hat, oder der zu neuer Blüte gelangten Kulturgeschichte – würde das nicht bedeuten, aus zwei Bänden vier, sechs oder gar zehn Bände zu machen. Jedenfalls drängt sich dieser Eindruck auf, wenn man die umfangreichen Monographien in die Hand nimmt, die in den letzten Jahren zu jedem dieser Sachbereiche erschienen sind, wie zum Beispiel Klaus Bade, Hg., »Deutsche im Ausland, Fremde in Deutschland. Migration in Geschichte und Gegenwart«, München 1992; Friedrich Battenberg, »Das europäische Zeitalter der Juden«, Darmstadt 1990; Heide Wunder, »›Er ist die Sonn', sie ist der Mond.‹ Frauen in der Frühen Neuzeit«, München 1992; Paul Münch, »Lebensformen in der frühen Neuzeit, 1500–1800«, Frankfurt/M. 1992; Richard van Dülmen, »Kultur und Alltag in der Frühen Neuzeit«, eine auf nicht weniger als vier Bände angelegte Darstellung, die seit 1990 in München erscheint.

All diese wünschenswerten Ausweitungen zugestanden, macht die erneute Lektüre der beiden Frühneuzeitbände der Siedlerschen Deutschen Geschichte aber auch deutlich – und das ist das andere Ergebnis ihrer Konfrontation mit den oben markierten historiographischen Trends der letzten Jahre –, daß vieles bereits berücksichtigt wurde und in der einen oder anderen Weise anklingt. So wurde in beiden Bänden der Kultur breite Aufmerksamkeit geschenkt – der spezifischen Zeitsituation und den besonderen Bedingungen in Deutschland entsprechend, vor allem den konfessionell geprägten Kulturen, so vor allem im fünften Kapitel von »Aufbruch und Krise«, aber auch der Musik, der Literatur und der bildenden Kunst allgemein. Denn es beruht auf allzu flüchtiger Lektüre, wenn der Rezensent in der hochangesehenen *Historischen Zeitschrift* moniert, daß »bestimmte Bereiche der geschichtlichen Wirklichkeit wie etwa die Musik oder die schöngeistige Literatur der Barockzeit ganz ausgeklammert bleiben und man Namen wie Bach oder Gluck, Gryphius, Lohenstein oder Weise vergeblich sucht« (Historische Zeitschrift, Bd. 251, 1990, S. 630). Er hatte nicht bemerkt, daß die beiden Bände als Einheit konzipiert sind, und den für seine Fragen falschen Band konsultiert. Doch gerade in kulturgeschichtlicher Hinsicht gibt es keinen Sinn, die Zusammenhänge um einer politischen Zäsur willen zu zerschlagen, wie sie hier mit 1648/60 angesetzt ist, und zwar hauptsächlich aus pragmatischen Gründen der notwendigen Aufteilung auf zwei Bücher. So möge es der geneigte Leser, vor allem wenn er an kulturgeschichtlichen Fragen interessiert ist, mit Rudolf Vierhaus halten, dem Rezensenten in der *Frankfurter Allgemeinen Zeitung* vom 26. Februar 1990, der ihm ausdrücklich empfiehlt, beide Bände zu lesen.

In den ausführlichen Passagen zu den konfessionellen Kulturen, die den Alltag der Deutschen bis in das 20. Jahrhundert hinein so tief prägten, in gewisser Weise aber auch in den Überlegungen zur höfischen Kultur oder zur politischen Kultur in Stadt und Land ist die erwähnte ethnologisch-anthropologische Wende in der jüngsten Geschichtswissenschaft bis zu einem gewissen Grade bereits mitbedacht; und auch das erwähnte »Musterbuch der Moderne« wurde aufgeschlagen und durchgeblättert. Die »Erfahrungen und Verarbeitungen von Veränderungen«, die die Menschen in der Gegenwart des ausgehenden 20. Jahrhunderts so tief bewegen, ja irritieren, sind Gegenstand des Kapitels über die »Krise des 17. Jahrhunderts«, die ebenfalls auf einer Jahrhundertwende einsetzte und die Fin-de-siècle-Stimmung sogar bis zur eschatologischen Erwartung des Weltendes steigerte. Diese wohl eher zufällige Parallelität zu unserer Gegenwart und das Bild von der »Vorsattelzeit der Moderne«, auf das die Wandlungsdynamik des ausgehenden 16. Jahrhunderts in »Aufbruch und Krise« gebracht ist, ließ den Kommentator des Senders Freies Berlin »am Schluß dieser Geschichtslektüre« räsonieren, »ob wir nicht heute in einer neuen ›Sattelzeit‹ leben, die rasch vorwärtsführt, wir wissen nur nicht wohin«. Auch die Geschichtswissenschaft hat reagiert – mit einer teils heftig geführten Kontroverse darüber, ob die provozierende Rede von einer »Vorsattelzeit« überhaupt erlaubt sei, aber auch mit einer nüchternen Bilanz darüber, ob den für den heutigen Historiker unübersehbaren und von den Zeitgenossen mit Furcht und Sorge beobachteten Veränderungen des ausgehenden 16. Jahrhunderts tatsächlich ein »beschleunigter Wandel oder (nur eine) Restabilisierung« zugrunde lag, so Winfried Schulze in einem Beitrag diesen Titels auf den Seiten 97 bis 101 in Band 20, 1993, der *Zeitschrift für Historische Forschung.*

Schließlich verdienen noch zwei weitere, in den beiden Bänden stark herausgearbeitete Themenzusammenhänge Erwähnung, weil sie weiterhin aktuell sind und auch in den kommenden Jahren die Historiker intensiv beschäftigen werden, nämlich zum einen die Entstehung und der Bauplan des frühneuzeitlichen Mächtesystems sowie die Stellung Deutschlands beziehungsweise der deutschen Einzelstaaten darin, zum anderen die Konfessionalisierung und die weiten, allgemeingeschichtlichen Konsequenzen des Konfessionalismus. Die Ausführungen zu diesen beiden Themen sind sowohl in der publizistischen Kritik als auch in der Fachwissenschaft sehr aufmerksam registriert worden. Für die konfessionsgeschichtlichen Passagen läßt sich sogar von Impulsen und Anregungen für die fachwissenschaftliche Diskussion im engeren Sinne und den weiteren Gang der Forschung sprechen. Bezeichnend ist dabei vor allem das große internationale Interesse an diesen Konfessionsphänomenen, das auf den ersten Blick eher als spezifisch deutsch, wenn nicht gar als Ausdruck eines »deutschen Sonderweges« erscheinen mag. Das betrifft nicht nur die nordamerikanische Frühneuzeitforschung, die sich aufgrund traditionell starker realgeschichtlicher und historiographischer Verbindungen mit Deutschland stets intensiv mit der Geschichte der Reformation und der von ihr ausgelösten kirchlichen und religiösen Entwicklungen befaßt. Auch in den romanischen Ländern, zumal in Frankreich und Italien, die diesen Fragen bislang eher distanziert gegenüberstanden, haben die in »Aufbruch und Krise« und anderwärts vorgelegten Interpretationen zur Konfessionalisierung und zum frühneuzeitlichen Konfessionalismus zu Forschungsdiskussionen und Forschungsprojekten angeregt: Dies macht deutlich, daß es sich hier um ein Phänomen handelt, das zwar in dem multikonfessionellen Deutschland besonders zutage tritt, aber weit darüber hinaus gesamteuropäisch wirkte und tief das neuzeitliche Profil der einzelnen Staaten und Nationen sowie des Kontinents insgesamt mitprägte. Hierüber geben vor allem folgende Publikationen Aufschluß: Hans-Christoph Rublack, Hg., »Die lutherische Konfessionalisierung in Deutschland«, Gütersloh 1992; Wolfgang Reinhard und Heinz Schilling, Hgg., »Die katholische Konfessionalisierung«, Gütersloh und Münster 1995; Heinrich Richard Schmidt, »Konfessionalisierung im 16. Jahrhundert«, München 1992; Anton Schindling und Walter Ziegler, Hgg., »Die Territorien des Reichs im Zeitalter der Reformation und Konfesssionalisierung«, 5 Bde, Münster 1989–1993; Ronnie Po-chia Hsia, »Social Discipline in the Reformation: Central Europe 1550–1750«, London/New York 1989, mit einem irreführenden Titel; Gérald Chaix, »De la cité chrétienne à la métropole catholique. Vie religieuse et conscience civique, à Cologne au 16e siècle, Thèse d' Etat«, Straßburg 1994; Thierry Wanegffelen, »Les chrétiens face aux églises dans l'Europe moderne«, in: Nouvelle Revue du Seizième Siècle, 1993, S. 37–53; Heinz Schilling, »Confessional Europe: Bureaucrats, La

Bonne Police, Civilizations«, in: Handbook of European History in the Late Middle Ages, Renaissance and Reformation 1400–1600, hrsg. v. Thomas A. Brady, Heiko A. Oberman und James D. Tracy, Brill, Leiden 1995.

Unabhängig von dieser sich gleichsam selbst tragenden innerwissenschaftlichen Diskussion wird ein Teilaspekt der Konfessionalisierung, der in den beiden Bänden aber im Hintergrund bleibt, aus Gründen gegenwartspolitischer Aktualität in den letzten Jahren besonders beachtet, nämlich die konfessionelle Identität und deren Rolle bei der Herausbildung nationaler, regionaler und lokaler Identitäten oder auch von Minderheitenidentitäten im frühneuzeitlichen Europa. Hinter diesem Interesse steht einerseits die Frage nach Stellenwert und Rangfolge von »partikularen« Identitäten innerhalb einer sich festigenden Europäischen Union, andererseits die vom Zusammenbruch des Sowjetimperiums ausgelöste Neuorientierung der Staaten, Nationen und Minderheitengruppen Ostmittel- und Osteuropas. Das zeigen exemplarisch zwei aus längerfristigen Forschungsvorhaben beziehungsweise Tagungen hervorgegangene Sammelbände: Bernhard Giesen, Hg., »Nationale und kulturelle Identität. Studien zur Entwicklung des kollektiven Bewußtseins in der Neuzeit«, Frankfurt/M. 1991, und Antoni Czacharowski, Hg., »Nationale, ethnische Minderheiten und regionale Identitäten in Mittelalter und Neuzeit«, Akten einer internationalen Historikerkonferenz vom 2. bis 4. September 1993 an der Nikolaus-Kopernikus-Universität Thorn, Thorn 1994.

Eine ganz ähnliche Mischung von tagespolitischer Aktualität und innerwissenschaftlicher Eigendynamik ist auch für das zunehmende Interesse an den Themen »Entstehung des neuzeitlichen Mächteeuropa«, »frühmodernes Gleichgewichtsdenken« oder »europäische Einbindung Mitteleuropas« verantwortlich, die insbesondere in »Höfe und Allianzen« breit entfaltet werden. Die schon in der zweiten Hälfte der achtziger Jahre erkennbare »Renaissance des historischen Interesses am Politischen« (Bijdragen en Mededelingen betreffende de Geschiedenis der Nederlanden, 10, 1989, S. 56–65), und zwar auch und gerade des Außenpolitischen und der internationalen Beziehungen, hat sich angesichts der umstürzenden Veränderungen der macht- und allianzpolitischen Landkarte unseres Kontinents beschleunigt fortgesetzt. Nach dem »Primat der Innenpolitik«, das in den sechziger Jahren nicht selten als »Monopol der Innenpolitik« mißverstanden wurde, gilt heute unter Historikern wieder das, was bei Kenntnis der europäischen Vergangenheit, und zwar vor allem der in den beiden hier wieder vorgelegten Bänden behandelten frühneuzeitlichen Epoche, eigentlich eine Binsenweisheit ist, daß nämlich die außen- und mächtepolitischen Strukturen, Entwicklungen und Konzeptionen zu den unentbehrlichen Interpretations- und Erklärungskategorien des Historikers zählen. Wie sehr gerade diese neu entflammte Diskussion um die Staatenordnung der Neuzeit von dem bewußten Impetus getragen wird, die Wurzeln in Alteuropa ernst zu nehmen, zeigen zwei Sammelbände, die der Marburger Neuzeithistoriker Peter Krüger organisiert und herausgegeben hat unter den Titeln »Kontinuität und Wandel in der Staatenordnung der Neuzeit. Beiträge zur Geschichte des internationalen Systems«, Marburg 1991, und »Das europäische Staatensystem im Wandel«, München 1995, als Band der Reihe »Schriften des Historischen Kollegs, Kolloquien«. Daß der unter den Spezialisten für das 19. und 20. Jahrhundert verbreitete Unwille, sich auf die frühe Neuzeit ernsthaft einzulassen, auf dem Arbeitsfeld der internationalen Beziehungen offensichtlich geringer ausgeprägt ist, kommt nicht von ungefähr. Denn nach dem Ende des nur wenige Jahrzehnte währenden Zwischenspiels dualer Blöcke ist in das internationale Mächtespiel wieder jene Vielfalt und prinzipielle Offenheit der Konfigurationen, aber auch einiges an Denkbildern und nationalen Mentalitäten zurückgekehrt, die im Guten wie im Schlechten jene Jahrhunderte bestimmten, von denen »Aufbruch und Krise« und »Höfe und Allianzen« handeln. Und auch die in diesem Zeitalter hochgeschätzte Staatskunst ist wieder gefragt, das Spiel zu durchschauen und im Sinne einer freien Friedensordnung zu beherrschen, und zwar, wie das Scheitern aller Machtstaats- und Gleichgewichtskonzepte im 19. und 20. Jahrhundert lehrt, durch die Einhegung jener nationalen Kräfte mittels einer übernationalen Integration.

Heinz Schilling — Berlin, im März 1994

Vorwort

Im Bewußtsein der Deutschen ist das, was wir »frühe Neuzeit« nennen - womit die Jahrhunderte zwischen der Reformation und der Französischen Revolution gemeint sind -, in vieler Hinsicht eine Terra incognita, also ein unbekanntes Land. Nur inselhaft sind einige Gebiete erschlossen, etwa der Bauernkrieg, Luther und die Reformation, der Dreißigjährige Krieg oder Friedrich II. und Preußen. Als unverwechselbare Epoche aber, als eigene Lebensform oder als besonderer Typus einer politischen und gesellschaftlichen Organisation sind jene drei Jahrhunderte bewegter Geschichte außerhalb der Wissenschaft noch kaum entdeckt.

Das ist ein Erbe der traditionellen Historiographie, und es ist eine Folge von Vorlieben des eben wiedererwachten Geschichtsinteresses. Ein historiographisches Erbe ist diese Sicht der Dinge, weil die große Geschichtsschreibung des 19. Jahrhunderts, auf deren Schultern wir alle stehen, auch wenn wir uns dagegen auflehnen, die Geschichte in die Perspektive des ersehnten Nationalstaates rückte. In deren Blickwinkel aber erscheint die frühe Neuzeit mit ihrer konfessionellen und politischen Teilung und einem Kaisertum, das scheinbar ständig an Macht und Glanz einbüßte, leicht als Verfallszeit, als ein fader Zwischenakt zwischen tatsächlicher oder erwünschter »Weltgeltung« Deutschlands im Mittelalter und im 19. Jahrhundert. Das neue Geschichtsinteresse der Öffentlichkeit aber hat die notwendige und in der Wissenschaft längst vollzogene Revision dieser Abwertung noch nicht zur Kenntnis genommen. Denn es berauscht sich am Mittelalter, oder es beißt sich am 19. und 20. Jahrhundert fest, in der Annahme, die unmittelbare Vorgeschichte der Gegenwart sei für einen Entwurf der Zukunft hilfreicher. Die Jahrhunderte des Alten Reiches bleiben am Rande des Blickfeldes, weil sie nicht mehr mit dem exotischen Glanz des Mittelalters und noch nicht mit der Aktualität der späteren Neuzeit locken.

Das ist ein ganz und gar deutscher Befund. Denn die historisch-politische Kultur der meisten europäischen Länder lebt gerade aus und mit den Jahrhunderten der frühen Neuzeit - mit der bezeichnenden Ausnahme Italiens und Polens, die in mancher Hinsicht eine ähnliche Geschichte und ein ähnliches historisches Bewußtsein haben wie die Deutschen. Im übrigen Europa aber begriff und begreift man das 16., 17. und 18. Jahrhundert als unmittelbare Vorgeschichte der gegenwärtigen politisch-kulturellen Existenz - in Spanien und Portugal als Beginn der iberischen Übersee-Expansion und der Durchdringung eines großen Teiles der Neuen Welt mit spanischer beziehungsweise portugiesischer Sprache und Kultur; in Frankreich als Zeit der Klassik und des in die Revolution überleitenden Ancien Régime, als Europa seinen Blick auf Ludwig XIV. und Versailles richtete; in England als die Jahrhunderte der inneren Festigung unter der Tudordynastie und der beginnenden Beherrschung der Weltmeere; nicht anders in Holland, wo das 16. Jahrhundert als Auftakt und das 17. bereits als »Goldenes Jahrhundert« der neuzeitlichen Nationalgeschichte gilt, kulturell nicht anders als ökonomisch und politisch; schließlich auch in Schweden, dem in eben dieser Zeit der Sprung zur europäischen Großmacht gelang.

Das sind Unterschiede im historisch-politischen Bewußtsein, nicht aber solche einer grundlegenden Differenz in der Sache selbst, also im Verlauf und Gewicht der frühneuzeitlichen Geschichte. Das gegensätzliche Selbstverständnis macht vielmehr deutlich, daß es beim Vergleich der deutschen Geschichte mit der anderer europäischer Länder weniger um die Diskussion eines realhistorischen »Sonderweges« geht als um ein »Sonderbewußtsein«, für das die vermutete oder tatsächliche Nähe oder Ferne einzelner Geschichtsepochen ausschlaggebend sind.

Die Ferne der Frühneuzeit im öffentlichen Bewußtsein Deutschlands läßt sich nicht auf ein Versagen der Geschichtswissenschaft zurückführen; wie in den Nachbarländern hat sich auch in der Bundesrepublik nach dem Zweiten Weltkrieg innerhalb der Erforschung der Neueren Geschichte ein eigenständiges Forschungs- und Lehrgebiet »Frühe Neuzeit« herausgebildet, das sich ebenso wie in den anderen Ländern den neuen Fragestellungen der Gesellschaftsgeschichte weit geöffnet hat. Allerdings wurde in Deutschland die seit jeher hier innovative und ergebnisreiche Verfassungs- und Rechtsgeschichte nicht abgeschnitten, sondern für die neuen Fragestellungen fruchtbar gemacht. Auch kam bei uns das stets starke Interesse an der Kirchen- und Konfessionengeschichte hinzu, so daß die deutsche Frühneuzeitforschung die neue Gesellschaftsgeschichte meist in enger Verzahnung mit den staatlich-politischen und kirchlich-religiösen Entwicklungen betrieb.

Diese Sichtweise entsprach der spezifischen Lage Deutschlands zu Beginn der frühen Neuzeit, die im Vergleich zu anderen Ländern durch besonders tiefgreifende und nachhaltige Folgen der Reformation gekennzeichnet war. Und sie war gekennzeichnet durch eine kleinräumige, territoriale Staatsbildung, die die politische und verfassungsmäßige Ordnung in eine alltägliche Nähe rückte und ihr dadurch einen größeren Einfluß auf das gesellschaftliche Leben eröffnete, als das anderwärts in Europa der Fall war.

In den letzten drei, vier Dezennien ist ein völlig neues Bild von der deutschen Geschichte jener drei Jahrhunderte zwischen 1500 und 1800 entstanden: Leistung und Funktion des Alten Reiches, auch seine Dignität innerhalb der europäischen Staatengesellschaft stehen in einem anderen Licht als die herkömmliche Perspektive wahrnahm. Dieser neue Blickwinkel gab auch ein anderes Bild von Reformation und Konfessionalisierung, die stärker als früher in jenen allgemeinen gesellschaftlichen, mentalitätsmäßigen und politisch-verfassungsrechtlichen Umbruch gestellt wurden, den wir die beginnende Neuzeit nennen. Aber auch die Traditionen der politischen Kultur werden anders gesehen und differenzierter beurteilt. Neben den Linien, die den Obrigkeitsstaat und die Mentalität des Untertanen hervorbrachten, wurden das Freiheitsbewußtsein und der politische Partizipationsanspruch wiederendeckt und neu bewertet, die bis weit ins 17. Jahrhundert hinein den ständischen und stadtrepublikanischen Bewegungen ebenso Kraft verliehen, wie den zahlreichen bäuerlichen Widerstandshandlungen.

So ist es an der Zeit, den Jahrhunderten des Alten Reiches ihr Recht zu geben und ihnen zu einer angemessenen Stellung im Bewußtsein der Deutschen zu verhelfen, nicht nur der neuen wissenschaftlichen Erkenntnisse wegen, sondern auch um ihrer Aktualität für die Ortsbestimmung der Gegenwart willen. Sollten in einem postindustriellen und postnationalstaatlichen Europa die gesellschaftlichen und politischen Verhältnisse im vornationalstaatlichen Reich, in dem so viele Einzelstaaten und unterschiedliche Völker zusammenlebten, nicht zumindest dasselbe Gewicht haben wie die kurzbemessenen Jahrzehnte des deutschen Nationalstaates? Brennen nicht gerade angesichts der augenblicklichen »Lage der Nation« die Probleme der religiösen und politischen Spaltung im 16. Jahrhundert der Gegenwart in der gleichen Weise auf den Fingern wie das Suchen nach einer groß- oder kleindeutschen Lösung im 19. Jahrhundert?

Das ist die Pespektive, aus der hier die Geschichte Deutschlands in der ersten Hälfte der frühen Neuzeit erzählt wird - vom religiösen, politischen und gesellschaftlichen Aufbruch im Zeichen der Reformation, über die erste Formierungsphase des frühneuzeitlichen Staats- und Gesellschaftssystems in der zweiten Hälfte des 16. Jahrhunderts bis hin zur Krise, die in einem großen europäischen Glaubens- und Mächtekrieg gipfelte. Wenn von »Erzählen« gesprochen wird, so ist damit nicht gemeint, daß nun der Wirkung auf die Öffentlichkeit wegen die spannenden Ereignisse und die faszinierenden Personen die anderen bewegenden Kräfte und die Strukturen in den Hintergrund drängen. Vielmehr soll es gerade darum gehen, die Spannung auf eine Weise zu erzeugen, daß Personen und Ereignisse vor den geistig-kulturellen, den gesellschaftlichen, den politischen und den ökonomischen Strukturen und Verflechtungen erscheinen und eben deshalb dem Leser plausibel werden. Es muß darum gehen, die übergreifenden Entwicklungslinien aufzuzeigen, die im Verlaufe der frühen Neuzeit die mittelalterliche Welt umformten und die Voraussetzungen für die modernen Lebensverhältnisse schufen. Das war eine Entwicklung, die alle europäischen Völker und Länder erfaßte, wenn auch in unterschiedlichen Zeitrhythmen und in verschiedenartiger Setzung der Akzente. Die deutsche Geschichte muß vor dem Hintergrund dieser europäischen Entwicklung gesehen werden, das heißt also: in vergleichender Pespektive, die auch dort gewahrt werden soll, wo keine ausgeführte Gegenüberstellung erfolgt.

Bei aller wissenschaftlichen Objektivität kann eine Synthese der deutschen Geschichte, die sich solche Ziele setzt, nicht ohne subjektive Interpretation auskommen. Sie benötigt, will sie denn über eine Ansammlung von Detailinformationen hinausgelangen, Erzählperspektiven und Organisationskerne der Darstellung. Es sind drei ineinandergreifende und dem von Max Weber geprägten entwicklungsgeschichtlichen Denken verpflichtete Interpretationszusammenhänge, die der hier vorgelegten deutschen Geschichte im Aufgang der Neuzeit die Richtung weisen:

- die frühmoderne Staatsbildung, die in den meisten europäischen Ländern Nationalstaatsbildung, in Deutschland dagegen Territorialstaatsbildung unter dem Dach eines vorstaatlichen Reiches war;
- die frühneuzeitliche, den endgültigen Umbruch Ende des 18., Anfang des 19. Jahrhunderts vorbereitende Modernisierung, die über die mit Staatsbildung bezeichnete politische Modernisierung hinaus einen gesellschaftlichen, kulturellen und ökonomischen Fundamentalvorgang der europäischen Neuzeit ausmacht;

– die Konfessionalisierung, die nicht als Rückschlag, sondern als ein spezifischer Teil der frühneuzeitlichen Modernisierung begriffen wird, der in dem zwischen drei Konfessionskirchen gespaltenen Reich besonders ausgeprägt war und daher innerhalb einer deutschen Geschichte besondere Beachtung verlangt.

Das alles läuft auf die These von einer Vorachsenzeit im letzten Drittel des 16. Jahrhunderts hinaus, in der sich bereits vieles an staatlicher und gesellschaftlicher Formierung anbahnte, das in der nachfolgenden Krise nochmals in Frage gestellt wurde und sich daher erst seit dem ausgehenden 17. und im 18. Jahrhundert fest zu etablieren vermochte. Daß der Einbruch in der ersten Hälfte des 17. Jahrhunderts in Deutschland weit radikaler war als in anderen europäischen Ländern, blieb indes nicht ohne Folgen für das 18. und 19. Jahrhundert, und so kann gerade eine moderne deutsche Gesellschaftsgeschiche nicht ohne den Befund des 16. und 17. Jahrhunderts auskommen.

Daneben richtet sich der Blick dieses Bandes auf eine Tradition, die nach heftiger Gegenwehr im 16. und frühen 17. Jahrhundert im weiteren Verlauf der frühen Neuzeit schwächer wird, deswegen aber nichts an Dignität und Bedeutung für die deutsche Geschichte einbüßt. Das sind die Freiheits- und Aufstandsbewegungen der Untertanen gegen den heraufziehenden frühmodernen Staat, die den Anspruch erhoben, sowohl bei der Definition als auch bei der praktischen Durchsetzung des »gemeinen Besten« ein Wort mitzureden. Die höchsten Ziele des politischen Handelns sollten nicht der erstarkenden Bürokratie vorbehalten bleiben, so informiert und qualifiziert sie auch sei. Im Anschluß an das Bauernkriegsjubiläum von 1975 hat man diese Aufstandsbewegung vor allem im ländlichen Bereich erforscht. Darüber drohen nun fast die Freiheitstraditionen der Städte und des Stadtbürgertums in Vergessenheit zu geraten. Unter dem Paradigma »Stadtrepublikanismus« wird ihnen hier ein besonderes Augenmerk geschenkt.

Das Buch ist meinen Söhnen gewidmet – als Ausdruck der familiären Verbundenheit und als Zeichen der Verpflichtung des Historikers gegenüber der jeweils folgenden Generation. Die vergangene Erfahrung möge ihr dazu dienen, die zukünftige Gegenwart zu gewinnen.

Heinz Schilling — Gießen, 1. Januar 1988

I.
Deutschland auf dem Weg in die Neuzeit

Man theilt vorzeiten die Länder von einander durch Berg und Wasser / aber jetzund scheiden die Spraachen / Regiment vnd Herrschafften ein Landt von dem andern. Und demnach nennen wir zu vnsern zeiten Teutschlandt / alles das sich Teutscher Spraachen gebraucht / es lige gleich vber oder hiejenet dem Rhein oder Thonaw. Und streckt sich also jetzund Teutschlandt in Occident biß an die Maß / ja auch etwas darüber im Niderlandt / da es an Flandern reicht. Aber gegen Mittag spreitet es sich biß an die hohen Schneeberg / vnd in Orient stoßt es an Ungern und Poland. Aber gegen Mitnacht bleibt es am Meere wie vor langen zeiten.

Vor alten zeiten ist Teutschlandt nicht also gescheiden und zertheilt gewesen in mancherley Hertzogthummen / Fürstenthummen / Graffeschafften / Bistumben und Abteyen / wie zu vnsern zeiten ... Darnach ... das Keyserthumb an die Teutschen kam / seind mancherley Hertzogthummen / Graffeschafften / Bisthumben / Apteyen vnnd andere Herrschaften auffgericht worden / vnnd ist das Landt in mancherley theilung kommen / wie wir dann jetzund sehen. Uber Rhein seind Holandt / Braband / Gellern / Lothringe / Westereich / Rheinstram / Elsaß vn Schweytzerlandt. Hiejenet des Rheins ist Frießlandt / Westphalen / Braunschweig / Sachsen / Hessen / Thüringen / Meyssen / Schlesy / Francken / Schwaben / Die inner vnnd ausser Marck / Pomern / Preussen / Meckelburg / Märhern / vn Nortgow. Uber der Thonaw ist Oestereich / Steirmarck / Beyerlandt vnnd Etschlandt. Und wann ich den Schwartzwald / Ottenwald / Wyrtenberger / Hegow / Brißgow / Algow / Wedderaw / Hunesruck / Westerwald/ vnnd dergleichen viel andere kleine Länder / auch zu den vordrigen zehlen wolt / würd die zahl Teutscher Provintzen gar groß werden / darvon die Alten gar nichts gewußt haben.[1]

Als der Humanist Sebastian Münster in Basel, wo er die Professur für Hebraistik innehatte, seine Weltbeschreibung verfaßte, war in Europa vieles im Umbruch. Es schien ihm daher wenig tauglich, den Kontinent nach geographischen Gesichtspunkten zu unterteilen, wie das vorzeiten üblich gewesen war. Um die europäischen Länder und Staaten voneinander zu unterscheiden, wählte der Kosmograph zwei neue Kategorien: die Sprache und das Regiment beziehungsweise die Herrschaft. »Engellandt und Schottland auf den Britannischen Inseln«, »Hispania« und »Gallia oder Franckreich«, die Münster in den ersten Büchern beschreibt, machen ihm da nur wenig Schwierigkeiten. Anders das »Teutsche Landt«. Denn »Sprache« und »Regiment«, die beiden neuen, neuzeitlichen Kriterien der politischen Gliederung, decken sich hier nicht so ohne weiteres. Es gibt zwar eine »Sprach- und Kulturnation«, diese ist aber in »mancherley Herrschaften und Regiment geschieden und zertheilt«. Dies alles war darauf zurückzuführen – so ist dem historischen Rückblick zu entnehmen –, daß vorzeiten »das Keyserthumb an die Teutschen kam«. Denn Kaisertum und Reich waren universell und übernational.

In Mitteleuropa bestand zu Beginn der Neuzeit eine Spannung zwischen einem älteren und einem neueren Prinzip politischer Organisation, zwischen dem vorstaatlichen Reich, das mehr umfaßte als das Gebiet »Teutscher Sprache«, und den Landesherrschaften, die den Weg in die frühmoderne Staatlichkeit angetreten hatten, aber nicht im nationalen, sondern im partikularen Rahmen. Und noch vieles andere war oder geriet gerade in jenen Jahren in eine neue Schwebelage. So etwa die Zugehörigkeit der Schweiz, deren Loslö-

Der Kosmograph Sebastian Münster beschreibt das Reich in dem Moment, als die politische Aufteilung Deutschlands in eine Vielzahl von Einzelstaaten feststeht. So begleitet das Problem der Einheit in der politischen Teilung die Geschichte Deutschlands schon seit Beginn der frühen Neuzeit.

sung von Deutschland bereits weit vorangeschritten war, und dann die der Niederlande einschließlich Belgiens, weil diese beiden Länder seit den Burgunderherzögen ein Eigenleben führten und auch von den Habsburgern als ein besonderer, mehr neben als im Reich stehender Verwaltungs- und Rechtsraum behandelt wurden. Auch die Einordnung Böhmens machte Schwierigkeiten, das zwar ein eigenständiges Königreich, aber durch Personalunion und Beteiligung an der Kaiserwahl eng mit dem Reich der Deutschen verbunden war. Hier wie anderwärts im Osten – etwa im preußischen Ordensstaat oder in Siebenbürgen – wird besonders deutlich, wie die Bestimmung Deutschlands nach Sprache und Siedlung die staatlich-politische Wirklichkeit verfehlte oder bewußt außer acht läßt. Es gehört zu den mittelalterlichen Zügen des deutschen Reiches, daß seine Grenzen nur schwer zu bestimmen waren.

Vor allem aber macht die »Beschreibung Teutscher Nation« eines deutlich: Die Spannung zwischen kultureller und politischer Nation, die bis heute die deutsche Geschichte bestimmt, war auf der Zeitenwende vom Mittelalter zur frühen Neuzeit bereits ein altes Problem. Deutschland konnte den Weg in die Neuzeit nicht als junger Nationalstaat antreten. Für England, Frankreich und Spanien im Westen und die skandinavischen Königreiche im Norden war das einfacher. Das Erbe des Mittelalters wog dort leichter, oder es ließ sich mit den Bedürfnissen der neuen Zeit vereinbaren. In der Mitte Europas dagegen wirkte das mittelalterliche Kaiserreich, das sich als Erbe des Imperium Romanum verstand, bis tief in die Neuzeit hinein; das gilt für Deutschland wie für Italien, die beide erst im 19. Jahrhundert unter dramatischen Umständen zum Nationalstaat fanden.

Das Kaiserreich des Mittelalters wurde zum Alten Reich der Frühneuzeit. Es ragte als vor- und überstaatliche politische Institution »einem Monstrum gleich«[2] aus einer Vorzeit in die Frühmoderne hinein, denn nach der geographischen Erstreckung war es neben Polen das größte aller politischen Gebiete Alteuopas. Der neuzeitliche Staat, der anderwärts auf nationaler Ebene entstand, setzte sich in Deutschland in den Territorien durch. Altes Reich und frühmoderne Fürstenstaaten in den Territorien - diese spannungsreiche Dualität bestimmte zwischen Reformation und 19. Jahrhundert das öffentliche Leben der Deutschen und der anderen mit ihnen unter dem Dach des Reiches vereinten Völker. Auch die Rolle, die Deutschland oder die Einzelstaaten, in die es schließlich zerfiel, im Mächteeuropa der frühen Neuzeit spielen konnten, war durch das Weiterbestehen des Reiches weitgehend festgelegt.

Nicht nur in der Verfassung und in der Politik, sondern auch in der Kirche und im religiösen Leben wirkten in Deutschland Glanz und Schwere des Mittelalters stärker fort als anderswo in Europa: Luthers theologische Wende, die Deutschland über Generationen in Unruhe versetzte, war eine Folge der spätmittelalterlichen Ungewißheit am Heil; im geistig-kulturellen Leben anderer Länder war dagegen die auf das Diesseits gerichtete Intellektualität der Renaissance und des Humanismus prägend. Das Problem einer universellen Reform der Kirche - auch dies ein mittelalterliches Thema - berührte Deutschland ungleich stärker als irgendein anderes Land der Christenheit, war doch das politische Oberhaupt des Reiches als Kaiser zugleich für die Kirche und die universelle Christenheit mitverantwortlich. Hinzu kam, daß in den geistlichen Fürstentümern Erzbischöfe, Bischöfe und Äbte, Männer der Kirche also, politisch-weltliche Funktionen ausübten. Die Erzbischöfe von Köln, Mainz und Trier gehörten sogar dem Kurfürstenkollegium an, das den Kaiser wählte und neben ihm die höchste politische Verantwortung für das Reich trug. Zudem hatte die Kirche die vornehmsten Erzämter des Reiches inne.

Selbst mit der Ökonomie verhielt es sich nicht anders: Handel, Gewerbe und Finanzgeschäfte hatten in Deutschland während des späten Mittelalters starke Impulse erhalten, die in der werdenden Neuzeit noch lange nachwirkten. Die Umstellung auf die neuen Handelswege und die neuen Formen und Bedingungen des Wirtschaftens fiel den Deutschen gerade deshalb schwer, weil die Geschäfte unter den spätmittelalterlichen Verhältnissen geblüht hatten und das Reich ökonomisch an die Spitze der europäischen Länder getreten war.

Aus diesen Bindungen an das Mittelalter ergaben sich auf dem Weg der Deutschen in die Neuzeit vier Kardinalprobleme:

- die Verfassungsfrage, das heißt die Frage, wie das Reich des Mittelalters umzubilden sei, damit es in der rechtlich und politisch veränderten Welt der Neuzeit seine Funktionen erfüllen konnte;
- die Kirchenreform, die durch das Auftreten Luthers zur Reformation und zur Konfessionalisierung wurde;
- die gestaltende Teilnahme am internationalen Mächtespiel von der Mitte Europas aus, zunächst noch unter dem Anspruch einer kaiserlichen Gesamtverantwortung für die Christenheit, dann aber, nach dem Scheitern der universellen Kaiseridee Karls V., von dem partikularen Reich der Deutschen und seinen Teilstaaten aus;
- schließlich die Einstellung auf die neuzeitliche Wirtschaft, die nun auf den Atlantik und die Ostsee statt auf das Mittelmeer bezogen war und sich zunehmend zu einer transkontinentalen Weltwirtschaft entwickelte. Auch das war eine Aufgabe für Generationen, die im 16. Jahrhundert nur in Ansätzen gelöst werden konnte. Nach dem

Dreißigjährigen Krieg, der schwere Wunden geschlagen hatte, mußte hier Mitte des 17. Jahrhunderts ganz von vorne begonnen werden.

Verfassungsfrage, Reformation, Mächteeuropa und Anpassung an die frühmoderne atlantische Weltwirtschaft waren die konstanten Herausforderungen, die als rote Fäden die deutsche Geschichte der nächsten Jahrhunderte durchzogen. Die Rahmenbedingungen setzte ein demographisches und konjunkturelles Geschehen, das im 16. Jahrhundert die Bevölkerung und die Wirtschaft kräftig wachsen ließ, dann aber für mehrere Generationen in die Krise geriet. Dies alles prägte den Handlungshorizont, vor dem Kaiser, Fürsten und Männer der Kirche, Ritter, Bürger und Bauern sich bewegten, wenn sie verändernd oder bewahrend in die öffentlichen Dinge eingriffen. Und es bestimmte die Lebensumstände der vielen Millionen, die aus ihren kleinen Kreisen nicht heraustraten.

1. Politik, Kultur und Religion. Tradition und Erneuerung

Die Verfassungsfrage

Bereits im späten Mittelalter, beschleunigt dann im 16. Jahrhundert, setzte ein qualitativer Umbruch in der politischen Verfaßtheit ein, also in der politischen Organisation der europäischen Gesellschaften. Es entstand, was wir heute »Staat« nennen. Wir neigen dazu, eine Institution wie den Staat, ohne den gesellschaftliches Zusammenleben uns heute kaum möglich erscheint, als etwas anzusehen, das es im Kern immer schon gegeben haben muß, nur in anderer, womöglich reduzierter und weniger perfekter Form. In Wahrheit ist der Staat als institutioneller, behördenmäßig regierter, sachlich-theoretisch durch eine höchste Gewalt definierter Flächenstaat ein Produkt des historischen Prozesses, und zwar jener Jahrhunderte um die Wende des Mittelalters, die wir als »werdende Neuzeit«[3] begreifen.

Es wird darüber gestritten, ob man von einem »Staat« des Mittelalters sprechen darf oder ob der Begriff »Staat« nicht vielmehr dem neuzeitlichen Erscheinungsbild vorbehalten werden soll. Das ist ein Streit um Worte, wenn man sich bewußt ist, daß ein qualitativer Unterschied zwischen den vorneuzeitlichen und den neuzeitlichen Formen politischer Organisation besteht. Dieser Unterschied ist terminologisch und inhaltlich gut getroffen in der Entgegensetzung vom »Personenverbandsstaat« des Mittelalters und dem »institutionellen Flächenstaat« der Neuzeit.[4]

Im Mittelalter war das politische Leben von den Personen bestimmt. Der König und die ihn beratenden Großen waren die Stützpfeiler des Reichsgebäudes, vom königlichen Hof aus spannte sich ein Personengeflecht, das die einzelnen Teile des Reiches mit unterschiedlicher Dichte überzog, so daß es in Deutschland königsnahe und königsferne Zonen gab.[5] In den Territorien sah es ganz ähnlich aus. Dort ging die politische Organisation von den Fürsten, Grafen oder Herren aus, deren Burgen Mittelpunkte personaler Verflechtungen waren. Bei den kleineren Dynasten war das in der Regel kaum mehr als ein Kreis von wenigen Familien in unmittelbarer Nähe ihres Stammsitzes. Das Band, das die Personen und damit den »Staat« zusammenhielt, war das Lehnsrecht. Da personale Beziehungen über weite Entfernungen hinweg und unabhängig von räumlich-geographischen Zusammenhängen geknüpft werden konnten, war die »Fläche« sekundär für diesen »Staat«. Auch Grenzen im modernen Sinne, also als genau bestimmbare Begrenzung der Fläche eines Staates, gab es nicht. Vielmehr waren die »Personenverbände« durch mehr oder weniger breite Übergangszonen wachsenden oder schwindenden Einflusses abgegrenzt. Personen und nicht Institutionen waren die Träger von Verwaltung und Regierung.

Der »institutionelle Flächenstaat« der Neuzeit ist in all dem genau das Gegenteil. Er ist definiert durch räumliche Erstreckung und Begrenzung. Regiert und verwaltet wird er durch fachlich qualifi-

Die territorialen Mächte des Heiligen Römischen Reiches, Holzschnitt von Hans Burgkmair, Augsburg 1511

Seit dem frühen Mittelalter wurden das Reich und seine Glieder dargestellt als Reichsadler, dessen Gefieder die Wappen der einzelnen Reichsstände aufgesetzt waren. Wir finden solche Darstellungen in Hunderten von Varianten bis hinab in die Alltagskultur, etwa auf Trinkgefäßen; sie alle bezeugen, daß der Reichspatriotismus der Deutschen die politische und konfessionelle Zerteilung überdauerte.

zierte Beamte, die in institutionalisierten Behörden mit festumrissener Sachkompetenz arbeiten und über ihre Tätigkeit Rechenschaft ablegen müssen. Gelenkt wird der neuzeitliche Staat durch eine höchste Staatsgewalt. Seit dem ausgehenden 16. Jahrhundert setzte sich dafür der Begriff der Souveränität durch, wie ihn der französische Kronjurist Jean Bodin in seinen »Six livres de la république« definiert hat. Der Souverän duldete fortan im Innern des Staates keine gleichrangigen Gewalten mehr neben sich. Nach außen, anderen Staaten gegenüber, ist der souveräne Staat völlig unabhängig. Hier gilt das Gesetz der »Staatsräson«.

Die Ablösung des einen Staatstyps durch den anderen erfolgte natürlich nicht von heute auf morgen, sie war eine Angelegenheit von Generationen, ja von Jahrhunderten. Nicht überall hat sich der moderne Staatstyp während der frühen Neuzeit voll zu entfalten vermocht. Aber die Richtung war angegeben. Es ging um die Verflächung des Staatsgebietes, das heißt die Beseitigung von Enklaven anderer Hoheitsträger und Arrondierung des eigenen Territoriums durch Zugewinne günstig gelegener Nachbargebiete. Eine frühmoderne Beamtenschaft und bürokratische Regierungs- und Verwaltungsinstitutionen auf zentraler wie lokaler Ebene waren aufzubauen. Die Politik der Fürsten zielte darauf ab, eine einheitliche Landeshoheit zu etablieren und diese mehr oder weniger autokratisch auszuüben. Das bedeutete, daß der Adel, die Kirche und die

Städte, die im Mittelalter eigene »Hoheitsrechte« übertragen erhalten oder einfach an sich gezogen hatten, diese nicht mehr kraft eigenen Rechts und in Konkurrenz zu den Fürsten ausüben durften, sondern nur als delegierte Rechte, kontrolliert und dirigiert durch die staatliche Bürokratie.

Das schuf notwendigerweise die Tendenz der Monarchen und Fürsten, die an der Spitze der mittelalterlichen Lehenspyramide gestanden hatten, die neue Souveränität für sich alleine zu beanspruchen und die Stände, die sich im mittelalterlichen Staat zu Mitträgern politisch-öffentlicher Gewalt entwickelt hatten, auszuschalten. In all dem kam den Monarchen und ihrer frühmodernen Beamtenschaft das römische Recht zustatten, das bekanntlich ein kaiserliches Recht war, also die öffentlichen Dinge auf die monarchische Staatsgewalt bezog. Die Rezeption des römischen Rechts ging mit dem Aufstieg des frühmodernen Fürstenstaates Hand in Hand. Es entwickelte sich ein Herrscherideal, das alle Macht und allen Glanz auf eine einzige Person übertragen sehen wollte. Als sich dann im 16. und 17. Jahrhundert die realen politischen und gesellschaftlichen Veränderungen Schritt für Schritt durchgesetzt hatten, war die Voraussetzung dafür geschaffen, daß »die unermeßliche Machtfülle, die in diesem Ideal dem Herrscher zugeschrieben wurde, ... eine gewisse Entsprechung in der Realität ... finden« konnte.[6]

Die konkreten Wege und die Rhythmen dieses Prozesses, den man frühneuzeitliche Staatwerdung nennt, waren in den einzelnen Ländern Europas unterschiedlich. In Deutschland erwies sich das Erbe des Mittelalters in doppelter Weise als prägend: durch die Realität des vor-nationalen Heiligen Römischen Reiches Deutscher Nation mit seinem übernationalen Kaisertum und durch die vielen Fürsten und Herren, die ehemals königliche Hoheitsrechte an sich gebracht hatten und sich daran gewöhnt hatten, ihre Länder weitgehend unabhängig vom Reichsoberhaupt zu regieren. Ob und wie sich in diesem politischen Verband die Verdichtung der Staatlichkeit und ihre Konzentration in einer höchsten Staatsgewalt würden durchsetzen können, das war das entscheidende Problem der seit 1495 in immer neuen Anläufen versuchten Reichsreform. Würde sich in Deutschland am Ende doch noch ein zentral gelenkter Reichsstaat des Kaisers etablieren, oder führte der Weg zu einem ständisch-korporativ regierten Reich der Fürsten? Oder würde in der Mitte Europas die verbindende politische Ordnung gar ganz auseinanderbrechen in eine Vielzahl von Staaten deutscher Zunge?

Im Mittelalter waren Vorentscheidungen gefallen, die in der Rückschau die Chance eines zentralistischen Reichsstaates sehr gering erscheinen lassen. Für die Handelnden taten sich im 16. und frühen 17. Jahrhundert jedoch immer wieder offene Situationen auf, in denen sie um alternative Lösungen in die eine oder andere Richtung zu ringen hatten: Nachdem es Karl V. zuletzt gelungen war, den Kaiserstaat zu errichten, bedeutete das Augsburger Gesetzeswerk von 1555, das mit dem Begriff Religionsfrieden nur unvollkommen umschrieben ist, eine wichtige Etappe beim Aufbau der Fürstenstaaten. In der Frühphase des Dreißigjährigen Krieges schien sich dann kurzfristig nochmals die Chance einer Revision der Verfassungsfrage zugunsten des Kaisers zu eröffnen. Erst der Westfälische Friede von

1648 gab Deutschland eine fortan stabile politische Ordnung, die dem Alten Reich wie den neuen Fürstenstaaten gleichermaßen Raum ließ. Die Verteilung der politischen Gewichte zwischen Kaiser, Reich und den an Macht zunehmenden Großterritorien war indes auch danach von Fall zu Fall neu zu bestimmen.

Die deutschen Territorien konnten somit im Verlaufe des 16. Jahrhunderts den Weg in die neuzeitliche Staatlichkeit antreten. Vollendet haben ihn nur die größeren Herrschaftsgebiete - strenggenommen nur Preußen und Österreich, die im 18. Jahrhundert nach innen und außen zu faktisch souveränen europäischen Großmächten wurden. In den kleinen wie den großen Territorien des Reiches hatte sich im Verlaufe des späten Mittelalters die Stellung der Landesherren so gefestigt, daß sie den ersten Anspruch auf die neudefinierte Staatsgewalt erheben konnten. Die über Jahrhunderte angesammelten Rechte, die die spätmittelalterliche Landesherrschaft ausmachten, wurden zusammengeschmolzen zur »superioritas territorialis«, der Landeshoheit der Neuzeit, und - wo dieser letzte Schritt möglich war - zur Souveränität im staatsrechtlichen Sinne. Die deutschen Fürsten setzten den »frühmodernen Staatsbegriff« ein, um die noch additiv nebeneinanderstehenden Rechte der mittelalterlichen Landesherrschaft in einer einheitlichen Staatsgewalt zu konzentrieren und dieser alle partikularen Kräfte zu subsumieren. So wurde die frühmoderne Staatsbildung in den deutschen Territorien zu einem Ringen zwischen monarchischer Gewalt, die zum Absolutismus strebte, und Libertät der Landstände, die zäh ihren Anspruch verteidigten, Mitverantwortung für die öffentlichen Dinge zu tragen. Die Kleinräumigkeit der territorialen Verhältnisse machte diese Kämpfe, die auch anderwärts in Europa auszutragen waren, in Deutschland besonders erbittert. Nicht selten wurden sie grotesk, wenn nämlich einer der zahlreichen Duodezfürsten meinte, sich wie der französische Sonnenkönig präsentieren zu müssen, der seit dem ausgehenden 17. Jahrhundert die Normen für die höfische Welt in Europa setzte.

Die Auseinandersetzungen zwischen Fürsten und Landständen zogen sich bis weit ins 18. Jahrhundert hinein, Phasen akuter Zuspitzung, etwa in der Reformationsepoche, wechselten mit Phasen der Ruhe und Verständigung. Von Landschaft zu Landschaft waren es andere soziale Kräfte, die sich den Fürsten als Hauptgegner entgegenstemmten: in Ostelbien der Adel; im Nordwesten und an der Ostsee die mächtigen, weil finanzstarken und politisch autonomen »Freistädte«, meist Mitglieder des Hansebundes; in den Fürstbistümern die Domkapitel und andere auf Unabhängigkeit bedachte kirchliche Institutionen. Auch das Ergebnis dieses Ringens war unterschiedlich. Generell wurde die ständische Libertät beschnitten, doch in sehr verschiedenem Umfang. Selbst in den großen, zum Absolutismus voranschreitenden Fürstenstaaten mußte man den korporativen und kommunalen Kräften Freiräume lassen. Es sollte sich zeigen, daß sogar das starke Haus der Hohenzollern einen Kompromiß mit seinem Adel eingehen mußte.

Das Reich und die europäische Staatengesellschaft

Stellung und Funktion des Reiches innerhalb der frühneuzeitlichen Staatengesellschaft bleiben unklar, wenn man nicht im Bewußtsein hat, daß die Deutschen um 1500 nach den Maßstäben der Zeit in einem »Großreich« lebten.[7] Hinzu kam, daß es nach heutigen Begriffen ein »Vielvölkerreich« war, in dem Deutsche mit Slawen, Italienern, Franzosen und Niederländern zusammenwohnten, um nur die wichtigsten Nationalitäten zu nennen. Schon angesichts seiner Erstreckung von Böhmen und Slowenien im Osten bis Savoyen, der Burgundischen Pforte, Lothringen, Brabant und Flandern im Westen und von den Republiken Siena und Florenz im Süden bis zum dänischen Herzogtum Holstein im Norden war das Reich von den meisten politischen Konflikten betroffen, die mit der Auflösung der »societas christiana« des Mittelalters und der Entstehung des neuzeitlichen Mächteeuropa verbunden waren. Noch weiter reichte der sakral fundierte Anspruch des kaiserlichen Amtes, der sich - nicht anders als die geistliche Herrschaft des Papstes - auf die Christenheit insgesamt bezog.

Auf der anderen Seite standen die europäischen Nationen, die ihre neuzeitliche Individualität nur gewinnen konnten, indem sie eben diesen Anspruch bekämpften. Die Herausbildung eines neuzeitlichen Mächteeuropa prinzipiell gleichrangiger Staaten erzwang eine qualitative Veränderung des deutschen Kaisertums. Die neuzeitliche Grenzbildung und das quasinaturhafte Streben der jungen Nationalstaaten nach Arrondierung ihres Staatsgebietes mußte zu Lasten des alten, vorstaatlichen Reiches gehen. Das war besonders im Westen der Fall, wo der erstarkte Nachbar Frankreich jede Chance nutzte, sich auf Kosten des Reiches zu festigen und zu arrondieren. Anders sah es im Osten aus, wo Deutschland mit Polen ein ihm ähnliches, traditionsbeladenes Großreich zum Nachbarn hatte, das in der Spätblüte seines mittelalterlichen Glanzes stand, während in den übrigen slawischen Völkern der nationalstaatliche Wille noch nicht erwacht war.

Eine besondere Situation hatte sich in Italien herausgebildet: Hier war ein Kampfplatz entstanden, auf dem die jungen europäischen Staaten ihre Kräfte maßen, ohne daß einer ein klares Übergewicht hätte gewinnen können. Frankreich und Spanien kämpften und koalierten hier untereinander und mit den einheimischen Mächten, die

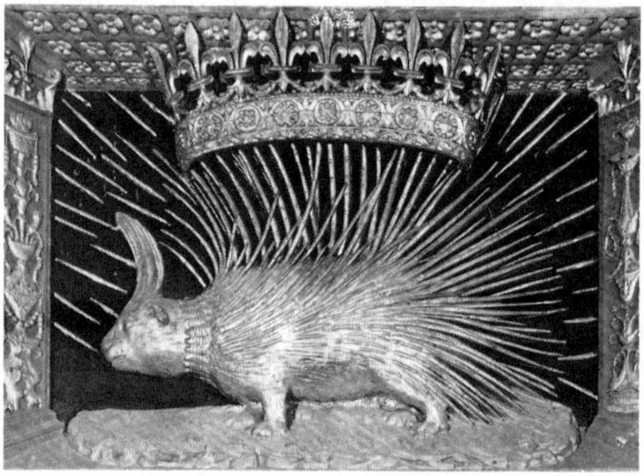

Emblemata Ludwigs XII., Franz' I. und von dessen Mutter Louise von Savoyen aus dem Renaissanceschloß zu Blois

Im europäischen Mächtespiel der beginnenden Neuzeit werden die französischen Könige zu Widersachern der deutschen Habsburgerkaiser. Das nach allen Seiten verteidigungsbereite Stachelschwein steht für Ludwig XII., der dem Feuergeist gleichgesetzte Salamander für Franz I. und der Schwan für Louise von Savoyen.

das große italienische Renaissancezeitalter im Norden und in der Mitte des Stiefels hervorgebracht hatte: Venedig, Mailand, Florenz, Genua und vor allem das Papsttum. Anders als aus den Niederlanden und der Schweiz wurde das Reich aus Italien nicht völlig verdrängt; sein Einfluß reduzierte sich jedoch und beschränkte sich schließlich auf das Herzogtum Mailand und einige kleinere Herrschaften im Norden. Zudem sollten es bald mehr die Interessen der habsburgischen Kaiserdynastie als diejenigen des Reiches sein, die in Italien verfochten wurden.

Damit tritt eine weitere, bei der Gestaltung des neuzeitlichen Europa prägende Kraft hervor: die Dynastien und ihr renaissancehaftes Streben nach Ruhm und Ansehen. Alle führten sie ihren Stammbaum auf die Antike zurück, um in einer Zeit, die von der Wiedergeburt der Kunst und der Wissenschaft aus dem Geist des Altertums lebte, bestehen zu können. Um jedoch die politische Karte des neuen Mächteeuropa entscheidend mitbestimmen zu können, waren neben dem Glanz tatsächlicher und erdichteter Vorfahren militärische und finanzielle Ressourcen unerläßlich. Abgesehen von den spanischen und portugiesischen Königen weit im Westen, deren Blick aber nach Übersee und nicht auf Europa gerichtet war, verfügten darüber zu Beginn des 16. Jahrhunderts nur zwei der europäischen Dynastien: die deutschen Habsburger, die soeben die burgundischen Herzöge beerbt hatten, und die französischen Valois, die an der Spitze eines territorial geschlossenen, in der frühmodernen Staatsbildung beachtlich vorangeschrittenen Königreiches standen und daher bereits in neuzeitlicher Weise das Wirtschafts- und Menschenpotential ihres Landes für ihre politischen Pläne zu mobilisieren vermochten.

Die Dynastien der Habsburger und der Valois waren bereits in scharfen Gegensatz zueinander getreten, als es 1477 um die Nachfolge der Herzöge von Burgund ging. Es war ein großes Erbe, um das sie stritten: Philipp der Kühne (1363-1404), Herzog von Burgund und jüngerer Sohn des Franzosenkönigs Johann II., und seine drei Nachfolger - Johann Ohnefurcht (1404-1419), Philipp der Gute (1419-1467) und Karl der Kühne (1467-1477) - hatten im späten Mittelalter ein von der heutigen Landschaft Burgund bis zu den Niederlanden reichendes großes Herrschaftsgebiet aufgebaut, das aufgrund seiner Lage zwischen Deutschland und Frankreich wie eine Erneuerung des lotharingischen Reiches des frühen 9. Jahrhunderts erscheinen

konnte. Mit Flandern umschloß der burgundische Staat die - nach Oberitalien - wirtschaftlich am weitesten entwickelte und reichste Region des damaligen Europa. Doch waren die Burgunder nicht nur reich, sie waren auch hoch angesehen unter den Fürsten Europas, denn sie pflegten an ihren Höfen Dijon und Brüssel die glänzendste Adelskultur der Epoche. Das faszinierte auch die deutschen Fürsten und Adligen. Vor allem im Westen des Reiches besaß der Herzog von Burgund so viele Anhänger, daß er hoffen konnte, die Königskrone zu erwerben. Sein Ansehen in Europa war so groß, daß ihm viele zutrauten, er würde anstelle des untätigen, des »Schlafmützen«-Kaisers Friedrich die Führung des Türkenkrieges übernehmen.

Andererseits war aber im Westen des Reiches, wo die Herzöge von Burgund ihre Macht auszudehnen versuchten, der Widerstand gewachsen, konzentriert am Oberrhein und in der Schweiz. Die Eidgenossen hatten bereits die Habsburger niedergerungen. Sie waren entschlossen, sich auch gegen die Herzöge von Burgund zu behaupten. In der letzten einer Reihe blutiger Schlachten, bei Nancy (1477), verlor Herzog Karl der Kühne das Leben. Seine Erbtochter, Maria von Burgund, war mit Erzherzog Maximilian verlobt, dem Sohn Kaiser Friedrichs III. Und da Maximilian die Eheschließung ungeachtet aller, vor allem von Frankreich ausgehenden Widerstände durchsetzte, fiel der größere Teil des burgundischen Staates, fielen insbesondere die reichen Niederlande an das Haus Habsburg. Diese Entscheidung war bereits gefallen, als in Frankreich König Ludwig XI. (1461-1483) regierte. Seine Nachfolger Karl VIII. (1483-1498), Ludwig XII. (1498-1515) und Franz I. (1515-1547) blieben jedoch stets bemüht, in kleineren oder größeren Schritten, militärisch oder diplomatisch eine Revision zu erzwingen.

Damit hatte sich zwischen den Häusern Valois und Habsburg eine Rivalität herausgebildet, die über Jahrhunderte hin im wechselnden Spiel der europäischen Allianzen und Konflikte eine Konstante bildete. Als im zweiten Jahrzehnt des 16. Jahrhunderts Spanien an das Haus Habsburg gelangte, verschärften sich die Gegensätze noch: Frankreich lebte fortan bis weit ins 17. Jahrhundert hinein unter dem Trauma einer politischen und militärischen Umklammerung. Bald wurden auch die Völker in die zunächst dynastisch begründete Feindschaft hineingerissen, als nämlich die ersten Wellen neuzeitlich nationaler oder reichspatriotischer Begeisterung Franzosen und Deutsche erfaßten.

Gleichzeitig mit diesem inneren Ringen um die Gestaltung des Mächteeuropa setzte die Herausforderung durch eine nichteuropäische und nichtchristliche Weltmacht ein, die ebenfalls bis ins 18. Jahrhundert hinein anhielt: Das türkische Großreich war über den Balkan und über das Mittelmeer nach Norden und Westen zur Offensive übergegangen. Neben der militärischen Bedrohung brachte dies eine in manchem stimulierende Berührung der Kulturen, vergleichbar den Kreuzzügen des hohen Mittelalters oder der eben begonnenen europäischen Expansion nach Übersee. Noch in anderer Hinsicht ergab sich eine neue Lage: Die Hohe Pforte, der Hof des türkischen Sultans, pflegte eine hochentwickelte Diplomatie, die in die europäischen Dinge eingriff. Mancher europäische Potentat bemühte sich, mit Hilfe der Hohen Pforte seine Position im

Türkischer Janitschar

innerchristlichen Mächtespiel zu verbessern. Vor allem Frankreich ist immer wieder solche Verbindungen eingegangen, um sich der Umklammerung durch die Habsburger mittels einer Gegenumklammerung Deutschlands zu erwehren.

Die Türken, ein zentralasiatisches Reitervolk, waren bereits im hohen Mittelalter nach Vorderasien vorgedrungen, getrieben wahrscheinlich von den Mongolen. Sie setzten sich zunächst in den vorderasiatischen, dann auch in den südosteuropäischen, vor allem griechischen Gebieten des altersschwachen oströmisch-byzantinischen Kaiserreiches fest. In der ersten Hälfte des 15. Jahrhunderts war das einst so machtvolle Ostrom im wesentlichen auf einen kleinen Bereich um die Hauptstadt Konstantinopel zurückgeworfen. Als 1453 auch diese Stadt erobert wurde, stand den Türken endgültig der Weg den Balkan hinauf offen. Die erste Expansionsphase hielt bis etwa 1480 an und erfaßte den Peloponnes als letztes Gebiet Griechenlands, weite Teile Kleinasiens, Albanien und die Krim, deren Tatarenkhan 1478 unterworfen wurde. In den Auseinandersetzungen mit Venedig um den Vorrang im östlichen Mittelmeer wuchsen die Türken zur Seemacht.

Die Osmanen, wie sich die Türken nach ihrem Herrscher Osman I. (1288-1326) nannten, errichteten keinen Einheitsstaat. Sie betrieben auch keine Islamisierung der eroberten Gebiete in Europa; die Christen konnten an ihrem Glauben festhalten. Das osmanische Weltreich bestand aus seinem Kernland in Kleinasien mit der Hohen Pforte in Konstantinopel und einem weiten Kranz unterworfener

Gebiete oder abhängiger Reiche, die durchaus ihre eigene politische und vor allem kulturelle Prägung besaßen, aber dem herrschenden Kriegervolk jede nur mögliche Unterstützung zu gewähren und alle notwendigen Hilfsmittel zur Verfügung zu stellen hatten. In erster Linie bedeutete das eine Stärkung der osmanischen Eroberungsheere, die daher, als sie seit dem frühen 16. Jahrhundert an der Südostgrenze des deutschen Reiches auftauchten, aus einem bunten Völkergemisch mit sehr unterschiedlicher Bewaffnung und Kriegstechnik und vor allem verschiedener Mentalität bestanden.

Die Kerntruppe des osmanischen Heeres wurde von den sogenannten Janitscharen gebildet, einem stehenden Söldnerheer von Fußsoldaten mit einer Stärke von zunächst 40 000, später bis zu 100 000 Mann. Diese Janitscharen waren gewaltsam rekrutierte Kinder der unterworfenen Völker, zum großen Teil also geborene Christen, die ihren Eltern fortgenommen und zu fanatischen Mohammedanern und disziplinierten Berufssoldaten erzogen wurden. Der angesehene Status und die hohe Besoldung der Janitscharen lockten bald auch Freiwillige - Türken wie Christen - in ihre Reihen.

Neben dieser Kerntruppe waren in der Regel tatarische Hilfstruppen an den türkischen Kriegszügen beteiligt - wilde, leicht bewaffnete und daher bewegliche Reiterkrieger, die die Türken selbst »Delis«, die Verrückten, nannten - und Hilfskontingente aus den verschiedenen unterworfenen Ländern: Griechen, Araber, Slawen, Kurden, Kaukasier, Berber und Neger, wechselnd je nach der konkreten politischen und militärischen Konstellation. Es war nicht zuletzt dieses fremde Aussehen der osmanischen Heere, das neben der bösartigen, wilden und grausamen Kriegführung das Abendland in Schrecken versetzte.

Im zweiten Jahrzehnt des 16. Jahrhunderts setzte eine neue Expansionsphase der Türken ein, zunächst vor allem zum Südosten und Süden hin, nach Kurdistan und Mesopotamien, nach Palästina, Ägypten und auf die arabische Halbinsel. Als Schutzherr über Mekka nahm der türkische Sultan den Titel eines Kalifen an und war damit zugleich höchster geistlicher Würdenträger in der islamischen Welt. Auch Europa wurde von der neuen Expansionswelle erfaßt, und zwar durch gleichzeitige Operationen des Landheeres den Balkan hinauf und der Flotte im Mittelmeer. Es war die Zeit des Sultans Soliman oder Suleiman II., des Großen, der von 1520 bis 1566 regierte und die türkische Machtentfaltung auf ihren Höhepunkt führte. Der Stoß galt zuerst Venedig und Ungarn, aber von nun an waren stets auch das deutsche Reich, Polen und Rußland bedroht, ja durch das Vordringen im Mittelmeer und an der Nordküste Afrikas sogar die Interessen Spaniens und des zugehörigen sizilianisch-neapolitanischen Königreiches.

Im Mittelmeer fiel 1522 Rhodos, der bislang von den Johannitern gehaltene Stützpunkt der Christen, in die Hand der Türken; seitdem war das östliche Mittelmeer ein »mare clausum« der Osmanen. Als die Venetianer 1540 ihre letzten Inseln im Ägäischen Meer und ihre letzten Stützpunkte auf dem Peloponnes abtraten, war das nur noch ein Nachspiel. Über den nordafrikanischen Küstenstreifen erreichte die türkische Oberhoheit schließlich auch das westliche Mittelmeer.

Für das Reich wurde die Türkengefahr für fast zwei Jahrhunderte zu einer schweren Belastung, aber auch zu einer Herausforderung an seinen Willen zur Selbstbehauptung, weshalb diese Bedrohung wesentlich zur Entwicklung des mittelalterlichen Personenverbandes »Reich« hin zum frühneuzeitlichen Reichssystem beitrug. Die Türkensteuer wurde zum Motor eines neuzeitlichen Reichssteuersystems; die Türkenabwehr erzwang die Verbesserung der Reichskriegsverfassung. Auf lange Sicht erwies sich das Reich durchaus in der Lage, der Herausforderung die Stirn zu bieten, selbst auf dem Höhepunkt innerer Konflikte, wie etwa zur Zeit der Reformation oder der konfessionellen Konfrontation. Bei der zweiten Belagerung Wiens 1683 sollte sich zeigen, daß die Reichsstände und die anderen den Reichskrieg unterstützenden europäischen Mächte den Türken militärisch und politisch überlegen waren. Hier begann die Gegenoffensive, die die Türken im Verlaufe des 18. Jahrhunderts Schritt für Schritt über den Balkan zurückdrängte.

Langfristig und jenseits von Bedrohung und Abwehr hatten die Türkenkriege für die Habsburger und ihren österreichischen Territorialstaat eine ganz andere Bedeutung: Die Habsburger vertraten zwar das Interesse des Reiches, wenn sie sich den Türken entgegenstemmten und Wien als »Bastion des Abendlandes« – wie es propagandistisch wirksam hieß – verteidigten. Zugleich verfolgten sie aber eigene Hausmachtinteressen, die sich nicht immer mit denjenigen des Reiches deckten. Gerade für die Habsburgerterritorien wurde die Herausforderung durch die Türken im 16. Jahrhundert zum mächtigen Motor der inneren Staatsbildung. Im ausgehenden 17. und 18. Jahrhundert förderten die Türkenkämpfe dann entscheidend den Aufstieg Österreichs zur europäischen Großmacht im System der Pentarchie.

Weltgeschichtlichen Rang erhielten die Türkenkämpfe schließlich auch durch ihre indirekte Wirkung auf die deutsche Reformation,

Die Schrecken des Krieges, Gemälde von Pauwels Franck (Paolo dei Franceschi)

Der flämische Maler hatte seit 1573 mehrere Jahre in Venedig in der Werkstatt Tintorettos gearbeitet. Seit Juli 1580 malte er im Auftrag der Fürsten Fugger für deren Schloß in Kirchheim eine Serie von Historien- und Mythologiebildern, darunter wohl auch dieses Gemälde. Dargestellt ist die Verwüstung einer Hafenstadt durch türkische Krieger. Man meint Venedig zu erkennen, das die Türken indes in Wirklichkeit nie eroberten.

denn Luther deutete sie als Zeichen einer apokalyptischen Endzeit. Paradoxerweise sind es dann aber gerade die Türken gewesen, die Luthers Lehre retteten, denn der Kaiser und sein Bruder Ferdinand sahen sich immer aufs neue zu Zugeständnissen an die protestantischen Reichsstände gezwungen, um deren Hilfe gegen den muslimischen Feind zu gewinnen.

Auf die Zeit des habsburgischen Universalismus und seiner Herausforderung durch Frankreich und die Osmanen folgte Mitte des 16. Jahrhunderts das Zeitalter der spanischen Hegemonie, das seinerseits ein Jahrhundert später vom System des Westfälischen Friedens mit den Garantiemächten Frankreich und Schweden abgelöst wurde. Aus den großen Kriegen, in denen diese Ordnung zu Beginn des 18. Jahrhunderts versank, ging die Pentarchie der fünf sich gegenseitig ausbalancierenden Großmächte hervor.

Es gehört zu den Höhen und Tiefen deutscher Geschichte, daß das Reich und die deutschen Einzelstaaten in jedem dieser internationalen Systeme eine wichtige Rolle spielten und daß alle Veränderungen stets auf dem Boden des Reiches ausgefochten wurden.

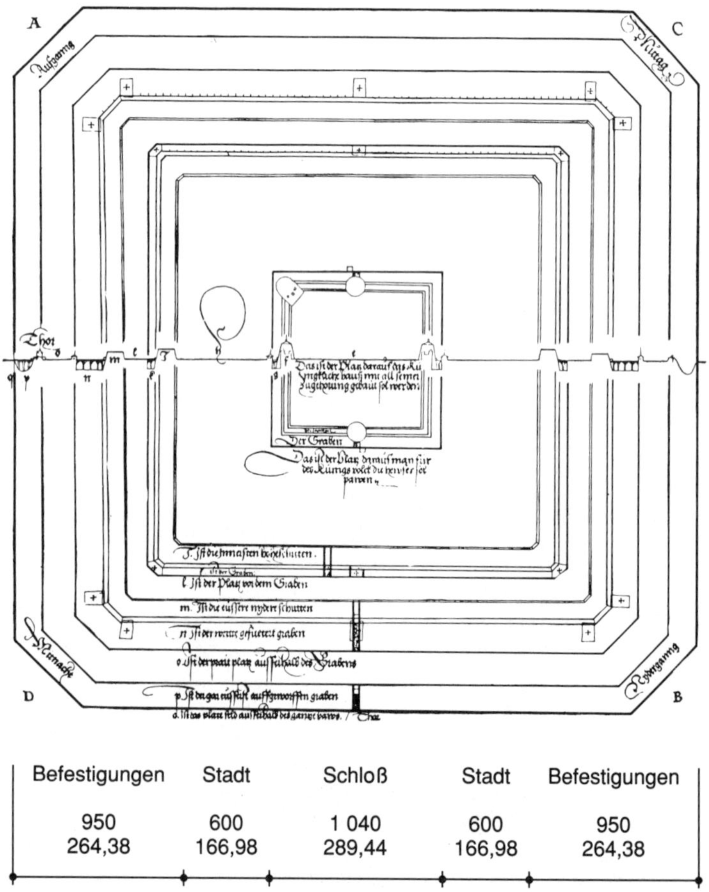

Entwurf einer Idealstadt von Albrecht Dürer aus seinem Werk »Etliche underricht zu befestigung der Stett, Schloß und flecken«, Nürnberg 1527

Die intensive Beschäftigung mit theoretischen und naturwissenschaftlichen Fragen ließ zu Beginn der frühen Neuzeit die ersten Zeichnungen mit anatomischen, perspektivischen und ballistischen Studien entstehen sowie Entwürfe für den Festungsbau oder wie hier für eine Idealstadt.

Die Lebensalter der Frau und der Tod, Gemälde von Hans Baldung Grien

In der Kunst begegnet uns immer wieder der Totentanz und das Vanitas-Vergänglichkeitsmotiv, etwa in der um 1525 entstandenen Holzschnittfolge Hans Holbeins, die drastisch vor Augen führt, daß der Mensch selbst auf dem Höhepunkt des Lebens vom Tod begleitet wird. Dieses Memento mori spricht auch aus der Darstellung Griens, dessen Frauen sich dem Tod zuneigen.

Religion, Kunst und Wissenschaft

Auch im religiösen Leben, auf dem Felde der Künste und dem der Wissenschaften wog das mittelalterliche Erbe in Deutschland schwerer als anderwärts. Das scheint paradox, denn gerade Künstler und Gelehrte hatten ja den Geist der aufbrechenden Neuzeit erkannt und radikal vermittelt. Zu Beginn des 16. Jahrhunderts hatte die Renaissance ihren Siegeszug auch nördlich der Alpen angetreten. Maler, Bildhauer und Architekten begeisterten sich für das diesseitig Schöne und experimentierten mit einer freieren Formensprache. Exemplarisch führte das Albrecht Dürer vor, der im Geist der Spätgotik begonnen hatte, aber auf seinen zwei Italienreisen (1494/95 und 1505/07) tief von dem Neuen ergriffen worden war. Von nun an standen der menschliche Körper und die Natur – von der Miniatur eines Rasenstücks bis zum gewaltigen Alpenpanorama – im Mittelpunkt seines Werkes, aber auch imposante Industrieanlagen wie die Drahtziehmühle oder die an der Pegnitz einander gegenüberliegende Klein- und Großweidenmühle inspirierten ihn. Das war mehr als die bloße Übernahme von Stilelementen, es war eine neue Sicht der Welt und der Dinge, aus denen sie sich zusammensetzt.

Es sind ja immer wenige, in denen sich der Geist einer neuen Epoche am schärfsten ausprägt. Mit dem etwas jüngeren Albrecht Altdorfer, dem Hauptmeister der »Donauschule«, der mythologisches, geschichtliches und religiöses Geschehen in neuzeitlich empfundene Architektur- oder Landschaftsräume plazierte, neigte sich im Norden das Zeitalter der Gotik seinem Ende zu, auch wenn noch beträchtliche Zeit der alte Stil vorherrschend blieb. Dürers Schüler Hans Baldung Grien verlockte das anatomische Interesse der

Renaissance zu immer neuen Versuchen, den nackten Menschen darzustellen, in seiner erblühenden Schönheit wie in der Hinfälligkeit und der Vergänglichkeit des Alters. Lucas Cranach vergewisserte sich der Individualität seiner Zeitgenossen und wurde so zum »Hofporträtisten« des protestantischen Deutschland, dem er mit den großen Altartafeln zugleich eine ganz neue religiöse Malerei schenkte. Selbst an Tilman Riemenschneider, gut zehn Jahre älter als Dürer, der nicht nur in der Gestaltung von Gewandfalten, sondern auch in der Bewegung seiner Madonnen und Heiligen die Gotik zur höchsten Vollendung gebracht hatte, ging das so radikal Neue nicht vorüber. In der individualisierenden und psychologisierenden Behandlung einzelner Figuren wird das am greifbarsten, aber auch beim sparsamen Einbruch der Natur in seine religiöse Bilderwelt.

Auch die humanistischen Studien und die neuen Wissenschaften blühten im Reich. In Wien lehrte der »Erzhumanist« Konrad Celtis, der ein eigenes, den vier Fakultäten der Universität rechtlich gleichgestelltes Humanistenkolleg aufgebaut hatte, das »collegium poetarum et mathematicorum«; weitere Zentren der »studia humaniora«

Die Erscheinung des auferstandenen Christus vor Maria Magdalena, Lindenholzrelief aus dem 1490 bis 1492 entstandenen Münnerstädter Altar von Tilman Riemenschneider, das in der Behandlung des Hintergrundes den Einfluß der Renaissance erkennen läßt.

Durchbrechung des alten Weltbildes, historisierender Holzschnitt, Paris 1888

Das beginnende 16. Jahrhundert war eine Zeit der Verunsicherung, der Suche und der Neuorientierung. Nikolaus Kopernikus, der Domherr von Frauenburg im fernen Ostpreußen, fand die Beweise für die bereits zuvor vermutete Annahme, daß die Sonne und nicht die Erde der Mittelpunkt der Planetenbewegung sei. Dabei ging er noch davon aus, daß sich die Planeten in Kreisbahnen um die Sonne bewegen. Die elliptische Umlaufbahn erkannte erst Johannes Kepler an der Wende zum 17. Jahrhundert. Mit Lauf und Bedeutung der Planeten beschäftigten sich aber nicht nur Wissenschaftler: Flugschriften, erstellt mit dem neuen Druckmedium des Holzschnittes, führten den aufgerüttelten Zeitgenossen ein kosmologisches Geschehen vor Augen, das ihr Leben direkt beeinflußte.

waren Erfurt und die eben gegründete sächsische Landesuniversität in Wittenberg. Aber auch außerhalb der Universitäten bildeten sich Humanistenkreise, die die Studien der antiken Sprachen und die Hinwendung zu den Quellen des antiken Geistes forderten: im Elsaß, in Nürnberg, in den Niederlanden und am Niederrhein. Erasmus von Rotterdam, der ungekrönte König der Humanisten und bis heute unbestritten das Idol der Geisteswissenschaften, arbeitete in Freiburg im Breisgau und in Basel, wo 1516 von dem hochgebildeten Humanisten Johann Froben die erste textkritische Ausgabe des Neuen Testaments in griechischer und lateinischer Sprache gedruckt wurde.

Auch die praktischen und technisch-naturwissenschaftlichen Anstrengungen der deutschen Humanisten gaben die Aufbruchsstimmung der italienischen Renaissance zu erkennen. Überall erschienen Lehrbücher für den seit Anfang des 16. Jahrhunderts rasch expandierenden Unterricht an höheren Schulen. Das betraf vor allem die philologischen Fächer, aber auch den Geographieunterricht, etwa mit der »Germania« des Johannes Cochlaeus, oder die Mathematik, für die 1518 die in Erfurt gedruckte »Rechnung auff der Linihen« des bis heute sprichwörtlichen Adam Riese (1492-1559) erschien.

Die neuzeitliche Kartographie, die zunächst bei den seefahrenden Nationen West- und Südeuropas rasche Fortschritte gemacht hatte, wurde in Deutschland durch die 1501 von Erhard Etzlaub veröffentlichte Straßenkarte eingeleitet. Seiner an den praktischen Bedürfnissen von Kaufleuten und Pilgern orientierten Übersicht gab er den Titel »Das sein die lantstrassen durch das Römische reych«. In Sachsen arbeitete der Arzt und Naturwissenschaftler Georg Agricola (1494-1555) an einer auf empirischen Befunden begründeten Mineralogie und an einer umfassenden Darstellung des Bergbaus. 1530 erschien sein großes Werk »De re metallica«, ab 1557 unter dem Titel »Vom Bergkwerck« auch in deutscher Sprache, eine erste umfassende Enzyklopädie der Bergbau- und Hüttentechnik.

Auf medizinischem Gebiet war Paracelsus, mit vollem Namen

Philipp Theophrast Bombast von Hohenheim, der große Neuerer; er stammte aus einer schwäbischen Adels- und Ärztefamilie und lehrte in Basel, wo er zum Freundeskreis von Erasmus und Froben zählte. Statt auf die autoritativen Schriften eines Galen oder Avicenna gründete Paracelsus seine medizinische und pharmakologische Lehre auf empirische Beobachtungen. Ein ruheloses Wanderleben war der Preis seiner gewagten Modernität, bis er eine feste Anstellung beim Erzbischof von Salzburg fand. Schließlich Nikolaus Kopernikus (1473-1543), Domherr in Frauenburg im fernen Preußen. Er beobachtete den Umlauf der Himmelskörper und gewann dabei den kühnen und gefährlichen Eindruck, die Erde kreise um die Sonne und könne somit nicht der Mittelpunkt des Universums sein. Das war eine These, die bei den Autoritäten des alten wie des neuen Glaubens auf heftigen Widerspruch stoßen mußte. Noch 1543, im Todesjahr des Kopernikus, war es unmöglich, sein Hauptwerk »De revolutionibus orbium coelestium« (Über den Umlauf der Himmelskörper) unzensiert zu veröffentlichen. Der Nürnberger Verleger, der das Wagnis des Druckes auf sich nahm, ersetzte das originale Vorwort des Autors durch einen Kommentar aus der Feder des protestantischen Theologen Andreas Osiander, der die Kopernikanischen Erkenntnisse vorweg widerrief. Es sollte noch Generationen dauern, bis das heliozentrische Weltbild seinen Siegeslauf antreten konnte.

Aber Kunst und Wissenschaft waren das eine, und die Mentalität der vielen war das andere. Die Hinwendung der Künstler zur Diesseitigkeit prägte das Lebensgefühl der Menschen nicht, und noch lange waren die neuen Wege und Methoden der Wissenschaften heftig umstritten. Die Scholastik besaß feste Bastionen; berühmte Universitäten beharrten bei der Erkenntnis der Wahrheit auf der »via antiqua«, dem eingeführten und bewährten »alten Weg«. Die Dominikaner, denen die Päpste schon 1232 die Inquisition übertragen hatten, waren erbitterte Gegner der Neuerer. So lud der Ketzermeister Jakob von Hochstraten den Humanisten und Hebraisten Johannes Reuchlin vor sein Inquisitionsgericht, da dieser sich gegen den konvertierten Juden Johannes Pfefferkorn stellte und für den Erhalt der Judenbücher eintrat.

Ungeachtet all dieser Strömungen wandelte sich die ganz und gar mittelalterliche Prägung der religiösen Spiritualität und des kirchlichen Lebens in Deutschland kaum. Die Aufbruchsstimmung von Humanismus und Renaissance übertrug sich nicht. Zu Anfang des 16. Jahrhunderts war das Lebensgefühl der Bewohner der verschiedenen Teile des deutschen Reiches noch nicht von der Frage nach der Selbstverwirklichung der eigenen Persönlichkeit in der Welt bestimmt. »Was für ein Mensch ich war und wie es meinen Werken ergangen«, darüber suchte der italienische Dichterfürst Francisco Petrarca (1304-1374) bereits im 14. Jahrhundert in seinem berühmten »Brief an die Nachwelt«[8] selbstbewußt Zeugnis abzulegen. Renaissancemenschen wie Petrarca, die sich zuerst um das Urteil der Welt sorgten, wenn sie an die Zeit nach ihrem Tode dachten, waren in Deutschland zu Ende des Mittelalters selten. Bis in den reformatorischen Umbruch hinein bewegte die Menschen hier vor allem die Frage nach dem ewigen Seelenheil. Sie fürchteten sich vor einem unerwarteten Tod, weil sie sich des Heils ihrer Seele nicht gewiß

Luther als Hercules Germanicus, Holzschnitt von Hans Holbein d. J., 1520

Die auf dem Höhepunkt der reformatorischen Bewegung entstandene Darstellung zeigt einen keulenschwingenden Luther, der die hergebrachten Autoritäten zerschmettert. Im nächsten Augenblick wird er den Kölner Dominikaner und päpstlichen Inquisitor Jakob von Hochstraten treffen, den bereits die humanistischen Dunkelmännerbriefe verspottet hatten.

waren. Sie suchten Schutz bei den Heiligen ihrer Kirche, vor allem bei der Mutter Gottes, von der sie sich Fürbitte vor dem richtenden Gott erhofften.

Das war nicht überholte Religiosität des »einfachen, ungebildeten Volkes«, das hinter der Zeit zurück war. Gerade ein so hochgelehrter und mächtiger Herr wie Friedrich der Weise, Kurfürst von Sachsen, sammelte mit Inbrunst Reliquien von Heiligen, um sich entsprechend der herrschenden Lehre durch den Gnadenschatz der Kirche des ewigen Seelenheils zu vergewissern.

Der reiche Göttinger Ratsherr Hans von Oldendorp, »eine der prominentesten Figuren des damaligen Göttinger Establishments«, vermachte den Kirchen seiner Vaterstadt 115 Gulden, damit dort alljährlich für ihn und seine beiden Ehefrauen Gedächtnismessen gelesen würden. Die beträchtliche Summe, von der eine kleine Familie acht Jahre hätte leben können, setzte er ein, damit »in 13 Kirchen an der Verkürzung ihrer Zeit im Fegefeuer gearbeitet [werde], und dies ... bis zum Jüngsten Tag«.[9] Den Jurastudenten Martin Luther - nach Herkunft und Lebensplanung alles andere als ein rückwärtsgewandter Einzelgänger - trieb die Angst um sein Seelenheil dazu, sich aus der Welt zu verabschieden, um im Kloster Heilsgewißheit zu suchen.

So dachten und handelten Millionen, bis hinab zu der armen Witwe, die sich mühsam ein paar Groschen vom Mund absparte, um wenigstens einer einmaligen Seelenmesse sicher zu sein. Für die Reichen war das um so attraktiver, als sie mit den Stiftungen für Priester und Arme ja zugleich ihren sozialen Status in dieser Welt festigten.

Schreinmadonna mit eingeschlossenem Gnadenstuhl, Österreich um 1430

Ein beliebtes Motiv bei Malern und Bildhauern war die Schutzmantelmadonna, die Mutter Gottes, unter deren Umhang verschreckte Menschen fromm ergeben Unterschlupf suchen.

Denn »das Ansehen der Spenderfamilien manifestierte sich in aller Öffentlichkeit Jahr für Jahr neu, zumal dann, wenn sich eine Familie auf Generationen hinaus die konkrete Austeilung von Brot, Speck, Heringen oder Bier sicherte«.[10]

Neben solcher Stiftungstätigkeit standen der Wunderglaube, die Heiligenverehrung und die religiösen Bruderschaften, kollektive Vereinigungen zur Sicherung der für das Heil notwendigen Gebete; vor allem aber blühte das Wallfahrtswesen. Noch 1519, zwei Jahre nach dem ersten Auftreten Luthers also, kamen die Wallfahrten zur »Schönen Maria von Regensburg« auf, in denen sich Angst und Heilsverlangen zu einer wahren Massenpsychose steigerten. Nach dem Tod Kaiser Maximilians war es in Regensburg zu einem Pogrom gegen die ihres königlichen Schutzherrn beraubten Juden gekommen, die hier - wie so häufig - als Sündenbock für Unheil, Krankheit und Mißgeschick aller Art herhalten mußten. Beim Abbruch der Synagoge verunglückte ein Handwerker, wurde aber wundersam errettet durch eine seit alters in Regensburg verehrte Marienikone, wie jeder sogleich fest glaubte. Am Ort des Geschehens wurde daraufhin in aller Eile eine Holzkapelle errichtet.

Ein wahres Wallfahrtsfieber befiel den Süden Deutschlands: 25 374 Messen sollen in den ersten drei Jahren gelesen worden sein; allein 1520 wurden 109 198 bleierne und 9 763 silberne Pilgerabzeichen mit dem Bild der Gnadenmadonna verkauft.[11] Ein zeitgenössischer Chronist berichtet:

Ganze Kirchspiele vereinigten sich und kamen 10, 20 und mehrere Meilen weit her, um der schönen Mutter Gottes zu opfern und sich ihrer Fürbitte zu empfehlen. Wenn ein solcher Wallfahrtszug nächtlicher Weile mit Sang und Klang durch die Dörfer zog, so sprangen die Weiber auf und schloßen sich nicht selten im bloßen Nachtgewande demselben an. Wurden sie in ihren Tagsverrichtungen von solchen Pilgerzügen übereilt, so liefen sie mit, wie der Geist der Andacht sie gefunden und ergriffen hatte, und ließen alles im Hause, Kinder und Gesinde und den Stall unversorgt liegen und stehen. In grotesken Gestalten, wie nakte Wilde, mit der Heugabel, mit dem Rechen oder mit einer Sense, die Weiber mit dem Melkfaß in der Hand, kamen viele nach Regensburg. Man hielt sie zum Theil für wahnsinnig oder bezaubert.[12]

Sicher, es gab den »Wegestreit« der Theologen,[13] und die Kirche wurde heftig kritisiert: wegen Geldgier und Mißwirtschaft der Kurie, wegen der Verweltlichung und des Sittenverfalls unter den Priestern und wegen fehlender Bereitschaft zur Reform. Das bedeutete aber nicht, daß sich die Menschen von der Kirche abgewandt hätten. Im Gegenteil, »die Kirche hatte Hochkonjunktur in diesen Jahren«, weil die Menschen ihre Gnadenmittel suchten. Gegenüber manchen Phasen des Mittelalters hat sich ihre »beherrschende Stellung ... in mancher Hinsicht [sogar] noch einmal gesteigert«. Das gilt teilweise auch für andere Länder Europas. »Die Intensität dieser Kirchenfrömmigkeit [war jedoch] ein spezifisch deutsches Phänomen.«[14]

Die tiefe mittelalterliche Religiosität der Deutschen war die Voraussetzung für die rasche Ausbreitung der Reformation: Aus Bilderstiftern wurden Bilderstürmer.[15] Das wiederum führte dazu, daß sich in den Gebieten, die dem Ansturm der neuen Lehre - aus welchen Gründen auch immer - standhielten, rasch ein erneuerter Katholizismus zu festigen vermochte. Er war geprägt durch all jene derben und lebenskräftigen Elemente von Volksfrömmigkeit, die er aus dem Mittelalter herüberrettete und die ihm manchen Vorteil einräumten gegenüber der kargen Wortfrömmigkeit der Protestanten. Da so wichtige Institutionen des Reiches wie das Kaiseramt und die Fürstbistümer rechtlich und politisch aufs engste mit der katholischen Kirche verbunden blieben, war die Spaltung von vornherein abzusehen, es sei denn, es wäre zu einem politischen und gesellschaftlichen Umsturz gekommen.

Wallfahrtszeichen »Zur Schönen Maria«, Silberguß, Größe etwa 6 x 4 Zentimeter

Bis in die Reformationszeit hinein blühte das spätmittelalterliche Wallfahrtswesen. Wer sich etwa zur »Schönen Maria« nach Regensburg aufmachte, konnte ein Pilgerabzeichen erwerben, auf dessen oberer Rahmenleiste das Jahr der Pilgerfahrt verzeichnet war.
Von derartigen Pilgerabzeichen wurden allein im Jahr 1520 in Blei 109 198 Stück und in Silber 9 763 Stück verkauft.

2. Der Frühkapitalismus und die Hochblüte der oberdeutschen Handelshäuser

Auch in der Wirtschaftsgeschichte bahnte sich mit dem Beginn der Neuzeit eine Schicksalswende an. Jene Historiker, die das Auf und Ab der Konjunkturen erforschen, sprechen von einem »langen 16. Jahrhundert« und meinen damit die im ausgehenden 15. Jahrhundert einsetzende und zu Beginn des 17. Jahrhunderts endende Phase rascher Bevölkerungszunahme und damit einhergehender Hochkonjunktur für Agrarprodukte. Das waren entscheidende Rahmenbedingungen, die die anderen Faktoren des ökonomischen Geschehens maßgeblich beeinflußten, vor allem die Preise und die Löhne. Die vormoderne Welt war ja agrarisch geprägt; mehr als drei Viertel der Menschen lebten auf dem Lande und arbeiteten dort. Dazu kamen einschneidende Veränderungen im Handel und bei den Verkehrswegen: die »kommerzielle Revolution« und die Verlagerung der europäischen Wirtschaftszentren vom Mittelmeer an den Atlantiksaum. Durch die zur Mitte des Jahrhunderts mit Macht einsetzen-

Harnisch, vermutlich Augsburg, um 1550

Willkomm der Stadt Vaihingen, Augsburger Meister, 1610

Bis ins 17. Jahrhundert hinein stand das Kunsthandwerk vor allem in den süddeutschen Städten in Blüte. Der Willkomm stellt in Form des schreitenden gekrönten Löwen auf Vierberg das Vaihinger Stadtwappen dar, das Karl V. der Stadt 1530 verlieh.

den Silberimporte aus Spanisch-Amerika wurden die Preise, die bereits durch das innereuropäische Bevölkerungs- und Konjunkturgeschehen angestiegen waren, weiter nach oben gepeitscht, so daß Finanzhistoriker von einem »Zeitalter der Preisrevolution« (1470 bis 1618) sprechen.[16]

In den ersten Jahrzehnten dieser langen Phase konjunkturellen Aufschwungs und ökonomischer Innovationen stand die deutsche Wirtschaft mit an der Spitze der Entwicklung; an ihrem Ende war sie gegenüber ihren westeuropäischen Nachbarn hoffnungslos zurückgefallen. Es sollte über ein Jahrhundert dauern, bis auf total veränderter Basis wieder einigermaßen Anschluß gefunden worden war.

Das ausgehende 15. und die erste Hälfte des 16. Jahrhunderts waren innerhalb der europäischen Wirtschaftsgeschichte eine deutsche Epoche zwischen einem vorangegangenen südfranzösisch-oberitalienischen und einem folgenden atlantisch-nordwesteuropäischen Zeitalter. Deutschland nahm damals eine Spitzenstellung ein, und zwar sowohl im Handel, der im Norden von einer noch starken Hanse und im Süden von den frühkapitalistischen Handelshäusern der oberdeutschen Städte getragen wurde, als auch im Exportgewerbe. Dies war konzentriert im Rheinland und in Oberdeutschland mit einem hochwertigen Metall-und Edelmetallgewerbe - Nürnberger Harnische, Augsburger Silbergeschirr und Silberschmuck, Aachener Messing, bergisches, sauerländisches und Oberpfälzer Eisen - sowie einer Massenproduktion billiger Textilien, vor allem aus Leinen und Mischgeweben mit Baumwolle, insbesondere Barchent, das in der ländlichen Umgebung von Augsburg und Ulm bis hinab zum Bodensee produziert wurde. Wichtiger noch war das Montangewerbe: »mehr Ertzgruben dann kein Landt vmb vns gelegen«, auf diesen Punkt bringt der Kosmograph Sebastian Münster die Bedingungen der deutschen Wirtschaftskraft.[17]

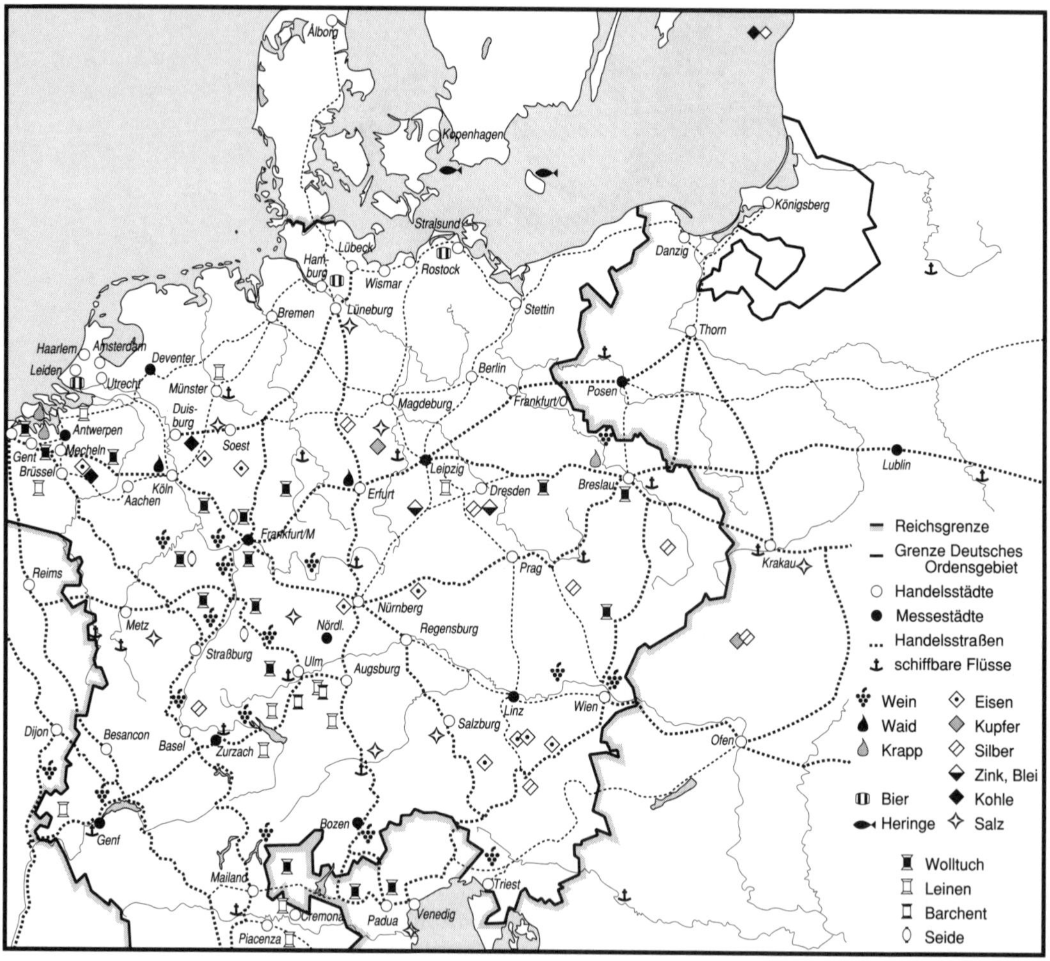

Wirtschaft und Verkehr des Frühkapitalismus

Spitzenstellung und Blüte der Wirtschaft bedeuten in der alteuropäischen Welt aber anderes als in den Industriegesellschaften des 19. und 20. Jahrhunderts. Sie signalisieren nicht eine nationalökonomische Expansion, sondern eine Gleichzeitigkeit von aufsteigenden und absteigenden Linien, von überdurchschnittlichem Wachstum in einzelnen Sektoren und Regionen und damit von ökonomischen und sozialen Verschiebungen, die zu erheblichen Spannungen führen mußten.

Der norddeutsche Hanseraum fiel seit Beginn des 16. Jahrhunderts gegenüber dem Mittelalter zurück, denn die Länder und Völker umspannenden Unternehmungen der hansischen Fernkaufleute, die sich von Brügge im Westen bis Bergen im Norden und Nowgorod im Osten vorteilhafte Wirtschafts- und Rechtsprivilegien gesichert hatten, wurden immer stärker durch die vielfältigen Schranken behindert, die die aufsteigenden Territorial- und Nationalstaaten errichteten. Demgegenüber waren Ober-, Mittel- und Südostdeutschland in die Phase der Hochblüte eingetreten. Hier lagen die Zentren des frühkapitalistischen Wirtschaftssystems, das sich in Italien herausgebildet hatte und in Deutschland während des ersten Drittels des 16. Jahrhunderts im Zenit stand. Es ruhte auf vier Pfeilern: dem Bergbau und Hüttengewerbe; dem Fernhandel, vor allem dem Orienthandel; dem Verlag, das heißt der von Großkaufleuten organisierten Massenproduktion von Gewerbeartikeln; dem Geld- und Kreditgeschäft großen Stils.

Grundlage des ganzen Systems waren die reichen Erzvorkommen im Harz, im Erzgebirge, im Thüringer Wald und in den Alpen. Sie wurden seit Mitte des 15. Jahrhunderts systematisch ausgebeutet, wobei man moderne Bergbau- und Verhüttungstechniken sowie leistungsfähige Finanzierungs- und Betriebsformen entwickelte. Rasch nacheinander wurden zum Teil sehr ergiebige Gruben eröffnet: im Erzgebirge in Schneeberg, Annaberg, Joachimsthal und Marienberg; in den Alpen in Schwaz in Tirol, bei Villach in Kärnten und um Leoben in der Steiermark; im Harz in der Grafschaft Mansfeld und in den Karpathen um Neusohl, außerhalb des Reiches also, aber fest in der Hand deutscher Unternehmer und Finanziers. Auch die älteren Bergbauregionen blühten wieder auf, so Freiberg in Sachsen, der Rammelsberg bei Goslar und Kuttenberg in Böhmen.

Die technische Revolution des späten Mittelalters hatte Bergbau und Verhüttung auf einen ganz neuen Fuß gestellt. Erst die »Wasserkunst« ermöglichte es, neue Schächte tief in die Erde zu treiben und alte, nach einem Wassereinbruch stillgelegte Gruben wieder in Betrieb zu nehmen, so zum Beispiel im sächsischen Freiberg. Es war in der Regel eine Holz- und Räderwerktechnologie, angetrieben durch Wasserkraft, Tiere, manchmal auch noch durch Menschen. Zum Entwässern setzte man Eimerketten ein, die überirdisch über Räder liefen und von Pferden in Tretmühlen in Gang gehalten wurden. Moderner noch war die Heinzenkunst, die vor allem im Erzgebirge und im Harz in Gebrauch war: Durch hölzerne Rohre wurde mit Hilfe eines Tretrades eine über zwei Räder laufende endlose Kette gezogen, an der in bestimmten Abständen mit Roßhaar gefüllte Lederbälle befestigt wurden. Indem sich die nassen Bälle eng an das Rohr preßten, hoben sie das über ihnen stehende Wasser durch das Rohr nach oben, so daß die Grube entwässert wurde.

Die Heinzenkunst mit Tretradantrieb zur Entwässerung der Stollen, Holzschnitt aus dem 1556 erschienenen metallurgischen Handbuch »De re metallica« des Humanisten Georg Agricola

In der Verhüttungstechnik wirkte die Erfindung des Saigerverfahrens geradezu revolutionierend. Mitte des 15. Jahrhunderts in Nürnberg für den Einsatz im Großgewerbe entwickelt, war »die Kupfersaigerung die bedeutendste technologische und folgenreichste montanwirtschaftliche Neuerung im Bereich der Nichteisentechnologie seit der Erfindung der Messingherstellung in der Antike«.[18] Dieses Verfahren, das bei der Kupfer-, Blei- und Silbergewinnung eingesetzt wurde, machte sich zunutze, daß diese Erze unterschiedlich hohe Schmelzpunkte besitzen. So wurde es erstmals möglich, aus bestimmten Kupfererzen, die man bislang nicht hatte entsilbern können, das Edelmetall herauszuschmelzen. Das war jedoch nur durch Beigabe großer Mengen von Blei möglich, so daß nicht nur die Kupfererzförderung und die Silbergewinnung mächtigen Auftrieb erhielten, sondern auch der Bleibergbau.

Die Saigerhütten waren große, komplizierte Anlagen, die jährlich mehrere tausend Zentner Rohkupfer verarbeiteten und alles in allem Hunderte von Menschen beschäftigten. Vor allem das Mans-

Saigerherd, Holzschnitt aus »De re metallica«

Der Saigerherd war das Herz der großen Saigerhüttenanlagen. Bis in alle Einzelheiten beschreibt Agricola die Bauten, Vorrichtungen, Werkzeuge und noch die kleinsten Handgriffe, die nötig sind, um im ersten Schritt »Silber bzw. die Saigerwerke genannte Blei-Silber-Legierung vom Kupfer abzuscheiden« und dann diese »Saigerwerke ... in Treiböfen ein[zu]tragen, in denen die Trennung von Blei und Silber erfolgt«.

felder Revier, das wegen seines Reichtums an Erzen, Wäldern und Wasserläufen die größten Standortvorteile bot, besaß bereits zu Beginn des 16. Jahrhunderts eine ganze Reihe solcher Großbetriebe, deren Kohle- oder Holzhäuser, Aschenschuppen, Bleiwaagen, Bleiherde, riesenhafte Blasebälge, Wäscheanlagen, Kupfer-, Stampf- und Garkupferhämmer, Schmelz- und Saigeröfen die einst idyllischen Täler mit Leben erfüllten. Hinzu kam der Ausbau der Verkehrswege und die Intensivierung der Energiegewinnung durch Wasserkraft und Holz. Schmutz, Lärm und rücksichtsloses Abholzen waren vielerorts die Begleitumstände. Doch diese Kosten der wirtschaftlich-technologischen Entwicklung wogen damals noch leicht.

Die ersten Schächte und Hütten konnten noch von handwerklichen Berg- oder Hammermeistern betrieben werden. Als die Anlagen sich vergrößerten, wurde ein so hoher Kapitaleinsatz erforderlich, wie ihn selbst Kaufleute allein nicht aufbringen konnten. Es kam daher zur Gründung von Handelsgesellschaften. Im Mansfelder Revier gab es Saigerhandelsgesellschaften, denen neben kaufmännischen Unternehmern aus Erfurt, Leipzig und Nürnberg auch mehrere Grafen von Mansfeld und Henneberg angehörten. Ähnlich sah es im Erzgebirge aus, wo die Wettiner sich engagierten. Diese Gesellschaften, die von Kaufleuten in Zusammenarbeit mit fürstlichen Räten geleitet wurden, kümmerten sich um den Einkauf der Erze, den Absatz der Metalle und vor allem um die Beschaffung des für Errichtung und Betrieb der Anlagen notwendigen Kapitals.

Da die Kaufleute – abgesehen von den Fuggern – nur zögernd bereit waren, die Produktionsstätten selbst zu übernehmen, sann man darauf, möglichst weite Kreise als Kapitalgeber zu gewinnen. Das erforderte die Entwicklung neuer Organisationsformen, die das Risiko gering hielten. So kam es zu den ersten Kapitalgesellschaften mit beschränkter Haftung und zu aktienartigen Anteilen am Bergbau, den sogenannten Kuxen, die unter anderem auf der Frankfurter Messe gehandelt wurden. Damit war auch einfachen Handwerkern oder gar Lohnarbeitern, Mägden und Knechten in weit entfernt liegenden Städten die Möglichkeit gegeben, sich durch den Erwerb von Kuxen an den Gewerkschaften einzelner Schächte und Gruben zu beteiligen und aus dem Montanboom der aufgehenden Neuzeit Profit zu ziehen. Auch insofern sprechen wir zu Recht von frühkapitalistischen Verhältnissen.

Die Verbesserungen im Montangewerbe führten zu einer raschen Ausweitung der Geldgeschäfte, denn das Silber war damals das bei weitem wichtigste Zahlungsmittel. Und weil Deutschland bis etwa 1550, als der Silberzufluß aus Spanisch-Amerika seinen ersten Höhepunkt erreichte, der größte Produzent von Edel- und Buntmetall war, besaßen seine Kaufleute und Finanziers einen gewichtigen Vorteil gegenüber ihren Konkurrenten aus Frankreich, England und selbst aus Italien. Gerade bei der Silbergewinnung waren die Steigerungsraten beeindruckend. Um 1450 gab es keine einzige Bergbauregion, die 10 000 Mark – ein Münzgewicht von etwa 230 Gramm – Silber pro Jahr produzierte; um 1530 erreichten in Mitteleuropa mindestens acht Zentren eine Silberausbeute zwischen 10 000 und 50 000 Mark. Die Produktivitätssteigerung war besonders rapide in den letzten vier Jahrzehnten des 15. Jahrhunderts; in den meisten Regionen hielt sie auch darüber hinaus an, und zwar bis in die dreißiger Jahre

Ein 1525 von dem Grafen Schlick geprägter Talergroschen, wie er nach dem Silberboom zu Beginn des 16. Jahrhunderts die Geldmärkte des Reiches eroberte

des 16. Jahrhunderts hinein. Als zu Ende der zwanziger Jahre im sächsischen Bergbau eine vorübergehende Flaute eintrat, wanderten viele Knappen nach Böhmen aus, wo die Joachimsthaler Silbergruben 1533 ihre höchste Ausbeute erreichten.[19]

Daß Deutschland im ersten Drittel des 16. Jahrhunderts über die größten Finanzressourcen des Kontinents verfügte, kam auch den Fürsten, ihrer territorialen Staatsbildung und ihrem politischen Einfluß zugute. Selbst kirchengeschichtlich erwies sich das von größter Tragweite, denn es waren nicht zuletzt die Einnahmen aus dem Bergregal, die Luthers sächsische Landesherren zu einer unabhängigen Reichs- und Kirchenpolitik befähigten. Das wiederum setzte sie in die Lage, den Reformator trotz kaiserlicher Acht und kirchlichem Bann zu schützen. Im Zeitalter der Söldnerheere war der Besitz von Edelmetall, vor allem Silber, die entscheidende Voraussetzung für die Machtpolitik des Kaisers wie der Fürsten.

Münz- und geldgeschichtlich begann die Zeit der Großsilbermünzen, die rasch die Vorherrschaft der Goldmünze, des Florin, ablösten. An die Stelle des Guldens, wie der Florin seines Aussehens wegen (guldin, golden) in Deutschland hieß, trat der Taler, eine Abkürzung von »Joachimstaler«, der ersten großen Silbermünze, die die Grafen von Schlick als Bergherren im Joachimsthal am Südabhang des Erzgebirges seit 1518 in großer Auflage prägten.[20]

Wie die Spinne im Netz, so saßen Augsburg, Ulm und Nürnberg im süd-nördlich ausgerichteten Verkehrsgeflecht der beginnenden Neuzeit. Der europäische Fernhandel baute sich noch von der Levante her auf. Die aus China und Indien, aus Konstantinopel, Bag-

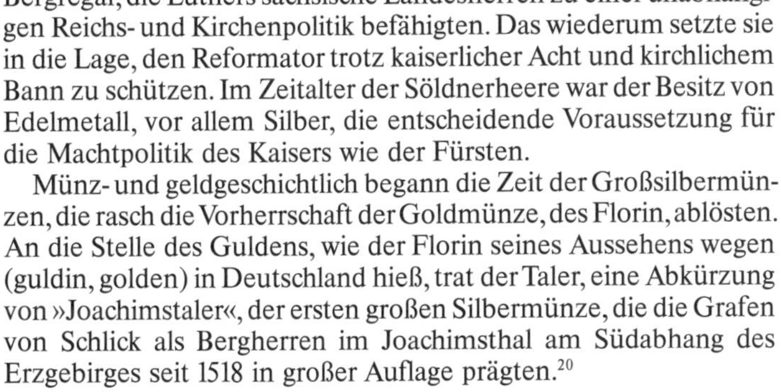

1509 geprägter Guldiner

Diese Münze war nicht als Zahlungsmittel, sondern als Schaumünze gedacht, denn das Gold hatte als Zahlungsmittel an Bedeutung verloren, für die Demonstration des imperialen Selbstgefühls blieb es aber unersetzlich. Kaiser Maximilian ließ diesen Guldiner in der berühmten Tiroler Münzstätte zu Hall von dem Münzmeister Bernhard Beheim und dem Stempelschneider Ulrich Ursentaler herstellen, nachdem er 1508 im Dom zu Trient den Kaisertitel angenommen hatte.
Auf der Vorderseite ein Hüftbild des Kaisers im Harnisch mit Krone, Zepter und Schwert; auf der Rückseite ein gekrönter Schild mit dem doppelköpfigen Reichsadler, umstellt von den Wappen Österreichs, Habsburgs, Burgunds und Ungarns, den Hausmachtterritorien Maximilians.

Die regelmäßigen Boten- und Postverbindungen wurden ausgebaut und modernisiert, denn der Frühkapitalismus und die den Kontinent überspannenden politischen und dynastischen Interessen der Habsburger waren in zunehmenden Maße auf den raschen Informationsfluß angewiesen.

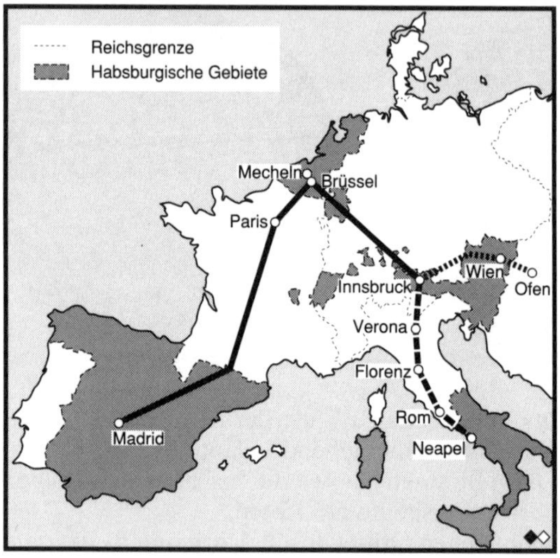

dad, Damaskus, Beirut und Alexandria kommenden Warenströme gelangten mit Galeerenkonvois, den berühmten »muden«, durch das östliche Mittelmeer und die Adria nach Venedig. Bis zum Aufstieg Antwerpens und Amsterdams im 16. Jahrhundert war die Lagunenstadt der größte Umschlagplatz für die begehrten Schätze Asiens und der Levante: Seide und Baumwolle, Brokat, Kattun und Musselin, Sarazenenklingen und Elfenbein, vor allem aber alle Arten von Drogen, Duftstoffen und Gewürzen, die seit Generationen in Europa Höchstpreise brachten, nämlich Pfeffer, Zimt, Ingwer, Safran und Muskat, Rosenwasser, Weihrauch und Myrrhe, die schon die drei biblischen Könige aus dem Morgenland mitbrachten.

In den tiefen Gewölben des Fondaco dei Tedeschi, der Unterkunft der Deutschen, in der auch Dürer während seiner Italienreise wohnte, registrierten venezianische Steuereinnehmer die nach Deutschland abgehenden Güter. Durchschnittlich 100 Dukaten nahmen sie täglich ein - eine sehr beachtliche Summe, wenn man bedenkt, daß der im mächtigen Quadrat direkt neben der Rialtobrücke gelegene Fondaco 30 000 Dukaten gekostet hatte. Die Republik hatte ihn soeben neu errichten lassen, nachdem das alte Gebäude 1505 einem Brand zum Opfer gefallen war. Der mit Fresken des berühmten Giorgione geschmückte Neubau sollte allen Besuchern der Stadt beweisen, daß Venedig trotz der politischen und militärischen Schwierigkeiten, denen man sich seit einigen Jahren im Mittelmeer und auf der Terraferma ausgesetzt sah, entschlossen war, seinen Ruf als europäisches Emporium zu verteidigen.[21]

Auf zwei Hauptverkehrsadern gelangte der Warenstrom nach Oberdeutschland: östlich über Treviso, Udine, den Pontebbapaß nach Villach, durch die Ostalpen nach Salzburg, Regensburg und Nürnberg; westlich über den Brenner nach Innsbruck, nach Ulm und Augsburg. Es waren auf weiten Strecken noch die Wege der Römer, wie sie etwa im Kärntener Gailtal vom Flußübergang bei Federaun bis Warmbad Villach heute noch erhalten sind. Auch die Transportmittel waren im großen und ganzen dieselben: Auf der Brennerstraße, die zwischen 1400 und 1550 ihre größte Blüte erlebte und den

Pontebbaübergang rasch überflügelte, zogen Tag für Tag Hunderte von schwerbepackten Saumtieren über schwankende Twärenbrükken, wie man die an Ketten hängenden Holzstege nannte, vorbei an Schluchten und Sturzbächen, bis sich wieder breite Täler öffneten und die Waren auf Pferdekarren verladen werden konnten.

Dagegen wurde der Fluß der Informationen, auf den die Politiker ebenso angewiesen waren wie die Kaufleute und Unternehmer, entscheidend verbessert. Nürnberg und Augsburg waren durch einen regelmäßigen Botendienst mit Venedig und nach Osten hin mit Breslau und Krakau verbunden. Kaiser Maximilian, der erste Habsburger mit europaumspannenden Plänen, schuf sich durch Verträge mit dem Grafen von Taxis reitende Nachrichtendienste zwischen den Niederlanden, Spanien, Süditalien und den Donauländern. Von Brüssel nach Innsbruck benötigte eine Eildepesche sommers fünfeinhalb, winters sechseinhalb Tage. Die 1770 Kilometer nach Neapel wurden immerhin in vierzehn Tagen zurückgelegt. Nach Toledo ging es nötigenfalls einen Tag schneller, nach Paris bereits in vierundvierzig Stunden.

Die Straßen über die Alpen unterschieden sich zu Beginn der frühen Neuzeit kaum von denen der Römer: An zahlreichen Engpässen mußten die Handelsgüter auf Maultiere verladen werden, die auf schwankenden Twärenbrücken Abgründe zu überwinden hatten.

Von Augsburg und Ulm aus gelangten die Schätze des Orients in die kleineren Reichsstädte Oberdeutschlands oder über Frankfurt nach Köln und in den Nordwesten des Reiches. Nürnberg besaß eine wichtige Brückenstellung zwischen Süddeutschland und dem Nordosten und Osten des Kontinents: über Bamberg, Coburg und Erfurt nach Leipzig, Frankfurt/Oder und Posen und von dort ins Baltikum; über Pilsen, Prag und Breslau nach Krakau und Lemberg oder über Lublin nach Kiew. Im Austausch für die Handelsgüter des Orients und die Gewerbeprodukte Oberdeutschlands - vor allem Wolltuch, Mischgewebe und Leinwand - gelangten auf diesen Routen die traditionellen Waren des Ostens - Pelze, Wachs, Honig, Bernstein - nach Süddeutschland, dazu in immer größeren Mengen Schlachtvieh, das in den weiten Ebenen Polens und Rußlands großgezogen wurde, um den steigenden Fleischbedarf in Mittel- und Westeuropa zu decken.

Im Verlagswesen, der dritten Säule des Frühkapitalismus, wurden standardisierte Massenprodukte zu möglichst niedrigen Preisen hergestellt und über den Handel abgesetzt. Gesteuert wurde dieses Geschäft durch einen aus der städtischen Kaufmannschaft oder aus dem Kreis der Handwerksmeister aufgestiegenen Verleger-Unternehmer, der die Produktion organisierte und zugleich für den Absatz auf den nah- oder ferngelegenen Märkten sorgte. Diese Art der Gewerbeproduktion hatte sich bereits im späten Mittelalter herausgebildet als Antwort auf eine steigende Nachfrage nach Metall- und Haushaltswaren und vor allem nach billigen Textilien. Und da der Massenmarkt im 16. Jahrhundert aufgrund des Bevölkerungswachstums rasch expandierte, waren im Verlagsgeschäft große Gewinne zu machen.

Die Zentren des Frühkapitalismus waren zugleich die Regionen, wo das Verlagswesen am frühesten und am tiefsten Wurzeln geschlagen hatte. Ulm und Augsburg zum Beispiel beherrschten ein weites Umland, wo Tausende von Dorfwebern im Auftrag städtischer Verleger Leinwand und Mischgewebe herstellten, die über die frühkapitalistischen Gesellschaften in den Fernhandel gelangten. Vor allem der Barchent, ein Mischgewebe aus Baumwolle und Flachsgarn, war auf den europäischen Märkten begehrt, weil es weit billiger war als die schweren, qualitativ hochwertigen Wolltuche der traditionellen städtischen Zunftweberei. Zudem kamen die neuen Gewebe der sich wandelnden Mode entgegen, die leichtere und buntgefärbte Kleidung mit schmückendem Aufsatz bevorzugte.

»Die Barchentweberei mit ihren Hilfsgewerben war im späten Mittelalter Leitsektor der wirtschaftlichen Entwicklung« in Oberdeutschland gewesen.[22] Die Verleger hatte sie zu großräumigen Dispositionen gezwungen: Über Venedig importierten sie aus dem östlichen Mittelmeer, vor allem aus Syrien, Baumwolle, die sie zusammen mit dem heimischen Flachsgarn an die Barchentweber Oberschwabens zur Verarbeitung ausgaben. Von dieser »Vorlage« der Rohstoffe an die mittellosen und durch keine städtische Zunft geschützten Landhandwerker erhielt das Verlagssystem seinen Namen. Bald streckten die Verleger auch Gelder für die Anschaffung der Produktionsmittel, vor allem der Webstühle, vor. Die Weber wurden damit ganz und gar abhängig. Sie waren verpflichtet, ihr Endprodukt an den Verleger abzugeben, und zwar zu einem sehr niedrigen Preis. Das war möglich, weil die Löhne auf dem Lande weit geringer sein konnten als in der Stadt, denn die Landweber ernährten sich in der Regel von den Erträgen eines Gartens oder gar eines kleinen Ackers. Zudem war die ganze Familie – Vater, Mutter und eine Schar von Kindern – in Heimarbeit an den Webstühlen tätig. In der gleichen Weise waren die Hilfsgewerbe, vor allem die Färberei, die noch überwiegend in den Städten ansässig blieben, in das Verlagssystem eingespannt. Die Handwerker bewahrten formell ihre Selbständigkeit, in der Realität waren sie aber abhängige Lohnarbeiter geworden.

In der oberschwäbischen Textilregion schnellten die Produktionsziffern nach einer Krise zur Mitte des 15. Jahrhunderts seit den neunziger Jahren nach oben: in Augsburg von rund 50 000 Stück Barchent pro Jahr auf etwa 300 000 Stück zur Mitte des 16. Jahrhunderts. Nach einem Einbruch in den siebziger Jahren wurde der Gipfel im ersten Jahrzehnt des 17. Jahrhunderts erreicht mit mehr als 400 000 Stück Barchent pro Jahr. In Ulm wurden im 16. Jahrhundert knapp 100 000 Stück Barchent und Leinwand umgesetzt; in Nürnberg zunächst gut 30 000 Stück Leinwand, zu Beginn des 17. Jahrhunderts dann mehr als 170 000 Stück.[23] Den Gewinn steckten die frühkapitalistischen Verleger ein, weil deren Erträge mit dem Umsatz stiegen. Dagegen konnte die einzelne Weberfamilie von diesem Boom kaum profitieren.

Abgerundet wurde das frühkapitalistische Wirtschaftssystem durch Bankgeschäfte größten Stils. Die »Finanziers«, wie man die im Geldgeschäft tätigen Kaufleute nannte, waren keine Bankiers im modernen Sinne, denn es gab noch kein völlig selbständiges Bankwesen. Der Geldhandel war aufs engste verknüpft mit den anderen frühkapitalistischen Wirtschaftssparten, vor allem mit Fernhandel und Montangewerbe. Innerhalb des Frühkapitalismus nahm der internationale Bank- und Wechselverkehr jedoch einen so breiten Raum ein, daß sich in Umfang und Spannweite, aber auch in der technischen Abwicklung wichtige Modernisierungsimpulse ergaben. Nachdem die Bedürfnisse des Fernhandels bereits früh dazu geführt hatten, daß sich bestimmte Kaufleute auf das Geld- und

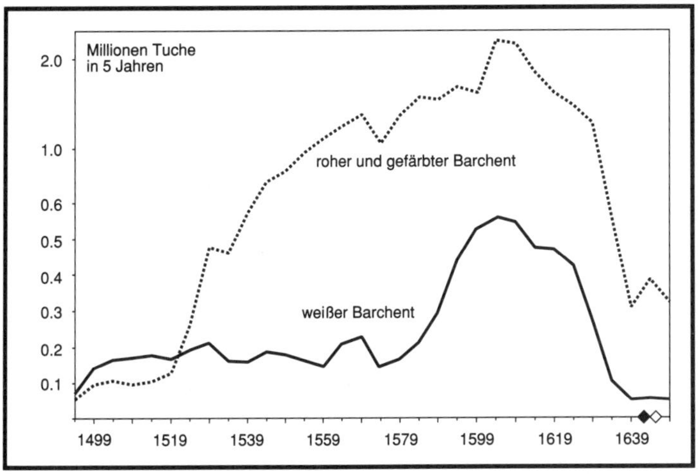

Augsburger Barchentproduktion 1494 bis 1649 (Fünfjahreswerte)

Die Absatzkurve belegt Aufschwung und Zusammenbruch der oberdeutschen Wirtschaftskraft: Nach einer stürmischen Aufwärtsentwicklung im zweiten Drittel des 16. Jahrhunderts kam es in den siebziger Jahren zu ersten Problemen, die jedoch bald überwunden waren, so daß die Augsburger Barchentproduktion im ersten Jahrzehnt des 17. Jahrhunderts ihren Höhepunkt erreichen konnte. Dann machte sich jedoch die Verschlechterung der ökonomischen Rahmenbedingungen bemerkbar, so daß es – verstärkt durch die Einwirkungen des Dreißigjährigen Krieges – zu einem rapiden Abstieg kam.

Wechselgeschäft spezialisierten, kam es im späten 15. und im 16. Jahrhundert zu einer raschen Ausdehnung der Kreditbeziehungen und in der Folge zu neuen Methoden der Geldschöpfung und des Geldtransfers.

Auch die Zentren des Bankgeschäfts verlagerten sich. Um 1470 befand sich der Schwerpunkt des europäischen Kreditwesens noch in Oberitalien, in Venedig, Genua und Florenz. Ein halbes Jahrhundert später waren die Geldmärkte in Oberdeutschland führend, an die Stelle der Medici waren die Fugger getreten. Im weiteren Verlauf des Jahrhunderts wanderte der europäische Kapitalmarkt dann an den Atlantiksaum, zunächst nach Antwerpen, schließlich nach Amsterdam. Träger des Bank- und Wechselverkehrs waren in Deutschland zuerst Juden und Lombarden gewesen. Sie wurden nun durch einheimische Bankiers und Kaufleute abgelöst, die in enger Verbindung mit den Fürsten und dem Kaiser den einträglichsten Teil des Geldgeschäfts übernahmen.

Der mächtigste Antriebsmotor des frühkapitalistischen Bankwesens war der Geldbedarf der großen und kleinen Herren, der im Zuge der frühmodernen Staatsbildung rasch stieg. Hinzu kam die Verdichtung der Verkehrsverbindungen und die enorme Zunahme des Handelsvolumens. Hatte bereits im späten Mittelalter »die vorhandene Münzgeldmenge« nicht ausgereicht, um das »Bedürfnis nach schnell verfügbarem Geld im internationalen, überregionalen und lokalen Handelsverkehr sowie in der öffentlichen und staatlichen Verwaltung« zu befriedigen,[24] so wurde das Geld im 16. Jahrhundert vollends zur Achillesferse des ökonomischen Wachstums und der politischen Modernisierung. Solange die Finanzierung der öffentlichen Ausgaben nicht durch regelmäßige Einnahmen und einen ordentlichen Staatshaushalt gesichert war, und das war endgültig erst im 18. Jahrhundert der Fall, so lange war der »nervus rerum«, das Geld als Nerv aller öffentlichen Dinge, durch Kredit aufzubringen. Das Ergebnis war, daß mancher deutsche Fürst des 16. Jahrhunderts bis zu vierzig Prozent seiner Einnahmen für den »Schuldendienst« auszugeben hatte. Wenn sich die Verausgabung der Einnahmen zu je einem Drittel auf die laufenden Ausgaben, den Reservefonds, die

Staatsschatzbildung also, und den Schuldendienst verteilte, so galt das bereits als glänzende Haushaltslage, von der die meisten Fürsten und Herren nur träumen konnten.[25]

Im 16. Jahrhundert waren Monarchen und Kaufleute ebenso auf Kredit angewiesen wie Ritter, Handwerksmeister oder Bauern, die ihren Überrock verpfändeten, um sich einen kleinen Betrag für den Ankauf eines Schweins oder einer Ziege zu leihen. Eine Heerschar von Kreditgebern versuchte davon zu profitieren. An den risikoreichen Geschäften mit dem »gemeinen Mann« in Stadt und Land, die kaum große Gewinne erwarten ließen, waren weiterhin die Juden beteiligt. Kleinere Fürsten und Herren verschafften sich Kredit beim Adel und beim Großbürgertum der Städte, so etwa die Grafen zur Lippe, ein westfälisches Dynastengeschlecht, das den kleinen lippischen Territorialstaat mit Geldern aufbaute, die sie sich zu Beträgen zwischen 100 und 9 000 Gulden im eigenen Land und in der Nachbarschaft liehen. Von den 38 320 Gulden, die sie zwischen 1512 und 1570 aufnahmen, weil die rund 10 000 Gulden jährlicher Einnahmen nicht ausreichten, wurde der Löwenanteil, nämlich 32 000 Gulden, von einem Kreis lokaler Kreditgeber aufgebracht.[26]

Das große Kreditgeschäft machten jedoch die Kaufleute-Financiers der oberdeutschen Reichsstädte. Das hatte sich bereits unter Kaiser Karl IV. angebahnt.[27] Den Höhepunkt erreichte die Verbindung zwischen politischer Macht und Finanzkraft des süddeutschen Reichsstadtbürgertums in der Epoche des Frühkapitalismus, als die Tucher und Imhof in Nürnberg, die Kraft, Ehinger und Schad in Ulm und allen voran die Höchstetter, Welser und Fugger in Augsburg als Bankiers weltlicher und geistlicher Fürsten die Macht und den Glanz der deutschen und europäischen Höfe bezahlten.

Die innere, rationale Verknüpfung von Verlag, Montanunternehmungen, Fernhandel mit Transportunternehmungen und Bankgeschäften charakterisiert den Frühkapitalismus als erstes Wirtschaftssystem der Neuzeit. In wohlkalkulierter, sachlicher Abstimmung griff hier ein Rad in das andere, so daß Unternehmungen großen Stils mit ungeheuren Gewinnspannen möglich wurden:[28] Der Fernhandel, der die preisgünstige Beschaffung der Rohstoffe und den optimalen Absatz der Fertigprodukte sicherstellte, war verknüpft mit verlegerischer Tätigkeit, vor allem im Metall- und Textilgewerbe, sowie mit systematischen Investitionen im Montanbereich und Finanzgeschäften größten Umfangs. Das Engagement im Bergbau und Hüttengewerbe, das vor allem die Fugger und Welser in alle bedeutenderen Montanregionen Europas, ja sogar in Übersee eindringen ließ, diente einerseits wiederum der Sicherung der für die verlegerische Produktion notwendigen Rohstoffe. Darüber hinaus hatte es aber einen spekulativen Charakter und zielte auf rasche und relativ kalkulierbare Kapitalakkumulation ab. Besonders einträglich und langfristig gesichert waren die Gewinne, wenn für die Ausbeutung der Bodenschätze und für den Handel mit ihnen ein Monopol gewonnen werden konnte. Gelegenheit hierzu boten die Geldgeschäfte.

Neben die privaten Bankgeschäfte, die durch Annahme von Depositgeldern und Kreditvergabe auf Zins- oder Rentenbasis die ursprünglichen Gewinne abgeworfen hatten, traten nämlich im Ver-

Um säumige Schuldner zur Zahlung zu bewegen, erfand man im 15. und 16. Jahrhundert Scheltbriefe und Schandbilder, ein der Fehde vergleichbarer Rechtsbehelf: Die westfälisch-niedersächsischen Adligen Barnwart Barner, Joachim von Glabeck, Johan van Monnichhussen und Clawes van Rottorpe, die Geld geliehen oder für einen Schuldner gebürgt hatten, sind hier dargestellt als verurteilte und in besonders ehrenrühriger Weise hingerichtete Verbrecher. Ihre Siegel, mit denen sie ihr Wort bekräftigt hatten, hängen ebenfalls am Galgen oder am Rad. Dagegen erscheinen Herman Mengersen und Clawes Busche als freie und wohlanständige Männer, denn sie haben ihren Anteil an der geschuldeten Summe entrichtet und tragen ihr Siegel daher in Ehren.

laufe des 16. Jahrhunderts die großen Staatskredite, mit denen die frühkapitalistischen Handelshäuser den deutschen und europäischen Fürsten und Monarchen das Geld zur Verfügung stellten, das diese für den Ausbau ihrer Staaten und für ihre kriegerischen Unternehmungen dringend benötigten. Wichtiger als der bei solchen hohen Herren immer unsichere Zinsgewinn waren den frühmodernen Unternehmern die Handels- und Schürfmonopole, die sie sich durch diese allerhöchsten Verbindungen verschaffen konnten und die wiederum die Gewinnspanne im Fernhandel, im Hüttengewerbe und im Verlagsgeschäft vergrößerten.

Keiner beherrschte das Instrumentarium des Frühkapitalismus so vollkommen wie Jakob Fugger, der Reiche (1459-1525). Von seinem Bürgerpalast am Augsburger Weinmarkt aus, wo Kaiser und Kirchenfürsten abstiegen, herrschte er eine Generation lang als ungekrönter König über das Wirtschaftsimperium der Firma »Jacob Fugger und seiner Brüder Söhne«. Die Fugger waren als Textilverleger und Fernhändler hochgekommen, nachdem 1367 der Weber Hans Fugger aus dem Umland in die Lechstadt gezogen und dort zu Ansehen und Geld gelangt war. Auf der Basis einer Familiengesellschaft, der für den Frühkapitalismus charakteristischen Betriebsform, entstand in den nächsten Generationen das Fuggersche Handels- und Bankhaus, das im 16. Jahrhundert dann Weltgeltung erlangte. Das Kapital wurde zunächst ausschließlich von Familienangehörigen aufgebracht, die sich entweder mit ihrem Gesamtvermögen oder mit einem vertragsmäßig festgesetzten Betrag an den Unternehmungen der Firma beteiligten. Als der Kapitalbedarf wuchs, nahm man auch fremde Depositengelder an, die zu einem festen Satz verzinst wurden. Damit wurden die Familienunternehmen dem Charakter nach offene Handelsgesellschaften. Die alleinige Entscheidungsbefugnis der Firmeninhaber - der Familie oder des sie repräsentierenden Mitglieds - wurde aber nicht geschmälert.

Niederlassungen der Fugger

In einem dichten Netz umspannen die Niederlassungen des oberdeutschen Handelshauses den europäischen Kontinent.

Jakob Fugger, der nach seiner kaufmännischen Ausbildung in Venedig 1480 in die Fuggersche Familienfirma eingetreten und 1512 ihr »Regierer« geworden war, baute zusätzlich zum Textilverlag und zum Fernhandel, den beiden traditionellen Pfeilern dieses Handelshauses, zielstrebig das Engagement im Bergbau und im Bankgeschäft auf. Dabei ging er mit äußerster Sorgfalt vor. Depositengelder nahm er nur von Fürsten und hohen Herren. Erst als die Firma Jahrzehnte später in ernste Schwierigkeiten geriet, zeigten sich seine Nachfolger bereit, auch kleine Summen von Krämern und Handwerkern oder gar von Knechten und Mägden zu übernehmen.

Die Gelegenheit, in das ungarische Kupfergeschäft einzutreten, erhielt Jakob Fugger, als der Fürstbischof von Brixen ihm sein gesamtes Vermögen als Deposit übergab. Dabei kamen dem Kaufmann Familienverbindungen zum ungarischen Unternehmergeschlecht Thurzo zustatten, mit dem sich die Fugger zum »Gemeinen Ungarischen Handel« zusammenschlossen. Diese Firma besaß bald nahezu alle Gruben und Hütten in Ungarn. Von Neusohl im slowakischen Erzgebirge, das damals zu Ungarn gehörte, ging das Garkupfer

Jakob Fugger der Reiche und sein Hauptbuchhalter Matthäus Schwarz vor dem Aktenschrank im Kontor der Fuggerzentrale am Augsburger Weinmarkt. Der Aktenschrank enthält in Schubladen geordnet die Schriftstücke der wichtigsten europäischen Faktoreien des Hauses Fugger in Rom, Venedig, Ofen/Budapest, Mailand, Innsbruck, Nürnberg, Antwerpen und Lissabon.

nach Venedig und von dort nach Osten bis Indien oder nach Westen über Mallorca nach Afrika oder Amerika. Ein anderer Weg führte nach Danzig oder Stettin und über die Ost- und Nordsee nach Hamburg und Antwerpen, um von dort zur Weiterverarbeitung nach Aachen, dem Zentrum der rheinischen Messingindustrie, zu gelangen.

Die Gewinne im Metallgeschäft setzte Jakob Fugger ein, um Fürsten, Kaisern und Päpsten Kredit zu gewähren, was ihm nicht nur Zinsgewinne, sondern auch Einfluß auf deren Wirtschaftspolitik ermöglichte. Besonders eng waren die Geschäftsverbindungen zu den Habsburgern, zunächst, seit 1486, zu Erzherzog Sigismund, dem Erzreichen, von Tirol, dann zu den Kaisern Maximilian und Karl V. Zur Absicherung seiner Ansprüche ließ sich Jakob Fugger Schürfrechte im Blei-, Silber- und Kupferbergbau der habsburgischen Territorien übertragen, zuerst in Tirol, dann in Kärnten und schließlich auch in Spanien. Auf diesem Weg sicherten sich die Fugger gewinnträchtige Monopole im Silber-, Kupfer- und Quecksilbergeschäft. Hinzu kamen Kartellverabredungen, die man mit anderen Firmen traf, um die Metallpreise in die Höhe zu treiben. Jakob, der »Regierer« am Augsburger Weinmarkt, hat nicht gezögert, diese Monopolstellung auszunutzen. Die Zeitgenossen, die kleinen Leute ebenso wie der Adel, der mit dem neuen Reichtum nicht Schritt halten konnte, und natürlich die unterlegenen Konkurrenten haben ihn deswegen heftig angegriffen. Die Fuggersche Familiengesellschaft dagegen verdankte ihm ihre höchste Blüte: Innerhalb einer knappen Generation, zwischen 1511 und 1527, schnellte ihr Gesamtgewinn um rund 1000 Prozent nach oben.[29]

Was die wenigsten Kritiker sahen, war der unermüdliche Arbeitseinsatz und die vorbildliche Geschäftsorganisation, die neben Spekulation und Fürstengunst hinter dem Erfolg standen: Ein Netz von Faktoreien überspannte den Kontinent. Im Augsburger Hauptkontor wurden die Geschäftsbücher nach den neuesten Methoden der doppelten Buchführung geführt, die genauesten Aufschluß über die Herkunft von Gewinnen und Verlusten gab und damit die Möglichkeit, die neuen Unternehmungen rational zu planen. Woche für Woche liefen aus aller Welt die »Fuggerzeitungen« ein, handgeschriebene Nachrichten über wichtige Ereignisse im politischen und wirtschaftlichen Leben, von deren Kenntnis Gewinn und Ruin abhängen konnten.

Und es waren keineswegs nur geschäftliche und materielle Belange, um die sich Jakob Fugger kümmerte: Für seine Mitarbeiter richtete er eine Krankenpflege ein, vor allem für diejenigen, die sich auf ihren Reisen im Ausland mit Syphilis angesteckt hatten. Für die Armen stiftete er in der Augsburger Jakobervorstadt eine Wohnsiedlung, die schließlich dreiundfünfzig Häuser mit jeweils zwei Wohnungen umfaßte und bald den Namen Fuggerei trug. Das war ein modern anmutender »Sozialplan«, dem reichen Fugger wird es bei seiner Verwirklichung aber in erster Linie um die Erlangung des ewigen Seelenheils gegangen sein, um das er nicht weniger besorgt war als die Vielzahl seiner unbekannten Zeitgenossen.

Zweimal griff die Fuggerbank in die große Politik ein: Sie finanzierte den Ablaßhandel, mit dem der Papst in Rom die Peterskirche baute, die größte Finanztransaktion in der Geschichte des Frühkapitalismus überhaupt und zugleich der Auftakt zur reformatorischen Zeitenwende. Kurz darauf bezahlte Jakob Fugger die Wahl Karls V. zum deutschen König. Nicht weniger als 851985 Gulden waren aufzubringen, gut fünfzig Millionen nach unserem heutigen Geld. Die Fuggerbank stellte den Löwenanteil zur Verfügung, nämlich 543 585 Gulden, gut 140 000 Gulden kamen von den Augsburger Welsern, der Rest von kleineren italienischen Finanziers. Jakob Fugger konnte dem höchsten weltlichen Machthaber der Christenheit selbstbewußt gegenübertreten: »Ohne meine Hilfe«, so erinnerte er den Habsburger 1523 in einem berühmt gewordenen Mahnschreiben, »hätte Eure Kaiserliche Majestät die Römische Krone nicht erlangen können.«[30]

Der Kaiser revanchierte sich mit weiteren großzügigen Wirtschaftsvorteilen in seinen Erblanden, in Spanien und selbst in Übersee. Und vor allem gewährte er Schutz gegen die feindliche Stimmung, die sich in Deutschland gegen die großen Handelsgesellschaften ausgebreitet hatte. Männer wie Jakob Fugger, Bartholomäus Welser und Ambrosius Höchstetter waren als »Pfeffersäcke«, »Große Hansen«, Wucherer und Monopolisten verschrien. Auf den Reichstagen arbeiteten die Stände an scharfen Bestimmungen gegen den »Vorkauf«, gegen den Wucher und gegen die Monopole. Der Kaiser vermochte das nicht abzuwenden. Dem Reichsfiskal, dem höchsten Ankläger in Deutschland, gab er jedoch Anweisung, daß er »gegen obgeschriebene Kaufleute [nämlich die Fugger, Welser, Höchstetter, Grander, Herwart und Rem] in keinerlei Wege in dieser Sache unterhandle, noch fortfahre, vielmehr gänzlich stillstehe«. Karl erklärte die Antimonopolgesetze ausdrücklich für verderblich, weil »daraus nichts anderes denn gewisser der Bergwerk Abgang und Abfall, auch Verhinderung und Minderung der ... gemeinen und besonderen Nutzbarkeit [für das Reich] folgen«.[31]

Die Hilfe der Habsburger war auch entscheidend dafür, daß die Augsburger Familiengesellschaften trotz ihrer ungünstigen geographischen Lage in Überseeunternehmungen großen Stils einzutreten vermochten. Bereits 1505, als die Auseinandersetzung zwischen den Türken und Venedig im östlichen Mittelmeer den Handelsverkehr über die Levante blockierte, hatten die Welser, Fugger, Höchstetter, Imhof und weitere deutsche und italienische Konsorten mit Zustimmung der portugiesischen Krone drei Schiffe nach Ostindien geschickt, um auf dem soeben von Vasco da Gama entdeckten Seeweg die begehrten Gewürze nach Europa zu holen. Als die Schiffe zwei Jahre später glücklich zurückkehrten, betrug »der Gewinn des Konsortiums ... mindestens 150 Prozent«.[32] Auch im weiteren Verlauf des 16. Jahrhunderts blieben die Oberdeutschen am Asiengeschäft interessiert. So ist zu vermuten, daß der spanische Großkaufmann Cristóbal de Haro aus Burgos, der die Reise Ferdinand Magellans finanzierte, »dabei als eine Art von Strohmann für Augsburger Kapital, für die Fugger, Welser und andere gedient hat«. Magellan sollte auf der Westpassage die Molukken, die bedeutenden Gewürzinseln im Pazifik, erreichen, wodurch die Spanier in das portugiesische Gewürzmonopol einzudringen hofften. Magellan entdeckte 1520 die nach ihm benannte Durchfahrt zwischen Südamerika und Feuerland, überquerte den Pazifik und erreichte Guam und die Philippinen.

An dem zweiten spanischen Molukkenprojekt im Jahr 1525 ist die führende Beteiligung der Fugger sicher belegt. Der erhoffte Erfolg blieb jedoch aus, so daß Karl V. 1529 »den Portugiesen seine hochgereizten Ansprüche auf die Molukken für 350 000 Dukaten« verkaufte.[33] Die koloniale Interessenallianz zwischen Habsburgern und oberdeutschem Kapital richtete sich daher im folgenden hauptsächlich auf Südamerika. Und hier waren es die Welser, die sich am weitesten vorwagten. Ihr Versuch, in Venezuela Fuß zu fassen, war das ehrgeizigste Überseeprojekt, das während der Frühen Neuzeit von Deutschen unternommen wurde.

Als Gegenleistung für einen Kredit von einer Million Goldgulden schloß die spanische Krone 1528 einen Vertrag mit den Welsern, der diesen Venezuela zur Eroberung und Ausbeute überließ. Daneben wurde die Lieferung von viertausend Negersklaven abgesprochen sowie der Einsatz deutscher Bergleute als »Entwicklungshelfer«[34] in den südamerikanischen Erzgruben, mit deren Ausbeute die Spanier soeben begonnen hatten. Venezuela blieb fast zwanzig Jahre, von 1529 bis 1546, im Besitz des Augsburger Handelshauses. In dessen

Galeone »La nostra Segnora qua da Lupa« der Welserschen Venezuelaflotte, die am 18. Oktober 1534 von San Luca aus nach Südamerika in See stach, aquarellierte Federzeichnung aus dem Tagebuch des Nürnbergers Hieronymus Koeler (1507-1570)

Die Namen der deutschen Konquistadoren, die sich im Auftrag der Welser in Südamerika aufhielten, sind längst vergessen, denn das Südamerika-Engagement der Welser endete ebenso abrupt, wie es begonnen hatte. Das oberdeutsche Handelshaus hatte 1528 mit der spanischen Krone einen Vertrag abgeschlossen, der ihm Venezuela zur Eroberung und Ausbeutung überließ. Weil die erhofften Gewinne nur spärlich flossen, verlor man in Augsburg das Interesse, so daß der Prozeß, mit dem die spanische Krone den Welsern schließlich das Land wieder entzog, nicht als Katastrophe empfunden wurde. Die Fugger waren von vornherein vorsichtiger gewesen. Sie hatten sich zwar 1531 vertraglich das Recht gesichert, die südamerikanische Pazifikküste von Chincha in Peru bis zur Südspitze des Kontinents zweihundert Meilen weit landeinwärts zu erkunden und auszubeuten, realisiert haben sie diese Ansprüche jedoch nie.

Auftrag wurden mehrere Expeditionen ins Innere des Landes unternommen, geführt von Ambrosius Alfinger und Nikolaus Federmann aus Ulm, Georg Hohermut aus Speyer und Philipp von Hutten. Sie gingen dabei nicht anders vor als die spanischen Konquistadoren, deren Beutesucht und Grausamkeiten den Mut und die Entschlossenheit überschatten, die sie aufzubringen hatten.

Erfolg und bis dahin unvorstellbare Gewinne lagen eng neben Scheitern und Sturz in Elend und Verderben. Nikolaus Federmann, der Gouverneur der Welser in Venezuela, griff aus in das Goldland um Bogotá, geriet darüber in Streit mit dem Firmenhaupt Bartholomäus Welser, wurde von ihm in langwierige Wirtschaftsprozesse verwickelt und starb in Armut. Ähnliches widerfuhr Ambrosius Höchstetter, dem Chef des gleichnamigen Augsburger Handelshauses, der sich mit hohem Einsatz um ein Weltmonopol für Quecksilber bemühte, dabei den Fuggern unterlag, in den Bankrott gerissen wurde und im Schuldturm endete.

Als wenig später England, Holland und Frankreich als mächtige Konkurrenten der Spanier und Portugiesen auftraten, war kein Platz mehr für Kolonialträume im Stile der Welser, denn die Holländer konnten ihre überragenden Fähigkeiten als Seefahrer und ihre günstige geographische Lage einsetzen. Und hinter den englischen und französischen Unternehmungen stand die geballte Kraft der erwachenden Nationalstaaten. Es sollte lange dauern, bis deutsche Unternehmer wieder Kraft und Möglichkeit zu ähnlich weltumspannenden Plänen fanden.

Die Verbindung zu den Habsburgern und anderen europäischen Dynastien hatte den oberdeutschen Handelshäusern den Weg zu glanzvollen Unternehmungen mit ungeheuren Gewinnen eröffnet. Damit war aber zugleich eine Einengung des unabhängigen Handlungsspielraums verbunden. Vor allem die Fugger waren seit 1519 auf Gedeih und Verderb an das politische und finanzielle Schicksal der Habsburgerdynastie gebunden. Als sich seit der Jahrhundertmitte in Spanien, dann auch in Frankreich die Staatsbankrotte häuften,

Die Welserschen Konquistadoren Philipp von Hutten (rechts oben) und Georg Hohermut (unten), Federzeichnung aus dem Tagebuch des Hieronymus Koeler

schmolz der Reichtum der Augsburger und Ulmer Finanziers rasch dahin. Eine Firma nach der anderen brach zusammen. Der eben noch weit ausgreifende Unternehmergeist ging verloren. Die Blütezeit der oberdeutschen Wirtschaft im Zeichen des Frühkapitalismus ging zu Ende. Die Nachfahren der wagemutigen Unternehmer kehrten dem bürgerlichen Wirtschaftsleben den Rücken. Von Kaiser und Fürsten mit Adelsprivilegien ausgestattet, widmeten sie sich dem Ausbau eigener Herrschaften und Territorien, die sie rechtzeitig zur Absicherung des stets gefährdeten Handelskapitals erworben hatten. Die Fugger zum Beispiel waren nun Grafen, später Fürsten von Babenhausen in Schwaben östlich der Iller.

3. Das »lange 16. Jahrhundert«

Der Niedergang des oberdeutschen Frühkapitalismus war nicht nur eine Folge der ungleichen Allianz zwischen Privatkapital und frühmoderner Staatsmacht. Er war vor allem die unvermeidliche Konsequenz von radikalen Veränderungen in den Bedingungen des Wirtschaftens, ja in den allgemeinen Lebensverhältnissen. Das »lange 16. Jahrhundert« war in seine zweite, kritische Phase getreten. Und die Verlagerung der Hauptverkehrswege des europäischen Handels, die bereits im ersten Drittel des Jahrhunderts eingesetzt hatte, war so weit vorangeschritten, daß die Standortnachteile Süddeutschlands fernab von den neuen Seewegen unerbittlich zu Buche schlagen mußten. Der Zeitpunkt war gekommen, da das oberdeutsch-frühkapitalistische Wirtschaftssystem durch die frühmoderne Weltwirtschaft abgelöst werden mußte, deren Stützpunkte am europäischen Atlantiksaum lagen.

Bevölkerungswachstum

Als mächtiger Motor des Wandels gilt der über Generationen hin ungebrochene Anstieg der Bevölkerung. Er prägte nicht nur dem Wirtschaftsgeschehen seinen Stempel auf, er bestimmte auch das

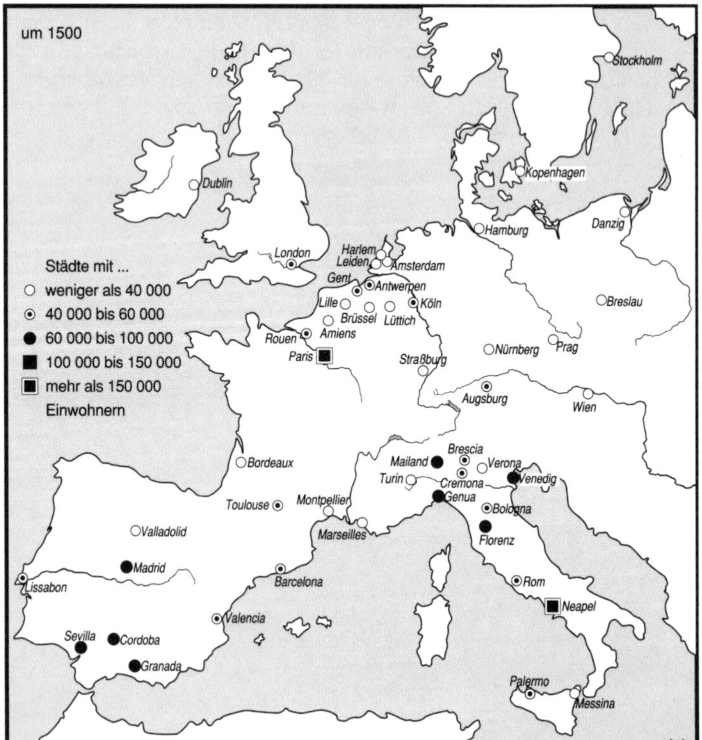

Lebensgefühl des Zeitalters: Im Vorwort seines in den dreißiger Jahren abgefaßten Werkes »Chronica, Zeitbuch und Geschichtsbibel« klagte der für die Umbrüche seiner Zeit sensible Spiritualist und Publizist Sebastian Franck (1499-1543), daß trotz der schweren Menschenverluste im Bauernkrieg das Land schon wieder »so voller Leute [steckt], daß niemand bei ihnen einkommen kann«.[35]

Die moderne demographische Forschung bestätigt den Eindruck des Chronisten, obwohl sie auf keine flächendeckenden Bevölkerungszählungen für ein ganzes Territorium oder gar für Deutschland insgesamt zurückgreifen kann. Mosaiksteinchen müssen zusammengetragen und gewichtet werden, weil die Entwicklung bei aller Gleichförmigkeit des allgemeinen Trends doch von Region zu Region, ja von Ort zu Ort variierte. Sie setzte auch zu recht verschiedenen Zeiten ein und drang in unterschiedlichen Schüben vor. Hamburg zum Beispiel wuchs während des »langen 16. Jahrhunderts« von rund 16 000 auf etwa 40 000 Einwohner, Frankfurt von 12 000 auf 18 000, München von 13 500 auf 16 000, Leipzig von 8 500 auf 15 000.[36] Um 1500 gab es im Reich zwei Städte mit mehr als 40 000 Einwohnern, nämlich Köln und Augsburg, um 1620 waren vier weitere hinzugekommen, nämlich Nürnberg, Prag, Wien und Hamburg, dazu das polnischer Hoheit unterstehende, weitgehend deutsch besiedelte Danzig. In Europa stieg die Zahl solcher Großstädte von 18 auf 37, wobei die meisten die Bevölkerung der genannten deutschen Städte um ein Vielfaches übertrafen.[37]

Ein Vergleich der Geburts- und Sterberegister lehrt, daß dieses

Europäische Großstädte um 1500 und um 1600

Die Karten zeigen zweierlei: die Armut des Reiches an wirklich großen Städten und die rasche Zunahme der Großstädte durch das Bevölkerungswachstum des 16. Jahrhunderts. Was sie verbergen, ist die Konzentration von Mittel- und Kleinstädten im Reich, die von keinem Land in Europa übertroffen wurde, sieht man einmal von den kleinen Niederlanden und Belgien ab.

Wachstum nur durch Zuzug von außen möglich war. In Hamburg zum Beispiel nahm die Zahl der Bürgeraufnahmen pro Jahr um etwa das Doppelte zu, nämlich von durchschnittlich 60 im ersten auf durchschnittlich 113 im letzten Jahrzehnt des 16. Jahrhunderts.[38]

Das eigentliche Bevölkerungswachstum war in Alteuropa wie eh und je auf dem Lande zu verzeichnen. Im Herzogtum Sachsen zum Beispiel, wo die Bevölkerung von schätzungsweise 400 000 Mitte des 15. Jahrhunderts auf gut 500 000 um 1550 und 920 000 vor Beginn der Kriegswirren im Jahre 1630 anstieg,[39] geben uns dörfliche Mannschaftsverzeichnisse, die für 1445 und die Zeit um 1550 erhalten sind, genaueren Einblick. In 107 Dörfern des Amtes Dresden stieg die Zahl der Bauernfamilien von 1143 auf 1851, in 15 Dörfern des Amtes Pirna von 125 auf 201 und in 13 Dörfern des Amtes Frauenstein von 383 auf 597.[40] Tatsächlich war das Wachstum auf dem Lande noch erheblich höher, denn während des späten Mittelalters nahm der Verstädterungsgrad Sachsens enorm zu, nämlich insgesamt von knapp 20 Prozent auf über 30 Prozent im Jahre 1550; im westerzgebirgischen Bergbaugebiet der Kreise Schwarzenberg, Annaberg und Marienberg sogar auf über 50 Prozent.[41] Das war ein extrem hoher Anteil von Stadtbewohnern. Doch auch anderwärts wuchs die Stadtbevölkerung überproportional auf Kosten der Landbevölkerung an, in Hessen-Kassel auf 30 Prozent, in Württemberg auf 26 Prozent.

Man wird davon ausgehen können, daß um 1600 insgesamt etwa ein Viertel der Deutschen in Städten lebte.[42] Die regionalen Unterschiede waren allerdings erheblich, und vor allem darf man unter »Verstädterung« nicht dasselbe wie im industriellen Zeitalter verstehen. Die Städte waren klein, in den meisten lebten nicht einmal fünftausend Menschen, und selbst in den größeren waren noch immer viele Bewohner in der Landwirtschaft tätig.

Die Bevölkerungszunahme war nicht gleichmäßig über das ganze Jahrhundert verteilt. Die höchsten Steigerungsraten wurden im ersten Drittel erreicht, also in der Reformationszeit, die ja nicht nur in religiöser, sondern auch in politischer und sozialer Hinsicht überaus unruhig war. Zum Ende des Jahrhunderts hin verlangsamte sich

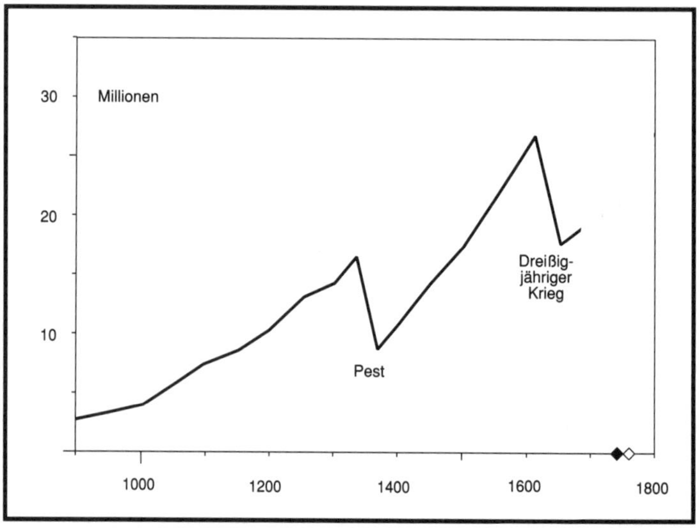

Einwohner des deutschen Reiches zwischen 900 und 1800

Im Auf und Ab der alteuropäischen Bevölkerungsentwicklung türmt sich im »langen 16. Jahrhundert« ein gewaltiger Wellenberg vor dem Wellental, das wir »Krise des 17. Jahrhunderts« nennen. Die im Reich lebenden Völker wurden von ihr besonders hart getroffen, weil zu der schwierigen Ernährungslage noch die Gewalt des Dreißigjährigen Krieges hinzukam. Etwa um 1700 waren die Verluste des Dreißigjährigen Krieges ausgeglichen.

das Wachstum beträchtlich, ohne indes vor Beginn des Dreißigjährigen Krieges gänzlich zum Erliegen zu kommen. Auf der Basis statistischen Materials, das wegen seiner geographischen Streuung und seines Umfangs der Tendenz nach »als repräsentativ für ganz Deutschland betrachtet werden« kann, wurden Steigerungsraten errechnet, die von sieben Prozent pro Jahrzehnt in den zwanziger Jahren über sechs Prozent in den fünfziger Jahren bis hin zu drei Prozent in den neunziger Jahren abnahmen.[43]

Für Deutschland als Ganzes sind solche Berechnungen besonders schwierig, kommt doch zu dem Quellenproblem und den regionalen Abweichungen noch das Problem hinzu, daß sich das Gebiet des Reiches über die Jahrhunderte hin stark veränderte. Man trifft daher auf ganz unterschiedliche Werte: eine Steigerung von sechs auf acht Millionen für das Gebiet der heutigen Bundesrepublik - eine für die historische Geographie der frühen Neuzeit allerdings sehr eigenwillige Bezugsgröße -,[44] von zwölf über vierzehn (1550) auf sechzehn Millionen, wenn man das Deutschland des 19. Jahrhunderts zugrunde legt;[45] für das frühneuzeitliche Reich insgesamt sollte man einen Sprung von achtzehn Millionen über einundzwanzig Millionen zur Mitte des Jahrhunderts auf rund fünfundzwanzig Millionen am Vorabend des Dreißigjährigen Krieges ansetzen,[46] darf in diesem Zusammenhang aber nicht von »Deutschen« sprechen.

Es gab beträchtliche regionale Unterschiede. Der Westen war im allgemeinen dichter besiedelt als der Osten, mit Ausnahme Sachsens. Dort lebten 1550 durchschnittlich zweiunddreißig Menschen pro Quadratkilometer, wobei selbst innerhalb dieses keineswegs großen Landes eine enorme Spanne bestand, nämlich zwischen dreizehn Menschen pro Quadratkilometer im Amt Rothenburg und siebenundfünfzig im stark verstädterten Amt Görlitz. Bevölkerungszunahme bedeutete somit zugleich Bevölkerungskonzentration: 1750 gab es in Sachsen Ämter mit knapp zwanzig und solche mit weit über einhundert Einwohnern pro Quadratkilometer.[47]

Die Landwirtschaft - der Versuch einer Anpassung

Seit Anfang des 16. Jahrhunderts wurde in vielen Regionen das Ackerland knapp - ein seit Jahrhunderten vollkommen unbekanntes Problem. Im Amt Radeberg bei Dresden zum Beispiel gab es 1474 in zwölf Dörfern 311 Bauern und 32 Häusler, das heißt Einwohner mit wenig oder keinem Landbesitz, die 323 Hufen bewirtschafteten; 1550 waren es 399 Bauern und 51 Häusler.[48] Dort, wo es möglich war, wurden neue, meist kleine bis mittlere Bauernstellen gegründet, häufig auf Kosten des Gemeindelandes bestehender Dörfer und Städte, wobei nicht selten die Landesherrschaft steuernd eingriff. Im westfälischen Ravensberg betrug die Zahl solcher in der ehemals unbesiedelten Gemarkung gegründeten »Markkötter« im ersten Drittel des 16. Jahrhunderts bereits zwanzig Prozent aller vorhandenen Wohnstätten. Zu Beginn des 17. Jahrhunderts waren es gut ein Drittel.[49]

Wo die Landesressourcen erschöpft waren und das Erbrecht es zuließ, wurden die Bauernhöfe geteilt, so insbesondere in vielen Gebieten Süddeutschlands, aber auch in Mitteldeutschland, etwa

Siegel der Niederemsischen Deichacht, einer Genossenschaft ostfriesischer Grundbesitzer, vor allem Bauern, die unabhängig vom Fürstenstaat den Schutz der Deiche organisierte. Durch »Beten und Arbeiten« haben sie der See das fruchtbare Land abgerungen.

Hessen. Auf diese Weise entstanden unterbäuerliche Schichten: Häusler, Kötter, Gärtner, Landarbeiter. Diese klassenmäßige Aufspaltung der Dorfbewohner und die zunehmenden Kontroll- und Steuerungseingriffe außerdörflicher Gewalten erzeugten soziale Spannungen, die sich im Zusammenhang mit der Reformation entladen sollten. Da ein Teil der Dorfbewohner nicht mehr von der Landwirtschaft leben konnte, ging er zu gewerblicher Arbeit über, meist Weben oder Spinnen.

Der Bevölkerungsdruck des 16. Jahrhunderts sorgte somit dafür, daß sich das bereits im späten Mittelalter entstandene Landgewerbe ausbreitete und neue Regionen erfaßte. In Oberdeutschland, im Rheinland, in Sachsen und Westfalen organisierten stadtsässige Verleger das Heimgewerbe in den Dörfern und sorgten für den Absatz der Produkte: in den städtischen Ballungszentren, wo der Markt für billige Textilien rasch expandierte, oder in den tropischen Regionen Südamerikas und Afrikas, wohin das leichte westfälische Leinen über die deutschen Häfen Emden, Bremen und Hamburg oder über die Niederlande exportiert wurde. Im Wuppertal entstand die Grundlage für eine große industrielle Zukunft: Die Kaufleute von Barmen und Elberfeld griffen als Garnverleger weit in den westfälischen Raum aus. Die ersten Bleichbetriebe entstanden; sie profitierten von den engen Verbindungen in die ökonomisch fortschrittlichen Niederlande, von wo technische und kommerzielle Innovationen kamen.[50]

Landverluste und Landgewinne an der deutschen Nordseeküste im Spätmittelalter

Nachdem die Sturmfluten des späten Mittelalters am Dollart, am Jadebusen, in den Dithmarschen, in Eiderstett und in Nordfriesland ganze Landstriche von insgesamt weit mehr als 1000 Quadratkilometern verschlungen hatten, stand das erste Jahrhundert der Neuzeit im Zeichen mühsamer Rückeroberung. Die gewaltigen Verluste konnten allerdings nie wieder ganz wettgemacht werden.

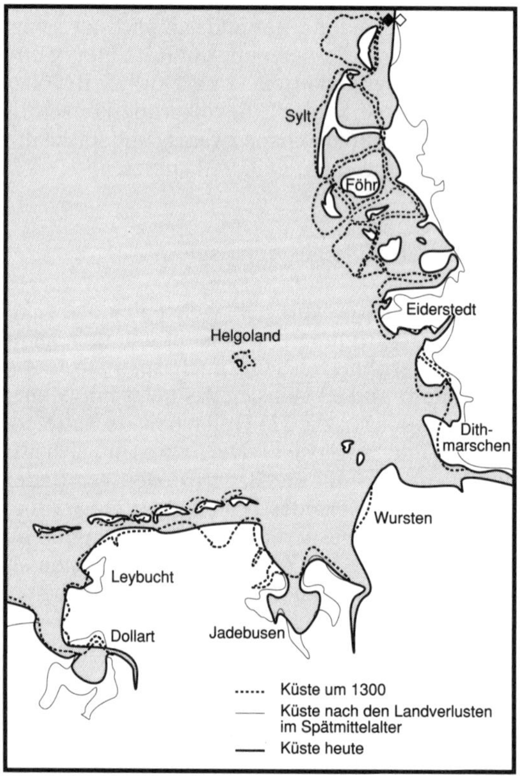

Die Landwirtschaft konnte mit dem rasch zunehmenden Nahrungsbedarf nur schwer Schritt halten. Das ökonomische Leitbild war nach wie vor das »ganze Haus«, der auf die Selbstversorgung angelegte Familienbetrieb unter der wirtschaftlichen, rechtlichen und sozialen Führung des »Hausvaters« und der »Hausmutter«. Der Adel orientierte sich weiterhin am antiken Verständnis von Ökonomie, nämlich der »Lehre vom Oikos, vom Haus im umfassenden Sinn ... Sie ist Lehre von der Hauswirtschaft und der mit ihr untrennbar verflochtenen Landwirtschaft.«[51] Das gilt im Grunde auch von den meist einer adligen Grundherrschaft angehörenden Bauernhöfen. Natürlich gab es Geldwirtschaft und Überproduktion für den Verkauf. Der Wille, die Produktion auszuweiten oder gar die Produktivität zu steigern, war aber noch kaum entwickelt.

Als mehr Nahrung nötig wurde, nahm man wieder die »Randböden« unter den Pflug, das waren für den Ackerbau wenig geeignete Landstriche, die in der spätmittelalterlichen Bevölkerungs- und Agrardepression brachgefallen waren. An der Nordsee begann die Zeit der Neueindeichung und des systematischen Landgewinns. Was das Meer in den großen Sturmfluten den Menschen entrissen hatte, wurde ihm in mühevoller Arbeit zum Teil wieder abgerungen. Vorbildlich war die Polderwirtschaft in den Niederlanden. Aber auch an der deutschen Nordseeküste wuchs die gedeichte Marsch an, allein in Schleswig-Holstein von rund 17 000 Hektar um 1500 auf 25 000 Hektar um 1650.[52]

Gedenkstein für den sächsischen Bauern Paul Wagner, der es sich leisten konnte, für den Wiederaufbau der Kirche seines Dorfes ein kleines Vermögen zu stiften. Die Inschrift lautet: Nach Christi Geburt im MDXXXVI / Iar am Fretage vor Pfingsten / ist vom Wetter angezünt und / vorbrant dis Gottes Haus zu / welichs Wider-Aufbaung hat / Paul Wainer zu Schlantznz / hundert dicke Groschen gebn / Got wolde ime genedig sein.

Nur dort, wo ausnahmsweise fruchtbare Böden, eine liberale Agrarverfassung und enge Verkehrsverflechtungen zusammentrafen, konnte man zur intensiven, hochspezialisierten Landwirtschaft übergehen – mit hoher Produktivität, aber auch hohem Kapitaleinsatz, etwa für den über weite Strecken heranzutransportierenden Dünger. Das war vor allem in den Marschregionen der Niederlande und Norddeutschlands möglich. Am Niederrhein trat der erste pragmatisch auf Ertragssteigerung bedachte Landbauschriftsteller auf: Der Humanist und jülich-klevische Rat Conrad von Heresbach, der selbst in der fruchtbaren Kleizone des Niederrheins ein Mustergut bewirtschaftete, gab in seinen »Vier Büchern zur Landwirtschaft« (Rei rusticae libri quattuor, 1570) genaueste Anweisungen zur Verbesserung des Bodens mit Stallmist, Kompost, Mergel, Kalk oder Asche sowie durch den Anbau von Luzerne. Vor allem die Luzerne empfiehlt Heresbach, weil sie neben der Amelioration auch als Futterpflanze und in Notzeiten zur Ernährung der Menschen dienen kann: »Von der Pflugschar unten abgeschnitten, füllt sie die Stelle des besten Düngers. Gekocht und gewässert ernährt sie im Winter die Rinder und stillt auch, wenn Getreidenot ist, den Hunger der Menschen.«[53]

Die systematische Verbesserung der Böden und der Anbautechnik ließen vor allem in den Niederlanden, aber auch am deutschen Niederrhein und an der Nordseeküste die Erträge beachtlich ansteigen. Im Ackerbau erzielten die Bauern dort das Zehnfache, auf Spitzenböden wie im friesischen Hitsum sogar bis zum Siebzehnfachen der Aussaat bei Weizen, das Neunfache bei Gerste und bis zum Sechsundzwanzigfachen bei Erbsen. Dagegen waren die Bauern in den Zonen der traditionellen Landwirtschaft froh, wenn sie das Fünffache ernteten. Ähnlich sah es in der Vieh- und Weidewirtschaft aus,

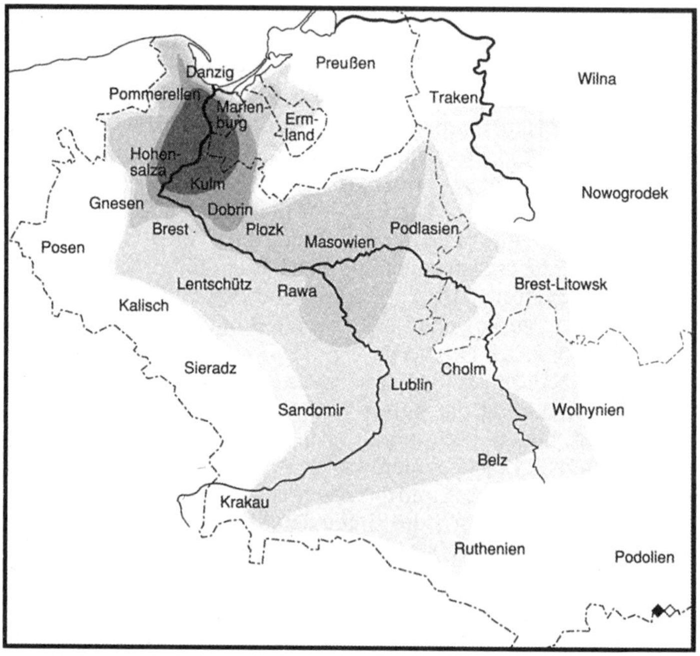

Die Ursprungsländer der Belieferung Danzigs mit Getreide durch das Weichselstromsystem, 1568

Konzentriert an der Weichsel mit Ausläufern bis weit nach Litauen hinein entstanden im späten Mittelalter und in den ersten Jahrzehnten der Neuzeit Tausende von Kornspeichern. In diesem Gebiet wurde unter Einsatz höriger Bauern und mit extensiver Methode das in Mittel- und Westeuropa benötigte Brotgetreide produziert.

die von der erhöhten Nachfrage besonders stimuliert wurde. In den See- und Flußmarschen entstanden leistungsstarke Großhöfe, die tonnenweise Butter und Käse erzeugten und in den Fernhandel gaben. Während in Schleswig-Holstein eine Kuh täglich rund drei Liter und in einer Laktationsperiode insgesamt zwischen 790 und 850 Liter Milch gab, erzielten friesische und holländische Bauern pro Kuh 1350 Liter, woraus 43 Kilogramm Butter und 29 Kilogramm Käse in den Handel gingen. Im Harz brachte eine Kuh nur knapp 15 Kilogramm Butter und 30 Kilogramm Käse, also gut die Hälfte. Ein mittlerer Pachthof in den deutschen Marschen produzierte in normalen Ertragsjahren zwischen 1300 und 1700 Pfund Butter und 800 bis 1500 Pfund Käse. Auf ähnliche Erträge kam man im Binnenland erst im Verlaufe des 18. und 19. Jahrhunderts, als auch hier Zucht und Bodennutzung grundlegend verbessert wurden.[54]

All dies reichte im 16. Jahrhundert nicht aus, die unaufhörlich wachsende Bevölkerung zu ernähren. Das war nur durch eine regionale Arbeitsteilung über die politischen Grenzen Europas hinweg möglich: In den gering bevölkerten Zonen Ostelbiens, vor allem im polnischen Weichselgebiet und im Baltikum, entstanden riesige Latifundien, die für den Massenexport nach Westen produzierten. Aber auch weiter westlich gelegene Gebiete profitierten von dem Kornbedarf, so daß sich »im ganzen Ostseebogen von Kiel über Lübeck, Stettin, Danzig bis nach Riga und weit im Hinterland der Küsten der Getreidebau kräftig entfaltete«. Allein in Danzig, das zum wichtigsten Umschlaghafen aufstieg, wurden gegen Ende des 16. Jahrhunderts jährlich 100 000 Tonnen Getreide verschifft. Die Partnerhäfen im Westen waren zunächst Antwerpen und Gent, dann Amsterdam, das im letzten Jahrhundertdrittel zum größten Getreideeinfuhrhafen Europas ausgebaut wurde. Ökonomisch rentabel war diese bis-

Sogenannter Ulanowskispeicher in Kazimierz Dolny an der Weichsel südlich von Warschau aus dem zweiten Viertel des 17. Jahrhunderts

Entlang der Straße nach Danzig beziehungsweise nach der Krakauer Vorstadt standen hier einst Dutzende von Kornspeichern, in denen die Getreideernte des Umlands gesammelt wurde, ehe das Korn die Weichsel abwärts nach Danzig, dem größten Umschlagplatz für polnisches Getreide, verschifft wurde.

lang in Europa einmalige Kornverschiffung aufgrund der Differenz der Getreidepreise im Osten und Westen. In der zweiten Hälfte des 16. Jahrhunderts betrug sie durchschnittlich 53 Prozent.[55] Diese ökonomischen und verkehrstechnischen Verflechtungen stellten sicher, daß die wachsenden Bevölkerungsmassen der verstädterten Gewerbezonen West- und Westmitteleuropas im großen und ganzen hinreichend ernährt wurden.

Im Gegensatz zur modern-kapitalistischen Landwirtschaft der Niederlande, die mit hohem Kapitaleinsatz, hoher Produktivität und mit freien Arbeitskräften produzierte, war die baltische Kornproduktion traditionell, denn sie beruhte auf der Arbeit höriger Bauern, und sie war extensiv, nicht intensiv. Dieser baltische Weg der Produktionssteigerung war für das akute Ernährungsproblem eine praktikable Lösung. Sie brachte aber erhebliche gesellschafts- und entwicklungsgeschichtliche Kosten mit sich, für die der Kontinent dereinst bezahlen mußte, denn über Jahrhunderte hin war im Osten die Entwicklung moderner Verhältnisse in Wirtschaft und Gesellschaft blokkiert. Hinzu kam, daß die überregionale Arbeitsteilung einseitig zugunsten des Westens ging, so daß ein kontinuierliches Wirtschaftswachstum unmöglich war: Im Osten entstand zwar ein Markt für Luxusgüter, aber die Masse der Menschen blieb bettelarm, und so waren gewerbliche Produkte für den alltäglichen Bedarf mittlerer und einfacher Qualität dort nicht abzusetzen. Die Handelsbilanz zwischen agrarischem Osten und gewerblichem Westen blieb negativ, da Impulse, die im Westen eine gewerbliche Massenproduktion hätten in Gang setzen können, ausblieben. Handel und Schiffahrt nahmen dagegen eine stürmische Entwicklung, wiederum aber einseitig zugunsten des Westens, vor allem der Niederländer.

Trotz immenser Kornimporte wurden im Westen die für die alteu-

Auf der Mottlau in Danzig trafen sich die Frachtschiffe der europäischen Länder, um aus den riesigen Speichern der Speicherinsel das Brotgetreide zu übernehmen, das für die Ernährung der wachsenden Bevölkerung in Deutschland, den Niederlanden, Frankreich und England notwendig war.

ropäische Welt typischen Versorgungs- und Ernährungskrisen häufiger und bösartiger. Wenn Mißernten, die im Abstand von etwa sieben Jahren zu erwarten waren, in den dichtbesiedelten Gewerbezonen den Kornbedarf zusätzlich erhöhten und gleichzeitig die Getreidezufuhr stockte, weil auf dem langen Weg übers Meer, über die Flüsse und zu Lande irgendwo der Verkehrsstrom gestört war, dann konnte leicht eine Katastrophe ausbrechen. Tausende von Menschen starben, zumal wenn sich zum Hunger die Epidemie gesellte – was fast die Regel war – und den Geschwächten, vor allem den Kindern, Armen und Alten, den Todesstoß versetzte.

Die geistige Situation der Zeit ist vor diesem Hintergrund zu sehen: zunächst die nervöse Aufbruchsstimmung und die begeisterte Aufnahme der neuen evangelischen Sicherheit; später dann,

Kornwucher, Kupferstich von Daniel Hopfer, 1534

Die Kornwucherer wurden verachtet, verspottet, in Zeiten schlimmer Teuerung auch bedroht – und man versuchte sie mit Bibelsprüchen zu bekehren.

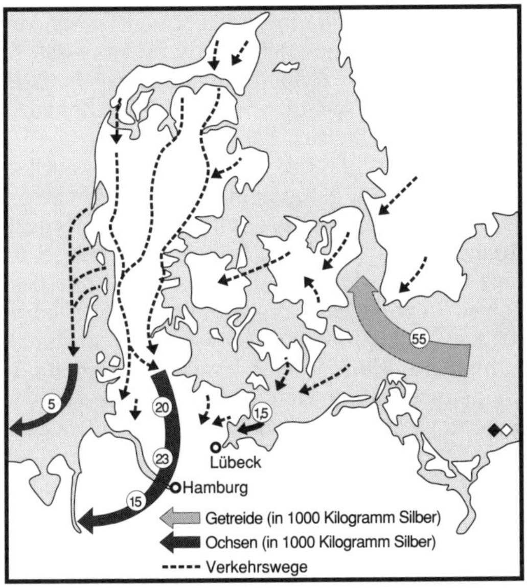

Ausfuhrwerte aus dem Ostseeraum an Getreide und Ochsen im Durchschnitt der Jahre 1601 bis 1620

Bis ins 17. Jahrhundert hinein blieb die Handelsbilanz mit den kornproduzierenden Regionen an der östlichen Ostsee negativ. Der ungeheure Handelsüberschuß konnte durch die Gewerbeprodukte des Westens nicht ausgeglichen werden, weil hierfür ein Massenmarkt im Osten fehlte. Berechnungen haben ergeben, daß in den beiden ersten Jahrzehnten des 17. Jahrhunderts jährlich Getreide im Wert von 55 000 Kilogramm Silber durch den Sund verschifft wurde. Aus Holstein und von den dänischen Inseln gelangten Ochsen im Wert von knapp 30 000 Kilogramm Silber nach Westen, und zwar im Wert von 5 000 Kilogramm Silber auf dem Wasserweg längs der Nordseeküste nach Friesland und Holland, von 23 000 Kilogramm Silber auf dem Landweg nach Hamburg (wo Ochsen im Wert von 15 000 Kilogramm Silber über die Elbe gingen) und von 1 500 Kilogramm Silber auf dem Wasserweg nach Lübeck.

als sich das »lange 16. Jahrhundert« seinem Ende zuneigt und die Schatten der Entwicklung immer schwerer lasten, das Festklammern an konfessionellen und »ideologischen« Standpunkten, die in der existentiellen Bedrohung geistig und seelisch Halt gaben.

Zu einer dieser Krisen, die Deutschland zwischen 1529 und 1534 erschüttern, notiert Sebastian Franck: »Eyn theürung vnd gählinger hunger brach an im M.D.xxix. jar / bald nach der ärndt / nitt alleyn wie vormals inn mangel deß brots / sunder in allen dingen kam eyn gähling auffsteigen vnd ein schreck ins volck / dz die leüt bei habenden dingen wolten verzagen.« Da die Menschen die konjunkturellen und demographischen Zusammenhänge nicht durchschauten und trotz kluger Bevorratungspolitik der Städte habgierige Spekulanten das Korn zusätzlich verknappen konnten, staute sich vielerorts gefährlicher sozialer Unmut auf: »Dise theürung«, so fährt der Chronist fort, »schriben vil allein der vntrew der menschen vnd dem wucherischen fürkauff zu / die alles auffkauffen / wz der liederlich gemein man hat ... man [muß] jr lied singen / vnd nach jrem willen bezalen / ... Dann der gemeim man ist erschöpfft / darzu liederlich / vnnd sitzt nun in angestelter gult hart in der herrschafft [d.h. er ist verschuldet] / also / das was ym wechßt / nit sein ist / so es dann dem reichen in sein handt kumpt / so kan ers erwarten / biß man jm seines gefallens seinen willen macht.«[56]

Preise, Löhne und Sorge um das tägliche Brot

Da die Nahrung, vor allem das Brotgetreide, das ganz anders als heute die Ernährung der Massen sicherstellen mußte, auch bei normaler Versorgungslage im Verhältnis zur Nachfrage knapp war, kletterten Preise und Lebenshaltungskosten unaufhaltsam nach oben, und zwar von Westen nach Osten den Handelswegen folgend. Hinzu kam seit Mitte des Jahrhunderts der »Peitschenschlag« des Silbers:

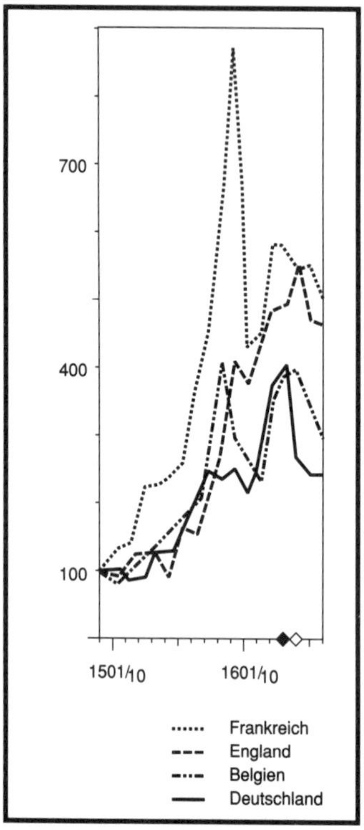

Getreidepreise in Mitteleuropa zwischen 1500 und 1670

Die Nachfrage trieb im Verlauf des 16. Jahrhunderts in Westeuropa die Getreidepreise auf eine schwindelnde Höhe; in der ersten Hälfte des folgenden Jahrhunderts gingen sie dann stark zurück.

Die spanischen Silberimporte vermehrten die Menge des in Europa umlaufenden Edelmetallgeldes von etwa 5 000 Tonnen um 1470 auf 20 000 bis 25 000 Tonnen um 1618.[57] Zur Preissteigerung aufgrund zunehmender Nachfrage und entsprechender Verknappung des Angebots gesellte sich die Inflation.

In Straßburg, das mit Elsässer Korn und auch - auf dem Weg über den Rhein - mit baltischem Getreide gut versorgt werden konnte, stieg in der ersten Hälfte des 16. Jahrhunderts der Preis für ein Viertel Roggen, dem wichtigsten Brotgetreide, von 55,56 Straßburger Pfennige auf 92,46 Pfennige und bis zum Ende des Jahrhunderts auf 266,40 Pfennige. Setzt man das Preisniveau zu Ende des 15. Jahrhunderts als Index 100, so entsprach das einer Zunahme auf 166 beziehungsweise 479 innerhalb eines Jahrhunderts. Verglichen mit den Geldentwertungszyklen des 20. Jahrhunderts waren das geringe Teuerungsraten, für die an Wertbeständigkeit gewohnten Zeitgenossen bedeuteten sie jedoch etwas beängstigend Neues. Man besaß ja weder fiskalische Steuerungsinstrumente, noch wußte man die sozialen Folgen zu beherrschen. Die Städte bauten zwar Kornspeicher und verpflichteten ihre Bürger zu privater Bevorratung, auch setzten sie Höchstpreise und Mindestlöhne fest, so daß seit Mitte des Jahrhunderts die Löhne der Handwerker parallel zu den Preisen stiegen. Da diese Anpassung aber stets weit hinter den Lebenshaltungskosten zurückblieb, kam es dennoch zu eihem immer rascheren Verfall der Reallöhne. Gemessen am Preis des Viertels Roggen nahm die Kaufkraft der Löhne in der ersten Hälfte des Jahrhunderts um 40 Prozent, bis zu seinem Ende gar um 73 Prozent ab.[58]

Es tat sich eine Lohn-Preis-Schere auf, die alle ganz oder vorwiegend auf Lohneinkommen angewiesenen Bevölkerungsgruppen benachteiligte, viele sogar in Existenznöte stürzte. Das traf insbesondere die kleinen Handwerksbetriebe und die Gesellen, denn das ursprünglich auch im städtischen Gewerbe vorherrschende »ganze

In dem 1594 von Caspar Schmid und Matthäus Gaiser errichteten Ulmer Kornhaus ließ der Stadtrat der Reichsstadt Brotgetreide lagern, um in Zeiten der Not die Versorgung der Bevölkerung sicherzustellen.

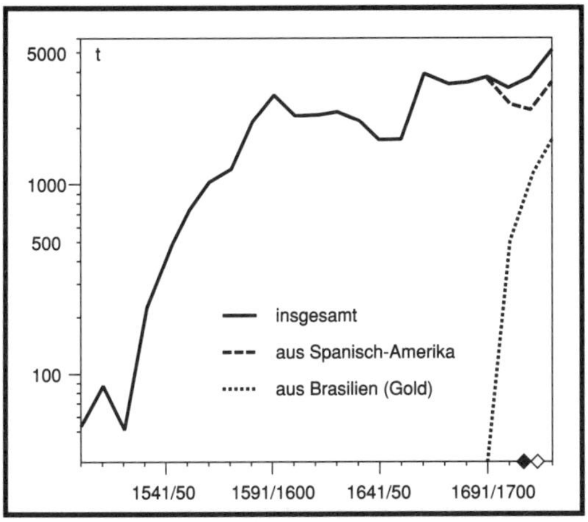

Südamerikanische Edelmetallexporte nach Europa von 1503 bis 1730 (Zehnjahreswerte in Tonnen Silber)

Der seit dem ersten Jahrhundertdrittel steigende Zufluß amerikanischen Silbers trieb die Inflation voran. Es folgten die Jahrzehnte der »Preisrevolution«.

Haus«, in dem Lehrlinge und Gesellen unter dem Dach des Meisters verköstigt wurden, war in Auflösung begriffen. Viele Gesellen wohnten jetzt außerhalb des Meisterhauses zur Miete und hatten eigene Familien zu versorgen.

Um die materielle Lage einer solchen Gesellenfamilie abschätzen zu können, haben Konjunktur- und Preishistoriker nach dem Vorbild moderner Preisstatistiker einen fiktiven Warenkorb zusammengestellt und so versucht, die Auswirkungen von Preissteigerung und Lohnwertverfall zu berechnen:

Der Mindestbedarf einer Familie, die mit fünf Köpfen unterstellt wurde, wurde mit 11200 Kalorien je Tag angenommen, davon 3 600 für den Mann, 2 400 für die Frau, 2 400 bis 1200 für die drei Kinder. Die unterstellten Konsummengen waren, auf das Jahr bezogen, die folgenden: Brotgetreide 1250 kg, Erbsen 135 kg, Butter 50 kg, Fleisch 100 kg. Diese

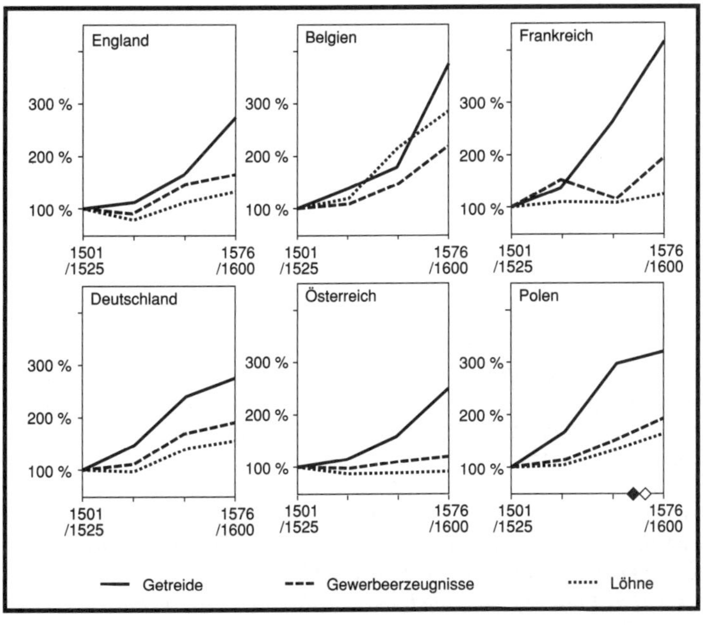

Lohn-Preis-Schere des 16. Jahrhunderts

Steigende Nachfrage und Inflation ließen die Preise für Lebensmittel wesentlich schneller steigen als die Löhne, die erst seit Mitte des Jahrhunderts durch obrigkeitliche Intervention zögerlich angehoben wurden, aber stets der Preisentwicklung hinterherhinkten.

Kaufkraftschwund der Bauarbeiterlöhne im »langen 16. Jahrhundert«

In den ersten beiden Jahrzehnten des Jahrhunderts konnte ein Augsburger Maurergeselle den nach heutigen Kalorienwerten berechneten Mindestbedarf seiner fünfköpfigen Familie gut bestreiten, weil sein Reallohn etwa das Anderthalbfache dieses Mindestbetrages ausmachte. In den zwanziger und dreißiger Jahren sinkt die Kurve dann radikal ab. Etwa ab 1535 konnte der Maurergeselle den Mindestbedarf seiner Familie mit seinem Lohn nicht mehr bestreiten. Besonders schlecht stand er sich im ersten Jahrzehnt des 17. Jahrhunderts, als der Mindestbedarf nur zu 70 Prozent gedeckt war.

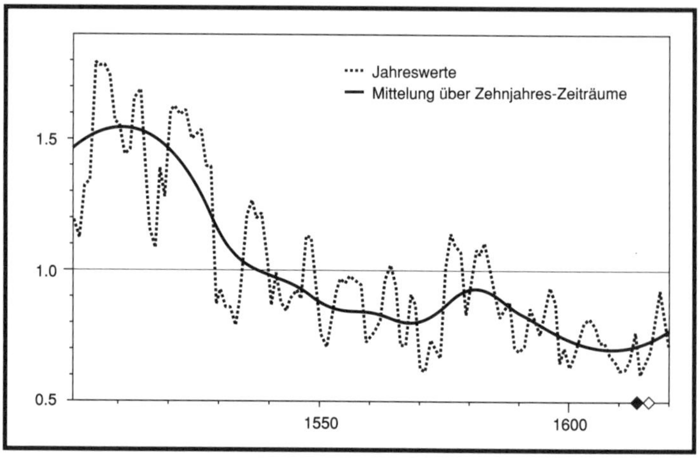

Löhne und Gehälter in Hildesheim zwischen 1531 und 1600

Während die Löhne von Handwerkern und Tagelöhnern seit den dreißiger Jahren hinter dem steigenden Roggenpreis weit zurückblieben, lag das Gehalt der juristisch gebildeten staatlichen oder städtischen Amtsträger, hier des Hildesheimer Stadtsekretärs, um ein Vielfaches darüber.

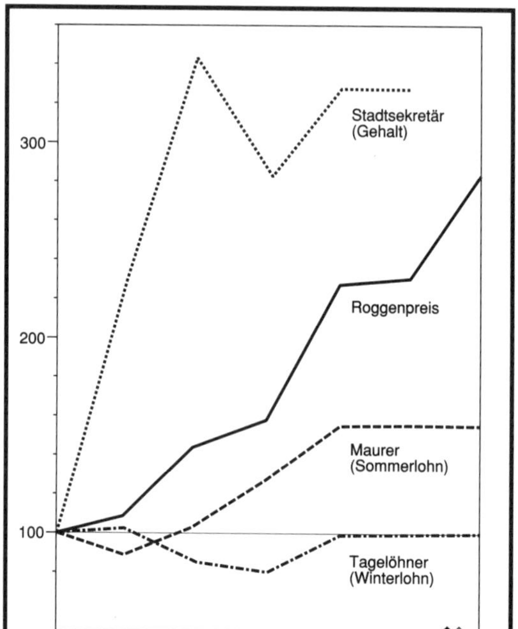

Mengen, die auch ungefähr noch dem Pro-Kopf-Verbrauch der deutschen Bevölkerung um 1800 entsprachen, wurden so angesetzt, daß sie auch die nicht in fortlaufenden Preisreihen beigelegten Nahrungsmittel wie Bier, Grobgemüse, Obst noch abdeckten. Weiter wurden in den Einholkorb der fünfköpfigen Familie noch aufgenommen: Salz mit 40 kg, Leinwand mit 10 m, Brennholz mit 10 Fudern und Kerzen mit 5 kg. Tatsächlich war der Korb noch mit anderen Waren bestückt, doch ließen für sie sich Preise nicht ermitteln. Darum wurden auch hier die Ansätze so hoch gewählt, daß sie die denkbaren komplementären oder substitutiven Güter noch mit abgalten. – Ein Betrag für den Wohnungsbedarf konnte leider nicht mit aufgenommen werden, da es an zureichenden Angaben

für Miete leider noch fehlt. – Die Mengen der einzelnen Güter wurden mit den jeweiligen Jahrespreisen bewertet und dem Jahresverdienst eines Bauarbeiters gegenübergestellt. Dabei wurde unterstellt, daß der Mann insgesamt 260 Tage im Jahr beschäftigt war, 190 Tage im Sommer und 70 Tage im Winter, und daß sein Lohn ausschließlich in Geld bestand, was bei solchen Arbeitern auch die Regel war. Das Preis- und Lohnmaterial wurde den Sammlungen entnommen, die für Augsburg vorliegen, weil sie am dichtesten mit den Angaben besetzt sind, die für die Rechnung herangezogen werden sollten.[59]

Das Ergebnis dieser Berechnung auf der Basis eines »Lebensmittelkorbes« ist erschreckend: Nur bis 1540 konnte der Augsburger Bauarbeiter seine Familie mit seinem Lohneinkommen ernähren, zum Ende des Jahrhunderts deckte der Lohn die Lebenshaltungskosten nur zu rund drei Vierteln. Die Menschen mußten nun auf billigere und minderwertige Nahrungsmittel ausweichen, und dennoch blieben sie unterernährt. Die Zahl der Bettler stieg rasch.

Üppigkeit und Luxus

Doch längst nicht alle Gruppen der Bevölkerung hatten sich um das tägliche Brot zu sorgen. Bestimmte Berufsstände konnten sich selbst auf dem Höhepunkt des dramatischen Lohn-Preis-Geschehens noch eines gesicherten Wohlstandes erfreuen. Eine dünne Schicht profitierte sogar von der Entwicklung und lebte in Üppigkeit und Luxus.

Da waren zunächst die Juristen. Sie erhielten eine stattliche Besoldung, weil Fürsten und Stadträte beim Ausbau des frühmodernen Staates auf sie angewiesen waren und weil bis ins 17. Jahrhundert mehr Stellen als qualifizierte Bewerber vorhanden gewesen sein dürften. Wenn wir vom 16. als einem »bürgerlichen Jahrhundert« sprechen, dann sind in erster Linie diese bürgerlichen Beamten gemeint, die politische Macht und materielle Sicherheit besaßen. Das galt nur so lange, wie sie in aktiver Bestallung standen, schon ihre Witwen lebten häufig ähnlich elend wie die Lohnarbeiterfamilien.

Zu Wohlstand kamen all jene, die sich die Gewinne aus der aufblühenden Agrarwirtschaft anzueignen vermochten. In wenigen Regionen, wo die Rechts- und Wirtschaftsverfassung nicht einseitig zugunsten der Grundherren verändert worden war, gelang das mitunter auch den Bauern. So wissen wir ziemlich genau Bescheid über die Vermögensverhältnisse des Bauern Jörg Minner aus dem württembergischen Dorf Kornwestheim nördlich von Stuttgart, der 424 Morgen oder 150 Hektar fruchtbaren Ackerlandes zu gutem Recht bewirtschaftete. Als er 1599 starb, besaß er außer Grund und Boden und einem beachtlichen Barvermögen 183 Schuldverschreibungen zu einem Gesamtwert von 40 000 Gulden. Seine Töchter hatte er mit üppigen Mitgiften ausgestattet. Der jüngere Sohn studierte in Tübingen und in Italien die Rechte, bereitete sich also auf eine sichere und einträgliche Beamtenkarriere vor. Der älteste Sohn übernahm den Bauernbetrieb und konnte mit einem jährlichen Reingewinn zwischen 750 und 1 000 Gulden rechnen, was das Einkommen eines landesherrlichen Beamten noch weit übertraf.[60]

Solche eigengehörigen Bauern, das heißt Bauern, denen das Land, das sie bestellten, gehörte, waren jedoch die große Ausnahme. Nur in den Marschregionen, vor allem in Ostfriesland, und in einigen Tälern der Alpen, insbesondere Tirols, waren sie die Regel. Die Bauern trugen dort stolz Silbertaler als Knöpfe an den Röcken. Der Silberschmuck der friesischen Bauersfrauen füllt noch heute die Vitrinen in den Heimatmuseen des Nordens. Bereits Mitte des 16. Jahrhunderts, als der Agraraufschwung noch nicht seinen Höhepunkt erreicht hatte, klagte der ostfriesische Adlige und gräfliche Rat Eggerik Beninga, daß die zu Reichtum gelangten Butterbauern seiner Heimat einem verderblichen Konsumrausch verfallen seien. Vor allem hamburgisches Bier und englisches Samt- und Seidentuch hätten es ihnen angetan: »Die Kleidung muß mit vornehmen englischen Tuch besetzt sein, der Rock aus Sammet, Damastsatin und Kammelot, ja gespinckelter Prachtstoff [Worsteyn] zum Wams ist ihre tägliche Tracht, daß man an der Kleidung keinen Unterschied mehr zwischen Bauern und Edelmann erkennen kann.«[61]

Die ganz überwiegende Zahl der landwirtschaftlichen Betriebe war jedoch grundherrlich gebunden. Ihre Lasten und Abgaben waren von Region zu Region verschieden hoch. Durchschnittlich betrugen sie wohl ein Drittel der Roherträge.[62] Die Nutznießer der Agrarkonjunktur waren in diesen Fällen nicht die Bauern, sondern die Grundherren: der Adel, nicht nur Ostelbiens, sondern auch im Westen, an der Weser zum Beispiel; das Großbürgertum auch der Landstädte, das Höfe im Umland besaß und dazu noch am Handel verdiente; kirchliche Institutionen, die seit alters gut mit Ländereien ausgestattet waren; schließlich auch der Staat, soweit es ihm gelang, sich die Überschüsse aus den Grundherrschaften der Dynastie und aus dem Domanialbesitz anzueignen.

Die Armut, Kupferstich von Heinrich Aldegrever, 1549

Der Kaufkraftschwund und die Bevölkerungszunahme, die zur Verknappung der Arbeit führte, ließen seit Mitte des 16. Jahrhunderts die Schar der Vagierenden und Bettler anschwellen.

Dieser keineswegs kleine Kreis von Grundherren, die an der Agrarkonjunktur verdienten, führte ein üppiges Leben. Der Konsum von Gewürzen, Zucker, Kaffee und anderen Kolonialwaren breitete sich aus. Berge von Fleisch wurden verzehrt, Wein und Bier literweise getrunken. Die Bierbrauerei expandierte; gute Biersorten wurden weit über Land und Meer verschickt. Es war das Zeitalter der »Bet-, Sauf- und Freßfürsten«. An den sächsischen Höfen war es üblich, Gästen mit vierzehn Bechern das Willkommen zu bieten. Der Herr von Schweinichen, der an mehreren deutschen Höfen Dienst tat, trug jedes Gelage genauestens in sein Tagebuch ein. »Wenn man aus dem Bett aufgestanden«, so berichtet er von der Brautfahrt seines Herrn nach Holstein, »ist das Essen auf dem Tisch gestanden und gesoffen bis zur rechten Mahlzeit; von der rechten Mahlzeit wieder bis zur Abendmahlzeit; welcher nun reif war, der fiel ab.« Über einen Besuch am brandenburgischen Hof in Berlin notiert er: »Schon bei der Morgenmahlzeit gab es starke gute Räusche.« Von den Eß- und Trinkgewohnheiten am sächsischen Hof hieß es, daß man dort »als Mensch ankam und als Sau davonging«.

Bereits auf der Ebene der Reichsgrafen fielen die Feste unvorstellbar üppig aus. Als 1560 Günter von Schwarzenberg und Catharina von Nassau im thüringischen Arnstadt Hochzeit feierten, notierte der für den Speiseplan zuständige Mundschenk:

Zum Beilager verordnet, sind aufgegangen: 20 Lägel [1 Lägel etwa 45 Liter, H. Schi.] Malvasier, 25 Lägel Reinfall, 25 Fuder [1 Fuder in

Gastmahl in einer Wirtsstube, Zeichnung von Hans Holbein d. J.

Der bitteren Armut steht das zügellose Prassen gegenüber. Luther bemerkte über das Saufen: »Es muß aber ein jegliches Land seinen eigenen Teufel haben, Welschland seinen und Frankreich seinen. Unser deutscher Teufel wird ein guter Weinschlauch sein und muß Sauff heißen.«

Sachsen etwa 8 Hektoliter, H. Schi.] rheinischer Wein, 30 Fuder Würzburger und Frankfurter Wein, 6 Fuder Neckarwein, 12 Faß Brayhahn, 24 Tonnen Hamburger Bier, 12 Faß Einbecker Bier, 6 Faß Goße, 6 Faß Windisch Bier, 6 Faß Neustädter Bier, 10 Faß Arnstädter Bier, 30 Faß Zellisch Bier, 10 Faß englisches Bier, 12 Faß Muhme, 100 Faß Speisebier; dabei ist nicht gerechnet, was sonsten an alten Kräutern als: Hirsch-Zung, Salbei, Beifuß und dergleichen aufgegangen. Auch ist im Pfarrhofe für die Wagenknechte und anderes gemeines Gesindel aufgegangen: 1010 Eimer [1 Eimer in Sachsen etwa 75 Liter, H. Schi.] Landwein, 120 Faß Bier. [An Speisen für] die Personen hohen und niederen Standes wurden geschafft unter Anderem: 120 Stück Hirsche, 126 Stück Rehe, 150 große und kleine wilde Schweine, 850 Hasen, 20 Auerhähne, 300 Rebhühner, 35 Birkhähne, 200 Schnepfen, 60 Haselhühner, 85 Schock [1 Schock sind 60 Stück, H. Schi.] Krammetsvögel, 150 Stück welsche Hühner, 20 Schwäne, 24 Pfauen, 14 Schock Endvögel, 8 Schock wilde Gänse, 100 Stück Ochsen, 1000 Stück Hämmel, 70 Schock Hühner, 45 Schock zahme Gänse, 175 Stück Capaunen, 245 Spanferkel ganz gebraten, 200 Seiten Speck, 8 Stück Rinder, 47 Bratschweine, 150 Stück Schinken, 16 gemästete Schweine, 200 Fässer eingemachtes Wildpret, 120 Schock große Karpfen, 21 Centner Hechte, 4 Centner grüne Aale, 7 Fuder Krebse, 3 Tonnen gesalzene Hechte, 6 Tonnen gesalzener Lachs, 2 Tonnen Stähr, 1 Tonne gesalzener Aal.[63]

Jeder, der es sich leisten konnte, tat es den hohen Herren gleich. Gar mancher hat sich im Jahrhundert des Geldverfalls, der Ernährungskrisen und des frühmodernen Pauperismus im Wortsinne »totgesoffen« und »totgefressen«. Als der kursächsische Hofprediger 1611 eine Leichenpredigt auf Kurfürst Christian II. halten mußte, verglich er den Verstorbenen mit Moses. An Trefflichkeit sei er jenem gleich gewesen, statt hundertzwanzig Lebensjahre, wie sie die Bibel dem Erzvater zuschrieb, habe der sächsische Fürst jedoch nur gut siebenundzwanzig erreicht. Zu Moses' Zeiten, so die Schlußfolgerung des Predigers, hätten die Leute »nicht also mit üppigem Saufen und

Haus Bäckerstraße 16 in Hameln, dessen Giebelfassade 1568/69 vor ein gotisches Steinhaus gesetzt wurde

Füllerei auf sich hineingestürmet, damit man sich das Leben verkürzet und vor der Zeit um den Hals bringt«.[64]

Es war die Zeit der großen Ochsentrails aus den russischen, polnischen, ungarischen und dänischen Weidelandschaften, über Hunderte von Kilometern quer durch Europa zu den Verbraucherzentren in Süd- und Mitteldeutschland, am Rhein, in den Niederlanden und in Westeuropa. Es entstanden große Sammel- und Umschlagstationen: in Wien, Breslau und Brieg für die Rinder aus Südosteuropa, für polnische und russische in Posen, Frankfurt an der Oder und Buttstädt bei Weimar, wo jährlich Auftriebe bis zu 20 000 Rinder stattfanden. Genaue Zahlen sind aus Dänemark überliefert, da dort die ausgeführten Rinder in den Zollisten der Stadt Rendsburg genauestens registriert wurden. Mitte des Jahrhunderts wurden jährlich rund 45 000 Stück nach Süden getrieben. Der Höhepunkt

Schloß Hämelschenburg in der Nähe von Bad Pyrmont, zwischen 1588 und 1610 in drei Abschnitten von Jürgen von Klenke erbaut

Einer kleinen Schicht bescherte die Agrarkonjunktur des 16. Jahrhunderts Reichtum und Üppigkeit. Kirche, Adel und Großbürgertum selbst mittlerer und kleinerer Städte entwickelten eine Bauleidenschaft, die das Gesicht vieler Städte und Landschaften bis heute prägt. Aus der sogenannten Weserrenaissance im letzten Drittel des 16. Jahrhunderts stammen viele der üppigen Landsitze des westfälisch-niedersächsischen Adels und der prächtigen soliden Bürgerhäuser in den Städten.

lag im Jahr 1612 mit 49519 Rindern. Bei Hamburg - in Wedel, Blankenese und Zollenspieker - lief der Ochsenweg über die Elbe. In den Marschwiesen Oldenburgs, Frieslands und Hollands wurden die Tiere dann »in einem Sommer durch die gute Weide speckfett gemachet, also daß sie im Herbst mit Lust zu schlachten seyen«.[65]

Eine andere Leidenschaft, der sich Fürsten, Adel, Klerus und wohlhabendes Bürgertum hingaben, war das Bauen. Land- und Stadtschlösser, Rat- und Bürgerhäuser im Renaissancestil zeugen noch heute davon. Die Räume wurden mit kunstvollen Möbeln, Gobelins, Tapisserien und Gemälden ausgestattet. Man sammelte Juwelen und alle Arten von Pretiosen. Seidentücher und Posamenten schmückten die Kleidung. Bei dieser Nachfrage blühten die Luxusgewerbe auf und mancherorts auch die Baugewerbe, vor allem das Steinmetz- und Zimmerhandwerk.

Da auch die wenig Begüterten und die Armen mithalten wollten, aber ganz auf Billigwaren angewiesen waren, kam es auch am anderen Ende des Gewerbespektrums zur Expansion. So vor allem bei der auf Massenwaren angelegten Textilproduktion der »Neuen Weberei«, das war ein von den Niederländern eingeführtes leichtes Mischgewebe minderer Qualität, des weiteren bei der maschinellen Herstellung von Borten, Schnüren und anderem Flitterkram und sogar bei billigen Seidentuchen.

Die kommerzielle Revolution und eine frühmoderne Weltwirtschaft am Saum des Atlantik

Von Sevilla, dem rasch erblühenden spanischen Überseehafen aus gesehen, mag es den Anschein haben, als wäre die »kommerzielle Revolution« des 16. Jahrhunderts ganz und gar aus den sonnenumfluteten Zentren des Südens hervorgebrochen, während der nördliche Atlantikraum noch im Nebel der Vorgeschichte eines zukünftigen großen Wirtschaftszeitalters lag.[66] So wichtig der Aufbruch zu den neuen Küsten Amerikas aber auch war, die kommerzielle Dynamik hatte ein zweites Zentrum: die Ostsee und den Austausch mit dem Baltikum, den die Holländer nicht von ungefähr den »Mutterhandel« nennen.

Es waren zwei etwa gleichzeitig zur Wirkung gelangende Impulse

Die »Fieberkurven« der frühmodernen atlantisch-baltischen Weltwirtschaft, ablesbar an der Zahl der jährlich durch den Sund fahrenden Schiffe und der Entwicklung des im spanischen Sevilla nach Tonnage registrierten Schiffsverkehrs nach Amerika.

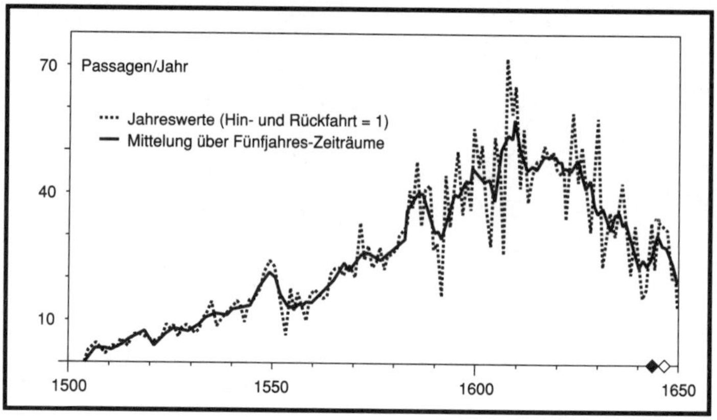

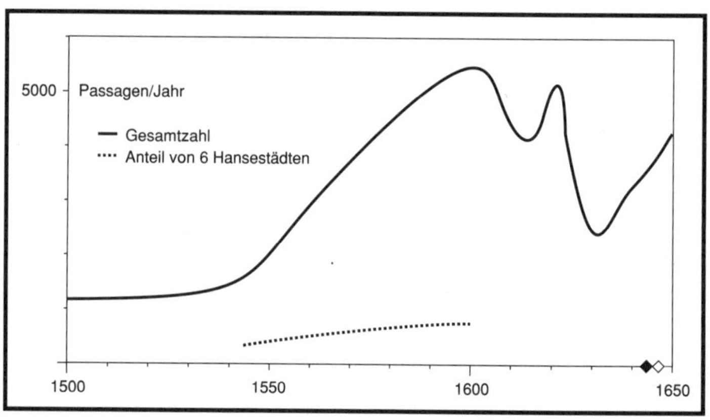

und zwei sich ergänzende Verkehrsrichtungen, die den europäischen Handel binnen weniger Jahrzehnte sprunghaft ansteigen ließen: die Entdeckung Amerikas mit den bald dicht befahrenen Seewegen nach Westen und jenes innereuropäische Bevölkerungsgeschehen, das die Mittel- und Westeuropäer dazu zwang, alljährlich ihre Kornflotten nach Osten segeln zu lassen. Die Nordsee war kein nebelverhülltes Randmeer, sondern die Zone Europas, in der sich die beiden Handelsrichtungen kreuzten und wo deshalb die ökonomische Zukunft des Kontinents lag. Nordfrankreich - England - Holland mit Ausstrahlung in den Nordwesten Deutschlands, das war das Modernisierungsdreieck der Frühneuzeit.

An zwei Stellen war die Fieberkurve des neuen Welthandels zu messen - in Sevilla und am Sund, da dort die Schiffsbewegungen jeweils sorgfältig registriert wurden. In dem spanischen Hafen, wo die Sekretäre sogar die Tonnage festhielten, stieg das Verkehrsaufkommen mit Amerika kontinuierlich und erreichte nach zwei außergewöhnlichen Ausschlägen in den vierziger und den achtziger Jahren im ersten Jahrzehnt des 17. Jahrhunderts seinen Höhepunkt mit einer Jahrestonnage von über 70 000 Tonnen. Die Sundzollregister der dänischen Fiskalbehörde, die nur die Zahl der Schiffe erfassen, belegen, daß die Handelsströme von der Nord- in die Ostsee seit den vierziger Jahren rasch expandierten: von jährlich gut 1000 auf über 5 000 Schiffe zum Ende des Jahrhunderts. Das Handelsvolumen wird noch drastischer zugenommen haben, da nun größere Schiffe die Meere befuhren.

Voraussetzung für diesen stürmischen Aufschwung war eine hochentwickelte Navigations- und Schiffsbautechnik. Daß im 16. Jahrhundert europäische Schiffe zu Tausenden den Ozean überquerten, war das Ergebnis einer langen Seefahrtstradition im Mittelmeer wie in der Nord- und Ostsee. Schiffsführer und Navigatoren hatten Schritt für Schritt den Bau der Schiffe und die Technik, sie zu steuern, verbessert. Gegenüber Dschunke und Einbaum im Chinesischen Meer und der Südsee besaßen die europäischen Schiffe zwei Konstruktionsvorteile, die sie zu langen Fahrten bei schwerer See befähigten: den Kiel und das Heckruder, das im 13. Jahrhundert erfunden wurde. Im Verlaufe des 15. Jahrhunderts kam eine entscheidende Neuerung hinzu, die es zunächst den Portugiesen erlaubte, ozeangängige Schiffe zu bauen: Das seit alters in Europa übliche quadratische Segel, das quer zur Fahrtrichtung am Mast angebracht war, wurde mit dem im Orient gebräuchlichen dreieckigen Lateinsegel kombiniert.

Die Karavelle, wie der neue Schiffstyp genannt wurde, hatte in der Regel drei Masten. Groß- und Fockmast trugen Quersegel, der Kreuzmast ein lateinisches Segel; ein weiteres Quersegel, das nach unten stand, war am Bugspriet befestigt. Diese »erfolgreiche Kombination von Quadrat- und Lateinsegel bedeutete für die europäische Schiffahrt einen entscheidenden Durchbruch«,[67] denn die Karavellen konnten härter am Wind segeln und waren auch präziser zu navigieren als Schiffe mit traditioneller Takelage. Als die ersten großen Atlantiksegler mit weitem Laderaum auftauchten, war die Zeit der Entdeckungsfahrten mit zwei oder drei kleinen Karavellen bald vorüber. Alljährlich zogen nun die europäischen Flotten über den Ozean, zusammengesetzt aus schweren Last- und kleinen, beweglichen Begleitschiffen.

Die »Santa Maria« des Kolumbus

Die Karavelle des Kolumbus war ein kleines Schiff, 21,30 Meter lang, 7,80 Meter breit und mit einer Ladekapazität von rund 150 Tonnen. Auch an Bequemlichkeit mangelte es; so mußten die vierzig Mann Besatzung an Deck auf den bloßen Planken schlafen. Aber das Schiff war außerordentlich seetüchtig.

Die »Henri Grace à Dieu«, erste Hälfte des 16. Jahrhunderts

Die 1514 im Auftrag Heinrichs VIII. von England gebaute »Henri Grace à Dieu« war ein mit Kanonen hinter verschließbaren Geschützpforten bestückter Zweidecker mit fünf Masten, drei mit Quer-, zwei mit Lateinsegeln, und einer Ladekapazität von rund 1000 Tonnen. Im Vergleich zu diesem majestätischen Schiff wirken die Karavellen, mit denen Kolumbus eine Generation zuvor Amerika entdeckte, fast wie Nußschalen.

In der Frachtfahrt zwischen dem Baltikum und Westeuropa waren es die Niederländer, die neue geniale Schiffskonstruktionen einführten und dadurch ihre Überlegenheit weiter ausbauten. Bereits der Bojer war den Schiffen der Hanse und Engländer überlegen, weil er nur fünf bis sechs Mann Besatzung benötigte statt der üblichen vierzehn bis sechzehn Mann und weil er trotzdem weit schneller segelte. Der Vorsprung der Holländer vergrößerte sich noch, als sie ab 1595 die »Fluit« oder »Flöte« bauten. Das war ein langgestrecktes Frachtschiff, das wesentlich mehr Ladekapazität als der Bojer besaß, ohne an Schnelligkeit und Leichtigkeit einzubüßen. Vier- bis sechsmal länger als breit, von geringem Tiefgang und mit einem besonders hohen Mast ausgestattet, der mit kleinen, leicht handhabbaren Segeln bestückt war, konnte auch die »Flöte« von wenigen Seeleuten gesegelt werden und hohe Geschwindigkeiten erreichen. War es bisher üblich gewesen, einmal pro Jahr die Ostsee zu überqueren, so fuhren die holländischen Flötenschiffe bis zu dreimal pro Jahr zwischen den Niederlanden und dem Baltikum hin und her. All das steigerte die Rentabilität und machte es den anderen europäischen Seefahrernationen noch über Generationen hinweg unmöglich, mit der holländischen Frachtschiffahrt Schritt zu halten. Hinzu kam, daß die Niederländer die weitaus größte Handelsflotte Europas besaßen: insgesamt rund 120 000 Last um 1600 und 250 000 Last um 1650, während die Hanse um 1600 etwa tausend Schiffe mit insgesamt 45 000 Last besaß. Frankreich hatte zu diesem Zeitpunkt eine Handelsflotte von nur 40 000 Last und England sogar erst eine solche von 21 000 Last, wobei ein Last als Ladegewicht von etwa zwei Tonnen zu rechnen ist.[68]

Zur Entdeckung Amerikas und zur Anbindung der baltischen Kornkammer an die Gewerbelandschaften Westeuropas kam ein drittes weltgeschichtliches Ereignis, das für die deutsche Wirtschaft noch folgenreicher war, jedenfalls fürs erste: 1522 ging Rhodos als letzter Außenposten der lateinischen Christenheit im östlichen Mittelmeer vom Johanniterorden an die Türken über. Damit war das seit fünf Dezennien hin und her wogende Ringen zwischen Osmanen und Venezianern um die Vorherrschaft in der Levante beendet. Das östliche Mittelmeer stand nun unter osmanischer Kontrolle; die alten Handelswege nach Ägypten und Asien waren für die Europäer

Antwerpen, das Emporium der Kaufleute, Detail aus einem Holzschnitt von 1515

Im Vordergrund kreuzt eine venezianische Dreimastgaleere auf der Schelde.

blockiert. Das einstmals unanfechtbar erscheinende Handelsimperium der stolzen Lagunenstadt hatte den Todesstoß erhalten.

Für Deutschland bedeutete diese Sperrung des östlichen Mittelmeers das Ende einer großen mittelalterlichen Wirtschaftstradition. Die Zeit war vorüber, in der die Alpenstraßen und der oberdeutsche Wirtschaftsraum eine Brücken- und Vermittlerfunktion einnahmen zwischen den oberitalienischen Handels- und Gewerbezentren auf der einen und den nördlich und östlich gelegenen Randzonen Deutschlands und Europas auf der anderen Seite.

Binnen wenigen Jahren verlagerten sich die Schwerpunkte des europäischen Wirtschaftslebens von Süden nach Norden, von Oberitalien und Oberdeutschland zum west- und nordwesteuropäischen Atlantiksaum. Die europäische Hauptverkehrsachse drehte sich aus der im Mittelalter dominierenden Südnord- in die neuzeitliche Westostrichtung. Im Zentrum dieser seit Mitte des 16. Jahrhunderts voll entfalteten atlantisch-nordeuropäischen Wirtschaftswelt lagen die Niederlande. Zudem waren die Holländer als einzige in der Lage, die unerwartete Nachfrage nach erfahrenen Seeleuten und ausreichendem Frachtraum zu befriedigen.

Der Umschlagplatz, an dem die verschiedenen Ströme des frühneuzeitlichen Weltverkehrs zusammenliefen, war Antwerpen. Ein sorgfältig geführtes Register gibt ein exaktes Bild der Entwicklung eines ganzen Vierteljahrhunderts, nämlich von 1488 bis 1514. Die Kaufleute Europas gaben sich auf der Schelde ein Stelldichein: 72 Portugiesen, 171 Spanier, 261 Italiener, darunter 70 Genuesen, 37 Florentiner und 28 Venetianer, 216 Engländer, 69 davon aus London, 247 Franzosen, 208 aus Norddeutschland und Städten an der Ostsee, immerhin noch 40 aus Osteuropa und vor allem Rheinländer (insgesamt 742) und Oberdeutsche (237), weil der Handelsstrom nun von Antwerpen aus über Aachen nach Süddeutschland verlief.[69] In der Scheldestadt wurden Pfeffer, Zimt, Safran, Zucker und Silber aus Übersee ebenso umgeschlagen wie Korn, Bernstein, Holz und Tran aus Skandinavien und Ostmitteleuropa oder Gewerbe- und Luxusprodukte Zentral- und Südeuropas wie Südweine, Messing- und Schwertfegerwaren.

In / dieser weiland vornehmbsten / und berühmbtesten Handelsstatt in / gantz Europa sein oftmals an einem Marcktag wochentlich / acht / oder neunhundert Schiff / auß / unterschiedlichen Orten der Welt / ankommen / und über die 75tausent lebendige Fisch verkaufft; und von Zöllen / und dergleichen Aufflangen / an die 1726tausent Gulden in die Rentcammer gebracht worden. Und seyn / einsmals / allein zween Kauffherren zu Antorff [Antwerpen] für sich / auff sechs Millionen / oder sechtzig Tonnen Goldes / schuldig worden ... Und rechnet man / daß alle Jahr allhie / im Kauffen / und Verkauffen über die fünffhundert Millionen Silbers / nach der Niederländischen Müntz / das ist / über die hundertdreyunddreissig Millionen Goldes / ... ausgeben worden / als diese Stadt noch in ihrem glücklichen Zustande gewesen.[70]

All diese Warenströme trafen sich in der 1531 gegründeten Ant-

Thüringer Silberproduktion während des »langen 16. Jahrhunderts« (in 1000 Mark Silber)

Der lebhaften Aufwärtsentwicklung des späten Mittelalters und des beginnenden 16. Jahrhunderts folgt in den dreißiger Jahren eine erste Krise, die in den vierziger Jahren nochmals überwunden wird, bis schließlich seit der Mitte des Jahrhunderts die Ausbeute sinkt.

werpener Börse, die für zwei Generationen das Barometer der europäischen »Weltwirtschaft« war. Nach der Einschätzung Merians wurden hier »in einem Monat mehr als zu Venedig in zwei Jahren verhandelt«.

Spätestens seit Beginn des zweiten Jahrhundertdrittels hatte der oberdeutsche Raum zwischen Bodensee und Nürnberg den Standortvorteil als nordalpiner Umschlagplatz des mittelalterlichen mediterranen Wirtschaftssystems verloren. Mitte des Jahrhunderts ließ die Massenzufuhr südamerikanischen Silbers auch das deutsche Montangewerbe zusammenbrechen. Wegen hoher Arbeits- und Investitionskosten und nachlassender Qualität der Erze blieben nur noch wenige Gruben rentabel. Anfang des 17. Jahrhunderts lag die jährliche Ausbeute in den einzelnen Bergwerken nur noch zwischen einem Drittel und einem Zwanzigstel des Höchststandes. Um 1618 war wieder der Stand von 1450 erreicht.[71]

Trotz dieser Rückschläge gelang Oberdeutschland noch einmal der Anschluß an die neuen, in Antwerpen zusammenlaufenden Verkehrswege. Die Rheinländer profitierten als Vermittler: Hunderte von Fuhrunternehmern und Spediteuren waren zwischen Antwerpen und Aachen und von dort weiter nach Süden und Osten unterwegs, um die Waren der Welt ins deutsche Binnenland zu bringen.[72] Frankfurt, mit knapp 20000 Einwohnern Drehscheibe und Umschlagplatz auf halbem Wege, baute seine Stellung zum führenden Messeplatz und »Kaufhaus der Deutschen« aus.[73] Zu Beginn des letzten Jahrhundertdrittels sah es so aus, als wäre Oberdeutschland die Anpassung an die veränderten Wirtschafts- und Verkehrsbedingungen der Neuzeit gelungen.

Das alles wurde zerstört durch den ökonomischen Untergang Antwerpens im niederländischen Unabhängigkeitskrieg. Der Einmarsch der Spanier in die blühenden Handels- und Gewerbeprovinzen löste 1585 eine Auswanderungswelle niederländischer Prote-

Die über See in die Häfen der Nordseeküste gelangten Waren wurden von hier aus mit Fuhrwerken auf unbefestigten Erdwegen in das Innere des Kontinents befördert. So war auch dem Transportgewerbe ein kräftiger Aufschwung beschieden, und zwar insbesondere den im Aachener und Kölner Raum angesiedelten Spediteuren, die den Frachtverkehr von Antwerpen ins Rheinland und weiter nach Frankfurt und Oberdeutschland bestritten.

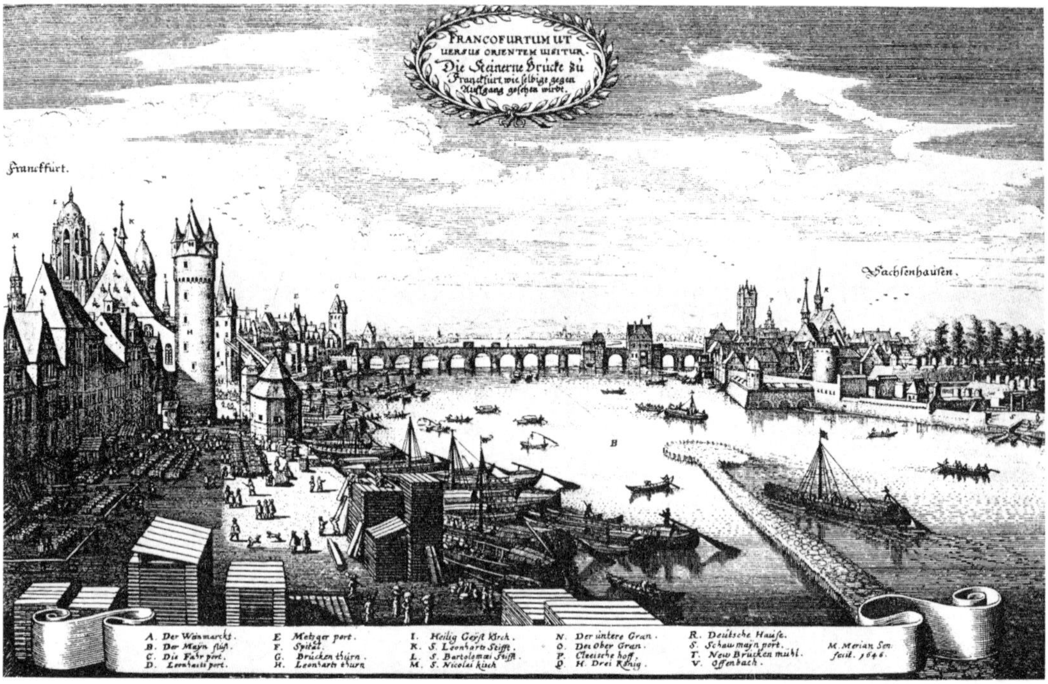

Merianstich von Frankfurt am Main, wo niederländische Glaubensflüchtlinge die Fundamente für den Aufstieg der Stadt zum führenden Handels- und Gewerbezentrum der frühen Neuzeit legten.

stanten aus. Deutschland nahm Tausende von Asylsuchenden auf und gewann dadurch moderne und leistungsstarke Wirtschaftskräfte. Allerdings nur der Norden und Nordwesten. Die Hafenstädte, vor allem Hamburg, aber auch Bremen und selbst Emden, das Rheinland, besonders Frankfurt, wurden durch die berühmte »Diaspora der Antwerpener Kaufleute« direkt eingeknüpft in das erneut veränderte nordwesteuropäische Wirtschafts- und Verkehrsnetz mit einem neuen Zentrum in Amsterdam, später auch in London.[74] Hinzu kam der Gewinn an unternehmerischem, finanztechnischem und gewerblichem Wissen, kamen moderne Betriebsverfassungsformen sowie eine neue Exportproduktion der auf Massenabsatz ausgerichteten Textilherstellung oder der Luxusgewerbe wie Juwelenschleifereien, Tapisseriemanufakturen und Zuckerraffinerien.

Hamburg, wo sich den eingewanderten Niederländern eine bedeutende Kolonie portugiesischer Juden zugesellte, bald auch die ersten Puritaner aus England, entwickelte sich rasch zu einem wichtigen Überseehafen. Die einheimische Kaufmannschaft nahm die Konkurrenz an, und es gelang ihr, mit den fremden Firmen Schritt zu halten.[75] Am 2. März 1619 eröffnete in der Hansestadt die erste städtisch-staatliche Girobank auf deutschem Boden ihre Geschäfte, nach Venedig (1587) und Amsterdam (1609) immerhin die drittälteste in Europa. Die Hamburger Mark Banko, eine fiktive Recheneinheit, eroberte rasch den bargeldlosen Zahlungsverkehr im Norden des Reiches.[76] Ebenso schnell setzte sich das von den Niederländern geführte moderne Versicherungswesen durch.

In Frankfurt blühten neben dem Groß- und Fernhandel vor allem der Messehandel und das private Bankgeschäft auf: »Zahllos wie die Fische im Meer und wie die Vögel im Wald / So viele Sterne der Him-

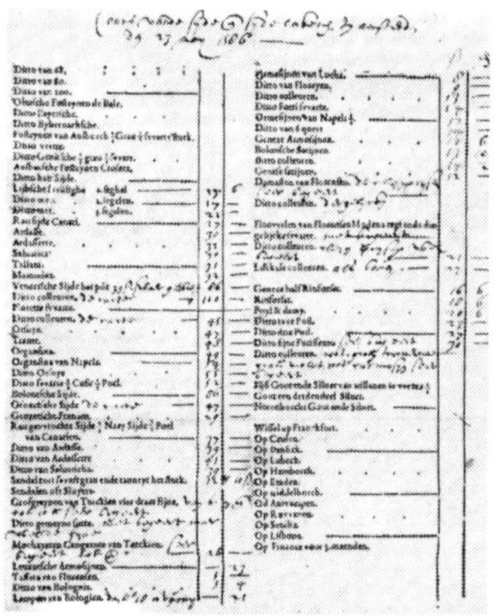

Der älteste erhaltene Kurszettel der Amsterdamer Warenbörse vom 23. Mai 1586

mel, so viele Waaren hat Frankfurt«, so rühmte der Genfer Buchdrucker Henri Estienne (1528-1598) die Mainmetropole, deren Buchmesse er regelmäßig besuchte.[77] Da das Frankfurter Großbürgertum seit der Mitte des 16. Jahrhunderts im beschaulichen Leben eines Rentenpatriziates aufging, wurde die wirtschaftliche Führungsschicht der Messestadt bald von Ausländern dominiert, von Flamen, Wallonen, Brabantern und einigen italienischen Familien.

Die Stadt wurde zum Zentrum der europäischen Edelsteinschleiferei und des Diamanthandels sowie zum führenden Finanzplatz des Reiches. Das Gewerbe, vor allem das exportorientierte Seiden- und Posamentengewerbe, zeigte Organisationsformen und Produktionstechniken, die im Vergleich mit dem einheimischen Zunftsystem außerordentlich modern waren: Die Niederländer setzten aus Holz gefertigte und mit Wasserkraft angetriebene Räderwerke und Mühlen ein, von denen jede einzelne mehr produzierte als zehn der traditionellen Handwebstühle. Es entstand eine zahlenstarke Schicht von Lohnarbeitern auf Akkordbasis und nur noch formal selbständigen Kleinmeistern, die unter Leitung von Verlegern arbeiteten. Beides stand im strikten Gegensatz zur Zunftverfassung mit ihrem Prinzip relativer sozialer und ökonomischer Gleichheit unter den Gildeangehörigen. Die einheimischen Handwerker bekämpften diese Neuerungen daher energisch. Von Augenblickserfolgen abgesehen, vermochten sie die Tätigkeit der niederländischen Verleger und Unternehmer jedoch nicht zu unterbinden. In den Exulantengewerben war das frühneuzeitliche Wirtschaftssystem Frankfurts auf halbem Weg vorangeschritten von der traditionellen Zunftordnung des Mittelalters zum Fabriksystem der Neuzeit.[78]

Auch im Rheinland setzten sich wichtige ökonomische Modernisierungsimpulse durch, jedoch außerhalb der alten urbanen Zentren Köln und Aachen, die in wirtschaftlicher wie in religiöser Hinsicht konservativ blieben. In Kleinstädten oder auf dem Land entstanden Produktionszentren neuen Typs, die den Anschluß an die europäische Wirtschaftsentwicklung fanden: die Tuchherstellung in Burtscheid vor Aachen und in Monschau, die Dürener Papiermühlen, die Eisenproduktion im Gemünder und Schleidener Tal, vor allem das

Spinnerinnen bei der Arbeit, Gemälde des Niederländers Isaac Claesz. van Swanenburg (1538 bis 1614)

Die Nachfrage nach billigen Textilien in Europa und Übersee ließ in den Niederlanden und in Niederdeutschland - Niedersachsen, Westfalen und im Wuppertal - die Spinnerei und Weberei aufblühen. Gefragt waren vor allem Erzeugnisse aus Leinen.

Stolberger Messinggroßgewerbe, das eine Zeitlang führend in Europa war, etwas später die Seidenproduktion in Krefeld. Mit einiger Verspätung stellte sich auch der mitteldeutsche Raum um Leipzig auf die neuen Rahmenbedingungen der europäischen Wirtschaft und die baltisch-transatlantischen Verkehrswege ein.

Aufs Ganze gesehen war Deutschland jedoch weit zurückgefallen. Vor allem Oberdeutschland blieb von der neuen Wirtschaftsdynamik ausgeschlossen. Erst mit der Industrialisierung gelang es zögernd und spät, an die große Wirtschaftsblüte der Wende vom Mittelalter zur Neuzeit anzuknüpfen. Mit dem Niedergang der oberdeutschen Wirtschaft war das Zeitalter des italienisch-süddeutschen Frühkapitalismus zu Ende gegangen.[79] An seine Stelle war ein neues, vom Atlantik- und Ostseehandel getragenes Wirtschaftssystem getreten, dem Deutschland nur über seine Randzonen an der Nordsee und im Grenzgebiet zu den Niederlanden angeschlossen war.

Dieses neue Wirtschaftssystem verfügte über ein ganz anderes ökonomisches Instrumentarium: Die Familiengesellschaften waren abgelöst worden von staatlich-lizensierten Handelskompanien, in den Niederlanden etwa die Vereinigte Ostindische und die Vereinigte Westindische Kompanie oder in England die mit königlichen Privilegien versehenen »joint stock companies« wie die Eastland (1579), die Levant (1589) und die East India Company (1599).[80] Die Finanzierung des Handels erfolgte über den Banco publico, über ein öffentliches, meist von Städten, später vom Staat getragenes Geldinstitut. Der Warenumschlag war in den neuentstandenen Warenbörsen konzentriert, deren leistungsstärkste Amsterdam beherbergte.

Auch die Wirtschaftsgesinnung hatte neue Formen angenommen. Selbst wenn die These Max Webers relativiert worden ist, daß erst der neuzeitliche Protestantismus eine auf Maximierung der Gewinne ausgerichtete Gesinnung ausbildete,[81] sind in der Wirtschaftsethik doch neue Impulse unverkennbar. In welchem Maße aus der altkirchlichen Wirtschaftsethik und Sozialmoral psychische Belastungen und Hemmnisse entstehen konnten, die einer vollen Entfaltung der frühkapitalistischen Gesinnung im Wege stehen mochten, zeigt der Lebensweg des Kölner Bürgermeisters und Hansekaufmanns Johannes Rinck (1458-1516), der als Teilhaber einer Familiengesellschaft mit weit nach Norden und Süden ausgreifenden Wirtschaftsverbindungen zu den Vertretern des westdeutschrheinischen Frühkapitalismus zählte. Im Alter von dreiundfünfzig Jahren zog er sich 1511 mitten aus einem erfolgreichen Kaufmannsleben zurück. Ähnlich wie der junge Luther zweifelte er, auf dem rechten Weg zu sein. Ihm waren plötzlich Skrupel gekommen, ob »die hendele der koufmanschaff der selen und consciencien sorchlich [das heißt schädlich] syn und scharf sunder [schwerlich, ohne] ... sunden« zu betreiben seien. In seinem Testament vermacht Rinck mit einem Hinweis auf dieses sündhafte Kaufmannsleben den Armen seiner Heimatstadt Köln eine beträchtliche Stiftung. Und seinen Söhnen empfiehlt er, den Kaufmannsberuf gar nicht erst anzustreben, sondern den »sichersten, gemachlichsten und fredelichsten« der weltlichen Berufe zu ergreifen, nämlich Universitätsprofessor zu werden.[82]

Von solch quälenden Selbstzweifeln und so absonderlichen Wünschen für den Berufsweg der Nachkommen wurden die Kapitalisten durch die protestantische Gnadenlehre befreit, vor allem wenn sich, wie es einige calvinistische Sekten lehrten, die Prädestination für das ewige Leben in irdischem Berufserfolg und anwachsendem Vermögen manifestierte. Geld machte dann kein schlechtes Gewissen mehr. Die durch die Gnade Gottes gewonnenen Reichtümer wurden weder in Renten angelegt, noch wurden sie verpraßt. Sie wurden reinvestiert. Und wenn ein Teil den Armen zugeführt wurde, dann baute man Armen- und Waisenhäuser, die sich die Verbreitung von Fleiß und Arbeitsamkeit auch in den unteren Bevölkerungsschichten zur Aufgabe machten. Professor zu werden, gestattete dieser neue Typ von Wirtschaftsmensch nur noch den Söhnen, die zu kaufmännischen und industriellen Unternehmungen nicht taugten.

In diesem Sinne trug die protestantische Lebens- und Geisteshaltung entscheidend dazu bei, daß im weiteren Verlauf der frühen Neuzeit in der Modernisierungszone des Nordatlantiksaumes die industriekapitalistische Gesinnung zum Durchbruch gelangte: »Die vom Calvinismus geprägten Gesellschaften waren am besten vorbereitet auf den Rigorismus der kapitalistischen Wirtschaftsorganisation.«[83]

Die bereits im Mittelalter einsetzende Differenzierung in Gewerbe- und Agrarlandschaften hatte neuzeitliche Dimensionen angenommen, und eine dritte Wirtschaftsregion in Übersee war hinzugekommen. Es hatte sich eine weltweite Arbeitsteilung zwischen den Gewerbezonen Westeuropas, den Korn- und Fleischkammern Ostelbiens und Ostmitteleuropas sowie den Rohstofflieferanten in Afrika und Übersee herausgebildet. Da die Verkehrsverflechtung zwischen diesen unterschiedlichen Wirtschaftszonen sehr dicht war, kann man nun zum ersten Mal von einer Weltwirtschaft sprechen,[84] allerdings von einer frühmodernen, europäisch-atlantischen Weltwirtschaft. Nicht nur der Umfang, sondern auch der Verflechtungsgrad des globalen Weltwirtschaftssystems des 19. oder gar des 20. Jahrhunderts wurden damals natürlich nicht erreicht.

Eine mobile Gesellschaft

Bevölkerungswachstum, ökonomischer Wandel und die frühmoderne Staatsbildung zeigten gesellschaftliche Auswirkungen und erzeugten einen Veränderungsdruck, der die eine Bevölkerungsgruppe tief verunsicherte, während er einigen anderen bislang unbekannte Chancen der Entfaltung und des Aufstiegs bot. So setzten heftige Positionskämpfe und ein erbittertes Ringen um die Verteilung der Vorteile ein, die einerseits aus der Agrarkonjunktur und andererseits aus dem Ausbau des Staates erwuchsen.

Es gab Bevölkerungsgruppen, die sich nur sehr schwer auf dem Boden der neuen politischen und rechtlichen Verhältnisse zurechtfanden, so vor allem die Reichsritter, die von Frühkapitalismus und Staatsbildung in die Zange genommen wurden. Daneben gab es Gruppen, die wegen standesmäßiger Rangabstufungen von vornherein benachteiligt in den Verteilungskampf eintraten, zum Beispiel die Bauern. Zwar konnten in günstiger Verkehrs- und Absatzlage und unter bestimmten rechtlichen Voraussetzungen größere Bauernbetriebe, die von der Großfamilie bewirtschaftet wurden, von der Agrarkonjunktur profitieren, aber gerade dadurch vergrößerten sich die sozialen Spannungen im Dorf, so daß der Bauernstand insgesamt eher weiter geschwächt wurde.

Der Adel befand sich in einer mittleren Position: Wenn es ihm gelang, seine Grundherrschaften so zu organisieren, daß die Hauptgewinne der Agrarkonjunktur in die eigenen Schatullen flossen, dann konnte er von einer finanziell und ökonomisch gesicherten Basis aus operieren und den Fürsten politisch selbstbewußt gegenübertreten. Wenn er darüber hinaus bereit war, sich auf die neuen staats- und verfassungsrechtlichen Konzepte einzustellen und die Souveränität der Landesherren anzuerkennen, dann konnte er in den territorialen Fürstenstaaten politisch und gesellschaftlich eine führende Rolle spielen, vor allem in den protestantischen Ländern, wo der Klerus als erster Stand verschwand. Da diese Einstellung gegenüber der neuzeitlichen Staatsgewalt eine tiefgreifende mentale Veränderung voraussetzte und solche Umstellungen meist Generationen in Anspruch nehmen, blieb der Adel das gesamte 16. Jahrhundert hindurch in einer unentschiedenen Lage. Erst im 17. Jahrhundert nahm er dann wieder entschlossen seine Stellung an der Spitze des Staates und der Gesellschaft ein.

Der Stand, der in der politischen und ökonomischen Konstellation der werdenden Neuzeit eindeutig prosperierte, war das Bürgertum. Konkret waren es all jene bürgerlichen Schichten, die sich genügend finanzielle Ressourcen erschließen konnten, um die einträglichen Handels- und Gewerbeunternehmungen durchzuführen oder durch ein Studium die notwendigen juristischen Kenntnisse für die attraktiven Ämter im Dienst der Fürsten zu erwerben. Das 16. wurde daher zu einem bürgerlichen Jahrhundert; daß der standesmäßige Vorrang des Adels nicht zur Debatte stand, ändert daran nichts.

Die Gliederung der Gesellschaft nach Ständen blieb generell erhalten. Im ersten Drittel des Jahrhunderts wurde jedoch gefährliche Kritik am ersten und zweiten Stand laut, am Klerus und am Adel, denen man parasitäres Leben auf Kosten der Bauern vorwarf. Vor allem aber bildeten sich infolge des frühkapitalistischen »Wirtschaftswunders« klassenmäßige Substrukturen innerhalb der Ständegesellschaft heraus. In der durch Ehren- und Rechtsstellung definierten Ständehierarchie taten sich gesellschaftliche Unterschiede auf, die ökonomisch bedingt waren, etwa zwischen Lohnarbeitern und Kleinmeistern ohne Betriebskapital und Produktionsmittel einerseits und frühkapitalistischen Unternehmern andererseits.[85]

Die ökonomisch und gesellschaftlich außerordentlich günstige Position, die das Bürgertum auf der Wende vom Mittelalter zur Neuzeit einnahm, bildet den realen Hintergrund der von marxistischen Historikern vertretenen These, die Ereignisse im Umkreis der Reformation seien eine »frühbürgerliche Revolution« gewesen.[86] Solche Interpretation der Entwicklung läuft Gefahr, die Eigendynamik der religiösen Antriebe zu unterschätzen. Vor allem aber darf nicht vergessen werden, daß es sich bei dem Bürgertum, das zu Beginn der Neuzeit in Wirtschaft, Kultur und Politik in den Vordergrund trat, um keine Bourgeoisie im Stil des 19. Jahrhunderts handelte, sondern um den alteuropäischen Bürgerstand. Der Weg zur Wirtschaftsgesellschaft der Moderne war noch weit.

Da der soziale Wandel durch übergreifende Veränderungen ausgelöst wurde, war »das lange 16. Jahrhundert« überall in Europa eine sozial unruhige Zeit, von der Aufbruchsstimmung der Reformation über die Leidenschaften, die die konfessionelle Polarisierung der siebziger Jahre freisetzte, bis hin zu den Ängsten in der Krise des frühen 17. Jahrhunderts. Besonders heftig wurde wiederum das deutsche Reich erschüttert, denn auch auf der Gesellschaft lastete dort das Gewicht des Mittelalters stärker als im übrigen Europa. Die sozialen und gesellschaftlichen Probleme waren aufs engste mit den religiösen und politischen Umbrüchen verschlungen - von der Reformation und der Reichsreform zu Beginn des Jahrhunderts über die konfessionelle Verfestigung und die erste Konsolidierung der Fürstenstaaten seit seiner Mitte bis hin zur geistigen und politischen Krise am Vorabend des großen Bürger- und Glaubenskrieges.

II.
Die Reformation als Aufbruch in die Neuzeit

Lutherdenkmal auf dem Rathausplatz von Wittenberg, 1817 bis 1821 von Johann Gottfried Schadow

1. Luthers Weg in die Reformation

Will man von den Wegen und Wendemarken berichten, über die Deutschland in die Neuzeit gelangte, so ist die innere Verschlingung von säkular-weltlichen und religiös-kirchlichen Strukturen und Entwicklungen stets im Auge zu behalten. Und es ist zu beachten, daß das religiöse Ethos des 16. Jahrhunderts - so schwer verständlich es dem modernen Menschen sein mag - keine rückwärtsgewandte Kraft war. Im Gegenteil, die theologischen und kirchenpolitischen Fragen setzten intellektuelle, soziale und politische Modernisierungsimpulse frei, die neue, neuzeitliche Formen des Denkens und des politisch-gesellschaftlichen Zusammenlebens hervorbrachten. Zu Beginn der frühen Neuzeit wirkten religiöse, politische und soziale Kräfte wie ein Syndrom zusammen - um bei der modernen Medizin eine anschauliche Vorstellung vom Zusammenspiel von Faktoren zu entleihen, die unabhängig voneinander sind, ihre spezifische Wirkung aber erst in der Wechselbeziehung erhalten. In Deutschland, dem Ursprungsland der Reformation und der konfessionellen Spaltung, war dieses Wechselspiel besonders stark ausgeprägt. Ihm nachzuspüren, verleiht der Beschäftigung mit der deutschen Geschichte des 16. und frühen 17. Jahrhunderts den besonderen Reiz.

Luther und die Neuzeit, das ist ein vielgesichtiges und widersprüchliches Feld: zunächst, weil eine enorme »Spannung ... zwischen dem Luther der Geschichte und dem Luther der Wirkungsgeschichte besteht«;[1] sodann, weil die epochale Zuordnung auch des historischen Luther keineswegs eindeutig ist - ein Mann des Mittelalters oder »der erste moderne Mensch«?; schließlich, weil »Neuzeit« eine universalgeschichtliche Kategorie ist, während bereits die Zeitgenossen den Wittenberger Mönch als »Hercules Germanicus« feierten oder die von ihm bewirkte Reformation als »Pestis Germaniae«, als deutsche Pest, verdammten.

Seitdem Luther in den Flug- und Streitschriften des 16. Jahrhunderts für die einen zur Lichtgestalt, für die anderen aber zum siebenköpfigen Ungeheuer und Werkzeug des Bösen wurde, ist der Streit um ihn und seine Stellung in der Geschichte nicht mehr verstummt. Als sich im 19. Jahrhundert die kleindeutsche - und damit dominant protestantische - Variante eines deutschen Nationalstaates anbahnte, wurde Luther zur politischen und kulturellen Leitfigur neben, wenn nicht gar vor den Hohenzollernheroen: Eine lange Kette von Lutherdenkmälern zieht sich durch das protestantische Reich von Wittenberg (1817-1821) über Eisleben (1883) und Eisenach (1889-1895) bis nach Worms (1858). Und natürlich erhielt auch Berlin, nachdem es Reichshauptstadt geworden war, seine neuen protestantischen Gedenkstätten: das Lutherdenkmal auf dem Neuen Markt (1885) und den Mosaikhimmel in der Vorhalle der Kaiser-Wilhelm-Gedächtniskirche, die zu einem grandiosen Ehrenmal für die evangelischen Fürsten und Theologen der Reformationszeit wurde.[2]

Inzwischen ist die Politisierung Luthers, die in der ersten Hälfte des 20. Jahrhunderts absurde Formen angenommen hat, nicht mehr

Der Reformator als siebenköpfiges Ungeheuer, Titelbild zu einer altkirchlichen Flugschrift des bekannten Theologen und Humanisten Johannes Cochlaeus aus dem Jahre 1529

aktuell. Der Konfessionsstreit beschränkt sich auf ein allseitiges Bemühen um den historischen Luther, auf sein Wirken für und sein – positiv oder negativ gewendet – Scheitern an der einen, universellen Kirche. Den Anfang machte in den vierziger Jahren der katholische Kirchenhistoriker Joseph Lortz mit seiner großen, um objektive Deutung des Reformators bemühten Reformationsgeschichte.[3] Das Lutherbild der Gegenwart ist in einem besonderen Maße historisiert und entheroisiert und kommt damit wohl der Wirklichkeit näher als »der Luther des 19. Jahrhunderts«. An dieser Entpolitisierung haben auch die Lutherfeiern anläßlich des fünfhundertsten Geburtstages nichts geändert, obgleich beide deutsche Staaten viel Mühe darangesetzt haben, Luther als den ihren zu feiern.[4]

Luther hat sich vom zeitlosen Heroen zum geschichtlichen Menschen gewandelt, der den Problemen seiner Epoche ausgesetzt war und sie nicht immer meisterte: Er durchlitt dieselben Ängste wie Tausende seiner Zeitgenossen; in seinem theologischen Denken war er der spätmittelalterlichen Theologie verpflichtet. Und es gab eine ganze Phalanx von Weggefährten – Melanchthon, Bugenhagen, Brenz –, die mit ihm oder – wie vor allem Zwingli in Zürich, Bucer in Straßburg und Oekolampad in Basel – neben ihm das Werk der Reformation in Deutschland und Europa trugen.

Über den Wechsel der Lutherbilder hinweg bleibt eines unbestreitbar: Der Wittenberger Mönch durchlebte wie kein zweiter die neue reformatorische Botschaft – von den Qualen religiösen Suchens und Zweifelns bis hin zur großartig-gewaltigen Verkündigung und

Sandsteinrelief der Lutherrose an dem nach Luthers Ehefrau benannten Katharinenportal des Lutherhauses im ehemaligen Wittenberger Augustinerkloster

Ein Kreuz auf einem Herz vor einer erblühten Rose wählte sich der Reformator als Wappen und Petschaft, ein Sinnbild seiner lebendigen Hoffnung auf den Gekreuzigten. Das Relief trägt die Umschrift »er lebt«.

Sicherung seiner Erkenntnis. Und es kann auch kein Zweifel darüber aufkommen, daß der Durchbruch der in persönlicher Betroffenheit herangewachsenen neuen Gnadenerkenntnis zu jenen Ereignissen zählt, die innerhalb der europäisch-atlantischen Geschichte die Epochenschwelle zwischen Mittelalter und Neuzeit ausmachen. Darin wird man heute jedoch keinen Beweis mehr sehen, daß Luther der »erste moderne Mensch« gewesen sei. Dem widerspricht zum einen die spannungsreiche, tief im Mittelalter wurzelnde Persönlichkeit des Reformators; zum anderen aber steht das im Widerspruch zu dem neuen Begriff vom Beginn der Moderne, den man heute erst an der Wende des 18. zum 19. Jahrhundert sieht.

Luther ist nicht nur seiner epochalen Leitfunktion entkleidet worden; der historisierte Luther taugt auch nicht mehr – und das ist der im Rahmen der deutschen Geschichte noch wichtigere Aspekt jener Entheroisierung – zum politischen und gesellschaftlichen Leitbild, das nutzbar ist für die öffentlichen Ziele eines deutschen Staates und für die private Lebensgestaltung seiner Bürger. Luther ist nicht mehr Engel oder Teufel der Deutschen auf ihrem Gang durch die neuere Geschichte.

Dem historischen Luther wird dadurch nichts an individueller Größe und weltgeschichtlicher Bedeutung genommen. Nach wie vor gehört er zu den wenigen, die ein ganzes Zeitalter umgestaltet haben und über Jahrhunderte hin fortwirken. Hervorgebrochen ist dieses welthistorische Ereignis aus dem innersten Persönlichkeitskern eines Menschen, der über sein Leben verzweifelt war und – anders als eine säkular-moderne Existenz – selbst im Tod keine Befreiung erwartete. Was ihn ängstigte, waren ja gerade die Qualen nach dem Tode.

Ich aber konnte den gerechten, den Sünder strafenden Gott nicht lieben, haßte ihn vielmehr; denn obwohl ich als untadeliger Mönch lebte, fühlte ich mich vor Gott als Sünder und gar unruhig in meinem Gewissen und getraute mich nicht zu hoffen, daß ich durch meine Genugtuung [soll heißen: fromme Werke und Bußübungen, H. Schi.] versöhnt sei. Ich war voll Unmuts gegen Gott, wenn nicht in heimlicher Lästerung, so doch mit mächtigem Murren und sprach: Soll es denn nicht genug sein, daß die elenden, durch die Erbsünde ewiglich verdammten Sünder mit allerlei Unheil bedrückt sind durch das Gesetz des Dekalogs? Muß denn Gott noch durch das Evangelium Leid an Leid fügen und uns auch durch das Evangelium mit seiner Gerechtigkeit und seinem Grimm bedrohen? So raste ich vor Wut in meinem verwirrten Gewissen, pochte aber dennoch ungestüm an dieser Stelle bei Paulus an, voll glühenden Durstes, zu erfahren, was St. Paulus wolle.

Da erbarmte sich Gott meiner. Unablässig sann ich Tag und Nacht, bis ich auf den Zusammenhang der Worte merkte, nämlich: »Die Gerechtigkeit Gottes wird im Evangelium offenbar, wie geschrieben steht: Der Gerechte lebt allein aus Glauben.« Da fing ich an, die Gerechtigkeit Gottes als eine solche Gerechtigkeit zu begreifen, durch die »der Gerechte als durch Gottes Geschenk lebt«, das heißt also »aus Glauben«, und merkte, daß dies so zu verstehen sei: »durch das Evangelium wird die Gerechtigkeit Gottes offenbar«. Nun fühlte ich mich ganz und gar neugeboren: die Tore hatten sich mir aufgetan; ich war in das Paradies selber eingegangen.[5]

Indem der Mönch Martin Luther in der Einsamkeit der Kloster-

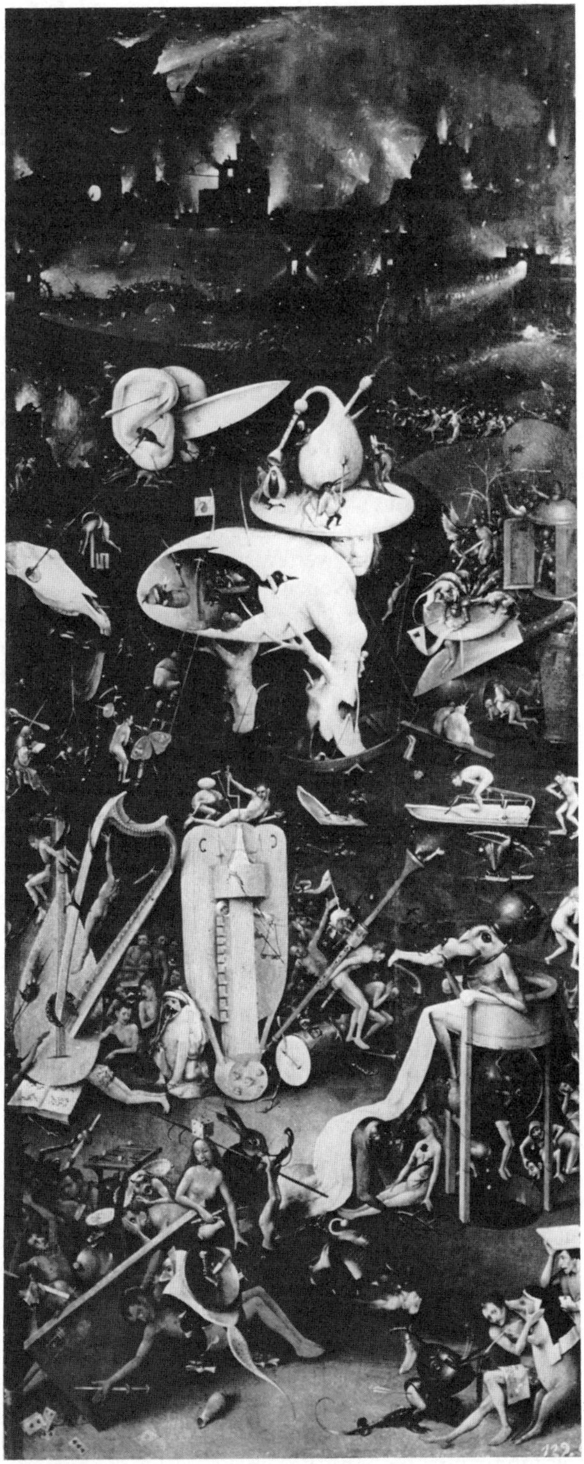

Höllenvisionen des Hieronymus Bosch (1460-1516) aus dem Triptychon »Der Garten der Lüste«

So realistisch-surrealistisch, wie Hieronymus Bosch oder Pieter Brueghel sie malten, waren für die Menschen der Reformationszeit die Qualen, die sie fürchteten nach dem Tode erleiden zu müssen.

zelle seine persönlichen Ängste ernst nahm, fand er den Weg, auf dem viele seiner Zeitgenossen und viele der Nachgeborenen auch die ihrigen überwinden konnten. Ja mehr noch: Er war zu einer Gewißheit vorgedrungen, die solche Ängste gar nicht mehr aufkommen ließ. Er hatte das in der Theologie erzwungen, was die moderne Wissenschaftsgeschichtsforschung einen Paradigmawechsel nennt. Solche Umbrüche in der Theologie hatten damals direkte Folgen für das öffentliche und private Leben. Die Gewissensqual eines einzelnen veränderte sowohl die politischen und gesellschaftlichen Fundamente als auch die religiös-psychische Existenz aller Menschen – und zwar auch die seiner Gegner.

Und doch wurde der Himmel durch Luthers Tat nicht leer, und die Bosch- und Brueghel-Visionen verschwanden nicht: Luther selbst hat sein Leben lang im wörtlichen Sinne mit dem Teufel gerungen. Wohin er vorgedrungen ist, das war eine neue religiöse Gewißheit – das Wissen von einem gnädigen Gott, dem der in Angst und Gefahr lebende Mensch sich in einem kindlichen Akt des Glaubens anvertrauen kann. Damit überwand der Reformator die nervösen Ängste des späten Mittelalters, ohne die Menschen in die unbehausten Ängste der Moderne zu werfen. Luther läuft »nicht nur dem Mittelalter, sondern auch der Neuzeit zuwider«.[6]

Wer war diese Gestalt der Verzweiflung und des Glaubens, des Suchens und der Gewißheit, die an dem einmal eingeschlagenen Weg nicht mehr irre wurde? War er ein Einzelgänger, ein Exzentriker, ein religiöser Fanatiker und Visionär? Oder war er gar – wie eine psychoanalytische Studie unserer Zeit es will – »bedrängt von einem Konfliktsyndrom«[7] der frühen Kindheit, eher zwanghaft in eine Lebensrichtung gesteuert als sie selbst bestimmend?

Alles, was man über Kindheit und Jugendjahre weiß,[8] deutet auf ein ganz normales Lebensschicksal hin, bestimmt von dem familiären Herkommen und der Umwelt des frühkapitalistischen Wirtschaftsaufbruchs. Luther selbst sah sich gerne als Sproß des Bauernstandes:

Ich bin ein Bauernkind; mein Urgroßvater, mein Großvater und mein Vater sind rechte Bauern gewesen ... Später ist mein Vater nach Mansfeld gezogen und dort ein Bergmann geworden. Daher bin ich.[9]

So ganz richtig ist diese Selbstdarstellung nicht. Hans Luther, der Vater des Reformators, hatte bereits früh das thüringische Bergdorf Möhra verlassen, um in den zukunftssicheren Bergbau zu gehen, zunächst nach Eisleben, wo sein zweiter Sohn Martin am 10. November 1483 geboren wurde, später dann nach Mansfeld am Ostabhang des Harzes. Es war eine Aufsteigerfamilie, in der der spätere Reformator groß wurde, wobei die Mutter Margaretha Lindemann bereits aus einer angesehenen Bürgerfamilie kam, wahrscheinlich aus Eisenach. Auch das war typisch: Der soziale Aufstieg verlief in Alteuropa in der Regel über eine günstige Eheverbindung. In der ersten Zeit hatten die Eltern schwer zu arbeiten, der Vater als Hauer unter Tage, die Mutter, um die Jahr für Jahr wachsende Familie zu versorgen.

Martin und seine Geschwister – es waren schließlich acht – hatten nicht Not zu leiden, wohl aber sparsame Kargheit und harte Erziehung: »Mein Vater stäubte mich einmal so sehr, daß ich ihn flohe und ward ihm gram, bis er mich wieder zu sich gewöhnte.«[10] Die Mutter schlug ihn einmal »um einer geringen Nuß willen, daß das Blut hernach floß«. Luther selbst meint, diese »strenge Zucht« sei es gewesen, die ihn »in die Möncherei« getrieben habe. Die psychoanalytische Deutung geht weiter und glaubt hier die Wurzel für die späteren Qualen der Gottesferne bloßlegen zu können.[11] Was immer daran sein mag, Entscheidendes kam hinzu - die ungebrochen starke Persönlichkeit, der religiöse Wille und eine singuläre theologische Kraft, denn die meisten Kinder sind damals ja in solchen oder ähnlichen Verhältnissen aufgewachsen.

Als genügend Geld zusammengespart war, wobei wohl schon - vielleicht aus der Mitgift der Mutter - ein ansehnlicher Grundstock vorhanden gewesen zu sein scheint, entschloß sich Hans Luther, nach der kleinen Bergbaustadt Mansfeld im östlichen Harz umzuziehen, um sein Kapital in der dortigen Kupferverhüttung zu investieren. Der wirtschaftliche Erfolg blieb nicht aus, und das soziale Ansehen trat bald hinzu: Hans Luther wurde ins Gremium der Mansfelder »Vierherren« gewählt, das die Rechte der Bürgerschaft gegenüber dem Stadtrat vertrat. Als Martin, der zuvor die Lateinschulen in Mansfeld, Magdeburg und Eisenach besucht hatte, 1501 auf die Universität Erfurt zog, war er kein armer, vagierender Scholar, sondern der hinreichend ausgestattete Sohn eines erfolgreichen Montanunternehmers.

Dem Wunsch des Vaters entsprechend nahm er das Studium der Jurisprudenz auf. Der soziale Aufstieg der Familie sollte damit zu seinem krönenden Höhepunkt gebracht werden: Eine juristische Laufbahn am Hof oder in der Kanzlei eines der zahlreichen deutschen Territorialstaaten bedeutete Einfluß, Ansehen und ein gesichertes Einkommen ohne die »harte Mühsal«, die Luther aus dem Elternhaus zeitlebens in Erinnerung behielt.[12] Außerhalb der Kirche war der gelehrte Juristenstand die höchste Stufe, zu der ein nicht adlig Geborener aufsteigen konnte.

Es kam jedoch anders. Auf dem Rückweg von einem Besuch bei den Eltern in Mansfeld wurde Luther, der wie üblich zu Fuß unterwegs war, im Juli 1505 in der Nähe des Dorfes Stotternheim von einem Blitzschlag so in Schrecken versetzt, daß er das Gelübde hervorpreßte: »Hilff du S. Anna, ich will ein monch werden.« Im Rückblick sah der Reformator das als eine »gewaltsame Nötigung«, und die Biographen folgen ihm: »Luther hatte zum erstenmal die schreckliche Gegenwart des lebendigen Gottes erfahren. In einer Grenzsituation hatte er sich gebunden.«[13] Der junge, im Kreis seiner Kommilitonen als lebenslustig geltende Rechtsstudent war mit der Macht und der Plötzlichkeit eines auf offenem Feld als Todesbedrohung erlebten Sommergewitters vor die Frage gestellt worden: »Wie erhalte ich einen gnädigen Gott?« Sie riß ihn heraus aus dem Kreis der Freunde und ließ ihn den Gehorsam gegen den Vater vergessen.

Am 17. Juli 1505 schlossen sich hinter Luther die Tore des Erfurter Klosters der Augustinereremiten, das als besonders streng galt. Hier suchte der junge Novize seinen Seelenfrieden zu finden, nachdem der versprochene Glanz der Welt brüchig geworden war. Der Vater hat das schwer verwunden: Noch nach Jahren begegnete er dem verlorenen Sohn mit Groll, und als dieser auf die überirdische Gewalt des Gewitters hinwies, antwortete er: »Sieh' nur zu, daß es kein Gespenst war.«[14]

Die plötzliche »Umkehr« des jungen Studenten war so außerge-

Im Erfurter Augustinerkloster hoffte der junge Luther Gewißheit und Frieden zu finden, doch die Seelenqualen wurden nur größer, je mehr er sie mit den geläufigen Mitteln des Fastens, Büßens und der Selbstkasteiung zu beherrschen suchte.

wöhnlich nicht in einem um das ewige Seelenheil bangenden Zeitalter. Aber selbst nach den Maßstäben eines religiösen Säkulums war die existentielle Radikalität ungewöhnlich, mit der Bruder Martin im Erfurter Kloster seiner Seelennot auf den Grund ging, sie geradezu kultivierte, wie ihm der Generalvikar seines Ordens, der noble und gelehrte Johann von Staupitz, vorhielt, wenn er als Beichtvater und verständnisvoller Patron den ihm anvertrauten Klosterbruder zu leiten versuchte. Luthers Zeitgenossen gaben sich zufrieden mit dem reichen Angebot an Heilpflastern und Heilpflästerchen der spätmittelalterlichen Kirche, mit dem man - bei bescheideneren Ansprüchen - in einigen Klöstern ebenso gut leben konnte wie auf dem Bischofsstuhl von Rom.

Luther war die Heilsangst ins Kloster gefolgt, wo er ihrer durch Wachen, Beten und Selbstkasteiungen Herr zu werden trachtete. Die unruhige Sorge verließ ihn auch nicht, als er 1512 von Erfurt nach Wittenberg zog, um an der jungen sächsischen Landesuniversität die Bibelprofessur zu übernehmen, was ihn gleichzeitig zu regelmäßiger Predigt an der Stadtkirche berechtigte und verpflichtete. Ein Wechsel des Standes war das nicht, denn die 1502 von Friedrich dem Weisen gegründete Universität wurde hauptsächlich von den Augustinereremiten betreut, deren Wittenberger Kloster gleichzeitig mit der Universität und in deren unmittelbarer Nähe errichtet worden war. Auch die Seelenverfassung Luthers änderte sich nicht: Er erlebte Gott, um dessen Gnade er rang, weiterhin nur als den richtenden

Christus als Weltenrichter mit Schwert und Lilie im Mund, Sandsteinrelief, um 1400

Dieses Abbild des unbarmherzig richtenden Gottes befand sich auf dem Wittenberger Friedhof, wo es Luther täglich vor Augen stand.

Gott. Die neue Umgebung schürte seine Sorge sogar. In der Begegnung mit der Christus-Judex-Plastik auf dem Friedhof an der Stadtkirche trat dem Mönch alltäglich Christus als Weltenrichter vor Augen, aus dessen Mund in apokalyptischer Vision »ein scharfes, zweischneidiges Schwert ging«.[15] Dies war ihm ein »schreckliches Bild«, in dem er »nicht die Heilkraft des Leidens Christi, sondern einseitig den Gerichtsgedanken« erfahren mußte.[16]

Dennoch war Wittenberg der richtige Ort, Luther den Weg aus seiner Seelennot finden zu lassen. Als Professor der Bibelwissenschaften hatte er sich Tag für Tag mit der Heiligen Schrift zu befassen, um seine Studenten in die Kunst der Exegese einzuführen. Das war seit Jahrhunderten geübt worden, und so waren die Pfade ausgetreten und für einen jungen Hochschullehrer an sich bequem zu gehen. Aber Luther gab sich mit dem herkömmlichen Verständnis der Schrift nicht zufrieden; statt - wie üblich - zu den Kommentaren griff er direkt zur Bibel, um sich die richtige Auslegung selber zu erarbeiten - ein Zeugnis der Radikalität seines Suchens ebenso wie der Pflichterfüllung als akademischer Lehrer.

Der Durchbruch zu einem neuen Gottesbild, das seine persönliche Situation mit einem Schlag änderte und später die gesamte Christenheit in eine neue Epoche führte, erfolgte während dieser Arbeit an seinen exegetischen Vorlesungen. So plötzlich die Erkenntnis aufleuchtete - Luther selbst sprach von seinem »Turmerlebnis«-, so gründlich war sie vorbereitet durch die frühen Psaltervorlesungen (spätestens seit Wintersemester 1514/1515), der anschließenden Römerbriefvorlesung sowie weiterer Vorlesungen vor allem zu Paulus.

Eine ganze Reihe dieser Vorlesungsmanuskripte ist wieder aufgetaucht, nachdem sie bis zum Ende des vorigen Jahrhunderts als verschollen galten. Ihre historisch-chronologische Einordnung ist schwierig und im einzelnen umstritten.[17] Auch über den Zeitpunkt der »reformatorischen Entdeckung« herrscht keineswegs Einigkeit: Die einen legen ihn lange vor den Ablaßstreit, so daß die theologisch-wissenschaftliche Wende bereits mehrere Jahre vollzogen gewesen wäre, als Luther 1517 an die Öffentlichkeit trat; die anderen meinen, Luther sei erst im Verlaufe der Auseinandersetzungen mit der Papstkirche innerlich zum Reformator geworden, und zwar sei das zwischen Frühjahr und Herbst 1518 erfolgt.[18]

Inhaltlich geht es um die Sola-fide- und Sola-gratia-Erkenntnis, die Luther bei der Auslegung von Römer I, Vers 17 kam. In der späteren Lutherübersetzung lautet die Stelle, die der Wittenberger Bibelprofessor natürlich in lateinischer Fassung las, folgendermaßen: *Sintemal darinnen [nämlich im Evangelium, H. Schi.] offenbaret wird die Gerechtigkeit / die fur Gott gilt / welche kompt aus Glauben in Glauben / wie denn geschrieben stehet Der Gerechte wird seines Glaubens leben.*[19]

Beim Lesen dieser Worte ist es Luther irgendwann zwischen 1515 und 1518 wie Schuppen von den Augen gefallen: Der Mensch wird nicht errettet durch fromme Werke oder Selbstpeinigung, sondern allein durch den Glauben, den ihm die Gnade Gottes beim Hören

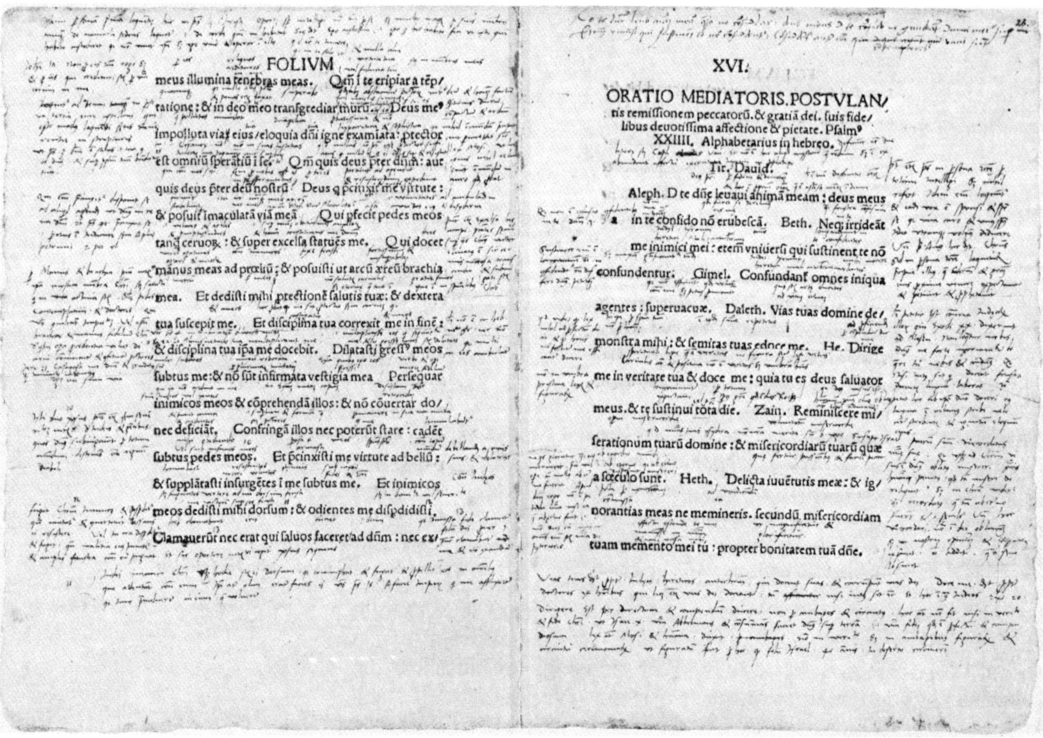
FOLIVM

XVI.

ORATIO MEDIATORIS. POSTVLAN/
tis remissionem peccatorũ. & gratiã dei. suis fide/
libus deuotissima affectione & pietate. Psalm⁹
XXIIII. Alphabetarius in hebreo.

Manuskript der ersten Vorlesung über die Psalmen, die der junge Wittenberger Bibelprofessor Martin Luther im Jahre 1513 hielt

Luther hatte für sich selbst und seine Studenten in einer Wittenberger Druckerei eine besondere Druckfassung des Psalters herstellen lassen, nämlich mit breitem Rand und weitläufigen Zeilen. So ließen sich leicht zwischen den Zeilen Bemerkungen eintragen, die sogenannten Interlinearglossen. Am Rand wurden ausführliche Erklärungen und Auslegungsvarianten notiert, die sogenannten Randglossen. Die erst im 19. Jahrhundert aufgefundenen Vorlesungsmanuskripte geben uns somit zugleich Einblick in die damalige Vorlesungspraxis, und sie zeigen, wie intensiv sich der junge Luther um Verständnis und Sinn des Bibeltextes bemühte.

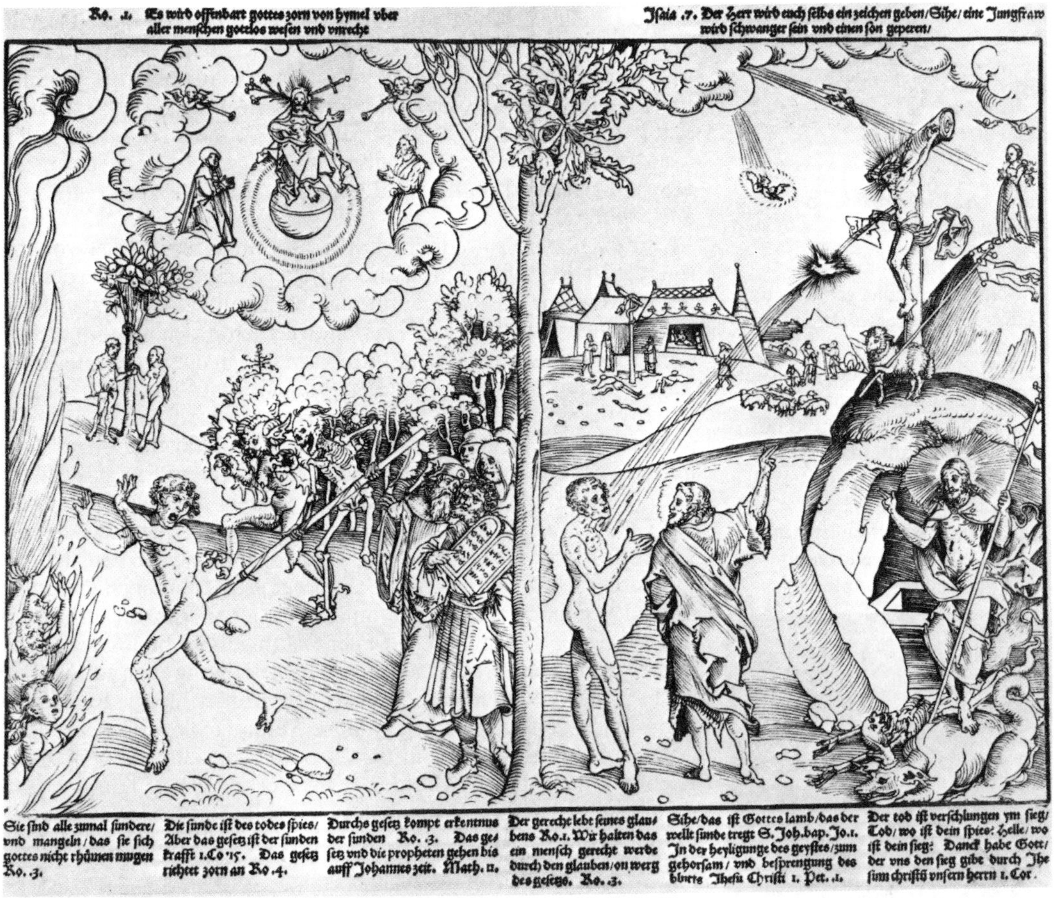

Gesetz und Gnade, Holzschnitt nach dem Gemälde von Lucas Cranach d. Ä., um 1530

In Tausenden von Holzschnitten erreichte die ins Bildhafte übertragene reformatorische Theologie die Deutschen. Das linke Bild zeigt den allein in der Gesetzesfurcht lebenden Menschen, das rechte den neugewonnenen Trost der Sola-fide-Lehre: Der sündige Mensch sieht sich auf den Gekreuzigten hingewiesen und findet so die Gewißheit der göttlichen Gnade.

und Erforschen der Bibel zuteil werden läßt – »sola scriptura, sola gratia, sola fide« – »allein durch die Schrift, allein durch die Gnade, allein durch den Glauben«.

Damit hatte Luther das düstere, den Rächer betonende Gottesbild der nominalistischen Schultradition abgeschüttelt, das ihm auf der Universität und im Kloster vermittelt worden war und das auf der Lehre Wilhelms von Ockham von der absoluten Souveränität und der bis zur Willkür gesteigerten Freiheit Gottes fußte.[20] Der Blick war frei für den gnädigen Gott, der den Gerechten im Glauben wiedererweckt. Für das Luthersche Menschen- und Gottesbild ist aber entscheidend, daß mit dieser durch Glauben und Gnade bewirkten Rechtfertigung des Menschen keine Aufhebung seines Sündenstandes an sich verbunden war; es bleibt das Doppelgesicht »simul iustus et peccator«.

Es ist dieser Punkt, der Luther von den Humanisten und den humanistisch geprägten Theologen seiner Zeit trennt. Erasmus und in seiner Nachfolge die katholische Reformtheologie sind ebenso wie Ulrich Zwingli durch ein optimistisches, positives Welt- und Menschenbild geprägt. Für Luther dagegen bleiben Mensch und Welt als Folge der Sünde dem Reich der Finsternis verhaftet. Hier

Papst Leo X., Gemälde von Raffael (1483-1520)

Leo X., 1475 in Florenz als Giovanni de Medici geboren und bereits mit vierzehn Jahren zum Kardinal gemacht, bestieg 1513 den Stuhl Petri. Die hohen Erwartungen, die die Reformpartei in den hochgebildeten Freund des Erasmus von Rotterdam setzte, wurden enttäuscht. Leo X. (1513 bis 1521) ging in die Geschichte ein als Renaissancebauherr und als Papst, der die Reformation nicht verhindern konnte.

liegt der tiefste Grund für den Gegensatz zum Humanismus, der in den Jahren nach 1520 in der Kontroverse zwischen Luther und Erasmus über den freien Willen des Menschen zum Ausdruck kommt. Im Gegensatz zu Katholiken, Humanisten und den reformierten Spielarten der Reformation ist für einen Lutheraner das Heil des Menschen nicht durch die Heilung der Welt zu erreichen, das heißt durch soziale und politische Reformen, so wichtig und richtig sie auch sein mögen.

Für die neuere katholische Lutherforschung hat der Reformator mit dieser Rechtfertigungslehre etwas Urkatholisches wiederentdeckt, wenn sie auch einräumt, daß er damit keineswegs »offene Türen eingerannt« habe.[21] Der Historiker kann sich an eine realgeschichtliche Tatsache halten: Luthers Wende in der Rechtfertigungsfrage traf den Kern des spätmittelalterlichen, auf Werken beruhenden Frömmigkeitswesens sowie den Nerv der von diesem und durch dieses Frömmigkeitswesen lebenden Kircheninstitutionen. Die innere Rechtfertigung des Menschen war zu einem Ereignis geworden, das sich allein zwischen Gott und dem einzelnen Christen abspielte; äußere Werke - und eine diese in ihrem Gnadenschatz verwaltende Kirche als Vermittlerin zwischen Gott und Mensch - hatten für dieses Geschehen existentieller Religiosität keinerlei Bedeutung mehr. Wenn auch die von dem mittelalterlichen Rankenwerk gereinigte Kirche als Gemeinschaft aller Gläubigen ihr biblisches Recht behielt und gute Werke als *Folge* der Rechtfertigung auch von Luther hochgeschätzt wurden, so bedeutete die reformatorische Rechtfertigungslehre dennoch eine grandiose Vereinfachung. Sie war von ungeheuren geistigen, institutionellen und sozialen Folgen für den Rechts- und Verfassungskörper »Kirche«, und sie stürzte die politisch-gesellschaftliche Ordnung um, die seit Jahrhunderten mit der mittelalterlichen Ausprägung des Christentums fest verklammert gewesen war.

Wiederum waren es Zweifel und Not, die Luther vorwärtstrieben - die Not des Seelsorgers, der die ihm anvertrauten Menschen auf dem Weg ins ewige Verderben sah, während sie sich, auf falsche Predigten gestützt, in einer trügerischen Heilssicherheit wähnten. Der äußere Anlaß war der Ablaß, eine jener zahlreichen Lehren der spätmittelalterlichen Kirche, deren theologischer Kern von wildwuchernden Aus- und Umdeutungen umrankt und daher selbst für Theologen kaum noch klar zu erkennen war.

Der Ablaß war aus der drastischen Bußpraxis des 15. Jahrhunderts erwachsen und ursprünglich ein Instrument der Kirche, einem Sünder gegen Almosenspenden oder andere Leistungen für die Kirche schwere Bußübungen zu erlassen, nachdem die Sündenschuld an sich durch das Sakrament der Buße bereits vergeben war. Ermöglicht wurde dieser Verzicht auf Buße durch einen von Christus und den Heiligen angesammelten Gnadenschatz (thesaurus ecclesiae), über den die Kirche verfügen konnte. Am Ende des Mittelalters galt es als zulässig, auch Fegefeuerstrafen für den Ablaßkäufer selbst oder für bereits verstorbene Angehörige zu erlassen, also in das Heilsgeschehen nach dem Tode einzugreifen.[22] Wo genau die Grenzen zu ziehen waren, konnte und wollte keiner sagen. Das war in gewisser Weise klug, weil damit für die nervöse Heilsunsicherheit der Menschen ein Ventil zur Verfügung stand.

Zum Ärgernis wurde der Ablaß in dem Moment, als die Finanzfachleute der Kurie auf die Idee kamen, im Zwielicht zwischen geduldetem und gezielt provoziertem Mißverstehen die unaufgeklärte Gutgläubigkeit des Kirchenvolkes in klingende Münze umzusetzen, um die Renaissancepäpste Julius II. und Leo X. mit den Geldmengen zu versorgen, die ihre ehrgeizigen Bauvorhaben verschlangen, allen voran der Petersdom. Am 31. März 1515 verkündete eine päpstliche Bulle den Jubiläumsablaß, der sogleich durch Hunderte von Ablaßgesandten der Christenheit angeboten wurde. Wo sie in eine Stadt einzogen, wurde ihnen - wie ein zeitgenössischer Chronist festhielt - »die Bulle auf einem samtenen oder goldenen Tuch vorweg getragen, und die ganze Stadt ging ihnen unter Glockengeläute mit Fahnen, Kerzen und Gesang in langer Prozession entgegen«.[23]

Einer der populärsten Ablaßgesandten war der Dominikanermönch Johannes Tetzel, ein mächtiger Prediger, der die Seelennöte seiner Zuhörer ebenso kannte wie ihre sündhaften Schwächen: *Laufet alle nach dem Heil eurer Seele. Seid bereit und sorgfältig für das Seelenheil, wie für zeitliche Güter, davon ihr weder Tag noch Nacht ablasset. Suchet den Herrn, weil er nahe ist, und man ihn finden kann.*[24]

So hätte auch Luther predigen können. Tetzel war aber auch und vielleicht zuallererst ein geschäftstüchtiger Unternehmer: »Wenn

Johann Tetzel auf dem Esel, Einblattholzschnitt aus dem 16. Jahrhundert

Das Spottbild auf den Ablaßverkäufer enthält die bekannten Verse: »Sobald der Groschen im Kasten klingt / Sobald die Seel in Himmel sich schwingt«.

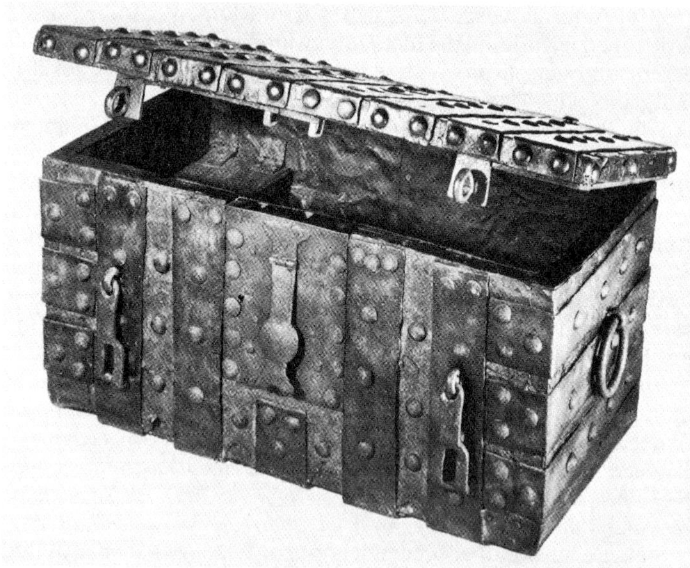

Mit Eisenblechen beschlagene und mit drei Schlössern gesicherte Eichenholzkiste aus dem ausgehenden 15. beziehungsweise frühen 16. Jahrhundert

Diese sogenannte Ablaßkiste wurde der Überlieferung nach von Tetzel benutzt, als er im Braunschweigischen den Petersablaß predigte. Das beim Verkauf der Ablaßbriefe eingenommene Geld wurde auf diese Weise wohlverwahrt. Die Schlüssel zu den drei oder vier verschiedenen Schlössern befanden sich im Besitz der verschiedenen Nutznießer des Ablasses; im Fall des Petersablasses waren das das Fuggersche Bankhaus, die römische Kurie, der Kaiser, bisweilen auch noch der jeweilige geistliche oder weltliche Landesherr. Die Konsorten konnten somit nur gemeinsam über das eingenommene Geld verfügen.

das Geld im Kasten klingt, die Seele aus dem Fegefeuer springt«,[25] soll er gesagt und damit die Vorstellungen genährt haben, die selbst mit der nebulösen Ablaßlehre des Renaissancepapsttums nicht mehr vereinbar waren. Luther erfuhr davon im Beichtstuhl, wo ihm statt der Bereitschaft zu Buße, Sühne und Besserung Ablaßzettel mit törichten Worten vorgezeigt wurden: Man brauche fortan »weder von Ehebruch, Hurerei, Wucher, unrechtem Gut noch dergleichen Sünde und Boßheit ablassen«,[26] denn auch die »zukünftigen Sünden« seien durch Ablaß tilgbar. »Wenn einer gleich die heilige Jungfrau Maria, Gottes Mutter geschwängert hätte, so könnte der Tetzel es vergeben, wenn man in den Kasten lege, was sich gebühre.«[27]

Als Seelsorger wie als Bibelprofessor sah sich Luther herausgefordert. Sein Widerspruch erfolgte in den üblichen akademischen Bahnen; er verfaßte ein Bündel von Thesen, genau 95 an der Zahl, und forderte zur Disputation darüber auf, damit im öffentlichen Streitgespräch die Wahrheit, deren er selbst gewiß war, ans Licht gebracht werde. Auf einen viele Jahrzehnte später verfaßten Bericht Philipp Melanchthons gestützt, des berühmten Gräzisten und Humanisten, der sich zur Zeit des Geschehens noch nicht in Wittenberg aufhielt,[28] haben die Historiker über Jahrhunderte gelehrt, Luther habe diese Thesen am 31. Oktober 1517 an die Tür der Wittenberger Schloßkirche angeschlagen und somit veröffentlicht. Im 19. Jahrhundert feierte das protestantische Deutschland an diesem Tag alljährlich die theatralische Szene eines Thesenanschlags, dessen Hammerschläge die Welt veränderten. Als die alte Tür vermodert war, kümmerte sich in der Mitte des vorigen Jahrhunderts der preußische König persönlich darum, daß eine neue Tür aus Bronze gegossen werde, auf welcher die 95 Streitsätze in ehernen Lettern festgehalten waren.[29]

Inzwischen ist man ziemlich sicher, daß der historische Ablauf ein anderer war: Luther schrieb einen Brief an den für den Ablaßhandel in Deutschland verantwortlichen Kirchenfürsten, Erzbischof

Luther schreibt seine Thesen an die Schloßtür zu Wittenberg, anonymer Holzschnitt aus dem Jahre 1617

Die eigenwillige Darstellung aus dem Reformationsjubiläumsjahr schürt die Legende, die sich jahrhundertelang hielt, nämlich daß Luther die Thesen an die Wittenberger Schloßtür geschlagen habe. In Tausenden von Darstellungen prägte sich diese Version, von der wir seit kurzem wissen, daß sie dem historischen Ablauf im Herbst 1517 kaum entsprochen haben dürfte, im Bewußtsein der Deutschen ein.

Albrecht von Brandenburg, den Kurfürsten von Mainz, dazu einen zweiten an den zuständigen Ortsbischof, Hyronimus Schulz von Brandenburg. In dem Schreiben an den Mainzer Erzbischof klagt Luther nicht so sehr das große Geschrei der Ablaßprediger an, das er nicht gehört habe; er beklagte vielmehr – in deutscher Übersetzung – »das überaus falsche Verständis ..., welches das Volk daraus erlangt ... Die unseligen Leute meinen nämlich, wenn sie Ablaßbriefe lösen, seien sie ihrer Seligkeit gewiß ... Ach lieber Gott, so werden die Seelen unter eurer Obhut ... zum Tode unterwiesen.« Um dies zu verhindern, solle der Erzbischof die Ablaßverkäufer zu anderem Predigen zwingen. Damit nicht – und das war nun eine unmißverständliche Drohung – »vielleicht doch einer auftrete, der ... die Ablaßinstruktion widerlege, zur höchsten Schmach Eurer durchlauchtigsten Hoheit«.[30] Um seine Beschwerde theologisch-wissenschaftlich zu untermauern und einen Weg zur Austragung eventueller Meinungsverschiedenheiten zu weisen, fügte Luther seine 95 Disputationsthesen bei.

Die Reformation begann demnach nicht mit der Geste des herausfordernden Revolutionärs, sondern in bedachter Sorge um das Wohl des ihm anvertrauten Menschen und bei aller Selbstgewißheit mit Respekt vor denjenigen, die in der Kirche hohe Ämter bekleideten. Der Luther, der am 31. Oktober 1517 seine Erkenntnis kundtat, war ein Mönch und Seelsorger, der in Bescheidenheit seiner Kirche dienen wollte, indem er sie auf Irrtümer aufmerksam machte und um Abstellung bat.

Daß Luthers Absicht, die Ablaßkontroverse innerkirchlich auszutragen, durchkreuzt wurde, war nicht sein Versagen; Albrecht von Hohenzollern, der Kurfürst von Mainz und Erzbischof nahm die Herausforderung des Wittenberger Professors und Augustinermönchs nicht an. Albrecht, ein großer Renaissancefürst, den kulturellen und intellektuellen Freuden seiner Zeit aufgeschlossen, aber

Einblattdruck der fünfundneunzig Thesen

Wir gehen heute davon aus, daß die neue Lehre in dieser Form und nicht als Thesenanschlag in die Öffentlichkeit gelangte.

auch dem Prunk und der Machtbesessenheit ergeben, wollte mit dem Mönchsgezänk nichts zu tun haben. Der Brief aus der abgelegenen Provinzuniversität mußte ihm auch deshalb zuwider sein, weil er als Hohenzollernprinz mit dem sächsischen Wettiner auf schlechtem Fuß stand – eine alte Rivalität der beiden Kurhäuser. Und nicht zuletzt war ihm selbst alles daran gelegen, daß der Ablaßverkauf zügig und ohne Störung ablief, da er sich mit dem Erwerb des im Reich ranghöchsten Kirchenamtes übernommen hatte. Der Kurie waren für dieses Amt die Annaten zu zahlen, ein festgesetzter Anteil des zu erwartenden ersten Jahreseinkommens, den jeder Pfründeninhaber, ob groß oder klein, nach Rom abzuführen hatte. Für den Mainzer Erzstuhl machte bereits das eine Summe aus, die das ganze flüssige Vermögen des Hohenzollernprinzen überstieg.

Auch die äußerst hohen Dispensgebühren, die Albrecht nicht aufzubringen wußte, spielten eine Rolle. Denn daß der Erzbischof von Magdeburg und Administrator von Halberstadt nun auch noch Erzbischof von Mainz wurde, war nach kanonischem Recht streng verboten. Eine solche Ämterkumulation bedurfte einer Ausnahmegenehmigung der Kurie, die sich das natürlich mit klingender Münze bezahlen ließ. Insgesamt waren 24 000 Dukaten in Gold zu zahlen – nach heutiger Währung ein gewaltiger Betrag.

Da Rom nicht hatte warten wollen, war auf Vermittlung der Kurie das Augsburger Bankhaus Fugger eingesprungen und hatte gegen hohen Zins 29 000 Dukaten geliehen, womit noch ein kleinerer Ausstand beim Kaiser beglichen werden sollte; mit den Zinsen waren nun mindestens 50 000 Gulden aufzubringen. Rom und Mainz kamen überein, daß hierfür der Ablaß bestens geeignet sei: Albrecht wurde zum päpstlichen Ablaßkommissar für Deutschland ernannt, und für diese Tätigkeit als höchster Heils- und Finanzmanager sollte er die Hälfte des Ertrags behalten.[31] Wo der Wittenberger Mönch in seiner Einfalt nur das seelsorgerische Problem sah, stand er in Wirklichkeit einem Gestrüpp geistiger, personeller, fiskalischer und politischer Verkettungen gegenüber, das die Kirche zum Ende des Mittelalters kennzeichnete.

Weil die Antwort aus Mainz ausblieb, gab Luther seine 95 Thesen an einige Bekannte, um deren Meinung dazu zu hören. Diese waren es, die sie ohne sein Wissen publizieren ließen. Als in Leipzig, Nürnberg und Basel Druckfassungen der Thesen erschienen, wurden der Wittenberger Mönch und seine Ablaßkontroverse zum Gegenstand der öffentlichen Diskussion im Reich. Als erste beschäftigten sie die Humanistenkreise, dann die beiden am Ablaßhandel beteiligten Orden – Luthers Augustiner und Tetzels Dominikaner –, die jeweils für »ihren Mann« Partei ergriffen. Bald hatten sich aber auch die theologischen Fakultäten der deutschen und europäischen Universitäten damit zu befassen.

In den nun ausbrechenden Kampf war Luther dennoch nicht ohne jede Vorahnung hineingeraten. Nachdem der Anschlag der Thesen in Zweifel geraten war, sah das im Urteil der Historiker eine Zeitlang so aus, zumal die Veröffentlichung als Tat von Freunden gilt. Inzwischen belegt ein biographisches Detail, daß sich Luther seit Anfang November 1517 Eleutherius nannte. Diese in Humanistenkreisen beliebte Gräzisierung beruhte vordergründig auf dem Gleichklang Luther – Eleutherius. Bemerkenswert ist aber die inhaltliche Aus-

Amore et studio elucidande veritatis: hec subscripta disputabũtur Wittenberge. Presidente R. P. Martino Lutther: Artiũ et S. Theologie Magistro: eiusdemq̧ ibidem lectore Ordinario. Quare petit: vt qui non possunt verbis presentes nobiscũ disceptare: agant id literis absentes. In noie dñi nostri hiesu chri. Amẽ.

1 ¶ Dominus et magister nr̃ Jesus chrs dicendo. Penitentiã agite. ꝛc̃. omnẽ vitam fideliũ penitentiam esse voluit.

2 ¶ Qd verbũ de penitẽtia sacramentali (id est confessiõis et satisfactiõis que sacerdotum ministerio celebratur) non põt intelligi.

3 ¶ Non tñ solam intendit interiorẽ: immo interior nulla est. nisi foris operetur varias carnis mortificationes.

4 ¶ Manet itaq̧ pena donec manet odiũ sui (id est penitentia vera intus) scz vsq̧ ad introitum regni celoꝝ.

5 ¶ Papa nõ vult nec põt vllas penas remittere. ꝑter eas: quas arbitrio vel suo vel canonum imposuit.

6 ¶ Papa nõ põt remittere vllã culpã nisi declarando et approbando remissam a deo. Aut certe remittendo casus reseruatos sibi: quib⁹ ꝯtẽptis culpa prorsus remaneret.

7 ¶ Nulli prorsus remittit deus culpã: quin simul eũ subijciat: humiliatũ in omnibus: sacerdoti suo vicario.

8 ¶ Canones penitẽtiales solũ viuẽtibus sunt impositi. nihilq̧ morituris ẽm eosdem debet imponi.

9 ¶ Inde bñ nobis facit spũsſctũs in papa. excipiendo in suis decretis sp̃ articulũ mortis et necessitatis.

10 ¶ Indocte et male faciũt sacerdotes ii: qui morituris pñias canonicas in purgatorium reseruant.

11 ¶ Zizania illa de mutanda pena Canonica in penam purgatorij. vident certe dormientibus episcopis seminata.

12 ¶ Olim pene canonice nõ post: sed ante absolutionem imponebantur: tanq̃ tentamenta vere contritionis.

13 ¶ Morituri: p̱ mortẽ omnia soluunt. et legibus canonũ mortui iam sunt habentes iure earum relaxationem.

14 ¶ Imp̱fecta sanitas seu charitas morituri: necessario secum fert magnũ timorem: tantoq̧ maiorem: quãto minor fuerit ipsa.

15 ¶ Hic timor et horror satis est. se solo (vt alia taceã) facere penã purgatorij: cum sit ꝓximus desperatiõis horrori.

16 ¶ Vident infernus: purgatoriũ: celum differre: sicut desperatio: ꝓpe desperatio. securitas differunt.

17 ¶ Necessariũ videt aiab⁹ in purgatorio: sicut minui horrorẽ, ita augeri charitatem.

18 ¶ Nec ꝓbatum videt vllis: aut rõnibus aut scripturis. ꝙ sint extra statum meriti seu agende charitatis.

19 ¶ Nec hoc ꝓbatũ esse videt: ꝙ sint de sua btitudine certe et secure saltẽ oẽs. licz nos certissimi simus.

20 ¶ Igitur papa p̱ remissionẽ plenariã oĩm penaꝝ. nõ simpliciter oĩm. intelligit: sed a seipso tantũmodo impositaꝝ.

21 ¶ Errant itaq̧ indulgẽtiarũ p̄dicatores. ii: qui dicũt per pape indulgẽtias: hoiem ab omi pena solui et saluari.

22 ¶ Quin nullã remittit aiabus in purgatorio: quã in hac vita debuissent ẽm Canones soluere.

23 ¶ Si remissio vlla oĩm oĩno penaꝝ: põt alicui dari. certũ est eã nõ nisi p̱fectissimis. i. paucissimis dari.

24 ¶ Falli ob id necesse est: maiorẽ partẽ popłi: per indifferentẽ illã et magnificam pene solute ꝓmissionem.

25 ¶ Qualẽ ptãtem hz papa in purgatoriũ gñaliter: talem hz quilibet Episcopus et Curatus in sua diocesi et parochia specialiter.

1 ¶ Optime facit papa: ꝙ nõ ptãte clauis (quã nullã hz) sed per modũ suffragij dat aiabus remissionem.

2 ¶ Hoiem predicãt. qui statim vt iactus nummus in cistam tinnierit: euolare dicunt animã.

3 ¶ Certũ est. nũmo in cistã tinniente: augeri questũ et auariciã posse. suffragium aũt eccłie: in arbitrio dei soli⁹ est.

4 ¶ Quis scit. si oẽs aie in purgatorio velint redimi. sicut de. s. Seuerino et paschali factũ narratur.

5 ¶ Nullus est securus de veritate sue cõtritiõis. multominus de cõsecutione plenarie remissionis.

6 ¶ Qz rar⁹ est ꝟe penitẽs: tã rar⁹ est ꝟe indulgẽtias redimẽs. i. rarissim⁹

7 ¶ Dãnabunt ineternũ cũ suis mgr̃is: qui p̱ lr̃as veniaꝝ securos sese credunt de sua salute.

8 ¶ Cauendi sunt nimis: qui dicũt venias illas Pape: donũ esse illud dei inestimabile: quo reconciliat homo deo.

9 ¶ Gratie eñ ille veniales: tantũ respiciunt penas satisfactiõis sacramẽtalis ab homie constitutas.

10 ¶ Non christiana predicant: qui docent. ꝙ redemptoris aĩas vel cõfessionalia: nõ sit necessaria contritio.

11 ¶ Quilibet christianus vere cõpunctus: hz remissionẽ plenariã: a pena et culpa. etiam sine lr̃is veniaꝝ sibi deditã.

12 ¶ Quilibet verus christianus: siue viuus siue mortu⁹: hz participationẽ oĩm bonoꝝ Chr̃i et Ecclesie. etiã sine lr̃is veniaꝝ a deo sibi datam.

13 ¶ Remissio tñ et participatio Pape: nullo mõ est ꝯtemnẽda. qr (vt dixi) est declaratio remissionis diuine.

14 ¶ Difficilimũ est: etiã doctissimis Theologꝫ simul extollere veniaꝝ largitatem: et contritiõis veritatẽ coram populo.

15 ¶ Contritionis veritas penas querit et amat. Veniaꝝ aũt largitas relaxat: et odisse facit saltem occasione.

16 ¶ Caute sunt venie apłice p̄dicande. ne populus false intelligat. eas p̄ferri ceteris bonis opibus charitatis.

17 ¶ Docendi sunt christiani. ꝙ Pape mens nõ est: redemptionẽ veniaꝝ vlla ex parte cõparandã esse opibus misericordie.

18 ¶ Docendi sunt christiani. ꝙ dans paupi: aut mutuans egenti: meli⁹ facit: q̃ si venias redimeret.

19 ¶ Quia p̱ opus charitatis crescit charitas: ꝛ fit hõ melior. sed p̱ venias nõ fit melior: sed tñmodo a pena liberior.

20 ¶ Docendi sunt chr̃iani. ꝙ qui videt egenũ: et neglecto eo. dat ꝓ venijs nõ indulgẽtias Pape: sed indignationẽ dei sibi vendicat.

21 ¶ Docendi sunt chr̃iani: ꝙ nisi sup̱fluis abundent: necessaria tenent domui sue retinere: et nequaq̃ ꝓpter venias effundere.

22 ¶ Docendi sunt christiani. ꝙ redemptio veniarũ est libera: nõ precepta.

23 ¶ Docẽdi sunt chr̃iani. ꝙ Papa sicut magis eget: ita magis optat in venijs dandis ꝓ se deuotam orationem: q̃ ꝓmptam pecuniam.

24 ¶ Docendi sunt christiani. ꝙ venie Pape sunt vtiles: si non in eas confidant. Sed nocentissime: si timorem dei per eas amittant.

25 ¶ Docendi sunt chr̃iani. ꝙ si Papa nosset exactiones venialiũ p̄dicatorum mallet Basilicã. s. Petri in cineres ire: q̃ edificari. cute carne ꝛ ossibus ouium suaꝝ.

1 ¶ Docendi sunt chr̃iani. ꝙ Papa sicut debet ita vellet. etiam vendita (si opus sit) Basilica. s. Petri: de suis pecunijs dare illis: a quorum plurimis quidã cõcionatores veniaꝝ pecuniam eliciunt.

2 ¶ Vana est fiducia salutis p̱ lr̃as veniaꝝ. etiã si Cõmissarius: immo Papa ipse suã aiam ꝓ illis impigneraret.

3 ¶ Hostes chr̃i et Pape sunt ii: qui ꝓpter venias p̄dicandas verbũ dei in alijs ecclesijs penitus silere iubent.

4 ¶ Iniuria fit verbo dei: dũ in eodez sermone: equale vel longius tẽpus impenditur venijs q̃ illi.

5 ¶ Mens Pape necessario est. ꝙ si venie (qd minimum est) vna cãpana: vnis pompis: et ceremonijs celebrant. Euangelium (qd maximũ est) centũ campanis: centũ pompis: centũ ceremonijs predicet.

6 ¶ Thesauri eccłie vñ Papa dat indulgẽtias: neq̧ satis noiati sunt: neq̧ cogniti apud ppłm christi.

7 ¶ Temporales certe nõ esse patet. ꝙ nõ tã facile eos ꝓfundũt: sz tñmõ colligunt multi concionatoꝝ.

8 ¶ Nec sunt merita Chr̃i et sctoꝝ. qr hec sp̃ sine Papa operant grãm hois interioris: et crucẽ: mortẽ: infernumq̧ exterioris.

9 ¶ Thesauros eccłie. s. Laurẽti⁹ dixit esse: pauges eccłie. sz locutus est vsu vocabuli suo tp̃e.

10 ¶ Sine temeritate dicim⁹ claues eccłie (merito Chr̃i donatas) esse thesaurum istum.

11 ¶ Claꝝ est eñ. ꝙ ad remissionẽ penaꝝ et casuũ sola sufficit ptãs Pape.

12 ¶ Verus thesaurus eccłie. est sacrosctm̃ euãgelium glorie et gratie dei.

13 ¶ Hic autẽ est merito odiosissimus. qr ex p̱mis facit nouissimos.

14 ¶ Thesaurus aũt indulgentiaꝝ merito est gratissimus. qr ex nouissimis facit p̱mos

15 ¶ Igitur thesauri Euangelici rhetia sunt: quibus olim piscabant viros diuitiarum.

16 ¶ Thesauri indulgentiaꝝ rhetia sunt: q̄bus nũc piscant diuitias viroꝝ.

17 ¶ Indulgẽtie: quas cõcionatores vociferant maxias grãs. intelligunt vere tales quoad questum ꝓmouendum.

18 ¶ Sunt tamen re vera minime ad grãm dei et crucis pietatẽ compate.

19 ¶ Tenent Epi et Curati veniaꝝ apłicarũ Cõmissarios cũ oĩni reuerentia admittere.

20 ¶ Sed magis tenent oĩbus oculis intendere: oĩbus aurib⁹ aduertere: ne ꝓ cõmissione Pape sua illi somnia p̄dicent.

21 ¶ Cõtra veniaꝝ apłicaꝝ ṽitatẽ q̄ loquit. sit ille anathema ꝛ maledict⁹.

22 ¶ Qui vero contra libidinẽ ac licentiã verborũ Cõcionatoris veniarũ curam agit: sit ille benedictus.

23 ¶ Sicut Papa iuste fulminat eos: qui in fraudem negocij veniarũ quacunq̧ arte machinantur.

24 ¶ Multomagis fulminare intendit eos: qui p̱ veniarũ pretextũ in fraudem sctẽ charitatis et veritatis machinant.

25 ¶ Opinari venias papales tãtas esse: vt soluere possint hoiez. etiã si q̄s p̱ impossibile dei genitricẽ violasset. Est insanire.

1 ¶ Diximus contra. ꝙ venie papales: nec minimũ venialium pctoꝝ tollere possint quo ad culpam.

2 ¶ Qz dr̃. nec si. s. Petrus modo Papa esset: maiores grãs donare possz est blasphemia in sctm̃ Petrum et Papam.

3 ¶ Dicimus contra. ꝙ etiã iste et quilibet papa maiores hz. scz Euangelium: virtutes: grãs curationũ. ꝛc̃. vt. 1. Co. xij.

4 ¶ Dicere. Crucẽ armis papalibus insigniter erectã: cruci christi equiualere: blasphemia est.

5 ¶ Rationẽ reddent Epi: Curati: et Theologi. Qui tales sermões in populum licere sinunt.

6 ¶ Facit hec licẽtiosa veniaꝝ p̄dicatio. vt nec reuerentiã Pape facile sit: etiã doctis virꝫ redimere a calũnijs aut certe argutꝫ q̄stiõib⁹ laicoꝝ.

7 ¶ Scz. Cur Papa nõ euacuat purgatoriũ ꝓpter sctissimã charitatez et summã aiarũ necessitatẽ: vt cãm oĩm iustissimã. Si infinitas aias redimit ꝓpt pecuniã funestissimã ad structurã Basilice: vt cãz leuissimã.

8 ¶ Itẽ. Cur p̱manẽt exequie et anniuersaria defunctoꝝ: et nõ reddit aut recipi p̱mittit bñficia ꝓ illis instituta. cũ iã sit iniuria ꝓ redẽptꝫ orare.

9 ¶ Itẽ. Que illa noua pietas Dei et Pape. ꝙ impio et inimico ꝓpter pecuniã ꝯcedũt: aiam piã et amicã dei redimere. Et tñ ꝓpter necessitatẽ ipsius met pie et dilecte anie nõ redimunt eã gratuita charitate.

10 ¶ Itẽ. Cur Canones pñiales re ip̃a et nõ vsu: iã diu in semet abrogati ꝛ mortui: adhuc tñ pecunijs redimunt per ꝯcessionẽ indulgẽtiaꝝ tanq̃ viuacissimi.

11 ¶ Itẽ. Cur Papa cui⁹ opes hodie sunt opulẽtissimis crassis crassiores: nõ de suis pecunijs magꝫ q̃ paup̱m fideliũ struit vnã tñmõ Basilicã sancti Petri.

12 ¶ Item. Quid remittit aut participat Papa iis: qui p̱ ꝯtritionẽ p̱fectaz ius habẽt plenarie remissionis et participationis.

13 ¶ Item. Quid adderet eccłie boni maioris. Si Papa sicut semel facit: ita cẽties in die cuilibz fideliũ has remissiões ꝛ p̱ticipatiões tribuẽt.

14 ¶ Ex quo Papa salutẽ querit aiaꝝ: p̱ venias magꝫ q̃ pecunias. Cur suspendit lr̃as et venias iam olim ꝯcessas: cũ sint eque efficaces.

15 ¶ Hec scrupulosissima laicoꝝ argumẽta: sola ptãte ꝯpescere: nec reddita ratione diluere. Est ecclĩam ꝛ Papã hostib⁹ ridendos exponere et infelices christianos facere.

16 ¶ Si ergo venie ẽm spiritũ et mentẽ Pape p̄dicarẽtur. facile illa oĩa soluerent: immo nõ essent.

17 ¶ Valeãt itaq̧ oẽs illi ꝓp̄he: q̄ dicũt ppło Chr̃i. Pax pax. et nõ est pax.

18 ¶ Bñ agãt oẽs illi ꝓp̄he: q̄ dicũt ppło Chr̃i. Crux crux. et non est crux

19 ¶ Exhortandi sunt Christiani: vt caput suũ chr̃m per penas: mortes: infernosq̧ sequi studeant.

20 ¶ Ac si magis p̱ multas tribulatiões intrare celũ: q̃ p̱ securitatẽ pacis confidant.

M.D.Xvij.

sage: Eleutherius-Luther soll »der Freie« heißen. Bereits im November 1517, kurz nachdem er die Ablaßthesen nach Mainz verschickt hatte, identifizierte sich Luther also existentiell mit der christlichen Freiheit, die später zum Leitmotiv seiner evangelischen Theologie werden sollte: »Ein Christenmensch ist ein freier Herr über alle Dinge und niemand untertan. Ein Christenmensch ist ein dienstbarer Knecht aller Dinge und jedermann untertan«, so heißt es in seiner 1520 publizierten Flugschrift »Von der Freiheit eines Christenmenschen«, die Deutschland und die Christenheit in Aufbruch versetzte.

Der neue Name scheint – so fassen die Göttinger Lutherforscher Karl Stackmann und Bernd Moeller ihre Ergebnisse zusammen – »so etwas wie ein Signal dafür zu sein, daß der Wittenberger Professor zu diesem Zeitpunkt, im Herbst 1517, eine Wende seines Selbstverständnisses und Identitätsbewußtseins erfuhr. Jedenfalls gewinnt der Beginn des Ablaßstreites, die Abfassung der 95 Thesen, wieder stärkeres biographisches Gewicht, als ihm in den letzten Jahren ... zugestanden wurde.«[32]

Trotz des arroganten oder taktischen Schweigens des Kirchenfürsten und trotz des stolz-selbstgewissen Hochgefühls des Wittenberger Professors war im Herbst 1517 noch nichts entschieden. Daß die Dinge den bekannten Lauf nahmen, lag dann an der Reaktion der Hierarchie auf die Herausforderung, die nicht zuletzt durch ihre eigene Schuld in die Öffentlichkeit gelangt war. Erzbischof Albrecht von Mainz, der im November den Brief des Mönches nicht einmal einer Antwort für wert gehalten hatte, schleuderte bereits im Dezember das Anathema und stigmatisierte Luther zum Ketzer; im Frühjahr des darauffolgenden Jahres war der offizielle Ketzerprozeß dann schon im Gange. Diese Reaktion erfolgte für die damaligen Verhältnisse in der Kurie außerordentlich rasch;[33] man spürte offensichtlich die existentielle Bedrohung, die von diesem Mönch ausging. Wenn dessen Rechtfertigungslehre auch »urkatholisch« (Erwin Iserloh) sein mochte, mit der Konkretisierung des Katholizismus im Renaissancepapsttum und dem ausgeklügelten Stiftungswesen, der Werkfrömmigkeit und Reliquienverehrung sowie den daraus erwachsenden wilden Wucherungen am kirchlichen Sozialkörper war sie unvereinbar.

Angesichts der grandiosen Vereinfachung der Rechtfertigungslehre durch Luther mußte dieses unübersichtlich gewordene Gebäude wie ein Kartenhaus zusammenbrechen. Auch das Papsttum und die Papstkirche wurden insgesamt in die Legitimationskrise hineingezogen: zum einen, weil ihr Umgang mit der Luthersache wenig überzeugend war; zum andern, weil ihnen der angegriffene Mönch in Entfaltung seiner Rechtfertigungslehre das Postulat vom Priestertum aller Gläubigen entgegenschleuderte, womit er den Priesterstand, der sich qualitativ vom Laienchristen unterschieden wähnte, als eine menschliche, interessensbedingte Invention der altkirchlichen Klerikerkaste bloßstellte.

Aber geistlich-theologische Dinge standen nicht im Vordergrund der Interessen des Renaissancepapsttums; wenn es zweckmäßig war, konnte es den so rasch begonnenen Ketzerprozeß auch schleppend behandeln. Am Rande des Augsburger Reichstages wurde Luther noch im Oktober 1518 einem scharfen Verhör unterzogen, und zwar durch den Dominikanerkardinal Cajetan, einem Repräsentanten des

Von der freyheyt eynes Christen menschen.
Martinus Luther.
Czu Wittenberg: Im XX. iar.

1520 erschienen Schlag auf Schlag die drei großen Reformschriften Martin Luthers, zuletzt und als krönender Abschluß im November die Schrift »Von der Freiheit eines Christenmenschen«, wie ihre Vorläufer gedruckt in Wittenberg. »Die ganze Summe eines christlichen Lebens« will Luther in diesem Buch darstellen: »Ein Christenmensch ist ein freier Herr über alle Dinge und niemand untertan. Ein Christenmensch ist ein dienstbarer Knecht aller Dinge und jedermann untertan.« Diese Botschaft ließ die reformatorische Bewegung gewaltig anwachsen, wobei gleichzeitig mit der geistlichen die politisch-gesellschaftliche Freiheit gefordert wurde.

gegnerischen Ordens also. Dann aber verschwand die Causa Lutheri für fast zwei Jahre von der Tagesordnung: die politischen Interessenverflechtungen des Papsttums rückten andere Sorgen in den Vordergrund: Ende 1518 erkrankte Kaiser Maximilian auf den Tod, so daß die Nachfolgefrage im Reich akut wurde. Der Papst als Mitglied der italienischen Staatenfamilie hatte darauf zu reagieren. Ihm lag daran, die Wahl des Kaiserenkels Karl zu verhindern, der bereits König von Spanien war und von dem man in Italien nichts Gutes erwartete. So bemühte sich die päpstliche Politik, Kurfürst Friedrich den Weisen, den Landesherrn Luthers, zum Kandidaten für die deutsche Königswahl aufzubauen. Dieser aber hatte sich hinter den Professor seiner Landesuniversität gestellt, und so kam der Ketzerprozeß Rom jetzt ungelegen. Erst nach der Wahl Karls wurde er wieder aufgenommen. Am 15. Juni 1520 endete der Prozeß mit der Androhung des Bannes; am 5. Februar 1521 wurden Bann und Kirchenausschluß rechtsgültig.

Etwas hatte der überstürzt eingeleitete und dann rasch kalmierte Prozeß erreicht: Der Wittenberger Mönch hatte entschlossen seinen Weg zum Reformator genommen – und ganz Deutschland blickte auf ihn. Im Oktober 1518, im Anschluß an das Gespräch mit dem Kardinal Cajetan, hatte Luther die absolute Lehrautorität des Papstes in Abrede gestellt, und im darauffolgenden Sommer, während der Leipziger Disputation mit dem Ingolstädter Theologieprofessor Johannes Eck – einem der frühesten und entschiedensten, aber auch gelehrtesten Verteidiger der alten Zustände –, hatte er sogar behauptet, auch Konzile könnten irren. Damit war offenkundig, daß Luther einen Kirchenbegriff vertrat, der die Grundmauern des römischen Systems ins Wanken brachte. Das dritte Sola-Prinzip war geboren. Für die Erkenntnis christlicher Grundwahrheiten sollte fortan das Sola-scriptura-Prinzip gelten: Allein die Bibel kann christlichen Glauben und christliche Existenz lehren.

Über alle theologischen und kirchenpolitischen Konsequenzen hinaus bedeutete das einen geistesgeschichtlichen Umbruch von ungeheurer Tragweite: Das Tor zur individuellen Gewissensentscheidung des Christen, und das heißt jedes einzelnen Menschen, war aufgestoßen. Christ sein war von nun an eine »im Kern ... individuelle Gegebenheit ... Einer zutiefst autoritätsgeleiteten Zeit wurde zugemutet, Autorität total neu zu verstehen«.[34] Zwar sollte Luther diesen Subjektivismus seines theologisch-religiösen Ansatzes bald in eine neue fundierte »objektive« Autorität des evangelisch-kirchlichen Pfarramtes und der Amtskirche einfügen, aber Sekten und Täufer nahmen sein Prinzip auf, radikalisierten es und beschritten den Weg in den modernen Individualismus und Subjektivismus.

Der neue reformatorische Geist formierte sich in drei großen Reformschriften des Jahres 1520: »An den christlichen Adel«, »Von der Freiheit eines Christenmenschen«, »Von der babylonischen Gefangenschaft der Kirche«. Spätestens mit diesen Veröffentlichungen, mit denen Luther an die mittelalterliche Tradition weltlicher und kirchlicher Reformtraktate anknüpfte, war »die enge Verklammerung seiner individuellen Fassung der Glaubensgewißheit mit einer scharfen Kritik der päpstlichen Primatgewalt und des kirchlichen Rechtssystems als *Menschensatzung*« offenbar. Nun war unzweifelhaft ein »revolutionärer Standpunkt« erreicht. »Die humanistisch-historische Kritik am Papsttum und an der scholastischen Philosophie wurde weit überschritten durch eine apokalyptische Enthüllungsbotschaft: Der Papst in Rom ist der Antichrist«.[35]

Luther war zu der Überzeugung gelangt, »das in den letzten Jahrhunderten in fast der ganzen lateinischen Kirche verdunkelte Evangelium sei nun durch Gottes Wirken neu wie die Sonne durch die

Einschreibung von Studenten in die Matrikel der Universität Wittenberg von 1500 bis 1815 (nach Jahrfünften)

Mit dem Auftreten Luthers wurde die kurz nach der Jahrhundertwende in Wittenberg gegründete Leucorea zum geistigen Zentrum des deutschen Protestantismus. Mit einigen Unterbrechungen im letzten Drittel des Reformationsjahrhunderts weist Wittenberg ein ganzes Jahrhundert lang die größten Einschreibungszahlen aller deutschen Universitäten überhaupt auf. Trotz einer schweren Krise während des Dreißigjährigen Krieges hielten sich die Einschreibungen in Wittenberg bis in die zweite Hälfte des 18. Jahrhunderts hinein stets über dem Durchschnitt aller deutschen Universitäten.

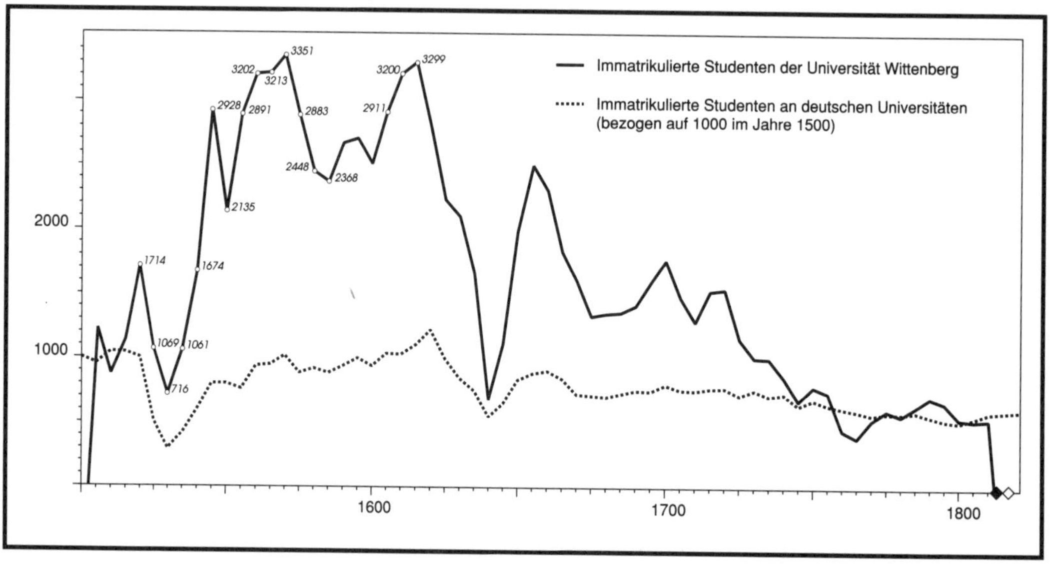

Passional Christi und

Christus.
Die soldner haben geflochten eyne kronen von dörnen / vñ auff sein heubt gedruckt/ darnach mit eynem purper kleydt haben sie yn bekleydet. Johan. 19.

Antichrist.

Antichristus.
Der Keyser Constantinus hat vns die keyserlich krone/ getzirde allen andern geschmuck in massen wie yhn d keyser trege / purper cleyt alle andere cleyder vñ scepter zutragen vñ zubrauchen geben c. Constantinus. xcvi. dis. Solche lügen haben sie yre tyranney zu erhalten ertichtwyder alle historien vñ kuntschafft/ dan es ist nit brauchlich gewesen den Romischen Keysern ein solche krone zutragen. A iij

Die große Enthüllungsbotschaft: Der Papst ist der Antichrist

In der 1521 in Wittenberg gedruckten und von Lucas Cranach d. Ä. mit Holzschnitten versehenen Flugschrift »Passional Christi und Antichristi« sind die Dornenkrönung Christi und die prunkvolle Krönung des Papstes als die Krönung des Antichrist gegenübergestellt.

Wolken hindurchgebrochen und habe den römischen Antichrist und sein ganzes pseudochristliches Kirchenwesen, also eine antichristliche Struktur in der Kirche, enthüllt und damit zum Zusammenbruch reif gemacht. Der theologische Reformer von 1517 verstand sich also 1520 als Werkzeug einer gottgewirkten Revolution.«[36]

In den zwei Jahren weltpolitisch bedingter Schonung war aus Luthers Tat ein Flächenbrand geworden, den keine Macht der Kirche mehr zu ersticken vermochte und der über das Theologische hinaus soziale und politische Dimensionen gewann, die Europa in der Tiefe verändern sollten. Aber was immer auch die Reformation sein und bewirken mochte, zuerst und vor allem war sie eine geistige und soziale Revolte innerhalb des Klerus, getragen vor allem - wenn auch keineswegs ausschließlich - von den Augustinern und den Intellektuellen der Zeit: Stadtprädikanten, Lateinschullehrern, Magistern und Doktoren der theologischen Fakultäten.

Innerhalb kurzer Zeit standen im ganzen Reich, von Konstanz bis Flensburg, von Antwerpen bis Königsberg, Reformatoren des zweiten Gliedes hinter Luther, um die Erneuerung der Kirche in die Wege zu leiten. Sie waren es, die den geistig-theologischen und ordnungspolitischen Charakter der Reformation so tief mitprägten, daß man Entfaltung und Stärkung der Reformation in Deutschland nicht mehr als das Werk eines einzelnen, sondern als die Leistung einer ganzen Generation von Reformatoren begreifen muß: Andreas Osiander in Nürnberg und Königsberg, Kaspar Hedio, Wolfgang Capito und Martin Bucer in Mainz und Straßburg, Ambrosius Blarer in Konstanz, Memmingen, Ulm, Esslingen und Tübingen, Johannes Brenz in Württemberg, Johannes Schwebel in Pforzheim, Antonius Corvinus in Niedersachsen und Westfalen, Heinrich von Zütphen in Bremen, Hermann Tast in Husum und Gerhard Sleward in Flensburg - und vor allem in Wittenberg die Luthermitarbeiter Philipp Melanchthon und Johannes Bugenhagen, die sowohl bei der Bibelübersetzung als auch bei der Kirchen- und Schulorganisation eine entscheidende Rolle spielten. Aber das sind nur einige Namen; mehrbändige Enzyklopädien stellen für die Reformationsepoche Hunderte von Theologenbiographien zusammen.[37]

2. Luthers »falsche Brüder« und der Antipode in Zürich

Viele dieser Neuerer arbeiteten aufs engste mit Wittenberg zusammen, das eine Generation lang die Schaltstelle einer neu entstehenden evangelischen Welt war, und zwar nicht nur für Deutschland, sondern auch für Skandinavien und Osteuropa, vor allem das Baltikum, Ungarn und Siebenbürgen.

Es gab jedoch auch Reformatoren, die auf Distanz zu Wittenberg hielten und eigene Konzeptionen der Kirchenreform entwickelten, so vor allem die schweizerisch-oberdeutschen Theologen. Schließlich gab es eine dritte Gruppe, die sich entschieden gegen die Wittenberger stellte, um eine radikalere, bisweilen utopisch-sozialrevolutionäre Reformation zu erzwingen.

Wie stets beim Hervortreten revolutionärer Geister hefteten sich bald ungebetene Adepten an die neue Lehre – Luthers »falsche Brüder«.[38] Sie kamen aus der unmittelbaren Umgebung des Reformators und schoben sich in den Vordergrund, als Luther auf der Wartburg Zuflucht suchen mußte. Die beiden wichtigsten waren Gabriel Zwilling und Andreas Bodenstein von Karlstadt, der eine Ordensbruder, der andere Fakultätskollege des Reformators. Sie taten sich mit den Zwickauer Propheten zusammen, den Tuchmachern Nikolaus Storch und Thomas Drechsel, um in Wittenberg gleichzeitig mit der katholischen Messe jegliche Form von Amtskirche abzuschaffen und die Gesellschaft revolutionär umzugestalten.[39]

Auch mit Thomas Müntzer, der damals Pfarrer in Allstedt südlich von Eisleben war, nahm man Verbindung auf. Müntzers radikalmystische Theologie des Kreuzes und die sozialrevolutionär-utopischen Gedanken ergaben eine brisante Mischung, deren Explosivität sich beim Bauernkrieg zeigen sollte. Für Luther, der empört und besorgt den Schutz der Wartburg aufgab, um in Wittenberg mit gewaltigen Predigten die Ordnung wiederherzustellen, waren das alles »Schwarmgeister«, vom Herrscher der Finsternis geschickt, um die neu gefundene evangelische Wahrheit im Chaos untergehen zu lassen. Diese frühe, existentiell empfundene Gefahr wurde für den Reformator zum Urerlebnis, das ihn bis zum Ende seines Lebens prägte, ihn zum Mann der erneuerten kirchlichen und staatlichen Ordnung machte und ihn zur bittersten, bisweilen blinden Polemik trieb.

Ohne daß es klare Grenzlinien gab, traten als weitere Gruppierung auf dem radikalen Flügel der Reformation die Spiritualisten auf: Männer wie Sebastian Franck, Valentin Weigel und zu Ende des Jahrhunderts der Schuster Jakob Böhme (1575-1624), der eine Innerlichkeit lehrte, die in manchem an die spätmittelalterlich-altkirchliche, auch von Luther geschätzte Mystik anknüpfte. An diesem Ast des wild und lebenskräftig wuchernden Baumes des nonkonformistischen Protestantismus entwickelten vor allem die Schwenckfeldianer, die Familisten und Davidjoristen ein markantes Gemeindeleben.

Die Schwenckfeldianer gehen auf den schlesischen Adligen Kaspar Schwenckfeld von Ossig (1489-1561) zurück, der sich zunächst

Luther angeschlossen hatte, sich aber bereits 1526 von ihm trennte und in einem unsteten Wanderleben durch Süddeutschland zog, wo er durch persönliche Begegnungen, Briefe und Erbauungsschriften einen lockeren Freundeskreis von Gleichgesinnten um sich scharte. Obgleich von einem radikalen Geisteschristentum bestimmt, das Sakramente und einen kirchlichen Ordnungsrahmen ablehnte, gelang den Schwenckfeldianern dennoch die dauernde Vergemeinschaftung; ihre Nachfahren existieren heute noch in Pennsylvania. Mittels einer mystischen Teilhabe an dem fleischgewordenen Christus glaubten sie sich in eine besondere Gottesnähe versetzt und fühlten sich daher geistig eng verbunden, selbst in der Vereinzelung und ohne rechtlichen und institutionellen Halt.

Das »Haus der Liebe« des Heinrich Niclaes ging ebenso schnell unter wie die Gruppe der Davidjoristen, weil eine argwöhnische Umwelt ihnen moralische Verwerflichkeit bis hin zu sexuellen Exzessen andichtete, um sie radikal zu verfolgen. Als David Joris (1501/02-1556), der sich nach heftigen Anfeindungen in Norddeutschland unter falschem Namen nach Basel zurückgezogen hatte und dort als geachteter Bürger starb, identifiziert wurde, grub man seinen Leichnam aus, verbrannte ihn und streute die Asche in den Rhein.[40]

Die zweifellos bedeutendste Gruppe waren die Täufer, wenn sie auch alles andere als einheitlich organisiert waren. Zudem waren sie geistig und personell mit den übrigen Gruppierungen der radikalen Reformation eng verzahnt. In ihren verschiedenen Varianten lehnten sie sich sowohl an die oberdeutsch-schweizerische Reformation Zwinglischer Prägung an als auch – wie die mit dem Namen Hans Hut verbundene täuferische Richtung – an die Theologie Müntzers und Karlstadts. Der Kürschner Melchior Hoffmann, Protagonist derjenigen täuferischen Gruppierung, die zunächst um 1530 in den Niederlanden zur Geltung kam und dann im Täuferreich zu Münster 1534/35 ihren schließlich blutig niedergeschlagenen Höhepunkt fand, gehörte zunächst zu den Anhängern Luthers; sein auf apokalyptischen Visionen fußendes radikal-reformatorisches Programm führte jedoch bald zu einem vollkommenen Bruch.

Bei aller Verschiedenartigkeit ihrer regionalen und geistigen Herkunft war es aber nicht nur die Erwachsenentaufe, die es erlaubt, von *den* Täufern zu sprechen. Das Verständnis von der Gemeinde als der Gemeinschaft der wahrhaft Gläubigen, die sich von der sie umgebenden Welt absonderte und sich deren Anforderungen widersetzte – zum Beispiel durch die Eidesverweigerung und die Ablehnung des Kriegsdienstes –, brachte die Täufer notwendigerweise mit ihrer Umwelt in Konflikt, denn der gesellschaftliche und politische Zusammenhalt hing noch ganz von der religiösen Konformität ab.

Als Zwingli 1525 nach der ersten Erwachsenentaufe in Zürich beim Rat der Stadt ein Verbot der Täufer erwirkte und deren Führer Konrad Grebel, ein ehemaliger Weggenosse Zwinglis, die Stadt verlassen mußte, verbreiteten sich daraufhin die Ideen der Täufer in Windeseile im schweizerischen und süddeutschen Raum bis hinauf in die Landgrafschaft Hessen. Schon 1529 gab es in fünfhundert Städten und Dörfern Gemeinden, die sich keineswegs aus gesellschaftlichen Randgruppen rekrutierten, sondern vornehmlich aus der Mittelschicht des sozialen Spektrums. Gleichwohl ist das Täufertum nie zu

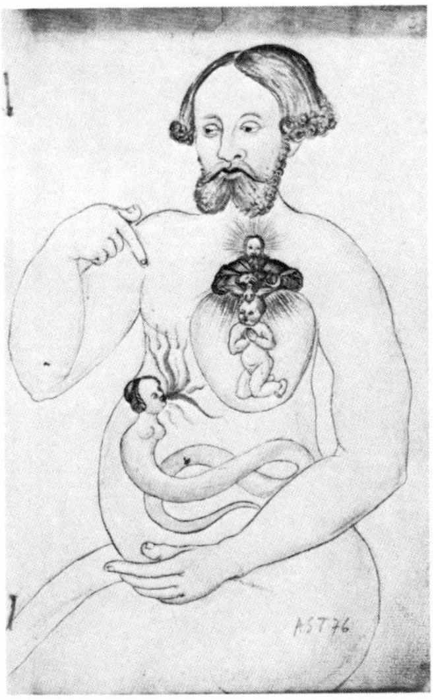

Der alte Mensch und die Geburt des neuen Menschen, Zeichnung aus einem 1532 von dem Straßburger Gärtner Clemens Ziegler verfaßten spiritualistischen Buch

Dargestellt ist die theologische Kernaussage der Spiritualisten: Der Leib ist mit der Sünde – vergegenwärtigt durch die Schlange in Frauengestalt –, das Herz als Sitz der Seele mit dem Geist Gottes verbunden. Im Herzen wird der neue Mensch von Gott dem Vater durch den Heiligen Geist geboren. Der neue Mensch wird daher mit Christus gleichgesetzt – eine ungeheure Blasphemie für die Kirchen, die alte wie die neuen, aber auch eine unerschöpfliche Quelle der Kraft für die Spiritualisten selbst.

einer Massenbewegung geworden – mehr als insgesamt zehn- bis zwölftausend Mitglieder dürften die Täufergemeinden nie gezählt haben.

Dennoch ließ die große räumliche Verbreitung das Täufertum zu mehr als einer bloß lokalen Bedrohung des sich allmählich einspielenden Kooperationssystems von weltlichem und geistlichem Regiment anwachsen. 1529 verbot der Reichstag zu Speyer die Täufer im gesamten Reich. Trotz scharfer Verfolgung wußten sie sich indes zu behaupten. Eine kurze Weile richtete sich all ihre Hoffnung auf die westfälische Bischofsstadt Münster, die 1534 zur Zitadelle des militanten Täufertums und ein Jahr später zum Neuen Zion der Endzeit wurde. Nach dem Untergang des westfälischen Täuferreiches kam es zu einer Verländlichung der Bewegung, die vor allem in Mähren und in den Niederlanden neue Anhänger gewann. Der friesische Theologe Menno Simons (1496-1561) gab dem Täufertum eine neue, auf den inneren und äußeren Frieden gerichtete Grundlage. Als »Stille im Lande« breiteten sich die Mennoniten im protestantischen Europa aus – in der Schweiz, den Niederlanden, zwischen Weichsel und Bug. Bald gab es auch in Übersee, vor allem in Nordamerika Mennoniten, die meist in separaten Siedlungen zusammenlebten.

Alle Gruppen dieser radikalen Reformation – gerne nennt man sie auch den »linken Flügel«, was aber wegen der modernen parteienpolitischen Assoziationen problematisch ist – lehnten die Organisationsprinzipien der Großkirche ab und damit auch die politischen und gesellschaftlichen Verhältnisse. Die einen griffen dabei zur Gewalt – im Bauernkrieg und bei der Errichtung des Münsteraner Täuferreiches; die anderen, und das war die große Mehrheit, zogen sich aus der Politik und der Öffentlichkeit überhaupt zurück in das Sekten- und Familienleben oder gar ganz auf sich selbst, auf ihre Individualität. Indem diese Radikalprotestanten die Verbindung zwischen Religion und Politik, zwischen Kirche und Staat kappten, stellten sie den Grundkonsens in Frage, auf dem die vormoderne Gesellschaft beruhte. Über die sich gerade herausbildenden Grenzen der Konfessionen hinweg vertraten Theologen, Juristen und Politiker die Maxime »religio vinculum societatis« – die Religion ist das stabilisierende Band einer jeden Gesellschaft.[41] Weil sie dem widersprachen oder auch nur den Versuch wagten, sich diesem Konsens zu entziehen, waren die Nonkonformisten heftigen Verfolgungen ausgesetzt – durch die Regierungen und durch die Kirchen, von der alten ebenso wie von der neuen. Aber auch von innen her waren sie gefährdet, weil der ungehemmt wehende Geist sie immer wieder in Lehrdifferenzen stürzte, besonders schmerzhaft und langwierig bei den Täufern.

Die nonkonformistischen Gruppierungen sind in diesen Verfolgungen nicht untergegangen; gerade diese unruhige Hefe förderte den geistigen und sozialen Durchbruch der Moderne: Mit ihrer Kritik an den christlichen Dogmen bahnten die Spiritualisten der Aufklärung den Weg. Die apokalyptischen Schwärmer und chiliastischen Täufer förderten den sozialrevolutionären, die Mennoniten den quietistischen Freiheitsgedanken. Mystiker, Spiritualisten und friedliche Täufer warben durch ihre Existenz und ihr Denken für Toleranz. Das intensive und selbstverantwortliche Familien- und Gemeindeleben der Sekten ließ von unten her die gesellschaftliche und politische Partizipation wachsen.

In Deutschland mußten diese spiritualistisch-mystischen Individualisten und nonkonformistischen Gemeinschaften und Gemeinden über Jahrhunderte hin im Verborgenen wirken, weil ja sehr bald die großen Konfessionskirchen ein Bündnis mit den frühmodernen Territorialstaaten eingingen und für die dabei erbrachten Leistungen das Gottesdienstmonopol verlangten. Anders war das im libertären Holland, in England - seit der Mitte des 17. Jahrhunderts jedenfalls - und vor allem in den neuen Kolonien jenseits des Atlantik, die zu einem großen Teil durch solche Sekten gegründet wurden, die in Europa keinen Platz fanden. In diesen Ländern wurde schon die frühneuzeitliche Gesellschaft sehr stark von nonkonformistischen Menschen und deren abweichenden Meinungen mitbestimmt, und deshalb fiel diesen Regionen der Weg in den geistigen und sozialen Pluralismus der Moderne leichter als den Ländern mit geschlossener Konfessionalität, also den deutschen Territorien, Frankreich und Spanien.

Kirchenpolitisch einflußreicher als diese eifernden oder quietistischen Gruppierungen sollten die Reformatoren werden, die selbständig neben Luther traten, ohne in allen Punkten seine Theologie zu übernehmen. Der bedeutendste unter ihnen war der Schweizer Huldrych oder Ulrich Zwingli (1484-1531). An kirchenpolitischer Dynamik und wissenschaftlich-theologischer Radikalität, wenn auch nicht an religiöser Kraft dem Wittenberger vergleichbar, nahm Zwingli von Zürich aus prägenden Einfluß auf die Reformation in der Schweiz und Oberdeutschland, so daß man ihn den »Antipoden Luthers« nennt.[42] Seit der Mitte des 16. Jahrhunderts ging die von ihm geprägte reformierte Tradition ein Bündnis mit der in Genf entstandenen calvinistischen Reformation ein, so daß sich in der zweiten Hälfte des 16. Jahrhunderts zwei protestantische Konfessionskirchen formierten - eine lutherische und eine reformiert-calvinistische. Die Calvinisten faßten vor allem in Westeuropa Fuß, aber auch in bestimmten Zonen des Reiches.

Zwinglis geistig-theologische Welt war stärker als diejenige Luthers vom Humanismus, insbesondere von Erasmus von Rotterdam geprägt. Nach dem Besuch der Lateinschulen in Basel und Bern hatte der aus dem Toggenburgischen stammende Bauernsohn die Artes liberales in Wien und Basel studiert. Als Magister der freien Künste wurde er 1506 zum Pfarrer von Glarus ernannt, also ohne im eigentlichen Sinne ein Theologiestudium betrieben zu haben. Sein seelsorgerlich-berufliches Erfahrungsfeld wurde geprägt durch seine Tätigkeit als Feldprediger der Söldnertruppen seines Kantons, als diese in die militärischen Auseinandersetzungen der europäischen Großmächte in Oberitalien eingriffen.

Zwinglis erstes öffentliches Hervortreten kam dann auch nicht aus theologischem Suchen, sondern aus einer konkreten politisch-gesellschaftlichen Situation: Er verfaßte ein Gutachten, das entschieden gegen das Reislaufen Stellung bezog, das heißt gegen das Verdingen seiner Schweizer Landsleute als Söldner in auswärtigen Heeren. Als diese Intervention zu seiner Entlassung aus dem Pfarrdienst in Glarus führte, nahm er als Leut- beziehungsweise Meßpriester zunächst beim Kloster Einsiedeln, ab 1518 dann an der Hauptkirche in Zürich eine politisch weniger exponierte Stellung ein. Damit war er für den Meßgottesdienst und die Austeilung der Sakramente zuständig, also weder – wie Luther in Wittenberg – für die Auslegung des Wortes noch für die Seelsorge im eigentlichen Sinne. Erst als 1522 das alte Kirchenwesen abgeschafft wurde, richtete der Züricher Rat für Zwingli eine Predigerstelle ein. Sein Weg zum Reformator führte demnach nicht über eigene oder fremde Seelennöte, sondern war durch humanistisch-wissenschaftliches Bemühen um ein korrektes Schriftverständnis geprägt, worüber er bereits früh in eine weitgespannte humanistische Korrespondenz eintrat, unter anderem mit Erasmus.

Ulrich Zwingli, Gemälde von Hans Asper

Auch die politische, verfassungsmäßige, gesellschaftliche und ökonomische Situation, in der Zwingli handelte, unterschied sich deutlich von derjenigen in der Ackerbürgerstadt und Provinzuniversität Wittenberg, wo Luther wirkte. Als Mitglied der Schweizer Eidgenossenschaft war Zwingli wie seine Mitbürger gewohnt, die großen Entwicklungen der Epoche zu beobachten, und zwar vor einem europäischen Horizont. Die Schweiz befand sich damals auf dem Höhepunkt ihres mächtepolitischen Ansehens, zwar hatte man soeben im Kampf um das Herzogtum Mailand bei Marignano (1515) eine blutige Niederlage gegen Franz I. von Frankreich erlitten, so daß die expansive Außenpolitik beendet werden mußte. Aber die Eidgenossenschaft wirkte weiterhin politisch, militärisch und diplomatisch über ihre Grenzen hinaus. Zürich war ja eine große, wirtschaftlich bedeutende Stadt mit langen urbanen Traditionen, politisch gesehen eine unabhängige Stadtrepublik mit einem umfangreichen Territorium, dazu einer der Vororte der Eidgenossenschaft.

Anders als Luther hatte es Zwingli also mit einem starken, selbstbewußten Stadtbürgertum zu tun, das als selbstregierende Genossenschaft Träger von Herrschaftsrechten war – und zwar in der Stadt wie im Umland – und das darüber hinaus in der Schweiz und in Europa als politisch gestaltende Kraft auftrat.

Dem entsprach auch der Weg der Züricher Reformation. Nachdem es im Frühjahr 1522 zu ersten Auseinandersetzungen über das altkirchliche Fastengebot gekommen war, gebot der Rat als Vertretungsorgan der Bürgerschaft Anfang 1523:

... allen und jedem Leutpriestern, Pfarrern, Seelsorgern und Prädikanten [der Stadt und der Landschaft, daß er, wenn er glaubt] den anderen Teil tadeln oder belehren zu müssen ... am ... 29. Tag des Monats Januar, zu früher Ratsstunde in unsere Stadt ... vor uns erscheint und das wofür ihr streitet, mit der wahren heiligen Schrift in deutscher Sprache und Zunge bezeugt. Dort werden wir mit aller Sorgfalt zusammen mit einigen Gelehrten ... zuhören, und nachdem sich die Streitfrage mit Hilfe der göttlichen Schrift und Wahrheit geklärt hat, werden wir einen jeden heimschicken mit dem Befehl, in seinem Tun fortfahren oder davon abzulassen, damit nicht fort und fort ein jeder alles, das ihn gut dünkt, ohne Grund in der wahrhaften göttlichen Schrift von der Kanzel predige.[43]

Diesem Aufruf folgten an die sechshundert Personen – Geistliche, Wissenschaftler und vornehme Bürger aus Zürich und den Züricher Herrschaften. Sie alle waren damit sowohl Auditorium als auch Urteilskollegium für die neue evangelische Lehre, die Zwingli wortgewaltig vortrug. Nach Abschluß der Veranstaltung fertigte der Rat die Entscheidung in Form eines Mandats aus:

Während aber Meister Ulrich Zwingli, Chorherr und Prediger im großen

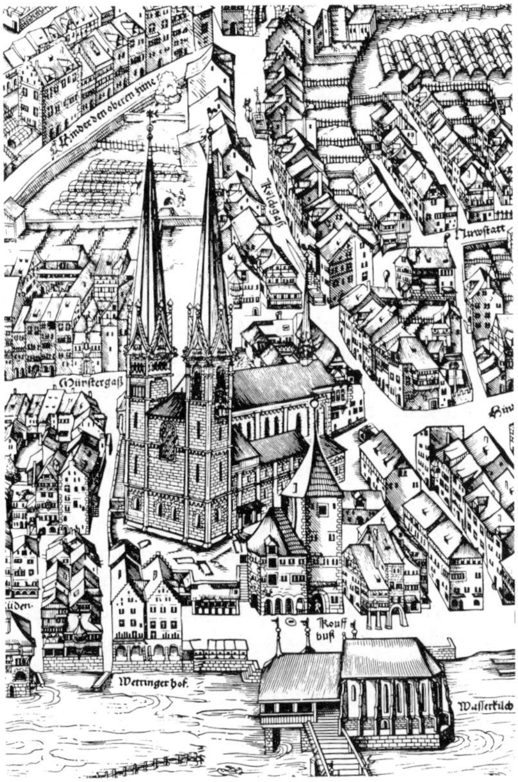

Das Großmünster in Zürich, Ausschnitt aus dem Stadtplan des Jos Murer von 1575

Vom geschäftigen Treiben einer großen Gewerbe- und Handelsstadt umgeben, überragt das Züricher Großmünster, die »Kathedralkirche« Zwinglis, oberhalb des Wasserklosters die Limmat kurz vor der Einmündung in den See.

Münster, vorher sehr verleumdet und angeklagt worden war, konnte, nachdem er seine Thesen offen vorgelegt hatte, niemand gegen ihn auftreten und ihn mit der gerechten göttlichen Schrift widerlegen ... [Daher] haben der obengenannte Bürgermeister, der Rat der Stadt Zürich beschlossen, die große Unruhe und Zwietracht zu beenden. Es ist ihr ernstlicher Wille, daß Meister Ulrich Zwingli fortfahren und weiter wie bisher das Evangelium und die göttlichen Gebote verkünden solle, so lange und so oft, bis er eines anderen belehrt werde. – Es sollen auch alle Leutpriester, Seelsorger, Prediger in ihren Städten, Ländern, Herrschaftsgebieten nichts anderes predigen, als was sie mit dem heiligen Evangelium und überdies mit den göttlichen Geboten belegen können. Ebenso dürfen sie einander in Zukunft nicht mehr beschimpfen und als Ketzer bezeichnen. Weiterhin würde man mit denjenigen, die sich hierin als ungehorsam erweisen, derart verfahren, daß sie ihr Unrecht erkennen würden.[44]

Mit dieser von Zwingli angeregten Züricher Disputation war ein Instrument kirchenpolitischer Entscheidungsfindung geschaffen worden, das in eigentümlicher Weise sowohl den bürgerlichen Vorstellungen rational-geistiger Auseinandersetzungen als auch den neuen theologischen Normen des protestantischen Gemeindechristentums entsprach. Es ist daher von zahlreichen anderen Städten übernommen worden, und zwar auch im lutherischen Einflußbereich: Die innige Verbindung von Stadt und Reformation war ein gleichsam natürliches Resultat der Lebens- und Geisteswelt Zwinglis.

Die Gleichsetzung von geistlich-kirchlicher und politisch-bürgerlicher Ordnung, die Zürich sittlich-moralisch, aber auch politisch und ökonomisch erneuern sollte, ist charakteristisch für den Zwinglischen Zweig der Reformation. Von seinen Nachfolgern zu einem theologisch und rechtlich differenzierten Staatskirchentum ausgebaut, bestimmte sie über Jahrhunderte hin in weiten Teilen der reformierten Welt das Verhältnis von Staat und Kirche, am nachhaltigsten im Anglikanismus der Britischen Inseln.

Als das Ringen zwischen alt- und neugläubigen Kantonen die Eidgenossenschaft in den Bürgerkrieg stürzte und die katholischen Waldstätte ihren Stoß auf Zürich als die Zitadelle der Neuerer richteten, legte Zwingli den Waffenrock an und zog mit dem Züricher Aufgebot dem Feind entgegen. Bei Kappel, südlich der Stadt in ungünstiger Stellung am 11. Oktober 1531 zur Schlacht gezwungen, erlebten die Protestanten eine schwere Niederlage – mehr als 500 Tote hatten sie zu beklagen, darunter 26 Ratsherren und 25 Geistliche; Zwingli fiel mit dem Spieß in der Hand. Später suchten die Katholischen seinen Leichnam: »Man findet ihn, spricht das Urteil über ihn, zerschneidet ihn in vier Stücke, wirft sie ins Feuer und läßt sie Asche werden.« Zwinglis Geist konnten sie damit nicht aus der Welt schaffen. Einige seiner Freunde, die die mittelalterliche Wundergläubigkeit noch nicht ganz verlernt hatten, fanden nach Tagen, was sie suchten: »Mitten aus der Asche kommt sein Herz ganz und unverletzt zum Vorschein. Die guten Leute staunten, anerkannten das Wunder, aber verstanden es nicht.«[45]

Wie Luther in Deutschland, so wurde Zwingli in der Schweiz zum Nationalhelden der Protestanten. In Gottfried Kellers »Züricher Novellen« sehen wir das Züricher Kriegsvolk und Zwinglis Tod mit den Augen der jungen Bäuerin Ursula, deren Leben durch die unvermittelt aufgebrochenen Religionswirren aus der Bahn geworfen wurde:

Reiter, Geschütz, Fußvolk waren durcheinander gemengt; doch der tiefe Ernst, welcher über den Ziehenden schwebte, und das schöne, der Ursula ungewohnte Aussehen derselben, muteten sie wie eine reinere Luft an. Unter den stattlichen Männern, die in der Nähe des Banners ritten, war Ulrich Zwingli selbst und sein sympathischer Anblick erhellte die Seele des unverwandt schauenden Weibes. Der schlanke Mann trug über dem langen Gelehrten- oder Predigerrocke einen guten Stahlharnisch, seinen Kopf schützte ein eigentümlicher runder Stahlhut mit breitem Rande, auf der Schulter lehnte eine halblange eiserne Helebarde oder eher Streitaxt von zierlicher Form, und an seiner linken Seite hing das Schwert. Aber trotz allen diesen Waffen lag auf seinem schön geprägten Gesichte ein so ahnungsvoll trauriger, frommer und ergebener Ausdruck; die Lippen beteten leicht vor sich hin, aber so sichtbar aufrichtig aus tiefstem Herzen herauf, daß von dieser Erscheinung ein lichter Strahl von Gesundheit und lindem Troste in ihre gequälte Brust hinüberzog.

Und nach der Schlacht:

Die Sonne neigte sich zum Untergange; unter den Gefallenen der Walstatt lagen bis auf wenige die angesehensten Zürcher, die ausgezogen, gegen dreißig Ratsglieder, eben so viele reformierte Seelsorger, vielfach Vater und Sohn und Brüder neben einander, Land- und Stadtleute. Zwingli lag einsam unter einem Baume. Er hatte nicht geschlagen, sondern war nur mannhaft bei den Seinigen im Gliede gestanden, um zu dul-

den, was ihnen bestimmt war. Er war mehrmals gesunken, als die Flucht begonnen, und hatte sich wieder erhoben, bis ein Schlag auf und durch den Helm ihn an der Mutter Erde festgehalten.

Die sinkende Sonne glänzte ihm in das noch feste und friedliche Antlitz; sie schien ihm zu bezeugen, daß er schließlich nun doch recht gethan und sein Amt als ein Held verwaltet habe. Wie die große goldene Welthostie des gereinigten Abendmahles schwebte das Gestirn einen letzten Augenblick über der Erde und lockte das Auge des darnieder liegenden Mannes an den Himmel hinüber.

Vom Rigiberge bis zum Pilatus hin und von dort bis in die fernab dämmernden Jurazüge lagerte eine graue Wolkenbank mit purpurnem Rande gleich einem unabsehbaren Göttersitze. Auf derselben aber schwebten aufrechte leichte Wolkengebilde in rosigem Scheine, wie ein Geisterzug, der eine Weile innehält. Das waren wohl die Seligen, die den Helden in ihre Mitte riefen.[46]

Auf eine Formel gebracht, ist der deutsche Reformator Luther ein Homo religiosus, ein religiöses Genie zu nennen, der Schweizer Reformator Zwingli aber ein Homo theologicus et politicus, ein Mensch der politischen Theologie. Luther prägten seine ständische Existenz als Mönch und seine Berufspflichten als Universitätsprofessor für Bibelexegese;[47] Zwingli stand in der gemeindlich-genossenschaftlichen Welt der Eidgenossenschaft, seine theologischen Probleme waren daher bereits im ersten und nicht wie bei Luther im zweiten Zugriff mit gesellschaftlichen, politischen und - im weitesten Sinne - pädagogischen Sachverhalten verknüpft. Beider Wille zur evangelischen Erneuerung der Kirche war derselbe; die konkreten Konsequenzen ihres reformatorischen Tuns aber waren sehr unterschiedlich.

Theologisch zerstritten sie sich nur an einem Punkt, und zwar in der Abendmahlslehre. Luther und seine Anhänger erfuhren in diesem Sakrament die Gegenwart Gottes, wenn sie auch die reale Umwandlung nach Art der katholischen Messe ablehnten. Dagegen konnte Zwingli im Anschluß an den erasmianischen Humanismus keine Brücke zwischen »der Sphäre des Geistigen und des Sinnlich-Materiellen«[48] anerkennen. Für Luther *ist* die Hostie der Leib Christi, für Zwingli *bedeutet* sie den Leib Christi. Indem ein 1529 von Philipp von Hessen in Marburg angeregtes Abendmahlsgespräch zwischen Wittenbergern und Zürichern ergebnislos blieb, war entschieden, daß die Reformation im theologischen Kern gespalten bleiben würde - über die Jahrhunderte hin bis in unsere Zeit.

Nicht weniger geschichtsmächtig waren die außertheologischen Konsequenzen, die sich aus den Unterschieden in Ursprung und Stoßrichtung des jeweiligen reformatorischen Ansatzes ergaben. Das betrifft vor allem das Verhältnis zur Politik, wo die Differenzen unübersehbar sind, auch wenn die Gleichsetzung von Luthertum mit dem »Pathos des Gehorsams« und Reformiertentum mit dem »Pathos der Freiheit« konfessionsgeschichtlicher und religionssoziologischer Überprüfung nicht standhält.[49]

Der Zwinglische und der Luthersche Protestantismus operierten in verschiedenen politischen Handlungshorizonten, die theologisch wie realhistorisch - dort die Dominanz des Fürstenstaates, hier die autonome Stadtrepublik - bedingt waren. Indem Luther die christ-

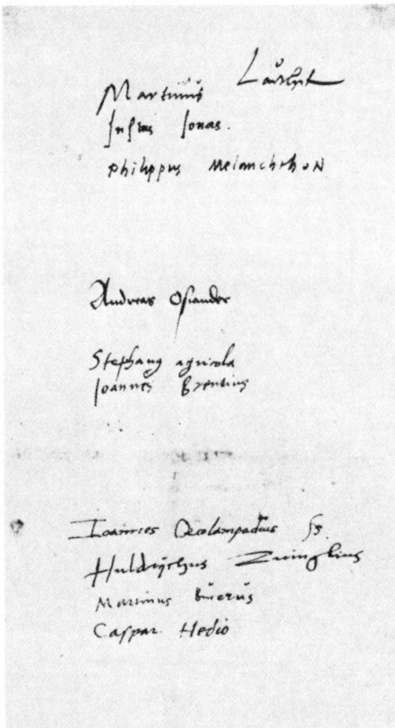

Unterschrift der Theologen unter das Schriftprotokoll des Marburger Religionsgespräches von 1529

Deutlich voneinander abgehoben sind die Wittenberger, nämlich Martin Luther, Justus Jonas und Philipp Melanchthon, die Oberdeutschen Andreas Osiander, Stephan Agricola, Johannes Brenz und die Schweizer Johannes Oekolampad und Huldrych Zwingli zusammen mit Martin Bucer und Caspar Hedio. Im 15. Artikel, der sich mit dem Abendmahl befaßt, wird der nicht zu überwindende Gegensatz deutlich ausgesprochen: »Und wie wohl wir uns, ob der wahre Leib und Blut Christi leiblich im Brot und Wein sei, dieser Zeit nicht verglichen haben, so soll doch ein Teil gegen den Andern christliche Liebe, sofern jedes Gewissen immer leiden kann, erzeigen, und beide Teile Gott den Allmächtigen fleißig bitten, daß er uns durch seinen Geist den rechten Verstand bestätigen wolle. Amen.«

liche Existenz als eine individuelle Beziehung zwischen Gott und Mensch begriff, befreite er dieses Verhältnis radikal von politischen oder gesellschaftlichen Einmischungen, Rücksichtnahmen und Zielsetzungen; das machte sowohl die Schwäche als auch die Dynamik des politischen Handelns der lutherischen Welt aus. Der Zwang zu politischer Aktivität ist für den lutherischen Christen nicht die Regel, sondern die Ausnahme, die nur dort gefordert wird, wo die Freiheit der religiösen Innerlichkeit durch einen Herrscher oder einen Staat bedroht wird, die diese innere Unabhängigkeit des Menschen nicht akzeptieren. Wenn aber dieser Sonderfall vorliegt, ist das politische Handeln des lutherischen Christen - und das macht seine Stärke aus - radikal, ohne jede Möglichkeit der Konzession oder des Kompromisses. Im Spektrum der neuzeitlichen Widerstandslehren deckt der lutherische Widerstand nur den inneren Kern ab; dort ist er nicht weniger entschieden als bei den anderen konfessionellen und säkularen Theorien.

Zu welcher politischen und sozialen Dynamik das Luthertum fähig war, zeigte sich bereits in der reformatorischen Bewegung selbst, insbesondere in den lutherisch geprägten Stadtreformationen, die nicht weniger politisch und gesellschaftlich waren als diejenigen unter zwinglianischem Vorzeichen. Das sollte sich in der zweiten Hälfte des 16. und im 17. Jahrhundert noch einmal erweisen, als der Innenraum kirchlicher und individueller Religionsfreiheit bedroht war. Noch in jüngster Zeit kam es zu Situationen, in denen der Lutheraner als Christ politisch agieren mußte; die totalitären Systeme faschistischer oder kommunistischer Prägung erzwangen sein Handeln. Nicht die Extremsituationen waren es, in denen die Lutheraner in Gefahr standen, politisch zu versagen, sondern gerade der normale Alltag. Denn hier bedeutete die Distanzierung des Christen vom Politischen zwangsläufig einen Verlust an Interesse für die öffentlichen Dinge und auch an Wachsamkeit; hier war ein Vakuum, in das der Obrigkeitsstaat eindrang. Auch wenn sich seine Beamten in lutherischer Berufs- und Pflichterfüllung für das gemeine Beste verantwortlich fühlten, bedeutete das theologisch begründete Desinteresse des Normalchristen am Politischen eine Hypothek für die politische Kultur.

Im reformierten Raum zwinglischer, später auch calvinistischer Prägung waren die Verhältnisse genau umgekehrt, denn hier war der Christ ja unmittelbar zum Wirken in der Öffentlichkeit aufgerufen: Reformation meinte nicht primär die innere Religiösität, sondern zugleich und bereits im ersten Schritt auch Gestaltung der Gesellschaft einschließlich ihrer politischen Ordnung nach den sittlichen und moralischen Normen des Evangeliums. In dieser Permanenz des politisch handelnden Christen wird der Homo religiosus zum Homo politicus und umgekehrt. Nicht Verlust des Politischen ist somit die Gefahr, vor der sich der reformierte Christ hüten muß, sondern umgekehrt der Verlust des Religiösen an einen innerweltlichen Politik- und Gesellschaftsaktivismus.

Bereits im ersten Jahrzehnt der Reformation zeigten sich die konkreten Konsequenzen dieses unterschiedlichen Politikverständnisses. Bis in den Tod auf dem Kappeler Schlachtfeld hinein war Zwingli von dem Willen durchdrungen, die protestantischen Kräfte politisch zu einigen - zunächst in der Schweiz, wo er die protestantischen

Städte und Kantone in die politische und militärische Offensive führte, wenn auch mit nur begrenztem Erfolg, dann auch im Reich und darüber hinaus, etwa in Dänemark, der ersten evangelischen Macht in Skandinavien. Unter den evangelischen Fürsten des Reiches hatte vor allem Philipp von Hessen für diese Bestrebungen ein offenes Ohr.

Luther aber stand diesen Bündnisbestrebungen von Anfang an skeptisch gegenüber. Als der hessische Landgraf das Marburger Religionsgespräch abhielt, um das evangelische Lager politisch zu einigen, zeigte sich der Wittenberger nicht bereit, um des politischen Vorteils willen über die unterschiedliche Abendmahlsauffassung hinwegzusehen. Und selbst auf einheitlich lutherischer Bekenntnisgrundlage billigte der Wittenberger Reformator erst nach langen Debatten mit den Juristen und Fürsten das politische Bündnis von Schmalkalden, um der akuten Gefahr militärischer Intervention durch den Kaiser und die katholischen Stände vorzubeugen.[50]

III.
Reformation und politisch-gesellschaftlicher Umbruch. Um die Freiheit des Christenmenschen in Stadt und Land

Entstanden aus der ganz persönlichen Seelennot des Augustinermönchs und Wittenberger Universitätsprofessors Martin Luther, entwickelte die theologische Erkenntnis innerhalb weniger Jahre jene reformatorische Dynamik, die das private und öffentliche Leben bis in die Tiefe umgestalten und das Reich für mehr als eine Generation nicht zur Ruhe kommen lassen sollte. Neun Zehntel aller Deutschen seien Anhänger des rebellischen Mönchs, meldete schon 1557 der venezianische Gesandte Badoero bestürzt nach Hause.[1] Eine nationale Bewegung der Deutschen in der Tat, auch wenn politische Einheit nicht auf dem Programm stand. Am Ende wurde die Reformation zu einem weltgeschichtlichen Ereignis, weil sie das einheitliche religiös-geistige Fundament Europas zerstörte und dadurch Kräfte freisetzte, die den soeben begonnenen Prozeß der Erforschung der Welt verstärkten und beschleunigten. Universalgeschichtlich war dieser Bruch auch insofern, als er die langfristig ablaufende, bereits im Investiturstreit des Mittelalters greifbare Säkularisierung vorantrieb, in deren Verlauf die für die alteuropäische Welt charakteristische enge Verzahnung von Staat und Kirche, von Religion und Gesellschaft aufgehoben wurde. Staat und Gesellschaft erlangten Autonomie. Das war jedoch noch ein langer Weg, dessen Vollendung erst durch einen weiteren kraftvollen Anlauf zu Ende des 18. Jahrhunderts, durch die Aufklärung nämlich, möglich wurde.

Von den Ereignissen der Reformationsepoche selbst gilt ganz und gar die scharfsinnige Charakterisierung, die Thomas Mann für eine andere Epoche religiös-gesellschaftlichen Umbruchs vornimmt, daß es nämlich »die Einheit der Welt verkennen [heißt], wenn man Religion und Politik für grundverschiedene Dinge hält, die nichts miteinander zu schaffen hätten noch haben dürften, so daß das eine entwertet und als unecht bloßgestellt wäre, wenn ihm ein Anschlag vom anderen nachgewiesen würde«.[2] Die alteuropäische Welt, die erst im 19. Jahrhundert von der säkular-pluralistischen Moderne abgelöst wurde, war so aufgebaut, daß religiös-kirchliche und weltliche Institutionen und Strukturen aufs engste miteinander verzahnt waren. Die religiöse Erneuerung, die wir Reformation nennen, wurde daher nahezu zwangsläufig zu einer sozialen und politischen Bewegung. Ihre religiöse Dignität verlor sie dadurch nicht.

Als Luther, der längst zu einer Symbolfigur des Protestes gegen willkürliche Bevormundung des einzelnen wie der bürgerlichen und kirchlichen Gemeinde in Stadt und Land geworden war, 1520 seine gewaltige Flugschrift »Von der Freiheit eines Christenmenschen« veröffentlichte, fand diese reißenden Absatz und wurde von den Lesern oder Vorlesern ganz selbstverständlich als Manifest religiöser *und* politisch-gesellschaftlicher Selbstbestimmung aufgenommen. Aus dem religiösen Protest gegen die Amtskirche entwickelte sich der soziale Protest gegen die politischen und gesellschaftlichen Veränderungen im Zuge der frühmodernen Staatsbildung, aber auch das Aufbegehren gegen die wirtschaftliche und soziale Bedrängnis, deren konjunktur- und bevölkerungsgeschichtliche Ursprünge den Zeitgenossen nur vage erkennbar waren. Der religiöse Wille zur kirchlichen Erneuerung, die als Rückkehr zu einem ursprünglichen, evangelischen Zustand begriffen wurde, vereinigte sich mit dem politischen Willen, das zivil-öffentliche Leben in Stadt und Land im nämlichen Sinne zu reformieren. Inhaltlich kam dabei nicht der Individualismus zum Tragen, der Luthers Hinwendung zu den persönlichen Verhältnissen zwischen Gott und Mensch bestimmte, sondern das Gemeindechristentum. In der Züricher Reformation machte dieser Gemeinschaftsbezug den theologischen Kern der kirchlichen Erneuerung aus; im Luthertum des Reformationsjahrhunderts war er eine unmittelbare und zwangsläufige Konsequenz des in einem persönlichen Akt gewonnenen Gnadenstandes.

Gewiß, die aufständischen Ritter, Bauern und Bürger, die mit der christlichen Freiheit zugleich ihre - durchaus unterschiedlich verstandenen - sozialen und politischen Freiheiten ergreifen wollten, haben Luthers radikale Wende zum religiösen Kern nicht begriffen. Doch gerade dieses Mißverständnis beweist, wie explosiv die Kirchenfrage in Deutschland war. Der Durchbruch der neuen Theologie läßt sich eben nicht als Ausdruck tiefschürfender Religiosität der »deutschen Seele« banalisieren. Die Reformation als politische, religiöse und schließlich auch soziale Bewegung war Ausdruck der besonderen staatlichen und kirchlichen Verhältnisse im Reich. Die Nachzeichnung der sozialen Bewegungen zwischen 1520 und 1540 darf nicht der Versuchung des modernen Menschen nachgeben, die Spannung zwischen religiösen und weltlichen Motiven und Zielsetzungen vorschnell zugunsten der einen oder anderen Seite aufzuheben. Da die frühmoderne Gesellschaft standesmäßig gegliedert und auch politisch unterschiedlich verfaßt war, müssen die einzelnen gesellschaftlichen Gruppen, der Adel, die Bauern und die Stadtbürger, nacheinander betrachtet werden.

Doch nicht nur die Untertanen wurden von der reformatorischen Begeisterung erfaßt. Die evangelische Botschaft erreichte auch die Fürsten und deren juristisch ausgebildete Beamte. Wenn diese sich an die Spitze der reformatorischen Bewegung setzten, so hatte das mit Machtkalkül zunächst nichts zu tun. »Fürstenreformation« bedeutete nicht von vornherein »deformierte Reformation«; auch die »Herrschenden« waren zunächst als Christen angesprochen. Die von Luther propagierte paulinische Wende hin zur Rechtfertigung durch den Glauben war ja gerade nicht standes- oder klassenmäßig geprägt, sondern besaß eine innere, vorsoziale existentielle Plausibilität. Sie leuchtete den vielen, gleich Luther um ihr Seelenheil bangenden Menschen unmittelbar ein - hohen wie niedrigen, gebildeten wie ungebildeten, herrschenden nicht anders als beherrschten. Sie zerteilte mit einem einzigen Schlag das wuchernde Dickicht der spätmittelalterlichen Leistungsfrömmigkeit, das wegen seiner Undurchsichtigkeit nur noch wenigen Gläubigen Sicherheit vermittelte, und ersetzte es durch ein einfaches, leicht zu begreifendes Prinzip. Die Lehre der Reformatoren übersprang die Standesgrenzen; sie war nicht sozial oder gar klassenmäßig gebunden, war nicht Ideologie einer frühbürgerlichen Revolution.

Blickt man auf Ritter, Bauern und Bürger, Fürsten und Beamte während der Jahre des kirchlichen und gesellschaftlichen Umbruchs, so springen zwei Momente ins Auge, die untrennbar mit dem Engagement für die religiöse Erneuerung oder auch für die Konservierung des alten Glaubens verbunden waren: der Prozeß intellektueller Aneignung und geistigen *Verstehens* und das politische und soziale *Interesse.* Wie aber und wodurch wurde zwischen dem geistigen und dem materiellen Pol der reformatorischen Bewegung vermittelt, was schlug konkret die Brücke zwischen religiösem und gesellschaftlichem Wollen? Voraussetzung für das alles war jedoch, daß die im abgelegen provinziellen Wittenberg geäußerten Ideen über das Reich Verbreitung fanden. Nichts wäre so gekommen, wie es kam, ohne Kommunikationskanäle und Kommunikationsmedien.

1. Reformation und Öffentlichkeit. Wege und Medien der Kommunikation

Nachdem Luther durch den Ablaßstreit zu einer Berühmtheit geworden war, fanden alle seine Schriften und Lehren in kürzester Frist Verbreitung im Reich und darüber hinaus. Dafür sorgten drei Kommunikationsträger: die hochorganisierte und in sich differenzierte Klerikergesellschaft, das bis in entlegene Dörfer gespannte Netz humanistischer Freundeskreise und vor allem der Buchdruck. Daß beides zusammentraf, eine alle erfassende Botschaft und ein Kommunikationssystem, das diese Botschaft bis in den letzten Winkel der bekannten Welt trug, machte den welthistorischen Augenblick der lutherischen Reformation aus.

Die ersten, die für die Verbreitung der neuen Lehre sorgten, waren Luthers Standesgenossen, Mönche ebenso wie Weltkleriker. Zwei Gruppen standen dabei im Vordergrund: die städtischen Prädikanten und die Augustinereremiten, Luthers eigener Orden also. Die Inhaber städtischer Prädikanturen waren ein in der Regel akademisch ausgebildeter, an den »intellektuellen« Diskurs und den Umgang mit gebildeten Bürgerkreisen gewöhnter Theologentyp, aus dem sich im Anschluß an die Reformation innerhalb einer Generation der neuzeitlich professionalisierte evangelische Pfarrerstand herausbildete. Die Prädikanten hatten Zugang zu den Kanzeln, von wo aus sie die reformatorische Botschaft den wenigen in der Stadt und den vielen auf dem Lande, die selbst nicht lesen konnten, nahebrachten. Ihre Bedeutung macht ein Vergleich mit Frankreich und Polen deutlich, wo diese Gruppen von der Reformation kaum erfaßt wurden, weshalb es dort in der ersten Hälfte des Jahrhunderts zu keiner *Volksreformation* kam.

Wie bei den mittelalterlichen Bettelorden üblich, hatten auch die Augustinereremiten ein engmaschiges Netz von Niederlassungen über Deutschland gelegt. Es war nur natürlich, daß die Ansichten des berühmten Ordensbruders von Kloster zu Kloster weitergegeben wurden und daß die Augustiner sich entschlossen hinter »ihren Mann in Wittenberg« stellten, als dieser ins Kreuzfeuer altkirchlicher Kritik geriet. Ordenssolidarität war im späten Mittelalter stets üblich gewesen, und die Bettelorden waren immer wieder zu Trägern unterschiedlicher Strömungen innerhalb der alten Kirche geworden. Die konfessionelle Spaltung der Neuzeit, in die Luthers Tun einmünden sollte, war auch in dieser Hinsicht das Ergebnis einer außer Kontrolle geratenen mittelalterlichen Bewegung. Im ganzen Land, ob in Großstädten wie Nürnberg oder in Kleinstädten wie dem westfälischen Lippstadt, überall wurden die Augustinerklöster zu Keimzellen der Neuerer; und als am 1. Juli 1523 auf dem Großen Markt von Brüssel die ersten Märtyrer des neuen Glaubens den Scheiterhaufen bestiegen, waren es nicht zufällig zwei Augustinermönche.[3]

Innerhalb weniger Jahre wandelte sich der mittelalterlich-altkirchliche Orden zur Kerntruppe der protestantischen Pfarrerschaft. Auch das begann in Wittenberg, wo die Augustiner, geführt von Gabriel Zwilling, das Kloster verließen, um alsbald als verheiratete Pfarrer der neuen Lehre zu dienen. Als Wenzeslaus Linck, der Generalvikar der deutschen Augustinerprovinz, 1523 sein Amt niederlegte, gab es den altkirchlichen Augustinereremitenorden im Reich faktisch nicht mehr. Abgesehen von den Dominikanern, die sich hinter Tetzel formierten, und den den Zeitläufen abgewandten Kartäusern wurden zwar auch Klöster anderer Orden - etwa der Franziskaner - Propagandisten der Reformation, aber das betraf stets nur einzelne Klöster, nie den ganzen Orden.

Anders - aber nicht weniger effektiv - erfolgte die Verbreitung der Lutherschen Lehren durch die Humanisten. Ihr Einsatz für die Erneuerung von Kunst und Wissenschaften aus dem unverfälschten Geist der Antike hatte bereits vor dem Auftreten Luthers ein kritisches Klima, eine für Neues aufgeschlossene Öffentlichkeit erzeugt. Diese nahm nun die evangelischen Ideen begierig auf. In gewisser Weise war ja der Reformator selbst, der in engem Kontakt zu den Humanisten stand,[4] ein Produkt dieser Aufbruchsstimmung. »O Zeitalter, o Wissenschaften! Es ist eine Lust zu leben!«,[5] hatte Ulrich von Hutten dem Neuen entgegengejubelt. Reformatorische Erneuerung der Kirche und humanistische Erneuerung der Wissenschaften galten ihm und anderen als dasselbe. Im Ausland, etwa in Paris, sollte das noch über Jahrzehnte hinweg so bleiben, zum Nachteil nicht zuletzt der Bildungs- und Universitätsreform, die als häretisch verschrien wurde.

Über das ganze Reich hinweg und durch alle sozialen Schichten waren die Humanisten eine alerte und angriffslustige Gesellschaft mit intensivem Gedankenaustausch, sei es in den Intellektuellenzirkeln der größeren Städte, sei es in der unermüdlichen »Humanistenkorrespondenz«, die Juristen, Lehrer, Geistliche oder auch »Privathumanisten« der entferntesten Kleinstädte und Dörfer miteinander verband und die heute mit Tausenden noch unregistrierter, geschweige denn wissenschaftlich ausgewerteter Briefe die Archive und Bibliotheken füllt. Gemeinsam hatten sie Front bezogen gegen die »Dunkelmänner«, das waren Leute wie die Kölner Dominikanerprofessoren, die in klappernder Dialektik eine unfruchtbar gewordene Scholastik am Leben hielten und für den neuen herrlichen Geist blind waren. Soeben hatten sie den großen Reuchlin wegen seiner hebraistischen Forschungen angegriffen, worauf Hutten sie in seinen 1515 und 1517 erschienenen »Epistolae obscurorum virorum« mit beißendem Spott übergossen hatte.

Auf jeden Streit erpicht, der das Alte ins Wanken bringen konnte, besorgten die Mitglieder dieser Humanistengruppe im November 1517 die Drucklegung der ihnen als Handschrift zugeschickten Wittenberger Thesen. Allenthalben bildeten sich im Kreis der Humanisten Zellen früher Lutheranhänger, etwa die »Martinianer« in Nürnberg, ein Humanistenzirkel um den Augustinergeneral Staupitz, der einst in Erfurt Luthers Beichtvater gewesen war; jetzt predigte er die Erlangung des Heils aus Gottes Barmherzigkeit, was er aber - anders als Luther - im mystischen Sinne meinte.[6] Die führenden geistigen und politischen Köpfe Nürnbergs gehörten diesem Freundeskreis an - Willibald Pirckheimer, der Patrizier und humanistische Schriftsteller; Lazarus Spengler, Syndikus und einflußreicher Diplomat, der bereits 1519 eine berühmte »Schützred und christliche antwurt ains erbarn liebhabers götlicher warhait der hailigen geschrift« verfaßte,[7] und Albrecht Dürer, der sich von dem kursächsischen Theologen Georg Spalatin - Humanist auch er - Luthers frühe Schriften zuschicken ließ und frei bekannte, daß diese ihn aus großen Ängsten befreit hätten, wofür er den Reformator »in kupfer stechen« wollte, »zu einer langen gedechtnus des kristlichen mans«.[8] Das war in der Tat ein illustrer Kreis, dem ähnliche in Basel, Mainz, Erfurt sowie - wenn auch mit weniger Glanz - in zahlreichen kleineren Städten Nord- und Süddeutschlands zur Seite traten.

Die Begeisterung der ersten Stunde, die für die frühe Ausbreitung der Reformation so wichtig war, hielt nicht bei allen Humanisten an. Denn reformatorisches und humanistisches Anliegen hatten zwar vieles gemeinsam: den Antiklerikalismus, der vor allem gegen die Kurie gerichtet war; den Drang, zu den Quellen der Antike oder dem Urchristentum zurückzukehren; die Hochschätzung der Bibel und das Streben um ihr reines Verständnis. Trennend war jedoch das Menschenbild: Luther war zutiefst von der Verderbtheit der Menschen überzeugt, vom »alten Adam«, der täglich zu ersäufen sei[9] und den nur die unverdiente Gnade Gottes zu erretten vermöge. Die Humanisten dagegen - auch diejenigen, die im reformatorischen Lager blieben, voran Philipp Melanchthon - hielten den Menschen im Prinzip für gut, so daß sie auf seine Erziehbarkeit setzten und ihm die Fähigkeit zur Selbstbefreiung zuerkannten.

Nachdem er in den ersten Jahren kühle, wenn auch nicht ablehnende Distanz zu Luther gehalten hatte, veröffentlichte Erasmus von Rotterdam, Leitfigur und unbestrittene Autorität in den »res humaniores«, 1524 einen Traktat über den freien Willen und widersprach damit der lutherischen Theologie vom geknechteten Willen. Dies war für viele seiner Anhänger der Fingerzeig zur Rückkehr, so etwa für Willibald Pirckheimer, der sich energisch der Auflösung des Clarissinnenklosters seiner Heimatstadt widersetzte.

Andere Humanisten träumten noch lange von der Möglichkeit einer »via media«, eines Mittelweges, der die Extreme der einen und der anderen Seite vermeiden und die Einheit der Christenheit wahren oder wiederherstellen könnte. Spätestens in der Konfessionalisierung des ausgehenden 16. Jahrhunderts erwies sich das als Illusion - die Humanisten mußten sich für die eine oder andere Glaubensform entscheiden. In beiden Lagern haben sie aber weiterhin für Mäßigung und Verständigung gewirkt und dadurch den Toleranzgedanken gefördert. Als im Verlaufe des 17. Jahrhunderts die konfessionelle Fixierung nachließ, konnte die humanistisch bestimmte Irenik zur Geltung kommen und ein undogmatisches Christentum des Herzens und der Vernunft fördern. Der im 15. und frühen 16. Jahrhundert so wirkungsmächtige Geist des Humanismus hatte sich als Unterströmung behauptet und konnte dadurch die werdende Neuzeit mitprägen, bis er im 18. Jahrhundert in gewandelter Form mit der Aufklärung wieder in den Vordergrund trat.

Titelblatt der Satire Ulrichs von Hutten gegen die geistige Unfruchtbarkeit der scholastischen Schultheologie, Holzschnitt mit der Darstellung von sechs Dunkelmännern, Speyer 1517

Im sogenannten Reuchlinstreit zwischen den Humanisten und den Kölner Dominikanern, angeführt von dem Inquisitor Jakob von Hochstraten, hatte sich in Deutschland eine kritische Öffentlichkeit gebildet, die der raschen Verbreitung der reformatorischen Lehre förderlich war.

So wichtig das klerikale und humanistische Personen- und Informationsnetz auch war, ohne die erst knapp zwei Generationen alte Erfindung des Buchdrucks hätte die reformatorische Wende kaum den engen Kreis von Theologen und Religiosen durchbrochen, der sich von jeher mit theologischen Fragen befaßte, und wäre eine unter zahlreichen anderen mittelalterlichen Häresien geblieben. Gutenberg und Luther - ihr Werk zusammengenommen machte die Reformation erst zu einem welthistorischen Ereignis. Wie sehr sich Reformation und Buchdruck gegenseitig förderten, zeigt die 1518 und 1519 hochschnellende Kurve der in Deutschland gedruckten Titel: von durchschnittlich gut 200 pro Jahr auf fast 900. Die Reformation wurde zur Initialzündung für eine vermehrte Buchproduktion und für einen ebenso rasch expandierenden Buchmarkt.

Die Buchdrucker haben von da an Luther jedes neue Werk aus der Hand gerissen und auf den aufnahmebereiten deutschen und europäischen Buchmarkt geworfen. Allein in Wittenberg waren bald nicht weniger als sieben Buchdruckerwerkstätten mit der schier unerschöpflichen literarischen Produktion Luthers und seiner Mitarbeiter beschäftigt, darunter so bedeutende Meister wie die Brüder Lotther und Hans Lufft (1495-1585), der zugleich Ratsherr und Bürgermeister war und 1534 die erste Luthersche Gesamtbibel und zwischen 1539 und 1559 die erste Werkausgabe des Reformators herausbrachte. Ähnlich sah es in Erfurt, Nürnberg, Augsburg, Straßburg und in Dutzenden der kleineren Druckorte im ganzen Reich aus.

Aus Basel schrieb Anfang 1519 Johannes Froben, Betreiber einer Druckerei von europäischer Geltung und berühmter Verleger des Erasmus, an Luther, er habe sich auf der letzten Frankfurter Buchmesse durch einen Leipziger Buchhändler mehrere seiner Schriften besorgen lassen, um sie rasch nachzudrucken.

Sechshundert Exemplare haben wir nach Frankreich und Spanien gesendet. Und nun werden sie zu Paris verkauft ... Auch hat der Buchhändler zu Pavia, Calvus, ein sehr gelehrter und wissenschaftlicher Mann, ein gut Teil solcher Büchlein nach Italien bringen lassen und will sie in allen Städten ausstreuen ... Meine Exemplare sind bis auf zehn alle verkauft, und ich habe noch niemals bei irgend einem Buche glücklicheren Verkauf erfahren.[10]

Daß Froben so freimütig über den Nachdruck spricht, ist Aus-

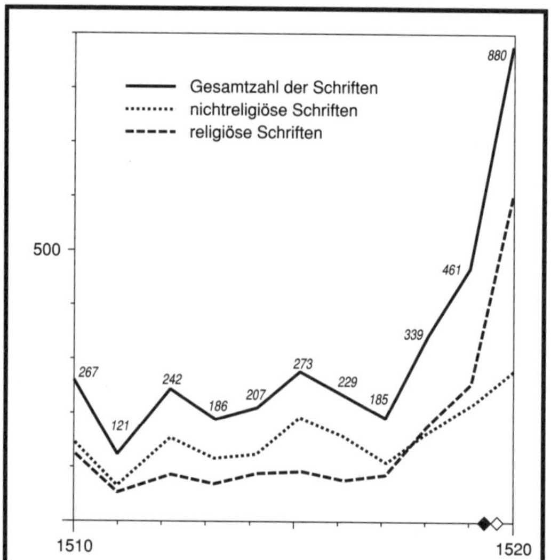

In Deutschland zwischen 1510 und 1520 gedruckte Bücher und Flugschriften

Die Kurve zeigt, wie mit der Reformation die Produktion der Druckpressen emporschnellt, und zwar vor allem durch den Druck religiöser Schriften.

Titelblatt der ersten bei Hans Lufft in Wittenberg gedruckten Gesamtausgabe von Luthers deutscher Bibelübersetzung

Druckorte der lutherischen Bibelübersetzung zwischen 1522 und 1546

Die Karte zeigt eine bemerkenswerte Konzentration in Mittel- und Süddeutschland, während ganz Nord- und Nordwestdeutschland gar nicht vertreten sind: Die Lutherbibel war ein sprachgeschichtliches Ereignis erster Ordnung. Sie war auch dafür verantwortlich, daß das bereits im späten Mittelalter zurückgefallene Niederdeutsche im Zuge der Reformation vollends den Boden verlor.
Solange Luther lebte, erschienen insgesamt 3 897 Ausgaben von einzelnen oder gesammelten Schriften, davon 2 946 - also etwa drei Viertel - in hochdeutscher Sprache und nur 164 - das sind 4,2 Prozent - in Niederdeutsch, der Rest in Latein und in zeitgenössischen europäischen Sprachen.

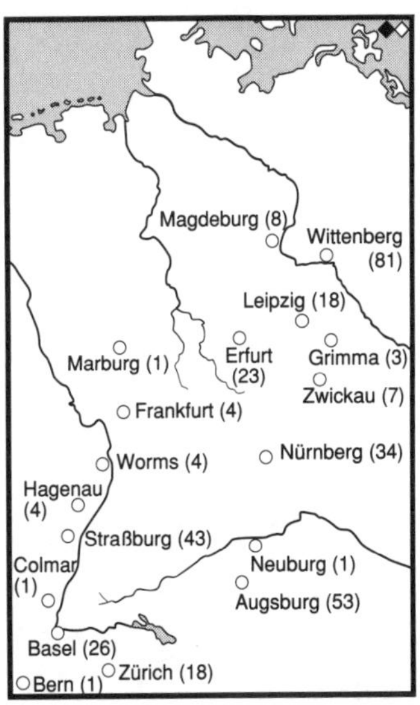

druck des noch ungeschützten Verlags- und Druckwesens der Zeit: Bei erfolgreichen Werken waren die Nachdrucke stets zahlreicher als die Originaldrucke. So stehen etwa bei Luthers »Sermon von Ablaß und Gnade« aus dem Jahr 1517 den drei Wittenberger Originaldrukken nicht weniger als neunzehn auswärtige Nachdrucke gegenüber.[11]

Den Höhepunkt von Luthers Buchproduktion und publizistischem Erfolg brachte das Jahr 1520, als kurz hintereinander die drei berühmten und vielgelesenen Reformschriften erschienen: »An den christlichen Adel deutscher Nation«, »Von der babylonischen Gefangenschaft der Kirche« und vor allem »Von der Freiheit eines Christenmenschen«, dies war schon damals die meistgelesene Schrift des Reformators. Luther zog in ihr die dogmatischen und kirchenpolitischen Konsequenzen seiner Rechtfertigungslehre, indem er der klerikalen Anstalt, in der der einzelne Gläubige nur durch Vermittlung einer - in Luthers Augen - korrupten Kirche am Heil teilhaben kann, die Kirche als Glaubensgemeinschaft gleicher und freier Christen entgegenstellte.

Als im Frühjahr 1521 nach der Verurteilung des Reformators auf dem Wormser Reichstag angeordnet wurde, alle Lutherschriften zu verbrennen, waren diese bereits in mehr als einer halben Million Exemplaren verbreitet[12] - ein Meer »häretischer« Schriften, das keine Macht der Welt mehr leerschöpfen konnte.

Und Jahr für Jahr kamen neue Schriften hinzu. Vor allem die

Das Totentanz-Alphabet, Holzschnitte von Hans Holbein

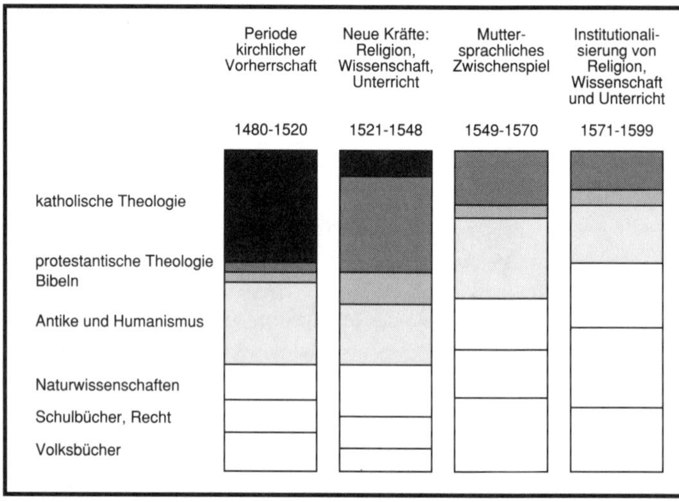

Entwicklung der Straßburger Buchproduktion im 16. Jahrhundert

Lutherbibel, die Übersetzung der Heiligen Schrift – 1522 zunächst des Neuen, 1534 auch des Alten Testamentes – trug maßgeblich dazu bei, daß sich die neue Lehre festigte und über die Jahrhunderte der Neuzeit hinweg im protestantischen Deutschland gleichsam mit der Muttersprache weitergegeben wurde.

Bis 1546, dem Todesjahr Luthers, erschienen weit über 3 400 hochdeutsche Ausgaben von Teilen der Bibel oder der ganzen Bibel. Rechnet man mit einer durchschnittlichen Auflagenhöhe von etwa 2 000 Exemplaren, so darf man annehmen, daß eine Gesamtzahl von einer Dreiviertelmillion erreicht oder gar überschritten wurde. Bei Einbeziehung der niederdeutschen Drucke steigt die Zahl der Ausgaben auf etwa 430, die Schätzzahl für die Exemplare nähert sich dann der Millionengrenze. Das sind für die Frühzeit des Buchdrucks gewaltige Zahlen; sie werden von keinem anderen Buch auch nur annähernd erreicht.

Diese Zahlen sind um so erstaunlicher, als die Preise für Bücher großen Umfangs, um die es sich hier handelt, während des 16. Jahrhunderts noch recht hoch waren. Die Angaben über Preise für das Septembertestament schwanken in der Überlieferung. Genannt werden ein halber Gulden, ein Gulden und anderthalb Gulden. Dabei könnte es eine Rolle spielen, ob ein ungebundenes oder ein gebundenes Exemplar gemeint ist.

Arbeit in einer Buchdruckerei des 16. Jahrhunderts, Stich von Stradanus, 1590

Erst durch den Buchdruck wurde die Reformation zu einer geistigen Macht, die das deutsche Volk bis in entlegene Gebiete erfaßte und die weder Papst noch Kaiser noch die altgläubigen Reichsstände zerschlagen konnten.

Für die erste hochdeutsche Foliobibel von 1534 wurden zwei Gulden acht Groschen verlangt, für die größeren Medianbibeln von 1541 und 1545 volle drei Gulden, und zwar für das ungebundene Exemplar. Zur Veranschaulichung dieser Preisangaben muß man sich vergegenwärtigen, daß man für anderthalb Gulden zwei geschlachtete Kälber oder auch sechs Pflüge bekam, eine Dienstmagd erhielt anderthalb Gulden als Jahreslohn, ein Schulmeister dreidreiviertel Gulden.[13]

Die Bibelübersetzung - 1521 in der erzwungenen Muße auf der Wartburg weitgehend ohne Hilfsmittel begonnen und später in zwölf arbeitsreichen Jahren mit einem Team wissenschaftlicher Berater vollendet - war nicht nur ein reformatorisches, sondern ein sprachlich-kulturelles Ereignis über alle Konfessionsgrenzen hinweg. Nicht daß die hochdeutsche Schriftsprache eine Neuschöpfung Luthers gewesen wäre, und auch seine Übersetzung war keine Pionierarbeit. Diese Mythen der kleindeutschen Lutherverehrung des 19. Jahrhunderts sind von den Sprachwissenschaftlern längst widerlegt: »Luthers Sprache [der] Prototyp des Neuhochdeutschen, das Neuhochdeutsche ein protestantischer Dialekt?« So beginnt Karl Stackmann seine jüngste Bestandsaufnahme des Forschungsstandes, um festzustellen: »So einfach liegen die Dinge bei weitem nicht.« Die Vorgänge, die ein für den schriftlichen wie den mündli-

Martin Luther unter der Taube, Holzschnitt von Hans Baldung Grien, 1521

Maler, Kupferstecher und Zeichner gehörten zu den frühesten Gefolgsleuten des Reformators. Ihre Werke trugen entscheidend zu der raschen Verbreitung der reformatorischen Botschaft bei. Zu den wirksamsten Darstellungen gehörte dieser Holzschnitt, der auf ein Lutherbildnis von Lucas Cranach zurückgeht. Durch den Heiligenschein und den Heiligen Geist in Gestalt der Taube, den zum Himmel gerichteten Blick und die Beteuerungsgeste über der geöffneten Bibel wird Luther den mittelalterlichen Heiligendarstellungen angenähert: Der Reformator erscheint als Heiliger einer neuen Bibelfrömmigkeit.

chen Gebrauch normiertes Deutsch hervorbrachten, setzten bereits in mittelhochdeutscher Periode ein, und zwar vor allem in den mitteldeutschen Sprachlandschaften, dem Herkunfts- und Wirkungsgebiet Luthers also. Luther konnte somit einen vorgegebenen, dem heutigen bereits ähnlichen Sprachtypus verwenden; er war Teil, nicht Urheber der sprachlichen Normierung. Immerhin ist in das Neuhochdeutsche, das am Ende dieses Normierungsprozesses stand, »ein nicht unwesentlicher Teil von Luthers Sprache eingegangen und damit zum Gemeinbesitz aller Deutschen geworden«.

Ganz ähnlich verhält es sich mit der Bibelübersetzung selbst. Die erste deutsche Bibel war bereits 1466 in Straßburg erschienen, gefolgt von weiteren Ausgaben: »Als Luthers Bibel-Übersetzung mit dem September-Testament von 1522 zu erscheinen begann, gab es längst ein Laienpublikum, das an das Lesen in der Bibel gewohnt war. Er schuf nichts vollkommen Neues, sondern gab nur dem Gotteswort, das seit langem auch in der Volkssprache kursierte, die vollendete deutsche Gestalt.«[14] Was sich mit Luther änderte, war – abgesehen von der sprachlichen Kraft, die keine der früheren und späteren Übersetzungen erreichte – ein tiefer Umbruch in der Bewertung der Bibellektüre durch Laien.

In altkirchlicher Zeit hatte es in einem Gutachten über den Druck deutscher Bibeln geheißen: »Der Laie braucht nicht mehr zu verstehen [zu wissen, sapere] als notwendig ist, und er muß es mit Bescheidenheit wissen.«[15] Der katholischen Kirche erschien es aus seelsorgerischen Gründen geboten, »Gefahren von den Gläubigen abzuwenden, die ihnen durch die Einführung einer neuen Technik zur Vervielfältigung von Schriftwerken drohten«,[16] Formulierungen, die an gewisse gegenwärtige Warnungen vor der modernen Medienexplosion erinnern. Viel genutzt haben die Restriktionen nicht, wie Sebastian Brants Stoßseufzer: »Alle land syndt yetz voll Heyliger geschrifft«[17] belegt. Luther und die anderen Reformatoren legten alle Scheu vor dem neuen Medium ab und machten es zum Instrument evangelischer Verkündigung – gemäß der Freiheit und dem allgemeinen Priestertum des Christenmenschen.

Angesichts dieser Entwicklung konnten die Altgläubigen nicht länger zögern. Bereits 1534 – also im selben Jahr wie die erste vollständige Lutherbibel – erschien auch eine neue katholische Vollbibel, bearbeitet von dem Mainzer Theologieprofessor Johannes Dietenberger, einem Dominikaner wie Tetzel. Die Dietenbergerbibel fand weite Verbreitung – nicht weniger als einundvierzig Ausgaben sind nachgewiesen.[18] Bereits drei Jahre später, 1537, folgte eine weitere Übersetzung aus der Feder eines prominenten Altgläubigen, und zwar des Ingolstädter Professors Johannes Eck, der Luther 1523 noch scharf angegriffen hatte, als er das Neue Testament in Laienhand gegeben hatte.[19] So nahm im katholischen Deutschland die Bibellektüre mit der Reformation ebenfalls einen Aufschwung, wenn auch keinen so emphatischen wie bei den Protestanten.

[Luthers große publizistische und schriftstellerische Wirkung] beruht auf einer einmaligen, später niemals wieder in dieser Form gegebenen Konstellation im Verhältnis von Autor und Publikum. Das Publikum war bereit, die eine Frage des einen Autors Luther – die Frage »Wie kriege ich einen gnädigen Gott?« – zum einzigen Gegenstand seines literarischen Interesses zu machen. Deshalb erwartet es von der Literatur nichts

anderes als lebenspraktische Belehrung im Blick auf dieses eine Problem. Das heißt: Luther verursachte wohl eine außerordentliche thematische Konzentration im Bereich der Literatur, nicht aber einen völligen Bruch mit der Vergangenheit, für den »Pause« das rechte Wort wäre.[20]

Womöglich noch wichtiger als das teure, nur für wenige erschwingliche Buch waren die wohlfeilen, in Tausenden von Exemplaren gedruckten und nachgedruckten Flugblätter und Flugschriften. Seit 1519 überschwemmten sie das Reich: Als 1523 und 1524 der Höhepunkt erreicht war, war die literarische Produktion an deutschsprachigen Schriften - Bücher und Flugschriften zusammengenommen - gegenüber der vorreformatorischen Zeit um das Tausendfache gestiegen.[21] Literatur- und Kommunikationswissenschaftler sprechen von einem Gebrauchs- und Tagesschrifttum, das dazu gedient habe, das sprunghaft gestiegene Informationsbedürfnis zu stillen, Anhänger zu mobilisieren, die Gegner intellektuell bloßzustellen und auf diese Weise politisch zu schwächen.

Teufel mit Sackpfeife, Einblattholzschnitt von Erhard Schön, um 1530

Mönch, Teufel und Dudelsack, der seit alters der dionysischen Welt von Rausch, Begierde und Leidenschaft zugeordnet war, sind zu einer bissigen Satire gegen die alte Kirche zusammengefügt. Der Mönch und der Teufel sind dabei Spießgesellen, die den Menschen durch Gaukelwerk in die Gottesferne locken.

Das Spektrum der Stilmittel und literarischen Gattungen in diesem Meinungskampf reichte vom lapidaren Sinn- und Merkspruch über das Pasquill, die Parodie und Satire, das geistliche und politische Lied, die Ballade und Fabel bis hin zum Gesprächsdialog, der miniaturhaften Theaterszene und vor allem dem Brief, dem Sendschreiben und der Predigt.[22] Ihren besonderen Charakter gewannen diese Flugschriften jedoch durch die Illustration, die das radikal Neue gegenüber der vorangegangenen Literaturepoche darstellte. Hunderte von Formschneidern und Buchmalern waren tätig, um in beißender oder burlesker Karikatur, in einem zur Andacht und geistiger Aneignung aufrufenden Votivbild oder in aufrüttelnden Ereignisszenen dem Betrachter auf einen Blick die Heilswahrheit zu vermitteln.

Ohne Zweifel war das ein großes Geschäft, doch stand dahinter immer auch persönliche Betroffenheit und die Bereitschaft, alle geistigen und künstlerischen Kräfte für die als richtig erkannte Wahrheit einzusetzen. Wiederum war es keineswegs nur die protestantische Seite, die diesen folgenreichen Schritt in die Öffentlichkeit tat. Die Altgläubigen wußten zu antworten und stellten sich damit dem Urteil des Laienpublikums in einer Debatte über Grundprinzipien des Glaubens und des Lebens, die man bislang nur unter Wissenschaftlern oder im kleinen privaten Kreis von Religiosen geführt hatte. »Mit het boekje in het hoekje« (mit dem Buch im stillen Winkel), diese Maxime der spätmittelalterlichen Devotio moderna war über Nacht verändert oder besser ergänzt worden. Neben die private Lektüre war der Meinungsstreit auf den Marktplätzen, dem Dorfanger, in Wirtshäusern und an Straßenecken getreten.

Als sich die Erregung des reformatorischen Aufbruchs legte und alter wie neuer Glaube in den neuzeitlichen Konfessionskirchen geistig und institutionell konsolidiert worden waren, ging die Produktion von Druckerzeugnissen wieder zurück. Damit schrumpfte auch die so plötzlich entstandene Öffentlichkeit für geistige und politische Grundsatzdiskussionen. Zwischen Reformation und Aufklärung, als das Lesepublikum - allerdings auf ganz anderen sozialen und intellektuellen Grundlagen - erneut wuchs, lagen rund zwei Jahrhunderte der konfessionell gesteuerten Buchzensur, die mit den religiösen auch die bestehenden politischen und gesellschaftlichen Normen unantastbar machte.[23] Dennoch war mit der Reformation eine neue publizistische Epoche angebrochen, weil die Produktionsziffern auch nach dem Abflachen der Kurve auf einem deutlich höheren Niveau als vor der Reformation blieben.

Vor allem aber hatte das Buch eine neue Funktion erhalten, die es nicht mehr aufgeben sollte. Im Mittelalter und noch in der Frühzeit der Wiegendrucke hatte es der Überlieferung und der Aufbewahrung des *Wissens* gedient und war nur wenigen Eingeweihten vorbehalten geblieben. Seit Luther und der Reformation waren Buch und Flugschriften zum Träger von *Meinungen*[24] geworden, die prinzipiell an jeden gerichtet waren, auch den des Lesens Unkundigen. Diese unverkennbar neuzeitliche Qualität des Gesprächs mit einer Masse hat das Buch nicht mehr verloren.

2. Christenfreiheit als Freiheiten und Privilegien der Ritterschaft

Es waren die Reichsritter, die sich als erste weltliche Anhänger tatkräftig und entschieden hinter Luther stellten. Bereits 1520 boten ihm Silvester von Schaumburg-Münnerstedt und Franz von Sickingen, der schon den ebenfalls verfolgten Ulrich von Hutten auf seiner Ebernburg beherbergte, den Schutz des mainfränkischen und mittelrheinischen Adels an. Zwei Jahre später brach – angeführt durch

Titelblatt des 1521 in Straßburg erschienenen »Gesprächsbüchleins« Ulrichs von Hutten, Holzschnitt von Hans Baldung Grien

Der Reichsritter wird zum Bundesgenossen des Mönches im Kampf gegen die Falschheit der Pfaffen und Kurialen. »Endlich ist auch bei den Deutschen die römische Raserei verpönt«, jubelt Luther, als ihm die Reichsritter ihre Hilfe anbieten, fügt aber sogleich hinzu: »Ich will nicht, daß mit Gewalt und Mord für das Evangelium gestritten wird ... Durch das Wort sind Welt und Kirche gerettet, sie werden auch durch das Wort erneuert werden.«

eben diesen Franz von Sickingen – die große Ritterrevolte aus, in der der bedrängte Niederadel gleichzeitig mit der christlichen Freiheit seine alten Privilegien und Standesfreiheiten zurückzuerobern suchte.

Das war das soziale und politische *Interesse*, das den theologischen Impuls aus den Studierstuben in die militärische Auseinandersetzung trug. Die geistig-intellektuelle *Verständigung* entbehrte diese Bewegung deswegen aber keineswegs, auch wenn es heißt, den rauhbeinigen Kriegern habe jeder tiefere Sinn für die religiösen Zielsetzungen der Reformation gefehlt. Die Verständigung ergab sich schon aus dem gemeinsamen Feindbild: dem verderbten, die deutsche Nation unterjochenden Rom und den falschen Kurtisanen an den Bischofshöfen, die in ihrem verweichlichten Leben nichts anderes im Sinn hatten, als die Fürsten gegen den redlich um sein Brot kämpfenden Rittersmann aufzustacheln. Die geistlichen Fürsten waren die bestgehaßten Gegner der Ritter - nicht zuletzt, weil viele von ihnen ja der Ritterschaft entstammten und in ihren Domkapiteln meist Standesgenossen saßen. Es war die erbitterte Feindschaft ungleicher Brüder - der einen, die auf die alte, ungebundene Ritterfreiheit setzten, und der anderen, die sich dem modernen Fürstenstaat verschrieben hatten und, zu geistlichen und weltlichen Würden innerhalb der Bistümer und Erzbistümer aufgestiegen, ihre Vettern auf den Burgen und die Raubritter auf den Straßen schamlos verfolgten.

Es war Ulrich von Hutten, der dem Antiklerikalismus der Ritterschaft am entschiedensten Ausdruck verlieh. In seinem im April 1522 als Einblattdruck auf den Markt geworfenen »Fehdebrief an die Kurtisanen« sagte er allen Bischöfen und Prälaten förmlich den Kampf an. Und seinen 1521 als Teil des »Gespraech Buechlin« erschienenen Dialog »Vadiscus oder die Römische Dreifaltigkeit« eröffnete er mit einem nationalen Fanfarenstoß gegen die verwelschte Kurie.

Und nehmen stets von Teutschen Geld,
Dahin ihr Prattik ist gestellt.
Und finden täglich neu[w]e Weg,
Daß Geld man in den Kasten leg.
Do kummen Teutschen umb ihr Gut.
Ist niemand, den das reuen tut?

Und am Schluß unverhüllt der Aufruf zu gewaltsamer Kirchenreform:

Und daß die Summ ich red darvon,
die Bullen, so von Rom hergohn,
verkehren Sitten weit und breit,
dardurch würd böser Som gespreit.
Dieweil es nun ist so gestalt,
so ist vonnöten mit Gewalt
den Sachen bringen Hilf und Rat,
herwider an der Lugen Statt
die göttlich Wahrheit führen ein,
die hat gelitten Schmach und Pein,
den falschen Simon treiben aus,
daß halt Sankt Peter wieder Haus.
Ich habs gewagt.[25]

Hutten verachtete zwar die Mönche, aber er begrüßte den Wittenberger Augustiner als Kampfgefährten. »Verfechten wir die gemeinsame Freiheit: Befreien wir das unterdrückte Vaterland!« So schrieb er Anfang Juni 1520 an Luther.[26] Ähnlich sahen es die Zeitgenossen. Es ist sogar vermutet worden, die große Reformschrift »An den christlichen Adel deutscher Nation: von des christlichen Standes Besserung«, in der Luther seine Kirchenreform auf die nationalen Kräfte in Adel und Fürstenschaft bauen wollte, sei erst unter dem Eindruck der Huttenschen Dialoge entstanden. Aber das verkennt die theologisch-religiöse Zielsetzung des Lutherschen Umsturzes. Und vor allem ist richtig, daß Hutten selbst damals so wenig wie später begriff, daß sein eigener, im wesentlichen politisch-patriotischer Freiheitsbegriff aus anderen Quellen kam als Luthers religiöse Rede von der Freiheit eines Christenmenschen.[27]

Aber zwischen Rittern und Reformatoren stand nicht nur dieses Mißverstehen. Es darf nicht übersehen werden, daß neben dem Lutherkreis in Wittenberg und den Nürnberger Martinianern um Staupitz Sickingens Ebernburg der dritte Ort in Deutschland war, wo sich eine evangelische Gemeinde gebildet hatte. Auf Anraten der Theologenhumanisten Johann Oekolampad und Martin Bucer, die mit den Rittern über Ulrich von Hutten in Verbindung standen, schaffte Sickingen bereits 1521 die tägliche Messe ab. Statt dessen wurde sonntags ein Gemeindegottesdienst abgehalten, und zwar ohne Elevation der Hostie. In der evangelischen Reinigung dieses zentralen Gottesdienstelements war man sogar den Wittenbergern voraus.[28]

Auch in seinen übrigen Besitzungen begann Sickingen eine evangelische Kirche aufzubauen. In der Stadt Landstuhl berief er Martin Bucer, den bekannten späteren Reformator von Straßburg, zum Pfarrer. Diese stürmische Entwicklung, die auch andernorts in reichsritterlichem Gebiet einsetzte, entstammte dem evangelischen Gemeindegedanken, den sowohl die oberdeutsch-schweizerischen Reformatoren als auch Luther predigten, wenn für den Wittenberger selbst auch die von der Gemeinde zunächst unabhängige Rechtfertigungslehre stärker im Vordergrund stand. Das evangelische Gemeindechristentum mußte den Rittern unmittelbar einleuchten – und zwar in religiöser und gesellschaftspolitischer Hinsicht. Die Ritter bildeten ja einen Personenverband auf gemeindlich-genossenschaftlicher Grundlage, der seit dem ausgehenden 15. Jahrhundert durch das Vordringen modern-staatlicher Ideen und Institutionen in Bedrängnis geraten war. Nun plötzlich waren fromme Männer aufgestanden und verkündeten, daß eben dieser gemeindlich-genossenschaftliche Gedanke die Grundlage der erneuerten Kirche sein sollte. Religiöse, politische und gesellschaftliche Hoffnungen taten sich damit auf, die eben noch unmöglich schienen.

Nachdem sich der schwäbische und der Wetterauer Adel bereits vereinigt hatten, versammelten sich im August 1522 in Landau sechshundert oberrheinische Ritter und schlossen unter Führung Sickingens eine »brüderliche Vereinigung« auf sechs Jahre. Das war ein politisches Kampf- und Schutzbündnis gegen den sich formierenden Fürstenstaat, es war aber auch ein religiöses Bündnis, getragen von den neu erwachten evangelischen Heilsvorstellungen. Die Bundesgenossen sollten in christbrüderlicher Eintracht zusammenleben und Streitigkeiten nicht mit Gewalt und auch nicht auf dem neuen Weg des Gerichtsganges austragen, sondern vor einer Schiedsstelle von Standesgenossen. Wildes Zutrinken und Fluchen waren verboten, weil das dem Ideal einer geheiligten Gemeinschaft widersprochen hätte.[29]

Das waren nicht nur Ansätze für eine neuzeitliche Versittlichung und Disziplinierung der ungebärdigen Adelsgesellschaft. Hier kündigte sich auf deutschem Boden die ungeheure politische und moralische Dynamik des christlichen Bundes- und Konföderationsgedankens an, den die calvinistische Föderaltheologie später aufnahm und zur religiös wie politisch gleichermaßen brisanten Lehre vom Bundesschluß zwischen Gott und den Menschen fortentwickelte. In Hol-

Franz von Sickingen, Kupferstich von Hieronymus Hopfer, um 1520

Der Aufstand der Reichsritter um Franz von Sickingen richtete sich vor allem gegen die Fürsten, und zwar besonders gegen die Prälaten und Bischöfe unter ihnen, sowie gegen die Städte, denen man die Schuld am Abstieg der Ritter gab.

land, England und Nordamerika sollte daraus eine politische Theologie erwachsen, die Kirche, Staat und Gesellschaft tief umgestaltete und revolutionäre Kräfte freisetzte.

Solche Wege einzuschlagen, hatten die deutschen Ritter weder die geistig-moralische Kraft noch die politisch-militärischen Mittel: Die zweifellos vorhandenen religiösen Motive blieben an der Oberfläche. Im Kern ging es um das politisch-soziale Interesse des Ritterstandes, und dieses Interesse war partikulares Eigeninteresse, mochte Hutten auch noch so eindrucksvoll die nationale Sache beschwören. Der reichsfreie Niederadel war in einer ökonomischen und politischen Krise, ja noch schlimmer, in einer Funktions- und Legitimationskrise.

Nachdem Artillerie und Infanterie das mittelalterliche Lehns- und Reiterheer militärisch wertlos gemacht hatten, hatten die Standesprivilegien keinen Sinn mehr. Vor allem die Fehde, die im Mittelalter ein erlaubter und sinnvoller Weg gewesen war, Recht zu suchen, paßte nicht mehr zu den veränderten Zeitumständen. Abgesehen von den Rittern gab es niemanden, der sie aufrechterhalten wollte.

Seitdem zum Ende des 15. Jahrhunderts der allgemeine Reichsfrieden erklärt und zuletzt in Nürnberg 1521 erneuert worden war, machten sich die Ritter eines strafrechtlichen Vergehens schuldig, wenn sie einem ihrer Standesgenossen, einem Bürger, einer ganzen Stadt oder gar einem Fürsten die Fehde ansagten oder gar durchkämpften. Derartiges Vorgehen hatten Fürsten und Städte mit gutem Grund mehr und mehr verdrängt, weil es Handel und Wandel empfindlich störte. Das Recht, Gewalt anzuwenden, war auf die Inhaber landesherrlicher und reichsstädtischer Gewalt begrenzt worden, das heißt, die Gesellschaft war auf dem Weg zum Gewaltmonopol des modernen Staates.

All das beeinträchtigte die soziale und politische Stellung der Ritter aufs empfindlichste, und um so entschiedener machten sie sich bereit, für ihre alten Rechte zu kämpfen. Viele steckten, bedingt durch die ökonomischen Zeitläufe, zudem in einer wirtschaftlichen Krise. Wer im Besitz eines Viertels einer Burg und einer halben Herrschaft war, fand sich von den Profiten der Agrarkonjunktur ausgeschlossen. Es fiel den Rittern dadurch immer schwerer, sich selbst und ihre Familien zu ernähren. In dieser Situation wurde der in gutem Rechtsbewußtsein aufgenommene Kampf um das Recht häufig zum Raubzug – aus der Fehde als Instrument der Rechtsfindung wurde Willkür, systematisch eingesetzt gegen Kaufleute, reiche Prälaten und Fürstendiener.

Der Reichsritter Ulrich von Hutten klagt seinem Freund Willibald Pirckheimer, der in Nürnberg das Leben eines kunst- und wissenschaftsbeflissenen Patriziers führte, den Alltag seiner Standesgenossen:

... es steht um uns Ritter so, daß mir die Zeit keine Ruhe gönnte, auch wenn ich ein noch so ansehnliches Erbe besäße und von den Einkünften meines Besitzes leben könnte. Man lebt auf dem Felde, im Wald und auf jenen Burgen. Die uns ernähren sind bettelarme Bauern, denen wir unsere Äcker, Wiesen und Wälder verpachten. Der Erwerb, der daraus eingeht, ist im Verhältnis zur Arbeit, die er kostet, schmal ... Sodann müssen wir uns in den Dienst eines Fürsten stellen, von dem wir Schutz erhoffen dürfen: denn andernfalls glauben alle, sie könnten sich alles gegen

mich herausnehmen. Stehe ich aber im Dienste, so ist auch jene Hoffnung wiederum gepaart mit Gefahr und täglicher Furcht. Gehe ich nämlich von Hause fort, so muß ich fürchten, daß ich auf Leute stoße, mit denen der Fürst ... Fehde oder Krieg hat, und sie mich unter diesem Vorwand anfallen und wegschleppen. Wenn es dann mein Unstern will, so geht die Hälfte meines Erbgutes darauf, mich wieder loszukaufen, und so droht gerade da ein Angriff, wo ich Schutz erhofft hatte ... Währenddem gehen wir nicht einmal in einem Umkreis von zwei Joch ohne Waffen aus. Kein Vorwerk können wir unbewaffnet besuchen; zu Jagd und Fischfang können wir nur in Eisen erscheinen. Außerdem entstehen häufig Streitigkeiten zwischen unseren und fremden Vögten, und es vergeht kein Tag, an dem uns nicht irgendeine Reiberei hinterbracht wird, die wir möglichst vorsichtig beilegen müssen; denn sobald ich etwas eigensinniger mein Recht vertrete oder Unrecht fahnde, entsteht Krieg; wenn ich aber allzu sanftmütig nachgebe und auch noch etwas von dem Meinigen darangebe, dann bin ich gleich dem ungerechten Sinn von aller Welt preisgegeben ... Das sind unsere ländlichen Freuden, das ist unsere Muße und Stille! Die Burg selbst, mag sie auf dem Berg oder im Tal liegen, ist nicht gebaut, um schön, sondern um fest zu sein; von Wall und Graben umgeben, innen eng, da sie durch die Stallungen für Vieh und Herden versperrt wird. Daneben liegen die dunkeln Kammern, angefüllt mit Geschützen, Pech, Schwefel und dem übrigen Zubehör der Waffen und Kriegswerkzeuge. Überall stinkt es nach Pulver, dazu kommen die Hunde mit ihrem Dreck, eine liebliche Angelegenheit, wie sich denken läßt, und ein feiner Duft! Reiter kommen und gehen, unter ihnen sind Räuber, Diebe und Banditen. Denn fast für alle stehen unsere Häuser offen ... Man hört das Blöken der Schafe, das Brüllen der Rinder, das Hundegebell, das Rufen der Arbeiter auf dem Felde, das Knarren und Rattern von Fuhrwerken und Karren; ja wahrhaftig, auch das Heulen der Wölfe wird im Haus vernehmbar, da der Wald so nahe ist. Der ganze Tag, vom frühen Morgen an, birgt Sorge und Plage, beständige Unruhe und dauernden Betrieb. Die Äcker müssen gepflügt und gegraben werden; man muß eggen, säen, düngen, mähen und dreschen. Es kommt die Ernte und Weinlese. Wenn es dann einmal ein schlechtes Jahr gewesen ist, wie es bei jener Magerkeit häufig geschieht, so tritt furchtbare Not und Bedrängnis ein, bange Unruhe und tiefe Niedergeschlagenheit ergreift alle.[30]

Wenn die Ritter ihre in Landau geschlossene evangelische »brüderliche Vereinigung« für die vom Raubrittertum gebeutelten Städte und für weltliche Fürsten offen hielten und nur die geistlichen Fürsten ausgrenzten, so war die Hoffnung, die daraus sprach, eine Illusion. Auch die Erwartung, daß es zu einer reichsweiten Erhebung des niederen Adels kommen würde, erfüllte sich nicht. Zwar hatte sich die süd- und westdeutsche Reichsritterschaft insgesamt formiert und schien zum politischen Kampf entschlossen. Und auch unter dem landsässigen, das heißt dem Territorium und der landesherrlichen Gewalt unterstellten Adel Nord- und Ostdeutschlands kam es zu Unruhen, die die Fürsten sehr ernst nahmen.

Der reichsweite Flächenbrand blieb jedoch aus. Die konkreten Interessen waren zu unterschiedlich, die politischen ebenso wie die wirtschaftlichen. Politisch konnte der landsässige Adel anders als die Reichsritter seine Interessen auf den Landtagen seiner Territorien wahrnehmen, und wirtschaftlich hatten die landsässigen Inhaber großer kornproduzierender Güter im Norden und Osten ganz andere Bedürfnisse als die Masse der armen Reichsritter, die häufig nur einen halben Acker oder eine Handvoll armer Bauern ihr eigen nennen konnten. Und was den politischen Handlungsspielraum der Reichsritter im Süden und Westen anbelangt, so war dieser ganz und gar vom Kaiser beziehungsweise vom König abhängig. Der mittelalterliche Personenverband der reichsfreien Ritterschaft war ja ohne Haupt und Herz, wenn sich der König verweigerte. Ein Gegenprogramm gegen den neuzeitlichen Fürsten- und Territorialstaat hatte nur Sinn, wenn der König an die Spitze trat und den Versuch wagte, auf der Schwertspitze des mittelalterlichen Ritteradels ein Reich wiederzuerrichten, das längst der Geschichte angehörte. Da Kaiser Karl V. und sein Bruder Ferdinand, der ihn in Deutschland vertrat, keine rückwärtsgewandten Träumer waren, sondern Realpolitiker, die wußten, daß ihre eigene Stellung im Reich und in Europa mit der Stärke ihrer habsburgisch-österreichischen Hausmachtterritorien stand und fiel, waren die Ritter auf verlorenem Posten.

Aber sie waren stark genug, die Fürsten und ihre Kanzleien einige Zeit hindurch in Angst und Schrecken zu versetzen. Der Ritterkrieg stürzte 1522/23 weite Strecken Mittel-, West- und Süddeutschlands in Unruhe. Die fränkischen Ritter rüsteten gegen die Bischöfe von Bamberg und Würzburg; im Braunschweigischen, Lüneburgischen, in Jülich-Kleve und Kurköln waren Werber unterwegs, um den Ritterheeren Verstärkung aus dem landsässigen Adel Norddeutschlands zuzuführen, und am Mittel- und Oberrhein – von Koblenz bis Straßburg – zog Franz von Sickingen seine Truppen zusammen.

Die Fürsten reagierten prompt und ohne Erbarmen. Am schnellsten wurden sie mit ihrem eigenen Adel fertig – in Köln und Jülich genügte es, ihn mit dem Verlust seiner Lehen zu bedrohen; die aus dem Braunschweigischen unter Führung Nickels von Minkwitz, eines sächsischen Edelmanns, nach Süden ziehenden Truppen wurden in Hessen abgefangen und von Landgraf Philipp in die fürstlichen Heere gezwungen. Ähnlich kurzen Prozeß machte im Süden der Schwäbische Bund, eine Vereinigung von Städten und Fürsten, die schon seit Jahren die fränkischen und schwäbischen Ritter in Schach gehalten hatte. Von Augsburg, Ulm und Nürnberg mit teuren Geschützen ausgerüstet, zog das Bundesheer unter seinem erfahrenen Feldhauptmann Georg Truchseß vor die Burgen und zwang die versprengten Ritterhaufen ohne große Mühe einzeln zur Übergabe.

Gefährlicher war die Situation im oberen Rheinland, wo sich seit August 1522 Richard von Greiffenklau, Kurfürst von Trier und somit einer der vornehmsten Reichsstände, einer förmlichen Fehde ausgesetzt sah, und zwar um der Dinge willen, »die er gegen Gott und Kaiserliche Majestät gehandelt«, wie es im Fehdebrief Sickingens hieß. Als erstes fiel St. Wendel, Anfang September schloß das Ritterheer die Residenz- und Kathedralstadt Trier ein. Doch da die Stadt sich hielt – von Bürgern und Stiftsadel gemeinsam verteidigt – und Philipp von Hessen und der Pfälzer Kurfürst ein starkes Fürstenheer heranführten, mußte sich Sickingen auf seine Festung Landstuhl zurückziehen, wo er nun seinerseits belagert wurde. Ende April 1523 wurde auch diese Ritterfestung eine Beute der fürstlichen Artillerie, »die Bergspitze, die felsenfesten Turmgewölbe, die dicken Mauern« des Ritternestes gewährten keine »Freistatt mehr gegen das Geschütz«.

warlicher bericht: wie von den drey
en Chůrfürsten vnd Fürsten/ Namlich Tryer/ Pfaltz/
vnnd Hessen/ weylandt Frantz von Sickingen vberzo-
gen. Auch was sich im selbigen mit eroberūg seiner vnd
anderer Schlösser/ vnnd sunst von tag zů tag begeben/
durch den Erenhalt verzeychet.
Anno M. D. xxiij.

»Warlicher bericht: wie von den dreyen Churfürsten und Fürsten ...«, Titelblatt einer Flugschrift von 1523

Die siegreichen Fürsten neben dem sterbenden Franz von Sickingen – der Triumph des aufsteigenden Staatsprinzips über den Vertreter des mittelalterlichen Rittertums.

Sickingen selbst erlitt inmitten herabstürzender Mauern und Balken die Todeswunde; er starb im Burggewölbe, als die siegreichen Fürsten vor ihn traten, um ihn zur Rechenschaft zu ziehen. Das war eine symbolische Szene: Der Vertreter der alten Ritterfreiheit, von den Fürsten und ihrer modernen Kriegstechnik überwältigt, weigerte sich, ihnen Rede und Antwort zu stehen und berief sich zum letzten Mal auf seine Freiheit, nämlich auf die Freiheit des Christenmenschen, der nur Gott verantwortlich sei. Die Fürsten ließen das als ein religiöses Bekenntnis gelten und beteten ein Vaterunser für seine Seele.[31]

Mit dem Tod Sickingens brach die Revolte zusammen, in der die deutsche Ritterschaft den Ring der ihr widrigen Kräfte und Entwicklungen gewaltsam zu sprengen versucht hatte. Die Fürsten nutzten die Gelegenheit, die überlebten Ritter- und Räubernester gründlich auszunehmen: Allein in Franken hatte der Schwäbische Bund fünfundzwanzig Burgen und Schlösser genommen und meist bis auf die Grundmauern gesprengt; im Westen waren es gar siebenundzwanzig, die der Landgraf, der Pfälzer und der Erzbischof untereinander aufteilten und ihren Territorien eingliederten. Damit war die Entscheidung gefallen, wenn auch einzelne Ritter – wie der Franke Wilhelm von Grumbach – nach der Jahrhundertmitte nochmals dagegen aufbegehrten.

Anders als der in Fürstenstand und Landesherrschaft aufgestiegene mittlere und hohe Adel spielte der niedere Adel im frühneuzeitlichen Deutschland nur noch eine nachgeordnete Rolle. In Nord- und Ostdeutschland tat er das auf den Landtagen und territorialstaatlichen Regierungsgremien, in Süd- und weiten Strecken Westdeutschlands war er zwar weiterhin reichsfrei, hatte auf den Reichstagen aber weder Sitz noch Stimme. Die Reichsritterschaft blieb der archaische Personenverband, an dem sowohl die Territorialisierung als auch die formelle Regelung der politischen Partizipation vorübergingen. Vertreten wurde er durch den König, seine Bindung an das Reich blieb somit personal, nicht sachlich bedingt.

Und doch liegen in Zeiten weltgeschichtlichen Umbruchs Alt und Neu nur selten klar geschieden nebeneinander, vor allem nicht, wenn es um das Schicksal eines einstmals bedeutenden sozialen Standes geht. Der gern karikierte, starr auf das Gestern ausgerichtete Busch- und Strauchritter war nur eine Ausprägung unter vielen möglichen Formen seines Standes. Wie alle Bevölkerungsgruppen hatten auch die Reichsritter die Möglichkeit, sich für die eine oder andere Seite zu entscheiden. Eine Reihe von ihnen nutzte die Chance, die das Neue bot, und stand im Ritterkrieg auf der Seite der Fürsten.

Sickingen selbst war durch die Protektion des Heidelberger Kurfürsten hochgekommen, und noch unmittelbar bevor er die Fehde gegen Trier vom Zaune brach, hatte er sein Glück als Feldhauptmann Kaiser Karls V. gegen Frankreich versucht. Erst als dieser Feldzug kläglich gescheitert war, der Kaiser und die Fürstenhöfe kein Interesse mehr an Sickingens Diensten zeigten und auch noch sein Ruhm als Feldherr überschattet war, setzte er auf das alte Instrument der Fehde. Seine Kriegführung war dabei keineswegs archaisch: Nicht mittelalterliche Reiterkrieger als Einzelkämpfer befehligte er, sondern ein neuzeitliches Heer mit Söldnerkontingenten: Reiter, Infanterie und Artillerie. Auf der Ebernburg fielen den Fürsten sechsunddreißig Geschütze in die Hand, darunter eine in Frankfurt gegossene Prachtkanone von siebzig Zentnern, die mit dem Relief Sickingens, seiner Frau und des Familienheiligen Franziskus geschmückt war.

Alte und neue Möglichkeiten ritterlich-adliger Existenz waren in Sickingens Brust vereint. Er war eine Gestalt des Übergangs, den italienischen Kondottieri vergleichbar, die mit dem Schwert in der Hand nach Reichtum und Herrschaft strebten. Ein siegreicher Sickingen hätte sich wohl eine territoriale Basis geschaffen und wäre in den frühmodernen Reichsfürstenstand aufgestiegen. In diesem Streben stand er am Anfang einer Reihe von deutschen Kriegsmännern der frühen Neuzeit, die bis hin zu dem zeitweilig erfolgreichen Wallenstein die Fürsten herausforderten, um in ihren Kreis aufgenommen zu werden.

Wer unter den Adligen zu solchen Geniestreichen nicht taugte, dem blieb auch weiterhin der Dienst in den Heeren oder am Hof der Fürsten, etwa der Heidelberger Pfalzgrafen, wo sie zu gesellschaftlichem Ansehen und politischem Einfluß aufsteigen konnten. Vor allem aber war den Reichsrittern als einzigen der unterfürstlichen, niederen Stände der Weg offen, selbst in fürstliche und landesherrliche Stellungen aufzurücken, und zwar über die Kapitel der zahlreichen geistlichen Reichsstifte in das Amt eines Reichsabtes, Fürstbischofs oder gar Kurfürsten. Alle fürstbischöflichen Gegner der aufständischen Reichsritter waren selbst Angehörige des Ritterstandes, so daß 1523 die Reichsritter als Stand auch zu den Siegern zählten.

Vor allem die fränkischen Ritter erkannten rasch die Chancen, die ihnen die Reichskirche bot, und schwenkten von ihren frühen Sympathien für die neue Lehre wieder zum Katholizismus ein. Bis zum Ende des Alten Reiches waren es immer wieder Mitglieder dieser reichsritterlichen Familien, die als Landesherren und Reichspolitiker eine glänzende Rolle spielten.

Die Reichsritterschaft ist sogar als Korporation einen Schritt weit den Weg frühmoderner Formierung gegangen. Von Kaiser Karl und König Ferdinand gefördert, die von 1540 an die Ritter als Koalitionspartner gegen die immer mächtiger werdenden Fürsten entdeckt hatten, unternahmen die Ritter Anstrengungen für eine rudimentäre Institutionalisierung und Bürokratisierung ihrer politischen Organisation. Sie konnten dabei auf die Tradition bündisch-regionaler Zusammenschlüsse zurückgreifen, etwa der süddeutschen Rittergesellschaft des St. Jörgenschildes.

Wie bei den Territorien, so wurde auch bei den Rittern die Reichssteuer zum Motor frühneuzeitlicher Formierung. Als auf dem Speyrer Reichstag von 1542 die Frage der Reichs- und Türkensteuer erörtert wurde, sahen sich die Ritter gezwungen, sich quasi-territorial zu organisieren. So kam es zu einer »Umformung der erlahmenden adeligen Personenverbände in eine Organisation neuer Art. Statt sich wie bisher bloß dem Trend zum Territorialstaat entgegenzustellen, organisierten sich nun die Ritterschaften quasi-territorial unter Bewahrung ihrer spezifischen Interessen.«[32] Es entstanden drei neuzeitliche Ritterkreise - der Schwäbische, Fränkische und Rheinische - zu insgesamt vierzehn Kantonen mit rund 350 Ritterfamilien. Ab 1577 wurde diese Ritterschaft von einem »Generaldirektorium« geleitet, das turnusmäßig von den einzelnen Ritterkreisen besetzt wurde.

Mit dieser sehr lockeren Organisation regelte die Ritterschaft all jene Dinge frühmoderner Administration und Politik, die - wie das Münz- und Steuerwesen oder die Kirchenpolitik - eine gemeinsame Vertretung gegenüber den Fürsten und dem Reich nötig machten. Im großen und ganzen hat die semiterritoriale Organisation der Ritterschaft diese Aufgaben gemeistert. Als das Alte Reich zu Grabe getragen wurde, gab es rund 1700 reichsfreie Rittergüter. Daß es möglich war, als Mitglied dieses Personenverbandes modernes Denken und Handeln zu entwickeln, zeigt der Wetterauer Reichsfreiherr vom und zum Stein, den Preußen Anfang des 19. Jahrhunderts zu Hilfe rufen mußte, als es darum ging, den alten Fürstenstaat den neuen Bedingungen anzupassen.

3. »Der Bauer stund auf im Lande«. Um Christenfreiheit und Recht in den Dörfern

Hernach anno domini 1525 ist die ufrur der paurn schier durch die ganz deutsch nation entstanden, also das solchs vil mere ain plag oder straf Gottes über reich und arm, edel und unedel, dann ain krieg hat sollen gehaißen werden.[33]

Auch dem Aufstand der Bauern, der 1525 als »größtes Naturereignis des deutschen Staates«[34] das Reich in den Grundfesten erschütterte, ging die reformatorische Verständigung voraus, verbunden mit einer umfassenden geistigen Selbstvergewisserung, die zur entschlossenen Wahrnehmung der sozialen und politischen Interessen führte.

In den Dörfern gärte es bereits lange vor dem Auftreten Luthers, und auch die Verbindung zwischen religiösem und sozialem Freiheitsstreben war nicht neu. Bereits 1476 hatte der Hirte Hans Böhm als Pfeifer von Niklashausen spiritualistisch-sozialrevolutionäre Visionen verkündet, und Tausende von Bauern waren zu tumultuarischer Wallfahrt zum Gnadenbild der Mutter Gottes aufgebrochen, bis der zuständige Bischof den Spielmann verbrennen und seine Asche in den Main streuen ließ.

Anfang des 16. Jahrhunderts wurde das obere Rheintal von Speyer bis Lehen bei Freiburg von mehreren Wellen der bäuerlichen Bundschuhverschwörung erfaßt. Joß Fritz, einer ihrer Führer, taucht nochmals zu Beginn der großen Bauernerhebung des Jahres 1525 auf. Zehn Jahre zuvor, 1514, hatte der »Arme Konrad« die Dörfer Württembergs erschüttert, angestiftet von Peter Gais aus Beutelsbach im Remstal, der aus Protest gegen Steuer- und Gewichtsmanipulationen zugunsten höherer Staatseinnahmen die neuen Gewichtssteine in die Rems warf und damit das Zeichen zu einem allgemeinen Aufstand gab. Im Mai/Juli 1524, also unmittelbar vor Ausbruch des großen Flächenbrandes, kam es im Bambergischen und im Schwarzwald – in St. Blasien, Staufen und der Grafschaft Stühlingen – zu heftigen Protesten. In Stühlingen, weil eine Laune der Gräfin die Bauern mitten in der Ernte zwang, Schneckenhäuser zum Aufwickeln von Garn zu sammeln.

Diese regional begrenzten und jeweils unterschiedlich motivierten Voraufstände, deren Grenze zum eigentlichen Bauernkrieg fließend ist, zeigen, daß die Landbevölkerung vor allem Mittel- und Süddeutschlands seit Generationen Grund zu Klagen hatte; tatsächlich sah sie sich sozialen, ökonomischen und politischen Bedrückungen ausgesetzt. Es gab zwei ineinandergreifende Repressionskreise: die Formierung der Territorialstaaten, die das alte Recht und die relative Autonomie der dörflich-ländlichen Gemeinden aushöhlte, und die im auslaufenden 15. Jahrhundert einsetzende Agrarkonjunktur, das heißt die aufgrund des Bevölkerungsanstiegs rasch zunehmende Nachfrage nach landwirtschaftlichen Produkten und der dadurch bedingte Preisanstieg. Es setzte nämlich ein Ringen zwischen

Bauern schwören auf die Bundschuhfahne, anonymer Titelholzschnitt einer 1514 in Basel erschienenen Flugschrift

Der Bundschuh, die gewöhnliche Fußbekleidung der Bauern, wurde zu Beginn des 16. Jahrhunderts zum Symbol der bäuerlichen Protest- und Freiheitsbewegung. Die Fahne, auf die die aufständischen Bauern vereidigt wurden, zeigt das Kreuz Christi auf einem Bundschuh ruhend, rechts und links daneben Maria und Johannes sowie ein Bauer und eine Bäuerin.

Der Pfeifer hält den Bauern von Niklashausen eine Predigt, Holzschnitt aus Hartmann Schedels »Weltchronik«, Nürnberg 1493

Der sozial und religiös motivierte Aufstand der Bauern im Taubertal hatte sich tief ins Bewußtsein der Zeitgenossen eingeprägt, die Erinnerung daran blieb bis ins Reformationszeitalter lebendig.

Bauern und Grundherren ein, wer und in welchem Umfang von den neuen Markt- und Gewinnchancen profitieren würde.

Im Verhältnis dieser beiden an der landwirtschaftlichen Produktion beteiligten Sozialgruppen waren in der Agrarkrise des 14. und 15. Jahrhunderts Veränderungen eingetreten. So hatte sich die Ablösung der Natural- durch Geldabgaben in der veränderten Konjunkturlage für den einen oder anderen als nachteilig erwiesen, und der jeweils Benachteiligte versuchte natürlich, die Entwicklung rückgängig zu machen. Da in der Regel aber die Grundherren am längeren Hebel saßen, waren es die Bauern, für die der Veränderungsdruck schlimme Folgen hatte.

Die konkreten Verhältnisse waren von Region zu Region, ja von Dorf zu Dorf sehr unterschiedlich. Es gab eine Vielzahl von fördernd oder bremsend wirkenden Faktoren, zum Beispiel die Größe des Territoriums und der Handlungsspielraum der Landesherrschaft; die rechtlichen und ökonomischen Regelungen des Verhältnisses zwischen Grundherren und Bauern; der leib- und personenrechtliche Status der Bauern (Leibeigene, Hörige und Freie); die Größe der bäuerlichen Betriebseinheiten, die wiederum vom Erbrecht abhing (Anerbenrecht oder Realerbteilung); die Art und Weise der Produktion, also Ackerbau, Weidewirtschaft oder Spezialkulturen, etwa Weinanbau oder Industriepflanzen (Krapp zum Färben); die Nähe oder Ferne zur Stadt und dem dortigen »Meinungsmarkt«, der in den hoch urbanisierten Regionen Oberdeutschlands und in der Randzone der eidgenössisch-»freiheitlichen« Schweiz das politische Bewußtsein der Bauern schärfte; schließlich das Maß des Verflechtungsgrades mit dem Frühkapitalismus, vor allem die Anbindung an die Hauptverkehrs- und Handelswege, von denen der Zugang der bäuerlichen Produkte zum Markt und damit auch ihr Preis abhängig war.

Ungeachtet dieser Unterschiede gab es eine gemeinsame Problemlage. Verallgemeinernd und zusammenfassend gesagt, waren es die sich rasch verändernden ökonomischen und politischen Rahmenbedingungen innerhalb des Dreiecks Bauer – Grundherr – Landesherrschaft, die die Krise ausgelöst hatten. Sie traf die Bauern um

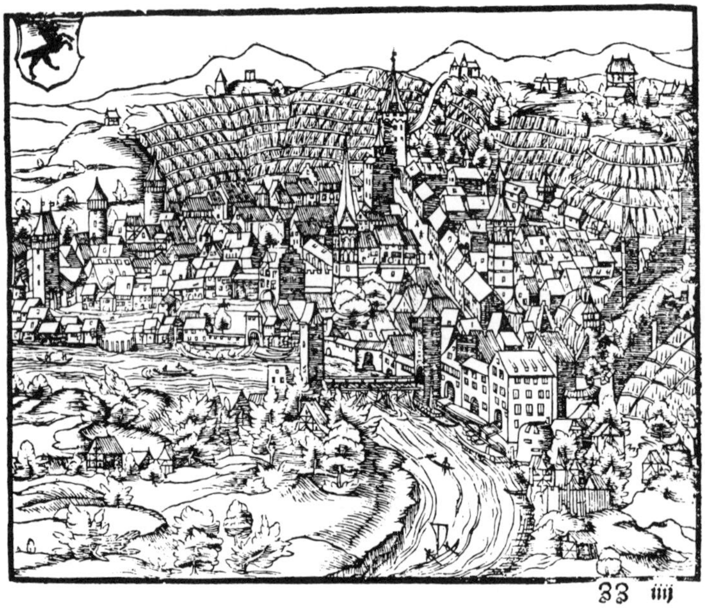

Schaffhausen, Holzschnitt aus Johannes Stumpfs »Schweizer Chronik«, Zürich 1548

Regionen mit Sonderkulturen, hier der Weinbau auf den die Stadt umgebenden Hängen, wurden zu Zentren des Aufstands.

so härter, je näher und unberechenbarer die Landesherrschaft war. So zeigten etwa die Kleinstterritorien Schwabens und Frankens wenig von der Rationalität des neuzeitlichen Verwaltungsstaates. Sie erhöhten in zügelloser Begehrlichkeit den Steuerdruck und ließen häufig der Beamtenwillkür freien Lauf. Auch waren die Bauern dort besonders schlecht gestellt, wo sie nur kleine Betriebseinheiten bewirtschafteten und es den Grund- und Leibherren aufgrund eines schlechten oder manipulierbaren bäuerlichen Rechtsstatus gelang, die vielfältigen Abgaben zu steigern und so direkt oder indirekt die Gewinnchancen der Agrarkonjunktur für sich zu monopolisieren.

In der vormodernen Agrargesellschaft hingen rechtlicher und sozialer Status voneinander ab, und der ökonomische Spielraum wurde durch beide bestimmt; so sahen sich die Bauern von allen Seiten in die Enge getrieben. Das erklärt die aufrührerische Stimmung, die in den Zonen obrigkeitlichen und grundherrlichen Drucks nicht nur bei den armen, um ihre nackte Existenz ringenden Bauernfamilien herrschte, sondern auch bei den materiell gutgestellten, weil diese eine radikale Verschlechterung ihres gesellschaftlichen und politischen Status befürchteten.

Gut, manchmal sogar sehr gut waren im Grunde nur diejenigen Bauern gestellt, die mit ihren Produkten oder Teilen davon selbst auf den Markt gehen konnten und somit die Gewinne der Agrarkonjunktur direkt abschöpften. Das war bei den freien, nicht in eine

Titelblatt von H. Rynmanns Flugschrift »Practica über die grossen und manigfeltigen Coniunction der Planeten«, Nürnberg 1523

Planetenerscheinungen wurden als Vorzeichen nahender Unruhe gedeutet: Bewaffnete Bauernhaufen und die Mächtigen der Erde – Kaiser, Papst, Kardinal und Bischöfe – stehen sich gegenüber, während eine Himmelserscheinung gleißendes Licht auf ein Dorf wirft und im Hintergrund Trommler und Pfeifer – womöglich eine Anspielung auf den Pfeifer von Niklashausen – vom Berg herab den Rhythmus schlagen.

Grundherrschaft eingebundenen Marschbauern an der Nordseeküste der Fall, unter gewissen Voraussetzungen aber auch bei binnenländisch-grundherrlichen Bauern, dann nämlich, wenn ihnen – wie etwa im Elsaß – ein hinreichender Anteil ihrer Produkte verblieb, die sie selbst auf dem Markt anbieten konnten.

Aber auch in jenen Gebieten, wo – wie in Bayern – eine starke Landesherrschaft bereits früh eine Art Bauernschutzpolitik betrieb oder – wie bei den westfälischen und niedersächsischen Meierhöfen oder den bayerischen Erbzinsgütern – das Besitz- und Erbrecht der Bauern langfristig gut geregelt war, hielten sich die Nachteile der Anpassungskrise in Grenzen. Tatsächlich wurden diese Gebiete dann auch von den Voraufständen und vom Bauernkrieg wenig oder gar nicht berührt. Mit Ausnahme des Sonderfalles Ostpreußen gilt dasselbe, wenn auch aus entgegengesetzten Gründen, für die große ostelbische Agrarzone, wo die Bauern im Verlaufe der spätmittelalterlichen Agrarkrise in die Hörigkeit und Schollenbindung gezwungen worden waren, so daß ihnen sogar der Spielraum für den sozialen Protest fehlte.

Zu den sozioökonomischen traten die politischen und rechtlichen Probleme. Man könnte auch von soziokonstitutionellen Krisenelementen sprechen, weil in der alteuropäischen Agrarwelt die Rechtsstellung des Dorfes und des einzelnen Bauern immer direkt auch dessen gesellschaftliche Position festlegte. Im Mittelalter hatte jede

Eierverkäufer, Kupferstich von Hans Sebald Beham, 1520

Bauern, die nur gelegentlich ein paar Eier oder ein Stück Käse auf den Markt bringen konnten, waren die Verlierer der Agrarkonjunktur. Sie waren von Armut bedroht, gerieten an den Rand der ländlichen Gesellschaft und wurden zu »Barfußbauern«.

Region, bisweilen jedes Dorf eigene Rechtssatzungen besessen, die den Bauern Pflichten auferlegten, aber auch gewohnheitsmäßig gesicherte Freiheiten gewährten. Als »altes Recht« waren sie ihnen in jener nüchtern-naturhaften Art geheiligt, wie das dem Denken und Empfinden der Landbewohner entsprach. Zu den alten Freiheiten gehörte ein mehr oder weniger großes Maß an Selbstverwaltung im Dorf, das zwar qualitativ nicht die bürgerlichen Freiheitsrechte der Städte erreichte, aber dessenungeachtet von den Bauern zum elementaren Bestandteil ihrer menschlich-gesellschaftlichen Existenz gerechnet wurde.

In den stark urbanisierten Zonen konnten sich die Bauern die weitreichenden politischen Partizipationsrechte der Bürger in den Städten zum Vorbild nehmen, so daß der Wunsch nach Ausweitung der dörflichen Selbstverwaltung stärker wurde. Mit dieser aufsteigenden Linie im politischen Selbstbewußtsein der Bauern stand die mit dem Agraraufschwung des 16. Jahrhunderts einsetzende grundherrliche Reaktion im Widerspruch. Empört waren die Bauern vor allem über die Verschärfung der Leibeigenschaft, die den Landmann bei Rechtsgeschäften entmündigte. Stärker, weil umfassender waren die Folgen der parallel dazu verlaufenden landesherrlichen Verstaatlichungstendenzen: Die Dörfer sollten in den Territorialstaat eingebunden werden, die unterschiedlichen Lokal- und Landesrechte einem einheitlichen, am römischen orientierten Recht weichen. An die Stelle der genossenschaftlichen Selbstverwaltung der Dorfehrbarkeit sollte die vom Amtmann gesteuerte herrschaftlich-bürokratische Administration treten, zumindest sollte letztere die erstere kontrollieren. Die schnelle und kostensparende Dorfgerichtsbarkeit in Bagatellsachen sollte ebenfalls am römischen Recht ausgerichtet werden, einem den Bauern fremden Rechtsgang, der zudem noch langwierig und teuer war.

Angesichts des wachsenden Bevölkerungsdrucks und zur Verbesserung der Staatsfinanzen ging mancher Landesherr dazu über, die der kommunalen Nutzung unterstehende Dorfgemarkung zur Neusiedlung freizugeben und Gewässer und Forsten, die den Bauern zu begrenzter Nutzung - etwa zur Schweinemast - offengestanden hatten, den eigenen Interessen und denjenigen des Adels - etwa zur Jagd - vorzubehalten. All diese Veränderungen hatten durchaus Sinn, weil sie durch die Förderung rationaler Lebens- und Wirtschaftsgewohnheiten längerfristig die Existenzbedingungen auf dem Lande verbesserten. Vor allem für die vom Dorfpatriziat sozial kontrollierten, um nicht zu sagen unterdrückten Unterschichten brachten sie Vorteile. Die Bauern, und zwar vor allem die begüterten und im Dorf angesehenen, erlebten diesen Wandel aber zunächst einmal als Eingriff in die ihnen vertraute Lebenswelt.

Völlig zutreffend wurde für Schwaben, dem 1525 am heftigsten erschütterten Gebiet festgestellt:

Der kumulative Effekt, den die wachsenden wirtschaftlichen Schwierigkeiten, die zunehmenden sozialen Spannungen und die verstärkten herrschaftlichen Abhängigkeiten bewirkten, hatte eine krisenhafte und konfliktgeladene Situation geschaffen, wie sie in dieser Form wohl keines der vergangenen Jahrhunderte gekannt hatte.[35]

Doch nicht nur zwischen Bauern, Grundherren und Landesherrschaft, also zwischen Dorf und übergreifenden Kräften, auch inner-

Begegnung von Bauern und Kaufherren: Markt auf dem Rathausplatz zu Augsburg mit Georg Höchstetter im Vordergrund, lavierte Zeichnung von Jörg Breu d.Ä. für den Monat November in einem Glasfensterzyklus, um 1525

halb des Dorfes, zwischen den Bauern, ließ der politische und ökonomische Anpassungsdruck soziale Spannungen entstehen, denn die Welt des Dorfes war längst nicht mehr einheitlich, sondern sozial und rechtlich differenziert. Es gab Voll- und Großbauern, denen die in vielen Dörfern ansässigen Gastwirte sozial nahestanden, Mittelbauern auf gleicher Stufe wie die klassischen Dorfhandwerker, etwa die Schmiede, ganz unten dann die armen Kleinstellenbesitzer oder Lohnarbeiter, dazu in bestimmten Regionen auch bereits Heimarbeiter des ländlichen Gewerbes. Man hat geradezu von Dorfpatriziat und Dorfproletariat gesprochen.

Zwischen diesen »Klassen« war der Verteilungskampf ausgebrochen um Markt- und Subsistenzanteile - etwa an der Allmende - und um die politische Berechtigung bei der dörflich-gemeindlichen Selbstverwaltung. Von bestimmten Regionen - wie etwa Franken - abgesehen, wo eine starke Unterschichtenbeteiligung nachgewiesen ist,[36] gilt der Bauernkrieg heute nicht mehr als Elendsaufruhr. Im Gegensatz zu den Rittern sieht man heute die Bauern eher als einen »an sich arrivierten Stand, der nach politischer Geltung trachtete und sein eigenes Recht wollte«.[37] Nicht die untersten, verarmenden Schichten der Landbewohner - Kleinstellenbesitzer, Häusler und andere landlose unterbäuerliche Gruppen - gaben in der Regel den Ton an, sondern die »Dorfehrbarkeit«, das heißt eine Art Mittelstand von mittleren und großen Bauern, der in den letzten Generationen wirtschaftlich und sozial eher eine Entwicklung zum Besseren erlebt hatte. Neben der Abschaffung der sozialen Bedrückung und der Sicherung ihrer ökonomischen Chancen ging es ihnen um die Wie-

Aufständische Bauern, Kupferstich von Hans Sebald Beham, um 1525

Es war aber auch Reichtum in die Dörfer eingezogen. Die Führer der aufständischen Bauern gehörten meist dem sogenannten Dorfpatriziat an, äußerlich erkennbar an ledernen Schaftstiefeln, teurem Tuch, mit Federn geschmücktem Barett und kostspieligen Waffen.

Bauern stürmen, plündern und zerstören das Kloster Weißenau, Federzeichnung aus der Weißenauer Chronik des Bauernkrieges, aufgezeichnet von dem Abt Jakob Murer, 1525

derherstellung oder den Ausbau ihrer Selbstverwaltungsrechte im Dorf, also in ihrer weltlichen und kirchlichen Gemeinde.

Und dieser Punkt war es auch, an dem über die materiellen Interessen hinaus der geistige *Verständigungsprozeß* zwischen Bauern und Reformation einsetzte: Weit stärker noch als bei den Rittern war die Verständigung über den Antiklerikalismus nur vordergründig, wenngleich vor allem die Bauern der kirchlichen Grundherrschaften manchen Zorn auf die Prälaten angesammelt hatten, dem sie im Klostersturm des Jahres 1525 freien Lauf ließen. Der Verständigung förderlich war auch das wohlwollende Bauernbild der Reformatoren, vor allem des frühen, sich selbst als Nachfahren einer Bauernfamilie verstehenden Luther. Der Bauer galt als der reine Mensch und wahre Christ in einer durch stadtbürgerliches und klerikales Gewinnstreben verderbten Welt.

Entscheidend waren aber andere Elemente der reformatorischen Theologie: die bedingungslos radikale Rückbindung der individuellen und gesellschaftlichen Lebensordung an das »Göttliche Recht«, an das »Evangelium«, das die Bauern »zur Lehre und zum Leben« begehrten.

Wenn einer oder mehr Artikel allhier aufgestellt sein sollten, die dem Worte Gottes nicht gemäß: ... dieselbigen Artikel wolle man uns auf Grund des Wortes Gottes als ungebührlich erweisen, so wollten wir davon abstehen, wenn man uns den Nachweis mit Begründung aus der Schrift führt.[38]

So lautet, in unmißverständlicher Anlehnung an die Worte, mit denen Luther 1521 vor dem Wormser Reichstag seinen Widerruf verweigert hatte, der letzte Artikel des Memminger Bauernmanifestes vom März 1525, das als Flugschrift im ganzen Reich Verbreitung fand und eine große werbende Kraft entfaltete. Viele der regionalen Beschwerdeschriften oder »Vorartikel«, aus denen in Memmingen mit Hilfe des evangelisch gesinnten Stadtpfarrers Christoph Schappeler und des Kürschners und Laientheologen Sebastian Lotzer die »Zwölf Artikel« zusammengestellt wurden, beriefen sich bereits auf das Göttliche Recht. Damit hatte der bislang regional und zeitlich zersplitterte bäuerliche Protest einen programmatischen Kristallisationspunkt erhalten, der universelle Gültigkeit beanspruchen konnte. Es war das Charakteristikum des »alten Rechts«, auf das die Bauern sich bislang gegen die vereinheitlichenden Veränderungen durch Landes- und Grundherrschaft berufen hatten, daß es regional oder lokal begrenzt war und daher keine übergreifenden Gemeinschaftsaktionen legitimieren konnte.[39] Dieses Defizit war nun aufgehoben. Mit der Einführung des reformatorisch vorgegebenen Göttlichen Rechts als einheitlicher Legitimationsbasis für alle konkreten Forderungen hatte der Bauernprotest eine neue Qualität erhalten - der Bauernkrieg als nationale Bewegung war möglich. Und dieser Kampf konnte - das war ein weiteres dynamisierendes Moment des Göttlichen Rechts - im Bewußtsein ausgetragen werden, nicht nur für die irdische, sondern auch für die göttliche Ordnung zu fechten.

Der zweite tragende Pfeiler der Brücke zwischen der Reformation und den Forderungen der Bauern war das Gemeindeprinzip, dessen gesellschaftliche und politische Sprengkraft uns bereits im Ritterkrieg begegnet ist. Das protestantische Gemeinde-Christentum entsprach in einem besonderen Maße den Bestrebungen der Bauern, die dörflich-gemeindliche Selbstverwaltung dem herrschaftlichen Zugriff zu entziehen und möglichst noch auszuweiten. Diese Verwandtschaft der Forderungen bezog sich zunächst auf die kirchliche Gemeinde, für die der erste der Memminger Artikel das Recht auf Wahl des Pfarrers forderte. Das war zugleich ein entscheidender

Die Memminger »Zwölf Artikel« wurden zum großen Manifest der Bauernerhebung. In Tausenden von Flugschriften fanden sie Verbreitung im Reich. Die hier abgebildeten Titelblätter stammen von zwei Zwickauer Drucken aus dem Jahre 1525.

Schritt für die evangelische Vereinfachung des komplizierten mittelalterlichen Pfarrbesetzungswesens, das sich durch Inkorporation, Patronat, Kuratentum und manch andere Institution des kanonischen Rechts den einfachen religiösen Bedürfnissen der Pfarrkinder immer weiter entfremdet hatte.

Die Pfarrerwahl der Gemeinde sollte gewährleisten, daß fortan im Dorf tatsächlich ein Seelsorger residierte und alle Christen, gleich welchen Standes, mit den Gnadenmitteln der Kirche versorgte, zuerst und vor allem mit dem »heilige[n] Evangelium, [das der] erwählte Pfarrer ... uns ... lauter und klar predigen [soll], ohne allen menschlichen Zusatz«.[40] Zum Unterhalt dieser Pfarrer sollte der Kornzehnt, den die Bauern bislang der katholischen Hierarchie abzuliefern hatten, ohne daß die konkrete Verwendung dieser »Kirchensteuer« ihnen zugute kam, kommunalisiert, also von der Gemeinde verwaltet werden, die das überschüssige Geld zur Versorgung ihrer Armen und zur Deckung der Kosten aus weiteren Gemeinschaftsaufgaben verwenden sollte. Der kleine Zehnt von Gartenfrüchten und Haustieren sollte fortfallen, da er nicht von Gott eingesetzt worden war, sondern »die Menschen [ihn] ersonnen haben«.

Wichtiger noch als dieser religiöse, kirchenpolitische Gleichklang war die allgemeine gesellschaftspolitische Dynamik des reformatorischen Gemeindegedankens, die weit über den kirchlichen Bereich hinausgriff und auch im politisch-gesellschaftlichen Bereich die gemeindlich-genossenschaftlichen Forderungen stärkte. Die Memminger Artikel betonten vor allem die Allmendrechte: die kollektive Nutzung der Gemeindewiesen und Gemeindeäcker, die vielerorts von der Herrschaft privatisiert worden waren; den bäuerlichen Anteil am Fischfang, der niederen Jagd und der Forstnutzung, die die Herren einseitig zu Herrschaftsrechten erklärt und sich selbst vorbehalten hatten. Diese Nutzungsrechte sollten »der ganzen Gemeinde wieder anheimfallen. Und der Gemeinde soll in gebührender Weise erlaubt sein«, dem dazu berechtigten Dorfbewohner entsprechend seiner Notdurft seinen Anteil durch die, »die von der Gemeinde dazu erwählt werden«, zuzuweisen.

Noch mehr als bei den Rittern wird bei den Bauern die Sakralisierung und Verchristlichung des Gemeindegedankens deutlich: Nicht nur das Dorf, die bäuerliche Communitas, wird als christliche Bruderschaft begriffen, sondern auch in den Beziehungen zur Herrschaft, die die große Mehrheit der Bauern keineswegs abschaffen wollte, sollte die »brüderliche Liebe« Richtschnur sein. So war man zum Beispiel in Fällen, in denen die von den Bauern beanspruchte Allmendnutzung vor Jahren oder Jahrzehnten vom Grundherrn regulär gekauft worden war, zu Entschädigungen bereit. Vor allem aber war die »brüderliche Liebe« Grundlage für die Bemessung von Abgaben und Dienstleistungen, die niemals einen solchen Umfang annehmen dürften, daß menschliche Lebensbedingungen zerstört wurden. Zusätzliche Dienste sollten angemessen bezahlt werden.

Als besonders scharfen Verstoß gegen die christbrüderliche Billigkeit im Verhältnis zwischen Bauern und Herren sah man die Erhöhung des sogenannten Todfalls an, das heißt der Abgaben, die dem Leibherrn zu entrichten waren, wenn das Familienoberhaupt starb. Die Leibherren, die häufig nicht identisch mit den Grundherren waren, versuchten auf diesem Wege ihren Anteil an den Gewinnen aus der Agrarkonjunktur zu steigern, so daß »Witwen und Waisen« von denjenigen, die sie »beschützen und beschirmen sollten, ... geschunden und geschabt« wurden. Die Weltordnung des Mittelalters, die dem Dienst des »Mannes« Schutz und Schirm durch den Herrn gegenüberstellte, war auf den Kopf gestellt. Heilen sollte das die Rückkehr zu evangelischer Brüderlichkeit zwischen den Ständen.

In der »Christlichen Vereinigung«, die Anfang März 1525 in Memmingen geschlossen wurde, nahmen diese Gesellschaftsvorstellungen konkrete Gestalt an. Allen Ständen stand sie offen: »Niemantz, er si geistlich oder weltlich«, solle sie zum Nachteil gereichen, sondern »zu Merung ... bruderlicher Liebe« unter den Menschen. Um die aufgebrochene Krise zwischen Bauern und Herren zu beseitigen, strebte man eine schiedsrichterliche Lösung an. Angeführt durch Ferdinand von Österreich als Statthalter des Kaisers und Martin Luther, sollten Reformatoren und Politiker aus ganz Deutschland berufen werden, die als Richter über die Forderungen der Bauern entscheiden sollten, damit die gestörte christliche Liebe in die Gesellschaft zurückkehre.[41] War das eine Utopie oder war mit der Wiederentdeckung des Evangeliums die reale Chance gegeben, auch die politischen und gesellschaftlichen Dinge in christbrüderlicher Rücksichtnahme zu ordnen?

Die traditionell für illiterat und stumm angesehenen Bauern wissen seit den großen reformatorischen Flugschriften mit dem »Göttlichen Recht« zu argumentieren und ihre Position und ihre Wünsche zu legitimieren.

Die Kopplung mit der Reformation gab dem Bauernprotest die bislang fehlende Durchschlagskraft. War es den Obrigkeiten 1524 im Bambergischen und am Oberrhein noch problemlos gelungen, die Aufstände zu isolieren und unter Kontrolle zu bringen, so ließ das Göttliche Recht im Frühjahr 1525 die Bauernerhebungen zum Lauffeuer werden. Bauern verschiedener Herrschaften fanden sich zusammen und verbanden sich zu Einungen, Bünden oder Haufen – ein im Rechtsbewußtsein Alteuropas tief verwurzeltes, vor allem vom Adel und bürgerlichen Gemeinden in Anspruch genommenes Instrument kollektiver Rechtsbehauptung, das zunächst noch nicht auf Gewaltanwendung ausgerichtet war.

Seit Februar 1525 war Schwaben im Aufstand. Es bildeten sich drei überlokale Einungen: der Allgäuer Bund in Sonthofen, der Seehaufen am Bodensee und der Baltringer Haufen bei Biberach für das Donaugebiet. Vom 5. bis 7. März trafen sich ihre Vertreter auf der Krämeramtsstube der Reichsstadt Memmingen und verabschiedeten neben den Zwölf Artikeln eine »Christliche Vereinigung« der drei Haufen. Alle Bauern Schwabens schworen auf ihre Bundesfahne.

Zur Ausarbeitung einer genauen Organisation des Bundes blieb keine Zeit. Im Hochgefühl des christlichen Aufbruchs und des Gemeinschaftserlebnisses hoffte man, sich auf friedlichem Wege mit den Herren zu verständigen. Nur das Nötigste entschied man für den Kriegsfall, was die schwäbischen Bauern binnen Monatsfrist ins Verderben stürzen sollte. Der Schwäbische Bund, die im Südwesten allmächtige Vereinigung der Fürsten und reichsstädtischen Obrigkeiten, überbrückte entscheidende Wochen mit Scheinverhandlungen, denn erst nach dem im Februar 1525 in Pavia gegen die Franzosen erfochtenen Sieg des Kaisers konnte er ein hinreichend großes Heer aus Söldnertruppen zusammenstellen. Der über die schleppenden und nutzlosen Verhandlungen erbitterte Baltringer Haufen gab

Georg III. Truchseß von Waldburg, Holzschnitt von Christoph Amberger aus der Pappenheimschen Familienchronik der Truchsessen von Waldburg

Der Schwäbische Bund, das von den Habsburgern geführte Landfriedensbündnis süddeutscher Fürsten, Ritter und Reichsstädte, stellte mit unerbittlicher Härte in Franken und Schwaben Ruhe und Ordnung wieder her. Georg Truchseß von Waldburg, der Führer des Bundesheeres, rollte dabei in enger Absprache mit der politischen Führung des Bundes die Front der Bauern auf: Nach einem ersten Erfolg gegen die oberschwäbischen Bauern bei Wurzach schloß er am 17. April in Weingarten einen Waffenstillstand, um in Württemberg ungehindert operieren zu können. Am 12. Mai schlug Waldburg die Bauern vernichtend bei Böblingen, am 2. und 4. Juni bei Königshofen und bei Ingolstadt. Den Siegen folgte ein hartes Strafgericht, aber auch der Versuch, mit den Bauern zu einem Ausgleich zu kommen. Abschreckung und die Einhegung der Konflikte sollten Aufstände künftig unmöglich machen.

dann den willkommenen Vorwand zum Angriff, als er, den radikalen Elementen folgend, Ende März das erste Fanal des Bauernkrieges setzte und den Herrensitz Schemmerberg niederbrannte.

Unter Führung des Georg Truchseß von Waldburg, der bereits die fränkischen Ritter niedergeworfen hatte, schlug das Schwäbische Bundesheer am 4. April, genau einen Monat nach der Memminger Tagfahrt, bei Leipheim an der Donau unterhalb von Ulm die Bauern des Baltringer Haufens kampflos und ohne eigene Verluste in die Flucht. Etwa tausend Bauern wurden erstochen und »viele hundert ertränkt«, notiert ein Hauptmann des Schwäbischen Bundes.[42] Die Anführer der Baltringer wurden zur Abschreckung öffentlich hingerichtet. Mit dem Seehaufen schloß Truchseß am 17. April fürs erste den Vertrag zu Weingarten, in dem er den Bauern ein Schiedsgericht zugestand. Damit hatte er die Hand frei, um den bedrängten Fürsten in anderen Teilen des Reiches zur Seite zu springen, und nach erneuten Siegen konnte er die geprellten schwäbischen Bauern im Juli mühelos gewaltsam zum bedingungslosen Gehorsam zwingen.

Diese Entscheidungen in Schwaben, die der dort mächtigen Bauernbewegung das Rückgrat brachen, lassen die weiteren Aktionen der Bauern bereits im Licht der unentrinnbaren Niederlage erscheinen, so gefürchtet ihre Spieße und Schwerter auch noch waren, so hochfliegend und scheinbar vielversprechend sie ihre politischen Pläne auch schmiedeten. Dabei schien in Württemberg die Lage für die Bauern im April besonders vielversprechend, weil sich ihnen ihr angestammter Herzog Ulrich anschloß, der im Zuge einer dynastischen Fürstenquerele von den Habsburgern vertrieben worden war. Den Bauern gelang es sogar, die Hauptstadt Stuttgart zu nehmen.

Der Schwäbische Bund, der eiserne Arm der Habsburger, zerschlug auch diese Blütenträume. Am 12. Mai vor Böblingen genügte eine einzige Reiterattacke, um das zwölftausend Mann starke Bauernheer in wilde Flucht zu schlagen, nachdem die in der Stadt günstig in Stellung gebrachte Artillerie des Bundes zuvor bereits Tod und Schrecken verbreitet hatte. Wiederum verloren Tausende von Bauern ihr Leben – die Zeitgenossen nennen Zahlen zwischen zwei- und neuntausend; wiederum nahm der Schwäbische Bund grausame Rache an allen, die die Aufständischen unterstützt hatten.

Gebrochen war der Kampfeswille der Bauern damit nicht. Man setzte noch auf die Kraft des politischen und militärischen Willens: im Rheintal von Mainz bis Basel, also in den Hochstiften Mainz, Worms, Speyer, Teilen der Pfalz, im Elsaß, später auch im Breisgau, in der Nord-, Ost- und Zentralschweiz; in Franken, vor allem im Bistum Würzburg, im Taubertal und im Hohenloheschen; in Mitteldeutschland, vor allem in den Stiften Hersfeld und Fulda, in Teilen der Landgrafschaft Hessen sowie in Thüringen. In Franken war es gelungen, den Reichsritter Florian Geyer, der alte Rechnungen mit Fürsten und Prälaten zu begleichen hatte, als Feldhauptmann zu gewinnen, dazu für wenige Wochen auch Götz von Berlichingen, der jedoch klug taktierte und im entscheidenden Augenblick seinen Kopf aus der Schlinge zu ziehen wußte.

Neben Vertretern des Adels finden sich auch Bürger unter den Führern der Bauern. In Thüringen und später vor allem in Tirol

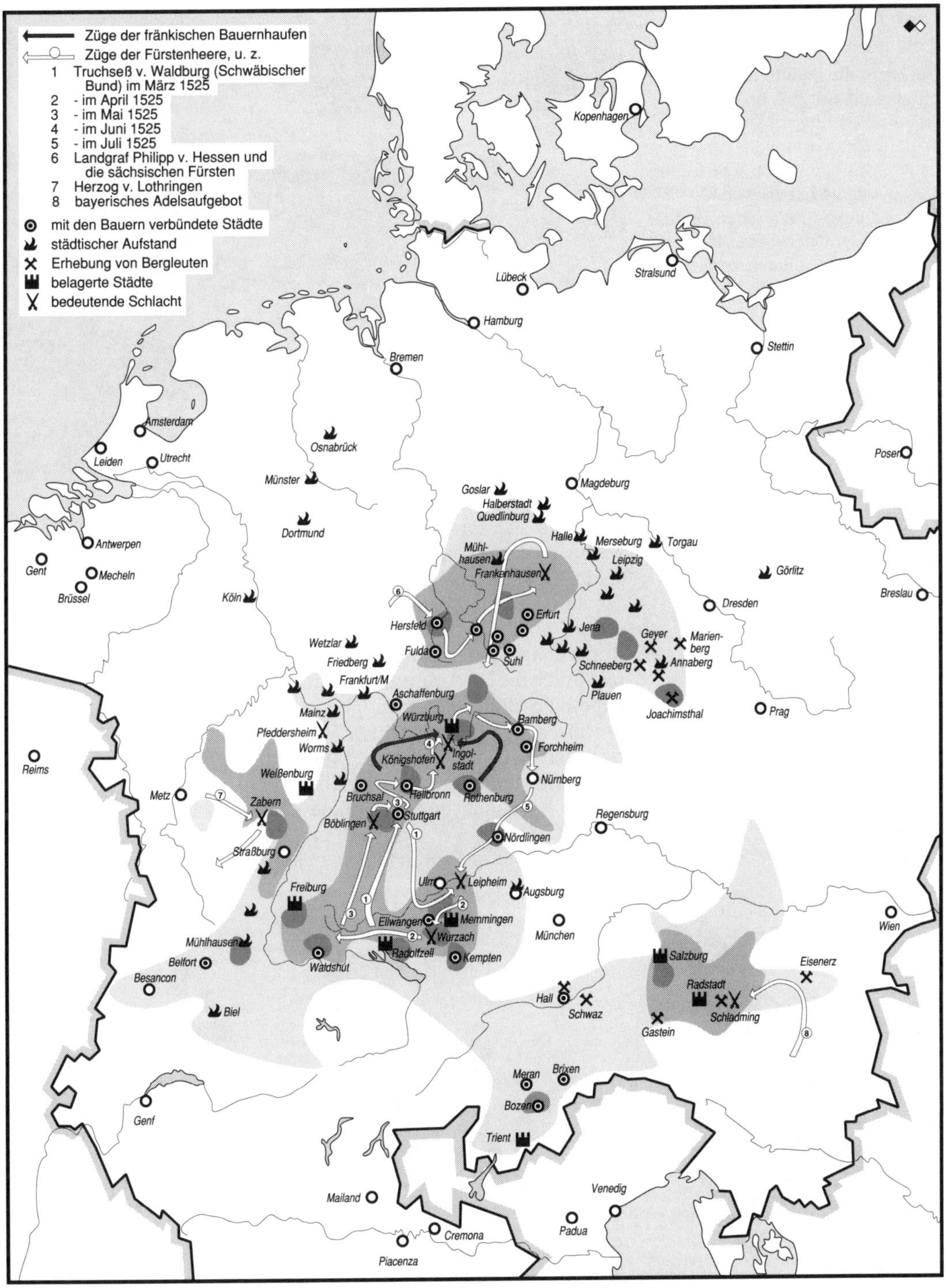

Der deutsche Bauernkrieg 1524 bis 1526

Belagerung des Marienbergs im Mai 1525, kolorierter Holzschnitt

Nachdem die Bauern im Bündnis mit einigen Bürgern im Mai 1525 einen Belagerungsring um den Würzburger Marienberg gelegt hatten, wurde die Festung im Juni 1525 durch die heranrückenden Truppen des Schwäbischen Bundes entsetzt. Der Odenwälder Haufe wurde bei Königshofen vernichtend geschlagen.

schlossen sich ihnen große Teile der Bergknappen an; andernorts waren es die städtischen Unterschichten und Bewohner der Vorstädte. Es kam auch zu formellen Bündnissen zwischen Bauern und Städten, vor allem landnahen Amts- und Ackerbürgerstädten, vereinzelt aber auch bedeutenden Reichsstädten wie zum Beispiel Rothenburg. Innerstädtische Bürgerunruhen, die direkt oder indirekt durch die Forderungen der Bauern stimuliert wurden, flammten außerhalb und an der Peripherie des Aufstandsgebietes auf: in Worms, Speyer, Frankfurt am Main, Mainz und Friedberg, in Limburg und Köln bis hinab nach Münster, Osnabrück, Minden, Utrecht und Herzogenbusch sowie hinüber nach Thorn, Elbing und Danzig.

Man hat daher statt vom »Bauernkrieg« von der »Revolution des gemeinen Mannes in Stadt und Land« gesprochen.[43] Stadthistoriker bestehen aber mit guten Gründen auf der Unterscheidung, weil die

Waffen aus dem Bauernkrieg: Hellebarde, Kriegssense, gezackte Keule, Kettenmorgenstern, Fischspieß, Dreschflegel, Morgenstern, Kriegssichel, zwei weitere Morgensterne und eine weitere Sense

städtischen Unruhen in einem eigenständigen Rechts- und Verfassungszusammenhang standen, vor allem befanden sich »die Bürgergemeinden in der Stadt dem Rat gegenüber nicht in gleicher Weise in einem Untertanenverhältnis wie die Bauern gegenüber ihren Herren«.[44] Auch darf nicht übersehen werden, daß ungeachtet der Beteiligung von Städtern die Bauern mengenmäßig den Löwenanteil am Geschehen von 1525 hatten.

Nach der Schlacht, Zeichnung von Urs Graf, 1527

Nach den ersten großen Verlusten im Schwäbischen konnten die Bauernhaufen gegen die Grafen von Hohenlohe, die Bischöfe von Mainz und Bamberg und gegen eine Reihe kleinerer Prälaten und Herren beachtliche militärische Erfolge erzielen. Und auch die politische Führung konnte sich sehen lassen: im Bistum Würzburg Tilman Riemenschneider, als Künstler und Bürgermeister der Kathedralstadt hoch geehrt; im Odenwald Wendel Hipler, studierter Jurist und kurpfälzischer Sekretär in Neustadt, der in einem Rechtsstreit mit dem Grafen von Hohenlohe lag; Friedrich Weigandt, der Amtskeller, das heißt Rentamtmann im Mainzer Miltenberg, der 1523 seinen Amtssitz verteidigt hatte, um den evangelischen Stadtpfarrer zu schützen.

Mitte Mai trat auf Betreiben Hiplers in der Reichsstadt Heilbronn ein Bauernparlament von Gesandten aus dem Kraichgau, Franken und Schwaben zusammen. Es sollte über Reichsreformpläne beraten werden, die Weigandt ausgearbeitet hatte und mit denen die Bauern zum Motor der ins Stocken geratenen Erneuerung des Reiches von Grund auf werden sollten. Doch ehe die eigentlichen Verhandlungen beginnen konnten, wurde das Bauernparlament von den Truppen des Schwäbischen Bundes auseinandergesprengt. Denn sogleich nach dem Böblinger Sieg hatte das Heer des Bundes sich nach Heilbronn gewandt. Der politische Höhepunkt der Bauernerhebung wurde zur Wende. Die nach Heilbronn entsandten Führer eilten zurück zu ihren Haufen, um die aufgezwungene militärische Entscheidung zu bestehen.

Da die Herren alle Brücken der Verständigung abgebrochen hatten, setzten sich bei den Bauern die radikalen Elemente durch.

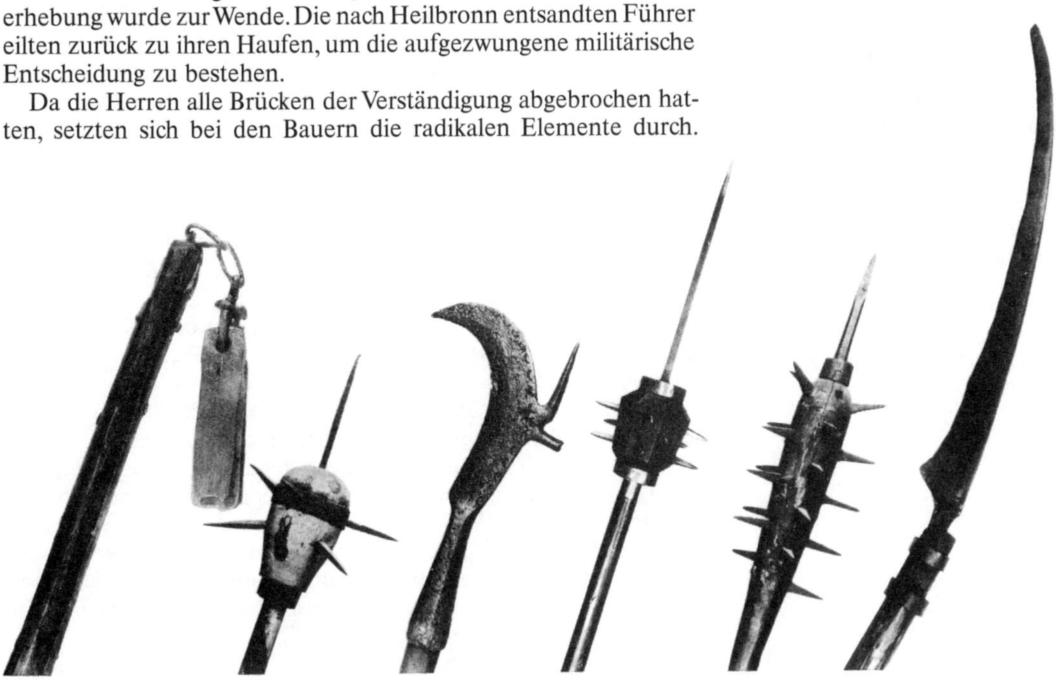

Bereits Anfang April war es bei der Einnahme von Stadt und Burg Weinsberg zu einem spektakulären, blutigen Racheakt gekommen, den die antibäuerliche Propaganda noch Jahrzehnte später auszuschlachten wußte: Der skrupellos-bösartige Feldhauptmann Jäcklin Rohrbach ließ seinen Odenwälder Haufen eine Gasse bilden und jagte Graf Ludwig von Helfenstein, den habsburgischen Befehlshaber der Burg, zusammen mit weiteren fünfzehn Rittern durch die Bauernspieße, bis sie tot zusammenbrachen. Die Gräfin hatte man im Triumph nach Heilbronn geführt - auf einem Mistwagen, was die Adelswelt um so mehr empörte, als sie eine natürliche Tochter Kaiser Maximilians und somit eine Tante des herrschenden Kaisers war.

Selbstbildnis des Tilman Riemenschneider vom Creglinger Altar, Holzplastik, um 1500

Als Künstler und Bürger hoch angesehen, wurde der seit 1483 in Würzburg ansässige Tilman Riemenschneider 1520 zum Ersten Bürgermeister gewählt. Da er sich der Reformation anschloß und sich mit den aufständischen Bauern einließ, jagte ihn der siegreiche Bischof 1525 aus dem Amt und warf ihn in schwere Kerkerhaft. Er lebte noch sechs weitere Jahre, verkrüppelt, verarmt und bald vergessen.

Auch im Bambergischen kam es im April und Mai zum Sturm auf Klöster und Schlösser - insgesamt sollen es rund hundertfünfzig gewesen sein -, bei dem nicht nur Tausende von kostbaren Möbeln und Kunstwerken vernichtet wurden, sondern auch unschuldige Menschen ums Leben kamen. Aufs Ganze gesehen waren solche Ausbrüche roher Gewalt und sinnloser Rachsucht jedoch selten. Sie brachten den Bauern keinen Vorteil, gaben aber auf der Gegenseite denjenigen Kräften Auftrieb, die entschlossen waren, die Gunst der Stunde zu nutzen und den in ihren Augen widerspenstigen Geist der Bauern ein für allemal zu brechen. Als Rohrbach, der Anstifter der Weinsberger Bluttat, Ende Mai in die Hand des Schwäbischen Bundes fiel, trug der Adel eigenhändig das Holz für seinen Scheiterhaufen zusammen, und Georg Truchseß von Waldburg sorgte dafür, daß sein Feuertod langsam und qualvoll war - ein Exempel für alle und jeden, der es fürderhin wagen sollte, sich der Fürstenmacht zu widersetzen. Daß die besonnenen Bauern des Odenwälder Haufens sich von Rohrbach getrennt hatten, half ihnen nicht mehr - die Fürstenheere zahlten jede bäuerliche Bluttat um ein Hundertfaches heim.

Nach der Befriedung Schwabens und Württembergs erstickte der Schwäbische Bund bis Anfang Juni Zug um Zug den Aufstand in Franken. Im Rheinland waren der Kurfürst von der Pfalz und Herzog Anton von Lothringen erfolgreich. Vor Zabern wurde den Bauern am 15./16. Mai der höchste Blutzoll des Krieges abverlangt: etwa zehntausend Mann wurden niedergemacht. Zwei Tage später fand unweit Schlettstadt die Entscheidungsschlacht gegen die mittelelsässischen Bauern statt - diesmal mit hohen Verlusten auf beiden Seiten. Rund fünfundzwanzigtausend Opfer, das ist ein Drittel der Gesamtverluste des Bauernkrieges, waren im Elsaß zu beklagen.[45]

Im mittleren Deutschland führte der eben zwanzigjährige Landgraf Philipp von Hessen, der bewährte Sieger über die Ritter, die Sache der Fürsten an. Nachdem er bereits Anfang Mai mit den Aufständischen in den Stiften Hersfeld und Fulda kurzen Prozeß gemacht und damit zugleich seine eigene Landgrafschaft »befriedet« hatte, zog er ins Thüringische und vereinigte sich mit den altgläubigen Herzögen Georg von Sachsen und Heinrich von Braunschweig. Die Fürstensolidarität überwand die konfessionellen Gegensätze. Am 14. und 15. Mai kam es vor Frankenhausen zum alles entscheidenden Treffen: Gut sechstausend Bauern und mit ihnen verbundenen Städtern standen zweieinhalbtausend Reiter und zweitausend Fußsoldaten der Fürsten gegenüber.

Als »Schlacht unter dem Regenbogen« ist Frankenhausen in die

Hinrichtung des Bauernführers Jäcklin Rohrbach, kolorierte Zeichnung, 1551

Ein Theater des Schreckens: Rohrbach, ein wohlhabender Bauer aus dem heilbronnischen Dorf Böckingen, war als Bauernführer für die Ermordung des Grafen Ludwig von Helfenstein im Anschluß an die Belagerung von Weinsberg verantwortlich. Als er während der Schlacht von Böblingen in Gefangenschaft geriet, nutzte Georg Truchseß von Waldburg die Gelegenheit, Rache zu nehmen und ein Exempel zu statuieren: Am 21. Mai 1525 wurde Rohrbach auf dem Anger des heilbronnischen Dorfes Neckargartach an einen Pfahl gebunden und langsam verbrannt.

Geschichte eingegangen: ein eschatologischer Kampf der Hoffnung unter dem Zeichen des ewigen Bundes zwischen Gott und den Menschen, der zum Kampf des Todes und der Verzweiflung wurde. Die chiliastische Idee eines zum ewigen Triumph führenden Endkampfes hatte Thomas Müntzer entzündet, jener »falsche Bruder« Luthers, der bereits bei den Wittenberger Unruhen des Jahres 1522 eine so wichtige Rolle gespielt hatte.

Müntzer hatte inzwischen seine radikal-protestantische Theologie zu einem großen mystisch-sozialrevolutionären Programm ausgebaut. Nach einem unsteten Wanderleben durch Böhmen, Franken und die Nordschweiz von seinen radikalen Anhängern zum Stadtpfarrer der thüringischen Reichsstadt Mühlhausen gewählt, galt er als Leitfigur der antiwittenbergischen Radikalreformation. In seiner Theologie mischte sich eine tiefe innere Kreuzesfrömmigkeit mit dem extrovertierten Aktivismus alttestamentlicher Rachepropheten. »Thomas Müntzer mit dem Schwert Gideons« oder »Thomas Müntzer, ein Knecht Gottes wider die Gottlosen«, so unterzeichnete er seine letzten Sendschreiben aus dem Frankenhausener Lager, gerichtet an ehemalige Gemeinden, an Bürger und Fürsten.

Während Luther in seiner berühmten Zwei-Reiche-Lehre sorgfältig zwischen Theologie und Politik, religiös-geistlicher und materiell-irdischer Welt unterschied, stellte sich Müntzer in die bereits während des Mittelalters in sozialrevolutionären Bewegungen gipfelnde theologische Tradition, die innere und äußere Ordnung gleichsetzte,

Thomas Müntzer, Kupferstich von Christoffel Sichem aus dem frühen 17. Jahrhundert

Zeitgenössische Porträts des »revolutionären« Theologen gibt es nicht. Man nimmt an, daß dieses Bild von Christoffel Sichem ihn am besten trifft.

um die Welt in ihrer Ganzheit zu heiligen. Mit dem Eifer, der einst Joachim von Fiore in Oberitalien und die sozialrevolutionären Taboriten in Böhmen umgetrieben hatte, predigte Müntzer den Anbruch des in der Apokalypse vorhergesagten Tausendjährigen Christusreiches. Um dieses zu fördern und das Unkraut vom Weizen zu trennen, mußte das Volk zum Schwert greifen, nachdem die »großen Hansen«, die Fürsten, aus eigensüchtigen Gründen taube Ohren hatten. Dies hatte Müntzer vorgeführt, als er am 13. Juli 1524 in der Allstedter Schloßkapelle stellvertretend für alle Fürsten den sächsischen Herzog Johann und den Kurprinzen Johann Friedrich in einer gewaltigen Fürstenpredigt aufgefordert hatte, den millenaristischen Endkampf gegen den Antichristen anzuführen.[46]

Das Volk - die Bergknappen aus Thüringen, Handwerker und Unterschichten der Städte und vor allem die aufständischen Bauern - ist Müntzer zu Tausenden zugelaufen. Unter der Seidenfahne mit dem Regenbogen zogen sie vor Frankenhausen dem Fürstenheer entgegen, voll des heiligen Eifers, in den Herzen die gewaltigen Worte ihres Führers:

Dran, dran, dyeweyl das feuer hayß ist. Lasset euer schwerth nit kalt werden, lasset nit vorlehmen! Schmidet pinkepanke auf den anbossen Nymroths werfet ihne den thorm zu bodem! Es ist nit mugelich, weyl sie leben, das ir der menschlichen forcht soltet lehr werden. Mann kan euch von Gotte nit sagen, dieweyl sie uber euch regiren. Dran, dran, weyl ir tag habt, Gott gehet euch vor, volget, volget![47]

Als das Treffen zu Ende war, lagen gut fünftausend der Anhänger Müntzers tot auf dem Schlachtfeld und in den Straßen der Stadt, in die sie zuletzt in panischer Angst geflüchtet waren. Sechshundert waren gefangen, darunter Müntzer selbst, der Seher des Endgerichts, das nun ganz anders eingetreten war. Das Fürstenheer hatte ganze sechs Tote zu beklagen. Die Zahlen sagen alles über die menschenverachtende Verblendung Müntzers und über den furchtbaren Blutrausch der Fürsten und ihrer Knechte.

Er sei »vom Volk angenommen, das [ihn] nicht recht verstanden, allein eigenen Nutzen angesehen hat, der zum Untergang göttlicher Wahrheit gelangt«. Die »Schlappe von Frankenhausen« sei »ohne Zweifel [daraus] entsprossen, daß ein jeder seinen eigenen Nutzen mehr gesucht als die Rechtfertigung der Christenheit«, so schrieb Müntzer zwei Tage nach der Schlacht an seine Mühlhäuser Gemeinde. Das war kein Zynismus, sondern Ausdruck der Tatsache, daß der thüringische Reformator nicht die revolutionäre Umgestaltung der Welt zugunsten eines besseren irdischen Lebens der Armen im Auge hatte, sondern »die Rechtfertigung der Christenheit« im Ringen mit dem Antichristen. Er wußte nun, daß er hierzu den falschen Weg eingeschlagen hatte. Die Mühlhäuser forderte er auf, »um Gnade bei den Fürsten anzusuchen, die, hoffe ich, euch Gnade erzeigen«. Und deutlicher noch: »Das will ich jetzt in meinem Abschied, damit ich die Bürde und Last von meiner Seele abwende, vermeldet haben, keiner Empörung weiter statt zu geben, damit des unschuldigen Blutes nicht weiter vergossen werde.«[48]

Das waren überraschende Worte, auch wenn die Folterknechte der Fürsten der Absage an die Gewalt nachgeholfen haben mögen. Nach unmenschlichen Qualen, die ihm auch noch den Widerruf seiner Lehre abzwangen, wurde Thomas Müntzer am 27. Mai 1525 in Mühlhausen zusammen mit 53 seiner Anhänger enthauptet.

Unter der Regenbogenfahne, dem Symbol der Hoffnung, zogen die von Thomas Müntzer geführten Bauern am 15. Mai 1525 bei Frankenhausen in den Tod. Gemälde aus dem Schloß Wilhelmsburg im thüringischen Schmalkalden, Mitte des 16. Jahrhunderts

Thomas Müntzer war ein Mann voller Widersprüche, dessen Wirkung im Grunde auf Mißverständnissen auf beiden Seiten beruhte. Die Bauern verstanden seine theologischen Ziele nicht; er selbst aber hat sich nicht den sozialen und politischen Problemen der Bauern und des »Volks« zugewandt, sondern umgekehrt die aufrührerischen Bauern zu Agenten seiner chiliastischen Naherwartungen gemacht. Sie sollten die Ungläubigen und Verworfenen mit Flamme und Schwert ausrotten und das Reich der Gerechten in dieser Welt als Vorstufe zur Herrlichkeit Gottes in der Ewigkeit realisieren.

Die Tragik der Theologie im Bauernkrieg liegt nicht so sehr im Scheitern dieses Konzepts, das eine wahrhaftige Chance nie hatte. Sie liegt vielmehr in der Verhärtung, in die nun die Wittenberger Reformation als Reaktion auf das Auftreten Müntzers steuerte: Luther, der zeitlebens davon überzeugt war, daß Satan nicht ruhen würde, das von ihm wiederentdeckte reine Wort Gottes zu verdunkeln, konnte in Müntzer nichts anderes sehen als ein Werkzeug der Finsternis. Luther hatte stets empfindlich reagiert, wenn er die Sache des Evangeliums mit sozialem »Tumult« sich vermengen sah: 1521 auf seiner Reise zum Wormser Reichstag etwa, als er Unruhe im Volk spürte, und vor allem als er im Frühjahr 1522 in Wittenberg selbst »Herrn omnes«, Herrn Jedermann, entfesselt sah.

Der Bauernkrieg, vor allem Müntzers Aufruhrpredigten, ließen bei Luther die Vorstellung entstehen, gegen die Bauern sei die apokalyptische Entscheidungsschlacht zu schlagen. Er schwenkte daher ganz ins Lager der Fürsten ein, von denen allein er sicheren Schutz der eben erst begonnenen Kirchenerneuerung erwarten konnte. Das zeugt von politischem Spürsinn und hatte auch den erwünschten Erfolg. Bezahlt wurde es mit einer Schuld am Blut der Bauern, die derjenigen Müntzers nicht nachsteht: Das Hinschlachten von Tausenden wehrloser Menschen, das jedes Maß kriegerischer Auseinandersetzungen zwischen staatlich-obrigkeitlichen Institutionen und Aufständischen sprengte, geschah mit Billigung, ja nach Aufforderung Luthers. »Wider die räuberischen und mörderischen Rotten der Bauern«, hatte er Anfang Mai gewütet und die Fürsten aufgefordert:

Renaissancebrunnen auf dem Marktplatz vor dem Mainzer Dom, 1526 auf Geheiß des Kardinals Albrecht von Brandenburg errichtet als Zeichen des Triumphs über die Bauern

Liebe Herren, steche, schlage, würge, wer da kann. Bleibst du drüber tot, wohl dir [einen] seligeren Tod kannst du nimmermehr bekommen. Denn du stirbst [dann] im Gehorsam göttlichen ... Befehls ... So soll die Obrigkeit ... mit gutem Gewissen dreinschlagen, solange sie eine Ader regen kann. Denn ... die Bauern [haben] böse Gewissen und unrechte Sachen, und welcher Bauer darüber erschlagen wird, mit Leib und Seele verloren und ewig des Teufels ist.[49]

Um der inneren Reinheit seines religiösen Anliegens willen hatte Luther die Bauern geopfert, und zwar – was für ihn am schwersten wiegen mußte – einschließlich ihres Seelenheils. Luther hatte sich auf die Stufe der Ideologen begeben, denen es nicht schwerfällt, um ihrer Idee willen ganze Völkerstämme zu opfern. Im Unterschied zu manch anderem war sich Luther allerdings seiner Schuld bewußt: »Ebenso [wie Erasmus] habe ich auch Müntzer getötet; der Tod liegt auf meinem Hals. Ich tat es aber deshalb, weil er selbst meinen Christus töten wollte.«[50] Nicht alle Reformatoren reagierten wie Luther. Einige setzten sich sogar tatkräftig für die Bauern ein, so namentlich Brenz und Rhegius.[51]

Mit den Siegen der Fürstenheere im Rheinland und in Thüringen war der Widerstand der Bauern gebrochen. Lediglich in entfernten Orten, im Samland, zwischen Königsberg und Insterburg gelegen, und in den Alpen, den Habsburgerterritorien und dem Erzstift Salzburg, kam es bis Sommer 1526 zu Nachunruhen, die aber nicht mehr ins übrige Reich ausstrahlten. Allerdings führte der Tiroler Bauernführer Michael Gaismair, der auch in Salzburg agierte, die Bewegung nochmals zu einem politischen Höhepunkt.

Die Landesordnungen für Salzburg und Tirol, die sogar für einige Zeit Rechtsgeltung erlangten, basierten auf sehr konkreten und realistischen Vorstellungen über die Stellung der Bauern und ihnen sozial gleichstehender Bevölkerungsgruppen, etwa der Bergknappen, innerhalb eines gemeindlich-genossenschaftlich organisierten Gemeinwesens. Dagegen hatte die »Christliche Vereinigung« der oberschwäbischen Bauern im Frühjahr 1525 nur »vage Vorstellungen« von einer politischen Ordnung entwickelt, »die ständische Unterschiede aufhebt und auf den Fundamenten lokal-regionaler Korporationen wie Dorf- und Stadtgemeinden, Gerichten und Landschaften einen staatlichen Verband anstrebt«, orientiert an einem »verschwommenen Bild von Eidgenossenschaft und Reichsunmittelbarkeit«.[52]

Die Salzburger und Tiroler entwickelten ein klares gesellschaftlich-politisches Konzept, das »auf Übernahme der Herrschaft durch die gemeine Landschaft der Aufständischen angelegt«[53] war: So sollte der Salzburger Erzbischof als Landesherr abgelöst werden durch ein ständisches Regiment, in dem neben dem Adel die Bauern und Bürger den Ton angaben. Mit der Huldigung aller erzbischöflichen Amtsträger auf die von den Aufständischen gebildete »Landschaft« wurde im Juni 1525 sogar der erste Schritt zur Übernahme der Landesherrschaft getan. Doch nach hinhaltendem Taktieren des Erzbischofs griffen im folgenden Frühjahr die Truppen des Schwäbischen Bundes auch in Salzburg ein, um »ain neus Schweitzerland« zu verhindern.[54]

Der Vergleich zwischen den politischen Vorstellungen der schwäbischen und Salzburger Bauern zeigt, daß ausgereifte und tragfähige Ordnungskonzepte nur auf der Basis des frühmodernen Territorialstaates entstehen konnten. Wo diese - wie in dem herrschaftlich zersplitterten Oberschwaben - fehlten, blieb es bei Reichsutopien, die in einer auf institutionelle Staatlichkeit angelegten Welt anachronistisch waren und daher die konkrete politische Phantasie nicht mehr produktiv zu stimulieren vermochten. Wenn die »Revolution von 1525«, wie Peter Blickle den Bauernkrieg wegen der Beteiligung von Städtern und Bergknappen nennt, in letzter Minute eine Alternative zur obrigkeitlich-herrschaftlichen Ordnung der öffentlichen Dinge in Deutschland hätte eröffnen können, dann nur im Rahmen frühmoderner Staatlichkeit, und diese entwickelte sich nicht auf der Ebene des Reiches, sondern der Territorien.

Eine entschlossene Stärkung und soziale Ausweitung der ständischen Verfassung hätte den einzig realistischen Weg zu mehr politischer Beteiligung gewiesen. Dies geschah später in Holland und England, den beiden westeuropäischen Alternativen zum monarchischen Absolutismus. Die Bauern aber waren kaum der geeignete Stand, denn bereits im Mittelalter hatte sich entschieden, daß sie nur auf ganz wenigen der territorialen Landtage Sitz und Stimmrecht erringen konnten, und zwar im wesentlichen nur in der Alpenregion - von der Schweiz bis Tirol - und in den vom Bauernkrieg unberührten Nordseemarschen, etwa in Ostfriesland.

Albrecht Dürers Entwurf eines Denkmals für die besiegten Bauern aus »Underweysung der messung mit dem Zirkel und richtscheyt«, Nürnberg 1525

Die Erhebung von 1525 war kaum dazu geeignet gewesen, die Fürsten oder auch die von Prälaten und vom Adel angeführten Landstände zu größeren Zugeständnissen zu bewegen. Man hatte ihnen im Gegenteil für Jahrhunderte Argumente gegen die Ausweitung der politischen Partizipation des »gemeinen Mannes« geliefert. Man mag diese »Dialektik des Aufstandes« beklagen, aber sie ist nachweisbar. In engeren Räumen - etwa in einzelnen Ämtern der Territorialstaaten oder in den »Landschaften« der kleinen Herrschaften - gab es zwar eine bäuerliche Beteiligung an den öffentlichen Angelegenheiten, und zwar auch in den Jahrhunderten nach dem Bauernkrieg;[55] das blieben aber Rudimente, die politisch kaum ausbaufähig waren. Und vor allem dienten »diese Beteiligungen der Landschaften nicht so sehr einer Preisgabe herrschaftlicher Positionen, sondern der Gewährleistung der Herrschaft«.[56]

Ganz so düster, wie lange gemeint wurde, waren die Folgen des deutschen Bauernkrieges allerdings nicht. Die Zahl der Erschlagenen und Hingerichteten ist erschreckend - 50 000 schätzte Jakob Fugger, andere Zeitgenossen sprechen gar von 100 000 bis 150 000, Wissenschaftler errechneten »maximal 70-75 000« Tote.[57] Das bedeutete Leid und Tränen in Tausenden von Dörfern, aber eine demographische Katastrophe vom Ausmaß der in Alteuropa häufigen Krisenzyklen - schlechte Ernte, Hungersnöte, Unterernährung, Seuchen - war das nicht. Von langfristiger Verödung ganzer Gebiete spricht heute kein Bauernkriegsforscher mehr, auch nicht von einem demographischen Einbruch.

Ähnlich verhält es sich mit den Auswirkungen auf die Agrarverfassung im weitesten Sinne, verstanden als »Bodeneigentumsordnung, Bodenverteilung, Wirtschaftsweise sowie Verfassung und Struktur des Dorfes«.[58] Ein Vergleich mit den nicht von Aufständen erschütterten Gebieten sowie eine sorgfältige Analyse der Kausalzusammenhänge zeigen, daß sich im großen und ganzen diejenigen Tendenzen fortsetzten, die vor und unabhängig von dem Aufstands- und Kriegsgeschehen zu beobachten sind. Vor allem der demographische Druck, der aus dem anhaltenden Bevölkerungswachstum des langen 16. Jahrhunderts resultierte, verschlechterte die soziale Lage auf dem Land. Es kam zu ökonomisch schädlichen Erbteilungen, zum Anwachsen ganz unzulänglich oder gar nicht mit Land ausgestatteter Unterschichten, und für immer mehr Familien wurde die Sicherung des sozialen Status immer schwieriger, von Aufstiegschancen, die es im 14. und 15. Jahrhundert gegeben hat, ganz zu schweigen.

Der Hoffnung auf autonome Selbstverwaltung des Dorfes ist im 16. Jahrhundert der Boden entzogen worden: der Amtmann und - in protestantischen Territorien - vor allem der Pfarrer waren im Dorf als Agenten des Territorialstaates tätig. Und das lag im Zug der Zeit, der die unteren Einheiten, Dorf wie Stadt, in den frühmodernen Staat integrierte. So ganz radikal waren die Verluste aber auch hier nicht - unter der Oberaufsicht der ja keineswegs immer und überall präsenten Vertreter des Staates konnte sich im 17. und 18. Jahrhundert auch im Dorf eine »beauftragte Selbstverwaltung«[59] entfalten.

Auch die rechtlich-politischen Folgen werden heute ganz anders bewertet. Bis in die siebziger Jahre unseres Jahrhunderts galt unwidersprochen das Schlußwort der klassischen Darstellung von Günther Franz: Mit der Niederlage von 1525 »schied der Bauer für fast drei Jahrhunderte aus dem Leben unseres Volkes aus. Er spielte fortan keine politische Rolle mehr ... Der Bauer sank zum Arbeitstier herab. Er wurde zum Untertan, der seine Tage in Dumpfheit verbrachte und nicht mehr auf Änderung hoffte.«[60] Die Diskussionen des Jubiläums von 1975 und zahlreiche sorgfältige Detailstudien lassen das heute anders sehen: Die Rechtssicherheit der Bauern war nach 1525 in der Regel größer als zuvor. In Salzburg und Tirol wurden die von den aufständischen Bauern ertrotzten Landesordnungen zwar 1526 beziehungsweise 1532 abgeschafft; doch berücksichtigten die fürstlichen Landesordnungen des späten 16. Jahrhunderts in vielen Punkten die materiellen Teile der bäuerlichen Forderungen von 1525/26: im Erb- und Pfandrecht, bei der Gerichtsverfassung, im Straf-, Zivil- und Baurecht und an manch anderen Punkten mehr.

Noch nach Jahrzehnten, ja selbst im 17. und 18. Jahrhundert jagten die Ereignisse vielen fürstlichen Regierungen Angst und Schrekken ein: So bemühten sich die bald landauf, landab erlassenen territorialstaatlichen Landesordnungen, die bäuerlichen Beschwerden soweit abzustellen, wie sie nicht »das Sozial- und Herrschaftsgefüge in seiner bisherigen Form in Frage [stellten] und - in den katholischen Gebieten - die Kirche wesentlicher Rechte« entkleideten.[61]

Vor allem suchte man in den Territorien, aber auch auf der Ebene des Reiches, die Konflikte zwischen Bauern und Grundherren, aber auch zwischen Bauern und Landesherren zu verrechtlichen und sie dadurch ihres zerstörerischen Potentials zu entkleiden. An die Stelle des Aufstandes sollte der Weg des Rechts treten, das heißt zu den Territorial- und Reichsgerichten. Die Reihe der bald nach dem Ende des Bauernkrieges einsetzenden großen und kleinen Untertanenprozesse riß bis zum Ende des Alten Reiches nicht mehr ab.

Man mag darüber streiten, ob die natürlich kostspieligen Prozesse den einzelnen Bauern und ihren Gemeinden nicht eine allzu kleine

Bauern und Grundherren auf einem Gerichtstag, Titelkupfer aus »Georgica Curiosa« von Wolf Helmhart von Hohberg, Nürnberg 1682

Chance der Rechtsfindung eröffneten - eine rationalere Form der Konfliktaustragung waren sie allemal und auch ein Gewinn für die Gesellschaft insgesamt. Allerdings brach auch die Aufstandstradition mit 1525 keineswegs abrupt ab. Weit entfernt vom politisch entmannten »Arbeitstier«, waren auch im 17. und 18. Jahrhundert die deutschen Bauern wie ihre Standesgenossen in anderen europäischen Ländern zu politischem Protest und Widerstand in der Lage, wenn sie in ihren angestammten Rechten willkürlich bedrückt wurden und ihnen die Gerichte nicht helfen konnten oder wollten.

Eine detailreiche Studie zum bäuerlichen Protest im Wetterau-Vogelsberg-Gebiet hat den »politischen Charakter« dieser Bauernbewegungen belegt. Die Bauern wehrten sich entschlossen gegen willkürliche Forderungen ihrer Herren, sie »nutzten Handlungsspielräume klug aus, sind zu dörflicher Solidarität und zu phantasievollen Aktionen bereit und fähig«. Nicht spontan war ihr Aufbegehren. Es hatte vielmehr die langfristige Sicherung der bäuerlichen Interessen im Auge. Es waren geplante und organisierte Bewegungen und gerichtliche Prozesse, denen die Gewaltanwendung als letzter Notbehelf untergeordnet wurde, der »Widerstand der beherrschten ländlichen Schichten gegen ihre Obrigkeiten im 17. und 18. Jahrhundert [war] in deutschen Kleinterritorien kein *deutschen Untertanen* fremdes Verhalten«.[62]

4. Reformation und Stadtrepublikanismus. Um die christliche Freiheit des Bürgertums

Was immer der Bauernkrieg in der Tiefe gewesen und wie es auch um sein Verhältnis zur Reformation bestellt gewesen sein mag, ein Ende der Reformation als Volksbewegung markierte er nicht. Was die Bauern selbst anbelangt, so näherte sich Deutschland nach 1525 lediglich der gesamteuropäischen Entwicklung, denn daß Bauern als vorandrängende Träger kirchlicher Neuordnung auftraten, war ganz außergewöhnlich. Die europäische Regel war, daß sie der konfessionellen Entscheidung ihrer Obrigkeiten folgten – in großen Teilen Nord- und Ostdeutschlands und in nahezu allen außerdeutschen Ländern Europas. Nach 1525 traten auch in den Aufstandsgebieten die Bauern hinter anderen sozialen Kräften zurück, ohne aber ganz und gar darauf zu verzichten, die reformatorische Bewegung weiterhin voranzutreiben. Ganz offensichtlich wird das in den Alpenländern – Salzburg, Österreich, Tirol –, wo der Protestantismus erst in der zweiten Hälfte des 16. Jahrhunderts seinem Höhepunkt zustrebte.

Natürlich verbitterte Luthers abrupte und radikale Abwendung vom bäuerlichen Aufruhr; Täufern und Spiritualisten mag seine Haltung sogar Gehör verschafft haben. Nach dem Geschehenen war die Sehnsucht nur zu natürlich, zurückgezogen in der Familie, im Konventikel oder auch nur im eigenen Herzen einer verinnerlichten evangelischen Frömmigkeit zu leben und Ruhe vor den Zeitläufen zu finden. Es hat jedoch den Anschein, daß sich solche quietistischen Neigungen in den am Bauernkrieg besonders aktiv beteiligten Dörfern kaum ausbreiteten.[63] Es gab keinen Wurzelboden für generelle Ressentiments der Bauern gegen den bald als landeskirchlich verfaßten Protestantismus. Denn vor allem in den Aufstandsgebieten selbst hatten die Reformatoren viel verständnisvoller als Luther reagiert. So konnten zum Beispiel in Württemberg die Bauern, wie die anderen Stände auch, im großen und ganzen problemlos in die lutherische Landeskirche hineinwachsen.

Die Reformation als Volksbewegung war 1525 schon deshalb nicht am Ende, weil die mächtige Bürgerbewegung, die das Reich und die angrenzenden Regionen von Konstanz bis Flensburg, von Aachen bis Reval erfaßte, sich ungebrochen fortsetzte. In Nordwestdeutschland, das zur Kernregion des deutschen Protestantismus werden sollte, erreichte die städtische »Volksbewegung« sogar erst Ende der dreißiger und vierziger Jahre ihren Höhepunkt[64] und setzte sich sogar bis ins ausgehende 16. Jahrhundert fort – mit der »Langzeitreformation« in Dortmund, den »Spätreformationen« in Colmar und Aachen oder den gescheiterten Reformationen in Würzburg und Bamberg.

Die großen Reichsstädte und Druckzentren, wo die neuen Ideen am raschesten hingelangten – also Nürnberg, Augsburg, Basel und

Straßburg -, vertraten Seite an Seite mit den evangelischen Fürsten die Reformation auch auf den Reichstagen. Vierzehn Reichsstädte schlossen sich 1529 in Speyer der Protestation an, die der Bewegung den Namen gab, darunter Ulm, Konstanz, Straßburg und Memmingen. Man hat ausgemacht, daß von den gut fünf Dutzend Reichsstädten ganze fünf unberührt blieben von der Reformation, und das waren unbedeutende Nester - Buchau am Federsee, Pfullendorf, Zell am Hammersbach, Rosheim und Türkheim.[65]

Nicht viel anders sah es in den zu Hunderten zählenden Städten aus, die unter landesherrlicher Gewalt standen. Eine Stadt wie Mindelheim, in der kleinen Herrschaft der Frundsberg - der Söldnerführer des Kaisers - gelegen, wo »Stabilität als Gleichförmigkeit das entscheidende Charakteristikum ... im zeitlichen Umfeld von Reformation und Bauernkrieg« war und folglich sich religiös und politisch buchstäblich nichts tat,[66] war die große Ausnahme.

Bedeutend ist diese Stadtreformation auch als Manifestation eines Bürgerrepublikanismus im Übergang vom Mittelalter zur Neuzeit; das historisch-politische Bewußtsein der Deutschen hat diese Tradition seiner politischen Kultur noch weitgehend zu entdecken, weil sie in den obrigkeitlichen Geschichtsinterpretationen der kurzen Nationalstaatsepoche verlorenging. Der Bürgerrepublikanismus der frühneuzeitlichen Städte gehört zur Vorgeschichte des modernen staatsbürgerlichen Freiheitspathos, so verschlungen die Wege im einzelnen auch waren.

Was machte die historische Situation der Stadt und des deutschen Stadtbürgertums aus? Welche Elemente der reformatorischen Lehre waren es, die diese gewaltige religiöse, politische und soziale Bürgerbewegung in Gang setzten - in Reichs- wie in Landstädten, in großen, mittleren und kleinen Kommunen, an der See wie im Binnenland, an Handelsplätzen ebenso wie in Gewerbezentren und Ackerbürgerstädten? Auch hier gibt es sowohl geistige als auch materielle Dispositionen. Es ist keine Idealisierung des Geschehenen und auch kein Unrecht den Rittern, Bauern oder Fürsten gegenüber, wenn entschieden formuliert wurde:

Deutschland, das am Ausgang des Mittelalters im spezifischen Sinne ein Städteland war, stellte in seinen Städten, diesen Kommunitäten mit ihrer eigentümlichen Sozialgestalt, ihren ausgebauten politischen Institutionen und Traditionen der politischen Willensbildung und ihrer kulturellen Energie, die Schauplätze bereit, auf denen die geistig-kirchlichen Impulse, die von Luther ausgingen, besonders genau aufgegriffen werden, ein besonders lebhaftes Echo finden und weitergeführt werden konnten; vor allem in den Städten stellte sich die Rezeption der neuen Ideen als ein Prozeß der Verständigung dar.[67]

Tatsächlich bestand zwischen der Mentalität der Stadtbewohner und der Reformation weithin Kongenialität. Das beginnt bei der Alphabetisierung, die - selbst wenn man den skeptischen Schätzungen folgt, die von dreißig Prozent in den Städten gegenüber fünf Prozent in der Gesamtbevölkerung ausgehen - bis in die Handwerkerschaft vorgedrungen war und »die Chancen Luthers, für seine genuinen Anliegen Gehör und Gefolgschaft zu finden, maßgebend vergrößerte«.[68] Hinzu kamen die in den Städten konzentrierten Bildungsanstalten - Schulen, Universitäten und die Prädikaturen, die

Frau mit Buch, Genrebild von François Clouet (1522-1572)

Seit dem späten Mittelalter gehörte das Buch zur Lebenswelt des gehobenen Bürgertums. So war es ganz natürlich, daß die Reformation als Schriftbewegung im Bürgertum breiten Anklang fand.

durch allsonntägliche Predigten auch die illiteraten Unterschichten an den intellektuellen Diskurs gewöhnten und der Rezeption der neuen Bibelfrömmigkeit den Weg bahnten. Lehrer, Professoren, Prädikanten und der um sie herum entstandene Zirkel des frühen, humanistischen »Bildungsbürgertums« – Patrizier, Kaufleute, das gehobene Handwerksbürgertum – waren ja die ersten Anhänger Luthers, die zugleich als Verstärker und Multiplikatoren in die Mittel- und Unterschichten wirkten. Und wer selbst nicht lesen konnte, dem wurden die neuen Bücher vorgelesen – zu Hause, in der Wirtsstube oder auf dem Markt. Die Flugschriften sprachen für sich durch jedem verständliche Illustrationen und durch eingängige Merkverse.

Das wird sehr deutlich an dem Fall Matthäus Zells, des Leutpriesters an der Straßburger Münstergemeinde, der 1521 lutherisch zu predigen begann. Als ihm daraufhin vom Domkapitel die Kanzel verboten wurde, entstand – wie die erhaltenen Pamphlete zeigen – »eine öffentliche Debatte. Die Zell-Affäre wurde in Wirtshäusern behandelt und in den Herbergen, etwa in der Herberge zur Axt, wo die Fuhrleute abstiegen. Sie erregte natürlich die Kleriker und ließ deren Konkubinen weinen. Sie zog die Küster in theologische Debatten hinein und erregte die Mönche. Sie mobilisierte unter den Straßburgern Parteigänger, die bereit waren, Zell mit Gewalt zu verteidigen.«[69]

Ein weiteres kam hinzu: Durch den Rückgriff auf die Bibel – »sola scriptura« – hatte bei Luther und Zwingli die Religion selbst die Qualität der Verständigung zwischen Gott und dem mündigen Menschen angenommen. Das Mitdenken, Nachprüfen, Nachlesen war in den Vordergrund getreten gegenüber der Erfahrung des Religiösen als etwas Numinoses, die Ratio bewußt Überspringendes. Das waren Verhaltensweisen, die sich seit Generationen in den Städten herausgebildet hatten, während der Landbewohner noch über Jahrhunderte gerade das Magisch-Sakrale an der Religion schätzte. Das neue Schriftprinzip stand im Einklang mit der bürgerlichen Mentalität.

Diese kulturelle – religiös-geistige – Affinität war nur Teil eines gesamtgesellschaftlichen Gleichklangs zwischen Stadt und Reformation. Wiederum war es der »Gemeindegedanke«, der diesen Gleichklang stiftete – wie bei den Rittern und den Bauern, nur daß in den Städten mental wie real die Gemeindestrukturen ungleich stärker waren als beim Adel und den Landgemeinden, deren »Kommunalismus« die herrschaftlichen Strukturen auf dem Lande nicht sprengte. In den Städten war der Gemeindegedanke bereits religiös und sakral durchtränkt: »Die deutsche Stadt des Spätmittelalters [hatte] eine Neigung, sich als corpus christianum im kleinen zu verstehen«,[70] als eine in sich geschlossene Heilsgemeinschaft, und das galt keineswegs nur für die Reichs-, sondern auch für viele der Landstädte. Kirchen- und Bürgergemeinde wurden als Einheit begriffen, und zwar bis weit in die Frühneuzeit hinein: »Bürgerschaft und Bürgereinheit«, so wurde noch Anfang des 17. Jahrhunderts im gegenreformatorischen Aachen nicht anders als in lutherischen und calvinistischen Städten definiert, »bedeutet nicht nur Lebensgemeinschaft in einer von Wall und Graben umschanzten Siedlung, sondern Einigkeit im Willen und im Glauben«.[71]

Dem Stadtverband, der sich selbst so definierte, bot die Reformation ein geistig-religiöses, modern formuliert »ideologisches« Erklärungsmuster an, das die Bürgergemeinde in den Stand setzte, nach innen wie nach außen ihre geistige und materielle Existenz nicht nur zu stabilisieren, sondern sogar in die Offensive überzugehen. Und da der soziale und politische Wandel, besonders die Bevölkerungszunahme und der Aufstieg des frühmodernen Staates, die Städte ebenso traf wie Bauern und Ritter - wenn auch wegen der noch guten Wirtschafts-, vor allem Handelskonjunktur weit weniger bedrükkend -, wurde die reformatorische Bürgerbewegung landauf, landab zum Motor städtischer Interessenspolitik, und zwar in erster Linie der Bürgergemeinden, während sich die Stadträte aus mancherlei Gründen zunächst zurückhielten.

Als erstes ging es um die Neugestaltung des Kirchenwesens selbst. Die Reformation bot schlagende Argumente für die Errichtung von unabhängigen Stadtkirchen und damit für die rechtlich-organisatorische Umsetzung des Corpus-christianum-Anspruchs. Besonders die größeren Städte hatten bereits Schritte in diese Richtung getan, indem sie das Patronat und damit das Besetzungsrecht über eine oder mehrere Pfarrkirchen erwarben, Prädikaturen einrichteten, das geistliche Gericht zu kontrollieren versuchten oder die traditionell der Kirche unterstellten Armen- und Sozialanstalten, die Hospitäler zumal, übernahmen. Auch gegen den Sonderstatus von Klerikern und den zahlreichen kirchlichen Anstalten in den Städten - das waren Klöster, Stifte und vor allem die Domimmunitäten - waren im Mittelalter Räte und Bürgerschaften mit unterschiedlichem Erfolg vorgegangen.

Nirgends war es jedoch gelungen, das Einwirken von Kräften jen-

Satan wird in den Abgrund verschlossen, und ein Engel zeigt Johannes das Neue Jerusalem, Holzschnitt von Albrecht Dürer aus der Folge »Apokalypse des Johannes«

Die Stadt auf der Wende zur Neuzeit als Heilsgemeinschaft, als himmlisches Jerusalem: Dürers Darstellung zeigt den Moment, in dem ein Engel den gefesselten Teufel an einer Kette in den Abgrund führt, um ihn dort für tausend Jahre zu verschließen. Ein anderer Engel zeigt dem Apostel vom Berg herab das Neue Jerusalem, wo die Christen für ein Millennium in Glück und Frieden leben werden, bevor Satan aus seinem unterirdischen Verlies wieder hervorbrechen und der Endkampf beginnen wird. Die Vision des Neuen Jerusalem trägt bis in Details die Züge einer spätmittelalterlichen deutschen Stadt.

seits der Stadtgrenze tatsächlich abzustellen oder die große, bunte mittelalterliche Klerikergesellschaft, die in den Kathedralstädten fast ein Zehntel der Stadtbewohner ausmachte, in den Bürgerverband zu integrieren. Das konnte auch nicht gelingen, solange die von Rom gelenkte Priesterkirche existierte. Erst als Luther das allgemeine Priestertum aller Gläubigen postulierte und, darauf aufbauend, in einem berühmt gewordenen Gutachten »einer christlichen Versammlung oder Gemeine Recht und Macht« zusprach, »alle Lehre zu beurteilen und Lehrer zu berufen, ein- und abzusetzen«,[72] änderte sich das grundsätzlich. Nachdem er in seiner neuen Rechtfertigungslehre den »der stadtbürgerlichen Mentalität angemessenen Weg zum ewigen Seelenheil« gewiesen hatte, legte der Wittenberger Reformator mit dieser Schrift die kirchen- und gemeinderechtlichen Grundlagen für die »der Stadt und dem Bürgertum adäquate Gestalt von Religion und Kirche«.[73]

Mit dieser Kommunalisierung des städtischen Kirchenwesens war die außerbürgerliche Priesterkaste, die in den Städten seit Generationen Ziel antiklerikaler Proteste gewesen war, ausgeschaltet; das Kirchenregiment gelangte jetzt in die Hand des Stadtrates als Vertretungsgremium der Bürgerschaft. Dieser berief die Pfarrer, die sich mancherorts zu einem einflußreichen Predigerministerium zusammenschlossen. In einer Reihe von Kirchengemeinden entstanden bürgerliche »Laiengremien«, die vor allem die Finanzen und das Armenwesen kontrollierten. Wo sich später Presbyterien herausbildeten, nahmen diese Kollegien sogar direkt am Kirchenregiment teil.

Das ist »Verbürgerlichung der Kirche« genannt worden. Damit ist auch und vor allem die »Herausbildung des bürgerlichen Pfarrerstandes« der Neuzeit in den Städten gemeint, die sich bald auch in Dörfern zur Geltung brachte. »Zusammen mit seiner Familie lebte der evangelische Pfarrer in einer ganz anderen Weise inmitten der bürgerlichen Welt«,[74] als das der mittelalterliche Priester getan hatte und der weiterhin zölibatäre Weltgeistliche des neuzeitlichen Katholizismus bis heute tut. Als Gegenbild zum katholischen Priester war »der evangelische Pfarrer so etwas wie der am selbstverständlichsten Verheiratete, den es überhaupt gab; wie nirgendwo sonst gehörte im evangelischen Pfarrhaus zu einem Amtsträger die Ehefrau gewissermaßen notwendig hinzu, und Ehe und Familie wurden in unvergleichlichem Maß als Mittel sozialer Sicherung und Grundform natürlichen Lebens dargestellt – das evangelische Pfarrhaus wurde beinahe eine öffentliche Institution.«[75]

Um seinen Beruf ausüben zu können, nämlich das Wort Gottes richtig auszulegen und zu verkündigen, mußte der evangelische Pfarrer im Unterschied zum mittelalterlichen Kleriker ein Universitätsstudium absolvieren – auch das ein bedeutender Modernisierungsschub. Revolutionärer noch war die Entstehung einer Pfarrerfamilie, für die über Jahrhunderte hin die Ehe von Martin Luther und Katharina von Bora das Vorbild abgab. Aus dem evangelischen Pfarrhaus sind dann vier Jahrhunderte lang die ersten Köpfe der Epochen hervorgegangen, auffälliger- und charakteristischerweise weniger auf dem Feld der aufkommenden Naturwissenschaften als vielmehr auf dem von Literatur und Philosophie: Gryphius, Pufendorf, Matthias Claudius, Lessing, Herder, Jean Paul, Nietzsche, Droysen, Jacob Burckhardt, Hermann Hesse, C. G. Jung, Albert Schweitzer und Gottfried Benn.

Die Stadtreformation als »Bürger- und Gemeindereformation«[76] drang bis in die vielen kleineren und mittleren Landstädte vor, wo fern von den großen urbanen Zentren mit ihrem glänzenden kulturellen Leben und ihren geistlichen und politischen Führerpersönlichkeiten ihre Normalität greifbar wird. In Lemgo zum Beispiel, einer Hansestadt von rund viertausend Einwohnern mit zwei Pfarrkirchen und einigen weiteren kirchlichen Anstalten, trat kein einheimischer Reformator auf. »Intellektuelle« wie der Lateinschullehrer und der Stadtsekretär lasen zuerst Luthers Bücher und sorgten für die Verbreitung der neuen Ideen. Sie wurden darin unterstützt von vorbeiziehenden Bettelmönchen, vor allem aus Luthers Orden, der im benachbarten Herford ein Kloster besaß.

Um 1525 zog erstmals eine Gruppe von Bürgern nach Herford, um dort am evangelischen Gottesdienst teilzunehmen. Zum Bekenntnis kam es, als in Lemgo einige Bürger an Fastentagen Fleisch aßen und das öffentlich kundtaten. Als der konservative Pfarrherr in der Neustädter St. Marienkirche die Messe las, stimmte ein Teil seiner Pfarrkinder plötzlich deutsche Lieder an: Die spätmittelalterliche Messe, in der nur der Priester agierte, wurde »gesprengt«, indem sich im gemeinsamen Gesang eine evangelische Gemeinde bildete, die sich entschlossen zeigte, die Heiligung des Lebens in die eigene Hand zu nehmen und das Lemgoer Kirchenwesen nach den neuen, als richtig erkannten evangelischen Normen umzugestalten. Da die kirchliche und weltliche Obrigkeit nicht dafür gesorgt habe, daß »wir das wort Gottes ... lauter und klar« hören können, so rechtfertigte man sich in einer schriftlichen Eingabe selbstbewußt, seien »Kirchspiel und ganze Gemeinde« legitimiert, »einen rechten Prädikanten zu erwählen, der Gottes Wort rein verkündigt«; zuerst geschah das für die Altstädter Nikolaikirche.

Um die Gesamtstadt zu einer evangelischen Gemeinde zu machen, veranstaltete der inzwischen gebildete Vierundzwanziger-Ausschuß von Bürgervertretern eine Disputation zwischen alt- und neugläubigen Theologen »coram Senatu et civibus«, also öffentlich vor Rat und Bürgerschaft. Dieser Weg entsprach sowohl den bürgerlichen Vorstellungen von rationalen Entscheidungsfindungen als auch den neuen Normen des protestantischen Gemeindechristentums. Nachdem – wie zu erwarten – die Bürgerversammlung dem Protestanten den Sieg zugesprochen hatte, wurde auch die zweite Pfarrkirche evangelisch. Der Rat zögerte indes die weiteren Schritte hinaus, weil er an den streng katholischen Landesherrn dachte – aus politischen Gründen also – und weil viele der im Rat sitzenden Honoratiorenfamilien mit den Mönchen und Prälaten der alten Kirche verwandt waren, die nun aus ihren Klöstern und Pfründen verjagt werden sollten.

Von den neuen Predigern angeführt, reagierte die Bürgergemeinde entschlossen. Gehorsam gegenüber der Obrigkeit – so soll nach dem Bericht gräflicher Spitzel von der Kanzel verkündet worden sein – setze voraus, daß diese »die Nützlichkeit des Gemeinen Besten« nicht aus dem Auge verliere. Da der Lemgoer Rat sich aber dem Sieg des Wortes Gottes widersetze, sei es – so die Worte des evangelischen Pfarrers in der sicherlich nicht unparteiischen Predigtmitschrift – »sein Rat, daß man die Obersten auf den Markt führe und ihnen den Kopf abhaue«. Der Rat mußte dem Druck der Bürgerschaft nachgeben, und auch der katholische Landesherr sah sich gezwungen, die Realität anzuerkennen: Im Frühjahr 1531 verließen die Führer der katholischen Ratspartei die Stadt; an ihre Stelle wurden evangelische Ratsherren gewählt, zum Teil aus sozialen Schichten, die bislang nicht zu den Ratsfamilien gezählt hatten.

In Zusammenarbeit zwischen Rat, Bürgerausschuß und von Fall zu Fall einberufener Bürgervollversammlung entstand dann in den Jahren 1532/33 die lutherische Stadtkirche: In der ganzen Stadt, also auch in den Klöstern und Stiften, wurden die Messe und der Gebrauch anderer altgläubiger Zeremonien verboten; die Einheitlichkeit des Glaubens sollte gewahrt bleiben. An die Spitze der Gläubigen trat ein Superintendent, eine Art evangelischer Bischof, von Gottes und der Gemeinde Gnaden. Eine ausführliche, 1533 verabschiedete Kirchenordnung legte aufs genaueste die neuen Gottesdienst- und Lebensformen fest. Lemgo war die erste lutherische Stadt in der Grafschaft Lippe, aber das Land sollte bald diesem Vorbild folgen.

Stadtreformation war weit mehr als kirchliche Erneuerung. Die Dynamik des evangelischen Gemeindegedankens griff von ihrem Zentrum, der Kirchengemeinde, aus weit ins politische und gesellschaftliche Feld über, das in den Städten Alteuropas besonders eng mit dem religiös-kirchlichen verzahnt war. Wie bei den Rittern und den Bauern wurde auch bei den Bürgern die Reformation zum Träger materieller Interessen, ohne dadurch ihren geistlichen Charakter zu verlieren.

Die deutschen Städte hatten in der ihnen günstigen Konjunktur des späten Mittelalters eine Wirtschaftsblüte erlebt, die auch ihre politische Stellung gefestigt hatte. Die ersten drei Jahrzehnte des 16. Jahrhunderts brachten keinen grundsätzlichen Umschlag. Die mächtigen Reichsstädte Oberdeutschlands waren wegen ihrer Finanzstärke für den Kaiser und die Fürsten gefragte Partner – etwa im Schwäbischen Bund. Auch im Hanseraum gingen die Geschäfte für Handwerker und Kaufleute gut. Wenn auch der Städtebund den Höhepunkt seines politischen Einflusses inzwischen schon überschritten hatte, so spielten einzelne Hansestädte doch weiterhin eine führende politische Rolle – Braunschweig, Magdeburg, Hamburg und natürlich Lübeck, aber auch mittlere und kleinere Städte wie Münster oder eben Lemgo. Die Wirtschafts- und Finanzkraft dieser Städte übertraf ja häufig diejenige ihrer Landesherren; so hatte die Stimme der Städte im Territorium Gewicht.

Trotz dieser generell günstigen Lage hatten auch die Städte Anpassungsprobleme – ökonomische, soziale und vor allem politische. Es waren die Jahrzehnte der Reformation, in denen die Umstellung der Ökonomie auf die Handelswege und Wirtschaftszentren der Neuzeit notwendig wurde: von der Orientierung auf den Alpen- und Mittelmeerraum mit der Süd-Nord-Handelsrichtung auf den Atlantik- und Ostseeraum mit der Ost-West-Handelsrichtung.

Die ökonomischen Veränderungen wirkten sich direkt auf die Gesellschaft und die Lebenschancen des einzelnen aus. Es kam Bewegung in die Ständegesellschaft, Verunsicherung und Existenzangst breiteten sich aus. Es wurden ungeheure Gewinne gemacht – immer noch auch in Oberdeutschland –, aber auch existenzzerstö-

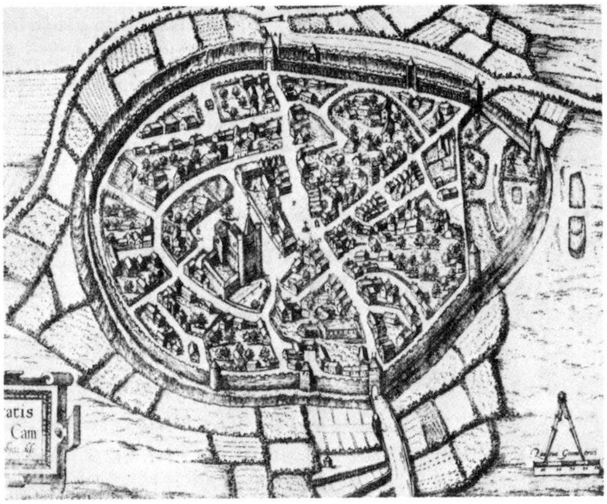

Die frühneuzeitliche Stadt war zwar durch Mauer und Graben vom »flachen Land« getrennt, dennoch bildete sie mit dem Umland eine Wirtschaftseinheit. Der erste Ring von Äckern, Wäldern und Wiesen, der die Stadt umgab, wurde in der Regel sogar von den Städtern genutzt.

rende Verluste. Handwerker und Kleinhändler, die sich rasch auf die neue Lage einzustellen vermochten, festigten ihre ökonomische und gesellschaftliche Position und erhoben als ein aufsteigendes Honoratiorentum Anspruch auf politisches Mitspracherecht, so vor allem in den gesellschaftlich offeneren Städten Norddeutschlands. Eine akute Krise bedeutete das noch nicht.

Krisenträchtig hingegen war das Bevölkerungswachstum: Handels- und Gewerbezentren nicht anders als Ackerbürgerstädte litten bereits unter Überbevölkerung. Die Unterschichten nahmen zu, die Vor- und Randstädte wuchsen, der Graben zwischen Armen und Reichen vertiefte sich. Ernährungskrisen wie in den Jahren 1528 bis 1531, als die Kornpreise fast auf das Fünffache des Normaljahres 1525 hochschnellten,[77] brachten selbst die Mittelschicht der Handwerker und Kleinhändler in Schwierigkeiten. Es wundert daher nicht, daß – ähnlich wie bei den Bauern – die Restitution entfremdeter agrarischer Nutzungsrechte in der städtischen Feldmark immer wieder unter den zentralen Forderungen der Bürgergemeinden auftaucht, selbst in »Weltstädten« wie Köln: In Zeiten knapp werdender Ernährungsressourcen, vor allem wenn akute Ernteprobleme auftraten, wurde es »für Teile der Bürgerschaft zur Existenzfrage, auf gemeineigenem Grund Gemüse zu ziehen, Kleinvieh zu weiden und im Herbst ein oder zwei Schweine zur Eichelmast zu treiben«.[78]

Am schwierigsten war die politisch-verfassungsrechtliche Lage der Städte. Da in der vormodernen Welt der rechtlich-verfassungsmäßige Status die soziale und gesellschaftliche Position definierte und darüber hinaus auch der ökonomische Handlungsspielraum des Bürgertums sowie die Art und Weise seines Wirtschaftens direkt von den politischen Rahmenbedingungen abhingen, bildete die Verfassungsfrage den Brennpunkt des Geschehens, jedenfalls im Bewußtsein der Handelnden. Es ist nicht übertrieben, von einer säkularen Anpassungs- und Umstellungskrise des politischen Systems und der politischen Kultur der Städte zu sprechen. Ausgelöst wurde sie im 15. Jahrhundert durch den Ausbau der Landesherrschaft, zugespitzt mit dem Aufkommen des modernen Souveränitätsbegriffs im ausgehenden 16. Jahrhundert und überwunden erst mit der endgültigen Stabilisierung der absolutistischen Fürstenstaaten nach dem Dreißigjährigen Krieg.

Die politische Ordnungsvorstellung des Stadtbürgertums, die sich im Mittelalter entwickelt hatte und im »langen 16. Jahrhundert« in einen Existenzkampf mit dem frühmodernen Fürsten- und Obrigkeitsstaat geriet, ist als »alteuropäischer Stadtrepublikanismus« charakterisiert worden.[79] Im historischen Bewußtsein Europas existiert dieser frühe bürgerliche Republikanismus in der Form, die er in der italienischen Renaissance sowie im 17. Jahrhundert in Holland und England annahm. Denn in diesen Brennpunkten der öffentlichen Diskussion wurde die politische Theorie der Neuzeit in Gang gesetzt.[80]

Als politische Ordnungsvorstellung, die das Handeln des Stadtbürgertums leitete, ohne große theoretische Entwürfe hervorzubringen, war dieser alteuropäische Bürgerrepublikanismus aber auch in Deutschland verbreitet. Er fand sich nicht nur in den großen Reichsstädten, die in der europäischen Politiktheorie des 17. und 18. Jahrhunderts neben dem antiken Rom, den italienischen Stadtstaaten, der Verfassung von Venedig und in den Städten der Schweiz und der Niederlande stets als glänzendes Beispiel für Republiken erscheinen, sondern auch in den nach Hunderten zählenden mittleren und kleineren Städten, die im Verlaufe der Frühneuzeit dem Fürstenstaat untergeordnet wurden und damit aus dem republikanischen Bewußtsein Deutschlands und Europas verschwanden.

Getragen wurde dieser frühe deutsche Stadtrepublikanismus von genossenschaftlich fundierten Freiheitsrechten im Innern und nach außen, die dem Bürgerverband und nicht dem Individuum zugehören und daher nicht modern, sondern alteuropäisch konzipiert sind. Im Innern waren es vier Grundpfeiler, auf denen diese bürgerlichen Ordnungsvorstellungen ruhten:

- Erstens das Postulat persönlicher »Grund- und Freiheitsrechte« aller Bürger - besonders der Schutz von Leib und Gut vor willkürlicher Verhaftung und Geldforderung -, großartig dokumentiert in der Kölner Verfassungsurkunde, dem sogenannten Gaffelbrief, zusammen mit dem 1513 erstrittenen Transfixbrief.
- Zweitens die Forderung nach Gleichheit aller Stadtbewohner in Lasten und Pflichten - bezogen auf Steuern und Abgaben, kommunale Arbeiten, etwa beim Bau und der Unterhaltung der Stadtmauer sowie beim Einsatz von Gut und Blut allgemein, was insbesondere für die politische Führungsschicht zeit- und geldverschlingende Dienste zum Wohle der Stadt bedeuten konnte.
- Drittens der Anspruch auf politische Partizipation nicht des Individuums, sondern der Bürgergemeinde als genossenschaftlichem Schwurverband, vertreten durch Ausschüsse oder auch in der Bürgervollversammlung, und zwar in allen Angelegenheiten, die nicht nur das Regiment im engeren Sinne, sondern die Stadt insgesamt berührten - wie Krieg und Frieden, Steuern, Veränderungen der »Verfassung« und vor allem die Religion.
- Viertens schließlich die oligarchisch-egalitäre Besetzung der städtischen Regierungsgremien, das heißt die relative Offenheit der städtischen Politikelite für aufsteigende Schichten und vor allem Gleichheit und Kollegialität innerhalb der städtischen Regierungsorgane, um permanente Herrschaft einer Gruppe oder gar einer Einzelperson auszuschließen. Vor allem diese Kollegialität und Egalität der Politikelite bedeutete einen scharfen Gegenentwurf zum monarchi-

schen Prinzip, das im Fürstenstaat triumphieren sollte. Daß es sich um eine oligarchische und nicht um eine demokratische Gleichheit handelte, war nichts spezifisch Deutsches; das gilt ja ganz allgemein für den alteuropäischen Republikanismus.

Nach außen, dem Territorium und dem Reich gegenüber, meinten die republikanischen Freiheitsvorstellungen die Unantastbarkeit aller im Verlaufe des Mittelalters erworbenen Rechts-, Verwaltungs-, Steuer-, Wirtschafts- und Sozialprivilegien, die in ihrer Summe eine weitreichende Autonomie der städtischen Politik begründeten. Damit war ein vom Willen der Fürsten oder des Kaisers unabhängiger Handlungsspielraum abgesteckt, im Falle der Landstädte innerhalb des jeweiligen Territoriums, aber auch darüber hinaus. Rechtlich begründet wurde dieser Anspruch mit einer frühen Vertragstheorie, die Landesherren und Städte als gleichberechtigte Vertragspartner darstellte und für den Ausgleich von Interessengegensätzen nur das Einigungsverfahren anerkannte. Die Rechtssystematik unterscheidet zwar streng Land- und Reichsstädte; aber in der beginnenden Neuzeit standen sie nebeneinander, mitunter kaum unterscheidbar. Erst die fortschreitende territoriale Staatsbildung des 16. und frühen 17. Jahrhunderts zerstörte die relativ einheitliche Bürgerwelt. Fortan war die politische Kultur in Reichs- und Landstädten sehr verschieden.

Im Verlaufe des 16. Jahrhunderts kamen alle konstitutiven Elemente dieses Stadtrepublikanismus unter Druck, und zwar keineswegs nur von außen. Die Krise brach auch im Innern der Städte selbst auf, denn die Stadträte griffen die ihnen von den Fürsten vorexerzierte Argumentation auf, daß jede Herrschaft obrigkeitlicher Qualität sei und eine direkte Verantwortlichkeit den »Untertanen« gegenüber nicht bestehen könne. Für die Reichsstädte wurde das um so wichtiger, als die oberen Stände ihnen im weiteren Verlauf des 16. Jahrhunderts nur dann auf den Reichstagen ein Mitspracherecht zugestehen wollten, wenn sie politisch entscheidungsfähige Obrigkeiten hatten. Diese Entwicklung, die bereits im 15. Jahrhundert nachweisbar ist, erreichte ihren Höhepunkt im 17. Jahrhundert, als reichsstädtische Räte dazu übergingen, sich den Fürsten gleich den Titel »Von Gottes Gnaden« zuzulegen.[81] Parallel dazu wurden die persönlichen Freiheitsrechte vor allem durch die Zunahme von obrigkeitlich verfügten Verhaftungen sowie durch immer häufigere Steuerforderungen bedroht; zeitweilig schien es sogar, als könnten sich »Stadttyrannen« etablieren, die das oligarchisch-egalitäre Prinzip außer Kraft setzten.[82]

Außenpolitisch kam der Druck von den Fürsten, die darangingen, die Autonomie der Städte Zug um Zug zu beschneiden, um sie der direkten Kontrolle ihrer expandierenden Bürokratie zu unterwerfen. Damit wollten sie das neuzeitliche Souveränitätsprinzip, das nur eine einzige höchste Staatsgewalt kannte, zur Geltung bringen. Vor allem sollte das politische und ökonomische Handeln der Städte in die territorialen Grenzen gezwungen werden, was schon räumlich-geographisch neuzeitliche Bedingungen schuf. Eine solche Einengung war im Mittelalter unbekannt gewesen und daher dem bürgerrepublikanischen Handlungshorizont zutiefst fremd.

Der Wandel traf in erster Linie die landsässigen Städte, und zwar vor allem jene mittleren und großen Kommunen in der Mitte und im Norden Deutschlands - viele von ihnen Mitglied des Hansebundes -, denen die Landesherren im Mittelalter weitreichende Freiheitsrechte eingeräumt hatten, weil ein politisch und finanziell starkes Bürgertum die eigene Herrschaft über das Land festigte. Betroffen waren aber auch die Reichsstädte, die alle mehr oder weniger expansive Fürsten zu Nachbarn hatten, wenn sie nicht gar Enklaven innerhalb eines Territorialstaates waren und damit dessen natürliche Arrondierungsbestrebungen besonders empfindlich störten. Die kurzfristige Besetzung Reutlingens durch den württembergischen Herzog Ulrich, die 1519 reichsweit Aufsehen erregte und durch den Schwäbischen Bund militärisch gebrochen werden mußte, war nur der erste in einer Reihe ähnlicher Anschläge. Die gewaltsame Eingliederung Donauwörths in das Herzogtum Bayern ein Jahrhundert später lehrt, daß diese Anschläge keineswegs alle glimpflich ausgingen.

Solche Übergriffe führten bereits im ausgehenden Mittelalter zu Spannungen im Dreieck Fürsten - Bürgergemeinden - Stadträte, die vielerorts den Stadtfrieden gefährdeten. Die Bürgergemeinden zeigten sich entschlossen, für die Stadtautonomie und die innerstädtischen Freiheitsrechte zu kämpfen. Verschärft wurde der Konflikt durch den wachsenden Antiklerikalismus und die sozialen Probleme, die der beginnende Konjunkturumschwung und der Bevölkerungsanstieg mit sich brachten. Dieses brisante Gemisch aus politischem und sozialem Protestpotential war bereits in den ersten Jahrzehnten des 16. Jahrhunderts hier und da zur Explosion gelangt. Zeitlich parallel zu den »Voraufständen« des Bauernkrieges »läuft eine Kette städtischer Bewegungen, welche von Konstanz bis nach dem Niederrhein sich erstreckt, vom nördlichen Deutschland herabreicht bis nach Thüringen, Franken, Schwaben und Bayern«.[83] Eine Reihe solcher Stadtaufstände, die 1525 den Bauernkrieg begleiteten, sind - systematisch gesehen - dieser vorreformatorischen Welle zuzurechnen, weil die neue Kirchenlehre sie noch kaum oder gar nicht beeinflußt hatte.

In den Stadtreformationen zwischen 1520 und 1540 brach dann eine gewaltige Welle von Bürgerbewegungen auf, die getragen war von dem Willen, gleichzeitig mit der Kommunalisierung der Kirche die bedrohten politischen und gesellschaftlichen Freiheitsrechte im Innern und nach außen neu zu stabilisieren. Diese Verbindung von reformatorischer und stadtrepublikanischer Dynamik kam aus der Nachbarschaft von reformatorischem Gemeindeprinzip und gesellschaftlich-politischer Ordnungsvorstellung, die ja im Stadtbürgertum weit tiefer als bei Rittern und Bauern ging. In mancher Hinsicht war der reformatorische Kirchen- und Gemeindebegriff eine Reaktion auf die im späten Mittelalter ausgebildeten kulturellen, gesellschaftlichen und politischen Denkbilder der Städte und ihres Bürgertums. Offensichtlich ist das bei Zwingli und Zürich und vor allem bei Calvin und Genf; es gilt aber auch für Luther, trotz seiner individuell gerichteten Rechtfertigungslehre und seiner Orientierung am ostelbischen Fürstenstaat. Der frühe Luther, der die reformatorischen Bewegungen auslöste, konnte durchaus in städtischen Ordnungsvorstellungen denken, wie sein berühmtes Gutachten für die Neuordnung der Kirche in der sächsischen Stadt Leisnig belegt.[84] Es

Werbetafel für den allgemeinen Almosenkasten der Dreikönigsgemeinde in Frankfurt am Main, Vorder- und Rückseite, 1531

Sogenannte Kastenordnungen stellten in den evangelischen Städten die Armen- und Sozialfürsorge auf neue Grundlagen.

waren diese gemeindlichen und nicht die individualistischen Elemente in Luthers Theologie, die das Bindeglied zwischen kirchlich-religiösem und gesellschaftlich-politischem Wollen der Bürger ausmachten.

Die stadtrepublikanischen Bürgerbewegungen waren nicht rückwärts gerichtet und auch nicht rein defensiv. Die Dynamik des reformatorischen Gemeindegedankens, der ja mit der Kirche zugleich auch das private und öffentliche Leben insgesamt erneuern sollte, ließ die Bürgergemeinden und, von ihnen vorangetrieben, schließlich auch die meisten Stadträte zur Offensive übergehen. Das stadtrepublikanische Politikmodell wurde systematisch ausgebaut, vor allem durch die kommunale Steuerung der Religion, der Kirche und der daran hängenden »res mixtae« im Überschneidungsfeld von Kirche und Staat, das heißt von Ehe, Schule, Bildung, Krankenversorgung sowie Sozial- und Armenfürsorge. Damit wurde es zu einem alternativen Politikkonzept, mit dem die Städte im weiteren Verlauf des 16. und frühen 17. Jahrhunderts gegen den Frühabsolutismus der Fürstenstaaten antraten – zwar nicht ganz vergeblich, aber, wie sich zeigen sollte, mit nur mäßigem Erfolg.

Eindrucksvolle Beispiele für das neue, hochfliegende Freiheitspathos der Bürgergemeinden sind in den großen Reichsstädten des Südens faßbar: in Augsburg, Basel, Ulm und Straßburg, weniger in Nürnberg, wo der Rat früh das Heft in die Hand nahm. Auch im rheinischen Westen gibt es hervorragende Vertreter: Worms, Speyer, Frankfurt, auch Mainz, nicht aber in Köln, dem rätselhaften Sonderfall, wo konservative Romtreue den Ansätzen evangelischer Bewegung keine Chance ließ. Hier kamen mehrere dem Protestantismus

Jürgen Wullenwever, anonymes Gemälde, 1537

In Lübeck kam es im Zusammenhang mit der Reformation zur gewaltsamen Vertreibung des patrizischen Stadtrates. Führer der Bürger war der reiche und angesehene Kaufmann Jürgen Wullenwever, der sich jedoch nur kurze Zeit an der Macht halten konnte. Die umliegenden Fürsten führten die Patrizier zurück ins Regiment und ließen Wullenwever enthaupten und vierteilen.

ungünstige Faktoren zusammen: die starke Scholastik in der Universität, der sehr frühe Aufbruch des altkirchlichen Reformgeistes in der Kartause St. Barbara, deren enge Verbindungen in das tonangebende Großbürgertum, schließlich die Orientierung auf das Kaisertum und die habsburgischen Niederlande, wo die erste Welle der Reformation ebenfalls kaum hingelangte. Ein Beleg für die Schwäche des stadtbürgerlichen Freiheitsanspruchs ist der Kölner Sonderfall ganz sicher nicht. Neben diesen Entwicklungen in den Städten des Südens und Westens standen die reformatorischen Bürgerbewegungen in den großen Reichs- und Hansestädten des Nordens und Ostens: in Bremen, Hamburg, Lübeck, Braunschweig, Magdeburg, Mühlhausen, den wendischen Städten Stralsund, Wismar, Rostock bis hin nach Danzig.

In einigen Fällen radikalisierte sich die reformatorische Bürgerbewegung politisch und religiös. Politisch, weil breite Mittel- und Unterschichten mobilisiert wurden und neue Männer versuchten, mit ihrer Hilfe das Heft in die Hand zu bekommen. So etwa in Lübeck, wo Jürgen Wullenwever, selbst Angehöriger einer aufsteigenden Großkaufmannsfamilie, dafür sorgte, daß mit der Einführung der Reformation die Verfassung der Hansestadt zugunsten bislang nichtratsfähiger Familien modifiziert wurde. Schließlich stürzte der patrizische Rat, und Wullenwever übte vom Frühjahr 1533 bis Sommer 1535 an der Spitze seiner Anhänger selbst das Ratsregiment aus, bis er auf einer außenpolitischen Mission benachbarten Fürsten in die Hand fiel und – nach einem willkürlichen Prozeß – hingerichtet wurde.

Die religiöse Radikalisierung war das Werk charismatischer Propheten, die den apokalyptisch-chiliastischen Umsturz aller Dinge und die endzeitliche Erneuerung der Welt predigten. Es kam zu gewaltsamen Ausbrüchen gegen die alten Machthaber in Kirche und Magistrat, nicht selten begleitet von einem Bildersturm, der die eben noch verehrten Kunstwerke einer überlebten Frömmigkeit hinwegfegte.

Diese Tendenzen überschlugen sich im Münsteraner Täuferreich. Die westfälische Bischofsstadt besaß eine Ratsverfassung, die in normalen Zeiten sicherstellte, daß das hansische Kaufmannspatriziat aus den alljährlichen Wahlen als klarer Sieger hervorging. War die Bürgerschaft indes über den Rat verärgert und fest entschlossen, neue Männer ans Ruder zu bringen, so konnte sie durch ihre Wahlmänner und Gildevertreter für einen raschen Wechsel im Regiment der Stadt sorgen. Bereits 1525, im Jahr des Bauernkrieges, war es zu ersten Unruhen gekommen, die der Bischof jedoch unter Kontrolle gebracht hatte. Dann radikalisierte sich die Bürgerbewegung Schritt um Schritt, in Schwung gehalten durch einen rasch anwachsenden Zustrom von außen: von Täufern aus den Niederlanden und Spiritualisten aus dem Herzogtum Kleve, den Wassenberger Prädikanten, die zunächst von einem verständigen Amtmann geduldet, dann von der Düsseldorfer Regierung des Landes verwiesen worden waren.

Seit Frühjahr 1532 war die Stadt lutherisch, vom Bischof im Februar 1533 vertraglich anerkannt. Im Januar 1534 verkünden Sendboten des Amsterdamer Täuferpropheten Johann Matthys, vor kurzem noch Bäcker in Haarlem, die Zeit der Unterdrückung sei vorbei, die Taufe der Kinder Gottes müsse beginnen, damit diese die Welt mit Feuer und Schwert vom Unglauben befreien könnten. Bernhard Rothmann, der einst lutherische Führer des Münsteraner Protestantismus, empfängt die Taufe und mit ihm anderthalbtausend seiner Anhänger - ehemalige Nonnen und Stiftsdamen, Weltkleriker und Mönche, Handwerker und Patrizier, alle ohne Unterschied von Rang und Besitz suchen Zuflucht in der Endzeitgemeinde. Sie geben ihren Beruf auf, verkaufen Gold und Juwelen, um sich auf die Wiederkunft ihres Herrn vorzubereiten.[85] Nur wenige hundert Einheimische entzogen sich und verließen die Stadt, um beim Bischof und den umliegenden Reichsfürsten für eine gewaltsame Wiederherstellung der alten Ordnung zu werben.

Den Täufern dagegen war Münster das verheißene »Neue Jerusalem«, zu dem sie aus allen Ecken der Niederlande und Nordwestdeutschlands zusammenströmten. Denn - so predigte ihr Prophet Jan Matthys in Amsterdam - die Welt werde noch vor Ostern grausam gestraft, weniger als ein Zehntel der Menschheit werde überleben. Nur an Münster, der Stadt des Herrn, würden die Würgeengel vorübergehen.[86] Am 24. Februar wird ein täuferischer Rat gewählt, und Jan Matthys trifft selbst in seinem »Neuen Zion« ein. Nachmittags gibt er den Befehl zum »Bildersturm«, der über Kirchen und Klöster hinwegfegt, Statuen, Altäre, Bilder, kostbare Kodizes und Musikinstrumente vernichtet, auch Karten- und Würfelspiele, kurz alles, was nach Ansicht des Propheten der verderbten Welt zuzurechnen ist und im aufziehenden Reich Gottes nichts mehr verloren hat.

Seit März 1534 wird die Stadt von Heeren belagert, die der Bischof zu Hilfe gerufen hat. Das Bewußtsein der Isolierung und Einschließung, bald auch Hunger und Not lassen die Täufer immer radikaler das Überkommene abstoßen und Zuflucht suchen zu neuen Formen politischer und gesellschaftlicher Ordnung: Massenbuße und Heiligung der Stadt durch Vertreibung von insgesamt rund zweitausend Unbußfertigen und Ungläubigen; Polygamie und Gütergemeinschaft; ekstatische Tänze und Umzüge durch die Stadt. Als Ostern verstreicht, ohne daß die Endzeit anbricht, will Jan Matthys ein Zeichen Gottes erzwingen: Er läßt das Ludgeritor öffnen, stürmt von wenigen Bewaffneten begleitet das bischöfliche Feldlager und findet in den Spießen der Landsknechte den Tod. An die Stelle von Matthys tritt nun Johan oder Jan Bockelson, ein Schneidergeselle aus Leiden, der mit feuriger Predigt die Erschütterung über Matthys' Tod umzugießen weiß in Entzücken über das Neue Zion. Die alte Ratsverfassung wird abgeschafft und durch ein Ältestenkollegium nach biblischem Muster ersetzt, das allerdings zur Hälfte aus ehemaligen Ratsherren besteht.

Doch die Parallelität zum Alten Testament sollte das neue auserwählte Volk Israel der westfälischen Bischofsstadt noch weiter von den gesellschaftlichen und politischen Traditionen des alteuropäischen Bürgertums abweichen lassen. Dem Volk Gottes fehlte der alttestamentliche König. In einer wohleinstudierten Inszenierung nimmt eines Tages ein Vertrauter Bockelsons den zwölf Ältesten das Schwert, seit alters Symbol der Regierungsgewalt, und überreicht es Bockelson, der nun als »Johan der gerechte, konningk in dem stole Davidz« Münster regiert,[87] umgeben von einem großen Hofstaat und vier, später sogar sechs Ehefrauen an seiner Seite.

Münsteraner Torso

Im »heiligen« Eifer, Stadt und Kirche von Aberglaube und Heiligenanbetung zu befreien, stürzten die Radikalen in der Reformation die Statuen und schlugen ihnen die Köpfe ab.

Jan van Leiden und sein Hofstaat, Kreidezeichnung, vermutlich von Heinrich Aldegrever

Der Münsteraner Täuferführer ist wie Christus beim Abendmahl dargestellt. Die links und rechts von ihm sitzenden Frauen erinnern in Kleidung, Gestik und Anordnung an die traditionelle Darstellung der Frauen unter dem Kreuz. Die Männer sind nackt, eine Anspielung auf den Nudismus der Amsterdamer Täufer.

Der radikale Bruch mit dem politischen und gesellschaftlichen Herkommen isolierte die Münsteraner Täufer vollkommen. Das Reich und die Kräfte der Region - evangelische wie katholische - sprangen dem Bischof zur Seite, um die ausbrechende Bürgerbewegung militärisch niederzuschlagen. Die wohlbefestigte Stadt fiel in der Nacht zum 25. Juni durch Verrat. Der Bürger Heinrich Gresbeck, der sich dem Bann des Endzeitkönigs entzogen hatte und geflohen war, führte die Landsknechte an einer schwachen Stelle in die Burg Zion. Es kam zu verzweifelten Kämpfen, danach zu einem unerbittlichen Strafgericht der Sieger. Die Münsteraner Bürgergemeinde, die das Gesetz des Handelns längst an Fremde verloren hatte, war damit politisch und religiös gescheitert: Fortan hatte ein Militärgouverneur des Landesherrn in der Stadt das Sagen. Mit dem Täufertum war die Reformation generell in Mißkredit geraten. Münster kehrte ein für allemal in den Schoß der alten Kirche zurück.

Münster und Lübeck, wo die reformatorischen Bürgerbewegungen in radikales Fahrwasser gerieten, waren die extreme Ausnahme. In der Regel fanden oppositionelle Bürgerschaft und Magistrat vergleichsweise rasch und ohne den Rausch der Gewalt zu einem neuen Stadtfrieden. Die stadtbürgerliche Welt wurde dabei nicht gesprengt. Im Gegenteil, es kam durchgehend zu einer Restitution des stadtrepublikanischen Modells. In welcher Breite dieses Ordnungsideal damals die politische Kultur des deutschen Bürgertums durchdrungen hatte, wird an den überschaubaren Verhältnissen eines vergleichsweise kleinen Gemeinwesens wie Lemgo deutlich.

Wie in vielen Städten, vor allem im Hanseraum, war auch dort die politische Beteiligung der Bürgerschaft institutionell festgelegt: berufsgenossenschaftlich über den sogenannten Vierten Haufen, gebildet aus den Gildemeistern der neun wichtigsten Gewerbe; regional-nachbarschaftlich über den Dritten Haufen, das Gremium der sogenannten Gemeinherren, in das Regiment entsandt durch die sechs »Bauernschaften« oder Stadtbezirke. Der Erste und Zweite Haufen war der Rat selbst, zwei Gremien aus jeweils zwei Bürgermeistern und zehn Ratsherren, die abwechselnd ein Jahr regierten und ein Jahr pausierten. Besetzt wurde der Rat durch Kooptation, also durch Selbstergänzung. Auf diesem Weg gelangten natürlicherweise immer wieder dieselben Familien in den engeren Rat, und zwar vornehmlich aus dem Umkreis der Kaufmannsgilde der hansischen Fern- und Großhändler. Und weil die alltäglichen Geschäfte durch den Rat, unterstützt von einem rechtskundigen Syndikus, erledigt wurden und zur Durchdringung der öffentlichen Angelegenheiten immer häufiger juristisches Fachwissen nötig war, verblaßten die Rechte des Dritten und Vierten Haufens und damit auch die politische Partizipation des Bürgerverbandes.

Sozial gesehen war das eine Minderung des Gewichts der Mittelschicht von Handwerkern und Kleinhändlern, aber auch von Mitgliedern der Oberschicht, soweit sie nicht der Kaufmannsgilde angehörten. Nicht wenige dieser politisch an den Rand geratenen Einwohner hatten von den wirtschaftlichen Zeitläufen profitiert - sei es in den neuen, von der Übersee-Expansion eröffneten Handelsmöglichkeiten, sei es in bestimmten Gewerben, die aus der Agrarkonjunktur direkt oder indirekt Nutzen zogen, wie die häufig mit Vieh handelnden Fleischer. Diese aufsteigende Honoratiorenschaft sah sich durch das Hansepatriziat von der Teilhabe am Stadtregiment ausgeschlossen, auf das sie nach den politischen Normen des alteuropäischen Stadtbürgertums aufgrund ihres ökonomischen Erfolges Anspruch erheben konnte.

Als sich das Gemeindeprinzip in der Lemgoer Stadtkirche Bahn brach, ging die Bürgerschaft, angeführt von Mitgliedern der vom Rat ausgeschlossenen Honoratiorenfamilien, auch politisch zur Offensive über: Gleichzeitig mit der Erneuerung der Kirche durch das protestantische Gemeindechristentum forderten die Lemgoer, »daß man eine unparteiliche Gemeinde erwählen solle«, also einen mit dem Vertrauen der Bürger ausgestatteten Sonderausschuß, der die Interessen der Bürgerschaft wahrnahm, nötigenfalls durch zeitweilige Übernahme des Stadtregiments. Solche Bürgerausschüsse wurden in den alteuropäischen Städten immer dann gebildet, wenn die Bürger den Eindruck hatten, der Rat verfolge nicht das gemeine Beste der Stadt, sondern ein partikulares Sonderinteresse. Und da die Räte in der Regel aus politischen oder sozialen Gründen der Reformation zurückhaltender gegenüberstanden als die politisch bedenkenlosere Bürgerschaft, treten solche Ausschüsse in diesen Jahren überall hervor.

Der Lemgoer Bürgerausschuß hat über Jahre hinweg zunächst gegen den noch altgläubigen, später mit dem erneuerten protestantischen Rat das öffentliche Leben in der Stadt kontrolliert und auch nach außen über die Interessen der Stadt gewacht - gegenüber dem Landesherrn, dem Landtag, selbst über die Landesgrenzen hinweg in Absprachen mit Nachbarstädten und Nachbarfürsten.

Auf dem Höhepunkt der Bürgerbewegung traten in Lemgo wie in zahlreichen anderen Städten Bürgervollversammlungen zusammen, wobei natürlich nur die Besitzer des Bürgerrechts - also nur ein Teil, häufig eine Minderheit der Stadtbewohner - und natürlich nur

Lemgoer Ratsverfassung laut Regimentsnottel von 1491

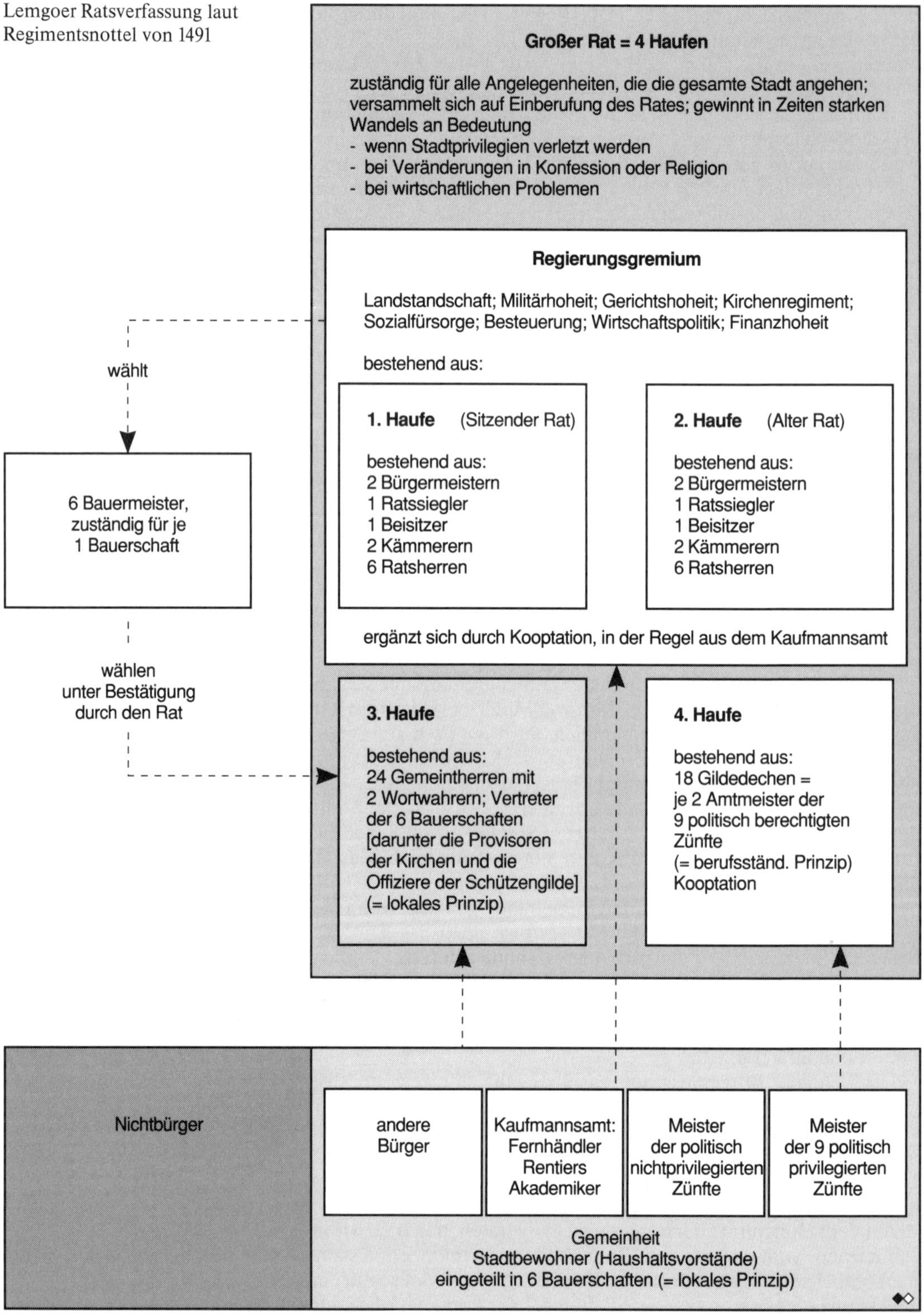

die Männer politisch voll handlungsfähig waren: »Die gemeine Stadt kam bei Eiden zusammen«, um gemeinsam die anstehenden Entscheidungen zu beraten und den so gefundenen neuen politischen und religiösen Konsens zu beschwören. War die Stadt von innen, durch einen widerspenstigen Stadtrat oder durch auswärtige Mächte bedroht, so legten die Bürger - wie in Lemgo bei einem späteren Aufstand - »ihre Waffen an, übernahmen die Schlüssel zum Rathaus, den Pforten, dem Gefängnis«. An die Spitze der Miliz traten gewählte Bürgeroffiziere. Um jeden einzelnen dem Gemeinwillen einzufügen, verband man sich »öffentlich auf dem Markt Conjurando festlich, nicht voneinander zu weichen, sondern mit Leib, Gut und Blut« für die getroffenen Beschlüsse einzustehen.[88] Die Stadt war in den gemeindlich-genossenschaftlichen »Urzustand« zurückversetzt, in dem alle Macht bei der Bürgerschaft lag.

Die Spannungen zwischen Rat und Bürgerschaft hielten knapp zwei Jahre an, die direkte Konfrontation aber nur wenige Wochen, und schließlich war der Konsens wieder hergestellt - religiös auf der Basis des Luthertums, politisch-gesellschaftlich durch eine gemäßigte Öffnung des politischen Systems für neue Männer und gemeindliche Mitwirkung.

Parallel zur kirchlichen Erneuerung wurde jetzt auch den Klagen über weltliche Mißstände abgeholfen: der Entfremdung der Allmendrechte in Wald, Flur und Gewässern des städtischen Landgebietes durch widerrechtliche Individualnutzung von seiten der Ratsfamilien; der Benachteiligung der nicht dem Rat angehörenden Bürgerschichten bei der Verteilung der Steuerlast; der allzu behutsamen Vertretung städtischer Interessen gegenüber Adel und Landesherrschaft; der Kornspekulation eines Bürgermeisters, der in Zeiten der Knappheit das Brotgetreide dem städtischen Markt entzog, um es mit hohem Gewinn nach außen zu verkaufen.

Die am stärksten diskreditierten Ratsherren und diejenigen, die sich der neuen Lehre nicht anschließen wollten, schieden aus dem Stadtregiment aus und zogen sich teilweise auf ihre Landgüter zurück. An ihre Stelle traten Männer des neuen Glaubens, darunter die Führer der Bürgerbewegung, die sozial dem aufsteigenden Honoratiorentum angehörten, aber auch Söhne und Neffen der Ausgeschiedenen, also ein Generationensprung innerhalb des alten Hansepatriziats. Es wundert nicht, daß auch Juristen ins Stadtregiment vordrangen - das war ein generelles Phänomen in den deutschen Städten der werdenden Neuzeit, unabhängig von der reformatorischen Bewegung, durch diese aber mächtig gefördert.

Insgesamt war dies alles kein revolutionärer Umsturz, sondern nach den Jahren verkrustender Oligarchisierung der bürgerlichen Politikelite die Rückkehr zu den allgemein anerkannten Grundsätzen stadtbürgerlicher Politik, wonach die wirtschaftlich erfolgreichen und angesehensten Mitglieder der Bürgergenossenschaft regieren sollen. Diese müssen dabei in den politischen, ökonomischen und religiösen Grundsatzfragen im Konsens mit der Bürgerschaft stehen.

Wie in Lemgo, so hatte in Dutzenden von deutschen Städten - Landstädten nicht anders als Reichsstädten - im Zusammenhang mit der Reformation der alteuropäische Bürgerrepublikanismus Triumphe gefeiert. Die Bürgergemeinden hatten machtvoll demonstriert, daß Grundsatzentscheidungen über das materielle und geist-

Darstellung des Danziger Bürgers Hans Klur, doppelseitiges Relief auf Solnhofener Stein, wahrscheinlich ein Modell für eine Medaille, hergestellt von Hans Schenck, gen. Scheutzlich, 1546

Die Bürger in den deutschen Städten griffen die Lehre Luthers begierig auf und gewannen dadurch an Selbstbewußtsein. »Meine Hilfe komme von dem Herrn der Himmel und Erde gemacht« (Psalm 121,2), ließ Hans Klur auf der Porträtseite als Umschrift einmeißeln. In dieser Gewißheit schaut er in gläubiger Zuversicht selbst am Tod vorbei, der ihn bedrängt, und nimmt gefaßt das Stundenglas als Symbol der Vergänglichkeit entgegen.
Die Rückseite der Medaille zeigt die apokalyptische Enthüllung des Papstes als Antichrist und dessen Untergang im endzeitlichen Kampf der Gewalten. »Jetzt wird offenbar der Sohn des Verderbens, der sich über alles erhoben, was Gott ist, den unser Herr Jesus umbringen wird mit dem Geist seines Mundes« (2. Thess. 2), lautet die Umschrift.

liche Wohl der Stadt nicht ohne oder gar gegen sie gefällt werden konnten. Gleichzeitig mit der kirchlichen Erneuerung hatten sie die Beseitigung politischer, sozialer und auch einiger wirtschaftlicher Beschwerdepunkte erzwungen. Die Stadträte waren eindrucksvoll daran erinnert worden, daß sie Vertretungsgremien der Bürger nicht Obrigkeiten eigenen Rechts sein sollten. In vielen Städten war es zu einer sozialen Verbreiterung der Ratsrekrutierungen gekommen. Auch nach außen, dem katholischen Kaiser wie den Fürsten gegenüber, war der Anspruch auf autonome Selbstbestimmung bekräftigt.

Neu und folgenreich war, daß die Wirtschafts-, Rechts- und Lebensgemeinschaft »Stadt« jetzt durch die Bekenntnis- und Glaubensgemeinschaft innerhalb eines besonderen, eigenständigen kirchlichen Gehäuses ergänzt worden war. Die Städte erhielten eigene Kirchenordnungen, ausgearbeitet von oder zumindest unter Mitarbeit bedeutender Reformatoren: Martin Bucer für Straßburg und Augsburg; Ambrosius Blarer für Konstanz, Memmingen, Ulm und Esslingen; Johannes Brenz für Schwäbisch Hall, Osiander für Nürnberg und vor allem Johannes Bugenhagen, der Gesandte Luthers zur Neuordnung des nord- und mitteldeutschen Kirchenwesens, für Braunschweig, Hamburg, Lübeck und zahlreiche weitere niederdeutsche Städte, darunter auch Lemgo.

Viele dieser Kirchenordnungen räumten bei der Regierung und Verwaltung des neuen städtischen Kirchenwesens auch der Kirchen- und Bürgergemeinde gewisse Rechte ein – etwa bei der Wahl der Prediger, des Superintendenten und der Kastenherren, das heißt der Armenpfleger. In einigen Städten kam es sogar zur Herausbildung kirchengemeindlicher Selbstverwaltungsorgane – etwa den Kirchendechen, die für die Finanzverwaltung zuständig waren, oder Presbyterien, in denen Laienälteste und Prädikanten zusammen im Auftrag der Gemeinde das Kirchenregiment wahrnahmen.

Als indes nach den Aufbruchsjahren der Reformation auch in den evangelischen Städten der Alltag wieder einzog, setzte sogleich die natürliche Pendelbewegung ein, die nach jeder Wende mittelalterlicher und frühneuzeitlicher Bürgererhebungen die politische Realität in den Städten von gemeindlich-genossenschaftlicher zu ratsherrlich-obrigkeitlicher Prägung zurückführte. Das war in der Reformationsepoche um so einfacher, als es in den Städten keine sozialen Barrieren gegen die neue Lehre gab: Die Ratsfamilien zögerten zwar länger als die Bürger, aber das war keine prinzipielle Fremdheit, sondern politische Klugheit, bisweilen auch ein schmerzhafter Ablösungsprozeß aus tieferer personaler und geistiger Verwurzelung in der mitterlalterlichen Kirche.

In Nürnberg übersprang der Rat diese »Sekundärbarrieren« bereits sehr früh und setzte sich an die Spitze der evangelischen Bewegung. Aber auch dort, wo die Reformation gegen die politische Elite durchgesetzt werden mußte, mündete die »Gemeinde-« stets in eine »Ratsreformation« ein, selbst in Lübeck, wo der von Wullenwever gestürzte patrizische Rat nach seiner Wiedereinsetzung die Kirchenerneuerung beibehielt. Daß – wie in der Fuggerstadt Augsburg – große Teile des Patriziats altgläubig und damit außerhalb des neuen städtischen Konsens blieben, war die große Ausnahme. Bereits das Eigengewicht der Institutionalisierung und die Alltäglichkeit des Geschäftsganges ließen in den Jahren der Konsolidierung die Räte wieder in den Vordergrund treten.

Nach den Sturmjahren schwenkte die Reformation generell in das Fahrwasser obrigkeitlich garantierter Sicherung des Neuen ein. Das hatte nicht nur mit der Reaktion Luthers auf den Bauernkrieg zu tun, sondern entsprach reichs- und territorialpolitischer Notwendigkeit. Die Städte paßten sich dieser Entwicklung an, so daß sich zwischen 1530 und 1550 allenthalben ein starkes ratsherrliches Kirchenregiment etablierte. Dies geschah auf Kosten der bürgerlichen Mitbestimmung, aber auch der kirchlichen Autonomie, meßbar an dem enger werdenden Handlungsspielraum der neuen Prädikanten, die von den Räten mehr und mehr wie städtische Beamte kontrolliert wurden.

Diese zunehmende Verobrigkeitlichung des städtischen Kirchenwesens sowie die Tatsache, daß im Falle der Landstädte die evangelischen Stadtkirchen schließlich der vom Fürsten und seiner Beamtenschaft gesteuerten Landeskirche untergeordnet wurden, hat zu der provozierenden These geführt, die Reformation sei im Grunde der Totengräber des blühenden deutschen Städtewesens und vor allem des bürgerlichen Gemeingeistes gewesen. Die reformatorischen Bürgerbewegungen sind in dieser Sicht ein letztes Aufbäumen im Todeskampf des deutschen Stadtrepublikanismus. In diesem Zusammenhang wird die antithetische Charakterisierung des Religionssoziologen Ernst Troeltsch ins Feld geführt: Das bald auch in Süd- und Westdeutschland über die frühen schweizerischen Ansätze triumphierende Luthertum habe den Bürgern das »Pathos des Gehorsams« gepredigt, während die in der Schweiz und Westeuropa vordringende reformiert-calvinistische Spielart des Protestantismus »das Pathos der Freiheit« hochgehalten habe.[89]

Diese These ist so problematisch wie jene andere von der politischen Knechtung der deutschen Bauern, und so wurde denn auch diese Sicht der städtisch-bürgerlichen Dinge in den letzten Jahren revidiert. Einmal weil die frühneuzeitliche Stadt ganz grundsätzlich in einem neuen Licht erscheint. Das »Bild des Niedergangs, der Stagnation, der Enge« wurde ersetzt durch »die Doppelgesichtigkeit«[90] von auf- und absteigenden Linien. Auf der einen Seite steht die eindeutige Nachordnung oder gar Unterwerfung unter den Staat; auf der anderen bemerkenswerte Zeugnisse fortdauernder sozialer, ja selbst politischer Eigenständigkeit unter den neuen Bedingungen. Zum andern sind auch konfessionssoziologisch die antithetischen Schemata durch differenziertere Erklärungsmuster ersetzt worden: »Den politischen und gesellschaftlichen Charakter« von Luthertum, Calvinismus und Katholizismus sieht man heute nicht mehr vorwiegend »von ihrem Dogma und ihrer Spiritualität bestimmt«, sondern auch von der konkreten gesellschaftlichen und politischen Situation, in der sie sich zu behaupten hatten. »Ihr Einfluß auf die gesellschaftliche und verfassungsmäßige Entwicklung ... [war] daher kontingent«,[91] also von dem zufälligen Zusammentreffen der einzelnen Faktoren abhängig.

Was die konkrete Situation in den deutschen Städten anbelangt, so blieb der stadtrepublikanische Bürgergeist bis ins 18. Jahrhundert hinein erhalten – greifbar nicht zuletzt in weiteren Wellen von Bürgerunruhen, die noch weit ins 17. Jahrhundert hinein beflügelt wurden durch die historische Erinnerung an die Erfolge der Bürgergemeinde bei der Durchsetzung der Reformation: Der stadtrepublika-

Wie in den meisten Städten, so hatte sich auch in Danzig – zu jener Zeit eine der größten deutschen Städte überhaupt – die Reformation als Bürgerbewegung gegen den Rat durchzusetzen, der aus politischer Rücksichtnahme auf den König von Polen, den Stadtherrn von Danzig, lange eine altgläubige Politik verfolgte. 1546 hatten die protestantischen Bürger mit der Einführung des Abendmahls in beiderlei Gestalt soeben einen wichtigen Erfolg erzielt. Die Reliefmedaille ist zugleich ein freimütiges Bekenntnis zur neuen Lehre und zur machtbewußten Selbstdarstellung des erstarkten Bürgertums.

nische Impuls kam noch einmal nach oben, als der Kaiser den lutherischen Städten 1548 einen katholisierenden Interimsglauben aufzwingen wollte. Schließlich formulierte er sich auf der Wende des 16. zum 17. Jahrhundert als Protest gegen politische und soziale Bedrükkung von innen und von außen durch die Fürsten. Noch im 18. Jahrhundert wird er sichtbar, als erneut die Machtverteilung zwischen Rat und Bürgergemeinde problematisch wird und man sich in Hamburg wie zuvor in Danzig, Lübeck und andernorts endgültig einigt, daß in den Reichsstädten die Staatsgewalt weder beim Rat noch bei der Bürgerschaft, sondern bei beiden ruhe, daß die »gantze Respublica ... aristokratisch, wiewohl mit der Democratia temperirt« sei, sich also aus der Welt der obrigkeitlichen Fürstenstaaten durch eine Mischverfassung heraushebe.[92]

In mancher Stadt des Westens – besonders deutlich in Mainz und Aachen – gehen diese frühneuzeitlichen Bürgerbewegungen schließlich über in die modern-republikanischen Unruhen der Revolutionszeit.

Im Falle der Landstädte liegt nun allerdings offen zutage, daß sich ihre verfassungsrechtliche Stellung im Verlaufe der Frühneuzeit veränderte: Sie wurden in den Fürstenstaat eingegliedert und verloren dadurch zweifellos an Unabhängigkeit. Doch auch dieser Wandel wird heute nicht mehr als abruptes Ende städtischer und bürgerlicher Blüte verstanden. Die Territorialgesellschaft ließ viele Freiräume und die städtische Gesellschaft folgte innerhalb des Territoriums weiterhin einem eigenen Lebensrhythmus. Die »autonome Selbstverwaltung« des Mittelalters wurde zur »beauftragten Selbstverwaltung«[93] der Frühneuzeit. Eine totale bürokratische Gängelung durch den absolutistischen Verwaltungsstaat fand nicht statt.

Die städtischen Juristen des 18. Jahrhunderts verteidigten die besonderen Rechte ihrer Kommunen als »iura acquisita«, als erworbene Rechte, nicht weniger energisch, als das ihre Vorgänger im 15. und 16. Jahrhundert mit der älteren Argumentationsfigur überkommener Freiheiten und Privilegien getan hatten. Gerade in der nord- und mitteldeutschen Zone traditionell freiheitlicher Territorialstädte – von Lüneburg, Braunschweig, Göttingen über Magdeburg, Erfurt bis Rostock und Stralsund – hatte die Reformation das städtische Autonomiestreben keineswegs gebrochen. So ist Lemgo aus der Reformation dem Landesherrn und dem Land gegenüber gestärkt hervorgegangen, und ähnlich verhielt es sich mit Dutzenden von Mittel- bis Kleinstädten. Für die Geschichte des alteuropäischen Stadt- und Bürgerrepublikanismus in Deutschland und damit für das historisch-politische Bewußtsein der Deutschen ist das nicht unwesentlich.

Die Epoche zwischen der Reformation und dem Dreißigjährigen Krieg war von einer Gegenläufigkeit der Entwicklungen geprägt, und das macht ihre Dramatik aus: Dem durch die reformatorischen Erfolge gewachsenen Selbstbewußtsein und dem gesteigerten Freiheits- und Unabhängigkeitsverlangen des Stadtbürgertums stand die sich festigende Staatsräson des frühmodernen Fürstenstaates gegenüber, der ja seinerseits von der Reformation profitiert hatte. Das Ringen dieser beiden Kräfte erreichte auf der Wende des 16. zum 17. Jahrhundert einen dramatischen Höhepunkt. In einer ökonomisch und sozial schwierigen Lage der Städte zum Ende des

Die Rathäuser der Reichs- und Freistädte sind steingewordene Sinnbilder des alteuropäischen Bürgerrepublikanismus. So auch das Aachener Rathaus, das im Spätmittelalter entstand und von der Rathausarchitektur der bürgerstolzen Städte Flanderns geprägt ist.

langfristigen Konjunktur- und Bevölkerungsaufschwungs setzten die Fürsten das von dem Franzosen Jean Bodin und dem Niederländer Justus Lipsius entwickelte Souveränitäts- und Machtstaatskonzept ein, um ihre kirchlichen und weltlichen Hoheitsansprüche durchzusetzen und damit Städte und Bürgertum endgültig in den frühmodernen Territorialstaat zu integrieren. Von Emden im Nordwesten über Höxter, Paderborn und Korbach in der Mitte bis zu den wendischen Hansestädten im Norden wehrten sich die Bürger erbittert,[94] und zwar gerade auch die Anhänger des angeblich so obrigkeitshörigen Luthertums. Lemgo zum Beispiel gelang es, den Angriff abzuwehren; bis ins 19. Jahrhundert hinein blieb die Stadt so etwas wie eine stadtrepublikanische Insel innerhalb des lippischen Fürstenstaates.

Im allgemeinen gilt, daß das, was an stadtbürgerlichem Autonomie- und Freiheitsstreben noch erhalten geblieben war, seine Kraft im Elend des Dreißigjährigen Krieges verlor, der den Fürsten Steuergelder und Soldaten in die Hand spielte und damit die Instrumente, das säkulare Ringen mit Gewalt zu beenden. So gingen im Verlaufe des 17. Jahrhunderts die großen territorialen Kommunen in den Fürstenstaaten auf, und nur noch in wenigen Reichsstädten konnte die vollentfaltete stadtrepublikanische Tradition bewahrt werden. Die meisten Städte zählten wirtschaftlich und politisch ohnehin nicht mehr viel und hatten keine innere und äußere Kraft, sich zur Wehr zu setzen. So verlor das einst im Mittelalter und noch im 16. Jahrhundert so starke Bürgerpathos doch sehr an Gewicht und Überzeugungskraft.

5. Fürsten und Beamte. Die Sorge um das Heil der Seele und die Macht des Staates

»Frühbürgerliche Revolution« hat man im Anschluß an eine Formulierung Friedrich Engels' die Reformation genannt, weil die »Reformation der Jahre 1517 bis 1525 Bestandteil im Prozeß einer Revolution sei, die ihrem Wesen nach bürgerlich war. Dies zeigten Ziele, Verlauf, soziale Träger, gebrauchte Mittel sowie die Folgen ..., die sie für die Gesellschaft zeitigte«.[95] Was den Bauernkrieg anlangt, so haben andere in den sozialpolitischen Ereignissen bis 1525 keine bürgerliche, sondern eine »Revolution des gemeinen Mannes in Stadt und Land gesehen«.[96] Dagegen ist hier versucht worden, eine flexiblere Betrachtungsweise einzunehmen, um die wechselseitige Durchdringung religiöser und gesellschaftlicher Kräfte und Bewegungen historisch zu beschreiben, ohne die eine oder die andere Perspektive zu verkürzen. Ziel war es, sowohl dem religiös-geistigen *Verstehen* und dem gesellschaftlich-politischen *Interesse* nachzugehen und die Gelenkstellen zwischen beidem herauszuarbeiten.

Für alle drei Stände - Adel, Bauern, Stadtbürgertum - ergaben sich aus den religiösen, theologischen und kirchenpolitischen Neuerungen politische und soziale Konsequenzen. Diese Verschränkung des Religiösen und des Sozialen war für die deutsche und europäische Gesellschaft im Aufgang der Neuzeit charakteristisch und daher darf man das Geschehen nicht unter einen Revolutionsbegriff stellen, der seit den Umbrüchen des späten 18. und 19. Jahrhunderts ganz und gar säkular verstanden wird. Für alle Stände, Schichten, »Klassen«, wie immer man die Sozialformationen historisch-analytisch auch bezeichnen mag, waren es die Gemeindevorstellungen der Reformatoren, die eine Brücke zwischen religiösen und gesellschaftlichen Forderungen schlugen. Da die wirtschaftliche und politische Ausgangslage jedoch jeweils unterschiedlich war, war auch die Richtung des Interesses verschieden. Auch die Ergebnisse des Aufbegehrens waren nicht dieselben. Für die Ritter war entschieden, daß sie die Stellung, die sie im Mittelalter besessen hatten, nie mehr würden erreichen können. Die Bauern blieben der untertänige Stand schlechthin, allerdings innerhalb einer veränderten Welt, in der die Fürsten immer entschiedener reglementierend in das Verhältnis zwischen Grundherrn und Bauern eingriffen und dabei schon aus egoistischen Gründen den notwendigen Schutz des »Nährstandes« nicht aus dem Auge verloren. Bürgertum und Städte gingen am Ende gestärkt aus der Reformation hervor, allerdings nur für zwei, drei Generationen.

Sieht man in dem reformatorischen Aufbruch eine »frühbürgerliche Revolution« oder »Revolution des gemeinen Mannes«, so ist das Jahr 1525, als die Fürsten die Bauernbewegung niederschlugen, ein epochaler Wendepunkt: vorher war die evangelische Erneuerung »Volks-« oder »Gemeindereformation«, danach verkam sie zur »Fürsten-« oder »Ratsreformation«. Aber gerade die Stadtreformation zeigt, wie wenig diese Scheidung zwischen einem Vorher und einem Nachher das Gesamtgeschehen erfaßt. Die »Volks-« oder »Gemeindereformation« dauerte in Norddeutschland bis weit nach 1530, und Fürsten, die sich der Reformation annahmen, gab es bereits vor 1525. Von Anfang an waren zwei Stränge eng miteinander verschlungen, nämlich Reformation als spontaner Wille von einzelnen und gesellschaftlichen Gruppen und Reformation als politische Entscheidung von Obrigkeiten - zunächst mehr passiv als Garantie der Entfaltung, dann zunehmend als ordnendes Eingreifen.

Wesentlich für das Schicksal Luthers - und damit für die reformatorische Volksbewegung - war die nicht zuletzt aus Prestigegründen vollzogene Identifizierung Kurfürst Friedrichs von Sachsen mit dem Professor seiner Landesuniversität - ein frühes Beispiel staatlich garantierter Lehrfreiheit. Hinzu kam die politische Rücksichtnahme des Papstes auf eben diesen Kurfürsten im Zusammenhang mit seinen antihabsburgischen Kaiserwahlplänen. In religiöser Hinsicht blieb der Sachse indes eher konservativ, vielleicht wegen des reichen Reliquienschatzes, den er in spätmittelalterlicher Heiligenverehrung in Wittenberg angehäuft hatte, wahrscheinlich auch aus angeborener Vorsicht dem Neuen gegenüber. Nicht zufällig nannte man ihn den

Friedrich der Weise, Kurfürst von Sachsen, in Verehrung der apokalyptischen Mutter Gottes, Gemälde von Lucas Cranach d. Ä., um 1516

Die vorreformatorische Darstellung zeigt Luthers Landesherrn als Anhänger der mystischen Marienverehrung des späten Mittelalters.

Weisen. Der Kurfürst soll einer Begegnung mit Luther konsequent aus dem Weg gegangen sein. Auf seinem Sterbebett im Mai 1525 im Schloß Lochau nahm er dann aber das Abendmahl in beiderlei Gestalt und bekannte sich somit doch noch zum Neuen.

Andere Fürsten entschieden sich leichter: Ernst der Bekenner von Braunschweig-Lüneburg; der junge Landgraf Philipp von Hessen, ein Nachfahre der heiligen Elisabeth und vielleicht deshalb religiösen Fragen besonders zugetan; die fränkischen Hohenzollern Markgraf Georg der Fromme von Brandenburg-Ansbach und dessen Bruder Albrecht, Hochmeister des Deutschen Ordens in Preußen, der bei Luther selbst Rat über die Reform des Ordens einholte; vor allem aber Luthers Landesherr Johann der Beständige, der Bruder Friedrichs des Weisen und seit 1525 dessen Nachfolger, dem Luther 1520 seinen »Sermon« von den guten Werken widmete.

Kurfürst Johann Friedrich von Sachsen im Kreis der Wittenberger Reformatoren, Gemälde von Lucas Cranach d. Ä., 1532/35

Die Fürsten gelten als Nutznießer der Reformation, da sie durch Übernahme der Kirchenhoheit ihre Macht erheblich auszuweiten wußten. Zunächst waren sie aber gleich den Bürgern, Bauern und Rittern persönlich von der neuen Botschaft angesprochen. Das gilt vor allem für Luthers Landesherrn, Johann den Beständigen, zuerst Mitregent, von 1525 an Nachfolger Friedrichs des Weisen. Sein Sohn, Johann Friedrich der Großmütige, der ihm 1532 folgte, wurde von Luther wegen seines »Sauflasters« getadelt, und auch an Frömmigkeit stand er nach Meinung des Reformators seinem Vater nach. An Treue dem neuen Glauben gegenüber ließ jedoch auch er es nicht fehlen, bis in die bittere Niederlage und den Verlust der Kurwürde hinein. Mit Entschlossenheit und in herrscherlich-martialischer Geste stellt sich der Kurfürst schützend vor die sächsischen Theologen und Politiker: links hinter ihm Luther und der kurfürstliche Vertraute Georg Spalatin, rechts der sächsische Kanzler und politische Führer des deutschen Luthertums, Dr. jur. Gregor Brück, und – mit belehrend erhobenem Zeigefinger – Philipp Melanchthon, der Praeceptor Germaniae, der Luther vor allem in der Schul- und Wissenschaftsreform sowie bei der Übersetzung des Alten Testaments unterstützte.

Hinter diesen Fürsten standen ihre Räte, die den Glaubenswechsel mitvollzogen oder ihn sogar entschieden förderten. In Kursachsen zum Beispiel vermittelte der Humanist Georg Spalatin, Prinzenerzieher und Hofprediger, zwischen Luther und Friedrich dem Weisen. Und Gregor Brück, Doktor der Rechte, »täglicher Hofrat« und Kanzler in Wittenberg, den Luther als »Atlas unseres Kurstaates« pries, wurde zum einflußreichsten Staatsmann des frühen Protestantismus; die berühmte Protestation von 1529 war im wesentlichen sein Werk. Diese führenden Politiker waren »Reformatoren neben Luther«.[97]

Der ersten »Generation« protestantischer Fürsten und Politiker sollte rasch eine zweite und dritte folgen, so daß in Deutschland bald ein fester Block evangelischer Reichsstände bestand. Diese Entwicklung war durch persönliche Klientelbeziehungen und jene dynasti-

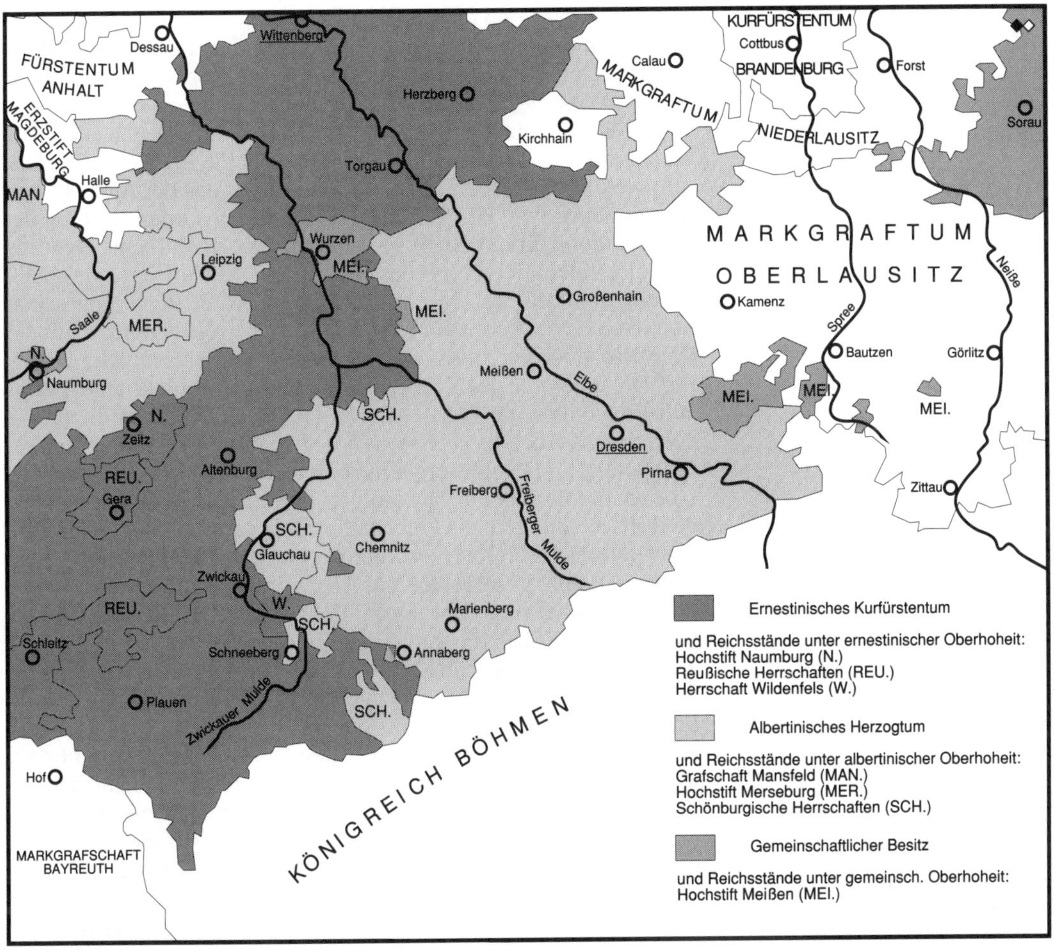

Sachsen zur Reformationszeit von 1485 bis 1547

Die Karte zeigt die Arrondierungsinteressen des sächsischen Territorialstaates:
Neben einigen kleineren weltlichen Herrschaften waren es vor allem die geistlichen Territorien Meißen, Merseburg und Naumburg, die der neuzeitlichen Flächenhaftigkeit im Wege standen und die der Kurstaat sich im Zuge der Säkularisation einverleibte.

schen Kommunikationsnetze vorangetrieben worden, die sich von den größeren Fürstenhöfen über das Reich spannten. Am Kasseler Hof des hessischen Landgrafen etwa wurde eine Reihe von westfälisch-niedersächsischen Herren für den Protestantismus gewonnen, darunter Graf Bernhard zur Lippe, der Landesherr des kleinen Lemgo. Umgekehrt trugen politische Spannungen zwischen den Fürsten dazu bei, daß benachbarte Territorien oder zwei Linien derselben Dynastie im Glaubensstreit die entgegengesetzte Partei ergriffen: So blieb Herzog Georg von Sachsen, der in Dresden regierende albertinische Vetter der Wittenberger ernestinischen Wettiner, entschieden katholisch, ebenso Kurfürst Joachim I. von Brandenburg, der »arme« Nachbar und politische Rivale Kursachsens im Norden. Ähnlich war es bei den Welfen in Niedersachsen, wo Ernst dem Bekenner aus der Lüneburger Linie Herzog Heinrich der Jüngere von Braunschweig-Wolfenbüttel gegenüberstand, der sein Land zum Bollwerk des Katholizismus in Nordwestdeutschland machte, bis ihn die Protestanten mit militärischer Gewalt vertrieben, wobei sie durch Martin Luther unterstützt wurden, der den Herzog in einer beißenden Flugschrift als »Hans Worst« bloßstellte.

All dies zeigt, daß die Entscheidung der Fürsten und ihrer Regierungen für oder wider die Reformation, die Deutschland über Jahrhunderte hin politisch und religiös spaltete, von sehr äußerlichen Faktoren abhing. Bei den Fürsten ist das *Interesse* unverblümter als bei Rittern, Bauern und Städten. Hier spielt machiavellistische Macht- und Interessenpolitik eine Rolle, der die Religion ein Mittel sehr weltlicher Ziele ist. Sehr offenkundig ist das bei Albrecht von Brandenburg, dem Hochmeister des Deutschen Ordens, der mit der Entscheidung für Luther ein Herzogtum für sich und seine Dynastie gewann, indem er nämlich das Ordensland säkularisierte, das heißt zu einem weltlichen Staat unter der erblichen Regierung seiner Familie machte. Kaum ein Evangelischer, der nicht zugleich mit der Reformation seine Herrschaft festigte, seine Staatseinnahmen vermehrte, indem er das Kirchengut direkt oder indirekt dem Fiskus zuführte, oder sogar sein Territorium gebietsmäßig arrondierte, wie etwa Sachsen, das sich die vordem selbständigen Bistümer Meißen, Merseburg und Naumburg einverleibte.

Auch die Berater der Fürsten profitierten als soziale Gruppe von der Entscheidung für die Reformation. Die ganz überwiegende Zahl der politisch einflußreichen Räte war bürgerlicher Herkunft; nicht selten handelte es sich sogar um Angehörige des mittleren oder gar unteren Bürgertums. Der erwähnte Vertraute des sächsischen Kurfürsten, Georg Spalatin, war zum Beispiel der Sohn eines Rotgerbers aus der mittelfränkischen Kleinstadt Spalt bei Nürnberg. Er stammte zudem aus »einer kirchlich nicht legitimierten Verbindung«,[98] darin übrigens dem Humanistenfürsten Erasmus gleich. Da das Gerberhandwerk damals in Blüte stand, waren es keine armen Verhältnisse, in denen Spalatin groß wurde, und seine Familie vermochte das Studium an der Universität Erfurt selbst zu bezahlen. Dennoch war es ein steiler sozialer Aufstieg bis zum engen persönlichen Berater eines Kurfürsten. Dasselbe gilt für den Kanzler Brück, wenngleich in seiner Familie das Studium bereits Tradition besaß und sie im kursächsischen Ackerbürgerstädtchen Brück südwestlich Berlins wichtige politische Ämter bekleidete.[99]

Wie diese Fürstenberater, so waren seit dem ausgehenden Mittelalter zahlreiche Angehörige des Bürgerstandes ins Zentrum administrativer und politischer Macht vorgedrungen – gestützt auf ihr im Studium erworbenes juristisches Fachwissen, das die Fürsten beim Aufbau des frühmodernen Territorialstaates nicht entbehren konnten. Überall dort, wo im Zuge der Reformation der Klerus ausgeschaltet wurde, der bis dahin in Regierung und Verwaltung der Territorien sowie auf den Landtagen die führende Rolle gespielt hatte, wurde die politische und soziale Stellung dieser bürgerlichen Räte weiter aufgewertet.

Natürlich sah es auf der Gegenseite nicht anders aus. Daß in Deutschland ein massiver Block katholischer Fürsten erhalten blieb, der zahlenmäßig sogar stets stärker war als der protestantische, war auch eine Folge politischen Kalküls. Vor allem die vielen geistlichen Herren band das politische und soziale Interesse eng an den Katholizismus: die Äbte der kleinen Reichsklöster Schwabens, der Rheinlande und Niedersachsens, die auf den Reichstagen zu Dutzenden die Prälatenbank bevölkerten, ebenso wie die Bischöfe und Äbte mittlerer Herrschaften, etwa Corvey, Fulda oder Eichstätt, und nicht

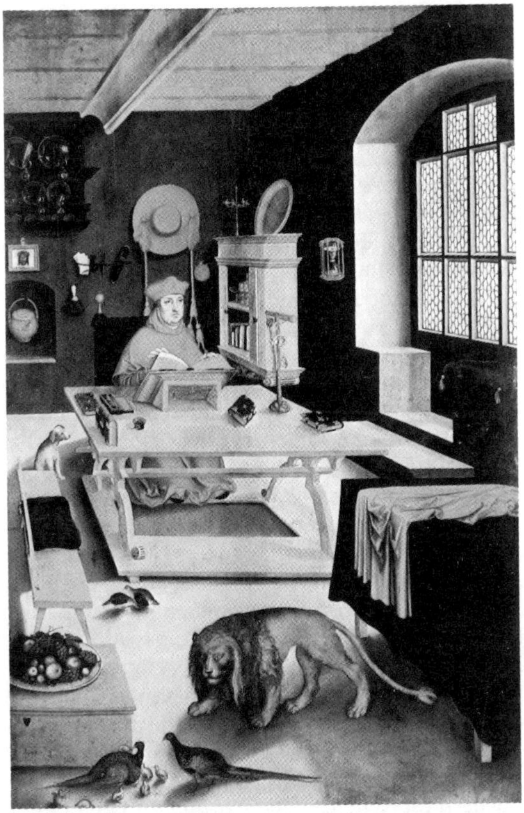

Kardinal Albrecht von Brandenburg als heiliger Hieronymus im Gehäuse, Gemälde von Lucas Cranach d. Ä., 1525

Kardinal Albrecht war nicht nur ein machtbewußter und prunkliebender Renaissancefürst, er war auch ein Humanistenfreund und Liebhaber der Wissenschaften und damit für den Geist des reformatorischen Aufbruchs durchaus empfänglich.

zuletzt die drei rheinischen Erzbischöfe und Kurfürsten des Reiches in Mainz, Köln und Trier. Eine Reformation des Reiches und der Reichskirche hätte ihrer Herrschaft den rechtlichen und »ideologischen« Boden entzogen, denn auf eine Säkularisation nach Art des fernab außerhalb des Reiches gelegenen Ordensstaates konnten sie im Zentrum des Geschehens nicht setzen. Manch weltlicher Nachbar war schon auf dem Sprung, die in der Regel schwachen geistlichen Territorien zu schlucken. Die politische Macht von Bischöfen und Prälaten stand und fiel mit der Katholizität der Reichskirche.

Nachdem die Wogen des Ritterkrieges geglättet waren, wurde den zahlreichen Ritterfamilien Süd- und Westdeutschlands wieder klar, wie eng ihre sozialen Interessen mit der katholischen Reichskirche verbunden waren. Sie bot ihnen reiche Domherrenpfründen und - wie den Greiffenklau, den Schönborn, den Dalberg und vielen mehr - sogar die Möglichkeit, bis an die Spitze eines Fürsten- und Kurfürstenstaates aufzusteigen. Und auch für mächtige weltliche Fürstendynastien zahlte sich die Entscheidung für den Katholizismus aus - am glänzendsten für die bayerischen Wittelsbacher, deren unerschütterliches Festhalten am alten Glauben einen quasi-erblichen Anspruch auf den Kölner Erzstuhl begründete und damit die Errichtung einer im Reich und darüber hinaus einflußreichen Sekundogenitur im Nordwesten Deutschlands.

Und doch war politisches Kalkül und soziales Interesse auch bei den Fürsten und ihren Regierungen nicht alles. Die meisten der früh die evangelische Lehre bekennenden Fürsten waren hoch gebildet und vom Geist der humanistischen Erneuerung durchdrungen, ebenso wie die führenden Politiker in ihren Kanzleien. Ernst von Lüneburg hatte in Wittenberg studiert, unter anderem bei Luther; Friedrich der Weise trug seinen Beinamen wegen seiner Belesenheit und seiner gelehrten Interessen, die er mit seinen Beratern Brück und Spalatin teilte, die ihrerseits die Kontakte zu den Humanistenkreisen im Reich herstellten, vor allem nach Erfurt. Auf katholischer Seite präsentierte sich besonders der Mainzer Erzbischof Albrecht von Brandenburg als gelehrter Mann, indem er sich als den Studien hingegebener Hieronymus malen ließ. Tatsächlich sammelte Albrecht in Mainz die Humanisten um sich, und mit Erasmus korrespondierte er.

Aber auch nicht wenige Beamte – etwa der bayerische Kanzler Dr. Leonhard von Eck, ein umfassend gebildeter Jurist, oder der Soester Patriziersohn Johannes Gropper, der als Offizial des Kölner Erzbistums bereits früh die geistig-religiöse Erneuerung des Katholizismus in Gang brachte – ließen sich von der Welle humanistischer Gelehrsamkeit tragen. Die Räte der Herzöge von Jülich-Kleve am Niederrhein gewannen ein prägnantes religiöses und kirchenpolitisches Profil. Johann III. (1511-1539) und sein Sohn Wilhelm V. (1539 bis 1592) waren von einem ganzen Stab humanistischer Räte umgeben, die über Jahrzehnte hinweg einen dritten Weg zwischen Katholizismus und Protestantismus propagierten und in praktische Kirchenpolitik umzusetzen versuchten – bis nach 1560 die Machtergreifung der Spanier in den Niederlanden und die aufziehende konfessionelle Polarisierung keinen Raum mehr für ein solches Experiment ließen.

Der Kanzler Johann Ghogreve, die Räte Dr. Conrad von Heresbach, in die Wirtschaftsgeschichte als bedeutender Theoretiker der frühneuzeitlichen Agronomie eingegangen, Johann von Vlatten, Dr. Heinrich Olisleger und Dr. Karl Harst waren Freunde des Humanistenfürsten Erasmus von Rotterdam. Sie alle hatten sich zum Programm gesetzt, die Kirche der niederrheinisch-westfälischen Territorien im Geiste eines humanistischen Christentums zu erneuern, das die aufziehende religiöse Feindschaft abzuwehren versuchte und die Lutheraner nicht als Häretiker, sondern als Glaubensbrüder behandelt wissen wollte. Kerngedanken waren die »imitatio Christi«, die aus der Herzensfrömmigkeit resultierende Nachahmung des Herrn, die bereits die spätmittelalterliche »devotio moderna« gepredigt hatte, sodann die »caritas«, das heißt eine nicht dogmatisch gebundene Liebe zum Mitmenschen, schließlich »pax« und »concordia«, Frieden und Eintracht, politisch-ethische Verhaltensnormen also, die den religiös-konfessionellen Rahmen sprengen.

Da Landesherr und politisch-theologischer Beraterstab sich einig waren, ergab sich im Nordwesten des Reiches eine »mehrere Jahrzehnte andauernde Kontinuität in der kirchenpolitischen Grundtendenz, die durch eine kritische Distanz zur Amtskirche, einen ausgeprägten Willen zur Reform ohne Bruch mit der alten Kirche, eine entschiedene Bereitschaft zum religiösen und theologischen Kompromiß und zur Toleranz, durch programmatisch gemeinte Unparteilichkeit und die Ablehnung jeglicher konfessionellen Radikalisierung gekennzeichnet war«.[100]

Fürsten, Kanzler und Räte, die in der Reformationsepoche die

Herzog Johann III. von Jülich-Kleve und seine Gemahlin Herzogin Maria zu Füßen des heiligen Christophorus, Glasfenster aus der Marienkirche zu Düren, 1531

Lange vor der Reformation galten die Herzöge in ihren niederrheinischen Territorien als Herren über ihre Landeskirche. Ihren Standesgenossen gleich fühlten sie sich dann in den Wirren der Reformation verpflichtet, ihren Untertanen den rechten Weg zum Heil zu weisen und nahmen alle dafür notwendigen weltlichen und geistlichen Mittel in Anspruch. Im Unterschied zu ihren Standesgenossen in Ost- und Süddeutschland, die sich eindeutig für die lutherische oder die altkirchliche Richtung entschieden, gaben sich die Düsseldorfer Herzöge lange der Illusion hin, zwischen beiden Lagern einen Mittelweg durchhalten zu können.

Geschicke der deutschen Territorien leiteten und auf den Reichstagen die Weichen für den kirchenpolitischen Weg Deutschlands stellten, wußten sehr genau, worum es in den theologisch-geistigen Kontroversen zwischen Alt- und Neugläubigen ging. Ungeachtet aller sozialen und politischen Interessen, die bei ihnen ebenso wie bei den Rittern, Bauern und Städtern ins Auge springen, lag auch ihrer Entscheidung ein religiös-intellektueller *Verstehensprozeß* zugrunde. Dieser konnte sowohl in die eine wie in die andere Richtung führen, weshalb voreilige religionssoziologische Verallgemeinerungen untauglich sind, für die der Protestantismus die Religion der modernen Kräfte ist, der Katholizismus aber diejenige mittelalterlich-feudaler Mächte. Häufig fiel die Entscheidung erst nach langem Wägen, wie etwa beim Mainzer Erzbischof Albrecht von Brandenburg, der trotz seiner frühen Luthergegnerschaft lange zögerte, in seinem Territorium auf eine entschieden antireformatorische Kirchenpolitik einzuschwenken. Gleich ihm erging es einer ganzen Generation von Humanisten; als aber die Entscheidung nicht mehr aufzuschieben war, standen sowohl auf der einen wie auf der anderen Seite Repräsentanten eines modernen Wissenschaftsverständnisses.

Die Brücke zwischen geistig-theologischem Engagement und politischem Interesse konnte auch die »cura religionis« des Fürsten sein – die Sorge um die Religion innerhalb seines Territoriums, die ihm schon die mittelalterlichen Theologen ans Herz gelegt hatten. Für manchen deutschen Landesherrn des 15. Jahrhunderts galt der auf den Herzog von Jülich gemünzte Spruch: »Dux Cliviae est papa in territoriis suis« – »Der Herzog von Kleve ist in seinen Ländern der Papst«.[101] Dieses vorreformatorische landesherrliche Kirchenregiment sollte sich im 16. Jahrhundert rasch festigen – bei Protestanten wie bei Katholiken. Bestärkt wurden die Fürsten darin durch die humanistische Fürstenlehre, die in optimistischem Weltverbesserungsglauben dem guten Regenten umfassende Aufgaben bei der Förderung des gemeinen Besten zusprach, weltlich-gesellschaftliche ebenso wie kirchlich-religiöse.

In katholischen Territorien setzte sich das landesherrliche Kirchenregiment auf dem Weg des Faktischen durch, weil kirchenrechtlich natürlich die Oberherrschaft dem Papst zustand. Dagegen konnten und mußten die Protestanten eigene staatskirchenrechtliche Theorien und Systeme entwickeln, in denen die Stellung der Fürsten in und zu den Landeskirchen beschrieben wurde. Diese veränderten sich über die Jahrhunderte hin nicht unwesentlich, so daß schließlich der spätmittelalterlich-frühreformatorische Cura-religionis-Gedanke zurücktrat und weltlich-politische Interessen immer unverhohlener die Beziehung zwischen Staat und Kirche prägten.

Ganz verloren ging das Wissen um den geistlichen Auftrag der Fürsten indes bis zum Untergang des Reiches nicht:

Fürstentümer und Gewalten,
Mächte, die die Thronwacht halten,
geben ihm die Herrlichkeit,

so dichtete noch Mitte des 18. Jahrhunderts der württembergische Lutheraner Philipp Friedrich Hiller in der zweiten Strophe seines Chorals »Jesus Christus herrscht als König«.

IV.
Das Ringen um die religiöse und politische Ordnung der Christenheit in Deutschland und Europa

1. Die Wahl Karls V. und die Festigung von Protestantismus und Fürstenmacht

In dem Moment, in dem die Chance vertan wurde, die theologische Wende in die katholische, das heißt in die allgemeine Kirche zu integrieren, wie das mit so mancher religiösen Bewegung des Mittelalters geschehen war, wurde die »Causa Lutheri« zu einer politischen Angelegenheit des Reiches. Eine Generation lang verknüpften sich alle wesentlichen Probleme der Reichspolitik mit der Religionsfrage. Zu Beginn der Neuzeit wurde das Reich von einer Vielzahl weltlich-profaner Tendenzen und Entwicklungen erfaßt, aber sie waren auf die eine oder andere Weise stets mit der Religionsfrage verflochten; die »säkularen Aspekte der Reformationszeit«[1] lassen sich von den religiösen und kirchengeschichtlichen nicht isolieren. Es machte ja gerade die besondere Qualität von Politik im Reich des 16. Jahrhunderts aus, daß bei den politischen Entscheidungen des Reiches Säkulares und Sakrales zwei Seiten ein und derselben Medaille waren.

Die wichtigsten Fragen, die das Reich bis 1555 bewegten, als endlich Schritte zu einem pragmatischen Kompromiß unternommen werden konnten, waren allesamt bereits bei der Kaiserwahl des Jahres 1519 gestellt. Damals ging es um die Nachfolge Kaiser Maximilians, der am 12. Januar, fast sechzigjährig, gestorben war. Oft hat man ihn »den letzten Ritter« genannt, weil er prunkvolle Turniere liebte; zugleich aber war er »der erste Infanterist und Artillerist«,[2] und vor allem war er einer der ersten Herrscher im Reich, die die Vorteile der frühmodernen Bürokratie erkannten. Die notwendigen Verwaltungsreformen konnte er nur in seinen österreichischen Erblanden einleiten. Im Reich fehlte dem Kaiser dazu die Handhabe. Aber die Reichsreform nahm Maximilian tatkräftig in Angriff, das heißt er suchte die »Verfassungsfrage« zu lösen. Diese ergab sich daraus, daß das mittelalterliche Reich den neuen Rahmenbedingungen anzupassen war, denn nur so konnte es sich in der Welt der frühneuzeitlichen Staatlichkeit behaupten.

Im Vordergrund stand die Frage, welche Kompetenzen beim Oberhaupt des Reiches, beim König beziehungsweise beim Kaiser, liegen sollten, welche bei den Reichsständen. Sollte sich die frühmoderne Staatlichkeit auf der Ebene des Reiches entwickeln oder war das Sache der Territorien? Kurz, sollte am Ende der notwendigen politischen Modernisierung ein einheitlicher deutscher Reichsstaat stehen, monarchisch oder ständisch regiert, oder ein Bund von Territorialstaaten? Über zwanzig Jahre lang hatten sich Maximilian und die führenden Köpfe der Reichsstände um die Reichsreform bemüht: Am Ende war mit dem Fehdeverbot und dem Ewigen Reichslandfrieden das staatliche Gewaltmonopol rechtlich etabliert. Mit dem Reichskammergericht war die höchste Gerichtsbarkeit des Reiches institutionell neu eingerichtet. Zur finanziellen Sicherung der Reichsaufgaben faßte man Reichssteuern ins Auge. Zeitweilig war ein ständisches Reichsregiment tätig gewesen, das zusammen

Die Familie Maximilians I., Gemälde von Bernhard Strigel, wohl 1515

Kaiser Maximilian mit seiner Frau Maria von Burgund, seinem Sohn Philipp dem Schönen, dessen Söhnen Karl und Ferdinand, den späteren Kaisern, sowie deren Schwager Ludwig II., dem König von Ungarn. Das Gemälde entstand anläßlich einer jener glücklich eingefädelten Heiratsverbindungen, die Maximilians Enkel zu den mächtigsten Herrschern in Europa machen sollten.

mit dem Kaiser das Reich regieren und dadurch den Antagonismus zwischen Reichs- und Territorialstaat abfangen sollte.

Aber es blieb zweifelhaft, ob damit das Reich wirklich auf dem Wege zu einer neuen Verfassung war. »Der Erfolg dieser Reformen war im Jahre 1519 noch nicht abzusehen. Im Hinblick auf die Reichsgeschichte stellt der Übergang von Maximilian [zu seinem Nachfolger] keinen tiefen Einschnitt dar.«[3] Vor allem das Ringen, ob es sich um eine kaiserliche oder fürstliche Reform handeln sollte, mußte neu aufgenommen werden, wenn das Reichszepter in junge, tatkräftige Hände gelangte.

Die Wahl von 1519 war jedoch nicht nur ein innerdeutsches Problem. Diese Entscheidung war zugleich eine europäische Frage: weil das mit der deutschen Königswürde eng verbundene römische Kaisertum europäischen Ranges war; weil die politische Struktur Deutschlands sich unmittelbar auf den Handlungsspielraum der zahlreichen Nachbarn auswirkte; weil die Habsburger, die seit über eineinhalb Jahrhunderten die deutsche Krone trugen, unter Maximilian weit nach West- und Südeuropa ausgegriffen hatten. Gelangte die deutsche Krone, wie es Geblütsrecht und Wahltradition der Kurfürsten entsprach, an den ältesten männlichen Nachkommen des verstorbenen Kaisers, so entstand in Europa die Präponderanz einer Dynastie, die an Macht und Glanz alles übertreffen würde, was das Abendland seit den Tagen Karls des Großen gesehen hatte. Auch später sollte ein solcher Länderkomplex nie mehr unter einer Herrschaft versammelt werden, jedenfalls nicht in Friedenszeiten.

In geschickter Heiratspolitik hatte Maximilian die Grundlagen dafür gelegt, daß Habsburg bald halb Europa und weite Strecken des bekannten Amerika sein eigen nennen konnte: Zu den österreichischen Erblanden war der größte Teil des ehemaligen Burgunderreiches gekommen, nämlich im Süden am Doubs die Freigrafschaft Burgund mit der Hauptstadt Dôle und im Norden die siebzehn niederländischen Provinzen, das heißt das heutige Holland, Belgien und große Gebiete Nordostfrankreichs. Und vor allem hatten die Habsburger das spanische Weltreich erworben. Karl, der Enkel Kaiser Maximilians, der dort 1517 als Nachfolger Ferdinands von Aragon, seines Großvaters mütterlicherseits, zur Regierung gelangt war, konnte angesichts der riesigen Besitzungen in Spanisch-Amerika verkünden, daß in seinem Reich die Sonne nicht untergehe. Nach dem Tod Maximilians fielen nun noch die deutschen Erblande an ihn. Doch nicht nur nach Westen hatte sich Maximilians Heiratspolitik gerichtet. Bruder und Schwester des jungen spanischen Königs, Erzherzog Ferdinand und Erzherzogin Maria, waren 1515 in einer Doppelehe mit den Jagiellonenerben Ludwig, König von Ungarn und Böhmen, sowie dessen Schwester Anna vermählt worden. Ursprünglich hatte sich der alte Kaiser mit dem Plan getragen, die böhmische Prinzessin selbst zu heiraten, hatte dann aber zugunsten seines Enkels verzichtet.

Nun sollte die Kaiserkrone, auf die Karl als ältester männlicher Nachfolger Maximilians selbstverständlich Anspruch erhob, der höchsten Macht die höchste Würde der Christenheit hinzufügen. Der Erfolg brachte indes auch Gegner. Im Westen fühlte sich Frankreich eingekreist oder besser das Königshaus der Valois, das 1494 mit dem Zug Karls VIII. (1483-1498) nach Italien seinen eigenen Anspruch auf Vormachtstellung in Europa angemeldet hatte. Politisch war das ein Fehlschlag gewesen, aber Karl führte die Renaissancekultur über die Alpen, die in der ersten Hälfte des 16. Jahrhunderts vor allem das Loiretal zu einer Herrscherlandschaft mit europäischem Gestus werden ließ.

Im Osten waren die Habsburger eingebunden in die Abwehr der Türken, die seit der Eroberung von Konstantinopel im Jahre 1453 ihren Blick nach Nordwesten, auf das Zentrum Europas gerichtet hatten und die sich gerade zu einer ihrer gefährlichsten Offensiven

Eleonore
∞ Emanuel v. Portugal
2. Franz I. v. Frankreich

Karl V. (1500-1558)
∞ Isabella v. Portugal

Isabella, † 1526
∞ Christ. II. v. Dänemark

Maria, † 1558
∞ Ludwig v. Ungarn

Spanische Linie

Maria, † 1603
∞ Maximilian II.

Philipp II., † 1598
∞ Maria v. Portugal
2. Maria v. England
3. Elisabeth v. Frankreich
4. Anna v. Österreich

Maximilian II., † 1576
∞ Maria v. Spanien, † 1603

Don Carlos
† 1568
(von 1)

Isabella, † 1633
(von 3)
∞ Albrecht v. Öst.

Katharina, † 1630
∞ Karl Em. v. Savoyen

Philipp III., † 1621
(von 4)
∞ Margareta v. Öst.

Anna
† 1580

Rudolf II.
† 1612

Ernst
† 1595

Anna M., † 1666
∞ Ludwig XIII. v. Frankr.

Philipp IV.
† 1665

Maria Anna, † 1646
∞ Ferdinand III.

rüsteten. Im Jahr der Kaiserwahl war kaum zu ahnen, daß aus der verwandtschaftlichen Verbindung zu den in Ungarn in vorderster Front der Türkenabwehr stehenden Jagiellonen sehr schnell schon militärische Aufgaben und machtpolitische Chancen erwachsen sollten.

Als im Sommer 1526 König Ludwig von Ungarn auf der Flucht ertrank, nachdem das Türkenheer seine Streitmacht bei Mohács vernichtet hatte, beerbte ihn sein Schwager Ferdinand von Österreich. Jetzt wurden die Kronen Böhmens und Ungarns mit Österreich vereinigt, das Ferdinand von seinem Bruder Karl übertragen bekommen hatte. Das war eine südosteuropäische, habsburgische Ländermasse, die fortan als »Vormauer Europas gegen die Türken« galt - ein heroischer Titel, hinter dem sich Bedrohung, Angst, ja Verzweiflung verbargen, aber auch der zähe Wille der Habsburger, die bedrohten Länder und Völker zu behaupten. Für die Menschen in der breiten Kriegszone ging es dabei oft nur um die nackte Existenz.

Dies war seit dem ersten Viertel des 16. Jahrhunderts die außenpolitische Konstellation, welche die neuzeitliche Geschichte des Reiches bis ins 18. Jahrhundert hinein tief prägen sollte: der »Zweifrontenkampf« der habsburgischen Kaisermacht gegen die Türken im Südosten und gegen das französische Königshaus im Westen. Dabei gingen Interessen der Dynastien und Interessen des Reiches oder

Stammbaum des Hauses Habsburg

Friedrich III. (1415-1493)
∞ Eleonora v. Portugal

Maximilian I. (1459-1519)
∞ Maria v. Burgund, † 1482
2. (Bianca Maria Sforza v. Mailand)

Kunigunde, † 1520
∞ Albrecht IV. v. Bayern

Philipp d. Schöne, † 1506
∞ Johanna v. Kastilien

Katharina, † 1578
∞ Joh. III. v. Portugal

Ferdinand I., † 1564
∞ Anna v. Ungarn

Deutsche Linie

Maria, † 1584
∞ Wilh. v. Jülich

Ferdinand (in Tirol), † 1595
∞ Phil. Welser, † 1580

Karl (in Steiermark), † 1590
∞ Maria v. Bayern

Anna, † 1590

Matthias † 1619

Maximilian † 1618

Albrecht VII. † 1621

Ferdinand II., † 1637
∞ Maria Anna v. Bayern

Leopold V. (in Tirol) † 1632

Ferdinand III., † 1657
∞ 1. Maria v. Spanien, † 1646

Leopold Wilh. † 1662

M. Anna † 1651

Ferdinand Karl † 1662

M. Anna † 1696

Ferdinand IV. † 1654

Leopold I. † 1705

Claudia Felicitas
∞ Leopold I.

der Nation komplizierte, bisweilen sehr flüchtige Verbindungen ein. Vor allem im Westen kam es bald zu einer Verschlingung mit jenem Prozeß politischer Modernisierung, den wir »Nationalstaatswerdung« nennen. Und da das gesamte Reich diesen Weg nicht gehen konnte, traten sich politische Organisationsformen gegenüber, die verschiedenen Zeiten angehörten.

1519, bei der deutschen Königswahl, war das alles noch offen. Wenn Karl von Spanien seinem Großvater auf dem deutschen Thron folgen würde, so war das Ringen mit Frankreich abzusehen, im Westen und im Süden, nämlich in Italien, wo spanische und französische Interessen seit langem aufeinanderprallten. Angesichts seines vom burgundischen Herrscherverständnis geprägten Majestätsbewußtseins war auch zu erwarten, daß Karl in der Reichsreform einen entschieden monarchischen Kurs einschlagen würde.

Die Kurfürsten hatten die Wahl. Franz I., König von Frankreich (1515-1547), trat als Gegenkandidat auf, um den Rivalen auszustechen, bevor er zu mächtig wurde. Für die Außenpolitik des Reiches und das sich herausbildende europäische Mächtesystem war das eine wirkliche Alternative. Frankreich, in der inneren Staatsbildung weit vorangeschritten und soeben bei Marignano siegreich über die Schweiz, seit Murten die führende Militärmacht Europas, wäre als Träger der Kaiserwürde rasch zu europäischer Hegemonie aufgestiegen. Für Deutschland wäre in einem solchen Fall das zukünftige Kräftespiel in gewisser Weise einfacher geworden als bei der Angliederung an das weitgespannte Habsburgerreich. Reichspolitisch hätte alles davon abgehangen, wie sehr sich Franz in Deutschland zu engagieren bereit war. Eines war indes gewiß: Als machtbewußter Renaissanceherrscher dachte der Franzosenkönig wohl kaum daran, sich dem Willen der Fürsten unterzuordnen. In diesem Punkt bestand kein Unterschied zwischen dem Habsburger und dem Valois.

Die Partei des Habsburgers betrieb die bereits von Maximilian eingeleitete Wahlkampagne politisch und propagandistisch mit großem Geschick. Die sieben Kurfürsten, die selten über eine so starke Position verfügt hatten, mußten überzeugt werden, daß Karl nicht nur das kleinere Übel, sondern derjenige Herrscher war, der den Glanz des Reiches wahrte, ohne die Macht der Fürsten zu brechen. Bei allem Selbstbewußtsein vermied man daher ein zu machtvolles Auftreten; vor allem schlug man nationale Töne an. Franz war der Fremdling, dem die Verwurzelung im Reich fehlte, während Karl als das »edle deutsche Blut« gefeiert wurde.

Der Wahrheit entsprach das kaum: Nach den Begriffen der Gegenwart war Karl ebenso wie sein Rivale im westeuropäisch-romanischen Kulturkreis aufgewachsen. 1500 in Gent geboren, war er in der Tradition des von der Rhone bis an die Nordsee gespannten Burgunderstaates erzogen worden. In diesem spätmittelalterlichen Sinne war er ein Niederländer, der Französisch und Flämisch sprach, Deutsch aber nur schwer verstand. Das am burgundischen Hof in Brüssel tagende Ordenskapitel vom Goldenen Vlies war das personelle und geistige Zentrum seiner Herrschaft und seiner politischen Existenz. Karls Erzieher, die Männer, die ihn politisch prägten und berieten, waren Wilhelm von Croy, Herr von Chièvres (1458-1521), ein Großer aus dem Hennegau, der eine national-burgundische Politik repräsentierte, und der italienische Adlige Mercurino de Gattinara (1465-1530), seit 1518 »Großkanzler aller Reiche und Länder«, der alle Höfe der Romania kannte und der europäischen Bildungswelt der Humanisten angehörte. Diese beiden waren es auch, die seine Kandidatur betrieben und die Wahlkampagne leiteten. Mit Karl und seinem engsten Beraterkreis ging »der burgundische Herbst des Mittelalters« ohne Bruch in den Glanz des habsburgischen Weltreichs zu Beginn der Neuzeit über. Das »Haus Österreich« wurde zur »Maison d'Autriche«, zur »Casa de Austria«, zum Haus Österreich-Burgund-Spanien.[4]

Natürlich gab es im Umkreis des Frankfurter Wahlkollegiums Leute, die nach einem Kandidaten aus den eigenen Reihen Ausschau hielten. Der Brandenburger Joachim (1484-1535) zeigte sich interessiert, besaß aber weder das nötige Ansehen noch die unerläßliche Hausmacht. Friedrich der Weise dagegen, der Kurfürst von Sachsen, der angesehenste unter den Kurfürsten, war Herrscher über ein bedeutendes und reiches Territorium und zudem noch Vertreter einer ständischen Reformpolitik, die immer das Recht der Fürsten gewahrt hatte, wenn Maximilian die Prärogative des Kaisers etablieren wollte. Reichspolitisch war das eine klare Alternative sowohl zum Habsburger- als auch zum Valoiskandidaten.

Auch in den europäischen Dingen eröffneten sich ganz andere Perspektiven: Deutschland, Frankreich und Spanien - drei unabhängige, sich gegenseitig ausbalancierende Kräfte. Vor allem Papst Leo X. war an einer solchen Lösung interessiert - als Oberhaupt der Kirche, weil ein ihm feindlich gesinnter Kaiser die Sakralität seines Amtes nutzen konnte, um ihm die Führung der Christenheit streitig zu machen, vor allem aber als italienischer Fürst, der sich durch die Mittelmeerpolitik Spaniens und Frankreichs bedroht sah. Rom hofierte daher den sächsischen Kurfürsten. Eben deshalb setzte man ja den Lutherprozeß aus; die Reformation jedoch, neben Reichsreform und europäischer Mächteordnung das dritte Kardinalproblem der Reichspolitik in der soeben anbrechenden Ära, zog schon in der Ferne herauf. Als sich wegen des langen Zögerns Friedrichs des Weisen die Waagschale für den Papst bedrohlich dem Habsburger zuneigte, bot der päpstliche Gesandte sogar an, Friedrich auch dann zum deutschen König zu proklamieren, wenn er nur zwei Stimmen auf sich vereinige.

Aber der Sachse widerstand allen Verlockungen in der weisen Einsicht, daß es eines war, genügend Stimmen im Kurkollegium zu sammeln und die Anerkennung der Kurie zu erhalten, ein anderes aber, die Krone gegen den Widerstand der mächtigen Habsburger zu behaupten. Die Entscheidung fiel dann überraschend klar für Karl von Spanien aus: Alle sieben in der Seitenkapelle des Frankfurter Bartholomäusstifts versammelten Kurfürsten gaben ihm am 28. Juni ihre Stimme. Sie entsprachen damit der öffentlichen Stimmung im Reich, wo sich zuletzt sowohl bei Adel und Bürgertum, im mächtigen Schwäbischen Bund wie vor allem in Humanistenkreisen eine patriotische Stimmung für Karl und gegen Franz gebildet hatte. Es mag dabei mitgespielt haben, daß der einen modernen Regierungsapparat gewohnte Franzose der deutschen Fürstenlibertät gefährlicher erschien als ein Herrscher, der wie Karl weitgespannte Ländermassen zusammenhalten mußte.

Schließlich wogen die »Handsalben« schwer, wenn sie auch kaum

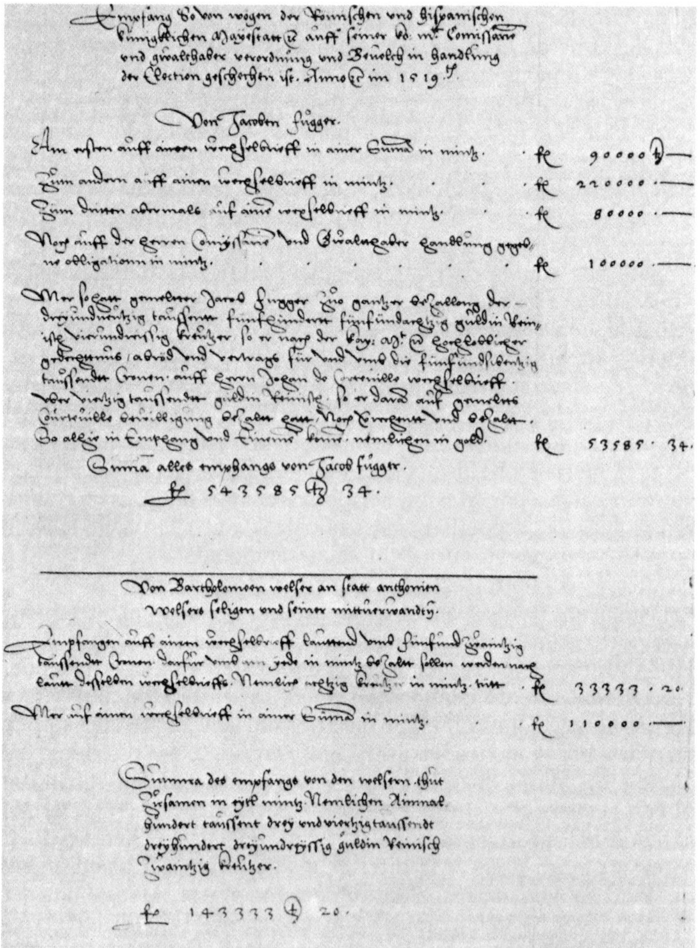

den Ausschlag gegeben haben dürften. Der reiche Franzosenkönig hatte große Summen eingesetzt; um ihn auszustechen, mußte sich Karl »weit über seine ursprünglichen Absichten hinaus um Darlehen bei den großen europäischen Finanziers bemühen«.[5] Dazu wollte er die vielen kleinen Bankiers Italiens und Oberdeutschlands heranziehen. Die Empfänger vertrauten aber nur der Bürgschaft Jakob Fuggers in Augsburg. Tatsächlich brachte der Fugger 543 585 Gulden auf, die ebenfalls augsburgischen Welser 143 333. Zusammen mit weiteren kleineren Beträgen waren es insgesamt 851 918 Gulden, die Karl zahlte – eine gewaltige Summe, wenn man bedenkt, daß zu dieser Zeit eine Dienstmagd eineinhalb Gulden im Jahr verdiente, ein Schulmeister dreidreiviertel Gulden und ein fürstlicher Rat zwischen achtzig und zweihundert Gulden.[6]

Die Deutschen sahen in Karl den Sproß einer alten einheimischen Dynastie und begrüßten das Ergebnis der Wahl begeistert. An »das junge, edle Blut«, wie ihn Luther in seiner Adelsschrift feierte, knüpfte sich die Hoffnung, in ihm den deutschen, nationalen Herrscher zu finden, den Kaiser, der gegen die Verderbtheit der romani-

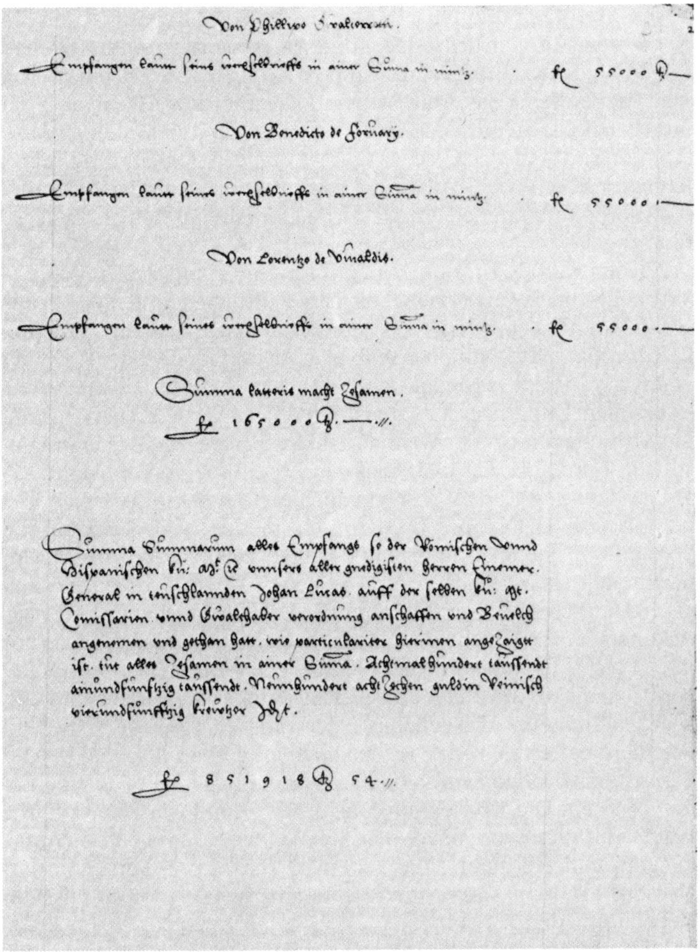
Von Philippo Gualterotti.

Empfangen laut seins verschreibens in einer Summa in müntz. fl 55000 —

Von Benedicto de Fornary.

Empfangen laut seins verschreibens in einer Summa in müntz. fl 55000 —

Von Lorentzo de Vivaldis.

Empfangen laut seins verschreibens in einer Summa in müntz. fl 55000 —

Summa latteris macht zesamen.

fl 165000 —

Summa Summarum alles Empfangs so der Römischen vnnd Hispanischen kü: mt: etc vnnsers aller gnedigisten herren Einnemer General in teutschlannden Johan Lucas auff der selben kü: mt: Comissarien vnnd Gwalthaber verordnung anschaffen vnd Beuelch angenomen vnd gethan hatt, wie particulariter hierinen angezaigt ist, tut alles zesamen in einer Suma. Achtmal hundert tausendt ainundfünfzig tausendt Neunhundert achtzehen guldin Reinisch vierundfünfzig kreutzer [illegible]

fl 851918 [illegible] 54

Endabrechnung der Kosten für die Königswahl Karls V. von 1519

Den Löwenanteil hatte das Augsburger Handelshaus Jakob Fugger gezahlt, und auch Bartholomäus Welser, das zweitgrößte Augsburger Bankhaus, zahlte weit mehr als jeder der drei italienischen Finanziers, die die Habsburger noch hinzugezogen hatten, um die riesige Summe aufzubringen.

schen Kurtisanen zu Feld ziehen und der Kirche und dem Reich die langersehnten Reformen schenken würde. Doch bald sollte die Politik Karls V. zeigen, daß sein Kaisertum sich nicht auf die nationale, deutsche Herrschaft beschränkte, sondern europäische Qualität hatte.

Der neue Herrscher betrat im Oktober 1520 erstmals deutschen Boden. Vor den Toren Aachens begrüßten ihn die höchsten kirchlichen und weltlichen Würdenträger des Reiches, darunter allerdings neben den drei geistlichen nur einer der weltlichen Kurfürsten, nämlich der Pfalzgraf zu Rhein. Anwesend waren die Botschafter der europäischen Mächte, drei Kardinäle und schließlich die Ratsherren der Krönungsstadt mit weißen Stäben, die ihre Gewalt symbolisierten. Umgeben von spanischen Granden, niederländischen und burgundischen Edlen, Rittern vom Goldenen Vlies nahm der deutsche König ihre Huldigung entgegen – schweigend, das Haupt entblößt, mit undurchdringlicher, etwas hochmütiger Miene, »die trotz seiner Jugend die Vorstellung eines unnahbaren Gebieters erweckte«. In einer schier endlosen Prozession führten Tausende von Reitern,

Pagen, Herolden und Hellebardieren den Habsburger mit den ihn geleitenden Großen des Reiches und seiner spanisch-burgundischen Länder in die Krönungsstadt. Vor dem König trug der Erbmarschall von Pappenheim das Reichsschwert, Symbol der Macht und der Gerechtigkeit. »Der König selbst im Harnisch mit Brokatgewand, schimmernd und reich, sicher und gewandt in der Führung seines lebhaften Pferdes.«[7] Am Abend begann der jahrhundertealte Krönungsordo mit einer ersten Messe im Dom des großen Namensvetters.

Aachen war als Krönungsort nicht mehr unumstritten. Längere Verhandlungen waren zwischen den Kurfürsten und dem spanischen Hof nötig gewesen, ehe man sich auf die Stadt Karls des Großen geeinigt hatte. Nur noch einmal, und zwar 1531 bei der Krönung von Karls Bruder Ferdinand, sollte Aachen dieses feierliche Schauspiel sehen. Danach, und zwar erstmals 1562 mit Maximilian II., fand die Krönung am Ort der Wahl statt, in der Kirche des Bartholomäusstifts in Frankfurt, der man bald den Ehrentitel Dom beilegte.

Die Krönung Karls V. erfolgte am Tag nach dem feierlichen Einzug, also am 23. Oktober. Die Krönungsmesse, so sorgfältig sie vorbereitet war, ließ Spannungen und Brüche zutage treten, die sich im nachhinein als Vorzeichen für den neuen Charakter des habsburgisch-spanischen Kaisertums und die bald aufbrechenden Schwierigkeiten deuten lassen: Die Nürnberger Gesandten, welche die auf ihrer Reichsburg verwahrten Reichsinsignien überbrachten, kamen zu spät in die Kirche und machten Schwierigkeiten bei der Übergabe, weil sie fürchteten, das geheiligte Herkommen werde verletzt. Und vor allem hatten sie nicht alle Insignien mitgebracht, so daß bei der Investition wichtige Symbole fehlten und durch andere ersetzt werden mußten. Die Konsekration lag in der Hand des Kölner Erzbischofs Hermann von Wied, dem der Kölner Domherr und Humanistenfreund Hermann von Neuenahr assistierte - Personen und Namen, die man später im Rheinland mit der protestantischen Rebellion verbinden sollte.

Unter Gesängen und Gebeten erfolgten nach altem Ritus das Gelöbnis - den überkommenen Glauben, die Kirche, die Witwen und Waisen zu schützen, gerecht zu regieren und den Papst ergeben zu ehren -, die Salbung, Einkleidung, Krönung und Inthronisation auf dem Königsstuhl Karls des Großen. Bei der Investition, der Einkleidung, sollten Stück um Stück in symbolischer Vergegenwärtigung Aufgaben und Würde der königlichen Majestät auf den neuen Amtsinhaber übergehen. Doch es fehlte die in Nürnberg gebliebene »Gewandung Karls des Großen«, so daß Karl über den Untergewandungen, die das Aachener Stift bereitstellte, statt eines Chormantels einen sarazenischen Purpurmantel trug. Statt der Armspangen des deutschen Königs mußte der Konsekrator dem Habsburger die Kette des Goldenen Vlieses umlegen, den Hausorden der hauptsächlich außerhalb des Reiches liegenden Burgunder Territorien. Auch der Fingerring fehlte, der als Symbol des katholischen Glaubens galt, auf den er seinen Träger verpflichtete. Sicher war dies alles keine von den Nürnbergern gezielt eingesetzte Störung des Krönungsordo, doch es war eine charakteristische Beeinträchtigung, denn in Patrizier- und Humanistenkreisen der Reichsstadt diskutierte man bereits eifrig Luthers Schriften, und bald sollte Nürnberg zu den führenden protestantischen Reichsständen zählen.

Einzug des jungen Karl in Brügge, Miniatur

1515 trat Erzherzog Karl, der spätere Kaiser Karl V., in den Niederlanden die Regierung an. Der Einzug des jungen Herrschers in die flämischen und brabantischen Städte wurde zur Joyeuse Entrée oder Blijde Inkomst, zur freudig-glanzvollen Zeremonie des Einholens und Einbringens in die Stadt. Als Karl fünf Jahre später in Aachen einzog, um sich zum deutschen König krönen zu lassen, sollte diese traditionelle Zeremonie noch weit prunkvoller und majestätischer sein, denn hier kamen ihm nicht nur die Abgesandten der Reichsstadt entgegen, sondern die höchsten Würdenträger des Reiches und mit ihnen Abgesandte des Papstes und aller Mächte der Christenheit.

Doch dies waren Vorzeichen, die man im Oktober 1520 noch nicht zu deuten wußte. Die Messe endete mit dem feierlich und ehrlichen Herzens gesungenen »Te Deum laudamus«. Man dankte Gott und feierte Karl als das »edle deutsche Blut«, von dem die Heilung aller Gebrechen am Reich und in der Kirche erhofft wurde. Und auch Papst Leo X., der noch vor wenigen Monaten alles darangesetzt hatte, einen anderen auf den deutschen Königsthron zu bringen, schien seinen Frieden mit dem Habsburger gemacht zu haben: Am 26. Oktober, nach einem Gottesdienst, gab Kardinal Albrecht von Mainz die Einwilligung der päpstlichen Heiligkeit bekannt und proklamierte Karl als erwählten römischen Kaiser. Wenig später ging der Krönungsbericht, den der Kölner Zeremonienmeister verfaßt hatte, in Hunderten von Flugschriften durch das Reich – die Deutschen bejubelten die Thronbesteigung ihres neuen Königs als nationales Ereignis.

Den ersten Reichstag berief Karl V. für den 27. Januar 1521 nach Worms ein, weil in Nürnberg, dem dafür traditionell vorgesehenen Ort, eine Seuche ausgebrochen war. Der Name »Worms« erinnerte an den Reichstag von 1495, und damit an die Reichsreform. Und in der Tat sollte die Reformproblematik den größten Teil der Reichs-

Kreiseinteilung Deutschlands zu Beginn des 16. Jahrhunderts

tagsarbeit ausmachen. Zwischen dem Reformreichstag von 1495 und dem Augsburger Friedensreichstag von 1555 setzte der Wormser Tag von 1521 die wichtigsten Reformimpulse. Das Reich wurde neu geordnet, so daß es in der Regierungszeit des neuen Kaisers und darüber hinaus in den deutschen Dingen eine kraftvolle Rolle spielen konnte.

Damit begann die Zeit der großen Reichstage, nicht weniger als neunzehn in den sechsundzwanzig Regierungsjahren Karls V.[8] Diese bedeutende Tradition des »Ständeparlamentarismus«, das heißt der Mitregierung der Reichsstände auf den Reichstagen, brach erst ab, als in der konfessionellen Krise des frühen 17. Jahrhunderts der Reichstag gesprengt wurde. Bedeutende Reichsgesetze wurden unter Karl verabschiedet, zum Beispiel gegen die »Monopole« der großen Handelsgesellschaften. In den letzten Jahren Kaiser Maximilians geschwächte oder verfallene Institutionen des Reiches erhielten neues Leben, so das Reichskammergericht, das ständische Reichsregiment oder die Reichsexekutionsordnung zur Ahndung von Verstößen gegen den Reichslandfrieden. Mit der berühmten Wormser Reichsmatrikel, die in Grundzügen bis ins 18. Jahrhundert hinein gültig blieb, wurde das Reichssteuerwesen und damit die Reichswehrverfassung auf eine solide Basis gestellt. Die Einteilung des Reiches in Kreise, das waren Zusammenschlüsse von benachbarten Reichsständen als einer Instanz zwischen Reich und Territorien, die die Friedenssicherung, die Koordinierung der Wirtschafts- und Münzpolitik und weitere Gemeinschaftsaufgaben übernahmen, erhielt jene Form, die im wesentlichen bis zum Ende des Alten Reiches im Jahre 1806 gültig blieb.

Der Reichstag befaßte sich auch mit der Reichskirche und dem Beschwerdenberg gegen die römische Kurie, der sich seit dem auslaufenden Mittelalter angehäuft hatte, vor und ganz unabhängig von dem Auftreten Luthers. Es wurde ein über hundert Einzelbeschwerden umfassender Katalog von »Gravamina der deutschen Nation gegen den römischen Stuhl« zusammengestellt, ein großer Protest gegen Mißwirtschaft, Verwaltungs- und Rechtswillkür, Finanzgebaren und Ämterschacher der Kurialen, dem auch solche Reichsstände beitraten, die nicht oder noch nicht bereit waren, auf die Stimme aus Wittenberg zu hören.

Am 17. und 18. April kam es im bischöflichen Palast, wo Karl V. wohnte, zwischen dem mittlerweile siebenunddreißigjährigen Bibelprofessor und dem gerade einundzwanzigjährigen Kaiser zu jener welthistorischen Szene, die im Bewußtsein der Zeitgenossen wie der Nachwelt die übrige Arbeit des Wormser Reichstages verblassen ließ. Auf der einen Seite der Mönch, der trotz seiner ihm sichtlich Pein bereitenden Hochachtung vor den Großen dieser Erde seiner Wahrheit treu bleiben mußte, weil sie ihm und anderen den Seelenfrieden brachte – auf der anderen der König, für den mit Blick auf das römische Kaisertum und die geistigen Grundlagen seiner burgundisch-spanischen Herrschaft gleichermaßen das »Hier stehe ich, ich kann nicht anders« galt. In diesem Augenblick begegneten sich zwei Welten, deren Gegensatz um so unversöhnlicher war, als er aufgebrochen war aus der geistigen Nähe derselben mittelalterlichen Tradition und weil die Aufgabenstellung dieselbe war, nämlich deren Anpassung an die Bedingungen eines neuen Zeitalters.

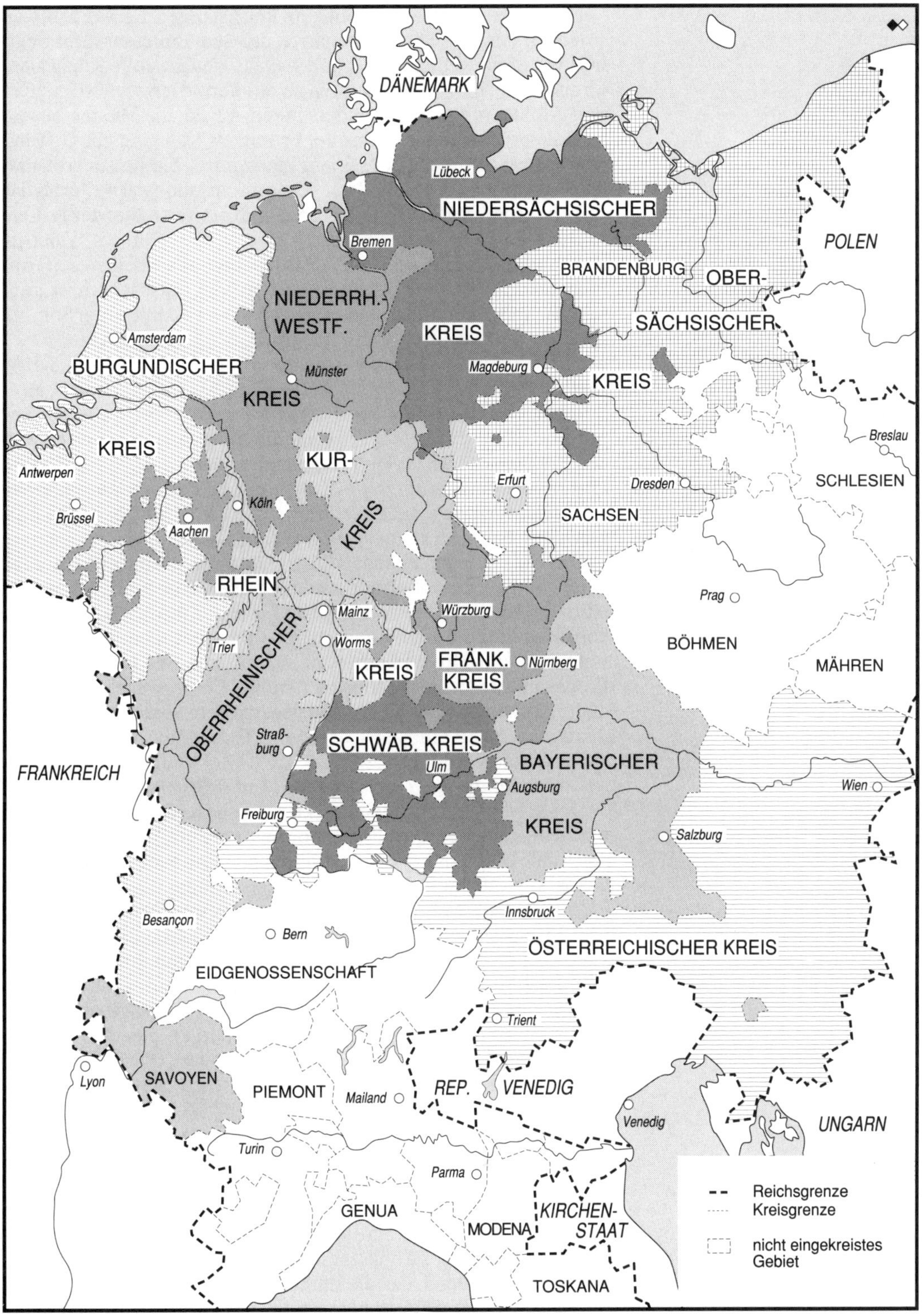
DÄNEMARK
Lübeck
NIEDERSÄCHSISCHER
Bremen
POLEN
BRANDENBURG
OBER-
SÄCHSISCHER
NIEDERRH.-
WESTF.
KREIS
Amsterdam
BURGUNDISCHER
Münster
Magdeburg
KREIS
KREIS
KREIS
KUR-
Breslau
Antwerpen
Erfurt
Dresden
SCHLESIEN
Brüssel
Köln
Aachen
KREIS
SACHSEN
RHEIN.
Prag
Mainz
Würzburg
Trier
Worms
BÖHMEN
OBERRHEINISCHER
KREIS
FRÄNK.
KREIS
Nürnberg
MÄHREN
Straß-
burg
SCHWÄB. KREIS
BAYERISCHER
FRANKREICH
Ulm
Augsburg
Wien
Freiburg
KREIS
Salzburg
Innsbruck
Besançon
Bern
ÖSTERREICHISCHER KREIS
EIDGENOSSENSCHAFT
Trient
Lyon
SAVOYEN
PIEMONT
Mailand
REP.
VENEDIG
Venedig
UNGARN
Turin
Parma
GENUA
MODENA
KIRCHEN-
STAAT
TOSKANA
Reichsgrenze
Kreisgrenze
nicht eingekreistes
Gebiet

Luther war mit freiem Geleit zum Reichstag geladen worden, weil Friedrich der Weise darauf beharrte, daß sein Professor nicht ungehört verurteilt werden sollte, und weil der neugewählte König allen Grund hatte, ihm diesen Wunsch zu erfüllen. »Derb von Körperbau und Antlitz, mit nicht besonders guten Augen, die Mienen beweglich, die er leichtfertig wechselte. Er trug als Kleidung ein Gewand des Augustinerordens mit seinem Ledergürtel, die Tonsur groß und frisch geschoren, das Haupthaar verschnitten, und zwar weiter als das gewöhnliche Verhältnis ist«,[9] so beschrieb ein Vertrauter des Kaisers Luthers Erscheinung in Worms. Karl erwartete Luthers Widerruf, aber Luther verwies auf sein Seelenheil und erbat Bedenkzeit. Am folgenden Tag, dem 18. April, erklärte er, vom Entscheidungskampf sichtlich mitgenommen, aber unerschrocken und mit lauter Stimme zunächst wohl deutsch, dann lateinisch:

Wenn ich nicht durch Schriftzeugnisse oder einen klaren Grund widerlegt werde – denn allein dem Papst oder den Konzilien glaube ich nicht, da es feststeht, daß sie häufig geirrt und sich auch selbst widersprochen haben –, so bin ich durch die von mir angeführten Schriftworte bezwungen [im Sinne: kann meine Meinung nicht ändern, H. Schi.]. Und so lange mein Gewissen durch die Worte Gottes gefangen ist, kann und will ich nichts widerrufen, weil es unsicher ist und die Seligkeit bedroht, etwas gegen das Gewissen zu tun. Gott helfe mir. Amen.[10]

Das Volk jubelte, ebenso Ulrich von Hutten und nicht wenige jener Politiker, die auf eine Erneuerung der Kirche hofften. Von Spalatin ins Deutsche übersetzt, wurde Luthers Antwort in Tausenden von Flugschriften über Deutschland verbreitet. Die Wittenberger Lektoren und Drucker erwiesen sich als rhetorisch meisterhafte Propagandisten; sie erweiterten nämlich Luthers Schlußwort und dadurch erst erhielt es die trutzig-siegessichere Sprache, in der es im deutschen Protestantismus dann von Generation zu Generation weitergegeben wurde:

Ich kan nicht anderst / hier stehe ich / Got helff mir / Amen.[11]

Der Kaiser war nicht beeindruckt: »Der soll mich nicht zum Ketzer machen«, äußerte er am Tag zuvor beim ersten Anblick Luthers.[12] Auch eine imposantere Figur als sie der beim Anblick von Macht und Glanz verschüchterte Mönch in diesem Moment geboten haben wird, wäre dazu wohl kaum in der Lage gewesen. Denn realpolitisch wie – recht verstanden – in ideologischer Hinsicht war der Habsburger auf die Einheit der Christenheit festgelegt und mit ihm seine Dynastie, die zu den wenigen deutschen Fürstenhäusern zählte, die keinen Augenblick in Gefahr standen, Lutheranhänger zu werden.

Die gewaltige Ländermasse der Habsburger, die sich allein in Europa von Spanien im Südwesten über Italien, Ober- und Niederburgund in der Mitte bis hin zu den deutschen Erblanden im Südosten mit den bald angegliederten Königreichen Böhmen und Ungarn erstreckte, bedurfte der geistigen Mitte, um die bunte Vielfalt von Rechts- und Kulturtraditionen und die auseinanderstrebenden politischen Kräfte zusammenzuhalten. Der von hohem Majestätsbewußtsein getragene Karl und seine Ratgeber, voran seine Tante Margarethe, die Statthalterin der Niederlande, waren überzeugt, daß nur das katholische Kaisertum hierzu in der Lage war. Dieses geistige Band, das die Einheit und die Stabilität zu garantieren schien, waren sie nicht bereit aufs Spiel zu setzen für ein Experiment, das nach Häresie und Spaltung roch – »Pestis Germaniae« nannte man die Reformation außerhalb des Reiches. Es hätte Karl an die Spitze einer mächtigen nationalen Bewegung gebracht, wenn er sich mit ihr identifiziert hätte, aber nur auf Kosten der Universalität seines Herrschaftsanspruchs. So mußte er abwägen zwischen Deutschland und der Räson des habsburgischen Weltreiches, zwischen der Partikularität eines Königtums und der Universalität des Kaisertums. Diese Entscheidung stand fest, lange bevor der Mönch dem Kaiser unter die Augen trat.

Es wäre eine große Schande für ... uns, die wir durch ... einzigartige Auszeichnung zu ... Schützern des katholischen Glaubens berufen sind, wenn zu unseren Zeiten und durch unsere Pflichtvergessenheit die Häresie, ja nur auch der Verdacht der Häresie ... zu unserer und unserer Nachkommen ewiger Unehre zurückblieb,[13]
so antwortete Karl vor dem Reichstag auf Luthers Weigerung, zu widerrufen. Da die Reformation inzwischen längst zu einem nationalen Ereignis geworden war, mußte das Ringen um die geistigen Grundlagen des Reiches, das ja zugleich ein Ringen um seine politische und gesellschaftliche Ordnung war, in der Spaltung enden. Die deutsche Reformation als nationales Ereignis und die universelle Katholizität des habsburgischen Kaisers – an diesem Gegensatz zerbrach die Kirchen- und Glaubenseinheit der Deutschen.

So breit die Resonanz in der Bevölkerung auch war und so viele weltliche Fürsten auch auf die Seite der Neuerer treten sollten, der Versuch, die Reichskirche und Deutschland insgesamt zu reformieren, wie es wenig später etwa in den skandinavischen Königreichen geschah, zerschellte an dem Rocher de bronze, den die antilutherische Koalition darstellte: die Koalition des Hauses Habsburg mit den geistlichen Fürsten, vor allem denen am Rhein und in Franken, aber auch einer Reihe weltlicher Fürsten, die sich aus unterschiedlichen Gründen diesem Lager anschlossen. Daraus ergaben sich mächtige territoriale Barrieren: im Nordwesten die burgundischen Niederlande mit ihrer politischen und kulturellen Ausstrahlung nach

Martin Luther mit Doktorhut, Kupferstich von Lucas Cranach d.Ä., 1521

Als Doktor der Theologie hatte Luther die neue Glaubenswahrheit entdeckt. Ihre Verteidigung vor Kaiser und Reich war somit zugleich ein Stück neuzeitlicher Lehrfreiheit.

Luther vor dem Reichstag, Titelblatt des Verhörberichts, gedruckt von Melchior Ramminger, Augsburg 1521

Wie ein Lauffeuer verbreitete sich im Reich der Bericht über Luthers Verhör vor dem Kaiser, und wiederum machten die Drucker gute Geschäfte.

Der Römischen kaiser/
lichē Maiestat Edict wider
Martin Luther Bücher
vnd lere seyne anhen-
ger Enthalter vnd
nachuolger vnnd
Etlich annder
schmeliche sch
rifften. Auch
Gesetz der
Drucke-
rey.

Osten, im Westen die reichspolitisch einflußreichen geistlichen Kurfürstentümer, im Süden und Südosten die österreichischen Erblande, die fränkischen Hochstifte und Bayern. Auffällig ist die Gruppierung der Altgläubigen am Rhein und südlich des Mains, also in einem Gebiet, das traditionellerweise königsnah war. Dagegen stehen die Mitte (Hessen, Thüringen, Sachsen), der Norden (Hansebereich und Niedersachsen, wo 1542 mit der Vertreibung Herzog Heinrichs von Braunschweig-Wolfenbüttel die letzte katholische Bastion fiel) und der Osten einschließlich der geistlichen Territorien; diese Gebiete wurden sämtlich protestantisch.

Diese Verteilung ist mit der Limeslinie aus römischer Zeit in Verbindung gebracht worden, die das Reich gliederte in eine alte Kulturzone römisch-lateinischer Durchdringung und ein junges, kulturell noch wenig geprägtes Neusiedelland.[14] Dieser faszinierenden Deutung steht allerdings entgegen, daß die Reformation als Volksbewegung beide Zonen erfaßte, sogar mit einer deutlichen Konzentration im Altsiedelland, so daß jene scheinbar so einleuchtende Grenzlinie primär auf die Option der Landesherren und Dynastien zurückzuführen ist.

In Worms waren es sehr wenige, die hinter Luther standen – mehr bangen als fröhlichen Herzens: »Wohl hat der Pater Martinus geredet vor dem Herrn Kaiser und allen Fürsten und Ständen«, bekannte der sächsische Kurfürst am Abend nach dem Verhör seinem Rat Spalatin, fügte aber gleich hinzu: »Er ist mir viel zu kühn.« Der Kaiser hatte zuvor öffentlich versichert, daß »das freie Geleit ..., wie zugesagt, gehalten werden« soll, und Ende April war Luther in Begleitung des Reichsherolds unbehelligt aus Worms abgereist.[15] Als dann aber Karl V. am 26. Mai das Wormser Edikt erließ, schien das Leben des Reformators nicht mehr viel wert: Zu dem päpstlichen Bann, der Luther im Sommer 1520 getroffen hatte, trat nun die Reichsacht gegen den Ketzer und Aufrührer. Jedermann war geboten, daß er »Martin Luther nit hauset, hoffet, etzt, drenket, noch enthaltet, noch ime mit worten oder werken haimlich noch offenlich kainerlai hilf, anhang, beistand noch fürschub beweiset, sondern ... in fenklichen annemet [also gefangennimmt, H. Schi.] und uns ... zusendet.«[16]

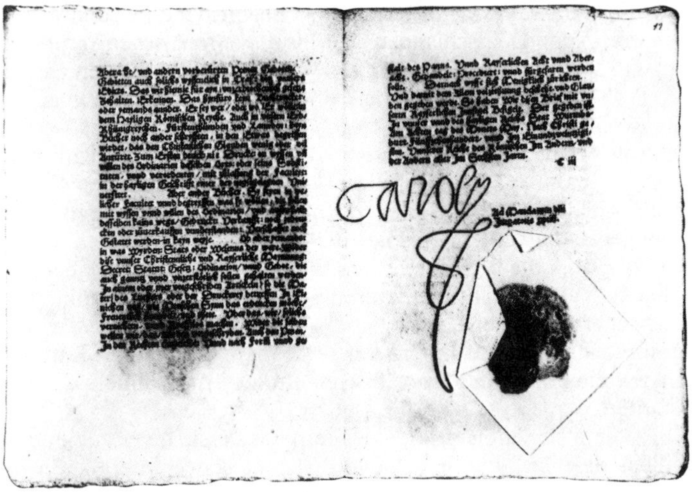

Titel- und Schlußseite des Wormser Edikts vom 8. Mai 1521

Nachdem Luther unter dem freien Geleit des Kaisers Worms verlassen hatte, wurde zu Ende des Reichstags das sogenannte Wormser Edikt erlassen, das Luther und seine Anhänger aus der Reichsgemeinschaft ausschloß. Bis 1555 blieb das Edikt in Geltung, wenn sich auch bald zeigen sollte, daß es politisch nicht durchsetzbar war und daher immer wieder befristet außer Kraft gesetzt werden mußte.

So war man tief beunruhigt, als Luther tatsächlich verschwand. Albrecht Dürer erfuhr in Antwerpen »die Mär, ... daß man Martin Luther so verräterisch gefangen genommen hätte ... Nachdem ihn der Herold des Kaisers bei Eisenach an einen unfreundlichen Ort gebracht hatte, sagte er, er bedürfe seiner nun nicht mehr und ritt von ihm fort. Alsbald waren zehn Reiter da; die führten verräterisch den verkauften, frommen, mit dem heiligen Geist erleuchteten Mann hinweg, der da war ein Bekenner des wahren christlichen Glaubens.« Wie Dürer werden viele geklagt haben: »O Gott! Ist der Luther tot, wer wird uns hinfort das heilige Evangelium so klar vortragen! ... O ihr frommen Christenmenschen all! Helft mir fleißig beweinen diesen gottbegeisterten Menschen und Gott bitten, daß er uns einen anderen erleuchteten Mann sende.«[17]

Aber in Wahrheit war Luther sicher, von seinem sächsischen Landesherrn in einem ausgeklügelten Handstreich auf die Wartburg gebracht. Zudem hatten Kaiserliche und Kursachsen, die über die Religionsfrage ständig in Geheimverhandlungen standen, wohl schon vor Beginn des Wormser Reichstages vereinbart, daß das Wormser Edikt Sachsen nicht zugestellt wurde, das Gebiet des Kurstaates von den mit der Achterklärung verbundenen Sanktionen also ausgenommen blieb, »dort, wo der Ketzer saß, hatte das Edikt keine Gültigkeit!«[18] Vor allem sorgten die europäischen Bindungen Habsburgs dafür, daß die Reformation in Deutschland freien Lauf erhielt – im Volk und bei den Fürsten.

Fast ein Vierteljahrhundert lang, bis in den Sommer 1542, hatte der Kaiser nur sehr vorübergehend Zeit für jeweils kurze Aufenthalte in Deutschland: 1520/21 ein knappes Jahr, dann im Juli 1521 war Karl bereits wieder in den Niederlanden; 1530 bis 1532 gut zweieinhalb Jahre; dann erst wieder ein Jahrzehnt später, nämlich 1541, aber wieder nur für wenige Monate. Die Regierung lag unterdessen in der Hand des Kaiserbruders Ferdinand, dem Karl die deutschen Hausmachtterritorien und seine Stellvertretung übertragen hatte.

Ferdinand aber konnte nicht verhindern, daß die Jahrzehnte bis 1543 zu einer *Zeit der Fürsten* wurden, ohne die weder die Religions-

noch die Verfassungsfrage zu lösen war. Begünstigt durch den Windschatten, in den Deutschland angesichts der europäischen Verpflichtungen seines Oberhauptes geraten war, gingen die Fürsten daran, ihre Position im Reich und innerhalb ihrer Territorien auszubauen. Das Reich war ohne ihr Zutun nicht zu regieren, auch 1530 noch nicht, als sich das bei der Abreise des Kaisers eingesetzte ständische Reichsregiment auflöste. Daß Karl V. und Ferdinand immer wieder auf die Geld- und Militärhilfe der Fürsten angewiesen waren - vor allem gegen die Türken -, festigte die Position der Fürsten im Reich. Den Sieg über die Ritterheere und Bauernhaufen, den sie über die Religionsspaltung hinweg einmütig und ohne jedes Zutun des Reichsoberhauptes erfochten hatten, nutzten sie entschlossen aus, um ihre Herrschaft im Innern der Territorien zu festigen - Katholiken, wie die Führer des Schwäbischen Bundes, nicht anders als Protestanten.

Bei den Neugläubigen war der Stern des hessischen Landgrafen Philipps des Großmütigen (1504-1567) aufgestiegen, der die Siege der Fürstenheere über Sickingen und über die mitteldeutschen Bauern organisiert und auch im niedersächsisch-westfälischen Raum die entscheidende Rolle gespielt hatte, als es darum ging, den Herd der chiliastisch-täuferischen Unruhen in Münster abzusondern und zu ersticken. Hessen war nun das mächtigste Territorium im westlichen Mitteldeutschland und der Landgraf der einflußreichste Führer der Neugläubigen gleich neben dem sächsischen Kurfürsten. Diplomatisch und konfessionspolitisch hatte er sogar den weiteren Blick.

Als der Landgraf 1529 die sächsischen und oberdeutsch-schweizerischen Reformatoren zu einem Abendmahlsgespräch in seine Residenz hoch über Marburg einlud, sollte gleichzeitig mit der theologischen auch die politische Einheit der Glaubenspartei gestärkt werden. Dieses Ziel gab Philipp auch nicht auf, als sein Plan fürs erste an der dogmatischen Entschiedenheit Luthers und Zwinglis scheiterte. Bereits zwei Jahre zuvor, 1527, hatte Philipp in Marburg die erste evangelische Universität gegründet, um die Ausbildung politisch und weltanschaulich loyaler Juristen und Theologen zu sichern, die er für den Ausbau des frühmodernen Staates benötigte.

Wie in Hessen, so schritt auch in den anderen Territorien die staatliche Verdichtung rasch weiter voran. Zu den weltlichen übernahmen sie entschlossen auch die anstehenden religiös-kirchlichen Ordnungsaufgaben. Dabei konnten sich Alt- wie Neugläubige auf die mittelalterliche Lehre von der »cura religionis« der Obrigkeit stützen; die protestantischen Juristen und Theologen ergänzten sie um die Theorie von der notbischöflichen Gewalt, die dem Fürsten zufalle, solange die kirchlichen Autoritäten sich gegen die notwendigen Reformen sperrten. 1527 begann in Kursachsen die erste landesherrliche Visitation der Kirchen unter evangelischem Vorzeichen. Andere Territorien folgten, darunter das katholische Jülich-Kleve, wo sich die altgläubige Landesregierung berechtigt fühlte, auf diesem Wege das erasmianische Reformprogramm durchzusetzen.

Die Übergänge vom spätmittelalterlichen zum neuzeitlichen Landeskirchentum sind fließender, als eine - positiv oder negativ - auf Luther fixierte Geschichtsschreibung es wahrhaben will. Und auch das Ergebnis betraf neu- wie altgläubige Territorien gleichermaßen: Zwischen 1520 und 1540 wurden allenthalben in Deutschland die Fundamente ausgebaut, auf denen im weiteren Verlauf des 16. und frühen 17. Jahrhunderts endgültig der deutsche Fürstenstaat errichtet wurde.

Mit alldem wuchs der reichs- und religionspolitische Handlungsspielraum der Neugläubigen, wenngleich sie noch lange unter den Reichsständen eine sehr kleine Minderheit bildeten. Politische Fürstenlibertät und religiöse Christenfreiheit stärkten sich gegenseitig - auch hier ein Zusammenspiel von Verstehen und Interesse.

Bereits 1526, auf dem ersten Reichstag zu Speyer, wurde das Wormser Edikt praktisch außer Kraft gesetzt. Denn der Reichstagsabschied - also das Abschlußkommuniqué - sicherte einem jeden Reichsstand bis zu einem Konzil, auf das nun alle hofften, die Freiheit zu, sich gegenüber seinen Untertanen so zu verhalten, »wie ein ieder solichs gegen got und irer Mat. hofft und getraut zu verantworten«.[19] Drei Jahre später, wiederum in Speyer, als die seit 1521 erwartete Einberufung eines Konzils in weite Ferne gerückt war und die Kaisermacht durch glänzende Siege in Italien - 1527 war im Sacco di Roma die Heilige Stadt eingenommen worden - auf einem Höhepunkt stand, versuchte Ferdinand noch einmal das Ruder herumzureißen. Gestützt auf die noch immer große Mehrheit der katholischen Stände setzte er das Wormser Edikt wieder in Kraft. Darauf antwortete die evangelische Minderheit - fünf Fürsten und vierzehn Reichsstädte - mit jenem berühmten Protest, der den Evangelischen fortan den Namen gab.

Diese Speyrer Protestation, im 19. Jahrhundert - neben dem Thesenanschlag - zu einer nationalen Befreiungstat stilisiert, galt lange als Geburtsstunde des modernen Gewissensprotestes. In Wahrheit nahmen die Stände ein altes Rechtsinstrument in Anspruch - die »protestatio«, die eine Minderheit in den Stand versetzte, gegen solche Mehrheitsbeschlüsse rechtskräftigen Widerspruch einzulegen, die sie gegen innere Überzeugung oder in existentiell wichtigen Fragen unbillig banden. Wenn diese Protestation den Weg in die moderne, individuelle Gewissensfreiheit wies, so geschah das auf der Basis mittelalterlicher Ständelibertät, die den vollberechtigten Gliedern eines politischen Verbandes Rechts- und Minderheitenschutz zusicherte.

1530 folgte der große Konfessionsreichstag zu Augsburg, der erste, auf dem der Kaiser wieder anwesend war. Er hatte sich soeben in Bologna vom Papst die Kaiserkrone aufs Haupt setzen lassen und damit an die mittelalterliche Tradition seiner Vorgänger angeknüpft - als letzter der römischen Kaiser, wie sich später zeigen sollte. Keiner seiner Nachfolger ließ sich vom Papst krönen. Der nach einem Jahrzehnt tiefer politischer Entfremdung geschlossene Friede mit dem Papst und die in der Krönung erneut sinnfällig gemachte kaiserliche Verantwortung für Reinheit und Einheit der Christenheit ließen Karl nochmals alle Kräfte zur Überwindung der Glaubensspaltung anspannen. Da das in seinen Augen jedoch nur Rückkehr der Häretiker in den Schoß der Kirche bedeuten konnte und es nur um die Modalitäten zur Verhandlung ging, führten die Reichstagsverhandlungen lediglich zu einer formellen Dokumentation der unversöhnlichen Lehrdifferenzen.

Die Protestanten arbeiteten ihr erstes umfassendes Bekenntnis

»Handlung zu Augsburg Anno 1530 der Religion und Glaubens halber«, Augsburg 1530

In diesem Konvolut ist das berühmte Augsburger Bekenntnis überliefert, das Philipp Melanchthon auf dem Reichstag von 1530 vorlegte und das bis heute Bekenntnisgrundlage der lutherischen Kirchen in aller Welt geblieben ist.

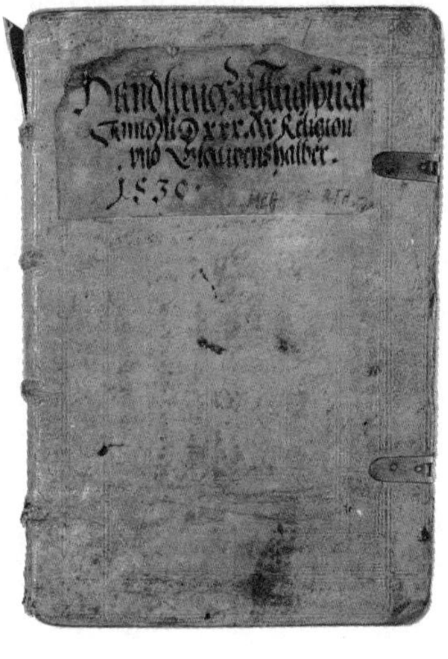

aus, die Confessio Augustana, das Augsburger Bekenntnis, das bis heute in den lutherischen Kirchen Gültigkeit hat. Es war das Werk Philipp Melanchthons, des Freundes Luthers, seines Beraters und Kollegen an der Wittenberger Leucorea. Der Reformator selbst saß derweilen auf der Coburg fest, der südlichsten Festung seines sächsischen Landesherrn, weil er ja gebannt war und nicht wagen konnte, den südlich anschließenden Sperriegel der fränkischen Bistümer zu überwinden. Im Turmstübchen hoch über dem Tal bangte Luther um sein Werk und konnte doch nichts anderes tun, als auf die reitenden Boten aus Augsburg zu warten, gequält von dem Gekreische der Dohlen, worin er den Spott des teuflischen Widersachers verspürte.

Aber »Luther und Melanchthon zogen an einem Strang«; Briefe gingen hin und her. Der cholerische Luther brauste auf, schimpfte, wenn ihm die Gemeinsamkeiten mit der alten Kirche zu stark betont schienen. Er lobte, wenn ihm die Formulierungen seines Mitstreiters gefielen: »Ich habe deine Apologie noch einmal sorgfältig und ganz gelesen und sie gefällt mir gewaltig.« Und er scherzt, wenn er mit einem Anflug von Ironie das Vorgehen des Freundes würdigt, »denn ich so sanft und leise nicht treten kann«. Vor allem aber muß er Melanchthon trösten, der unter der ihm aufgebürdeten Verantwortung leidet. In stundenlangem Gebet versucht er sich des richtigen Weges zu vergewissern zwischen zu harter Haltung, die womöglich

Die Veste Coburg,
Detail eines Holzschnittes von
Lucas Cranach d.Ä., 1506

Während Melanchthon in Augsburg vor Kaiser und Reich die neue Lehre zu vertreten und ihre Bekenntnisgrundlage zu formulieren hatte, saß Luther auf der Veste Coburg, dem letzten sicheren Platz seines sächsischen Landesherrn vor dem katholischen Sperriegel der fränkischen Bistümer. Die schwarzen Dohlen, die seine Turmstube krächzend umlagerten, wurden ihm zu Sendboten des Satans, die ihn und das neuentdeckte Evangelium verspotteten.

einen militärischen Vernichtungsschlag provoziert, und zu großer Nachgiebigkeit, die ihm den Vorwurf des Verräters einbringen muß: »Wir leben hier in schlimmsten Sorgen und ständigen Tränen«, schreibt er an Luther, als dieser verärgert die Briefkontakte volle drei Wochen unterbricht.[20]

Das Ergebnis, die Bekenntnisschrift, die am 25. Juli 1530 vor dem Reichstag verlesen wird, entsprach sowohl den theologischen und kirchenpolitischen als auch den diplomatisch-machtpolitischen Bedürfnissen, zumal der sächsische Kanzler Brück noch in letzter Minute die Vorrede des Theologen politisch geglättet hatte: Dem irenistischen Gemüt Melanchthons entsprechend, wurden die Gemeinsamkeiten mit der alten Kirche deutlich herausgestellt, was Luther nicht so sehr behagte, und es wurde, dies nun mit Luthers Billigung, ein klarer Trennstrich zu Spiritualisten, Sektierern und Zwinglianern gezogen, so daß die schweizerisch-oberdeutsche Variante des Protestantismus zunehmend aus dem Konsens der evangelischen Reichsstände hinausgetrieben wurde. In den entscheidenden Punkten der reformatorischen Wende war die Augsburger Konfession jedoch unmißverständlich klar: in der Rechtfertigung, dem Kirchenbegriff und in der Lehre vom Predigeramt. Die Katholiken antworteten daher mit einer schroffen Widerlegung, der »Confutatio«, die Johannes Eck, der Gegner Luthers aus den frühen Jahren, zusammen mit Johannes Cochlaeus abfaßte.

Politisch geführt von dem erfahrenen kursächsischen Kanzler Gregor Brück, entzogen sich die Protestanten der vom Kaiser geforderten Unterwerfung. Der katholische Rumpfreichstag bekräftigte das Wormser Edikt und erklärte jeden Widerstand dagegen zum Reichslandfriedensbruch. Dadurch sahen sich die evangelischen Reichsstände zu Recht ernsthaft bedroht. Angeführt von Sachsen und Hessen, schlossen sie daher im Frühjahr 1531 in der Stadt Schmalkalden, am Südhang des Thüringer Waldes gelegen, ein Verteidigungsbündnis. Juristen und Theologen, vor allem Luther, der die rechtmäßige Obrigkeit als von Gott verordnet begriff, hatten die Widerstandsfrage lange diskutiert, bis sie sich dazu durchringen konnten, daß die Stände ein Schutzbündnis gegen den Kaiser eingehen durften, weil sie selbst als Obrigkeiten politische und geistliche Verantwortung trugen. Luther beharrte bis zuletzt auf der Trennung von Politik und Religion:

Haben daher die Juristen Recht, daß ein Christ, nicht als Christ, sondern als ein Bürger oder membrum corporis politici muge widerstehen, das

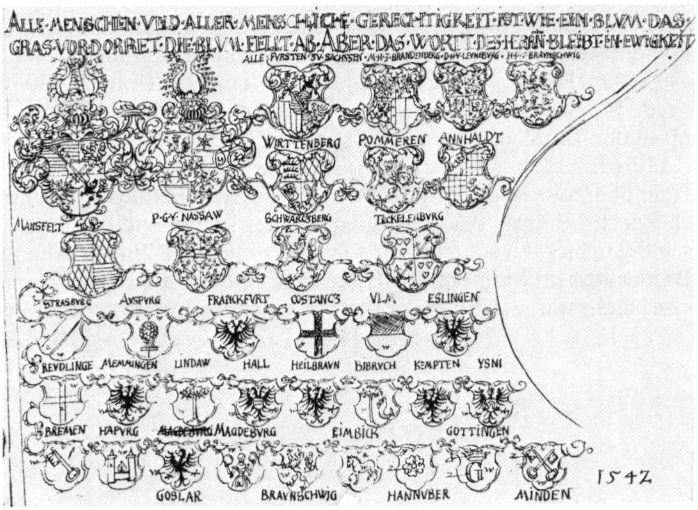

Entwurf der Schmalkaldischen Bundesfahne, 1542

Nach langem Ringen und mit schweren Skrupeln war Luther zu der Überzeugung gelangt, daß seine Reformation angesichts des drohenden Gegenschlags der Altgläubigen und des Kaisers der aktiven militärischen Verteidigung bedurfte. Am 27. Februar 1531 kam es in Schmalkalden zur Gründung eines protestantischen Verteidigungsbündnisses. Die Bundesfahne stellt den Bund als Summe seiner Glieder dar. Die Wappen der Mitglieder sind in traditioneller ständischer Reihenfolge geordnet, wobei die beiden Bundeshäupter Sachsen und Hessen die Reihe der Fürsten eröffnen und durch besonders große Wappen hervorgehoben sind. Es folgen die übrigen Fürsten, dann die Grafen, schließlich die Reichsstädte sowie einige der norddeutschen Frei- und Hansestädte, nämlich Hamburg, Magdeburg, Braunschweig, Einbeck, Hannover, Göttingen und Minden. Sie waren in der ersten Hälfte des 16. Jahrhunderts noch zu autonomer Außenpolitik, unabhängig von ihren Landesherren, fähig.

lassen wir geschehen ... Aber ... uns Theologen [ziemet es] nicht, und ist unserm Gewissen fährlich, zum Verbündnis zu raten.[21]

Erstmals standen sich Protestanten und Katholiken in bewaffneten Lagern gegenüber. Der offene Konflikt wurde jedoch verschoben, weil der Kaiser erneut seinen Blick auf äußere Feinde richten mußte. Diesmal waren es die Türken, die auf Wien marschierten, nachdem sie die Stadt bereits drei Jahre zuvor, im Jahre 1529, drei Wochen belagert hatten. Nach längeren Verhandlungen erließ der Kaiser im August 1532 den sogenannten Nürnberger Anstand, einen zeitlich befristeten Religionsfrieden, um die evangelischen Stände zur Türkenhilfe zu bewegen. Damit war die aktuelle Gefahr einer kaiserlichen Militäraktion von den Protestanten genommen. Es war

Schautaler auf den Schmalkaldischen Bund, 1593

eine mehrmals erneuerte Rechtsbasis gewonnen, auf der die Protestanten über ein Jahrzehnt lang reichsrechtlich gesichert leben und im Innern ihrer Territorien das neue Kirchenwesen aufbauen konnten. Im Spätsommer 1532 verließ der Kaiser nach gut zweieinhalbjährigem Aufenthalt Deutschland, um sich ein knappes Jahrzehnt lang der Lage im Mittelmeer und Westeuropa zuzuwenden.

Inzwischen war Ferdinand zum deutschen König erhoben wurden. Diese Anfang 1531 erfolgte Wahl »vivente imperatore«, zu Lebzeiten des Kaisers, war ein Sieg der Habsburger, denn eine längerfristige Regelung der Nachfolge stärkte stets die Krongewalt auf Kosten der Stände. Doch sogleich waren auch die Grenzen Habsburgs markiert worden; das evangelische Sachsen und das katholische Bayern schlossen sich zu einem Bündnis zusammen. Damit war erstmals eine Konfiguration aufgetreten, die sich noch häufig wiederholen sollte, über das ganze konfessionelle Zeitalter hinweg bis in den Dreißigjährigen Krieg hinein. Ein Erfolg des Kaisers, der die fürstliche Libertät bedrohte, führte stets über kurz oder lang zu einer überkonfessionellen Reaktion der Fürsten. Ferdinand I. sollte es jedoch gelingen, das Mißtrauen zu überwinden und das Reichsschiff geschickt zu steuern. Vor allem eins zeichnete ihn vor seinem Bruder aus: Im Moment der Krise, als die großen imperialen Pläne gescheitert waren, fand er die Kraft zu einer pragmatischen Lösung.

2. Universelles Kaisertum und der Kampf um die Vormacht in Europa

Die europäischen Kriegszüge Karls V., die aus der deutschen Sicht eine - störende oder willkommene - Ablenkung des Reichsoberhauptes waren, ergaben sich aus der »Staatsräson« der habsburgischen Ländermasse. Hier war das deutsche Reich eingespannt in eine Kräfte- und Interessenkonstellation, deren neuralgische Punkte außerhalb Deutschlands lagen, nämlich in Oberitalien; im westlichen Mittelmeer; auf der Pyrenäenhalbinsel im Verhältnis zu Portugal und im Grenzgebiet zu Frankreich hin; schließlich in den ehemals burgundischen Gebieten zwischen Deutschland und Frankreich, vor allem in den südlichen Niederlanden. Das Reich war nur indirekt oder am Rande betroffen - so in Ober- und Mittelitalien, wo seine Lehnsbeziehungen zwar bis zur Toskana reichten, machtpolitisch aber nicht mehr viel zählten, und in der westlichen Verbindungszone zwischen den oberitalienischen und den südniederländischen Interessengebieten der Spanier.

Innerhalb dieses Machtkomplexes waren die Türken und Frankreich die Hauptrivalen: Spanien hatte nicht anders als Portugal zur Sicherung seiner Seeinteressen Stützpunkte an der nordafrikanischen Küste erworben: in Melilla (1497), Mers-el Kebir (1505), Oran (1509) und in Peñon de Velez (1508). Die Offensive der Osmanen stellte dies in Frage, so daß die militärische Konfrontation mit der türkischen Weltmacht und deren Verbündeten, den nordafrikanischen Barbaresken und den selbstherrlich operierenden Seeräubern, unvermeidlich war.

Die Konflikte mit Frankreich waren dynastischen Ursprungs und entwickelten sich schließlich doch zum Gegensatz der Völker. Die Rivalität zwischen Habsburg und Valois reichte weit ins Mittelalter zurück. Zugleich wies sie voraus ins 17. und frühe 18. Jahrhundert, als der Gegensatz zwischen dem Haus Österreich und Frankreich zu den Grundkonstanten des europäischen Mächtespiels gehörte. Im Westen des Reiches gingen diese dynastischen Spannungen zurück auf die Großmachtpolitik, die die Herzöge von Burgund im 14. und 15. Jahrhundert auf Kosten ihrer Vettern auf dem französischen Thron betrieben und die sie über Kaiser Maximilian, den Schwiegersohn Karls des Kühnen, an die Habsburger weitergegeben hatten. Im Süden kamen sie aus den ebenfalls jahrhundertealten Rivalitäten zwischen spanischen und französischen Fürstenhäusern. Der kühne Griff des französischen Königs Karl VIII. nach der Krone Neapels hatte Ende des 15. Jahrhunderts zu jener Allianz zwischen Österreich und Spanien geführt, die bis ins 18. Jahrhundert hinein die italienischen Dinge prägen sollte.

Zugleich mit diesem interessenpolitischen Ringen stellte sich das Problem einer ordnungspolitischen Neugestaltung Europas. Bereits im späten Mittelalter war die im Kaisertum repräsentierte Einheit der Christenheit politisch brüchig geworden, sofern sie überhaupt

Die Weltschale Kaiser Rudolfs II., Nürnberg 1589

Das wohl als Konfektschale gedachte Gefäß, das Kaiser Rudolf II. durch den Goldschmied Jonas Silber, einen Schüler des berühmten Wenzel Jamnitzer, anfertigen ließ, ruft noch einmal das Weltreich und die Kaiseridee Karls V. wach: Fuß und Schaft sind mit Darstellungen der drei heidnischen Erdteile Afrika, Asien und Amerika und Szenen aus dem Alten Testament - Paradies, jüdischer Tempel und Bundeslade - geschmückt. Der untere Teil der Schale meint das Reich, vertreten durch den Kaiser, die sieben Kurfürsten und siebenundneunzig Wappen von Reichsständen. Das Innere der Schale symbolisiert den kaiserlichen Herrschaftsanspruch über Europa und den Seesieg der vereinigten Christlichen Flotte bei Lepanto 1571. Die Innenseite der oberen Schalenhälfte zeigt eine Allegorie auf die Ursprünge Deutschlands, überwölbt vom Sternenhimmel auf dem Äußeren der oberen Schale. Gekrönt ist das Ganze durch den Weltenrichter Christus, der auf zwei sich kreuzenden Bogen thront, die an den Regenbogen erinnern.
Das ist ein gewaltiges Programm einer manieristischen Spätzeit; ganz unrealistisch war es deswegen noch nicht: Rudolf II. war seit 1579 mit der Infantin Isabella, Tochter Philipps II., verlobt, konnte sich also Hoffnungen machen, nochmals das spanische Weltreich mit der deutschen Habsburgermacht und dem Kaisertum zusammenzuführen und dem noch das inzwischen an Spanien gefallene Portugal mit seinen Überseebesitzungen hinzuzufügen. Doch nach achtzehnjähriger Verlobungszeit scheiterte der Eheplan, nicht zuletzt, weil die deutschen Protestanten sich ihm widersetzten.

jemals mehr als Anspruch und Idee gewesen war. In Italien hatte sich eine Pentarchie von unabhängigen Staaten herausgebildet, die ihre jeweils eigene »Staatsräson« hatten und in eine darauf beruhende »Beziehungsgeschichte« eingetreten waren. Niccolo Machiavelli (1469-1527) beschrieb die inneren und äußeren »Gesetze« dieser italienischen Staatenwelt und wurde dadurch zum ersten Theoretiker des neuzeitlichen Machtstaates und der darauf beruhenden Staatengesellschaft.

England, Frankreich und vor allem Spanien und Portugal waren auf dem Weg zu neuzeitlichen Nationalstaaten weit vorangeschritten, eine Unterordnung unter den Willen des Kaisers kam für sie nicht in Frage. Die skandinavischen Königreiche waren auf dem Sprung in die gleiche Richtung. Als die iberischen Monarchien ihre Überseeimperien aufbauten, offenbarte sich die Diskrepanz zwischen der Realität und dem Anspruch auf kaiserliche »Weltherrschaft« vollends.

Solange ein schwacher Kaiser auf dem deutschen Thron saß, war diese Entwicklung ohne politische Brisanz gewesen, jedenfalls für das Reich. Das änderte sich auch nicht grundsätzlich, als Kaiser Maximilian daranging, der Kaiserdynastie eine territoriale Machtbasis europäischen Zuschnitts zu verschaffen. Erst als diese zäh durchgehaltene, von Glücksfällen begünstigte Politik des Sammelns von Ländern einen in Europa einzigartigen Herrschaftskomplex geschaffen hatte, der mit Spanien eines der beiden iberischen Weltreiche einschloß, konnte der Enkel es wagen, Kaiseramt und Kaiserwürde sowohl propagandistisch als auch realpolitisch einzusetzen, um der aus dem Mittelalter hervorgegangenen europäischen Staatenwelt noch einmal eine einheitliche Ordnung zu geben. Daß die bloße Wiederbelebung des mittelalterlichen Kaisergedankens dazu nicht ausreichte, sah Karl ebenso klar wie seine von humanistischem Erneuerungsstreben geprägten Berater. Wie bei der Reichsreform in Deutschland ging es vielmehr darum, die überkommene Kaiseridee an die neuen Bedingungen anzupassen, sie zu einem übergreifenden Ordnungsprinzip für das neuzeitliche Mächteeuropa zu machen.

Es gab sogar Anregungen, das europäische Kaisertum zu einem wirklichen Weltkaisertum umzubilden. Sie wurden von Hernán Cortés, dem Abenteurer und Entdecker Mittelamerikas, vorgetragen, nachdem er das Aztekenreich in Mexiko erobert und im November 1519 den Kaiser Montezuma in der eigenen Hauptstadt zur formellen Anerkennung der spanischen Oberherrschaft gezwungen hatte. Karl V., so meldete er in die Alte Welt, sei nun wirklich ein mondialer Herrscher, der nicht ein, sondern zwei Kaiserreiche besitze. »Mit nicht geringem Recht kann Eure Majestät den Titel eines Kaisers von Neu-Spanien führen, wie sie durch die Gnade Gottes den Kaisertitel von Deutschland gewonnen hat.« Diese Vision des Eroberers hat ohne Zweifel das Majestätsbewußtsein des Habsburgers gestärkt und der Idee eines universellen Kaisertums eine zusätzliche Begründung verliehen. »Eine neue Dimension des alten Kaiserthemas« ergab sich daraus nicht; »die Kaiseridee Karls V. blieb hartnäckig europäisch wie auch sein Kaiserreich selbst«.[22]

Der habsburgische Kaiser hat zeit seines Lebens um die geistige Rechtfertigung und Fundierung seiner Reiche und seiner den Kontinent überspannenden Politik gerungen. Es war kein fertiges Kon-

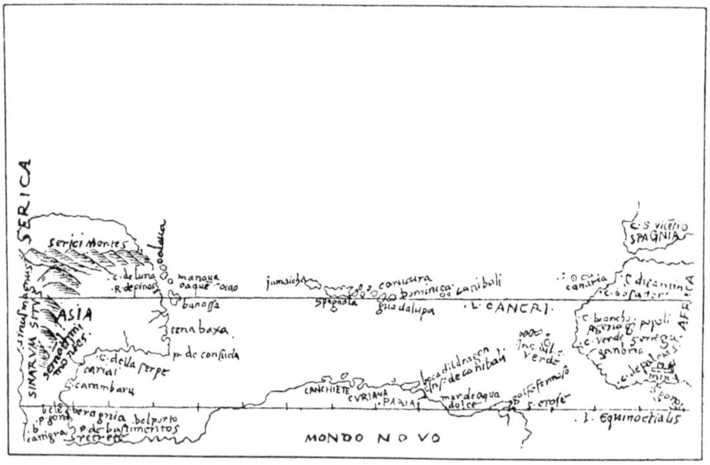

Als Kolumbus 1504 nach seiner vierten Reise zusammen mit seinem Bruder Bartolomeo diese Weltkarte skizzierte, auf der rechts Spanien und Afrika, links und unten in der Mitte die Neue Welt zu erkennen sind, glaubte man noch immer fest daran, daß er die Ostküste Asiens entdeckt habe.

zept, mit dem der junge Karl Anfang der zwanziger Jahre in die europäische Mächtepolitik eintrat. Nur eins war unmißverständlich gewiß: Das allein durch die Klammer der mächtigen, in ihren Ansprüchen aber keineswegs unumstrittenen Casa de Austria zusammengehaltene Weltreich benötigte ein geistiges Zentrum, eine Idee, die es im Innern organisierte und nach außen in Beziehung setzte zu den anderen Reichen in Europa. In der ersten Hälfte des 16. Jahrhunderts bedeutete das noch ein gradualistisches, das heißt geistig abgestuftes, hierarchisches Verhältnis.

Karl V. fand diese geistige Fundamentierung im Kaisertum – verstanden als ein universelles, das heißt überstaatliches und übernationales, und als ein gleichermaßen weltliches wie geistliches Amt. Diese ideologische Grundlegung seiner Politik band den Habsburger in den religiös-kirchlichen wie in den mächtepolitischen Grundsatzfragen seiner Zeit; wenn er das eine wollte, hatte er im anderen nur beschränkten Spielraum für Kompromisse. Da sich zeigen sollte, daß weder die politische noch die religiöse Spaltung der abendländischen Christenheit »heilbar« war, war seine Konzeption zum Scheitern verurteilt.

Der genaue Zuschnitt des universellen Kaiserkonzepts ist in der Forschung umstritten, zudem veränderte es sich über die Jahrzehnte hinweg nicht unwesentlich – abhängig von den Beratern und den Schwerpunkten der konkreten Politik. Hochfliegend waren die Pläne vor allem in den frühen Jahren, als Karl unter dem prägenden Einfluß seines Großkanzlers Mercurino Gattinara stand, der einen scharf antifranzösischen Kurs steuerte. Die habsburgische Politik hatte die übernationale Einheit der Christianitas im Auge, die der Kaiser geistig und politisch zu stützen und zu leiten habe. Gattinara propagierte »die Herbeiführung des allgemeinen Friedens, welche sich nicht ohne die Monarchia erreichen ließ«.[23]

Das meinte die Monarchia universalis des Kaisers, der die Einzelmonarchien zuzuordnen waren. Sofern diese sich widersetzten und nur ihrer eigenen »Staatsräson« folgten, hatte der Kaiser mit bewaffneter Hand Einheit und Frieden zu erkämpfen. Das war in erster Linie gegen Franz I. von Frankreich gerichtet. Die Brennpunkte der Auseinandersetzung mußten auf der Apenninenhalbinsel liegen, denn ohne Herrschaft in Italien, wie immer diese konkret aussehen mochte, war ein universelles Kaisertum nicht denkbar. Dort waren aber vor allem der Papst und der Franzosenkönig, der zu jener Zeit das Herzogtum Mailand besaß, zum Widerstand entschlossen.

In Italien kreuzten sich bereits seit Generationen die machtpolitischen Interessen der beiden Mittelmeerstaaten Frankreich und Spanien miteinander und mit den italienischen Staaten, die den sich stets wandelnden Konstellationen zugeordnet waren: Im Norden und in der Mitte waren das Venedig, das Herzogtum Savoyen, die Republik Genua, das Herzogtum Mailand, das Herzogtum Florenz und der wie ein mächtiger Sperriegel von der Ost- zur Westküste sich erstreckende Kirchenstaat. Südlich davon schlossen sich das Königreich Neapel von Aquila und Benevent bis Brindisi und Reggio sowie das Vizekönigreich Sizilien an. Das war das Normannenerbe, das im Mittelalter zwischen der iberischen Krone Aragon und den französischen Anjou geteilt war und auf das daher Habsburger wie Valois Ansprüche erhoben. Nachdem der Italienzug des Franzosenkönigs Karl VIII. 1494 gescheitert war, befanden sich Neapel und Sizilien jetzt in der Hand des spanischen Königs und deutschen Kaisers.

Die neue universelle Kaiseridee Karls V. war somit zugleich eine Fortsetzung der alten spanischen Machtstaatpolitik. Nicht anders sah es in den Niederlanden aus, dem zweiten Brennpunkt der Auseinandersetzungen. Blanke Interessenpolitik auf der einen und ein geistiges Ordnungskonzept auf der anderen Seite – das waren die beiden Pole, zwischen denen Karl V. sein Leben lang operieren mußte, und zwar in Deutschland wie in Europa.

Stellt man beides in Rechnung, die Theorie und die Machtpolitik, so tritt die Janusköpfigkeit dieses Kaisertums zutage: Geprägt von der Tradition des Mittelalters, aber doch wohl mit einer anderen, einer neuzeitlichen Konzeption, ging es in der inzwischen vielgestaltigen europäischen Staatenwelt bei der Frage um die geistliche Zuordnung doch immer zugleich um die realpolitische Vormacht. Die »Beziehungsgeschichte« des frühneuzeitlichen Mächtesystems war noch eine Generation lang, bis zur Aufgabe dieses Kaiserkonzeptes in den Jahren 1555/56, vielgesichtig. Sie umfaßte ein geistiges und ein diplomatisch-machtpolitisches Problem. Neuzeitlich war der politische Entwurf vor allem auch in der gebrochenen, tragischen Schicksalhaftigkeit, mit der hier eine zutiefst anachronistische Idee der Einheitlichkeit verfochten wurde, verfochten werden mußte in einem Augenblick, in dem der Differenzierungsschub, der seit langem schon die europäische Gesellschaft umformte, die religiös-geistigen Grundlagen der »universitas christiana« zerstörte und eine für Jahrhunderte nicht mehr zu bremsende, weit über Europa hinausschießende Dynamik freisetzte. Dieses Unzeitgemäße, das Nichtmehr und Noch-nicht, macht uns heute die Einheitsidee Karls V., des ersten und einzigen im modernen Sinne *europäischen* Kaisers Deutscher Nation, gleichermaßen vertraut wie fremd.

Nach Gattinaras Tod im Jahre 1530 wurde die Stelle des Großkanzlers nicht mehr besetzt. Seine Nachfolger, Nicolas Perrenot und Antoine Perrenot de Granvella, Vater und Sohn, aus der Freigrafschaft Burgund gebürtig und daher stärker an dem burgundisch-niederländischen Ringen interessiert, leiteten nun die Regierungsgeschäfte im Amt Erster Sekretäre. Der ältere Granvella besaß dabei als persönlicher Berater vor allem in der Religionspolitik das Ohr des Kaisers.

Die geistige Begründung und die konkrete Realisierung der habsburgischen Politik übernahm Karl V. jedoch zunehmend selbst. So war es im wesentlichen seine eigene Leistung, wenn er in den vierziger Jahren die Kaisermacht in Deutschland und Europa auf den Höhepunkt ihrer realpolitischen Geltung führte. Dagegen ließ »die Fruchtbarkeit und die Wirkkraft der geistigen Auseinandersetzung im prohabsburgischen Milieu ... im Fortgang der Regierung Karls V. stark nach. Die eigentliche Höhe wie der entscheidende Schlußabschnitt seiner Herrschaft ist von keiner Diskussion und auch von keiner offiziellen Propaganda mehr begleitet, die sich irgendwie mit jener der ersten Jahrzehnte vergleichen ließe ... Das Gebäude der Macht bleibt zunächst noch in einer gewissen imponierenden Nacktheit bestehen.« Im Triumph über seine Widersacher ist »der Kaiser ... allein mit seiner *Monarchia*, mit seinem Sieg und seiner Verantwortung«.[24]

Diese »Ermattung auf der ideologischen Ebene« ist vor dem Hintergrund innerspanischer Kritik an dem Konzept einer Monarchia universalis zu sehen, die offensichtlich nicht ohne Eindruck auf den Kaiser geblieben war. Bereits gegen die hochfliegenden Pläne Gattinaras war Widerspruch laut geworden – am unverblümtesten im Fürstenspiegel des Hofpredigers und Hofhistoriographen Fra Antonio Guevara, den Karl V. bereits 1524 im Manuskript las. Am Vorbild des antiken Kaisers und stoischen Philosophen Marc Aurel entwickelt Guevara eine scharfe Kritik an der Politik des Großkanzlers, die den jungen Kaiser anstachle, Italien zu unterwerfen und ein Dominium mundi zu errichten. So fühlten und dachten auch die dominikanischen Völkerrechtler der Universität Salamanca, deren Bemühungen um eine theologisch begründete Kolonialethik sie zu Schlußfolgerungen führten, die den europazentrischen Weltmachtvorstellungen der universellen Kaiseridee zuwiderliefen.

Ausgehend von der Frage, auf welcher Rechtsbasis Spanien seine von Gott verliehenen Herrschaftsbefugnisse über Länder fernab des christlichen Weltkreises ausüben könne, war insbesondere Francisco de Vitoria, der Begründer der berühmten Völkerrechtsschule von Salamanca, zu einer Lösung gekommen, die den alten, europäischen Rahmen der Christianitas sprengte und damit dem universellen Kaiserkonzept den Boden entzog. Vitoria »verteidigte in bis dahin nie gekannter Eindeutigkeit und Betonung die Pluralität und Gleichwertigkeit der politischen Bildungen innerhalb der Christianitas. Er setzte sich scharf mit den römischrechtlichen Argumenten der Glossatoren und mit der Staatslehre des Thomas von Aquino auseinander und bestritt schließlich dem Weltherrschaftsgedanken nicht nur jedes rechtliche, sondern auch jedes theologische Fundament.« Theologisch und juristisch gibt es für ihn nur eine Schlußfolgerung: »Imperator non est dominus mundi« – »Der Kaiser ist nicht der Herr der Welt.«[25]

Es war eine ungeheuere geistige Spannung, die Karl V. zu ertragen hatte, wenn er auf diesem brüchigen Boden in Europa und in Übersee erfolgreich bleiben wollte. Die geistige Legitimation seines Tuns konnte nicht einheitlich sein, weil seine Länder unterschiedliche Traditionen und noch weiter auseinandergehende Interessen hatten:

von Italien her sahen die Aufgaben anders aus als von Deutschland und Burgund, und der Blick Spaniens war immer entschiedener nach Westen gerichtet, von Europa weg über den Atlantik in das neue Dorado Mittel- und Südamerikas. Für die Reichspolitik indes blieb die Kaiseridee und das aus ihr gespeiste hohe Majestätsbewußtsein bestimmend - bis in die bitteren Jahre des Scheiterns hinein.

Das war das melancholische Ende so hochfliegender Pläne. Damals aber, in der frühen Regierungszeit Karls V., hatte er seine ersten Kämpfe mit Franz I. von Frankreich, seinem Rivalen bei der Kaiserwahl, auszutragen. Diese Franzosenkriege, die sich vor allem in der niederländisch-französischen Grenzzone und in Italien abspielten, waren die direkte Fortsetzung jenes Ringens, in das Maximilian sehenden Auges eingetreten war, als er 1477 die burgundische Erbtochter Maria heiratete und damit den französischen König herausforderte.

In der inneren Reichsreform wie auch in der Außenpolitik war die Welt von Großvater und Enkel eher von Kontinuität als von einem Bruch geprägt. Die Wahl von 1519 hatte jedoch die Gewichte neu verteilt. Frankreich war für eineinhalb Jahrhunderte weit zurückgeworfen im Ringen um die Hegemonie in Europa; in Paris kam jene Umklammerungsfurcht auf, die erst gegenstandslos wurde, als im Spanischen Erbfolgekrieg zu Anfang des 18. Jahrhunderts Spanien von den Habsburgern an einen Seitenzweig der französischen Bourbonen fiel. Hilflos war Frankreich indes nie; es konnte »die überdehnten Linien der habsburgischen Position und die Spielregeln des entstehenden Mächtesystems ausnützen«.[26] Bereits Franz I. beherrschte dieses Spiel meisterhaft. Sein natürlicher Partner war der Papst, der sich in Italien und auch als Oberhaupt der Kirche bedroht sah. Im Osten und im Mittelmeer bot sich für Franz I. ein Arrangement mit den Türken an, und auch dies sollte eine Konstante der europäischen Politik werden, die insbesondere Ludwig XIV. überlegt ins Spiel brachte.

Die Historiker zählen vier Kriege zwischen Karl V. und Franz I.: den von 1521 bis 1526, dann den von 1526 bis 1529 und den von 1536 bis 1538, schließlich die Auseinandersetzung von 1542 bis 1544. Im Grunde handelte es sich aber um einen permanenten Gegensatz, bei dem Phasen offener militärischer Auseinandersetzungen mit solchen des Waffenstillstands oder flüchtiger Einigungsabsprachen, ja auch Bündnisversuchen abwechselten. An jedem nur möglichen Ort versuchte der Franzosenkönig den Kaiser zu treffen, ging Verbindungen mit jedem erdenklichen seiner vielen außen- und innenpolitischen Gegner ein: Neben den Arrangements mit dem Papst und der Hohen Pforte standen Vereinbarungen mit den Aufständischen, die in den frühen zwanziger Jahren die Herrschaft der Habsburger in Spanien gefährdeten; mit der Opposition in Navarra; dem Seigneur de Sedan im Luxemburgisch-Lüttichschen Raum, dessen Sticheleien 1521 den ersten Krieg provozierten; schließlich mit den protestantischen Fürsten und anderen Widersachern der Habsburger im Reich, etwa dem Herzog von Kleve, ihrem Rivalen im Nordwesten.

Im ersten Krieg, in dem Frankreich mit dem Papst im Bündnis stand, vermochte Franz I. zwar nicht die kaiserliche Stellung in Italien zu erschüttern, aber seine politischen Manöver und militäri-

Franz I. von Frankreich, Gemälde von Jean Clouet

König Franz I., Rivale Karls bei der Kaiserwahl von 1519 und zeitlebens neben Sultan Suleiman der gefährlichste Gegenspieler des Habsburgers, zählt zu den glanzvollsten Herrscherpersönlichkeiten Europas. Nach dem Zug Karls VIII. nach Italien, der politisch ein Fehlschlag gewesen war, hatte die Renaissancekultur in Frankreich Eingang gefunden. Franz I. holte bedeutende Maler und Architekten an seinen Hof und machte durch den Bau bedeutender Schloßanlagen das Loiretal zu einer Herrscherlandschaft mit europäischem Gestus.

Georg von Frundsberg (1473 bis 1528), Christoph Amberger zugeschriebenes Gemälde, nach 1528

Dem Landsknechtsführer Kaiser Maximilians I. und Kaiser Karls V. trugen sein persönlicher Mut, sein militärisches Geschick und vor allem sein Führungstalent den ehrenden Beinamen »Vater der Landsknechte« ein.

schen Offensiven störten die Pläne Karls V. erheblich. Der Höhepunkt, die Schlacht von Pavia, brachte 1525 die Entscheidung: Es war ein erster großer Triumph der spanischen Lanzenträger und der deutschen Söldner unter Georg von Frundsberg über das herkömmlich operierende französische Heer. Der französische König geriet in Gefangenschaft und mußte am 14. Januar 1526 den Frieden von Madrid schließen. Franz I. verzichtete auf Neapel, das die Spanier sowieso in fester Hand hatten. Doch auch die Herzogtümer Mailand und Burgund - mit der Hauptstadt Dijon - mußte er verloren geben, obwohl jenes seit 1515, dieses seit dem Vertrag von Senlis im Jahre 1493 rechtmäßiger Besitz der Franzosen war.

Aus der Gefangenschaft entlassen, widerrief Franz dieses Abkommen, und zwar mit Billigung der Kirche. Im Mai 1526 ging er mit Venedig, Florenz und dem Papst die Liga von Cognac ein - ein unverhohlenes Offensivbündnis gegen die spanischen Positionen in Italien. Knapp ein halbes Jahr nach dem ersten war schon der zweite Franzosenkrieg ausgebrochen - mit verheerenden Folgen vor allem für den Papst, den Verbündeten Franz' I.: Am 6. Mai 1527 plünderten kaiserliche Landsknechte Rom - der berühmte Sacco di Roma. Ihr Feldhauptmann Georg von Frundsberg hatte sich schon Wochen zuvor, im Lager bei Bologna, vergeblich der aus Haß, Hunger und Geldgier aufsteigenden Meuterei seiner Soldaten entgegengestemmt und dabei einen Schlaganfall erlitten, von dem er sich nicht mehr erholen sollte. Nun wurde der Papst in der Engelsburg von einer zügellosen Soldateska belagert, von protestantischen Söldnern grob verspottet und am Ende zu einem Separatfrieden gezwungen.

Die Kunde von diesem Frevel eilte wie ein Lauffeuer durch die gespaltene Christenheit. Die einen waren entsetzt und erwarteten ein Strafgericht Gottes; die anderen, die Protestanten, sahen den Sacco als eben ein solches an. Frankreich kämpfte noch einige Zeit allein und glücklos weiter, bis die Mutter Franz' I. und Margarethe von Österreich, die Tante Karls V., am 5. August 1529 den sogenannten Damenfrieden von Cambrai zustande brachten, der den Frieden von Madrid bestätigte. Karl und die Spanier hatten nun endgültig freie Hand in Italien; darüber hinaus wurden andere territoriale und Rechtsstreitigkeiten bereinigt - unter anderem verzichtete Franz I. auf seine Lehnshoheit über Flandern und Artois.

Auch der dritte und vierte Krieg brachte Franz keine durchschlagenden militärischen Erfolge: 1542 bis 1544 ging er eine offene Koalition mit dem Sultan ein und schloß auch noch mit dem Papst und dem Herzog von Jülich ein Bündnis ab, dem Gegner der niederländischen Hausmachtpolitik Habsburgs und Konkurrenten um die Erbschaft in Geldern. Durch Karls raschen Sieg im Nordwesten und einem in Absprache mit England unternommenen Vorstoß auf Paris zu Verhandlungen gezwungen, akzeptierte Franz am 18. September 1544 den Frieden von Crépy, der im wesentlichen die Verträge von Madrid und Cambrai bestätigte und bis zum Tode Franz' I. im Jahre 1547 nicht mehr in Frage gestellt wurde. In Süd- und Norditalien war nun die Vorherrschaft Spaniens nicht mehr zu erschüttern, ebensowenig in den »indischen Ländern«, für die Franz formell die Unverletzbarkeit der spanischen und portugiesischen Rechte anerkannte.

Auch auf den Weltmeeren konsolidierte sich jetzt die spanische Herrschaft, die Franzosen mußten ihren Kaperkrieg einstellen. All-

Flämischer Wandteppich mit Szenen aus der Schlacht bei Pavia nach einem Entwurf von Barent van Orley (1492-1542)

Der Sieg Karls V. über den Franzosenkönig Franz I. bei Pavia im Jahre 1525 wurde in den habsburgischen Territorien als erste große Entscheidungsschlacht gefeiert.

dem stand nur ein – für die Arrondierung des französischen Territoriums allerdings wichtiger – Gewinn gegenüber: Das Herzogtum Burgund mit einigen kleineren Nebenländern ging endgültig in den Besitz des französischen Königs über. Das war ein klares Ergebnis: Italien den Spaniern, Frankreich den Franzosen und stillschweigende Zurückdrängung des Reiches, gebilligt und betrieben durch seinen eigenen Kaiser – in Italien, in der Schweiz, im Nordwesten, wo Geldern der niederburgundischen Ländermasse der Habsburger eingegliedert wurde, deren Distanz zum Reich immer schneller wuchs.

Für Deutschland noch wichtiger waren die geheimen Zusatzabsprachen des Friedens von Crépy: Franz I., notorischer Allianzpartner der türkischen Gegenmacht, der protestantischen Reichsstände und der die Kirchenpolitik des Kaisers bekämpfenden Päpste, schwenkte ganz auf die Linie Karls V. ein: mit einer Türkenhilfe von 10 000 Fußsoldaten und 600 Reitern; einer Reformoffensive in der Kirche, die den Papst zur Abstellung aller Mißbräuche zwingen sollte; mit der Zusage eines Waffengangs gegen die deutschen Protestanten, nötigenfalls durch das für den Türkenkrieg vorgesehene Kontingent; schließlich mit der Unterstützung des Herzogs von Savoyen gegen die Stadt Genf, wo Calvin ein neues, dynamisches Zentrum des Protestantismus zu errichten hoffte, das nach Frankreich und in die habsburgischen Niederlande ausstrahlte.

Am Ende sah sich Franz I. ganz vor den Karren der universalistischen, antiprotestantischen Politik Karls V. gespannt. Mit dem Frieden von Crépy hatte sich der Kaiser im Westen den Rücken freigemacht, um nun endlich im Reich das Protestantenproblem zu lösen. Eine ähnliche Bereinigung sollte ihm bald auch im Südosten an der Türkenfront gelingen.

Im Ringen mit der osmanischen Weltmacht, dessen Hauptlast Karl V. und seine Dynastie zu tragen hatten, konnte sich das kaiserliche Pathos, für den Schutz und die Ordnung der Christenheit verantwortlich zu sein, freier als gegen Frankreich entfalten. Die Türken hatten im Spätsommer 1526 bei Mohács innerhalb von zwei Stunden das ungarische Heer vernichtet: Von 28 000 Mann waren 20 000 erschlagen oder ertrunken, weitere 2 000 in die Gefangenschaft verschleppt worden. Der junge Jagiellone Ludwig, König von Böhmen und Ungarn, ertrank auf der Flucht. Dynastische Absprachen sahen vor, daß sein Schwager Ferdinand von Österreich ihn in beiden Königreichen beerben sollte. Habsburg wußte das auch mit zähem Willen durchzusetzen. Doch es sollte sehr rasch zu spüren bekommen, was es hieß, mit der Stephans- und der Wenzelskrone die direkte Nachbarschaft der Türken erworben zu haben und sich in den komplizierten Gefolgschaftsverhältnissen der Magyaren behaupten zu müssen.

Denn zunächst war Ferdinand ein gefährlicher Rivale erwachsen. Die Mehrheit der ungarischen Großen hatte Johann Zapolya (1487 bis 1540), den Wojwoden von Siebenbürgen und Haupt einer vornehmen Palatinenfamilie, zum König ausgerufen und in Stuhlweißenburg gekrönt, und die europäischen Gegner des Kaisers hatten ihn sogleich anerkannt. Ein habsburgisches Söldnerheer konnte Zapolya zwar rasch aus dem Land vertreiben, doch dieser ging ein Bündnis mit den Türken ein und ließ sich von Sultan Suleiman dem Großen nach Ungarn zurückführen. Im Sommer 1529, also wenige Wochen nach dem Speyrer Protestationsreichstag, erschien der Sultan mit einem gewaltigen Aufgebot vor Wien.

Diese erste große Türkenbelagerung der Kaiserstadt verlief zwar erfolglos, doch bereits drei Jahre später war Österreich aufs neue bedroht. Die Einigung mit den Protestanten im Nürnberger Anstand ermöglichte es dem Kaiser nun, ein beachtliches Heer von fast 80 000 Mann gegen die islamischen Invasoren zu führen, wobei neben dem Reichskontingent diesmal auch italienische, spanische und niederländische Truppen beteiligt waren. Baden bei Wien, Graz und Marburg an der Drau wurden zwar von den Osmanen gewonnen, aber der große Durchbruch gelang ihnen nicht. 1533 schlossen die Parteien Frieden; der Sultan behielt den besetzten Teil Ungarns und erkannte die Herrschaft des Habsburgers über den anderen, nordwestlichen Teil an. Durch das Magyarenreich verlief von nun an eine Grenze.

Der Gegenkönig Johann I. Zapolya setzte noch fünf lange Jahre, von 1533 bis 1538, den Krieg fort, schon weil er beim Friedensschluß leer ausgegangen war. Der Türkenkrieg wurde zum Streit der Dynastien um die ungarische Krone, ausgetragen zwischen dem Habsburger Ferdinand und dem Magyaren Zapolya. Erst mit dem Vertrag von Großwardein endeten diese Auseinandersetzungen. Das Gebiet der Stephanskrone wurde in drei Teile geteilt: in ein türkisches Ungarn, ein habsburgisches Ungarn und ein unabhängiges Siebenbürgen mit angrenzenden ungarischen Gebieten, die Zapolya beherrschte. Die Habsburger legten den Vertrag listigerweise so aus, daß mit dem Tod des Gegenkönigs dessen Gebiete an sie zurückfallen sollten.

Mittlerweile hatte sich die eigentliche Konfliktzone zwischen den Habsburgern und den Türken vom Balkan ins Mittelmeer verlagert. Die türkische Oberhoheit hatte über den nordafrikanischen Küstenstreifen das westliche Mittelmeer erreicht und damit eine seit Jahrhunderten spanischem Einfluß unterstehende Region. Seit dem Anfang des Jahrhunderts hatte Spanien versucht, auch die nordafrikanischen Hafenstädte unter seine Kontrolle zu bringen, um das

Seeräuberwesen, das seit der Antike eine Geißel der mediterranen Handelsschiffahrt war, zu unterbinden.

Algier, Tunis und Tripolis suchten daraufhin Hilfe bei den Seeräuberführern des östlichen Mittelmeers, die unter dem Schutz der Türken operierten. Der skrupelloseste unter ihnen war der islamisierte Grieche Chair-eddin Barbarossa, und diesem bot sich nun die Gelegenheit, die arabischen Dynastien zu stürzen und sich selbst zum Herrscher über die nordafrikanische Küste zu machen, formell als Oberhaupt der Vasallenstaaten der Pforte.

Schritt für Schritt war auf diesem Wege ganz Nordafrika in Form sogenannter Barbareskenstaaten dem türkischen Vasallensystem eingefügt worden. Karl V. versuchte diese Entwicklung im letzten Moment umzukehren: 1535 zog er gegen Tunis, und es gelang ihm tatsächlich, die Stadt einzunehmen. Das führte zu einem Seekrieg, der schnell offenbarte, daß Spanien den Korsaren nicht gewachsen war: 1540 wurde die christliche Flotte bei Kreta durch Chair-eddin Barbarossa vernichtet; im Herbst 1541 scheiterte Karl kläglich mit dem Versuch, in Algier zu landen. Erst in der zweiten Hälfte des 16. Jahrhunderts sollten die Spanier erfolgreicher sein: unter dem Kaiserbastard Don Juan de Austria, dem gefeierten Sieger von Lepanto, einer Seeschlacht vor der griechischen Stadt Naupaktos, in der im Herbst 1571 die vereinigte Flotte Venedigs, des Kirchenstaates und Spaniens über eine weit stärkere osmanische Flotte triumphierte und der türkischen Vorherrschaft zur See den Todesstoß versetzte.

Als 1540 in Siebenbürgen Johann I. Zapolya starb, trat der Türkenkrieg auch im Südosten der Reichsgrenze wieder in eine offene Phase ein. Unter der Führung von Johanns Witwe Isabella, einer polnischen Prinzessin, weigerte sich die Zapolyaklientel, das Land den Habsburgern zu überlassen. Statt dessen riefen sie den wenige Tage

Der imperiale Zug Karls V. nach Tunis wurde in großflächigen Historienbildern heroisiert, so zum Beispiel auf dem berühmten Tunisteppich aus dem Rathaus von Mecheln.

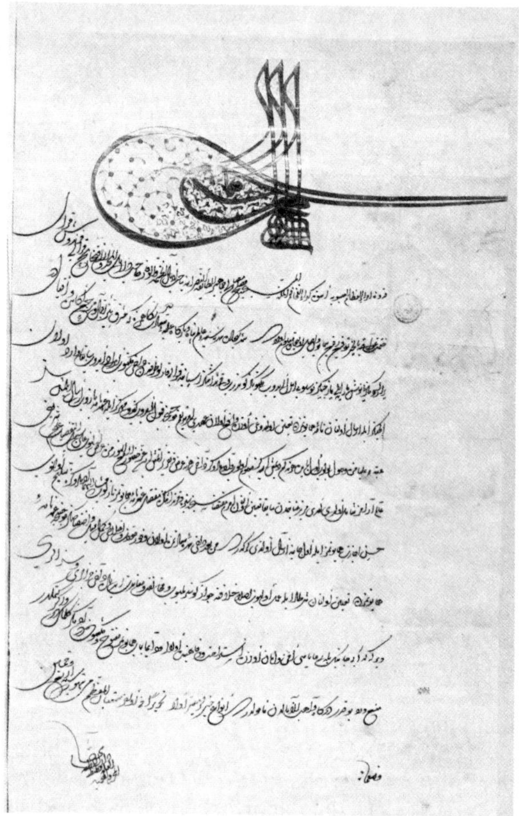

Osmanisches Schriftstück aus Konstantinopel vom 6. Oktober 1547, geschrieben in arabischen Lettern mit schwarzer Tinte und Goldstaub und besonders schöner gold-blauer Verzierung, sogenannter Tugra

Der Sultan Suleiman unterrichtet König Ferdinand in diesem Schreiben über die Ratifikation des zuvor geschlossenen Friedens. Der Waffenstillstand mit den Türken war das letzte Glied einer ganzen Reihe von Vorbereitungen für den geplanten Schlag Karls V. gegen die Protestanten.

alten Sohn Johann II. Sigismund zum König in Ungarn aus und ersuchten erneut Sultan Suleiman um Unterstützung. König Ferdinand konnte gegen diesen Gegner militärisch nichts ausrichten und war daher froh, 1547 mit einer jährlichen Tributzahlung von 30 000 Dukaten einen Waffenstillstand und den Status quo erkaufen zu können. Damit war endlich auch im Osten die außenpolitische Lage soweit konsolidiert, daß Habsburg im Innern den Schlag gegen die Protestanten führen konnte.

3. Sieg oder Niederlage. Deutschland zwischen kaiserlichem Absolutismus und Fürstenmacht

Nachdem der Kaiser ein knappes Vierteljahrhundert seine Aufmerksamkeit auf die europäische Szene gerichtet hatte, wandte er sich um 1540 dem Reich zu. Er hatte über die Jahrzehnte hin nie vergessen, daß er 1521 in Worms gelobt hatte, an die Ausrottung der deutschen Häresie »meine Reiche und Herrschaften, meine Freunde, meinen Leib, mein Blut, mein Leben und meine Seele zu setzen«.[27]

So folgte in Deutschland auf die große Zeit der Fürsten zwischen 1542 und 1552 ein »Jahrzehnt des Kaisers«. Zeitweilig sah es so aus, als ob es ihm in letzter Minute gelingen könnte, Reformation und Fürstenmacht zu brechen und an die Stelle von Territorialität und Mehrkonfessionalität doch noch die Katholizität eines einheitlichen Kaiserstaates zu setzen. Denn nachdem er von den außerdeutschen Bindungen befreit war, rollte Karl V. die deutsche Fürsten- und Glaubensopposition militärisch fast mühelos auf. Das war um so erstaunlicher, als deren Position macht- und militärpolitisch konsolidiert schien.

Philipp von Hessen hatte 1534 Herzog Ulrich von Württemberg mit bewehrter Hand in sein Territorium zurückgeführt, das habsburgischer Verwaltung unterstand, seit Ulrich 1519 vom Schwäbischen Bund vertrieben worden war. Und 1542 hatte dann der Schmalkaldische Bund in Norddeutschland das Herzogtum Braunschweig-Wolfenbüttel erobert, dessen Landesherr, Heinrich der Jüngere, zu den profiliertesten Gegnern der Reformation zählte. Beide Herzogtümer nahmen in ihrer Region eine Schlüsselstellung ein, so daß die protestantische Fürstenopposition nun auch im Norden und Südwesten des Reiches festen Fuß gefaßt hatte, nachdem sie die Mitte – mit Sachsen im Osten und Hessen im Westen – bereits seit längerem beherrschte.

Der Umschlag zugunsten des Kaisers kündigte sich im Nordwesten des Reiches an. Seit Beginn des Jahrhunderts gab es dort eine offene Rivalität zwischen den Habsburgern und den Herzögen von Jülich-Kleve. Diese heute in Vergessenheit gesunkene Dynastie hatte 1521 die Herzogtümer Jülich-Berg, Kleve-Mark und Ravensberg vereinigt und war darangegangen, von ihrer Residenzstadt Düsseldorf aus die mächtige Ländermasse zu einem frühmodernen Großterritorium zusammenzufügen. Nur die Habsburger in den benachbarten Niederlanden waren noch eine ernst zu nehmende Konkurrenz. Jetzt war zu entscheiden, ob Habsburg oder Kleve auf lange Sicht die Vorherrschaft würde erringen können in jener Zone vom Niederrhein bis zum Mündungsgebiet der großen Ströme. Diese Region hatte bereits im ausgehenden Mittelalter einen sozioökonomischen Entwicklungsvorsprung errungen, der mit der europäischen Expansion nach Übersee von Jahr zu Jahr größer wurde.

Die Entscheidung fiel noch im Zusammenhang mit dem letzten

Franzosenkrieg des Habsburgers. Als 1538 in Geldern, das genau zwischen den habsburgischen Besitzungen im Westen und dem Jülich-Klever Länderkomplex im Osten lag, die einheimische Dynastie ausstarb, gelang es dem Düsseldorfer zwar, die Stände des Herzogtums auf seine Seite zu bringen und sogar die offizielle Huldigung zu erwirken, aber Karl V. erkannte das nicht an. Und als der Regensburger Reichstag von 1541 ihm die rechtmäßige Herrschaft über das umstrittene Territorium zusprach, rückte die kaiserlich-spanische Armee an, um in wenigen Wochen den gesamten Niederrhein zu unterwerfen. Nachdem Düren, Jülich und Roermond gefallen waren und die erhoffte Hilfe des französischen Königs und der Schmalkaldener ausblieb, mußte Wilhelm V. von Jülich im September 1543 im kaiserlichen Heerlager den schmachvollen Vertrag von Venlo unterzeichnen. Geldern und Zütphen fielen an den Habsburger, und zudem mußte sich Wilhelm verpflichten, seine erasmianische Reformpolitik, die in den Augen des Kaisers nur der Häresie Tür und Tor öffnete, aufzugeben und in die radikal antiprotestantische Politik der Gegenreformation einzuschwenken. Zur Kontrolle blieben einige Schlüsselfestungen in der Hand des Kaisers.

Damit war eine wichtige Vorentscheidung gefallen. Statt als Einfallstor für Frankreich und die Protestanten zu dienen – wie man im Lager der Fürstenopposition gehofft hatte –, war Jülich-Kleve fortan Sperriegel gegen deren weiteres Ausgreifen in den niederrheinisch-niederländischen Raum. Düsseldorf unterlag fortan massiven Einflüssen aus Brüssel, die erst nach dem Abschluß des Religionsfriedens 1555 nachließen, allerdings nur für ein gutes Jahrzehnt, bis die Spanier das Heft in die Hand nahmen. Mächte- und territorialpolitisch war die seit Jahrzehnten betriebene Arrondierung des niederburgundisch-habsburgischen Länderkomplexes nach Osten hin verwirklicht. Damit war zugleich entschieden, daß sich im Nordwesten des Reiches kein Großterritorium herausbilden konnte, das ähnlich wie Bayern und Österreich im Süden oder Sachsen und bald Brandenburg im Osten den Raum politisch stabilisierte und kontrollierte. Statt dessen war ein Machtvakuum entstanden, in das im 17. und 18. Jahrhundert Kräfte von auswärts hineinstießen: die katholischen Wittelsbacher nach Köln und Jülich, die protestantischen Hohenzollern nach Kleve-Mark.

Die frühen vierziger Jahre hatten noch eine weitere Vorentscheidung gebracht. Von der Friedenspartei um den Kaiserberater Nicolas Granvella und einer am Ausgleich interessierten Fürstengruppe um Kurbrandenburg und Kurpfalz angeregt und gefördert, war es zu einer Reihe von offiziellen Religionsgesprächen gekommen, die dazu dienen sollten, die Chancen einer theologisch begründeten »concordia« zu erforschen: im Juni 1540 in Hagenau, von November bis Anfang Januar 1541 in Worms, dann im April und Mai desselben Jahres auf dem Reichstag von Regensburg. Auf beiden Seiten waren führende Theologen beteiligt, voran Martin Bucer, der Straßburger Reformator, und Johannes Gropper, der in Köln die katholische Erneuerung eingeleitet hatte; man einigte sich sogar auf den Entwurf eines Ausgleiches, das sogenannte Regensburger Buch.

Am Ende stand jedoch des Scheitern und damit eine Vertiefung der Gegensätze. Papst Paul III. hatte zwar mit dem Kardinal Contarini einen bei den Protestanten angesehenen Vertreter der »liberalen« Reformlinie nach Regensburg gesandt, aber Contarini konnte sich gegenüber der harten Linie nicht behaupten. In Regensburg war diese vor allem von Bayern - beraten durch Dr. Johannes Eck, dem Ingolstädter Luthergegner - und Kurmainz verfolgt worden und hatte schließlich auch in der Kurie wieder die Oberhand gewonnen. Bei den Protestanten wogen Luthers Bedenken schwer, der Zugeständnisse auf Kosten der klaren und einfachen evangelischen Wahrheit ablehnte. Auch wenn nach dem Scheitern des Kompromisses in Form des Regensburger Buches die Gespräche nicht völlig abrissen und vor allem der Kaiser noch zu weiteren Zugeständnissen an die Protestanten bereit blieb, hatte Melanchthon recht, der auf das ihm zugesandte Exemplar der Ausgleichsartikel lapidar geschrieben hatte »politia platonis«, womit er sagen wollte: eine Utopie.[28]

Sobald er es sich leisten konnte, setzte der Kaiser auf die Real- und Machtpolitik. Nachdem er außenpolitisch den Rücken frei hatte, traf er im Juni 1546, auf dem nächsten Reichstag von Regensburg, insgeheim die letzten Vorbereitungen, um die Protestanten endgültig zu vernichten, während er sich offiziell noch gesprächsbereit zeigte. Vom Papst ließ man sich 12 500 Soldaten und riesige Summen an Subsidien zusichern, wobei die Kurie darauf setzte, daß ein Sieg des Kaisers Gelegenheit gebe, das ungeliebte Konzil loszuwerden, das eben zusammengetreten war.

Im Innern des Reiches gelang es der kaiserlichen Diplomatie, durch geschickte Versprechungen zwei mächtige Reichsfürsten zu gewinnen, die sonst bei der Verteidigung ständischer Freiheiten in vorderster Front zu finden waren: Herzog Wilhelm von Bayern und Herzog Moritz von Sachsen. Beiden wurde die Kurwürde versprochen, die seit Generationen beim jeweils anderen Zweig dieser Dynastien lag, bei den ernestinischen Wettinern in Wittenberg beziehungsweise den Pfälzer Wittelsbachern in Heidelberg. Bayern trat darüber hinaus in eine Eheverbindung mit den Habsburgern, die ihnen am Horizont eine Sukzession in den deutschen Erblanden vorspiegelte. Um das Selbstbewußtsein des Sachsen zu schonen, stellte die kaiserliche Propaganda den Feldzug nicht als Glaubenskrieg dar, sondern als Exekution der Acht, die im Juli 1546 gegen den sächsischen Kurfürsten und den hessischen Landgrafen verhängt worden war, weil diese als Führer der Schmalkaldener für die widerrechtliche Gefangennahme Herzog Heinrichs des Jüngeren von Braunschweig-Wolfenbüttel im Jahre 1545 verantwortlich waren.

Der Schmalkaldische Krieg, wie dieser kaiserliche Schlag genannt wird, lief im Sommer 1546 zunächst nicht gut an. Es gelang nicht, Kurfürst Johann Friedrich von Sachsen und Landgraf Philipp von Hessen, die wegen ihres Kriegszuges gegen den katholischen Welfenherzog Heinrich von Braunschweig der Reichsacht verfallenen Führer des Bundes, zu isolieren. Zudem stand das Bundesheer bereits im Feld, als der Kaiser noch auf seine niederländischen und italienischen Truppen wartete.

Aber diesen Vorsprung verspielten die Schmalkaldener, weil im Kriegsrat nur Mehrheitsbeschlüsse galten. Statt den Kaiser in Regensburg zu stellen, manövrierten sie unentschlossen im Donautal, da sie sich nicht einigen konnten. Die Wende brachte der Einfall des ungeduldigen Moritz' von Sachsen ins Territorium seines kurfürstlichen Vetters. Kurfürst Johann Friedrich eilte nach Norden, um seine ungeschützten Lande zu retten. Bei Mühlberg an der Elbe kam es Ende April 1547 mehr aus Zufall zur Entscheidungsschlacht zwischen kursächsischen und kaiserlichen Truppen: Ohne Not gab der Kurfürst eine unangreifbare Position auf dem linken Elbufer auf, um sich in das befestigte Wittenberg zurückzuziehen. Auf der Lochauer Heide durch die nachsetzende kaiserliche Reiterei gestellt, verlor er Schlacht und Freiheit. Vom Kaiser zum Tode verurteilt, konnte er sein Leben nur durch vollständige politische Unterwerfung retten – von seinem protestantischen Glauben indes wich er kein Jota ab.

Der Schmalkaldische Krieg war mit einem leicht errungenen Sieg des Kaisers beendet. Als Philipp von Hessen, das zweite Haupt der Schmalkaldener, auf vage Zusagen hin ins Habsburgerlager eilte, um mit einem Fußfall die kaiserliche Gnade zurückzugewinnen, wurde auch er verhaftet und zusammen mit seinem sächsischen Vetter in niederländische Gefangenschaft geführt.

Der Kaiser stand auf dem Höhepunkt seiner Macht in Deutschland und Europa. An seinem Hof trafen sich die Gesandten und Diplomaten aller Länder, um dort ihre politischen Interessen wahrzunehmen und um ihren Regierungen über die Menschen und Machtverhältnisse in der Umgebung des Kaisers zu berichten. Vor allem die venezianischen Gesandten verfaßten umfangreiche Relationen, unterrichteten die Republik über alle Einzelheiten, die für eine politische Entscheidung wichtig sein konnten. Der Gesandte Niccolo Mocenigo lenkte dabei 1548 sein Augenmerk ausführlich auf den Kaiser selbst:

Er ist ein wenig unregelmäßig in seiner Lebensführung, denn er ißt und trinkt so viel bei den Mahlzeiten, daß es alle in Erstaunen versetzt ... Er bevorzugt schwere Gerichte, obgleich ihm das nicht bekommt. Und das schlimmste ist, daß er die Nahrung nicht kaut, sondern hinunterschlingt, was vorwiegend darauf zurückzuführen ist, daß er nur noch wenige Zähne in schlechtem Zustand hat ... Er hat kaum körperliche Bewegung, abgesehen von der Jagd, die sich für ihn aber darauf beschränkt, seine Arkebuse auf einen Vogel oder auf einen anderen Waldbewohner abzufeuern.

Wo die Staatsräson nicht betroffen ist, zeigt sich der Kaiser als ein außergewöhnlich gerechter Souverän ... Er ist auch sehr religiös. Er hört jeden Tag zwei Messen, eine für die Seele der Kaiserin, die andere für seine eigene. Er geht mindestens sechsmals pro Jahr zur Beichte und zum Abendmahl. Dabei ist er so andächtig, daß es schwerfällt, es genau zu beschreiben: Als er beim Übergang über die Elbe am Ufer ein zerbrochenes Kruzifix liegen sah, hielt er an und sagte: O Christus, gewähre mir die Gnade, die Schmach zu rächen, die man Dir angetan hat.

Wo die Staatsräson betroffen ist, ist der Kaiser nach der Ansicht vieler nicht immer gerecht, ... So hat er Philipp von Hessen gefangen gesetzt, obgleich Herzog Moritz von Sachsen und Kurfürst Joachim von Brandenburg stets beteuert haben, der Kaiser und seine Berater hätten ihnen dessen Freiheit zugesichert.

Aus seiner Umgebung verlautet, der Kaiser habe eine furchtsame Natur, was man jedoch kaum glauben mag ... Jedenfalls hat man ihn über diesen natürlichen Instinkt immer wieder triumphieren sehen, und in vielen entscheidenden und gefahrvollen Momenten hat er bewiesen, daß er ein tapferer und kaltblütiger Fürst ist, der kaum seinesgleichen finden dürfte ... Er hat sich bei unzähligen Gelegenheiten in Deutschland,

Karl V. in der Schlacht bei Mühlberg, Gemälde von Tizian

Als glanzvoller Triumphator über Häretiker und Fürstenopposition ließ Karl sich von Tizian porträtieren: in kunstvollem Harnisch hoch zu Roß, die Lanze lässig im Anschlag, bereit, jeden niederzurennen, der sich seiner kaiserlichen Majestät entgegenstellt.

vor allem aber in Tunis und in Algier entschlossen, tapfer und von größter Umsicht gezeigt.

In Friedenszeiten ist der Kaiser stets gnädig und mild ...; aber im Krieg soll er sich nicht immer so verhalten haben. Man spricht zum Beispiel heute noch von seinem Befehl, eine beträchtliche Zahl von angesehenen Bürgern hinzurichten, um die Unruhen in Gent niederzuschlagen ...; während der Schlacht bei Mühlberg ließ er die sächsischen Soldaten niedermachen, obgleich sie die Waffen gestreckt und ihn um Gnade gebeten hatten.

In seiner Jugend war der Kaiser so liebenswürdig wie sein Bruder Ferdinand, der römische König. Sein Wesen war unkompliziert und vertrauensvoll. Aber er hat sein Auftreten im Umgang mit den Spaniern verändert. Denn angesichts ihres Hochmuts bedarf es der Würde und Strenge, um sie in Zaum zu halten. Wenn seine Majestät stets viel Würde zeigt, so ist er zugleich auch immer zurückhaltend in seinen Äußerungen. Zorn ist ihm fremd, und man hat nie gehört, daß er jemanden aus seiner Umgebung beleidigt hätte ... Er umgibt sich mit klugen und guten Beratern, dennoch ist im allgemeinen sein eigenes Urteil das beste und vernünftigste von allen.

In Gelddingen ist seine Majestät äußerst sorgfältig. Wenn er auch nicht zögert, dort, wo es nötig und unentbehrlich ist, große Ausgaben zu

Interimsbecher aus dem umfangreichen Ratssilber der Hansestadt Lüneburg, Joachim Worms zugeschrieben, hergestellt 1553 aus Anlaß der Aufhebung des Interims im Jahre 1552

Das Interim, die katholische Zwischen- und Übergangslösung des deutschen Konfessionsproblems, stieß insbesondere in den norddeutschen Frei- und Hansestädten bei den lutherischen Pfarrern und der Bürgerschaft auf Ablehnung. In Magdeburg formierte sich sogar ein militärischer Widerstand. Auch in Lüneburg widersetzte man sich der kaiserlichen »Zwischenreligion«.

machen, so kann er doch nicht vertragen, daß man auch nur eine Dukate für Überflüssiges verschwendet. Da er trotz seiner politischem Bedeutung und Größe nur einen kleinen Hof unterhält, gibt er nicht mehr als 120 000 Taler für seine persönliche Bedienung und seine Tafel aus. Im Gegensatz zu früher tragen seine Pagen jetzt fast immer zerrissene Kleider, und auch er selbst erneuert seine Kleider weit seltener als ein einfacher Edelmann. Er soll das weniger aus Geiz tun als um seinen Höflingen große Kosten zu ersparen, da diese sich nach ihm zu richten pflegen. Während der Kriege in Deutschland hat man ihn und seine Umgebung wahrhaftig in folgendem Aufzug auftreten sehen: Seine Majestät trug ein Gewand aus billigem Mischgewebe, das weniger als einen Taler wert war, und einen Hut aus Leinen zu einer Mark, und alle Granden und Edelleute taten es ihm gleich.

König Ferdinand begegnet seiner Majestät dem Kaiser mit außergewöhnlichem Respekt; ... dem antwortet der Kaiser mit großer Liebe für seinen Bruder ... Das ist um so großartiger und bewundernswerter, als beide Fürsten von Natur und in ihrem Auftreten grundverschieden sind: Der Kaiser ist immer würdevoll, welchen Rang sein Gesprächspartner auch haben mag; der König ist ganz im Gegensatz dazu stets liebenswürdig und offen, auch gegenüber den einfachsten Leuten. Der Kaiser geizt mit Worten; der König ist so redselig, daß er gar nicht aufhört zu sprechen ... Der Kaiser spricht überlegt und gemessen und hält vieles bei sich, der König spricht viel freimütiger, und er hält nur selten etwas zurück, was er auf dem Herzen hat.[29]

Nach dem Sieg über die Schmalkaldener herrschte im Reich nicht mehr die offene und verbindliche Art König Ferdinands, sondern die Gehorsam gebietende spanische Würde und Majestät des Kaisers. Deutschland schien seinem Willen unterworfen. Karl verteilte nach Belieben Gnade und Ungnade: Moritz von Sachsen erhielt die zugesagten Kurlande mit der Kurwürde, während die Söhne des abgesetzten Kurfürsten Johann Friedrich sich mit den kleinen thüringischen Herzogtümern zufriedengeben mußten, deren Besitz noch nicht einmal gesichert war. Der Bayernherzog indes ging leer aus, trotz aller Zusagen vor dem Krieg. Das war ein schwerer Fehler, wie sich bald herausstellen sollte, denn nicht zuletzt an der Weigerung dieses mächtigsten der katholischen Reichsstände, sich nochmals mit den Habsburgern einzulassen, sollten die weitgreifenden Pläne des Kaisers schließlich scheitern. Hinzu kam ein schweres Zerwürfnis mit dem Papst, dessen Politik, auf dem Tridentiner Konzil nicht nur die innere Reform, sondern bereits zentrale dogmatische Fragen verhandeln zu lassen, eine Teilnahme von Protestanten unmöglich machte und damit dem Befriedungskonzept des Kaisers den Boden entzog.

Während der Glanz der im Zenit stehenden kaiserlichen Sonne die Christenheit noch blendete, war der kirchen- und reichspolitische Boden bereits brüchig geworden, auch und vor allem, weil die Protestanten keineswegs überall niedergeworfen waren. Zwar konnte der Kaiser in Süddeutschland schalten und walten, wie er wollte – vor allem die protestantischen Reichsstädte waren politisch und kirchlich entmachtet und unterworfen –, in Norddeutschland blieb der Widerstand jedoch ungebrochen: Magdeburg verweigerte jede Unterwerfung in Glaubensfragen und in zahlreichen Städten regten sich von neuem die republikanischen Kräfte der zwanziger und dreißiger Jahre.

Karl legte sein kirchen- und reichspolitisches Programm dem Reichstag vor, der vom Herbst 1547 bis zum Hochsommer 1548 in Augsburg tagte – der »geharnischte« genannt, weil dem kaiserlichen Willen durch militärische Machtdemonstration Nachdruck verliehen wurde. Zwei beeindruckende Projekte standen im Vordergrund – das *Interim* und der *Reichsbund.*

Das Interim oder »die kaiserliche Zwischenreligion« stellte den Versuch dar, das Religionsproblem einer vorläufigen Lösung zuzuführen, solange die Kurie die endgültige Regelung durch das allgemeine Konzil der Christenheit hintertrieb. Denn die seit Ende 1545 in Trient tagende Kirchenversammlung hatte gegen den Willen des Kaisers einen Weg eingeschlagen, dem die deutschen Protestanten unter gar keinen Umständen folgen konnten. Zudem war das Konzil soeben von Trient, dem Bistum des Reiches, in den Kirchenstaat nach Bologna verlegt worden, um einer möglichen kaiserlichen Ein-

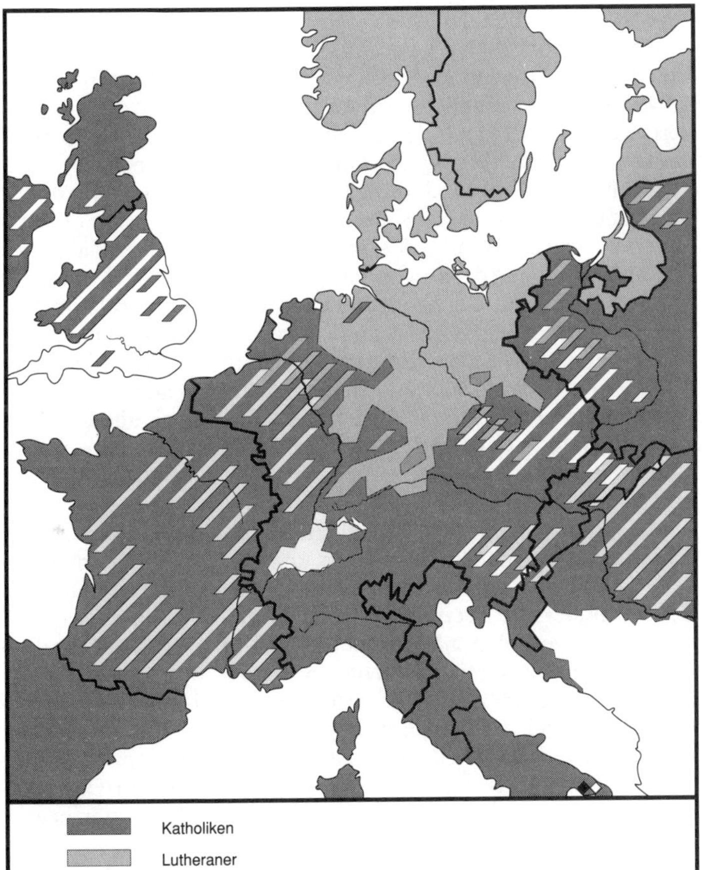

Verteilung der Konfessionen in Europa, 1560

Einblattdruck von 1549 aus dem Bilderstreit im Zusammenhang mit dem Augsburger Interim von 1548

Interimstheologen bei ihrer liederlichen Andacht mit Brettspiel und einer großen Kanne Bier. Der Gesang, den sie einüben, endet mit dem bekannten Spottvers: »Selich ist der Man, der Got vertruen kan unt williget nicht ins Interim, dan es hat den Schalk hinterim.«

flußnahme den Riegel vorzuschieben. Mit der Einführung des Interims im Reich ging Karl an beiden Fronten zur kirchenpolitischen Offensive über: gegenüber der Kurie, die er zur Rückverlegung des Konzils nach Trient aufforderte, und gegenüber den Protestanten, die er zur Teilnahme an diesem Konzil verpflichtete. Dafür machte er den Protestanten einige zeitlich befristete Zugeständnisse, etwa beim Laienkelch und der Priesterehe. Organisatorisch und in den zentralen Lehrfragen hatten sie aber zur katholischen Papstkirche zurückzukehren.

Eine Reform der Reichskirche war das nicht. Denn abgesehen von Versuchen, in den geistlichen Territorien mit Diözesansynoden und Visitationen die notwendigen Reformen in Gang zu bringen, blieb die katholische Kirche von der Interimsformel unberührt. Und da den einen das Interim zu weit, den anderen nicht weit genug ging, spaltete es Katholiken wie Protestanten: »Das Interim hat den Schalck hinter ihm«,[30] so spottete man bald landauf, landab. Nach heftigen Streitereien, die eine neue Welle polemischer und nicht selten demagogischer Flugschriften auslöste, verlor das Interim faktisch bereits 1552, formell dann 1555 jegliche Bedeutung.

Mit dem Bundesplan versuchte Karl V. in der Reichsreform das Ruder herumzureißen und doch noch einen monarchisch bestimmten Reichsstaat zu etablieren – ähnlich wie es zu Beginn des Jahrhunderts Maximilian I. getan hatte und nach ihm auf dem Höhepunkt des Dreißigjährigen Krieges Ferdinand II. ebenfalls versuchen sollte. »Fast ein volles Jahr hindurch«, so urteilt der Historiograph dieses Experiments, stand »es auf des Messers Schneide ..., ob die fortdauernde Verschiebung des ständestaatlichen Kräfteverhältnisses im Reich zugunsten der großen Territorien nicht doch noch aufgehalten und zugunsten der Krongewalt umgekehrt werden könnte«.[31] Aber es ging nicht um einen zentralistischen Einheitsstaat nach dem Muster Frankreichs oder Englands, sondern um eine bündische Konstruktion. Man orientierte sich am Schwäbischen Bund, einer von den Habsburgern gesteuerten Vereinigung von südwestdeutschen Fürsten, Rittern und Städten, die zwischen 1488 und 1534 zugleich mit dem Frieden die Vorherrschaft der Kaiserdynastie garantiert hatte.

Mit »einer aufs Höchste gestellten herrscherlichen Autorität«[32] forderte Karl von den Ständen direkt und ohne jegliche Verbindlichkeit, daß sie sich seinen absolutistischen Wünschen fügten: Alle Reichsstände hatten dem Bund beizutreten, Absprachen zwischen ihnen waren verboten, alles hatte über den Kaiser als Haupt des Bundes zu laufen. Regelmäßige Steuern waren zu entrichten, und zwar nicht nur für ein stehendes Reichsheer unter kaiserlichem Oberbefehl, sondern auch für das Bundesgericht und das Kammergericht, die beide ebenfalls der kaiserlichen Kontrolle unterworfen waren, und schließlich auch noch für eine kaiserliche Bürokratie. Das zielte darauf, die Fürstenfreiheit zu brechen, der in den Territorien begonnenen frühmodernen Staatsbildung einen Riegel vorzuschieben und statt dessen einen bündisch strukturierten Reichsstaat unter der Gewalt des Kaisers zu formieren.

Das war in der Tat ein kühnes Projekt, das mittelalterliche und moderne Elemente verband und in der deutschen Verfassungsfrage weit ins 19. Jahrhundert vorauswies:

Des Interims vnd Interimisten warhafftige abgemalte figur vnd gestalt daraus yderman sonderlich bey dem Bretspiel/vnd der grossen Kannen mit Bier/yhr andacht vnd messig leben erkennen kan.

Der Chorschüler geplerr vnd sang
Hat jns pabsts kirch stets sein clang
[illegible] leuth
Brüllen yhn [illegible] was es bedent.
Es mus die laruen Kirche sein
Dauon Gots wort meldet gar fein.
Die den ynnern Chor in Gots Haus
Mit grosser gewalt stossen hinaus.
Nur ein laruen Kirche richten an
Dem Teuffel geben raum vnd ban.
Das ehr die Hertzn einnehm vnd bsitz
Vnd die leute mit grosser hitz.
Des Bapsts Kirche folge vnd gleub
Sie mit seim heücheln vberteub.
Mit Orgeln/lesen/vnd singen
Mit Cleidern vnd glocken klingen.
Mit Speise trincken vnd essen
Mit jren frue vnd hohen messen.
Gott zu dienen sich vermessen
Vnd der rechten Kirchen gar verg[illegible]
Welch allein jm rechten glauben steh
Vnd in warer lieb einher geht.

Gots willen allzeit thut
Vnnd fur sein zorn sich vleissig hut
Bleibt vnerschrocken bey Gots wort
Wirdt nicht durch menschen gesetz bet[illegible]
Es weis itzt ein yglicher knab
Das menschen tradition fure fur ab.
Das hertz mit yrem grosen schein
Von Gots wort vnd Geist zur hellen [illegible]
Sie vertunckeln Gots gnad fur war
Vnd leschen aus den glauben gar.
Sie bewegen weit das hertze mehr
Dan Gots wort vnd die reine lehr.
Wolt yr nu bleiben auff rechter ban
So must yr solchs gleuben vnd nemen.
Wer nit beim Herrn Christ wil bleiben
Vnd sein wort stets vben vnd treiben.
Der fhare hin zum Bapst in sein reich
So bekompt ein yeder seins gleich.
Es ist aber sunde vnde schande
Das man yn der Christen lande.
Dem Babst mehr sol gleuben vnd trawen
Auff yhn vnd sein lögen mehr bawen.

Den auff Got vnd sein lieben Sohn
Der vns aus grosser lieb von seim thron.
Sein ewigs Wort hat zugesandt
Dadurch wir sein willen han erkandt.
Dem können wir nit widerstreben
Sie mögen vns drüber nemen.
Gut/Ehre/Leib vnd Leben
Sie sollens gewis wider speien vnd ge
Dan wir habens Got heimgestalt
Jn sein willen/gnad vnd gewalt.
Der wirdts gewis also machen
Das wir zuletz werden lachen.
Denn Got spricht: yr solt bald essen
Vnd ewre fresser wider fressen.
Wen nun Got in sein Worten leugt
Vnd vns durch sein zusag betreugt.
So wolten wir zweiffeln vnd verzagen
Vnd nichts mehr nach Got fragen.
Dem Bapst oder Türcken hangen an
Es gilt doch gleich bey welchm wir stan.
Dan beide durch yhr schein vnd Wort
Haben sie alle Welt betort.

In Summa.

Regnum Dei non est esca et Potus/ Rom. 14.
Regnum Dei non est in sermone sed in uirtu[illegible]
Regnum Dei non uenit cum externa obseruati[illegible]
one/sed est intra uos. Luc. 17.
Non omnis qui dicit mihi Domine/Domine/
(Hoc est. der Vesper vnd Metten singt)
intrabit in regnum coelorum/sed qui facit
voluntatem Patris mei qui in coelis est.

Zu Deutsch.

Gottes Reich/die Christenheit/stehet nicht im singen/Lesen/Essen/Trincken/oder Cleidern wie des Bapsts Kirche/Sonder im glauben/Liebe/gericht/vnd gerechtigkeit.

Durch Pancratius Kempff.
Brieffmaler zu Magdeburg/

Im kaiserlichen Lager war »Bund« von einem zwischenständischen Begriff [wie er die Städtebünde, den Schmalkaldischen Bund, später die Union und die Liga prägte, H. Schi.] mit ambivalenter reichsrechtlicher Legitimität aufgerückt zu einem Ersatzbegriff für das Reich, dessen Verfassung über den Bund neu zu ordnen sei. »Bund« wurde potentiell zu einem Reichsverfassungsbegriff, ohne freilich die tatsächliche Verfassung des Reiches abdecken zu können. Der geschichtliche Weg verlief anders – bis 1815 das Reich in einem Bund aufging.[33]

So war dieses Instrument 1547 verfassungsrechtlich unzeitgemäß – veraltet und verfrüht zugleich. Zudem fehlte es dem Kaiser politisch an Kraft, es konsequent gegen die Fürsten einzusetzen, die sich über die Konfessionsspaltung hinweg widersetzten. Wie so oft siegten schließlich habsburgische Partikularinteressen: Je länger die Augsburger Verhandlungen sich hinzogen, um so energischer meldeten sich im Umkreis des Kaisers wieder außerdeutsche Interessen zu Wort. Ließen sie sich mit dem Bundesplan überhaupt vereinbaren? Vor allem für die habsburgischen Besitzungen in den Niederlanden, denen innerhalb des Bundes von vornherein ein Sonderstatus eingeräumt worden war, wurde das immer zweifelhafter. Wieder einmal brach der Konflikt zwischen der Reichs- und der Hausmachtpolitik der Habsburger auf. Schließlich gab der Kaiser selbst den Bundesplan auf. Statt dessen legte er im Februar 1548 den Entwurf eines Burgundischen Vertrages vor, den die Stände als kleineres Übel aufgriffen: Die burgundischen Besitzungen der Habsburger wurden zu einem eigenen Reichskreis zusammengeschlossen, der von den Reichsinstitutionen weitgehend unabhängig blieb und trotz eines feierlichen »immerwährenden Verteidigungsbündnisses« mehr neben als im Reich stand.

Damit waren im Nordwesten des Kontinents die Weichen für ein eigenes Staatswesen gestellt, das aus Ländern zusammengesetzt sein sollte, die im Mittelalter teils vom Reich, teils von der französischen Krone lehensabhängig gewesen waren. Beim Abschluß des Burgundischen Vertrages hatte Karl die enge Verknüpfung mit Spanien im Auge. Aber unter seinem Sohn Philipp erstritten sich die nördlichen Provinzen ihre Souveränität: Aus den Reichsterritorien im Mündungsgebiet der großen Ströme wurde die unabhängige Republik der Vereinigten Niederlande.

Unterdessen hatte eine gewaltige Fürstenrebellion dem »Jahrzehnt des Kaisers« ein abruptes Ende gesetzt. Der Protestant Moritz von Sachsen war 1546 nicht hinter den Kaiser getreten, um sich 1548 einem katholischen Absolutismus der Habsburger unterwerfen zu müssen. Ihm ging es um den Ausbau seiner territorialen und ständischen Position, und da das nach der Übertragung der wettinischen Kurlande und des Kurfürstenhutes erreicht war, mußte es ihm nun darum gehen, die im Bündnis mit einem noch schwachen Kaiser errungene Position sich durch den Machtwillen eines siegreichen Kaisers nicht entwerten zu lassen.

Der Kurfürst Moritz von Sachsen blieb dem Gesetz treu, unter dem der Herzog Moritz von Sachsen angetreten war. Schon 1550, als er noch im Namen des Habsburgers das lutherische Magdeburg belagerte, um der Stadt die kaiserliche »Zwischenreligion« aufzuzwingen, trat er insgeheim in Verbindung mit dessen Gegnern

Johann von Küstrin, Albrecht von Preußen, Johann von Mecklenburg und Wilhelm von Hessen, dem Sohn des gefangengehaltenen Landgrafen Philipp. Mit diesen organisierte er eine Fürstenverschwörung gegen den Kaiser, denn das wichtigste war ihm nun, die bedrohte Libertät der deutschen Fürsten zu sichern. Bereits zuvor hatte er es schlichtweg abgelehnt, in seinen sächsischen Territorien das katholisierende Augsburger Interim einzuführen und statt dessen in Abstimmung mit seinen Landständen und Luthers Nachfolger Melanchthon das sogenannte Leipziger Interim in Kraft gesetzt, das im Kern den protestantischen Bekenntnisstand der sächsischen Landeskirche sicherte. Wie seine Vorgänger auf dem sächsischen Kurfürstenthron erwies sich der eben noch geschmähte Apostat im Moment der Gefahr als entschiedener Beschützer der evangelischen Religion.

Zum Verderben des Kaisers erwies es sich für Moritz als überaus leicht, eine antihabsburgische Allianz in Deutschland und Europa zu schmieden, denn auch die katholischen Stände fürchteten den absolutistischen Reichsstaat, und sie waren nicht bereit, um des kirchenpolitischen Triumphes willen ihre ständische Libertät aufs Spiel zu setzen. Mit Zähneknirschen hatte man Karls hochfahrendes Benehmen gegenüber den Standesgenossen Johann von Sachsen und Philipp von Hessen geduldet. Deren schmachvolle Haft außerhalb des Reiches belastete das Verhältnis zwischen dem Kaiser und den Reichsständen von Tag zu Tag mehr. Bald machte das bittere und gefährliche Wort von der »viehischen spanischen Servitut«, in die der Kaiser das Reich führen wolle, die Runde.

Es wundert nicht, daß Karl V. allein dastand, als Moritz und seine Verbündeten im Frühjahr 1552 zum Angriff übergingen. Da der Kaiser alle Warnungen in den Wind geschlagen hatte, trafen ihn die »Kriegsfürsten« völlig unvorbereitet, als sie über Franken nach Schwaben und von dort auf die habsburgischen Erblande nach Innsbruck vorstießen. Nur die hastige Flucht über die noch ungastlich winterlichen Alpen nach Villach rettete den Kaiser vor der Schmach, in die Gewalt seiner Gegner zu fallen. Um Moritz unter Druck zu setzen, ließ er rasch Johann Friedrich von Sachsen frei. Aber das brachte ihm keine politische Entlastung; der albertinische Wettiner hatte den Kurhut fest auf dem Kopf, auch ein freier Ernestiner war für ihn keine Gefahr mehr.

Auch außerhalb des Reiches brachen die Dämme. Im Südosten, wo der Waffenstillstand die Rivalität um die ungarische Krone nicht beseitigt hatte, witterte der inzwischen zum Knaben herangewachsene Johann II. Zapolya seine Chance und nahm den Kampf auf. Da der Sultan ihm zur Seite sprang, sah sich das Reich plötzlich in einen weiteren verlustreichen Türkenkrieg gezogen, bis endlich 1555 ein neuer Waffenstillstand den Status quo für acht Jahre sicherte. Im Westen hatte sich eine Allianz von historischen Dimensionen angebahnt, die weit vorauswies auf mächtepolitische Konstellationen des 17. und 18. Jahrhunderts. Der französische König Heinrich II., Nachfolger des 1547 verstorbenen Franz I., hatte die Chance genutzt, die im Vertrag von Crépy verlorene Handlungsfreiheit zurückzugewinnen. Im Oktober 1551 war er bei Lochau, ebendort, wo ein knappes halbes Jahrzehnt zuvor der ernestinische Kurfürst Schlacht und Freiheit verloren hatte, in Verhandlungen mit der Fürstenopposition eingetreten, die wenig später erfolgreich abgeschlossen wurden.

Karl V. in der Reisesänfte zur Flucht nach Innsbruck bereit, verabschiedet sich von Johann Friedrich von Sachsen, dem die Fürstenrebellion die 1547 bei Mühlberg verlorene Freiheit wiedergab. Kupferstich

Der im Loireschloß der französischen Könige unterzeichnete Vertrag von Chambord (15.1.1552) galt der nationalstaatlich orientierten Geschichtswissenschaft des 19. Jahrhunderts als »Verrat an der deutschen Sache«, weil er die hohen französischen Subsidien mit der Preisgabe der Bischofsstädte Cambrai, Metz, Toul und Verdun bezahlte, die, wie im Vertrag selbst anerkannt wurde, »zum reich von alters gehören«.[34]

In der Tat gingen diese Städte samt den dazugehörenden Stiftsgebieten dem Reich auf Dauer verloren. »Verrat« an »nationalem Besitz« war das indes nicht, denn es waren ja Gebiete, die – so der Vertragstext – »nit Teutscher sprach sein«, also nicht von Deutschen, sondern von Franzosen bewohnt wurden. Nicht nationalstaatliche, sondern mächteeuropäische Momente brachten sich zur Geltung: die europäische Position des Hauses Habsburg verlangte von dessen deutschen Gegnern europäische Dispositionen. Es war ein strategischer Schachzug, den Erzrivalen des Kaisers in die befestigten Städte innerhalb des noch nicht staatlich gefestigten Saumes zwischen Deutschland und Frankreich einrücken zu lassen, denn damit war die Verbindung zwischen den habsburgischen Besitzungen in Italien und in den Niederlanden erschwert. Diese Zone sollte bis weit ins 17. Jahrhundert hinein das strategische Denken der Habsburger und ihrer Gegner beschäftigten. Bald hieß sie die »Spanische Straße«,[35] weil von ihr die Schlagkraft der spanischen Armeen in den Niederlanden abhing. Denn der Nachschub aus dem spanischen »Mutterland« erfolgte am raschesten per Schiff über das Mittelmeer, dann von Oberitalien über die Alpenpässe und das deutsch-französische Grenzgebiet westlich des Rheins.

Titelblatt der 1552 in Marburg gedruckten Propagandaschrift König Heinrichs II. von Frankreich, der hier als Rächer der deutschen Freiheit auftritt. Dolch und Mütze sind Symbole der Adelsfreiheit.

Noch in einem weiteren Aspekt wies der Vertrag von Chambord in die Zukunft deutsch-französischer Beziehungen und Verwicklungen: Als Heinrich II. mit 35 000 Mann in die genannten Städte einrückte, erschien im Reich ein wahrscheinlich in Marburg von dem hessischen Verbündeten gedrucktes Flugblatt, in dem Heinrich als Erretter von der spanischen Tyrannei auftritt, ohne den »es vmb das Reich vnd Teutsche Nation vnnd volgents umb die gantze Christenheyt geschehen« wäre.[36] Auf dem Frontispiz der Propagandaschrift führt Heinrich den Titel »Vindex Libertatis Germaniae et principum captivorum« – »Rächer der deutschen Freiheit und der gefangenen Fürsten«. Neben dem französischen Lilienwappen sieht man Dolche und Mütze, die Symbole alteuropäischer Adelsfreiheit. Das war zugleich eine Anspielung auf das auch in Deutschland vordringende burgundisch-spanische Hof- und Staatszeremoniell, das von allen, auch von den Adligen, die bislang unbekannte »Ehren- und Unterwerfungsbezeigung in Form der Hutabnahme« verlangt, und zwar nicht nur vor dem Monarchen selbst, sondern bereits bei staatlichen »Amtshandlungen und den sie vollziehenden Beamten«.[37]

Natürlich war dieses Manifest ebenso wie der Vertrag von Chambord überhaupt ein Zeugnis überlegener Diplomatie, die Frankreichs Staatsräson politisch und propagandistisch wirkungsvoll zu vertreten wußte. Aber erst ein Jahrhundert später, unter Ludwig XIV., wurden diese Töne zu schrillen Fanfaren, mit denen Paris eine wirklich offensive und hegemoniale Politik ankündigte. In der Mitte des 16. Jahrhunderts wurde der französische König, wenn es um deutsche Dinge ging, noch nicht gehört: Entgegen den

Bestimmungen von Chambord trat Moritz von Sachsen bereits im April 1552 mit dem deutschen König Ferdinand, dem der Kaiser die Regelung im Reich überlassen hatte, in Separatverhandlungen ein, die über den Linzer (1. Mai) und Passauer Vertrag (2. August) den Weg zum Augsburger Frieden eröffneten.

Inzwischen hatte der Kaiser dem französischen König den Reichskrieg erklärt. Aber dieser fünfte Waffengang gegen Frankreich (1552 bis 1556) mußte bereits am 1. Januar 1553 ergebnislos unterbrochen werden, weil die Belagerung von Metz nicht rasch genug zum Erfolg führte. Karl V. begab sich in die Niederlande, um nach dem Scheitern seiner großen Pläne von Brüssel aus sein Haus und seine Herrschaften auf eine neue Basis zu stellen.

Auch sein großer Gegenspieler trat binnen Jahresfrist von der politischen Bühne ab: Moritz von Sachsen verlor am 11. Juli 1553 in der Schlacht von Sievershausen in Niedersachsen sein Leben im Kampf um den Reichslandfrieden, den sein einstiger Verbündeter, Markgraf Albrecht Alcibiades von Brandenburg-Kulmbach, gebrochen hatte, als er Bamberg, Würzburg und Nürnberg überfiel, um die schmale territoriale Basis seines Markgrafentums zu erweitern. Moritz, der mächtigste der deutschen Fürsten, der die absolutistischen Pläne des Kaisers durchkreuzt und für sich und seine fürstlichen Standesgenossen endgültig den Weg in die frühmoderne Staatlichkeit der Territorien freigekämpft hatte, scheiterte selber an der Fehde eines jener unruhigen Kondottieri, die das Reich auch ein halbes Jahrhundert nach der Monopolisierung legaler Gewaltanwendung durch den Staat - und das hieß konkret der Fürsten als Inhaber der Staatsgewalt - nicht zur Ruhe kommen ließen. Die Zeitenwende läßt sich kaum eindrucksvoller vergegenwärtigen als in diesen auf wenige Monate zusammengedrängten Ereignissen.

4. Augsburg und Brüssel. Die Wahrung der deutschen Einheit unter dem Dach eines modernisierten Reiches und das Scheitern der Monarchia universalis

Nach dem hektischen Auf und Ab, das die militärische Intervention des Kaisers in Deutschland ausgelöst hatte, fand das Reich erstaunlich rasch zur Stabilität zurück. Das hatte mit zwei Dingen zu tun: Zum einen hatte sich in den Jahrzehnten, in denen Deutschland sich selbst überlassen gewesen war, sowohl in der Religions- als auch in der Verfassungsfrage ein Eigengewicht des Faktischen eingestellt, das die deutschen Verhältnisse zu einem fast natürlichen Ausgleich kommen ließ, als mit dem Rückzug Karls V. der Druck seines imperial-universalistischen Konzeptes vom Reich genommen war. Zum anderen standen auf beiden Seiten der religiösen Frontlinie pragmatisch denkende Politiker bereit, die dieses Eigengewicht des Faktischen, wie es in einer Generation entstanden war, akzeptierten und in einen Rechtskompromiß umzusetzen suchten. Selbst der Mainzer Erzbischof Sebastian von Heusenstamm, der höchste geistliche und weltliche Würdenträger des Reiches, gehörte dieser Gruppe an, nachdem ihn sowohl die päpstliche Konzilspolitik als auch die kaiserlichen Ordnungsvorstellungen enttäuscht hatten.[38]

Wichtiger noch war die Veränderung an der Spitze des Reiches: Nach dem endgültigen Rückzug Karls V. aus der habsburgischen Deutschlandpolitik hatte sein Bruder Ferdinand, der als römischer König seit Jahrzehnten das Reich tatsächlich regiert hatte und die deutschen Verhältnisse bestens kannte, freie Hand, diejenigen Lösungen in die Wege zu leiten, die den historischen und politischen Bedingungen des Reiches entsprachen.

Nachdem Moritz von Sachsen, der mit dem deutschen König den Passauer Vorfrieden ausgehandelt hatte, von der Bühne der Reichspolitik abgetreten war, wurde Ferdinand I. zum Vater des Religionsfriedens. »In der ihm eigenen behutsamen Art, ganz an der territorialen Verfaßtheit Deutschlands orientiert«,[39] lenkte er von den hochfliegenden Plänen katholisch-cäsaristischer Einheitlichkeit zurück in die Bahnen praktikabler Politik. Indem Ferdinand I. das – historisch bedingte – Vorrecht der Fürsten auf die frühmoderne Staatsbildung in ihren Territorien anerkannte und damit zugleich die auf dieser verfassungsrechtlichen Basis ruhende Religionsentscheidung der »Protestanten« akzeptierte, hatte der deutsche König den Weg zur Rettung des Reiches freigegeben: Die Bikonfessionalität, später sogar die Trikonfessionalität und Multiterritorialität unter dem Dach des vorstaatlichen Reiches, das war die politisch-pragmatische Formel, die 1555 die deutsche Einheit garantierte.

Als 1555 nach Maßgabe des Passauer Vorfriedens in Augsburg der Reichstag zusammentrat, gelang es auf dieser Basis rasch, das lange Ringen um die Reform von Reich und Kirche, das seit dem Auftreten

Augsburger Religionsfrieden vom 25. September 1555, bekräftigt mit den Siegeln des deutschen Königs und der Reichsstände

Luthers zu einer gewaltigen Zerreißprobe für Staat und Gesellschaft geworden war, zu einem Ende zu bringen. Es wurde eine Neuordnung erarbeitet, die nach der Überwindung der erneuten schweren Krise zu Beginn des 17. Jahrhunderts bis zum Ende des Alten Reiches tragfähig bleiben sollte.

Als die Verhandlungen des Reichstages eröffnet wurden, war in den evangelischen Territorien das oktroyierte Interim längst abgeschafft, und auch von einem kaiserlichen Reichsstaat war keine Rede mehr. Aber auch die Kräfte der politischen und geistigen Auflösung des Reichsverbandes waren gebannt. Die Klammer des Alten Reiches erwies sich als stark genug, Deutschland trotz der religiösen Spaltung und aller politisch-staatlichen Zerteilung zusammenzuhalten.

Formal wurde die Neuordnung erreicht, indem sowohl die Zweikonfessionalität - evangelisch-lutherischer und alter, nun katholisch genannter Glaube - als auch die politische Verfaßtheit in Einzelterritorien in das Reichsrecht aufgenommen wurden, sie zu Grundpfeilern der frühmodernen Reichsverfassung gemacht und damit gleichsam die Einheit durch Anerkennung der Vielheit gerettet wurde. Das war keine politische oder rechtliche »Wende«, vielmehr der formelle Schlußstrich unter Entwicklungen, die schon im Mittelalter begonnen hatten und in der Reformationsepoche beschleunigt worden waren. Auch das Rechtsinstrumentarium war keineswegs neu:
[Um] die Teutsch nation, unser geliebt vatterland vor endlicher zertrennung und undergang zu verhütten, haben wir uns ... verglichen, ... [daß] die Keiserliche Maiestat und wir alle stende, ... auch ein stant den andern, bei diesen nachfolgenden religions-, auch gemeiner constitution des ufgerichten landfriedens alles inhalts bleiben lassen sollen.[40]

Dies war die alte, auf dem Wormser Reichstag von 1495 verabschiedete Landfriedensformel, die das friedliche Zusammenleben von Ständen augsburgischer und katholischer Konfession garantierte. Beide Seiten sicherten sich gegenseitig zu, »bei Keiserlichen und Königlichen würden, fürstlichen ehren, waren worten und peen des lantfriedens [das heißt den bei Verstoß gegen den Landfrieden vorgesehenen Sanktionen, H. Schi.], ... die streitig religion nicht anders, dann durch christliche freundliche, friedliche mittel und wege zu einhelligem, christlichem verstand und vergleichung« zu bringen.[41]

Der Religionsfrieden erhob die seit dem ersten Speyrer Reichstag von 1526 und dem Nürnberger Anstand von 1531 wiederholt zeitlich befristet anerkannte Eigenverantwortlichkeit der Stände in Religions- und Kirchenfragen zum »immerwährenden« Prinzip des Zusammenlebens im Reichsverband. Nicht dem einzelnen, innerhalb des Reiches lebenden Menschen wurde die Wahl zwischen lutherischer und katholischer Religion freigestellt, sondern den Reichsständen, zumal den Fürsten; das Reformationsrecht der Reichsstädte wurde demgegenüber in einigen Punkten eingeschränkt.

Das war nichts anderes als der Verzicht auf eine einheitliche Reform der deutschen Kirche. Die Reichskirche mit dem Kaiser als Oberhaupt blieb zwar erhalten – mußte erhalten bleiben, weil Erzbistümer und Bistümer das Reich politisch mittrugen –, die entscheidenden kirchen- und staatsrechtlichen Kompetenzen und damit alle zukunftsorientierten Entwicklungsmöglichkeiten waren jedoch in die Territorien und Reichsstädte verlagert. »Cuius regio, eius religio« – »Wem das Territorium gehört, der bestimmt die Religion«, auf diese Formel brachte später der Greifswalder Rechtsprofessor Joachim Stephan die Augsburger Regelung.[42] Auch in der Religionsfrage hatte sich die neuzeitliche Vorstellung separierter Flächenstaaten durchgesetzt. Den Gewissenszwang, der damit auf die Untertanen dieser Staaten ausgeübt wurde, milderte das Recht auf Auswanderung (beneficium emigrandi).

Es entsprach der historischen Vernunft, wenn das in der Reformation aufgebrochene Kirchenproblem auf der Basis der Reichsterritorialverfassung gelöst wurde, denn die Verknüpfung von Landes- und Kirchenhoheit hatte sich bereits im Mittelalter angebahnt. Nach der faktischen Verfestigung in der Reformationszeit wurde 1555 die für den Rest der Frühneuzeit gültige Rechtsbasis gelegt. Das obrigkeitliche Kirchenregiment, das protestantische wie katholische Fürsten ausübten, leitete sich her aus den Ansprüchen, die bereits ihre Vorgänger als »praecipua membra ecclesiae« oder »principes in ecclesia« an die spätmittelalterliche Kirche angemeldet hatten: »Die Wurzeln jener Staatsmacht auf kirchlichem Gebiet, denen das Wort *cuius regio, eius religio* Ausdruck geben will, liegen in ihren Ansätzen [in der] Periode vom 13. bis 15. Jahrhundert.«[43]

Mit dem Abschluß der Reformation war auch die viel ältere Frage der Reichsreform zu einem Ende gekommen. Daß bei aller Verschränkung Reformation und Reichsreform dann doch zwei unterscheidbare Rechts- und Verfassungskomplexe geworden waren, ist ein wesentliches Stück »gewordener Neuzeit«, denn ihrem mittelalterlichen Ursprung nach schloß die Reichsreform die Reform der Reichskirche ein.

Die Kämpfe des Reformationszeitalters hatten entschieden, daß beide Extremkonzepte einer Reichsreform nicht durchsetzbar waren - das monarchisch-absolutistische eines kaiserlichen Reichsstaates nicht und auch das Modell eines ständisch dirigierten Reiches nicht, wie es im frühen 16. Jahrhundert die Reformpartei Berthold von Hennebergs, des bedeutenden Mainzer Kurfürsten und Reichserzkanzlers, verfochten hatte.[44] Mit beiden Modellen war erfolgversprechend experimentiert worden: mit dem kaiserlichen an der Wende vom 15. zum 16. Jahrhundert und 1548 auf dem geharnischten Reichstag, mit dem ständischen insbesondere in dem von der Realität nicht so weit entfernten Konzept jährlicher Reichstage. Hätte nämlich der Reichstag die »Souveränität« im Reich an sich ziehen können, so wäre vielleicht der Weg in eine ähnliche Lösung offen gewesen, wie sie in England gefunden wurde mit der Formel »King in Parliament«, mit der dem König *im* Parlament die höchste Staatsgewalt zugesprochen wurde.

Aber ein solcher Weg erwies sich in Deutschland als ungangbar, weil auf dem Reichstag ein anderes Repräsentationsprinzip galt als in England: nicht die Untertanen, sondern die Obrigkeiten waren dort vertreten; er konnte zum anderen nicht beschritten werden, weil die Fürsten nicht bereit waren, ihr Streben nach Souveränität in den Territorien aufzugeben. Selbst dem Kaiser, wenn ihm schon der monarchisch regierte Reichsstaat versagt blieb, war am Ende diese »Einzelstaatlösung« lieber, sicherte sie ihm doch wenigstens in seinen Erblanden die erstrebte Machtfülle.

Damit waren die Weichen gestellt. 1555 einigten sich nun Stände und Krongewalt endgültig darauf, daß in Deutschland die Fürsten und ihre Territorien die Träger der neuzeitlichen Staatlichkeit sein sollten und daß das Reich ein vorstaatlicher politischer Verband bleiben würde. Die Fürsten erhielten das Recht, die im Mittelalter Schritt für Schritt erworbenen Hoheitsrechte und ihre daraus additiv zusammengefügte Landeshoheit fortzuentwickeln zur inneren Souveränität der Neuzeit. Das war eine einheitliche höchste Staatsgewalt, die nicht mehr primär historisch, sondern theoretisch fundiert war; das heißt systematisch gesehen war sie vor den Einzelrechten da, gleichgültig wann und wie sie in der Realität erworben wurde. Und sie stand über den Rechten und Freiheiten aller anderen Angehörigen des Staates.

Mit der formalrechtlichen Festschreibung der Reichsterritorialverfassung war die bislang formal offene Verfassungsfrage entschieden: Nach der weiterhin gültigen Goldenen Bulle aus dem 14. Jahrhundert ist das Augsburger Gesetzeswerk von 1555 das erste »Grundgesetz« des frühneuzeitlichen Reiches.

Die Entwicklung der Territorien zu Einzelstaaten sollte jedoch nicht - auch das wurde in Augsburg 1555 entschieden - außerhalb des Reiches, sondern innerhalb desselben erfolgen. Trotz der Verselbständigung der Territorien zu neuzeitlichen Staaten und trotz der Religionsspaltung blieb 1555 der Reichszusammenhang bewahrt; er wurde sogar institutionell gefestigt. Das Reich, im Mittelalter über Jahrhunderte hin gewachsen, wurde zu einem stabilen Dach, das die neuzeitliche Staatlichkeit der Territorien überwölbte und so in der frühneuzeitlichen Partikularität die Einheit der deutschen Nation garantierte. Daß diese Anpassung an die rechtlichen und politischen Bedingungen der Neuzeit gelang und das mittelalterliche Reich neue Funktionen übernehmen konnte, war keineswegs einer überraschenden Wende in letzter Minute zu verdanken. Denn selbst auf dem Höhepunkt der religiös oder ständepolitisch bedingten Opposition gegen Krongewalt und Habsburgerdynastie hatten die Fürsten die Einheit des Reiches nicht prinzipiell in Frage gestellt. Im Gegenteil: Sie waren Schritt für Schritt weiter hineingewachsen in die Verantwortung für dieses Reich.

Bereits bei seiner Wahl 1519 hatte Karl V. nicht nur die Unantastbarkeit von »würden, rechten und gerechtigkeiten, macht und gewalt« der Reichsstände anerkennen müssen, sondern ihnen darüber hinaus die Beteiligung an der Regierung des Reiches vertraglich zugesichert. Vor allem den Kurfürsten wurde ausdrücklich zugestanden, daß sie unabhängig vom Kaiser »so sie beschwerlichs Obligen haben, zusamen komen mugen, dasselb zu bedenken und zu beratslagen«, und daß der Kaiser ohne ihr »Wissen, Willen und Zulassen« am Besitzstand des Römischen Reiches nichts verändern dürfe. Eine solche vertragliche Bindung des Reichsoberhauptes an die Reichsstände war fortan die Regel, seit Mitte des 17. Jahrhunderts in einem mehr oder weniger festen Wortlaut, bis 1711 bei der Wahl Kaiser Karls VI. eine nicht mehr veränderbare Fassung erreicht war, die sogenannte »capitulatio perpetua«.[45]

Kaiser *und* Reich - das war die Formel, unter der auf den in kurzen Abständen zusammentretenden Reichstagen der Reformationszeit um eine Lösung der religiösen und politischen Probleme gerungen wurde. In diesem Sinne ließe sich sagen, daß es gerade das Übermaß an Konflikten und Interessengegensätzen war, das dieses 16. Jahrhundert - und zwar auch seine zweite Hälfte, als es vordringlich um die Türkenabwehr ging - zur Epoche der großen Reichstage machte. Angesichts der Selbständigkeit, die die Großen des Reiches im Mittelalter erreicht hatten, war die Macht des Reichsganzen im 16. Jahrhundert von vornherein begrenzt. In dieser Situation mußte der Reichstag als das Gremium, in dem die Reichsstände zusammengeschlossen waren, besondere Bedeutung gewinnen.

Der deutsche Reichstag unterschied sich zwar in vielerlei Hinsicht von den Ständetagen anderer Länder. Vor allem im Vergleich mit dem englischen Parlament, in dessen Unterhaus Bürgertum und Niederadel (gentry) vertreten waren, wird deutlich, daß er besonders weit davon entfernt war, die Gesamtheit der Nation zu vertreten. Dennoch bleibt es historisch bedeutsam, daß sich auf den Reichstagen des 16. Jahrhunderts in Deutschland »funktionstüchtige Formen zentralen politischen Handelns«[46] entwickelten. Denn darin lag ein Stück politischer Modernisierung des Reiches. Der europäische Vergleich zeigt sehr deutlich, daß Organisation und Arbeitsweise - etwa die Beratung in Ausschüssen - der deutschen Reichstage im 16. Jahrhundert durchaus den Verhältnissen anderer Stände entsprachen. Der Reichstag übte auch dieselben Funktionen aus, so namentlich die Konfliktregelung und Konsensfindung. Ja noch mehr: Die Versammlung der mächtigen Reichsstände diente den ständischen Bewegungen in anderen europäischen Ländern als Vorbild und Motor.

Belehnung Herzog Augusts von Sachsen mit der sächsischen Kurwürde durch Kaiser Maximilian II. am 23. April 1566 auf dem Weinmarkt in Augsburg vor dem 1626 abgebrochenen Tanzhaus

Eine der frühen Darstellungen einer Reichstagszeremonie. Die Aufschrift weist den Betrachter auf die Bedeutung des Reiches und des Lehnsrechts hin: »Vom Kaiser erhielt er [nämlich Kurfürst August, H. Schi.] sein Lehn in Augsburg ..., dort erscheinen die deutschen Adligen und Herzöge, und man sieht, wie sie von allen Seiten den Herrn Kaiser umstehen. Und man sieht, wie Herzog August ... sich durch einen Treueid verpflichtet, der jenem heilig, bei dem Zepter und Glanz des Reiches liegen.«

Die frühneuzeitliche Staatslehre schenkte den Reichsständen hohe Beachtung und räumte ihnen stets eine Vorrangstellung ein. In diesem Sinne gehören die Reichstage, und zwar vor allem diejenigen des 16. Jahrhunderts, zur Vorgeschichte des modernen Parlamentarismus nicht nur in Deutschland. Hinzu kommen »reichsständische Repräsentationsformen« unterhalb der Reichstage: die Reichskreistage mit den Reichsmünztagen, wo sich die ständische Repräsentation im Rahmen der Kreise vollzog, und die Reichsdeputationstage, auf denen die Ausschußarbeit der Reichstage fortgesetzt wurde und die somit der Entlastung der eigentlichen Reichstagsverhandlungen dienten. Bis zum Ende des 16. Jahrhunderts entfaltete sich hier ein höchst lebendiges und sehr konkretes politisches Leben, über dessen Formen und Ausmaße man erst seit kurzem Näheres weiß.[47]

Allerdings war hinsichtlich der Machtverteilung zwischen der Krone und den Ständen bei der konkreten Wahrnehmung der

Reichsgeschäfte nach dem Scheitern des zentralistisch-monarchischen und dem Fehlschlag des ständisch-unionistischen Modells der Reichsreform 1555 an eine wirkliche Reichsregierung mit mehr als symbolischem Charakter nicht mehr zu denken. Immerhin gelang es, eine Reichsexekutions- und eine Reichskammergerichtsordnung zu verabschieden, die das Reich im Kern funktionsfähig hielten. Die neu belebten zehn Reichskreise - Zusammenschlüsse von in der Regel geographisch benachbarten Reichsständen - spielten dabei als mittlere Ebene zwischen Territorium und Reich eine entscheidende Rolle; ihre Kompetenzen waren teils aus der Reichsgewalt, teils aus eigener korporativer Zuständigkeit abgeleitet. Mit der Befugnis, die Reichskammergerichtsurteile zu vollstrecken und mit dem Recht zur Aufstellung der Heere wurde ihnen die Sicherung des Landfriedens anvertraut, später kamen noch Wirtschafts-, insbesondere Münzangelegenheiten hinzu. Die bis 1588 regelmäßig durchgeführten Visitationen des Kammergerichts durch eine Kommission der Reichsstände führten anfangs zu einer Verbesserung der Reichsjustiz, bis die aufziehende konfessionelle Feindseligkeit dieses Instrument stumpf werden ließ.[48]

Der Kaiser war an der Reichsexekution kaum beteiligt. Es gelang ihm aber, sich Schritt für Schritt eine eigene Einflußsphäre zu schaffen, vor allem in der Rechtsprechung, wo der kaiserliche Reichshofrat seit dem Ende des Jahrhunderts dem Reichskammergericht wirksame Konkurrenz machte. Autoritative Entscheidungen ließ die kaiserliche Stellung im Reich allerdings nicht mehr zu. »Prestige und Autorität des Reichsoberhauptes wurden bestimmt durch das geschickte Ausnutzen bestehender Spannungen, bei denen der Kaiser mit dem Herbeiführen immer neuer Vermittlungen seine Unentbehrlichkeit beweisen konnte ... als Schiedsrichter über den Ständen.«[49]

Wie sich in den bald nach Abschluß des Friedens ausbrechenden Grumbachschen Händeln, dem letzten Fehdeversuch eines Reichsritters (1563-1567), zeigen sollte, war dieses System durchaus in der Lage, der Monopolisierung der legalen Gewaltanwendung durch den Staat Geltung zu verschaffen. Dieser unbestreitbare Entwicklungsfortschritt der frühmodernen Staatsbildung war damit auch im Reich endgültig vollzogen. Darüber hinaus sorgte die Verbindung von innerer Friedenssicherung durch die Kreise und ordentlichem Rechtsgang bei den Reichsgerichten dafür, daß die politische Autonomie der Reichsglieder nicht zur Vergewaltigung der vielen Kleinen durch die wenigen Großen entarten konnte und daß auch die Untertanen in gewissen Grenzen eine Rechtssicherheit ihren Obrigkeiten gegenüber besaßen.

Daß diese Rechtssicherheit dort aussetzte, wo die Räson der Groß- und Machtstaaten ins Spiel kam, war keine Besonderheit des deutschen Reiches: dies war eine charakteristische Schwäche aller frühneuzeitlichen Rechtssysteme. In Deutschland hatte sich eine Balance regionaler Hegemonialmächte herausgebildet, die zusammen mit dem Kaiser über die nächsten Jahrhunderte hin die Stabilität des Alten Reiches garantierten. Es kam immer wieder zu Konflikten, und eine Vormacht konnte durch eine andere abgelöst werden. Das System als solches konsolidierte sich aber in der Regel sehr schnell, bis es im 18. Jahrhundert durch den Dualismus von Öster-

Wilhelm von Grumbach (1503 bis 1567), zeitgenössischer Stich

Die letzte gefährliche Auflehnung gegen die neuzeitliche Territorialverfassung des Reiches verbindet sich mit dem Namen dieses fränkischen Adligen. Im Stil eines spätmittelalterlichen Raubritters stritt Grumbach in einer Reihe von Fehden und Aufständen für sein vermeintliches Recht. 1525 soll er seinen Schwager Florian Geyer, den bekannten adligen Führer der aufständischen Bauern, Meuchelmördern ausgeliefert haben. Später schloß er sich dem unruhigen Markgrafen Albrecht Alcibiades an, um in dessen Fehden gegen den Bischof von Würzburg seine eigenen Interessen durchzusetzen. Als dieses Vorhaben scheiterte, sagte er zugleich mit Würzburg auch Bamberg und Nürnberg die Fehde an. Zur ernsthaften Bedrohung wurde dieses anachronistische Rittertum jedoch erst, als Grumbach eine Allianz mit Herzog Johann Friedrich II. von Sachsen einging, der hoffte, in einem Gewaltstreich die sächsische Kurwürde zurückerobern zu können, die sein Vater, Johann Friedrich I., im Schmalkaldischen Krieg gegen seinen albertinischen Vetter Moritz von Sachsen verspielt hatte. Diese brisante Verbindung des spätmittelalterlichen Reichsritters mit dem machtpolitischen Kalkül eines in innerdynastischer Rivalität unterlegenen Reichsfürsten beschwor

reich und Preußen abgelöst wurde, die zu Großmächten europäischen Ranges aufgestiegen waren.

Auch im Strafrecht war eine Konzentration und Vereinheitlichung gelungen, und zwar bereits an der Wende der zwanziger Jahre. Selbst als sie auf den Reichstagen von Speyer 1529 und Augsburg 1530 in der Religionsfrage unheilbar gespalten wurden, fanden die Reichsstände gemeinsam mit der Krongewalt die Kraft, die Reform und die Vereinheitlichung des Strafprozesses entscheidend voranzutreiben. Seit dem Anfang des Jahrhunderts hatten gelehrte Juristen daran gearbeitet, zuletzt und am erfolgreichsten der fränkische Junker Hans von Schwarzenberg, dessen Bambergsche Halsgerichtsordnung von 1507 den Reichsständen als Vorbild diente. Auf dem Regensburger Reichstag von 1532 konnte die neue Ordnung dann offiziell verkündet werden und damit in Kraft treten.

»Des Kaisers Karl V. und des Heiligen Römischen Reiches Peinliche Gerichtsordnung« oder lateinisch die »Constitutio Criminalis Carolina«, daher meist abgekürzt »Carolina« genannt, ist »ein Gesetzbuch, das heute mit Folter, Unmenschlichkeit und Grausamkeit, aber auch mit Dummheit und Aberglaube verbunden« wird.[50]

nochmals eine schwere Krise der soeben reichsrechtlich anerkannten neuzeitlichen Territorialverfassung herauf. Allein, die Zeit der Fehderitter war vorbei. Der Aufstand scheiterte kläglich. Grumbach wurde gevierteilt, mit ihm Christian Brück, der Kanzler Johann Friedrichs II. und Sohn des einst mächtigen kursächsischen Kanzlers Gregor Brück. Die ernestinischen Wettiner mußten sich endgültig mit dem Verlust der Kurwürde abfinden. Als Duodezfürsten im thüringischen Raum – Eisenach, Gotha, Weimar, Coburg – sollten sie im 17. und 18. Jahrhundert eine bedeutende Rolle im deutschen Kulturleben spielen.

In der St. Moritzkirche von Coburg, der am weitesten südlich gelegenen Residenzstadt der thüringischen Herzogtümer, errichtete der Ernestiner Johann Kasimir seinem unglücklichen Vater Johann Friedrich II. ein gewaltiges Epitaph mit Szenen aus dem Alten Testament, die Glaubenstreue und Hoffnung des Volkes Israel in der Erniedrigung darstellen.

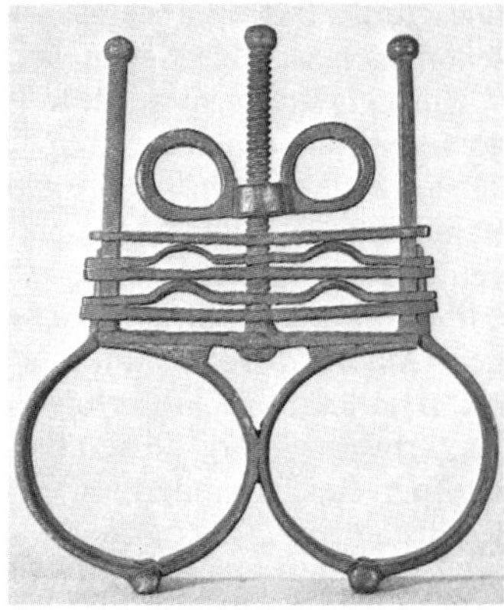

Und dennoch wird die Carolina, die neben der Strafprozeßordnung auch materielles Strafrecht enthielt, von den Historikern zu Recht als bedeutende Leistung gewürdigt, und zwar nicht zuletzt wegen der Humanisierung des Strafverfahrens. Die Kritiker unter den Reichsständen, die eine »salvatorische Klausel« durchsetzten, wonach der Carolina in den einzelnen Territorien nur subsidiäre Geltung zukam, hatten eben das im Auge: Die Carolina sei zu milde und daher nicht geeignet, das Verbrechertum wirksam zu bekämpfen. Trotz dieses Vorbehalts wirkte die »Peinliche Halsgerichtsordnung« vereinheitlichend, denn die Richter der fürstlichen Hofgerichte hatten ihre Normen zu beachten. Erst die große Erneuerung im Strafrechtsdenken während der Aufklärungszeit führte im ausgehenden 18. Jahrhundert zu einer völlig neuen, der modernen Auffassung von Beweisführung und Urteilsfindung, Strafe und Vollzug.

Das materielle Strafrecht der Carolina baute auf dem römischen Recht auf. Das kam vor allem einem stringenten, rational überprüfbaren Beweisverfahren zugute. Daß dabei der Folter die zentrale Rolle eingeräumt wurde, befremdet nur auf den ersten Blick. Denn es war ja das Ziel der Bestimmungen über das reguläre Inquisitionsverfahren – die im wesentlichen auf Schwarzenbergs Bambergensis fußten –, die im späten Mittelalter im Kampf gegen Fehdewesen und ausufernde Kriminalität eingerissene Willkür bei Verhaftungen und Hinrichtungen zu beschneiden. Die römisch-rechtliche Indizienlehre erhielt breiten Raum; nur bei schwerwiegenden Verdachtsgründen war Folter zulässig. Suggestivfragen waren ausdrücklich verboten; die »Urteile« durften nur solche Geständnisse anerkennen, die nach der Folter abgegeben und nach der Verlesung vom Angeklagten bestätigt wurden. Darüber hinaus war – und zwar von Gerichts wegen – nach Entlastungsgründen zu forschen, die den Angeklagten aus »Einfalt und Schrecken« nicht gegenwärtig sein mochten. »Übeltäter, die Jugend oder anderer Sachen halben, ihre Sinne nicht haben«, sollen nur nach gebührender Berücksichtigung »aller Umstände ... gestraft werden«.[51]

Dem modernen Gefühl mag diese rationale und systematische Einsetzung der Folter in einem regulären Prozeßverfahren noch diabolischer erscheinen als die spontan willkürliche Anwendung. Damit übersieht man aber, daß die Zeit ganz andere Vorstellungen von Qualität und Aufgabe des gesamten Verfahrens hatte als die Gegen-

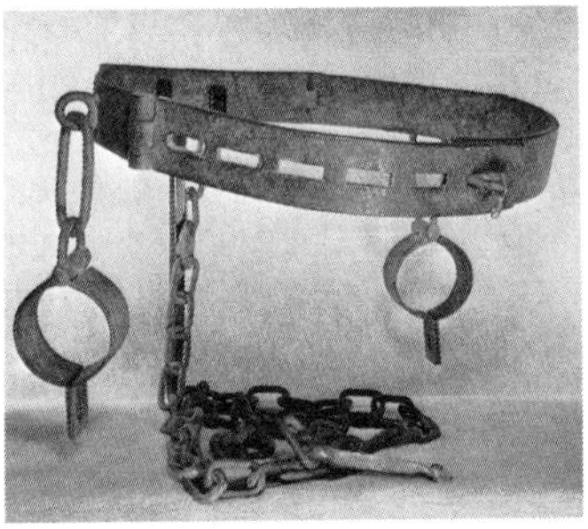
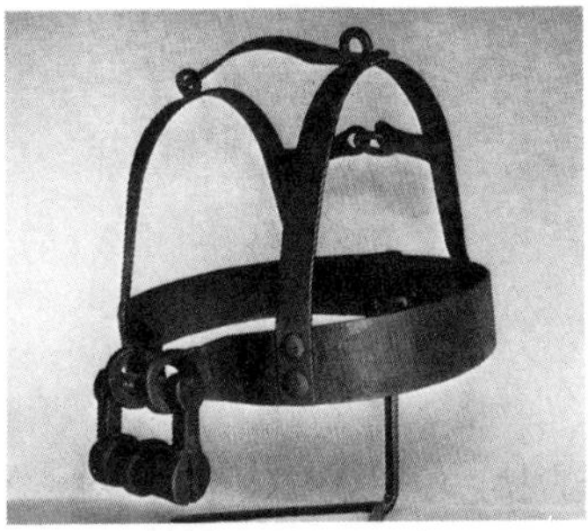
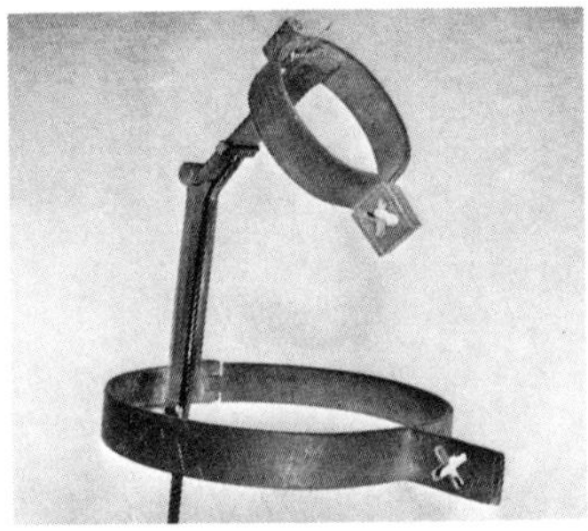

wart. Denn im Prozeß, dem »endlichen Rechtstag«, wie ihn die Carolina nennt, kam »es nicht primär darauf an, die Wahrheit methodisch zu produzieren, sondern sie soll sich unter den altbewährten feierlichen Umständen öffentlich verwirklichen, wozu sie das Verhältnis von Klage und Verantwortung [Geständnis] braucht. Das Urteil kann im eigentlichen Sinne des Wortes gefunden werden, sofern nur [in der Klage] richtig gefragt wird.« Das kann und muß vor dem endlichen Rechtstag in nichtöffentlicher Inquisition geschehen. Hier tat sich die »Wahrheit des Verbrechens im Körper des Gemarterten kund«. Entscheidend für die Verurteilung war dann, daß während des Rechtstages »auf die öffentliche Kundgabe der Missetat durch die Klage das Geständnis der Tat öffentlich verkündet wird und damit der Weg freigemacht wird, das Urteil zu finden«.

Folterinstrumente, die bei der peinlichen Befragung nach Maßgabe der kaiserlichen Halsgerichtsordnung eingesetzt wurden: Fingerschraube, Beinschraube, Handeisen mit Fingerschraube, Leibfessel mit Handeisen, Leibfessel mit Schultergurten, Leibfessel mit Halseisen.

Der Prozeß ist »Theater«, das die überkommenen Bräuche und Gewohnheiten in Szene setzt und damit »die Garantie schafft, daß das Urteil wahr ist«.[52] Nicht anders verhält es sich mit der Vollstrekkung des Urteils: Es ist öffentliches »Theater des Schreckens«, das nach genau festgelegtem alten Ritual »die Wiederherstellung des Rechts mittels Zufügung körperlicher Pein an demjenigen [inszenierte, H. Schi.], der die allgemein anerkannte Ordnung verletzte«.[53] Erst als die Aufklärung als Ziel des Strafverfahrens die Besserung des Delinquenten proklamierte und mit der »Geburt des Gefängnisses« Freiheits- statt Körperstrafen möglich wurden, konnte man auf das »Fest der Martern« verzichten und »die Inszenierung des Leidens aus der Züchtigung verbannen«.[54] Bis dahin waren es aber noch gut zwei Jahrhunderte, in denen die Carolina in Deutschland einen tragfähigen Boden für die Strafjustiz abgab.

Das Reichssystem, das aus dem Ringen der aufgehenden Neuzeit hervorgegangen war, hatte parallel zur Stabilisierung nach innen auch die Verteidigungsfähigkeit des Reichsverbandes nach außen gefestigt. Zwar kam man nicht über die lockere Konstruktion von 1521 hinaus, die auf dem Matrikularsystem beruhte: Ihrer Größe, ihrem Ansehen und ihrer Wirtschaftskraft entsprechend, hatten die einzelnen Reichskreise sich an dem Reichsaufgebot zu beteiligen, entweder durch eine bestimmte Anzahl von Soldaten - Reitern und Fußvolk - oder eine bestimmte Soldsumme pro Monat, den sogenannten Römermonat.

Mit dem Augsburger Reichstagsabschied von 1555 war entschieden, daß die ausschlaggebende Kompetenz bei der Aufstellung und der Leitung des Reichsaufgebotes nicht beim Kaiser, sondern bei den Reichsständen liegen sollte. Denn abgesehen davon, daß überhaupt nur der Reichstag über die Bereitstellung von Truppen oder Geld beschließen konnte, waren in Zukunft die Reichskreise und die in ihnen zusammengeschlossenen Stände für die Anpassung – Moderation – der 1521 festgelegten Matrikel an den jeweils aktuellen Stand verantwortlich. Die Reichsstände selbst bestimmten also, ob ihr Anteil an den Verteidigungslasten erhöht oder vermindert wurde. War das Reich in akuter Gefahr, so daß für einen Reichstag keine Zeit blieb, lag die volle Kompetenz über die Verteidigungsmaßnahmen bei einem sogenannten Deputationstag von Vertretern der Reichskreise, den der Kurfürst von Mainz einberief; der Kaiser konnte lediglich Kommissare entsenden.

Dieses System war sehr schwerfällig, und vor allem lud es geradezu ein, um politische und konfessionelle Vorteile zu feilschen; dennoch gewährleistete es im Krisenfall die Verteidigung des Reiches. Das zeigt die Abwehr der Türken, die auch in Zeiten eines vorübergehenden formellen Waffenstillstandes nahezu alljährlich die Südostgrenze des Reiches bedrohten.

Die einzelnen Reichsstände trugen zum Reichsaufgebot durch Truppenleistungen oder Geldzahlungen bei, und zwar nach einem in der Reichsmatrikel entsprechend ihrer Größe und Finanzkraft festgelegten Ansatz. Dieses System bildete eine weitere Klammer für den Zusammenhalt des Reiches. Da aber Organisation und Finanzierung ganz in der Hand des jeweiligen Reichsstandes lagen, ergab sich daraus zugleich eine weitere Intensivierung und Verfestigung der territorialen Staatlichkeit, namentlich durch die zahlreichen Steuererhebungen. Gestalt und Auswirkungen der Reichskriegsverfassung fügten sich ganz in die allgemeine Entwicklung in Deutschland ein.

Aufs Ganze gesehen war es 1555 gelungen, die deutschen Dinge auf eine neue, tragfähige Basis zu stellen. Am Nationalstaat des 19. Jahrhunderts orientiert, haben Generationen von Historikern die Augsburger Lösung der Verfassungsfrage geringgeschätzt. Inzwischen sieht man den Wert solcher pragmatischen Regelungen deutlicher. Das Augsburger Gesetzeswerk hat zwar die Staatswerdung des Reiches »deutscher Nation« weder im Sinne einer ständischen Union noch eines monarchischen Staatswesens eröffnet, und dennoch lag gerade darin eine bemerkenswerte Anpassungs- und Modernisierungsleistung. Nicht nur, weil den Territorien der Weg in die frühmoderne Staatlichkeit geebnet wurde; auch das Reich, das die Umformung zu einem neuzeitlichen Staat nicht mitmachen konnte, hatte sich in einer gebremsten Modernisierung vom mittelalterlichen Personenverband zum frühneuzeitlichen Reichssystem fortentwickelt.

In der 1555 erhaltenen und 1648 bestätigten Gestalt war das Alte Reich stabil und »modern« genug, um den Anforderungen gewachsen zu sein, die die neuzeitliche Gesellschaft der europäischen Staaten an jedes einzelne ihrer Mitglieder stellte. Und vor allem ist es ihm gelungen, trotz aller Spannungen und Gegensätze, ja Antagonismen, die das politische und kulturelle Leben in der Mitte Europas weiterhin bestimmten, über zweieinhalb Jahrhunderte hinweg die politische Einheit der Nation zu sichern, wenn auch nur in einem lokkeren Verband, der den Reichsständen einen weiten Spielraum ließ.

Das war keine Staatsbildung nach Art der west- und nordeuropäischen Nationalstaatswerdung, wohl aber ein Wandel hin zu einem durchaus funktionsfähigen föderalen System eigener Prägung. Diese partielle Modernisierung versetzte das Reich in den Stand, den zu immer größerer Eigenständigkeit strebenden Fürstenstaaten als einigendes Gehäuse zu dienen - als zwei-, später dreikonfessionelle und vielterritoriale Rechts-, Friedens- und Verteidigungsgemeinschaft.

Was für die Deutschen ein - wie sich schließlich nach der Krise, die der Dreißigjährige Krieg darstellte, zeigen sollte - tragfähiger Religions- und Verfassungskompromiß war, das bedeutete für Karl V. und Martin Luther, den beiden Protagonisten des Reformationszeitalters, Scheitern oder wesentliche Einschränkung der Ziele, mit denen sie eine Generation zuvor angetreten waren: Martin Luther wollte die Reformation der einen nach wie vor universellen Kirche. Was er erreichte, war die Reformation als Kirchenspaltung und die Partikularität evangelischer Landeskirchen, die dem Zugriff des Fürstenstaates offenstanden. Das war bereits 1546 unübersehbar, als der Reformator in Eisleben, an dem Ort, wo er dreiundsechzig Jahre zuvor geboren worden war, für immer die Augen schloß. 1555 wurde nun formell besiegelt, daß die Reformation als Erneuerung der einheitlichen Kirche gescheitert war. Damit war zugleich die Geschichte einer großen mittelalterlichen Traditionslinie an ein Ende gelangt.

In der Neuzeit war kein Raum mehr für universelle Reformbewegungen; an ihre Stelle waren die fruchtlosen Religionsgespräche der Konfessionen getreten, die später durch das bis heute mühsame ökumenische Gespräch abgelöst wurden. Denn auch die katholische Kirche war nach 1555 nur noch ihrem Anspruch und ihrem Namen nach die allgemeine, umfassende Kirche. Das neuzeitliche Prinzip der Partikularität, der Teilung und Scheidung also, breitete sich überall aus.

Zerbrochen war aber auch der burgundisch-habsburgische Traum, die Spaltung der Kirche zu heilen und zugleich im Europa der Mächte die auseinanderstrebenden politischen Kräfte zu ordnen und zu befrieden. Ein neuzeitlich-universelles Kaisertum war nur auf der Basis einer geistig-einheitlichen und politisch-brüderlichen Christenheit zu errichten. Nachdem sich die partikularen Kräfte in Deutschland und Europa gegen ihn vereint hatten und siegreich geblieben waren und sein Bruder im Reich einen Kompromiß eingegangen war, der die Spaltung geradezu zum Prinzip der Befriedung gemacht hatte, mußte sich Kaiser Karl V. eingestehen, daß sein großes Konzept gescheitert war. So hatte es keinen Sinn mehr, dem Hause Habsburg ungeteilt die Lasten und Spannungen von Herrschaft und Ländermassen zuzumuten, die sich über Europa, ja den Erdkreis erstreckten.

Als 1548 in Augsburg der Burgunder Vertrag ausgehandelt wurde, hatten Karl und seine politischen Berater noch mit dem Gedanken gespielt, die deutsche Kaiserwürde zwischen dem Kaiserbruder Ferdinand und dem Kaisersohn Philipp von Spanien, zwischen der deutschen und der spanischen Linie der Casa de Austria also, alternieren zu lassen. Doch auch dieser Plan überlebte sich rasch. Von Brüssel aus, wo Karl seit Frühjahr 1553 weilte, unternahm die habsburgische Diplomatie energische Anstrengungen, die als unvermeidlich erkannten Partikularlösungen rasch zu verwirklichen. Mittels eines komplizierten Geflechts von Gesetzen und Verträgen wurde das alte universale Konzept habsburgischer Herrschaft in Europa ersetzt durch ein neues System geteilter, wenn auch weiterhin aufeinander bezogener Linien der Casa de Austria: der spanischen unter der Herrschaft von Karls Sohn Philipp, der auch Nieder- und Oberburgund sowie Neapel und Mailand zugesprochen erhielt, und der deutschen unter Ferdinand I., dem die österreichischen Erblande und die Kaiserwürde zufielen.

Über alle sachlichen Gegensätze und persönlichen Spannungen zwischen den beiden so wesensverschiedenen Habsburgerbrüdern und deren Nachkommen blieben beide Linien bis zum Absterben des spanischen Zweiges eng verklammert. Auf dieser Basis sollten die Habsburger ein gutes Jahrhundert lang das europäische Feld beherrschen. Was die im Mittelalter verwurzelte universelle Kaiseridee Karls V. und ihr sakral legitimierter Anspruch auf Vorrang in der europäischen Christenheit nicht hatten bewerkstelligen können, das realisierte sich unter seinen Nachfahren durch eine dynastische Interessenallianz und deren neuzeitlich-säkulare Machtpolitik.

Seit seiner Ankunft am »Brabanter Hof«, dem Brüsseler Herzogsschloß seiner frühen Kindheit, lebte der zuletzt rasch gealterte Kaiser in Abgeschiedenheit, verbittert durch die Fehlschläge und Demütigungen der letzten Jahre – der Flucht vor den deutschen Kriegsfürsten, der vergeblichen Belagerung der ihm entrissenen Kaiserstadt Metz, dem ungewollten Religionsfrieden im Reich. Die Gicht, gegen die die Ärzte machtlos sind, peinigt ihn, hält ihn Wochen und Monate auf dem Krankenlager. Als sich im Mai 1555 ein neuer päpstlicher Legat vorstellen will, muß er bis Anfang Juni auf Audienz warten. Karl übt unterdessen die Begegnung ein wie einen Bühnenauftritt – die kaiserliche Majestät darf nicht als hinfälliger Mensch erscheinen, auch in der Niederlage nicht. Im Herbst tritt dieser Mann, dessen Blicke bereits auf eine andere Wirklichkeit gerichtet sind, zum letzten Mal in die Öffentlichkeit, um Abschied vom Glanz der Herrschaft und der Macht zu nehmen.

Die Niederländer, die ihn stets als den ihrigen angesehen hatten, sollten seinem Zeitalter bald nachtrauern als einer kurzen Epoche niederländisch-burgundischer Einheit, in der die siebzehn Provinzen Zentrum einer weltumspannenden Herrschaft gewesen waren. Wirtschaftshistoriker führen einen analytischen Zusammenhang ins Feld, um zu erklären, warum Karl eine so hohe Reputation in der Volkstradition besitzt und weshalb sein Sohn Philipp sie dann über Nacht verspielte.

Glückliche handels- und gewerbepolitische Konstellationen hatten in der Tat vor allem die erste Phase seiner Regierung trotz des raschen Bevölkerungsanstiegs zu einer Zeit des wachsenden »Pro-Kopf-Einkommens« gemacht, während nach 1550 Stockungen des Welthandels die niederländische Wirtschaft und vor allem die mittleren und armen Bevölkerungsschichten hart trafen: »Die außergewöhnlich günstige Einkommensentwicklung der Niederlande war vielleicht der Hauptgrund für das hohe Ansehen, das Kaiser Karl V. in der Volkstradition besitzt.«[55]

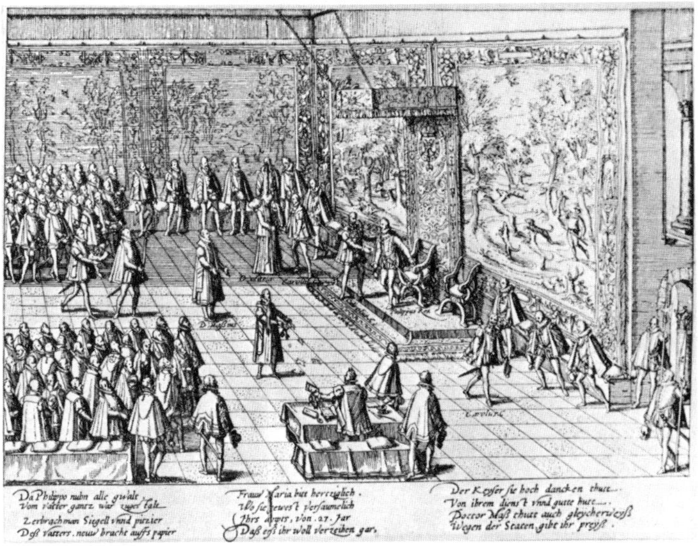

Kaiser Karl V. verläßt unmittelbar nach seiner Abdankung den Thronsaal in Brüssel, während sein Sohn und Nachfolger in Spanien und den Niederlanden, Philipp II., auf dem Thron Platz nimmt. Kupferstich von Franz Hogenberg

Der Kaiser, der über die halbe Welt geherrscht und rastlos den Kontinent durchzogen hatte, um seine Herrschaft zusammenzuhalten und die Einheit des Glaubens wiederherzustellen, fand in seinen letzten Lebensmonaten Ruhe im spanischen Kloster San Yuste, an dessen Klostermauer er sich eine bescheidene Villa erbauen ließ.

Der Wechsel der Personen und Zeitalter vollzog sich in einem glänzenden Staatszeremoniell. Am 22. Oktober versammelte Karl das Ordenskapitel vom Goldenen Vlies, um das Großmeisteramt in die Hand seines Sohnes zu legen. Drei Tage später, am 25. Oktober 1556, betritt der Kaiser, »mit einem Krückstock in der rechten Hand und die andere gestützt auf die Schulter Wilhelms von Nassau«,[56] der wenig später die Niederländer anführen sollte in ihrem Aufstand gegen die spanische Zwangsherrschaft, den großen Saal des Brüsseler Schlosses, wo sich die Stände der siebzehn Provinzen versammelt haben: Prälaten, der Adel und Vertreter der Städte, dazu Mitglieder der kaiserlichen Familie und die Ritter vom Goldenen Vlies. Die formelle Erklärung, mit der die Herrschaft über die Niederlande an Philipp gelangte, verlas ein Staatsrat.

Schließlich ergriff Karl, der mit seinem Sohn und seiner Schwester Maria, der niederländischen Statthalterin, auf einer baldachinüberspannten Tribüne thronte, das Wort, um in einem weitgespannten Rückblick über sein Leben und seine Regierungszeit sich und seinen Niederländern nochmals Rechenschaft abzulegen. Nach einleitenden Sätzen zu den frühen Jahren in den Niederlanden kam er zum Zentrum seines politischen Programms, das zugleich Kern seiner persönlichen Existenz gewesen war:

Die Kaiserwürde habe ich nicht gesucht aus Herrschaftsgier über andere Königreiche, sondern um über Deutschland, mein teures Vaterland, und meine anderen Herrschaften, vor allem diejenigen Flanderns, zu wachen, ebenso wie über den Frieden und die Eintracht in der Christenheit. Um die christliche Religion gegen die Türken zu stärken, habe ich alle meine Kräfte und die meiner Reiche zusammengenommen. Aber wegen der Schwierigkeiten und Verwirrungen, die mir teils aus den Häresien Luthers und der anderen häretischen Neuerer in Deutschland erwuchsen, teils von den benachbarten Fürsten sowie anderer, die mich aus Haß und Neid in gefährliche Kriege stürzten, habe ich dieses Ziel nicht so erreichen können, wie ich es stets mit Eifer angestrebt habe ... Wegen dieses und anderer Gründe bin ich zu dem unwiderruflichen Entschluß

Die sterblichen Überreste des Kaisers ruhen in der Grabeskirche des mächtigen Escorialpalastes, den Philipp II. in der kargen spanischen Hochebene errichten ließ, ein Stein gewordenes Sinnbild der »Macht des Schweigens«, die der große Kaiser wie kein anderer auszuüben gewußt hatte.

gelangt, allen Ländern abzusagen. Ich tue das nicht aus Überdruß oder um Sorge und Kummer abzuwerfen, sondern um von Euch schweren Schaden abzuwenden, den ich wegen meiner Krankheiten auf Euch zukommen sehe. Daher habe ich mich entschlossen, mich eiligst nach Spanien zu begeben, diese Länder meinem Sohn zu übergeben und meinem Bruder, dem Römischen König, das Kaisertum. Euch empfehle ich meinen Sohn und bitte für ihn um dieselbe Liebe, die Ihr stets mir entgegengebracht habt.[57]

Nachdem am 16. Januar 1556 vor einem kleineren Kreis von Amtsträgern in einem ähnlichen Staatsakt die Übergabe der spanischen Krone vollzogen worden war, schiffte sich Karl nach Spanien ein, um dort in mildem Klima Linderung von seinen Leiden und Besinnung für die Vorbereitung auf die andere Welt zu finden. Bis zu seinem Tod am 21. September 1558 führte er im Hieronomitenkloster San Jerónimo de Yuste, in der Einsamkeit der Estremadura gelegen, das Leben eines kaiserlichen Eremiten. Nur noch einmal wandte er sich an die Großen des deutschen Reiches: am 3. August 1556, als er die »Abdikationsgesandtschaft« für den Verzicht auf die Kaiserkrone abfertigte und sie beauftragte, »die Churfursten, gantz gnedigist [zu ermanen], ... den romischen Khonig [also Ferdinand I., H. Schi.] für Iren rechten, von gott gegebenen keiser erkhennen, auffnemen vnd halten, demselbigen auch den gehorsam, den sie biß anhero Ir Mat. erzeigt, der gebur laisten«.[58]

Als sich im Herbst 1558 die Nachricht vom Tod Karls V. über den Erdkreis verbreitete, wurde das Reich, in dem die Sonne nicht unterging, nochmals Realität - im spanischen Valladolid, in Ste. Gudule in Brüssel, in Innsbruck und auf dem Hradschin zu Prag, in den neuerrichteten Kathedralen der Hauptstädte im spanischen Amerika und an Tausenden von bescheideneren Orten versammelten sich gekrönte und ungekrönte Häupter, um von dem großen Habsburger Abschied zu nehmen, der gegen die Kräfte der Zeit noch einmal versucht hatte, als Kaiser über die gesamte Christenheit zu wachen, und tragisch gescheitert war.

V.

Einheit in der Teilung. Deutschland zwischen Koexistenz und Konfrontation

1. Ein System partikularer Mächte in Europa und ein funktionierender Religionsfrieden im Reich

Was war es genau, das über den Wechsel der Personen hinaus, der ja nur im Westen Europas auch ein Wechsel der Generationen war, die Jahrhundertmitte zu einer Wendemarke in der deutschen und europäischen Geschichte werden ließ? Bedeutete das, was damals geschah, Umbruch und völligen Neuanfang, oder gab es Elemente der Kontinuität zwischen der ersten und der zweiten Hälfte des Jahrhunderts?

In Europa hatte ein Wechsel in den Konzeptionen und in den Strukturen der Mächte stattgefunden; die partikularen Kräfte der Neuzeit hatten sich endgültig von dem sie überwölbenden Kaisertum emanzipiert. Der mittelalterliche Gradualismus, der auch im politischen Leben jeder Herrschaft, jedem Land den ihm zustehenden Platz zuwies in einer abgestuften, im Kaiser als weltlichem Haupt der Christenheit gipfelnden Hierarchie und darin ein sakrosanktes, letztlich heilsgeschichtlich begründetes System sah, war abgelöst worden von einem neuzeitlich säkularen Mächteeuropa. In dieser neuen Welt bestimmte sich die Position von Staaten und Monarchen nach ihrer politischen und militärischen, indirekt auch nach der wirtschaftlichen Macht, aber nicht mehr nach einer vorgegebenen Rangskala, wenn auch im diplomatischen Verkehr Rang und Würde wichtig blieben, so daß der deutsche Kaiser weiterhin eine besondere Ehrenstellung besaß.

Mit all dem war internationale Politik im modernen Sinne möglich geworden, das heißt veränderndes und gestaltendes Handeln innerhalb einer im Prinzip offenen Staatengesellschaft. Im Machtkampf dieser zwar dem Range nach gleichen, aber diplomatisch und militärisch unterschiedlich starken Staaten und Dynastien zeigte sich die aus der Teilung des habsburgischen Weltreiches hervorgegangene Krone Spaniens zusammen mit ihrer deutschen Nebendynastie für ein knappes Jahrhundert allen anderen Kräften überlegen: Mit der Abdankung Karls V. begann das Zeitalter spanischer Hegemonie in Europa. Jetzt plötzlich hatten die Habsburger eine reale Vormacht, die Karl V. versagt geblieben war, weil er sich einem unzeitgemäßen Universalismus verschrieben hatte.

Unangefochten blieb diese Stellung allerdings nicht. Philipp hatte von seinem Vater den offenen Konflikt mit Heinrich II. von Frankreich geerbt. Der vom Kaiser als Reichskrieg begonnene Kampf verwandelte sich zwischen 1556 und 1559 in das Mächteringen zwischen Spanien und Frankreich, und dies sollte der Anfang einer ganzen Reihe frühneuzeitlicher Kriege zwischen beiden Staaten sein. Von dem kriegserfahrenen Grafen Egmont angeführt, zeigten sich die spanisch-niederländischen Truppen bei St. Quentin und Gravelingen dem französischen Heer überlegen. 1559 wurde in Cateau-Cambrésis der Frieden geschlossen, in dem Frankreich wieder einmal den Verzicht auf Ansprüche in Italien und auf Burgund aussprechen mußte.

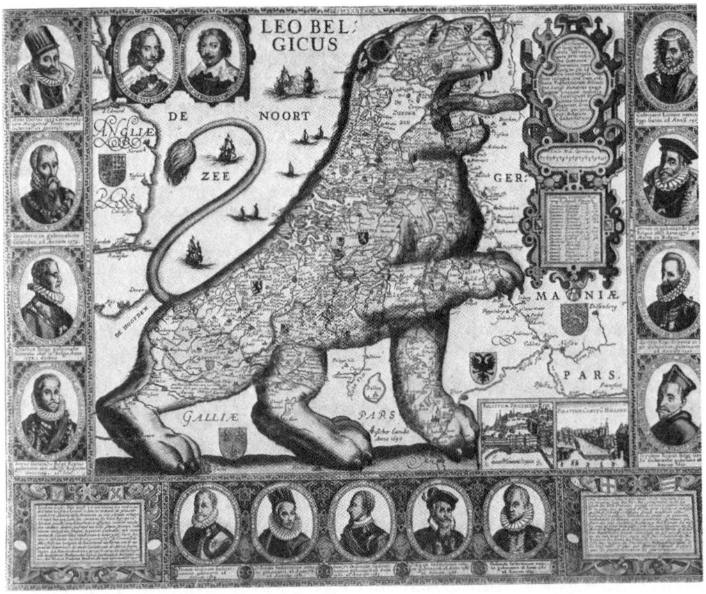

Leo Belgicus, Gravure, 1583

Der Leo Belgicus, der niederländische Löwe, sollte sich schon bald nach der Regierungsübernahme durch Philipp II. gegen die »Fremdherrschaft« auflehnen und dadurch die soeben etablierte Hegemonie Spaniens im europäischen Mächtespiel in Frage stellen.

Damit trat zugleich eine Kampfpause ein, denn Frankreich wurde wenig später von inneren Wirren, den Hugenottenkriegen, erschüttert und schied für ein halbes Jahrhundert aus der europäischen Politik aus. Vor allem im Reich hatte Frankreich auf Jahrzehnte hin ausgespielt, als in der Bartholomäusnacht des Jahres 1572 mit Billigung der Krongewalt Tausende von Hugenotten erschlagen wurden und das protestantische Deutschland sich von seinem einstigen Bündnispartner entsetzt abwandte. Erst Heinrich IV., der konvertierte Protestant, konnte 1609 den Versuch unternehmen, im Zusammenhang mit dem klevischen Erbfolgekonflikt auf die Bühne deutscher und europäischer Politik zurückzukehren. Gelungen ist das erst dem Kardinal Richelieu nach 1630.

Von dem alten Rivalen Frankreich entlastet, sollte Spanien innerhalb des eigenen Herrschaftsbereiches ein wesentlich gefährlicherer Feind erwachsen: Die vom Vater während der Abdankungszeremonie erbetene Liebe seiner niederländischen Untertanen verspielte der verschlossene, von seiner katholischen Mission besessene Philipp binnen kurzem, indem er den Freiheit und Lebenslust gewohnten Provinzen gleichzeitig mit der unbedingten Geltung des katholischen Glaubens die Unterwerfung unter die spanische Staatsräson aufzwingen wollte. Unter Kaiser Karl V. noch burgundisches Zentrum des habsburgischen Weltreiches, sanken die Niederlande zur Peripherie eines fernen spanischen Staates herab – der »spanischen Servitut« ausgeliefert. Wilhelm von Oranien, jener Page, auf den sich der alte Kaiser 1556 bei seiner Abdankung gestützt hatte, sollte dessen Sohn zwei Dezennien später die sieben nördlichen seiner niederländischen Provinzen entreißen.

Dies war ein tiefer und ein endgültiger Einschnitt. Mit der »Republik der Vereinigten Niederlande«, deren Selbständigkeit Spanien trotz eines achtzigjährigen Krieges nicht zu brechen vermochte, und dem von Elisabeth I. energisch betriebenen Aufstieg Englands, den die spanische Armada 1588 noch einmal vergeblich zu brechen suchte, hatte sich erstmals ein eigenständiger westeuropäischer Mächtekreis herausgebildet, aus dem Spanien bis zur Mitte des 17. Jahrhunderts Schritt für Schritt herausgedrängt wurde.

Auch das war bereits in der Neuordnung der habsburgischen Länder 1555/1556 angelegt. Denn mit der Abtrennung der Erblande und des Kaisertums war aus dem kontinentalen Reich Karls V. das maritime Spanien Philipps II. geworden, das sich immer stärker vom europäischen Kontinent weg nach Westen hin orientierte, zu den überseeischen Kolonien auf dem neuen Kontinent.

Das deutsche Reich, zu dem die meisten der niederländischen Provinzen einstweilen rechtlich noch gehörten, betrafen diese Kämpfe nur am Rande. Ähnlich wie Frankreich war Deutschland in der zweiten Hälfte des Reformationsjahrhunderts nach innen orientiert. Außenpolitisch konzentrierte es sich auf die Türkenabwehr im Südosten. An der europäischen Politik nahm das Reich vor allem über die dynastische Allianz der österreichischen mit den spanischen Habsburgern teil. Mit dem Verzicht auf seinen übergreifenden, universellen Anspruch und mit seiner Einbindung in die moderne Interessenpolitik der Casa de Austria war der deutsche Kaiser jetzt im europäischen Mächtespiel eine Partei unter anderen Parteien geworden. Politisch wie militärisch suchten seine Gegner ihn in Deutschland selbst zu treffen, was durch jene weitgehende politische Autonomie erleichtert wurde, die den Fürsten 1555 zugestanden worden war und die praktisch - nicht formalrechtlich - auch Koalitionen mit auswärtigen Mächten einschloß. Zur Verteidigung dieser »Fürstenlibertät«, zu der sich neben den deutschen Fürsten auch immer wieder auswärtige Mächte aufgerufen fühlten - in der Nachfolge des Vertrages von Chambord insbesondere Frankreich, bald aber auch Schweden -, wurden in den folgenden Jahrhunderten auf deutschem Boden unzählige verlustreiche Schlachten geschlagen, die eigentlich gar nicht Deutschland galten.

Auch im Innern des Reiches hatte sich die Stellung des Kaisers und der Habsburger verändert. Die in der Wahlkapitulation Karls V. gefestigte Position der Kurfürsten wurde durch die ungewöhnlichen Modalitäten beim Übergang der Kaiserkrone auf Ferdinand weiter gestärkt. Es bedurfte langer Verhandlungen, bis sie sich nach anderthalb Jahren, im März 1558 endlich bereitfanden, den in der deutschen Kaisergeschichte unerhörten Thronverzicht zu akzeptieren und Ferdinand zum Kaiser zu proklamieren. Das höchste politische Amt in der Christenheit hatte sich seinem Wesen nach verändert. Die Kirchenspaltung hatte seine Sakralität gemindert; die Veränderungen des Mächtesystems machten es zu einem partikularen Kaisertum der Deutschen und einiger noch im Reich verbliebener Gebiete nichtdeutscher Zunge, vor allem in der slawisch besiedelten Zone des Ostens. Die Niederlande und auch die Schweiz waren faktisch aus dem Reichsverband ausgeschieden. Und auch im Westen, in der Zwischenzone nach Frankreich hin, und im Süden, jenseits der Alpen, schritt der Erosionsprozeß weiter voran.

Die Minderung brachte aber auch Entlastung. Nun war in Deutschland der Weg frei für eine realistische Kaiserpolitik, die auf den von Ferdinand I. eingeschlagenen Bahnen seit der Mitte des 17. Jahrhunderts zu einer Konsolidierung der habsburgischen Kaisermacht führte. Geographisch war entschieden, daß ein realer politischer Einfluß nur noch im Süden des Reiches möglich war, dort aber in immer konkreteren Formen. Der im Burgundischen Vertrag von 1548 scheinbar gesicherte Habsburgerbesitz im Nordwesten wurde bereits in der nächsten Generation zur Hälfte verspielt. Von Brüssel aus, dem weiterhin mächtigen Regierungszentrum der bei Spanien bleibenden Südprovinzen, gab es zwar auch in Zukunft noch mancherlei Verbindungen und Bindungen zum benachbarten Reich. Aber schon Mitte des 17. Jahrhunderts endete das mit Spaniens Sturz vom Podest europäischer Großmachtstellung. Am Niederrhein, wo Karl V. den Einfluß dauerhaft gesichert zu haben schien, mußte Habsburg seinem alten Rivalen Wittelsbach weichen: den Pfalz-Neuburgern, die Jülich und Berg übernahmen, und den Bayern, die in Köln eine bischöfliche Sekundogenitur etabliert hatten.

Das Augsburger Gesetzeswerk hatte dem Reich diejenige Form verliehen, die es über die Krise in der ersten Hälfte des 17. Jahrhunderts hinweg bis zu seinem Untergang im Umbruch zu einer neuen Zeit beibehielt. Daß es in der ersten Hälfte des 17. Jahrhunderts nochmals zu einer großen Belastungsprobe kam, war eine Folge der 1555 nicht ausgetragenen religiösen Gegensätze. Denn der Augsburger Kompromiß war ein politisches und rechtliches, kein religiös-weltanschauliches Koexistenzsystem. »Die Glaubensspaltung wurde vom Reich und Recht ... als unausgetragener innerkirchlicher Lehrkonflikt ... verstanden. Er sollte ... durch einstweilige Not- und Übergangsregeln politisch so geordnet werden, daß beiden Teilen einstweilen ihre Sicherheit und religiöse Freiheit garantiert, aber die weitere politische und religiöse Spaltung verhindert werden sollte.« Um die weltanschauliche Feindseligkeit, die sich als solche nicht beseitigen ließ, politisch und rechtlich zu neutralisieren, hatten die Juristen zum Instrument des Dissimulierens gegriffen, zur bewußten und von allen gewollten Verheimlichung der dem Kompromiß anhaftenden Krankheiten: »Sinndifferenzen [wurden] durch Mehrdeutigkeit der Formulierungen verdeckt.«[1]

Hinzu kam ein politisches Taktieren, das auf lange Sicht den Kompromiß belasten sollte: Das Reservatum ecclesiasticum, der geistliche Vorbehalt, der die geistlichen Reichsstände vom Reformationsrecht ausnahm, sollte die Säkularisation der geistlichen Fürstentümer verhindern. Da er den protestantischen Territorien jeglichen Zugriff auf benachbarte geistliche Gebiete abschnitt, während er den katholischen Fürstenhäusern über Sekundogenituren den Weg zur Machterweiterung eröffnete, war das eine reichspolitische Machtfrage, und die Protestanten stimmten der Regelung daher auch nicht zu.

Kraft königlicher Prärogative nahm Ferdinand die folgenreiche Bestimmung dennoch in das Friedenswerk auf; zur Kompensation garantierte er Städten und Adligen, die zu solchen geistlichen Fürstentümern gehörten und seit längerem protestantisch waren, über den Kopf ihrer Landesherren hinweg Religionsfreiheit. Das geschah in der Declaratio Ferdinandea, die geheim und außerhalb der offiziellen Verhandlungen erlassen wurde und nur den Kurfürsten von Mainz und Sachsen als Vertretern der beiden Konfessionen zugestellt wurde.

Das Reformationsrecht der Reichsstädte blieb unscharf, so daß nicht klar war, ob es nur bis zum Status quo anerkannt war, oder – wie bei den Fürsten - auch für die Zeit nach 1555. In den süddeutschen Reichsstädten, die Karl V. 1548 rekatholisiert hatte, weil sie in seinem unmittelbaren Machtbereich lagen, wurde die sogenannte Parität eingeführt: die formelle Gleichberechtigung von protestantischer Mehrheit und katholischer Minderheit in religiösen und weltlichen Dingen, einschließlich komplizierter Proporzregelungen bei der Besetzung politischer Ämter, vom Rat bis hinab zu untersten Diensten.

Am gravierendsten war das Calvinismusproblem: Der Frieden war auf Katholiken und Lutheraner beschränkt, während die Anhänger Zwinglis und des soeben in eine mächtige Expansionsphase eintretenden Calvinismus ebenso ausgeschlossen waren wie Täufer, Spiritualisten und andere Nachfahren der radikalen Reformation. Das war so etwas wie eine konfessionspolitische Zeitbombe, da die Anhängerschaft der reformiert-zwinglianischen Richtung im oberdeutschen Reichsstadtbürgertum und an einigen Höfen noch stark vertreten war und durch den von Süden und Westen mit Macht ins Reich eindringenden Calvinismus ständig neue Kräfte erhielt.

All dies waren Halbheiten und Ungereimtheiten, an denen fünf Dezennien später der Frieden zerbrach. Das ist aber nicht so sehr Schuld der Juristen und Politiker der fünfziger Jahre, sondern Schwäche der späteren Generationen, die nicht mehr den pragmatischen Willen besaßen, die weltanschaulichen Gegensätze politisch und rechtlich einzudämmen. Trotz seiner Mängel war der Augsburger Religionsfrieden eine bedeutende Leistung, insbesondere im Vergleich zu der Situation in anderen europäischen Ländern. Es war ein bedeutender Schritt auf dem Weg zur Anpassung des Reiches an die neuzeitlichen Rahmenbedingungen. Die konfessionellen Gegensätze, die als weltanschauliche Totalkonfrontation den staatlichen, gesellschaftlichen, ja familiären Zusammenhalt zu zerreißen drohten, waren durch einen Kompromiß entschärft worden. Für fast zwei Generationen war damit den Deutschen ein friedliches Zusammenleben garantiert und nach einigen Veränderungen im Westfälischen Frieden war eine dauerhafte Rechtsbasis für die Mehrkonfessionalität des Reiches gesichert.

Als erstem unter den betroffenen europäischen Großstaaten war Deutschland eine tragfähige Lösung des Kardinalproblems frühneuzeitlicher Staatsbildung gelungen, während Frankreich in den Hugenottenkriegen und England in der puritanischen Revolution die Zerreißprobe des konfessionellen Bürgerkrieges noch zu bestehen hatten.

Für die Untertanen waren die Regelungen in den wegen ihrer Toleranz vielgerühmten Republiken Polen und Holland, nach 1688 auch in England, ohne Zweifel besser. Gering ist aber auch das deutsche Auswanderungsrecht nicht zu veranschlagen, vergleicht man es mit den Dragonaden, denen in Frankreich die Hugenotten noch zu Ende des 17. Jahrhunderts ausgesetzt waren. Entscheidend war, daß in Deutschland die Toleranz als zwischenstaatliche, machtmäßig erzwungene Abgrenzung vom Staat verordnet worden war und auch später nicht von unten her wachsen konnte. Das prägte die kommende Zeit tief.

Der Frieden, der in den letzten Jahrzehnten vor dem großen Krieg nur noch äußerlich standhielt, hat den Deutschen zunächst eine

Generation lang die Chance gegeben, sich in ihrem mehrkonfessionellen und vielstaatlichen Haus für ein schiedliches, friedliches Nebeneinander einzurichten. An vielen Orten bewährte sich das Gesetzeswerk im alltäglichen Zusammenleben. Eine Zeitlang sah es so aus, als würde es vielleicht doch auf Dauer möglich sein, in der politischen und konfessionellen Trennung friedlich miteinander auszukommen.

Da waren zum Beispiel die gemischt-konfessionellen Reichsstädte Süddeutschlands: Augsburg, Biberach, Ravensburg und Dinkelsbühl. Dort hatte das Augsburger Gesetzeswerk eine paritätische Kirchen- und Stadtverfassung eingesetzt, das heißt Lutheraner und Katholiken besaßen die gleichen religiösen und politischen Rechte. Die Kirchen wurden entweder aufgeteilt oder gemeinsam benutzt, und für die öffentlichen Ämter, vor allem im Rat und im Magistrat, galt ein Proporz. Das kam den Katholiken zustatten, die in diesen von der Reformation mächtig erfaßten Städten nur noch kleine Minderheiten bildeten, vor allem in Augsburg, wo nur wenige Familien der Oberschicht beim alten Glauben geblieben waren. Die Aufklärer des späten 18. Jahrhunderts haben dieses Paritätsmodell, das 1648 im Westfälischen Frieden erneut befestigt worden ist, heftig attackiert. Christian Friedrich Daniel Schubart (1739-1791), der schwäbische Publizist und Freiheitskämpfer, nannte es ein »Ungeheuer, das aus zween Rachen bellt, aus zween Schlünden giftiges Mißtrauen in die Gemüter haucht und sie zur freien, offenen Meinung gänzlich unfähig zu machen scheint«.[2]

Solche Kritik richtete sich wohl eher gegen die Versteinerung, die das Paritätsmodell in zwei Jahrhunderten zu einem »peinlich genauen Quanteln der Zahlenanteile« hatte erstarren lassen. In den ersten Jahrzehnten nach dem Augsburger Friedensschluß schien sich eher ein lebendiger Austausch anzubahnen: Ehen wurden über die Konfessionsgrenzen hinweg geschlossen; häufige Konfessionswechsel, die ohne Aufhebens erfolgten, deuten auf einen relativ freien Verkehr zwischen den Konfessionen hin. Das erbitterte Ringen der Weltanschauungssysteme um die letzte der armen Seelen setzte erst später ein.

Auch in den Schulen, im Sozial- und Armenwesen, sogar in den Gotteshäusern arrangierte man sich. Wo - wie in Biberach und Ravensburg - nicht genügend große Kirchen zur Verfügung standen, benutzten beide Konfessionen ein und dieselbe Kirche, entweder nacheinander oder in räumlicher Trennung, indem man etwa Langhaus und Chor durch eine Mauer oder - wie in Ravensburg - durch einen Lettner abgrenzte. Solche Simultankirchen, die in jenen Jahren über das ganze Reich hin eingerichtet wurden und die teilweise bis heute fortbestehen, waren wegen der alltäglichen Berührungs- und Reibungspunkte so etwas wie Prüfsteine für die Toleranzbereitschaft der Konfessionen.

In den paritätischen Reichsstädten funktionierten die Absprachen nach anfänglichen Schwierigkeiten bis ins späte 16. Jahrhundert hinein. Als in Ravensburg 1584 ein Maigewitter den Kirchturm in Brand setzte, riefen Katholiken und Lutheraner für die notwendigen Reparaturen eine gemeinsame Stiftung ins Leben, die ihre Aufgabe zu aller Zufriedenheit erfüllte. Alles in allem war ein Modus vivendi gefunden, der »die konfessionellen Spannungen sowohl an Zahl als auch an Heftigkeit deutlich abnehmen ließ«.[3]

Dom zu St. Petri in Bautzen

Nicht nur in den paritätischen Reichsstädten, sondern im ganzen Reich, wo immer die politischen und rechtlichen Verhältnisse es notwendig machten, entstanden seit Mitte des Reformationsjahrhunderts sogenannte Simultankirchen, das sind von Katholiken und Protestanten gleichermaßen genutzte Gotteshäuser. In Bautzen hing die Notwendigkeit des Arrangements damit zusammen, daß in der dem habsburgischen Königreich Böhmen angeschlossenen Oberlausitz Städte und Stände die Reformation durchgeführt hatten, der ferne Landesherr aber stark genug war, den katholischen Institutionen Reservatsrechte zu garantieren. So wurde in Bautzen der Dom zu St. Petri geteilt: Im Chor, vor dem prächtigen Hochaltar, feierte das katholische Domstift Gottesdienst, im Langhaus die evangelische Gemeinde, versammelt um einen schlichten Altartisch und die Kanzel, die für die Wortverkündigung unerläßlich war. Ein Eisengitter trennt katholischen und evangelischen Bereich der Kirche voneinander.

Ähnliche Verhältnisse bahnten sich in manchem Territorialstaat an, obgleich hier ja rechtlich das Cuius-regio-eius-religio-Prinzip galt. So konnten selbst in der von den Täuferwirren mitgenommenen westfälischen Bischofsstadt Münster »nach 1555 Protestanten ohne Schwierigkeiten leben, wenn ihnen auch der öffentliche Gottesdienst verwehrt blieb. Sogar die einst gefürchteten Täufer - inzwischen friedliche Mennoniten - wurden nicht länger gejagt. Münster schien auf dem Weg zu einer bikonfessionellen Stadt«: Katholiken und Protestanten gehörten denselben gewerblichen und politischen Korporationen an und verfolgten dieselben sachlich bestimmten Interessen. Obgleich er dem bischöflichen Landesherrn unterstellt war, konnte der Magistrat bei den Bürgeraufnahmen eine Politik verfolgen, die mehr auf den ökonomischen Vorteil als auf die religiöse Reinheit ausgerichtet war. Der offizielle Gottesdienst in den Stadtkirchen zeigte in der Liturgie einen zunehmenden Synkretismus zwischen alt- und neugläubigen Formen: zwar deutsche Kirchenlieder, aber den Abendmahlskelch in der katholischen Messe. In ihren Testamenten beriefen sich die Bürger kaum auf Maria oder die Heiligen, sondern gründeten ihr Seelenheil auf Christus allein - allgemeinchristlich und nicht spezifisch katholisch war ihre Mentalität. In den Jahrzehnten nach dem Augsburger Frieden war »eine dominant konfessionelle Identität für das religiöse Leben Westfalens untypisch«.[4]

Selbst bischöfliche Landesherren waren in jenen Jahren bereit, konfessionelle Gesichtspunkte zurückzustellen, etwa bei der Einstellung protestantischer Beamter. Spektakulär ist der Fall des friesischen Juristen Aggaeus van Albada. Obgleich er ein notorischer Schwenckfeldianer war - also zu Luthers »falschen Brüdern« zählte, die den Grundkonsens zwischen Kirche und Staat in Frage stellten - und deswegen von den Spaniern aus dem Amt gejagt worden war, ernannte ihn der Bischof von Würzburg 1571 zum Kanzleirat. Albada wurde vom katholischen Gottesdienst freigestellt und konnte sich neben seinen Amtsgeschäften dem geistigen Zusammenhalt der über Deutschland versprengten Schar von Spiritualisten widmen. Daran änderte sich zunächst auch nichts, als 1573 Julius Echter von Mespelbrunn den Bischofsstuhl bestieg, der wenig später an die Spitze der Gegenreformation trat.[5] Bis über die Mitte der siebziger Jahre hinaus war das fränkische Hochstift noch weit entfernt von der ideologischen, politischen und sozialen Formierung im Zeichen des katholischen Konfessionalismus.

Ganz besondere Verhältnisse bahnten sich am Niederrhein an. Der Schutz des Religionsfriedens ermöglichte es dort dem Herzog Wilhelm von Jülich-Kleve, die Fesseln des Venloer Vertrages von 1543 zu sprengen. An die Stelle der von Habsburg diktierten Gegenreformation trat erneut das alte humanistische Konzept einer zwischen den religiösen Anschauungen vermittelnden Reformpolitik. Zwar zeigte es sich bald, daß die Schwierigkeiten auf diesem »dritten Weg« keineswegs geringer geworden waren: Über ein Jahrzehnt lang waren die Düsseldorfer Regierungsgremien mit der Formulierung einer erasmianischen Kirchenordnung befaßt, ohne sie zur Publikation bringen zu können. Entscheidend war aber, daß in den Herzogtümern anderthalb Jahrzehnte lang Toleranz und Irenik praktiziert wurden, und zwar bis hinab in die einzelnen Städte, Dörfer und Gemeinden. Wo Gemeinden es wünschten, war ihnen die Kommunion in beiderlei Gestalt freigestellt. Katholiken konnten wie die Protestanten beim Abendmahl das Brot und den Kelch nehmen. Lutheraner und Calvinisten wurden zwar nicht offiziell geduldet, aber auch nicht mehr als Häretiker verfolgt.

Der niederrheinische Humanist Conrad von Heresbach (1496 bis 1576) war einer der bekanntesten und vielseitigsten Schüler des Erasmus von Rotterdam. In seiner Schrift »Vier Bücher von der Landwirtschaft« setzt er sich für eine Modernisierung und Intensivierung der traditionellen Agrarwirtschaft ein; als Berater Johanns III. von Jülich-Berg reformierte er zusammen mit anderen Ratgebern die Kirche der niederrheinischen Territorien auf der Linie eines humanistischen Mittelweges.

Die Übergänge zwischen alt- und neugläubigem Gottesdienst wurden fließend. In vielen Gemeinden entwickelten sich Mischformen - etwa mit einem katholischen Meßteil, den der Pfarrer hielt, und einem vom Kaplan durchgeführten evangelischen Predigtteil. In zahlreichen Städten, Flecken und Dörfern bildeten sich neben der weiterhin offiziellen katholisch-erasmianischen Ortskirche lutherische und calvinistische Freiwilligkeitskirchen. Diese im alltäglichen Zusammenleben bewährte Multikonfessionalität schlug in den Territorien westlich und östlich des Niederrheins rasch so tiefe Wurzeln, daß sie die Zeit politischer und weltanschaulicher Formierung im späten 16. und frühen 17. Jahrhundert überdauerte.

Im Schutze des Religionsfriedens waren die Weichen für ein geregeltes Zusammenleben der Konfessionen in ein und demselben Staat gestellt worden. Und da sich im weiteren Verlauf ein kompliziertes Gleichgewicht zwischen protestantischen und katholischen Mächten etablierte - zwischen den Niederlanden und Brandenburg-Preußen einerseits und Spanien und Pfalz-Neuburg andererseits -, konnte sich diese innerstaatliche, gesellschaftlich gewachsene Multikonfessionalität weiter festigen. Das war keine moderne Toleranz, denn alle drei Konfessionen setzten noch über Generationen hinweg auf Abgrenzung, wenn nicht Konfrontation; aber im alltäglichen Mit- und Nebeneinander entwickelten sich Verhaltensformen und Einstellungen, die in späteren Jahrhunderten zusammen mit anderen, außerreligiösen Faktoren hier im Nordwesten Deutschlands den Durchbruch der toleranten und liberalen bürgerlichen Wirtschaftsgesellschaft der Moderne wesentlich erleichtern sollten.

Doch die Verträglichkeit und die Libertät des frühen Religionsfriedens hielten nicht stand. In den siebziger Jahren mußten sie dem aufziehenden Willen zur Konfrontation weichen: In Würzburg stand der schwenckfeldianische Rat Albada 1576 vor der Wahl, sich der katholischen Kirche zu unterwerfen oder Amt und Hochstift zu verlassen; er entschied sich für das Exil. In Münster bestieg 1585 der Wittelsbacher Ernst von Bayern den Bischofsstuhl, ein Zögling der Münchener Jesuiten. Die Patres der Societas Jesu folgten auf dem Fuß und sorgten binnen kurzem für die intellektuelle, gesellschaftliche und politische Formierung Münsters im Zeichen eines erneuerten Katholizismus. Strategisch entscheidend war hier wie anderwärts die Übernahme der höheren Schulbildung - in Münster an der Domschule -, die die Jesuiten in den Stand setzte, der politischen Elite von morgen die neue konfessionelle Entschiedenheit einzupflanzen. Die Zeit des irenisch-libertären Katholizismus alter Prägung war vorbei. Protestanten wurden in der westfälischen Bischofsstadt nicht mehr geduldet.

In den paritätischen Reichsstädten kam der Umschlag mit einem Fanal: Der Streitpunkt, der über Jahre hin die Gemüter erhitzte, war der Kalender. Vom Tridentinischen Konzil aufgefordert, hatte Papst Gregor XIII. 1582 mit der Bulle »Inter gravissimas« einen neuen, nach ihm benannten Kalender eingeführt. Zur Korrektur der alten, noch auf Cäsar zurückgehenden Julianischen Zeitrechnung hatte er verfügt, daß die Tage vom 5. bis 14. Oktober fortfallen sollten, so daß auf den 4. sogleich der 15. Oktober folgte. Da die Protestanten die Annahme dieser Reform verweigerten, gab es in Deutschland fortan zwei unterschiedliche Kalender - selbst die Zeit war konfessionell geworden. Die Katholiken waren um zehn Tage voraus, und auch die Jahre zählten sie anders, nämlich vom 1. Januar ab, statt vom 1. März, wie bei der alten Rechnung. Dabei ging dieser von den natürlichen Gegebenheiten abweichende Jahresbeginn auf eine willkürliche Festsetzung der mittelalterlichen Kirche zurück, die den 1. Januar ablehnte, weil das Volk mancherorts mit diesem Tag noch heidnische Bräuche verband.

In den paritätischen Reichsstädten war die Annahme der Reform ein Politikum. In Augsburg, wo die benachbarten katholischen Fürsten auf ihre rasche Einführung drängten, argumentierte die altgläubige Ratspartei mit »lautern bürgerlichen politischen ursachen«. Ausdrücklich versicherte sie, die Verschiebung des Datums solle keinesfalls »einer oder der andern religion an dern lehr, glauben, ordnung und ceremonien die geringste verhinderung und eintrag ... thun«.[6]

Die protestantische Bürgermehrheit sah das anders. Für sie bedeutete der Unterschied von zehn Tagen fast die Seligkeit, und daher nahm sie einen unerbittlichen Konfrontationskurs gegen den Rat und ihre katholischen Mitbürger auf. Dem bürgerlichen Leben drohte das Chaos, weil weder die alltäglichen Geschäfte noch der

Auflauf der Augsburger Protestanten, zeitgenössischer Kupferstich

Auf dem Höhepunkt des Kalenderstreits fährt der Stadtvogt am 25. Mai 1584 mit einer Kutsche beim Pfarrhaus St. Anna vor, um den Pfarrer Mylius, den Anführer des protestantischen Widerstandes gegen die Kalenderreform, der Stadt zu verweisen. Von der Pfarrfrau alarmiert, versperrt ein protestantischer Volksauflauf die Ausfahrt aus dem Gögginger Tor und befreit den Pfarrer.

christliche Wochen- und Jahreszyklus auf dem engen Raum der Stadt zweierlei Zeitmaß erlaubten. Die Protestanten riefen das Reichskammergericht an. Den Rat und die Katholiken bestärkten die katholischen Reichsstände und die Jesuiten, die das altgläubige Patriziat nach Augsburg berufen hatte. Eine Flut von bissigen Pasquillen, Streit- und Schmähschriften ergoß sich über die Stadt. Dem Protagonisten des protestantischen Widerstandes wurde sogar eine »Warhafftige Comedia« gewidmet. Der Kalenderstreit zog über Nacht einen ganzen Rattenschwanz von kirchlichen und politischen Kontroversen hinter sich her. Jede Seite suchte auf Biegen und Brechen ihre Sache zu fördern; für ein friedliches Zusammenleben gab es keine Basis mehr.

Es kam, wie es kommen mußte. Am Sonntag, dem 3. Juli 1584, verkündeten die evangelischen Geistlichen von der Kanzel, daß der bevorstehende Himmelfahrtstag nach dem alten Kalender gefeiert werde; der Rat verfügte daraufhin ein Verbot, an diesem Tag, einem Donnerstag, Läden und Werkstätten zu schließen. Als am Montag, dem 4. Juli, Pfarrer Georg Mylius wegen Verschwörung und Widerstand gegen die Ratsautorität festgenommen und der Stadt verwiesen wurde, griffen die protestantischen Handwerker zu den Waffen. Eine Kugel verletzte den Stadtvogt, und nun standen sich die politischen und konfessionellen Lager in offener Fehde gegenüber.

Erst nach langwierigen Verhandlungen, in denen bis ins kleinste die Positionen der Konfessionen festgelegt und austariert wurden, was dem später von den Aufklärern verachteten geistlosen Quanteln Tür und Tor öffnete, kehrte Ende 1586 äußerlich wieder Ruhe ein. Der Argwohn und die Feindschaft blieben. Und auch der Gregorianische Kalender, der nun offiziell galt, war innerlich nicht akzeptiert: Immer wieder wurden Protestanten ertappt, die am städtischen Sonntag arbeiteten oder an kirchlichen Festtagen nach dem alten Kalender nach auswärts, in evangelische Territorien zum Gottesdienst fuhren. Als ein halbes Jahrhundert später im Dreißigjährigen Krieg die Schweden Augsburg besetzten, kehrte man sogleich zur alten Zeitrechnung zurück.

Zu einer grundsätzlichen, nüchtern sachlichen Regelung des Kalenderproblems war die Zeit erst gegen Ende des 17. Jahrhunderts wieder reif: Die evangelischen Stände des Reiches nahmen die neue

Rechnung an, allerdings nicht als Gregorianischen, sondern als »Verbesserten Kalender«. 1700 folgte im protestantischen Deutschland auf den 18. Februar der 1. März. Wenigstens beim Messen und Benennen der äußeren Weltzeit waren nach gut hundert Jahren widersinniger Trennung Protestanten und Katholiken wieder geeint.

2. Die Konfessionalisierung Deutschlands

Trient, Genf und Kloster Bergen

Sehr abrupt brachen die Feindseligkeiten Mitte der siebziger Jahre im ganzen Reich aus, aber sie kamen alles andere als überraschend. Denn während die Menschen verschiedener Religion sich einrichteten, im Alltag miteinander auszukommen, markierten Theologen und Kirchenpolitiker in gelehrten Abhandlungen oder polemischen Distinktionen immer schärfer die dogmatischen Grenzlinien. Im Rückblick erscheinen die beiden Jahrzehnte des gelungenen Friedens daher wie die Ruhe vor dem aufziehenden Unwetter, und die Ansätze zur religiösen Verträglichkeit rücken in das Licht tragisch-vergeblicher Bemühungen.

Das gilt um so mehr, als der Kampf der Konfessionen außerhalb des Reiches nie zum Erliegen gekommen war. Vor allem im Westen Europas trieben die Religionskriege ihrem Höhepunkt zu. In Frankreich rangen die Hugenotten mit der Liga, und die Krone inszenierte 1572 das berüchtigte Bartholomäusmassaker. Im Nordwesten, in den Niederlanden, trugen Philipp von Spanien und sein eiserner Herzog Alba 1567 die Gegenreformation auf den Lanzenspitzen der spanischen Besatzungsmacht ins Land, und sie ernteten den Sturm eines von Calvinisten geführten Aufstands. Die überstaatlichen Weltanschauungssysteme trafen in einem internationalen Ringen aufeinander; Deutschland ließ sich dagegen nicht abschirmen. Kaum hatte Herzog Alba die Niederlande erobert, so fiel er in die benachbarten niederrheinischen Herzogtümer ein und würgte die liberale Kirchenpolitik auch dort ab, um über die Grenzen hinweg den ganzen Nordwesten politisch und ideologisch unter Kontrolle zu bringen.

Dieser machtpolitische Wille verband sich mit entsprechenden Bewegungen innerhalb der Konfessionen: der katholischen Erneuerung, dem Aufstieg des Calvinismus und der Neuformierung des deutschen Luthertums. Die Ursprünge dieser konfessionellen Dynamik lagen zwar außerhalb des Reiches, aber Deutschland war in die europäischen Dinge sowohl geistig-theologisch als auch interessenpolitisch viel zu eng verwoben, als daß es sich aus dem wieder entbrannten Ringen um die Seelen einzelner und ganzer Völker hätte heraushalten können. Die Zentren der Erneuerung waren Trient, Genf und das Kloster Bergen bei Magdeburg.

In Trient, der Kathedralstadt des gleichnamigen oberitalienischen Reichsstiftes, wo nahezu zwanzig Jahre lang, zwischen 1545 und 1563, das lange beschworene Konzil mit Unterbrechungen tagte, fand der Katholizismus seine nachreformatorische Form, die er bis in unsere Tage hinein beibehielt, bis zum zweiten Vatikanum. Die gelungene Reform befähigte die alte Kirche, binnen wenigen Jahrzehnten religiös-kulturell und geographisch verlorenes Terrain wettzumachen und das katholische Europa der Neuzeit aufzubauen. Im zähen Tauziehen zwischen dem Kaiser, der Programm und Gang der Verhandlungen in einer Form angelegt sehen wollte, die die Protestanten nicht ausschließen würde, und dem Papst, der Ausschluß und Abgrenzung gerade anstrebte – nicht zuletzt, um innerkirchlich den fürstabsolutistisch-zentralistischen Papalismus zu etablieren –, siegte das Konzept der Kurie. Statt, wie es dem Wunsch des Kaisers entsprochen hätte, sich zunächst der längst fälligen Reformen der kirchlichen Institutionen und der Seelsorge anzunehmen und damit den Protestanten Verständigungsbereitschaft zu demonstrieren, lenkte der päpstliche Legat die Konzilsarbeit nach der feierlichen Eröffnung am 13. Dezember 1545 sogleich auf Grundsatzfragen der Ekklesiologie und der Dogmatik.

Das war eine unverhohlene Absage an die Versöhnung, denn jeder im katholischen Sinne formulierte Lehrsatz verringerte die Chance, die Protestanten für eine Teilnahme am Konzil zu gewinnen. Aus dem von Luther und den Deutschen seit den frühen zwanziger Jahren geforderten allgemeinen, freien, christlichen Konzil in deutschen Ländern, das ohne »Bevormundung« durch den Papst und die Hierarchie die Glaubenseinheit mittels Heilung der Schwächen an Haupt und Gliedern wahren sollte, war ein Partikularkonzil der antiprotestantischen Erneuerungsbewegung unter Führung Roms und des Papstes geworden. Das war kein Konzil der lateinischen Christenheit.

Um so entschiedener erfüllte es die Aufgabe, die katholische Kirche als neuzeitliche Konfessionskirche zu formieren. Am 3. und 4. Dezember 1563 wurden in einer feierlichen Schlußsitzung alle Dekrete verlesen, die das Konzil in seinen drei Sitzungsperioden (Ende 1545 bis Januar 1548, Mai 1551 bis April 1552 und Januar 1562 bis Ende 1563) erarbeitet hatte.[7] Im Tridentinum, wie die im Januar 1564 vom Papst bestätigten und damit in Kraft gesetzten Konzilsbeschlüsse genannt werden, hatte ein neuzeitlich formierter Katholizismus Gestalt angenommen. Die häufig vagen oder bewußt offengehaltenen Lehrsätze der mittelalterlichen Kirche waren in antithetischer Abgrenzung von der evangelischen »Häresie« entschieden formuliert und zu einer konzisen Dogmatik zusammengefaßt worden.

Besonders deutlich wurde das im Traditionsdekret, das den Text der lateinischen Vulgata für die allein gültige Bibelversion erklärte und die Tradition, das heißt die Kirchenväter und die Konzilien, als gleichrangige Verkünder der göttlichen Wahrheit neben die Bibel stellte. Das war fortan die katholische Gegenposition zum protestantischen Sola-scriptura-Prinzip. Ebenso erging es dem Rechtfertigungsdogma von Luthers Sola-fide-Lehre; an die Stelle des alleinseligmachenden Glaubens setzten die Konzilsväter die heiligmachende und rechtfertigende Gnade als eine übernatürliche, von Gott der Seele sakramental eingegossene Wirklichkeit. Damit war zwar die Werkfrömmigkeit der mittelalterlichen Kirche überwunden, aber zugleich war die unerläßliche Vermittlungsfunktion der Kirche und des Klerus festgeschrieben, denn sie waren es ja, die die Sakramente verwalteten und zwischen Laien und Gott vermittelten. Die Kirche war und blieb eine sakramentale, vom Einfluß der Laien abgeschirmte Anstalt. Der Gehorsam gegenüber der Klerikerhierarchie war eine Frage der Orthodoxie.

Sitzung des Konzils zu Trient, zeitgenössischer Kupferstich

Im italienischen Trient, einem Hochstift des Reiches, tagte von 1545 bis 1563 mit längeren Unterbrechungen das Konzil, das sich die Protestanten als ein allgemeines Konzil der Christenheit gewünscht hatten. Statt dessen sollte es unter der geschickten Regie der gegenreformatorischen Fraktion in Rom zum ersten Konzil der neuzeitlichen römischen Konfessionskirche werden.

Mit den in der ersten Sitzungsperiode verabschiedeten Rechtfertigungs- und Traditionsdekreten waren für Jahrhunderte die Brücken der Verständigung zwischen römischer und protestantischer Christenheit abgerissen. Der trennende Graben wurde später nur noch vertieft - so durch das Sakramentsdekret, das die von der Scholastik postulierte Siebenzahl der Sakramente kanonisierte. Während die Protestanten nur die drei von Christus selbst eingesetzten Sakramente Taufe, Abendmahl und Absolution anerkannten, besitzen im tridentinischen Katholizismus darüber hinaus auch die Ehe, Firmung, letzte Ölung und Ordination sakrale Qualität.

Auch die Art der sakramentalen Wirkung wurde in Trient in demonstrativer Absetzung von den Protestanten bestimmt. In den Sakramenten teilt sich die Gnade unabhängig von der Haltung des Empfängers mit - »ex opere operato«. Mangelnde Bereitschaft kann lediglich in Art eines Riegels die Wirkung blockieren. Nach evangelischen Vorstellungen war es aber gerade und allein der Glaube, der sicherstellte, daß das Sakrament zum Heil empfangen wird, während der Unglaube die sakramentale Gegenwart Gottes zum Unheil ausschlagen läßt. Es folgten entsprechende Dekrete über das Abendmahl mit einem Verbot des Laienkelches, über die sakramental interpretierte Ehe, den Ablaß, das Fegefeuer, die Heiligenverehrung und den Reliquienkult - die Konzilsväter gingen den einmal eingeschlagenen Weg konsequent zu Ende.

Gleichzeitig mit diesen Lehrentscheidungen wurden die rechtlichen und organisatorisch-institutionellen Voraussetzungen für die Neuformierung der katholischen Kirche geschaffen. Die Maßnahmen galten vor allem der Verbesserung der Seelsorge, dem Stiefkind der mittelalterlichen Kirche; den Priestern bis hin zu den Bischöfen wurde Residenzpflicht auferlegt. Eine systematische Gründung von Priesterseminaren wurde vorgeschrieben, um den Ausbildungsstand, die moralische Qualität und das Amtsethos der Kleriker anzuheben. Regelmäßige Synoden und Visitationen sollten den Diözesanverband bis hinab auf die Gemeindeebene beleben, aber auch kontrollieren.

Auch die Orden wurden aus diesem Geiste reformiert. Der neue

Ignatius von Loyola (1491-1556), der Gründer des Jesuitenordens, anonymer Stich

Ordenstypus wurde von den Neugründungen repräsentiert, voran von den Jesuiten und Kapuzinern, die in unermüdlichem Dienst den tridentinischen Geist über Europa verbreiteten: als Prediger, Seelsorger, Armen- und Krankenpfleger, als Erzieher und Fürstenberater. Die Väter der Societas Jesu, die der Spanier Ignatius von Loyola (1491-1556) gegründet hatte, nahmen sich mit besonderer Energie des Ursprungslandes der lutherischen »Häresie« an. Mit politischem Gespür konzentrierten sie sich auf die katholischen Höfe, wo sie in strenger Askese und mit psychologischem Geschick als Seelsorger und Berater der Fürsten und ihrer Umgebung tätig wurden. Sie dienten damit gleichermaßen der Erneuerung des katholischen Glaubens wie der Festigung des Fürstenstaates.

Ergänzt wurden die tridentinischen Beschlüsse durch den von Papst Pius V. im Auftrag des Konzils erstmals veröffentlichten »Index der verbotenen Bücher«, durch das sogenannte Tridentinische Glaubensbekenntnis (Professio fidei Tridentina) – mit dem vor allem die Bischöfe dem Tridentinum und dem Papst unbedingten Gehorsam geloben sollten –, durch den römischen Katechismus, das revidierte Römische Brevier (1568) und das Römische Missale von 1570 als fortan gültiges liturgisches Buch.

Gregor XIII. (1572-1585) baute das kirchliche Gesandtschaftswesen weiter aus. Neben die großen Nuntiaturen mit vorwiegend diplomatischen Aufgaben traten kleinere, die die Durchführung der Konzilsbeschlüsse überwachen und die innerkirchlichen Reformen vor Ort fördern sollten: in Graz für Innerösterreich, in Luzern für die Schweiz, in Köln für den Nordwesten des Reiches.

In Rom selbst hatte bereits Ignatius von Loyola das Collegium Germanicum gegründet, wo die Patres seines Ordens für die Länder deutscher Zunge und die daran angrenzenden Gebiete glaubensfeste Priester ausbildeten. Das Germanicum leistete Großes für die Festigung und Ausbreitung des Katholizismus im Reich, das man vor kurzem noch zu neun Zehnteln verloren wähnte. Bald war es »eine strategische Stelle zwischen der Zentrale der katholischen Kirche

Lehrer, Prediger und Gelehrte der Gesellschaft (Jesu) bei der Ausübung ihrer Aufgaben, Federzeichnung eines Schaukastens, 1640

Durch das Guckloch des Schaukastens (A) werden dem Betrachter die Hauptarbeitsgebiete des Jesuitenordens gezeigt, nämlich das Predigen (C), der Katechismusunterricht (E) und der normale Unterricht (F). Die Zuschauer sind unterschieden in das Volk (D) und die Schüler (G). Den optischen Reiz machen Spiegel aus (B), die die Figurengruppen unendlich wiederholen.

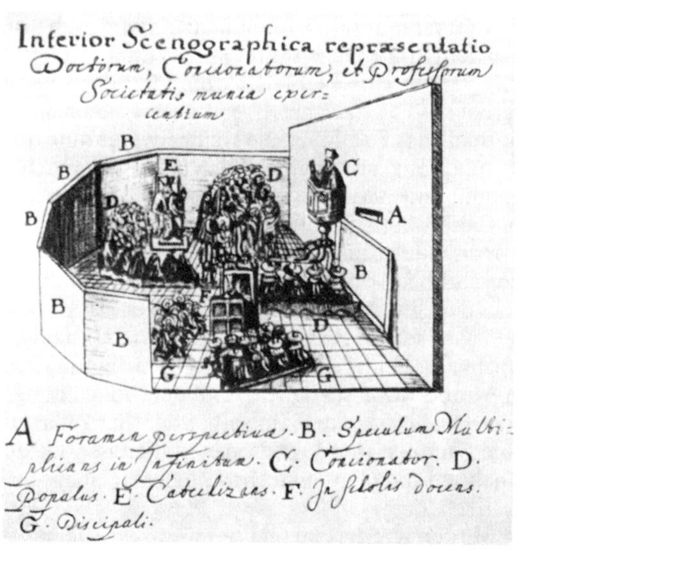

einerseits und dem deutschen Katholizismus andererseits«.[8] An der Kurie wurde die »Congregatio Germanica« errichtet, die alle auf die deutschen Länder bezogenen Aktivitäten koordinierte. Schließlich folgte zu Beginn des Dreißigjährigen Krieges, 1622 die »Congregatio de Propaganda Fide«, die Kongregation für die »Missionsgebiete«.

Während im Tal der Etsch das katholische Konzil tagte, stieg jenseits der Alpen am nordöstlichen Ausläufer des Gebirgszuges Genf zum protestantischen Gegenrom auf. Das war die Leistung des Franzosen Johannes Calvin (1509-1564), eines Juristen und Theologen, der über Basel und Straßburg nach Genf immigriert war, 1536 auf kurze Zeit, 1541 auf Dauer.

In seinem Hauptwerk, der »Institutio christianae religionis« - erstmals 1536 in Basel, in letzter erweiterter Fassung 1559 in Genf erschienen - entfaltete er ein geschlossenes System, wie es keine andere Richtung des Protestantismus besaß. Calvin war bei aller Rationalität und Nüchternheit von glühendem Glaubenseifer erfüllt und durchdrungen von dem Willen, den biblischen Gott in sein Recht und in seine Herrschaft einzusetzen; so schmiedete er die lebenslustige Bischofsstadt am See binnen wenigen Jahren um zur Zitadelle eines neuen, auch noch von den Schlacken des mittelalterlichen Papalismus gereinigten Protestantismus. Der Staat hatte der Kirche zu dienen. Das mit Theologen und Laienältesten besetzte und mit dem Magistrat personell engverzahnte Presbyterium war das höchste Regierungsgremium der Genfer Theokratie, das nicht nur für die Reinheit von Lehre und Sitte zuständig war, sondern auch für die Politik nach innen und außen.

Aus ganz Europa kamen bald Glaubensflüchtlinge nach Genf, wo sie zu Stoßtrupps des internationalen Calvinismus ausgebildet wurden: Hugenotten aus Frankreich, niederländische Exulanten, frühe Puritaner aus England, dazu Schotten - voran ihr Reformator John Knox -, aber auch Flüchtlinge aus Ostpreußen, aus Polen, Böhmen und Ungarn. Der Reformator selbst »suchte Verbindungen bis an die Grenzen des Kontinents ... Er unterhielt eine weitverzweigte politische Korrespondenz mit Fürsten und Königen, Staatsmännern und Ratsmitgliedern, Ständevertretern und Hocharistokraten«.[9] Anders als das in deutscher Territorialität beheimatete Luthertum war diese neue, aggressive Variante des Protestantismus von internationalem Zuschnitt. Ihre Dynamik schlug sogleich ganz Westeuropa von Frankreich über die Niederlande und England bis hinauf nach Schottland und große Teile Ostmitteleuropas - Polen, Böhmen, Ungarn und Siebenbürgen - in ihren Bann. In Deutschland allerdings richtete sie mehr gegen das in unfruchtbaren Flügelkämpfen erstarrte Luthertum als gegen den Katholizismus aus.

Ursprünglich zwischen Lutheranern und Zwinglianern vermittelnd, vor allem in der Abendmahlsdeutung, war Calvin schließlich ganz auf die alte Schweizer Linie eingeschwenkt. So konnten sich unter seinem Banner alle Reste jenes von Zwingli und den oberdeutschen Reformatoren bestimmten, nichtlutherischen Protestantismus sammeln, der nach dem frühen Schlachtentod des Züricher Reformators rasch an Bedeutung eingebüßt hatte. Zwei zentrale und geschichtsmächtige Merkmale heben den Calvinismus auch aus dieser alten reformierten Tradition hervor: Im Gegensatz zum Züricher

Johannes Calvin, Radierung, 16. Jahrhundert

1509 in Noyon in der Picardie geboren und in Paris, Orléans und Bourges zum glänzenden Juristen ausgebildet, verließ Calvin 1534 sein Vaterland, um in der Schweiz dem neuen, in Frankreich nicht geduldeten Glauben zu dienen. Ausgezeichnet durch Gelehrsamkeit, brennenden Glaubenseifer und den unerbittlichen Willen zum politischen Erfolg, lehrte er zunächst Genf, die lebenslustige Bischofsstadt am See, den unbedingten Gehorsam gegenüber Gottes Ordnung. Von dort verbreitete sich der Calvinismus als besonders rigoros disziplinierte und glaubensstrenge Form des Protestantismus nach Ostmitteleuropa, nach Westeuropa und Übersee. Das Reich wurde in der sogenannten Zweiten Reformation vom Calvinismus erfaßt, der sich jedoch nur in einigen Gebieten auf Dauer halten konnte.

INSTITVTIO CHRIstianæ religionis, in libros quatuor nunc primùm digesta, certisque distincta capitibus, ad aptissimam methodum: aucta etiam tam magna accessione vt propemodum opus nouum haberi possit.

IOHANNE CALVINO AVTHORE.

Oliua Roberti Stephani.

GENEVAE.
M. D. LIX.

Titelseite der letzten, 1559 in Genf erschienenen Fassung von Calvins »Institutio christianae religionis«

Als in Deutschland die Reformation stagnierte, weil das Luthertum den Schutz des Religionsfriedens nicht verspielen wollte, und in Westeuropa die Gegenreformation ihren Siegeszug antrat, machte Johannes Calvin Genf zur Zentrale der neuen dynamischen Form der Reformation. Das maßgebliche Werk dieser reformierten Glaubenslehre war die »Institutio christianae religionis«, an der Calvin bis zum Ende seines Lebens arbeitete.

Staatskirchentum war die Kirchenorganisation von der weltlichen Ordnung unabhängig und gemeindeautonom. Vor allem aber eröffneten ein auf die Spitze getriebener Biblizismus sowie die Prädestinations- und Föderaltheologie politisch und gesellschaftlich neue Wege.

Die Einzelgemeinde, die im vollen Sinne Kirche ist, wurde durch Älteste oder Presbyter regiert; Nachbargemeinden schlossen sich zu Synoden zusammen. Diese presbyterial-synodale Ordnung befähigte die Calvinisten zur Selbstbehauptung in der Diaspora und unter feindlicher Obrigkeit. Da Distanz zum Staat bewahrt wurde, förderte dieser »kirchliche Aufbau aus brüderlicher Gleichberechtigung ihrer Glieder« eine politische Kultur, die später den Übergang zur Demokratie und zum Parlamentarismus erleichterte.[10] In diese Richtung wirkte auch die Föderaltheologie, die unter Hinweis auf den Bund (lateinisch: foedus) zwischen dem Gottesvolk und seinem Herrn die innerweltliche Politikordnung mit einem Vertragsmodell deutete, das Autokratie und Absolutismus entscheidend schwächte. Deutschland hat davon kaum profitiert, weil hier der Calvinismus auf wenige Gebiete begrenzt blieb und sich selten gemeindeautonom organisieren konnte, sondern wie das Luthertum landesherrlichem Kirchenregiment unterstand. Eine Ausnahme machten lediglich die multikonfessionellen Gebiete am Niederrhein und in Ostfriesland.

Die Prädestination, die Lehre von der durch den Menschen nicht mehr beeinflußbaren göttlichen Gnadenerwählung, ergab sich aus Calvins alttestamentlichem Gottesbild, das die Herrschaft des Schöpfers zu absoluter Souveränität und Allgewalt steigerte. Seine Schüler stritten darüber, wann genau die unergründliche Entscheidung über Heil und Verdammnis jedes einzelnen gefallen sei – nach dem Sündenfall der Menschheit, so die versöhnlichere Auslegung der Infralapsisten, oder bereits davor, so die Supralapsisten. In der extremen, düsteren Version war der Sündenfall selbst bereits vorbestimmt gewesen, die Welt von Anbeginn und von Gott gewollt aufgespalten in eine versöhnende Ordnung der Gnade und eine unerbittliche Ordnung der Verdammnis.

Doch nicht Fatalismus und lähmende Ergebung in das Schicksal waren die Folgen dieser Lehre. Calvins Prädestinationslehre führte ganz im Gegenteil zu ruhelosem Aktionismus und unermüdlicher Weltbetriebsamkeit. In der berühmten Deutung durch Max Webers Abhandlung »Die protestantische Ethik und der Geist des Kapitalismus« wird diese Prädestinationslehre Calvins sogar zum Dreh- und Angelpunkt des modernen Kapitalismus und damit der neuzeitlichen Rationalität und Modernität. Auf der rastlosen Suche nach einer Bestätigung für seine Erwähltheit habe der Calvinist den ökonomischen Erfolg als solchen entdeckt und dadurch weltverändernde Kräfte entfaltet:

Die religiöse Wertung der rastlosen, stetigen, systematischen weltlichen Berufsarbeit als schlechthin höchsten asketischen Mittels und zugleich sicherster und sichtbarster Bewährung des wiedergeborenen Menschen ... mußte ... der denkbar mächtigste Hebel der Expansion jener Lebensauffassung sein, die wir hier als »Geist« des Kapitalismus bezeichnet haben. Und halten wir nun noch jene Einschnürung der Konsumtion mit dieser Entfesselung des Erwerbsstrebens zusammen, so ist das äußere Ergebnis naheliegend: Kapitalbildung durch asketischen Sparzwang.[11]

Das Kloster Bergen, eine 1565 in ein protestantisches Stift umgewandelte ottonische Benediktinerabtei dicht vor Magdeburg, war ein unbedeutender Ort – verglichen mit den beiden weltläufigen Kathedralstädten Trient und Genf. Auch das Geschehen hat auf den ersten Blick wenig gemein mit der katholischen Erneuerung und der calvinistischen Dynamisierung. Im März 1577 traf sich in Bergen ein kleiner Konvent von lutherischen Theologen verschiedener deutscher Landeskirchen und legte letzte Hand an ein umfassendes theologisches Einigungswerk, das nun auch dem Luthertum eine feste Bekenntnisgrundlage gab. In zwölf ausführlichen Artikeln wurde in dem Bergischen Buch, wie das Ergebnis nach dem Ort der Einigung hieß, nach innen die Lehreinheit der Lutheraner gewonnen und wurden nach außen scharfe Grenzen gezogen gegenüber den »Rotten und Sekten« einerseits, den Erben der radikalen Reformation also, und gegenüber den beiden anderen bereits zuvor formierten Konfessionskirchen, dem tridentinischen Katholizismus und dem Calvinismus.

Mit der in Bergen gefundenen Einigungsformel, die vor allem von dem Tübinger Theologieprofessor Jakob Andreä (1528-1590) inspiriert war, gingen Jahrzehnte erbittertster Lehrstreitigkeiten zu Ende. Sie hatten mit den Diadochenkämpfen nach Luthers Tod 1546 begonnen und steigerten sich noch, als Philipp Melanchthon, dem die Führung hätte zufallen müssen, dem verhaßten Interim nachgab und damit Ansehen verlor. Aber seinem Wesen nach taugte Melanchthon so ganz und gar nicht zum Parteihaupt, und so fühlte er sich in den letzten Jahren vor seinem Tod 1560 »von der Wut der Theologen« in die Enge getrieben. In dem folgenden Jahrzehnt wurden die Flügelkämpfe immer gehässiger: zwischen den Philippisten, den Schülern Philipp Melanchthons, und den Gnesiolutheranern, die die einzig legitimen (griechisch: gnesios) Lutheraner sein wollten; zwischen Majoristen und Flaccianern; um die Adiaphora, die »Mitteldinge« bei den Zeremonien, deren Heilsnotwendigkeit strittig war; um den freien Willen; um das Abendmahl und um manch anderes theologisches und kirchenpolitisches Problem mehr.

Es waren alte Streitpunkte, die Luthers Autorität überdeckt hatte und die dann in den siebziger Jahren in mühevollen Diskussionen und Verhandlungen einer Klärung zugeführt werden mußten. Das Luthertum, das als religiöse Freiheitsbewegung gegen drückenden Dogmenzwang aufgetreten war, unterlag nun selbst dem Zwang zur konfessionellen Formierung. Jetzt drohte ihm die Gefahr, zwischen Genf und Rom zerrieben zu werden.

So ist dann auch von dem Stift Bergen und seinem kleinen lutherischen Theologenkonvent eine Erneuerungsbewegung ausgegangen, die dem Tridentinum und der calvinistischen Reformation vergleichbar ist, allerdings nur im Rahmen der deutschen Territorien. Als das Bergische Buch 1580 zum fünfzigsten Jahrestag des Augsburger Bekenntnisses feierlich veröffentlicht wurde, trug die Konkordienformel (formula concordiae), wie das Einigungswerk nun allgemein genannt wurde, die Unterschrift von fünfzig Fürsten, achtunddreißig Reichsstädten und nicht weniger als achttausend Geistlichen. Und wie Tridentinum und Calvinismus bedeutete auch die Konkordienbewegung zugleich eine politische und gesellschaftliche Aktivierung des deutschen Luthertums.

Die konfessionelle und politische Teilung Deutschlands

Im letzten Viertel des Reformationsjahrhunderts hatte sich die Spaltung zum institutionellen und ideologischen Gegensatz von drei bekenntnismäßig und rechtlich scharf abgegrenzten Konfessionskirchen verfestigt. Nun existierten in sich geschlossene Weltanschauungssysteme mit Ausschließlichkeitsanspruch. Das betraf nicht nur den jeweils als einzig richtig angesehenen Weg zum Heil mit seinen religiösen Praktiken und kirchlichen Institutionen, sondern auch weite Bereiche des staatlichen und gesellschaftlichen Lebens. Nach den ersten Jahrzehnten eines friedlich-schiedlichen Nebeneinanders im Schutz des Augsburger Kompromisses kam der Umschwung in Deutschland ziemlich abrupt. Und dennoch war er gleichsam organisch gewachsen.

Wie so oft in der Geschichte ging der Wandel einher mit einem Wechsel der Generationen. In den anderthalb Jahrzehnten zwischen 1570 und 1585 wurden auf katholischer wie auf protestantischer Seite die »Männer, die den Religionsfrieden als mühsam errungenen politischen Ausgleich hüteten, von Theologen und Politikern abgelöst, die eine offensive Neuformierung, Abgrenzung und Revision im Sinne hatten. Für den Gewinn an innerer Festigung ihrer Kirchen sowie für die Ausweitung ihres Einflusses waren sie bereit, den politischen und rechtlichen Kompromiß aufs Spiel zu setzen.«[12]

Diese Konfessionalisierung griff tief in die weltliche Ordnung ein, vom Staat über die Kommunen und Korporationen bis hinab in die Familien. Sie versetzte Europa über ein halbes Jahrhundert hinweg in Unruhe, weil sie mit einem tiefen gesellschaftlichen und politischen Wandel verbunden war. Konfessionalisierung meint nicht Aufhebung des Differenzierungsschubes, der sich im Zusammenhang mit der Reformation in Kirche, Staat und Gesellschaft durchgesetzt hatte. Ganz im Gegenteil, sie trieb diese Differenzierung entschieden voran, indem sie so wichtige Bereiche des öffentlichen Lebens wie Ehe und Familie, Schule und Bildung, Armen- und Krankenfürsorge, die bislang in der Kompetenz einer vom Staat getrennten Kirche gelegen hatten, dem Einfluß weltlicher Kräfte öffnete. Dadurch ergab sich eine neue Dimension gesellschaftlich-planerischen Handelns, das den Durchbruch der neuzeitlichen Rationalität erleichterte.

Gleichzeitig trug die Konfessionalisierung entscheidend zu jenem Erziehungsprozeß bei, der Schritt für Schritt den naturnahen Lebensrhythmus und die magischen Vorstellungen und Riten zurückdrängte, die über Jahrhunderte hin den unwandelbaren Grundzug der alteuropäischen Gesellschaft ausgemacht hatten. Die Konfessionen erzwangen den Übergang zu einer disziplinierten Lebensführung und bereiteten der wissenschaftlich begründeten Zweckrationalität den Boden – auf Kosten der alten, vorrationalen Geborgenheit.

Ähnlich verhielt es sich mit den Strukturen und Bauprinzipien der Gesellschaft. Im Mittelalter waren die personellen Bindungen des Feudalismus entscheidend gewesen. Die lokalen und regionalen Personengeflechte – die Fürsten- und Adelsklientel, die Familienverbände der bürgerlichen Elite oder die städtischen und dörflichen Nachbarschaften – spielten auch in der Frühneuzeit eine wichtige

Rolle. Durch die Bedeutung, die das religiöse Bekenntnis über mehrere Generationen hinweg in nahezu allen Bereichen des privaten wie öffentlichen Lebens hatte, wurden diese personellen Bande ergänzt durch ideell-ideologische und damit in gewisser Weise sachlich überprüfbare Bindungen.

Besonders deutlich zeigt sich das in der Beamtenschaft des frühmodernen Staates einschließlich der Professorenschaft der frühneuzeitlichen Universitäten: Die Einbindung in Familien- und Freundschaftsnetze, die für die Karriere des einzelnen und das Funktonieren der Systeme weiterhin wichtig blieben, wurde ergänzt durch die Bindung an die Konfession, konkretisiert in den Konfessionseiden, die bald jeder Amtsträger abzulegen hatte.

Auch bei den Institutionen des politischen Handelns ergab sich im Zuge der Konfessionalisierung eine charakteristische Veränderung: Neben die Faktionen und Klientel, die bislang die wichtigsten Träger politischer und sozialer Bewegungen in Stadt und Land gewesen waren, trat mit den Konfessionsparteiungen eine politische Organisationsform, die im modernen Sinne parteihafte Züge trug. Es waren »große, räumlich übergreifende Aktionsgruppen auf der Basis einer ideellen und nicht mehr einer vorwiegend personenbezogenen Bindung wie im Falle der alten Klientel und lokalen Faktionen«.[13] Wegen der politischen Aufsplitterung taten sich diese Konfessionsparteien in Deutschland im nationalen Rahmen schwer - sie wurden zu Allianzen von Obrigkeiten und Territorialstaaten. Anders in England, wo aus dem Streit über die High-church- und Low-church-Tradition die großen neuzeitlichen Parteien der Whigs und Tories hervorgingen.

Die Konfessionalisierung, die im Rückblick leicht wie ein krampfhaftes Festhalten an überlebten religiösen Normen und Bindungen erscheint und damit als Ausdruck eines unbeweglichen Traditionalismus, gibt sich bei näherem Hinsehen als ein dynamischer Prozeß zu erkennen, der in einer dialektischen Verschränkung von religiös-theologischer Wende und Verweltlichung auf Wandel und Modernisierung hinauslief; Konfessionalisierung bedeutet damit einen jener Fundamentalvorgänge, die die europäische Neuzeit hervorbrachten.

Besonders tief griff diese Aufspaltung in verschiedene Konfessionen in die deutsche Geschichte ein. In Spanien, Frankreich und Skandinavien hatten Reformation oder Gegenreformation die nationale Einheit gefördert, aber im Reich vertieften und legitimierten sie die historisch gewachsene Spaltung. Zu der politischen Trennung in Dutzende von Fürstentümern und Städten trat jetzt die Spaltung der Kultur, der Mentalität und der Weltanschauung, und zwar nicht in zwei, sondern in drei feindliche Lager. Der innerprotestantische Gegensatz verblaßte erst im Verlaufe des 18. Jahrhunderts, ganz ist er bis heute nicht verwischt.

Die Trennlinien des Glaubens gruben sich tiefer in die deutsche Gesellschaft ein als manche Staatsgrenze: Als die politische Geschichte des 18. und 19. Jahrhunderts die Landkarte des Alten Reiches längst umgestürzt hatte, blieben diese Trennungen innerhalb der neuen Staaten als gesellschaftliche Wasserscheide erhalten, schon weil die im ausgehenden 16. Jahrhundert verfestigten konfessionellen Heiratsmuster unbeirrt aufrechterhalten wurden.

Lutherische Kirchenverfassung
Kursachsens, 1580

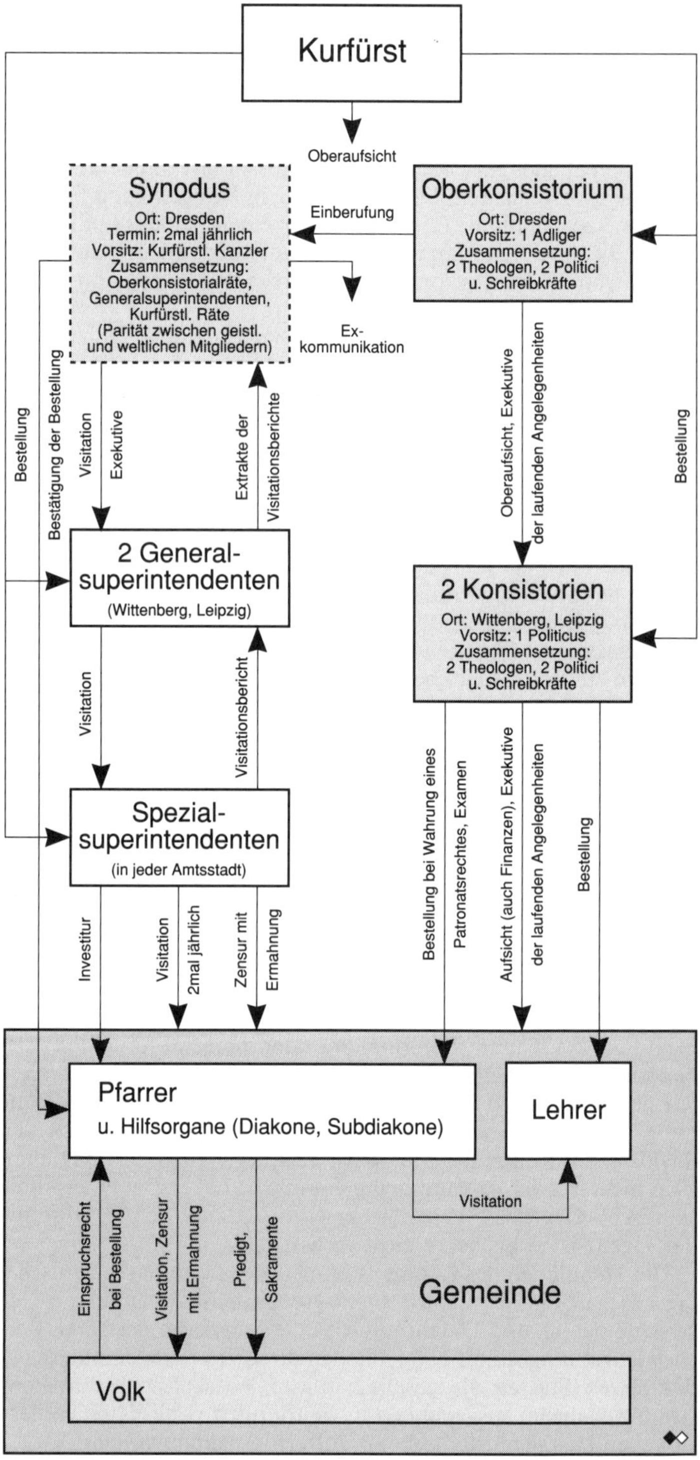

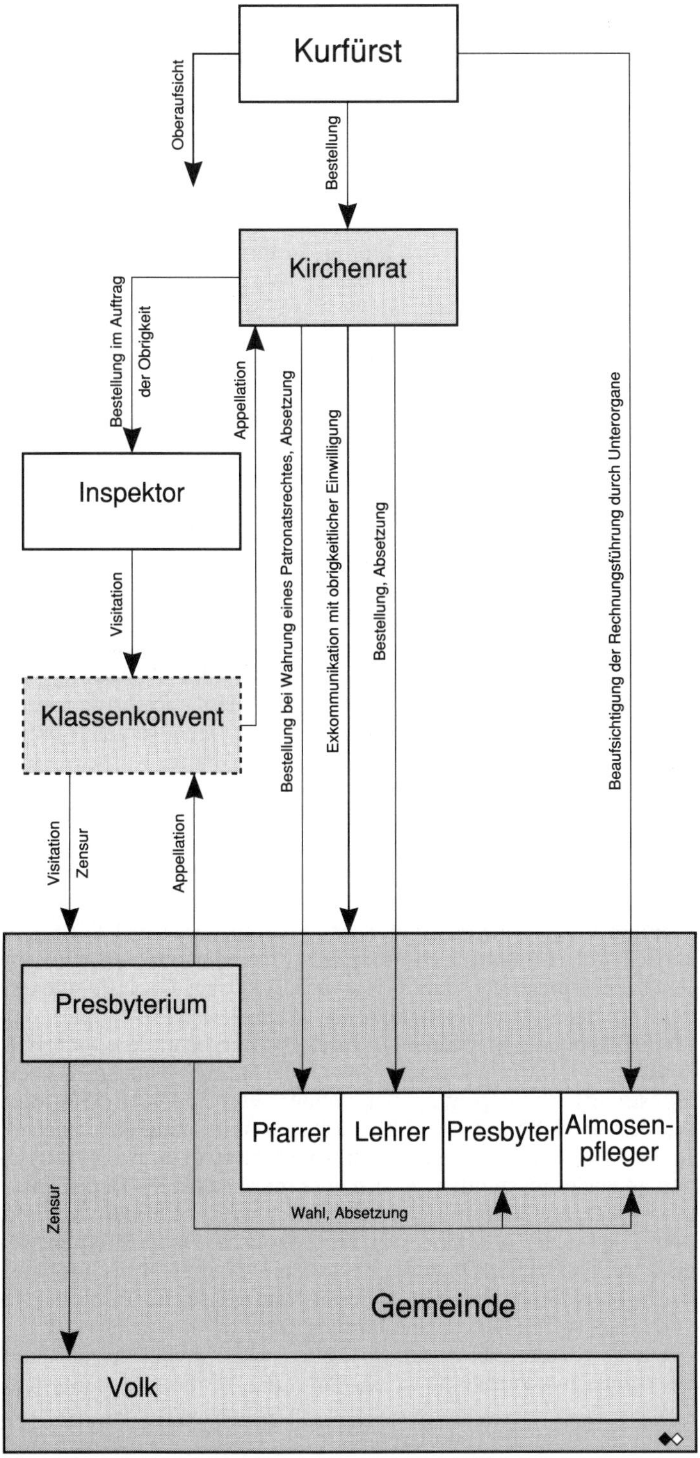

Reformierte Kirchenverfassung der Kurpfalz, um 1600

Die obrigkeitlich-fürstenstaatliche Ausrichtung beim lutherischen Konsistorialtyp in Regiment und Verwaltung der deutschen Landeskirchen wurde beim reformierten Typ durch die Einbeziehung von Presbyterien und Klassenkonventen gemildert, aber nicht aufgehoben. Die gemeindekirchlichen Verfassungselemente des Calvinismus, die in Westeuropa zur demokratischen Entwicklung beigetragen haben, kamen in den deutschen Landeskirchen nicht zum Tragen.

Zuerst und mit gewaltsamen Folgen veränderten und verschärften sich die machtpolitischen Verhältnisse. Alte Koalitionen oder Rivalitäten der Staaten und Dynastien wurden durch neue Allianzen oder Konflikte, die sich nach dem Bekenntnis richteten, ersetzt oder, was häufiger war, durch sie überlagert. Generationen alte Gegensätze erschienen im neuen Gewand, wie zum Beispiel der Streit der Wittelsbacherdynastien in München und Heidelberg; neue brachen auf, so zwischen Hessen-Kassel und Hessen-Darmstadt. Interessengegensätze wurden überdeckt, etwa zwischen Habsburg und Bayern, den beiden Vormächten des Katholizismus; aber das war meist ein vorübergehender Vorgang, da das egoistische Staatsinteresse von der konfessionellen Solidarität nie ausgelöscht wurde. In der Reichspolitik wie in Europa allgemein zog ein kompliziertes Mit- und Gegeneinander konfessionsgeleiteter und säkularer Interessenpolitik auf.

Die politische Landkarte des Reiches behielt im großen und ganzen die Gestalt, die sich im späten Mittelalter angebahnt hatte, wobei jedoch die alten Gegensätze und Spannungen häufig vertieft wurden. Es begann die Zeit einer ins Prinzipielle hinabreichenden Feindseligkeit, die aus den politischen Auseinandersetzungen der Deutschen sobald nicht verschwinden sollte.

Im Aufwind der tridentinischen Reformen formierte sich zuerst das katholische Deutschland. Da im Reich das Cuius-regio-eius-religio-Prinzip galt, waren es nicht die kirchlichen Diözesanverbände, sondern die Territorien und Fürsten, die letztlich über Erfolg und Mißerfolg des Tridentinums entschieden. Wie die Reformation, so vollzog sich auch die Gegenreformation im Gehäuse des frühmodernen Fürstenstaates, und die katholische Partei wurde – nicht anders als bei den Protestanten – von den Reichsständen gebildet.

Die habsburgischen Kaiser fielen noch für Generationen als wirkliche Führer des deutschen Katholizismus aus, nicht nur, weil sie durch Unruhen im Innern der Erblande und durch den Ansturm der Türken gebunden waren, es fehlten ihnen auch die »Gaben« zum eisernen Gegenreformator. Kaiser Maximilian II. (1564-1576), persönlich von humanistisch-biblischer Frömmigkeit, verfolgte im Reich eine irenistische, das heißt auf ein friedliches Zusammenleben der Konfessionen abzielende Politik, indem er den Protestanten seiner Erblande, die inzwischen in Adel und Bürgertum die Mehrheit besaßen, wesentliche Zugeständnisse machte. Seine am spanischen Hof streng katholisch erzogenen Söhne Kaiser Rudolf II. (1576-1612) und Kaiser Matthias (1612-1619) suchten das rückgängig zu machen. In den »Bruderzwist« verstrickt und auf Unterstützung der Untertanen angewiesen, standen sie sich aber meist selbst im Wege. Unter ihrer Regierung konnte sich in Österreich wie in Böhmen, Mähren und Ungarn die Koalition von Protestantismus und Ständebewegung weiter festigen. Der Höhepunkt war 1609 erreicht, als Rudolf II. den böhmischen Ständen im Majestätsbrief weitreichende politische und religiöse Freiheiten zusichern mußte.

Die Wiedererstarkung Habsburgs erfolgte schließlich von einer Seitenlinie aus: Ferdinand I. (1531-1564), der Ahnherr des deutschen Zweiges der Casa de Austria, hatte bei seinem Tod 1564 das Erbe geteilt in die kaiserlichen Länder Unter- und Oberösterreich sowie Böhmen und Ungarn und die diesen nachgeordneten Nebenländer

Erzherzog Ferdinand von Innerösterreich

Der junge Erzherzog, der spätere Kaiser Ferdinand II., der in seinen Stammlanden die Gegenreformation zum Erfolg geführt und die fürstliche Herrschaft neu etabliert hatte, galt früh als Hoffnung eines wiedergefestigten habsburgischen Kaisertums im Reich. Auf dem Hochaltarbild der Antoniterkirche in der innerösterreichischen Residenzstadt Graz sehen wir den jungen Erzherzog niederknien – in Glaubensdemut und in der gerüsteten Wachsamkeit des Glaubensstreiters.

Innerösterreich (Steiermark, Kärnten und Krain) und Tirol. Von Graz und Innsbruck aus bauten die dort regierenden Erzherzöge in zähem Ringen mit der übermächtigen protestantischen Ständeopposition ein neues katholisches Habsburg auf, womit sie zugleich die absolutistische Fürstenmacht etablierten. Seit 1595 war Erzherzog Ferdinand von Innerösterreich ein leidenschaftlicher Vorkämpfer einer in der Katholizität aller Untertanen sicher verankerten monarchischen Staatsgewalt. Es war jener Ferdinand, der 1617 König von Böhmen wurde und 1619 auch die übrigen österreichischen Territorien, mit Ausnahme Tirols, übernahm. Als Ferdinand II. führte er in den zwanziger Jahren des 17. Jahrhunderts nicht nur das eigene Haus, sondern auch das Kaisertum zu neuer Stärke. Und natürlich erhob er sogleich nach der Thronbesteigung Anspruch auf die Führung des katholischen Blocks im Reich.

Die Lücke, die die Habsburger im letzten Drittel des Reformationsjahrhunderts unbesetzt ließen, haben die Wittelsbacher, ihre bislang stets zu kurz gekommenen Rivalen und Nachbarn im Westen, entschlossen genutzt. Die bayerischen Herzöge hatten unerschütterlich am alten Glauben festgehalten und auch ihre Länder erfolgreich vor der Reformation abgeschirmt. Nun bauten sie Bayern zum Eckpfeiler der tridentinischen Erneuerung nördlich der Alpen und damit zur Vormacht des politischen Katholizismus aus.

Herzog Albrecht V. (1550-1579), der anfangs reformkatholische Neigungen gezeigt hatte, nahm 1564 zaghafte evangelische Regungen im bayerischen Adel zum Anlaß, hart einzuschreiten und auf einen scharf gegenreformatorischen Kurs einzuschwenken. Der Herzog selbst wird am allerwenigsten ernsthaft an eine veritable Adelsverschwörung geglaubt haben, doch galt es, die Gefahr zu bannen. Der Protestantismus sollte in Bayern nicht - wie im benachbarten Habsburg - zum Sammelbecken einer altständischen Opposition gegen den frühmodernen Fürstenstaat werden. Dazu nahm der Herzog die Hilfe der Jesuiten in Anspruch, die er nach München und Ingolstadt berief und zu Beichtvätern, politischen Ratgebern und Erziehern der bayerischen Jugend machte, voran der Wittelsbacherprinzen. Unter der Führung der Patres wurde die Universität Ingolstadt, die bereits seit Johannes Eck (1486-1543) Antipode zum lutherischen Wittenberg gewesen war, zur Ausbildungszentrale für die kirchliche und politische Elite der katholischen Erneuerung und der Gegenreformation diesseits der Alpen.

Gebhard Truchseß von Waldburg, Gemälde von 1579

Der Kölner Erzbischof, der zum Protestantismus übertrat und fast einen Umsturz der politischen und konfessionellen Verhältnisse im Nordwesten des Reiches herbeigeführt hätte, ist in weltlicher Tracht abgebildet, stützt sich jedoch auf die Mitra, um seine geistliche Würde zu demonstrieren.
Das im Donauraum ansässige Geschlecht der Truchsessen von Waldburg hatte auch Georg III., den im Bauernkrieg siegreichen Feldhauptmann des Schwäbischen Bundes, hervorgebracht sowie - aus einer anderen Linie - den Kardinal Otto, 1543 bis 1573 Erzbischof von Augsburg und Gründer der Jesuitenuniversität Dillingen, dessen Neffe dieser »Apostat« Gebhard war.

Ernst von Bayern, Gemälde von Hans Werl, um 1600

Der wittelsbachische Prinz, der im Kölner Krieg über seinen protestantischen Widersacher Truchseß von Waldburg siegte, war kaum weniger verweltlicht als sein Vorgänger, aber er war ein entschiedener Katholik und Garant der Gegenreformation, und das war für den Augenblick das wichtigste.

Gleichzeitig trat Bayern im Reich an die Spitze der katholischen Stände und gab deren Allianzbestrebungen eine neue Richtung. Den Landsberger Bund (1556-1598), der im Zeichen der vorherrschenden Verständigungsbereitschaft zunächst auf die überkonfessionelle Sicherung des Friedens gerichtet gewesen war, machte Bayern entschlossen zu einem Instrument katholischer Politik, das zugleich die bayerische Position im Reich befestigte. Diese Doppelpoligkeit von katholischer und bayerischer Interessenspolitik führte das Herzogtum binnen einer Generation auf den Höhepunkt seiner Macht und ließ die Münchener Wittelsbacher schließlich über ihre Heidelberger Rivalen triumphieren.

Der erste große Erfolg für Bayern und den Katholizismus wurde im Rheinland erzielt. Dort war 1582 der Kölner Erzbischof Gebhard Truchseß von Waldburg zum Protestantismus übergetreten, womit nicht nur die Säkularisation dieses ehrwürdigen Hochstiftes und der Verlust eines Schlüsselterritoriums drohte, sondern auch die katholische Mehrheit im Kurfürstenkollegium auf dem Spiel stand. Herzog Wilhelm V. von Bayern (1579-1597; † 1626), der Fromme genannt, trat als einziger Reichsfürst an der Seite Spaniens entschieden in den Kölnischen Krieg (1583-1585) ein, während Kaiser Rudolf II. tatenlos

Die weitläufige Anlage des Jesuitenkollegs in Ingolstadt. Von hier aus verbreitete sich die geistige und schulische Erneuerung des Katholizismus über ganz Süddeutschland.

Entstehung und Entwicklung des Jesuitenordens im deutschen Sprachgebiet bis 1650

zusah. Wilhelms Bruder Ernst, der erste Jesuitenzögling unter den deutschen Bischöfen, gewann dann auch den Kölner Erzstuhl. Er wurde der erfolgreichste Sammler kirchlicher Würden und geistlicher Territorien seiner Epoche: 1566 erhielt er als Zwölfjähriger das Bistum Freising, 1573 Hildesheim, 1581 Lüttich mit der altehrwürdigen Fürstabtei Stablo-Malmedy, 1583 nun das Erzstift und Kurfürstentum Köln, wenig später dann noch das Fürstbistum Münster.

Eine solche Ämterkumulation sprach dem Geist des Tridentinums ebenso hohn wie das ausschweifende Leben des Prälaten, der wohlweislich der Weihe zum Bischof aus dem Weg ging. Aber nicht Prinzipientreue und Moralität waren in der konfessionellen Rivalität entscheidend, sondern Entschlossenheit und Sinn für strategische Machtbastionen, und beides garantierte der Wittelsbacherprinz. Durch seinen »Weg nach Köln« begründete Kurfürst Ernst für Jahrhunderte - nämlich von 1583 bis 1761 - am Rhein eine bayerische Sekundogenitur. Vom Süden in den Nordwesten des Reiches und von dort in die spanischen Niederlande war so eine stabile Achse der Gegenreformation entstanden, die den weiteren Raumgewinn des tridentinischen Katholizismus - etwa in Paderborn oder bei der Machtübernahme der spanischen Kamarilla in Düsseldorf - absicherte.

Dem Fürsten folgten die Jesuiten auf dem Fuß. Von Köln aus, wo sich der Orden bereits 1556 niedergelassen hatte, spannte er bald ein Netz neuer Kollegien: Aachen, Bonn, Emmerich, Hildesheim, Münster, Paderborn, Neuß und die protestantische Reichsstadt Dortmund, wo der Orden versuchte, das Ruder herumzuwerfen. Damit war entschieden, daß im westelbischen Deutschland nicht nur der Süden und die Mitte, das Maingebiet, sondern auch der Niederrhein und Westfalen katholisch blieben, mit allen politischen, kulturellen und mentalitätsgeschichtlichen Konsequenzen.

Im Süden des Reiches stabilisierte Bayern den Katholizismus ebenfalls. Das protestantische Territorium Markgraf Philipps II. von Baden-Baden, das eben noch in die Einflußsphäre der calvinistischen Zweiten Reformation zu geraten schien, wurde von Philipps bayerischem Onkel der alten Kirche zurückgewonnen. Und selbst für Österreich wurden maßgebliche Weichen in Bayern gestellt: Erzherzog Ferdinand von Innerösterreich, der spätere Kaiser des Restitutionsedikts, wurde von den Ingolstädter Jesuiten erzogen und unterhielt zeit seines Lebens engen Kontakt zum Münchener Hof Wilhelms V., seines Vetters mütterlicherseits. 1595 an die Regierung gelangt, trieb er von Graz aus die Gegenreformation Innerösterreichs voran, wobei er sich auf die bayerischen Erfahrungen stützen konnte.

Neben den bayerischen Herzögen bildete eine Gruppe entschiedener Bischöfe und Prälaten die unerschütterliche Stütze der Gegenreformation und des politischen Katholizismus im Reich. Als Stand garantierten die geistlichen Fürsten stets die katholische Stimmenmehrheit im Kurfürsten- und Fürstenkollegium und damit auf dem Reichstag. An dieser Barriere war in der ersten Jahrhunderthälfte die Reformation der Nation zerbrochen; in der zweiten Hälfte bot sie der Renaissance des Katholizismus im Reich entscheidenden Schutz. Die geistlichen Herren, die sich als erste dem Tridentinum öffneten und ihre Territorien zu Bastionen der Gegenreformation ausbauten, saßen am Rhein, in Franken, Schwaben und in Salzburg. Mit den Besitzungen des Mainzer Erzstuhles am Main um Aschaffenburg, im Hessischen, im Eichsfeld - östlich von Göttingen zwischen Leine und Harz gelegen - und um Erfurt reichte dieser katholische Block geistlicher Territorien weit ins östliche Mitteldeutschland hinein.

Mit der Gegenreformation, die der Mainzer Erzbischof Daniel Brendel von Homburg 1561 mit der Berufung der Jesuiten entschlossen, aber eher unauffällig in die Wege leitete, waren in der Mitte Deutschlands wichtige Pflöcke eingeschlagen, zumal es sogar gelang, das protestantische Eichsfeld zu rekatholisieren. In Trier wirkten zur gleichen Zeit Johann von der Leyen und Jakob von Eltz. Sie hatten sich vor allem gegen eine plötzlich auftretende calvinistische Bürgerbewegung in ihrer Kathedralstadt Trier zur Wehr zu setzen. Zweimal mußten sie mit Gewalt vorgehen und die protestantische Minderheit ausweisen, bis sie Trier 1580 ihrem Willen gefügig gemacht hatten. Jakob Eltz war 1567 der erste, der im deutschen Episkopat den

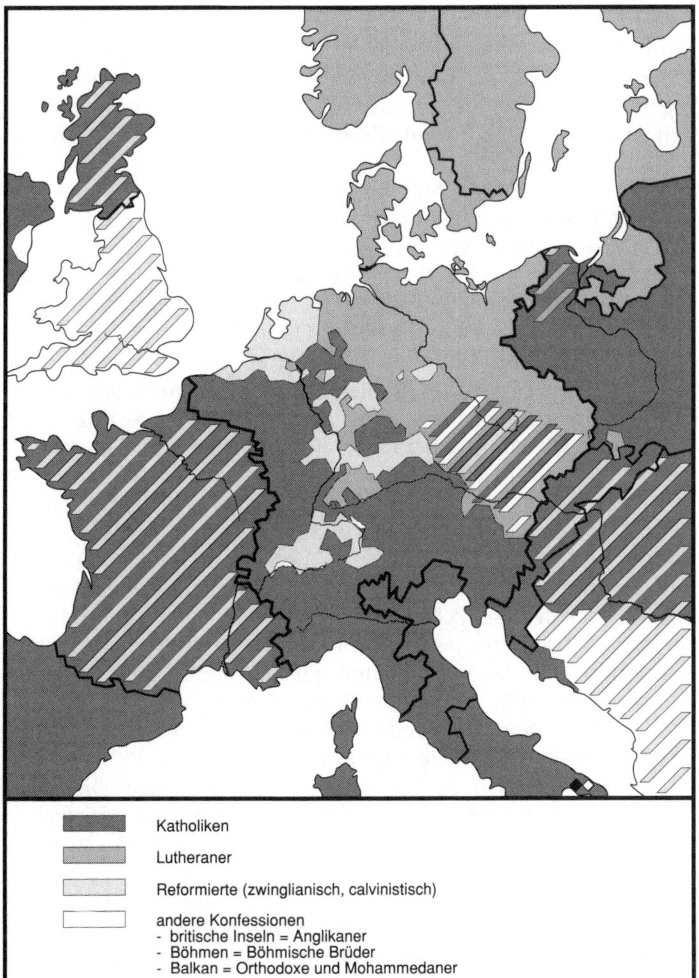

Verteilung der Konfessionen in Europa, 1618

Tridentiner Glaubenseid akzeptierte und sich auch in der eigenen Lebensführung den neuen sittlichen und religiösen Anforderungen unterwarf.

Nach Osten und Süden erstreckte sich der Block der katholischen Prälaten über Würzburg zum Reichsstift Fulda und den Bistümern Bamberg, Eichstätt und Augsburg. Überall wurde der Wandel durch die Gründung von Bildungsanstalten eingeleitet, die in der Regel in die Hand der Jesuiten gelegt wurden: In Würzburg gründete Fürstbischof Julius Echter von Mespelbrunn (1573-1617) bald nach seinem Amtsantritt eine mit der Gegenreformation beauftragte Universität. Eichstätt beherbergte seit 1564 ein tridentinisches Seminar, das erste in Deutschland überhaupt. In Fulda entstand 1572 ein Jesuitengymnasium, 1584 ein Seminar; Bamberg folgte zwei Jahre später. In Dillingen, der Zweitresidenz der Augsburger Bischöfe, hatte Fürstbischof Otto Truchseß von Waldburg bereits 1551 und 1553 das kaiserliche und päpstliche Privileg für eine Hohe Schule erwirkt. Mit Blick auf das nahegelegene evangelische Tübingen und die überwiegend protestantische, wenn auch paritätische Reichsstadt Augsburg erfolgte hier 1554 die erste gegenreformatorische Universitätsgründung. In dem konfessionellen und politischen Wettereck an der Donau war damit der Konfrontationskurs eingeleitet, der am Vorabend des Großen Krieges unter Fürstbischof Heinrich von Knöringen in dem folgenschweren Konflikt um die Reichsstadt Donauwörth gipfeln sollte.

Seinen glanzvollsten Auftakt erfuhr der konfessionelle Umbruch im Erzstift Salzburg, wo es bald zu schwerwiegenden mächtepolitischen Verwicklungen kommen sollte. Die Salzburger Geschehnisse machen sowohl die Möglichkeiten als auch die Bedingungen und Grenzen konfessionsgeleiteter Politik besonders deutlich.

Spiritus rector war Erzbischof Wolf Dietrich von Raitenau (1587 bis 1612, † 1617), der wie kaum ein zweiter unter den hohen deutschen Reichsprälaten Größe und Problematik der tridentinischen Generation verkörpert. Schon mit achtundzwanzig Jahren bestieg er den Salzburger Erzstuhl, der zu den vornehmsten der Christenheit zählte; dies war für die katholische Welt um so überraschender, als ihm zwei Jahre zum kanonisch vorgeschriebenen Alter fehlten. Doch er war der einzige Kandidat gewesen, auf den sich die probayerischen und prohabsburgischen Fraktionen im Domkapitel hatten einigen können: Die Raitenauer waren ein angesehenes Adelsgeschlecht aus dem südlichen Bodenseegebiet. Der Vater Wolf Dietrichs stand in kaiserlichen Diensten, über seine Mutter, eine Hohenemserin, war der junge Erzbischof mit den Medici und mit hohen Kurialen verwandt, nämlich mit Kardinal Marcus Sitticus Altemps und Kardinal Karl Borromeo, der wegen seines tridentinischen Engagements später heiliggesprochen wurde.

Der Weg Wolf Dietrichs nach Rom und in die kirchliche Hierarchie war schon früh angelegt worden. 1576 bezog der Siebzehnjährige für fünf Jahre das vornehme Collegium Germanicum, das Priesterseminar der Jesuiten, nachdem er mit elf Jahren die erste geistliche Pfründe erhalten hatte und mit fünfzehn Domprobst in Basel geworden war; wenig später wurde er zum Kanoniker in Salzburg gewählt. Die Kurialen vertrauten seinem Glaubenseifer. Das päpstliche Konsistorium verlieh bereitwillig die »dispensatio aetatis«, die

Hohenemser Festtafel, Ausschnitt aus dem Gemälde von Anton Bays, 1578

Der 1587 blutjung auf den ehrwürdigen Erzstuhl von Salzburg gelangte Wolf Dietrich von Raitenau war ein weltläufiger Fürst. Im Anschluß an seine Priesterausbildung hatte er eine Kavalierstour durch Frankreich und Spanien unternommen. Auch als Erzbischof blieb er Grandseigneur. Vor allem aber war der Raitenauer fest eingebunden in das internationale Personengeflecht der Gegenreformation: An der Hohenemser Festtafel von 1578 ist der Neunzehnjährige Tischnachbar des Kardinals Marcus Sitticus Altemps, und ihm gegenüber sitzt Kardinal Karl Borromeo, der sich um die katholische Erneuerung in Oberitalien, der Schweiz und Deutschland hochverdient machte.

notwendige Ausnahme von der kanonischen Altersvorschrift. In seinem Glückwunschschreiben ließ Papst Sixtus V. durchblicken, was er von dem soeben Gewählten erwartete: Er solle »die Blitze der Ketzer brechen und die tödlichen Geschosse der Ungläubigen auf diese selbst lenken«. Wolf Dietrich seinerseits brach binnen Jahresfrist nach Rom auf, um sich dem Papst zu Füßen zu werfen – eine solche Reise hatte kein Salzburger Erzbischof seit mehr als einhundertfünfzig Jahren getan.[14]

Bald nach seiner Inthronisation ging der Erzbischof ein Verhältnis mit der schönen Salzburger Ratsherrentochter Salome Alt ein. Dieser Verbindung entsprossen zehn Kinder. Alle Versuche Wolf Dietrichs, in Rom eine offizielle Eheerlaubnis zu erhalten, schlugen fehl; die Kurie beharrte unnachgiebig auf dem Zölibat, das im Tridentinum soeben befestigt worden war. Der Erzbischof wurde damit ein Opfer dieser eher zwanghaften Antithese zum Protestantismus, denn bis über die Mitte des Jahrhunderts hinweg waren die Chancen

Jugendporträt der Salzburger Bürgertochter Salome Alt, die mit Erzbischof Wolf Dietrich in natürlicher Ehe lebte und ihm zehn Kinder schenkte.

für die Zulassung der Priesterehe gar nicht so schlecht gewesen. Kaiser Rudolf II. kam nun dem Ehepaar aus wilder Wurzel zu Hilfe und erhob 1609 Salome Alt und ihre Kinder, die sie »bei einer fürnemben geistlichen Person« ledigen Standes geboren habe, in den Reichsadelsstand; zugleich enthob er sie aller »Makel und Gebrechen ihrer unehelichen Geburt«.[15]

Seine Pflichten als Erzbischof und Priester hat Raitenau über seiner Liebe und seinem Familienleben, das er ganz offen in dem für Salome jenseits der Salzach erbauten Schloß Altenau, heute Mirabell, führte, jedoch durchaus nicht vernachlässigt; in dieser Hoffnung war die Kurie nicht fehlgegangen.

Im Zentrum seiner Kirchenreformen standen die Verbesserung der Glaubensverkündigung und die Intensivierung der Sakramentspende. Allen Pfarrern verordnete er den Besitz tridentinischer Ritualien und Manualien, so besonders das »Manuale parochorum«, ein Pfarrerhandbuch, das theologisches Grundwissen und Anweisungen zur konkreten Seelsorgetätigkeit vermittelte. Ein zweibändiges Agendarium gab ihnen »Gebete, Gesänge und Riten für die verschiedensten liturgischen Handlungen, wie Taufe, Trauung, Begräbnis, Predigten für Hochzeiten, Litaneien und Regeln für die rechte Heiligung der Sonn- und Feiertage sowie für das katholische Fasten« an die Hand.[16] Eine finanziell und organisatorisch reformierte Priesterausbildung, die strengen intellektuellen und sittlichen Maßstäben folgte, sollte die Verbesserung der Seelsorge auf Dauer garantieren. Zur religiösen Unterweisung an den Schulen schrieb der Erzbischof den Katechismus des Petrus Canisius vor. Eine Schlüsselstellung erhielten die Orden – die seit langem in Salzburg ansässigen Benediktiner und Franziskaner, dazu die Kapuziner, wie die Jesuiten ein neuer gegenreformatorischer Orden, den der Raitenauer mit einer Art »Volksmission« betraute.

Wolf Dietrichs große Gesten barocker Frömmigkeit machten den Katholizismus wieder volkstümlich, so das vierzigstündige Gebet in der Karwoche mit anschließender Beichte und Kommunion sowie das Angelusläuten täglich zur Mittagsstunde, zu dem nach dem Willen des Landesherrn »jedermann, wo er immer gehen oder stehen möchte, niederknien und mit entblößtem Haupt bethen sollte. Demjenigen, der solches unterließ, nahmen die Gerichtsdiener seinen Hut.«[17] Darüber hinaus war Wolf Dietrich der Urheber jenes Stadtentwurfs und architektonischen Programms, die, nach Vollendung durch seine Nachfolger, Salzburg zur barocken Bühne der tridentinischen Erneuerung und der von ihr wiedererweckten »pietas catholica« machten.

Wie als Kirchenfürst, so hatte Wolf Dietrich auch als Landesherr Veränderungen im Auge. Die Erlasse gegen die Protestanten, die Hunderte alteingesessener Familien zur Emigration in die benachbarten österreichischen Länder zwangen, dienten der religiösen wie der politischen Vereinheitlichung des Untertanenverbandes; auf diese Weise sollte die Opposition gegen den Fürstenstaat ausgemerzt werden.

Nicht anders verfuhr er gegen Domkapitel und Landstände. Zwar hatte er in seiner Wahlkapitulation den Domherren die traditionelle und rechtmäßige Beteiligung an Verwaltung und Regierung des Erzstiftes zugesichert und sogar die Ausweitung dieses Mitspracherechts in Aussicht gestellt, aber er hielt sich keinen Augenblick daran. Ganz im Gegenteil drängte er die Mitwirkung des Domkapitels Schritt für Schritt zurück, verbot den Domherren die Anwesenheit im Hofrat und zwang die Mißliebigen unter ihnen zur Abdankung. Über die Tafelgüter des Erzstiftes verfügte er nach eigenem Gutdünken, obgleich dafür die Zustimmung des Kapitels kanonisch vorgeschrieben war. Das »Ewige Statut«, das er 1606 erzwang, sollte für alle Zukunft die Unterwerfung des Domkapitels unter die erzbischöfliche Gewalt festschreiben - eine »Magna charta für den Machtanspruch eines vom Gedanken des Absolutismus erfüllten Herrschers im geistlichen Fürstentum«.[18] Ausschließlich im Moment der Vakanz sollte das Kapitel wieder Verantwortung übernehmen, war aber gehalten, innerhalb von einundzwanzig Tagen einen neuen Erzbischof zu wählen.

Nicht viel anders erging es den Landständen - Prälaten, Rittern, Städten und Märkten. Nachdem er fünf Jahre ohne Landtag regiert hatte, verlangte der Erzbischof 1592, als zum Türkenkampf notwendige Steuern ihn zu dessen Einberufung zwangen, die Selbstauflösung dieses Organs; an die Stelle der Landschaft sollte ein ständiger Rat treten, der sich am Hof des Landesherrn zur Beratung wichtiger Angelegenheiten bereit zu halten hatte. Da die Stände zu klug waren, dies zu bewilligen, entmachtete Wolf Dietrich sie auf kaltem Wege, indem er im Widerspruch zum alten Recht dazu überging, Steuern ohne ihre Zustimmung auszuschreiben und einzutreiben. 1610 zog er alle Urkunden und Privilegien und auch die Barschaft der Stände ein und übertrug sie der landesfürstlichen Kammer. In Staat und Kirche des katholisch erneuerten Hochstiftes galt nur noch ein Wille - derjenige des absolut regierenden Fürstbischofs.

Wie kein anderer verkörpert der »Gründer des barocken Salzburg« die Spannung, Übersteigerung und Widersprüchlichkeit, die mit dem Aufbruch einhergingen - bei der katholischen Konfessionalisierung nicht anders als bei der calvinistischen und lutherischen. Das Verhältnis zur Kurie, die über die Wahl des Raitenauers hocherfreut gewesen war, weil sie ihn als ihren Mann ansehen konnte, verschlechterte sich rasch, als er beim Aufbau seiner absolutistischen Stellung das kanonische Recht mit Füßen trat und mit Domherren und Suffraganbischöfen wie mit Knechten umsprang.

Zum Verhängnis wurde Erzbischof Wolf Dietrich das schließlich unheilbare Zerwürfnis mit dem katholischen Nachbarstaat Bayern. Der Gleichklang der Konfession vermochte die politischen und wirtschaftlichen Gegensätze nirgends auf Dauer zu überbrücken. Je deutlicher sich der bayerische Herzog als Führer des deutschen Katholizismus bewährte, um so stärker wurde sein Druck auf das Erzstift und wuchs auf der anderen Seite die Anstrengung des Erzbischofs, sich von Bayern zu distanzieren. Bereits 1589 trat Salzburg aus dem Landsberger Bund aus, 1608 verweigerte es den Eintritt in die Liga, das von Bayern geführte Militärbündnis der Katholiken. Im Innern stellte Wolf Dietrich die rigide Protestantenverfolgung ein; es tauchten sogar Gerüchte auf, er wolle das Erzstift mit Hilfe der lutherischen Reichsfürsten säkularisieren. Um die Unabhängigkeit Salzburgs zu sichern, wurde im Ewigen Statut von 1606 dem Domkapitel verboten, jemals einen bayerischen oder österreichischen Prinzen zum Erzbischof zu wählen.

Pfalzgraf Johann Kasimir, Detail aus der mächtigen Renaissancefassade des Friedrichbaus vom Heidelberger Schloß, 1605

An der Wende des 16. Jahrhunderts sah es einen Moment so aus, als könne Heidelberg im Zeichen des Calvinismus aufsteigen zu einer europäischen Metropole der Politik, Wissenschaft und Kultur. Das böhmische Abenteuer des jungen Pfalzgrafen Friedrich V. machte dann diese Möglichkeit zunichte.

Zum offenen Bruch und zur persönlichen Katastrophe kam es über die konkreten Regelungen der Salzproduktion und des Salzhandels im Länderdreieck Salzburg (mit Hallein), Bayern (mit Reichenhall) und der Fürstprobstei Berchtesgaden (mit Schellenberg), wo die Wirtschaftsinteressen und Hoheitsansprüche beider Seiten ineinander verschlungen waren. Die unbedachte Besetzung Berchtesgadens durch den Erzbischof gab Herzog Maximilian von Bayern 1612 willkommene Gelegenheit, in Salzburg einzumarschieren, sich des verhaßten Raitenauers zu bemächtigen, ihn zur Abdankung zu zwingen und bis an sein Lebensende im Jahre 1617 auf der Feste Hohensalzburg gefangenzuhalten. Auch zwischen konfessionsverwandten Ländern triumphierten also weiterhin das Macht- und Souveränitätsstreben der Fürsten und der Interessenegoismus ihrer frühmodernen Staaten.

Mit dem Luthertum und dem Katholizismus verglichen, sollte die Rolle, die das Reformiertentum in der deutschen Geschichte spielte, eine Episode am Rande bleiben. Zunächst hatte das anders ausgesehen. Seit der Mitte des 16. Jahrhunderts brach der Calvinismus von Westen, der Schweiz, Frankreich und den Niederlanden her auf breiter Front ins Reich ein; zuerst gründete er Gemeinden in den westlichen Randgebieten - in Metz, Trier, Aachen, am Niederrhein und an der Nordseeküste in Emden und Bremen -, dann auch im Innern und im Südosten, vor allem in den der Spätreformation weit geöffneten habsburgischen Erblanden einschließlich Böhmens. Der Calvinismus siegte in einer Reihe von Fürstentümern, die - häufig über die Zwischenstation eines Melanchthonschen Kryptocalvinismus - vom Luthertum zum Calvinismus wechselten oder doch zumindest den Versuch dazu machten. Diese »Zweite Reformation«[19] war geistig und politisch so attraktiv, daß alle drei evangelischen Kurfürstentümer davon berührt wurden.

Die Kurpfalz, das zweite Wittelsbacherterritorium, war Vorreiter der ganzen Bewegung. Das Ringen zwischen calvinistischer und katholischen Erneuerung war die zeitgemäße Wiederkehr der alten Rivalitäten zwischen den verfeindeten Bruderlinien in Heidelberg und München. Selbst gegenüber der habsburgischen Kaiserdynastie, die die einst gleichrangigen Wittelsbacher macht- und reichspolitisch weit hinter sich gelassen hatte, rechnete man sich eine Chance aus, durch den Anschluß an den aktiven Calvinismus Westeuropas an Gewicht zu gewinnen. Aber diese Hoffnung stand auf tönernen Füßen, weil die calvinistische Religionspolitik das Verhältnis zu den katholischen und lutherischen Nachbarn neu belastete und den alten Personen- und Satellitenverband der Pfalz endgültig zerstörte.[20] So steuerte die Kurpfalz politisch in die Katastrophe.

Für eine Generation war die Pfalz jedoch für den westeuropäischen Calvinismus Einfallstor und Drehscheibe in einem: Hugenotten und niederländische Exulanten suchten hier Schutz; ihre politischen und theologischen Führer konnten dort aus sicherer Etappe die Operationen in der Heimat planen. Pfalzgraf Johann Kasimir (1543-1592), der auf seiner Kavalierstour nach Paris zum Calvinisten geworden war, zog mehrmals mit seinem pfälzischen Heer nach Westen.

Heidelberg, die Universität und der Hof, wurde zum geistigen und gesellschaftlichen Zentrum des deutschen Reformiertentums, das gleichermaßen ins Reich wie nach England und Holland ausstrahlte und stets engsten Kontakt zur Schweiz und nach Frankreich hielt. Der Heidelberger Katechismus, 1563 publiziert, wurde zum wichtigsten Lehrbuch der deutschen Calvinisten. Verfaßt hatten ihn die Pfälzer Professoren Zacharias Ursinus (1534-1583) und Kaspar Olevianus (1536-1587), der eine aus dem lutherischen Schlesien, der andere aus dem katholischen Trier vertrieben. Dem erfolgreichen Muster des berühmten Katechismus Martin Luthers verpflichtet, faßte der Heidelberger Katechismus die reformierte Glaubenswahrheit in drei Teilen mit hundertneunundzwanzig Fragen übersichtlich zusammen. Er bewährte sich bei der Ausbreitung des Calvinismus im Reich, und auch später sollte er, wie sein lutherisches Vorbild, Generation um Generation die calvinistische Minderheit der Deutschen in ihren Glauben einführen.

Die Pfälzer hatten sich weit vorgewagt; die Abweichung von der lutherischen Orthodoxie ließ sich nun Punkt für Punkt belegen. Vor allem Herzog Christoph von Württemberg, der Nachbar im Süden, der soeben an die Spitze der lutherischen Renaissance getreten war, zeigte sich über den »häretischen Katechismus« verärgert. Als es ihm im Maulbronner Religionsgespräch nicht gelang, seinen fürstlichen Vetter zur Rückkehr zu bewegen, mußte sich 1566 der Augsburger Reichstag mit dem Fall befassen. Da die reformierte Konfession reichsrechtlich als verboten galt, stand zu entscheiden, ob der Pfalz der Friedensschutz zu entziehen und ihr Kurfürst abzusetzen sei.

Friedrich III. (1559-1576) bestritt die Abweichung und stellte seine Religion geschickt als Fortentwicklung des alten Augsburger Bekenntnisses von 1530 dar. Die lutherischen Standesgenossen waren die letzten, die ihm das abnahmen, und dennoch deckten sie ihn am Ende - schon weil man sich den Katholiken gegenüber keine Blöße geben wollte und weil der Sturz eines Kurfürsten die reichsständische Libertät schwer getroffen hätte. So konnte sich unter »einer theologisch heuchlerischen, rein juristischen Schutzbehauptung«,[21] die jeder im protestantischen Lager durchschaute, aber keiner aufzubrechen wagte, im nächsten halben Jahrhundert der Calvinismus im Reich ausbreiten.

Ende der achtziger Jahre sah es einen Moment lang so aus, als würde Sachsen, das Mutterland des Luthertums und damit ein zweiter kurfürstlicher Eckstein, für den Calvinismus gewonnen. Aber es blieb bei einem Strohfeuer, entfacht von dem jungen Kurfürsten Christian I. (1586-1591) und seinem engsten Beraterkreis; die Untertanen und die etablierte lutherische Elite fühlten sich vor den Kopf gestoßen. Als Christian einunddreißigjährig überraschend starb, hielten sie blutig Gericht: Die Verantwortlichen büßten mit Leib und Leben; »belastete« Theologieprofessoren und Pfarrer mußten das Land verlassen. Das Exil in Territorien und Städten, die dem Reformiertentum zuneigten - etwa Nassau, Hessen und Bremen -, fachte ihren Glaubenseifer nur noch stärker an; die Diaspora des sächsischen Calvinismus wurde zur Hefe der Zweiten Reformation in Deutschland. In Sachsen selbst blieb das Luthertum fortan unangefochten, bis hundert Jahre später einen anderen Wettiner eine katholische Königskrone locken sollte.

Erfolgreich war die Zweite Reformation in einer Reihe von kleinen

Territorien, vor allem Grafschaften, die, im Westen des Reiches gelegen, in der Regel in direkter oder indirekter Verbindung zu der Pfalz oder den Niederlanden standen: Bentheim mit Steinfurt, Tecklenburg und Rheda, Lippe, nach Süden hin anschließend die Wetterauer Grafschaften Nassau, Solms, Sayn-Wittgenstein, Hanau-Münzenberg, Braunfels und Wied, dazu Ausläufer nach Osten in Sachsen-Anhalt und den kleineren schlesischen Herzogtümern. Mächtepolitisch bedeutend war der Gewinn Hessen-Kassels unter seinem gelehrten Landgrafen Moritz (1572–1632) und vor allem der 1613 erfolgte Übertritt der brandenburgischen Hohenzollern. Zwar gelang es Johann Sigismund nicht, auch sein Kurfürstentum zu reformieren, aber der brandenburgische »Hofcalvinismus« setzte Kräfte frei, die Deutschland seit dem ausgehenden 17. Jahrhundert tief umgestalteten. Preußens Aufstieg sollte damit zu tun haben.

Die kleine calvinistische Minderheit nahm sowohl in den Territorien als auch auf der Ebene des Reiches das Heft entschlossen in die Hand. Im Innern trieb sie den frühmodernen Fürstenstaat und die Formierung einer disziplinierten Untertanengesellschaft voran, wobei sie keinen Deut weniger absolutistisch und autokratisch verfuhr als Katholiken und Lutheraner. Im Reich stemmte sie sich den katholischen Ständen entgegen, wo sie nur konnte. Um die politische und religiöse Dynamik der tridentinischen Erneuerung einzuhegen, schloß man einen offensiven Kampfbund, der enge Verbindung zu den politisch ebenfalls aggressiven westeuropäischen Glaubensbrüdern hielt.

Dieser Aktivismus brachte den Calvinisten den Ruf ein, besonders politische Köpfe zu haben. Diese Dynamik kam aus drei Quellen: aus den historischen und rechtlichen Umständen, die die Spätreformation zu besonderer Aggressivität zwangen, weil nur so der für sie ungünstige Status quo aufgebrochen werden konnte; aus der internationalen Erfahrung, die an den calvinistischen Höfen, wo mancher das Bartholomäusmassaker und die spanische Furie am eigenen Leibe erfahren hatte, eine traumatische Angst nährte, die katholische Offensive würde auch den deutschen Protestantismus binnen kurzem aufrollen; schließlich aus dem theologisch verankerten Willen, die Welt zu verchristlichen, Politik und Gesellschaft mit dem Sauerteig des Alten und des Neuen Testaments zu versetzen. In Deutschand legitimierte der Calvinismus seine Zweite Reformation als Reformation des Lebens, die der ersten lutherischen Reformation der Lehre notwendig folgen müsse.

Dem Luthertum hat man lange Zeit die politische Beweglichkeit abgesprochen und seine Führer als fromme, politisch aber tumbe »Bet- und Sauffürsten« verspottet. Inzwischen wird das differenzierter gesehen.[22] Auf der Basis des Konkordienwerkes wurde auch die lutherische Mehrheit des deutschen Protestantismus politisch wieder handlungsfähig. Reichspolitisch erreichte sie das, weil sie fortan von einem einheitlichen Willen geleitet wurde, und territorialpolitisch, weil die weitere Modernisierung der lutherischen Länder nicht mehr durch theologische Bürgerkämpfe gebremst wurde und weil nach der Vernichtung der für eine Gemeindeautonomie kämpfenden Gnesiolutheraner das landesherrliche Kirchenregiment nicht mehr strittig war.

Ansicht von Tübingen, Kupferstich von Merian, 1653

Im letzten Drittel des 16. Jahrhunderts stieg Tübingen zum Zentrum des erneuerten Luthertums auf. Schloß, Stiftskirche und Universität bildeten ein Kräftedreieck, das entscheidend zur politischen und geistigen Wiederbelebung des deutschen Luthertums und zur Mobilisierung seiner Abwehrkräfte gegen Gegenreformation und Zweite Reformation beitrug.

Gegenüber der ersten Jahrhunderthälfte war ein Wechsel in der Führungsgruppe eingetreten: Kursachsen besaß nur noch einen Ehrenvorrang. Die politischen und theologisch-geistigen Zentren lagen nun im Westen - in Braunschweig-Wolfenbüttel und vor allem in Württemberg unter den Herzögen Christoph (1550-1568) und Ludwig (1568-1593). Beide Territorien hatten bereits die Konkordienbewegung entscheidend gefördert. Von den mit ständigem Streit belasteten Lehrtraditionen der sächsischen Universitäten Wittenberg und Jena frei geblieben, gaben die Tübinger Theologen der lutherischen Erneuerung wichtige Impulse. Im Kräftedreieck Fürst - Universität - konfessionalistische Elite in Staat und Kirche spielte Tübingen für das Luthertum eine ähnliche Rolle wie Heidelberg für die Calvinisten und Ingolstadt oder Dillingen für die Katholiken.

Aber auch das erneuerte Luthertum operierte in der Reichspolitik defensiv. Man bejahte den Augsburger Kompromiß und damit den Status quo, weil er den Besitzstand garantierte. Daß mit der Offensive des tridentinischen Katholizismus in der politischen Wirklichkeit - wenn auch nicht im rechtlichen Sinne - eine ganz neue Situation eingetreten war, darauf vermochten sich die Lutheraner nur schwer einzustellen. Der Religionsfrieden war und blieb für sie ein hohes Gut: »Frid ist besser denn Krieg, di weil ungewis ist der Sig«, ließ Graf Heinrich von Isenburg (1565-1601) im 1573 errichteten Herrengemach der Wetterauer Ronneburg über ein Fresko des alttestamentlichen Friedenskaisers schreiben. Seine zum Calvinismus konvertierten Erben hielten sich nicht daran und wurden ein halbes Jahrhundert später von kaiserlichen Kroaten aus ihrem Land verjagt.

Die Lutheraner setzten demgegenüber auf reichsrechtliche Legitimität. Die klassische Allianzkonstellation zeigt sie daher an der Seite des Kaisers, so vor allem Kursachsen bis zum Ende des Dreißigjährigen Krieges. Das war aber kein Zeugnis unpolitischen Denkens; im Bündnis mit dem Kaiser ließ sich ja durchaus Interessenpolitik machen. Ein Vergleich der beiden Hessen macht das deutlich: Das calvinistische Hessen-Kassel setzte auf den großen politischen Wandel, stellte sich im Dreißigjährigen Krieg entschieden gegen den Kaiser, was den Untertanen »Kroatenjahre mit Mord und Plünderung« durch die kaiserliche Soldateska brachte und die Dynastie an den Rand des Abgrunds führte. Am Ende war man froh, mit einer Überanstrengung aller Kräfte den Status quo ante gerade noch zu sichern. Die lutherischen Landgrafen von Hessen-Darmstadt, die machtpolitisch und im Ansehen deutlich hinter den Kasseler Rivalen zurückstanden, beachteten statt dessen strikt das Prinzip reichsrechtlicher Loyalität. Aber auch das war ganz und gar nicht unpolitisch, denn nur an der Seite des Kaisers hatte der »unbeugsame Wille, das Haus Darmstadt auf eine gleichberechtigte Stellung mit Kassel [zu] heben«[23] Aussicht auf Erfolg. Und in der Tat ging man mit der Anerkennung der formalen Gleichberechtigung aus dem Krieg hervor.

Auch die scheinbar so einleuchtende Identifizierung des Calvinismus mit dem »Pathos der Freiheit« und des Luthertums mit dem »Pathos des Gehorsams«[24] trifft die Sache nicht, denn die calvinistische Freiheits- und Widerstandslehre baute auf frühen Überlegungen lutherischer Theologen auf. Als im Jahr 1550 kaiserliche Truppen das lutherische Magdeburg belagerten, um es unter das katholische Interim zu zwingen, erhob sich im lutherischen Deutschland eine heftige politische Diskussion über die Grenzen der Gehorsamspflicht und das Recht zum Widerstand. Dutzende von Pamphleten und Streitschriften ergriffen für die Stadt Partei, obwohl sie sich doch gegen den Kaiser auflehnte.

Am entschiedensten bezogen die gnesiolutherischen Theologen für das Widerstandsrecht Position. Ihre Flugschrift »Bekentnis, Unterricht und Vermanung der Pfarrhern und Prediger der Christlichen Kirchen zu Magdeburgk« verkündet klar und fest:

Wenn die hohe Obrigkeit sich unterstehet / mit gewalt und unrecht [ihre Untertanen] zuverfolgen ... [und] das Göttliche oder natürliche Recht / rechte Lere und Gottesdienst auffzuheben ... [/] So ist die unter Obrigkeit schuldig / aus krafft Göttlichs befehls / wider solch der Obern fürnehmen / sich sampt den ihren ... auffzuhalten.[25]

An diesen lutherischen Entwurf konne Theodor Beza, der Nachfolger Calvins in Genf, direkt anknüpfen, als er seine monarchomachische, das heißt Monarchen stürzende Widerstandstheologie entwickelte. In Frankreich, Holland, England und Schottland wurde sie dann im Kampf gegen obrigkeitliche Glaubensunterdrückung eingesetzt; von dort ging sie in den modernen Konstitutionalismus ein.

3. Eine gespaltene Kultur

Auch die Kultur wurde jetzt konfessionell – die Dichtung, die Musik, die Malerei, die Plastik und vor allem die Architektur. Zum ersten Mal entstanden konfessionell geprägte Kultureinheiten, die die Nation tiefer und nachhaltiger spalten sollten, als die Politik es je konnte. »Die Wege führten kulturell auseinander. Die unendlich reiche, gerade zu neuen, fruchtbaren Austauschprozessen zwischen Nord und Süd, zwischen Humanismus und Volkstümlichkeit ansetzende deutsche Kulturszene des frühen 16. Jahrhunderts wird zerrissen.«[26] Aber das gilt noch nicht für den Prager Hof Kaiser Rudolfs II., dessen wissenschaftliche und künstlerische Interessen bei aller persönlichen religiösen Entschiedenheit überkonfessionell und international waren. Im rudolfinischen Prag verschmolzen zum letzten Mal die europäischen Kulturströmungen von Nord und Süd, West und Ost, aus Italien und den Niederlanden, aus Polen, Böhmen und Oberdeutschland zu einer großen eklektizistisch-manieristischen Spätkultur.

Die Welt, die der Sonderling unter den habsburgischen Kaisern vom Hradschin herab regierte, ist in eigentümlicher Weise in die surrealistischen Gemälde des Italieners Giuseppe Arcimboldo eingegangen, der den Kaiser in einer phantastischen Früchtekollage porträtierte. Neben ihm wirkte der holländische Bildhauer Adrian de Vries, dessen grazil-elegante Skulpturen auch bei den Protestanten gefragt waren: in Augsburg, wo er den Mercurius- und den Herkulesbrunnen schuf, und in Dänemark, wo sein Neptunbrunnen den Eingangshof von Frederiksborg, dem mächtigen Renaissanceschloß Christians IV., beherrscht. In Nürnberg schuf der alte Wenzel Jamnit-

Der Hof Kaiser Rudolfs II. in Prag

Der am Kopfende der Tafel sitzende Kaiser speist mit den führenden Persönlichkeiten seines Hofstaates, von denen mehrere dem Kaiser gleich die Kette des Ordens vom Goldenen Vlies tragen. Die Speisen werden auf kostbarem Tafelservice aufgetragen, zur Unterhaltung des Hofes spielt eine Kapelle. Als Herrscher ist Rudolf am Ende gescheitert, so hoch sein Majestätsbewußtsein auch war, das ihn auf die Entmachtungsversuche seiner Brüder mit äußerster Erbitterung reagieren ließ. Das mag mit seiner ererbten Menschenscheu und seiner Schwermut zu tun gehabt haben. Geblieben ist aber die Erinnerung an den Glanz einer manieristischen Hofkultur, die sich in der Kaiserresidenz Prag um seine Person entfaltete.

Kaiser Rudolf II., Früchteporträt von Giuseppe Arcimboldo

zer (1507-1585), »Kayserlicher Maj. Goldschmid« unter Karl V., Ferdinand II., Maximilian II. und nun auch noch unter Rudolf II., für das rudolfinische Prag einen monumentalen Lustbrunnen, dessen im Wiener Kunsthistorischen Museum erhaltene Karyatiden, bronzevergoldete Figuren der vier Jahreszeiten, als Glanzstücke des Manierismus nordseits der Alpen gelten.

Rudolf beschäftigte Künstler und Handwerker aus den oberdeutsch-lutherischen Reichsstädten ebensogut wie solche aus dem bayerisch-katholischen Kulturkreis. Organisiert und finanziert war dieses Gepränge von scharf rechnenden und an der kaiserlichen Sammelleidenschaft gut verdienenden Kaufleuten, unter denen Hans de Witte, der aus dem calvinistischen Holland stammende spätere Bankier Wallensteins, die rührigste Figur war. Neben okkultistischen Scharlatanen und alchimistischen Abenteurern, auf die der Hradschin wie ein Magnet wirkte, wußte der Kaiser führende Wissenschaftler wie die Astronomen Tycho Brahe und Johannes Kepler an seinen Hof zu binden. Kepler war Protestant, aber in humanistisch-vorkonfessionalistischer Weise. Als er sich 1609 wegen der unbeständigen politischen Verhältnisse in Prag um eine Professur an seiner württembergischen Heimatuniversität Tübingen bemüht, stellt er unmißverständlich klar, daß er die orthodox-lutherische Konkordienformel, die damals jeder württembergische Beamte unterschreiben mußte, nur »conditionaliter« anerkennen könne, weil sie »durch ihre Verdammungsurteile gegen reformierte Lehren« die seiner Meinung nach gebotene christbrüderliche Verständigung zwischen den Konfessionen vergifte.[27]

Die irenisch-manieristische Gelehrtenkultur am Prager Hof Kaiser Rudolfs II. war ein Spätphänomen. Das Neue in der Kultur war demgegenüber konfessionell, und es wirkte polarisierend. Die Künste und die Wissenschaften wurden staatlich und kirchlich gelenkt, kontrolliert und diszipliniert. Die Volkskultur und alle Formen eines vorwissenschaftlichen Wissens, etwa in der Volksmedizin, wurden abgewertet und verfolgt. Dem Gewinn an Systematik, Rationalität und Wirkungskraft, der die moderne Entzauberung der Welt vorantrieb und unbestreitbar segensreich war, steht ein Verlust an Spontaneität und Kreativität gegenüber, der sich aus der Einengung der Volkskultur ergab. Das war ein Grundzug der europäischen Kulturgeschichte der Frühneuzeit und somit keine spezifisch deutsche Entwicklung. Für das religiös zerteilte Deutschland bedeutete diese neue konfessionell gespaltene Kultur immerhin Vielfalt und Variation. Von nun an standen neben dem farbenfrohen und in glühender Leidenschaft an das Überirdische hingegebenen katholischen Süden mit Ablegern im Westen die in ihrer Religiosität gezügelten protestantistischen Landschaften Nord- und Ostdeutschlands. Diese Gegensätze erlebt der Reisende auch heute noch, obgleich Krieg und normierter Wiederaufbau so vieles eingeebnet haben.

Durch die konfessionelle Spaltung entwickelten sich auch die geistigen und kulturellen Austauschprozesse zu den europäischen Nachbarn in ganz verschiedene Richtungen: Das protestantische Deutschland stand mit Skandinavien, England und – hier vor allem die Calvinisten, Täufer und andere Dissidenten – mit Holland und der Schweiz in Verbindung, einige Zeit gab es auch engere Kontakte zu den östlichen Nachbarn - Polen und dem Baltikum, das zu Beginn des Jahrhunderts ganz unter den Einfluß Wittenbergs geraten war, Böhmen, Ungarn und Siebenbürgen. Dagegen öffneten sich die katholischen Gebiete weit dem italienischen, spanischen und südniederländischen Einfluß. Innerhalb des Reiches entstanden zwischen den Konfessionen Kulturbarrieren, die lange unüberwindbar blieben.

Das berechtigt jedoch keineswegs dazu, generell »von Niedergang und Krise im deutschen Kulturleben« zu sprechen.[28] Am ehesten wird man für das konfessionalisierte Deutschland in den Wissenschaften eine Krise erkennen können. Nicht so sehr bei den Human- und Geisteswissenschaften, denn die Theologie und die Historie profitierten von der konfessionellen Konkurrenzsituation im Reich. Unübersehbar kommt es jedoch bei den Naturwissenschaften zu einer Stagnation und auch bei der sie begleitenden und stützenden Wende der Philosophie zum Rationalismus und Empirismus. Der Franzose René Descartes (1596-1650), der ab 1629 in den Niederlanden lebte, und der Brite Isaak Newton (1643-1727) sind nicht denkbar ohne die frühe Entkonfessionalisierung in Holland und England, mit der sich diese Länder von der deutschen soziokulturellen und soziokonfessionellen Situation deutlich abhoben. Nikolaus Kopernikus (1473-1543) und Johannes Kepler (1571-1530) hatten durch exaktes Beobachten der Himmelsbahnen das heliozentrische Weltbild wissenschaftlich begründet und die Gesetze der Planetenbewegung entdeckt; der philosophische Rationalismus und die auf ihm gründende Herrschaft des technisch-naturwissenschaftlichen Weltverständnisses konnten ihren Siegeszug jedoch nicht in Deutschland antreten, wo die Konfessionsproblematik das Denken in andere Bahnen zwang.

In der Medizin übernahm die holländische Universität Leiden die Führung. In den Politik- und Gesellschaftswissenschaften entwickelten sich die moderne methodische Rationalität und der pragmatische Empirismus zuerst in Holland und England: in dem nach Art der Geometrie, »more geometrico«, konstruierten mechanistischen Staats- und Ordnungsmodell von Thomas Hobbes (1588-1679), in der auf Konsens der gesellschaftlichen Kräfte abzielenden Staatsphilosophie Baruch de Spinozas (1632-1677), schließlich in der liberal-undogmatischen Erfahrungsphilosophie John Lockes (1632-1704).

Unverkennbar ist der Niedergang auch noch in der Malerei. Im ausgehenden Mittelalter und in der Reformationszeit hatten die »Altdeutschen Meister« die deutsche Kunst zur Blüte geführt. Neben unzähligen regional bedeutenden Künstlern - etwa dem Schwaben Jerg Ratgeb (1480-1526), der im Frankfurter Karmeliterkloster auf einer weiten Wandfläche den größten vorbarocken Bildzyklus Deutschlands mit Szenen aus der Heilsgeschichte schuf, oder dem Kärntner Thomas von Villach (1445-1530) - wirkten in der schmalen Spanne weniger Jahrzehnte die großen Holzschneider und Bildhauer Tilman Riemenschneider (1460-1531), dessen Apostel und Madonnen die Gotik vollendeten und doch schon das Neue der Renaissance erahnen lassen; Adam Krafft (um 1460-1508/09) und Veit Stoß (1440/50-1533), die beiden Nürnberger Meister, die ihre Vaterstadt zu einem Zentrum der Frührenaissance machten. Daneben steht das Schaffen der Maler Matthias Grünewald (1470/75 bis 1528), der den gemarterten Christus des Isenheimer Altars in entsetzlicher Leiblichkeit darstellte – mit leichenhaft weißer Haut, zerrissen durch Tausende von Dornen, übersät mit eitrig-schwärenden Wunden, und Albrecht Altdorfer (1480-1538), des Hauptmeisters der Donauschule, dessen religiöse und mythologische Bilder richtungweisend wurden durch die konkret-realistische, naturnahe Behandlung des landschaftlichen Hintergrundes. In Nürnberg lebte Albrecht Dürer (1471-1528), der in dem Kupferstich »Ritter, Tod und Teufel« und in den großen Tafeln der vier Apostel Angst und Hoffen einer ganzen Epoche ausdrückte; mit Augsburg ist der Name Hans Holbein verbunden, Vater und Sohn (1465-1524; 1497-1543); der Jüngere, seit 1532 in England beschäftigt und einer der wenigen deutschen Maler, die im Ausland zu Ruhm kamen, zeichnete sich vor allem durch seine scharf beobachteten detailreichen Porträts aus; Lucas Cranach der Ältere und der Jüngere, Vater und Sohn auch sie (1472-1553; 1515-1586), malten in Wittenberg und am sächsischen Hof lutherische Theologen und Politiker und stellten auf Altarbildern die neue Glaubenswahrheit der Reformation dar.

Im 17. Jahrhundert aber erreichte kein Deutscher mehr den Rang

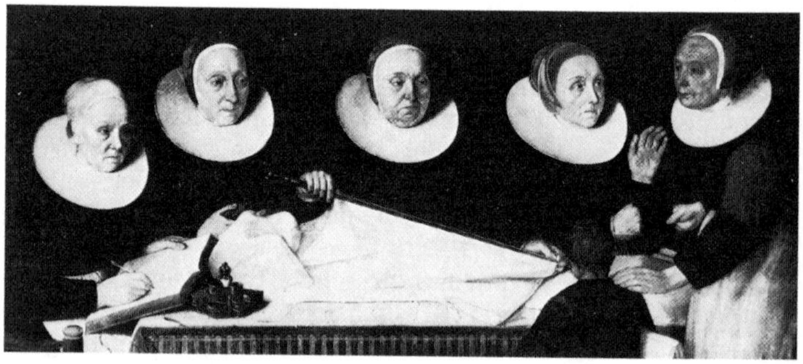

Diakonissinnen der Reformierten Gemeinde Emden, Gemälde von Alexander Sanders, 1665

Die strenge Wortgläubigkeit der Reformierten Kirche und der gedankliche Ernst der Gläubigen kommen auch in der protestantischen Porträtmalerei zum Ausdruck.

der großen Holländer. Das liegt, wie das protestantische Nachbarland zeigt, nicht ausschließlich am Geist der Konfessionalisierung, sondern hat auch viel banalere Ursachen. So fehlte für eine protestantisch-bürgerliche Malerei nach Art der Holländer in Deutschland einfach der Markt. Die Bürger brachten Geld nur noch für Einzel- und Gruppenporträts auf, die Fürsten aber holten französische und italienische Meister an ihren Hof, wie etwa Friedrich der Große, der von Jugend an ein leidenschaftlicher Verehrer und Sammler der Werke Watteaus war.

Ganz anders sah es im ausgehenden 16. Jahrhundert in der Architektur und der Stadtbaukunst aus. Sie sind die politischsten der Künste, und daher hatten sie die gegeneinanderstehenden Welten zur Erscheinung zu bringen, wobei den jungen Territorialstaaten und Konfessionskirchen besonders daran gelegen war, den Untertanen und dem Kirchenvolk ihren Ruhm und ihre Macht öffentlich kundzutun. Die prächtigen Renaissancefassaden von Kirchen, Residenzen, Schlössern und Hohen Schulen sind nicht nur Ausdruck neuerwachter Bauleidenschaft von Fürsten und Prälaten; dieser Bauwille hatte mit Selbstdarstellung und nicht mit Prunksucht zu tun, das Gebaute war politisches und religiöses Programm.

Die Kirche Il Gesù in Rom, Fassade von Giacomo della Porta, 1575

Der strenge Renaissancebau wird zum Vorbild für die gegenreformatorische Sakralarchitektur des Reiches, besonders deutlich bei der Jesuitenkirche St. Michael in München.

Von den Jesuiten vermittelt, drang in die katholische Architektur des Südens und Westens wieder die romanische Formensprache ein. In München bauten die Patres mit Unterstützung der Herzöge Wilhelm und Maximilian zwischen 1589 und 1597 die erste große Kirche in Deutschland seit mehr als einhundert Jahren. Der berühmten Il Gesù in Rom nachempfunden, verbindet die Münchener Jesuitenkirche St. Michael italienisch-hochbarocke und einheimische Formen der Spätgotik und der Renaissance zu einem monumentalen Raumeindruck. Darin wurde sie Vorbild für viele weitere Kirchen im katholischen Deutschland. In der monumentalen Strenge des angegliederten Jesuitenkollegs, das noch lange der nach dem Escorial größte Profanbau Europas bleiben sollte, trafen südländischer Formwille und abzirkelnde Rationalität des aufziehenden geometrischen Zeitalters zusammen.

Weiter im Norden, am Main, machte Fürstbischof Julius Echter von Mespelbrunn (1573-1617) seine Residenzstadt Würzburg zum Programm der katholischen Reform und des gegenreformatorischen Konfessionsstaates. Die neuen Kollegiengebäude der 1582 gegründeten Universität ließ er zusammen mit dem als Mausoleum geplanten »Templum academicum« über das Maintal hinweg in Sichtbeziehung setzen zu der gewaltigen bischöflichen Festung hoch oben auf dem Marienberg - ein imposanter kultisch-herrscherlicher Dreiklang von fürstbischöflicher Machtentfaltung, katholischem Bildungsprogramm und frühbarocker Allgegenwart des Todes. Vollendet wurde die monumentale Selbstdarstellung des frühmodernen Fürstenstaates durch die architektonisch wie medizinisch konzipierte Anlage des Juliusspitals, das seit 1576 außerhalb des inneren Stadtrings auf dem Gelände der Pleicher Vorstadt entstand. Die mittelalterliche Bebauung mußte weichen, damit in einem einheitlichen Komplex die unzähligen unübersichtlichen und natürlich ineffektiven Spitäler, Armen- und Altenhäuser des Mittelalters zusammengelegt werden konnten zum ersten großen neuzeitlichen Fürsorgebau auf

Bischof Julius Echter von Mespelbrunn, Steinrelief von Hans van der Mul, 1576

Mit dem Spessarter Adligen Julius Echter von Mespelbrunn (1573-1617) zog die Gegenreformation in Würzburg ein. Er machte Stift und Stadt zum kirchlichen, kulturellen und politischen Zentrum des mainländischen Katholizismus.

deutschem Boden. Christliche Caritas und Fürsorgeauftrag des guten Fürsten stützten den alles erfassenden und gestaltenden Zuständigkeitsanspruch des neuzeitlichen Staates.

Andere Städte folgten dem bayerischen und fränkischen Vorbild: im Norden etwa in Bonn die Residenz des Kölner Erzbischofs, weiter östlich die westfälisch-niedersächsischen Kathedralstädte Hildesheim, Paderborn und Münster, im Süden Graz, das die innerösterreichischen Erzherzöge Karl II. (1564-1590) und Ferdinand III. (1590 bis 1637) für Jahrzehnte zum kulturellen Zentrum des katholischen Österreich und zum Einfallstor italienischen Geistes und Geschmacks ins Reich machten. Salzburg aber erfuhr im Laufe des

Würzburg, Kupferstich von Merian, 1648

Die Stadt wurde unter Fürstbischof Julius Echter von Mespelbrunn zum Inbegriff der katholischen Residenz in Franken. In einem gewaltigen herrscherlich-sakralen Dreiklang über das Maintal hinweg sind die Feste Marienberg als militärischer Herrschersitz, der Dom als Kirche des Bischofs und die Universität mit der Grabeskirche des Bischofs in Sichtverbindung gesetzt.

17. Jahrhunderts auf der Basis der von Fürstbischof Wolf Dietrich von Raitenau entworfenen Stadtbaupläne den Ausbau zum katholisch-barocken Gesamtkulturwerk.

Ihren Höhepunkt erreichte die katholische Kultur des Alten Reiches in den zahlreichen Schloßbauten und in den Wallfahrts- und Klosterkirchen des Hoch- und Spätbarock, zum Beispiel der Klosterkirche von Banz, Vierzehnheiligen, der Wieskirche, Klosterneuburg, dem Brühler Schloß der wittelsbachischen Erzbischöfe von Köln und wiederum in Würzburg, wo Balthasar Neumann in der ersten Hälfte des 18. Jahrhunderts die neue fürstbischöfliche Residenz schuf, die der Venezianer Giovanni Battista Tiepolo mit Fresken ausmalte. Imponierende Würde, blendender Glanz und erhabene Größe erzeugten eine festliche Stimmung, die der weltlichen Selbstdarstellung des christlichen Fürsten und der religiösen Seelenführung des Volkes diente. Eine wohlberechnete Farb-, Form- und Lichtgebung sollte den Gläubigen in religiöse Entrückung versetzen, die überirdischen Güter des Jenseits erahnen und die irdische Drangsal überwinden lassen.

In nüchterner, karger und strenger, mitunter fast düsterer Atmosphäre begegnete demgegenüber der protestantische Christ seinem Gott. Alles war hier auf das Wort, auf die Predigt abgestellt; nichts sollte den Gottesdienstbesucher von seiner Konzentration auf die Kanzelpredigt und den auf diese Weise in seine Seele eingepflanzten Glauben ablenken. Besonders extrem war der Gegensatz zur süddeutschen Prachtentfaltung bei den reformierten Kirchen. St. Elisabeth in Marburg wurde noch Anfang des 17. Jahrhunderts durch

Mit dem von Balthasar Neumann entworfenen Käppele erhielt die katholische Sakrallandschaft im Würzburger Maintal Mitte des 18. Jahrhunderts ihren krönenden Abschluß: Auf einer gewaltigen himmelstrebenden Treppenanlage wird der Gläubige den auf dem linken Flußufer gelegenen Nikolausberg hinaufgeführt, hin zur Gnaden- und Wallfahrtskirche Mariae Heimsuchung. Stufe für Stufe, Terrasse für Terrasse löst er sich aus den alltäglichen Banden, um in theatralischer Inszenierung die göttliche Vollkommenheit zu erleben.

einen späten, obrigkeitlich verordneten Bildersturm von den mittelalterlichen »Götzen- und Heiligenbildern« gereinigt. Selbst Orgel- und Kirchenmusik waren zeitweilig verpönt, vor allem dort, wo der Einfluß Zwinglis stark war. Die Altäre machten Tischen Platz, an denen die Gemeinde das Abendmahl einnahm, den kunstvollen Kelch verdrängte der einfache Becher. Die wenigen Neubauten wuchsen zu einfachen Predigtkirchen, waren auf die Kanzel ausgerichtete »Hörsäle«. Selbst einen Lutheraner fröstelte, wenn er sie betrat:

Das ganze Gebäude wird seinem Äußeren nach nicht eine Kirche genannt werden können. Geht man durch eine der Haupttüren ein, so betritt man eine Vordiele mit Aufgang zu den Emporen. Drei große messingene Kronleuchter hängen in der Mitte der Kirche, an den Wänden sind messingene Armleuchter. Vor der Kanzel ist ein durch ein hölzernes Gitter abgekleideter Platz, an dessen vorderer Seite ein erhöhtes Pult für den Vorleser ist. An den beiden Seiten sind Sitze für die Kirchenältesten, für die Prediger und die übrigen Mitglieder des Kirchenrathes. Den Mittelraum unter der Kanzel füllt ein großer, hölzerner Schemel aus, auf den beim Gebrauch der Abendmahlstisch und das Taufgerät gestellt wird. Alles Holzwerk ist weiß angestrichen. Am Fuße der Empore sind mit goldenen Buchstaben verzeichnete Bibelsprüche, die fast alle dem Alten Testament entnommen sind. Übrigens findet sich in der Kirche nichts, was einer lutherischen Kirche angehört: Kein Bild, kein Cruzifix, kein Altar, keine Knieschemel, keine Altarleuchter, kein Taufstein, keine Sakristei, kein Beichtstuhl sind vorhanden. Am äußersten Ende der Nordseite ist eine Kirchenkammer, in welcher die Sitzungen des Kirchenrathes gehalten werden. An den Wänden dieses Zimmers sind Schränke

Neue Kirche in Emden, 1643 bis 1648 von dem Emdener Ratsherrn Martin Faber nach dem Vorbild der Noorderkerk in Amsterdam erbaut

Die predigtbezogenen Saalbauten verzichten auf jeden Schmuck, der den Gottesdienstbesucher vom Wort Gottes ablenken könnte; die Kirchenräume werden zu »Hörsälen«. Wo diese Bauten direkt von den Niederlanden beeinflußt sind, spiegeln sie die Leichtigkeit und das Können der Architekten des »Goldenen Jahrhunderts«, so die Neue Kirche in Emden, die erste barocke Predigerkirche Deutschlands, die den großen Kirchen Hendrik de Keysers nachgebaut wurde, was vor allem in dem Dachreiter mit offener Laterne und Krone deutlich wird.

für das Kirchenarchiv, auch sind die Bildnisse sämtlicher Prediger an dieser Kirche dort aufgehängt.[29]

Wo diese Kirchenbauten direkt von den Niederländern beeinflußt wurden, spiegeln sie die Leichtigkeit und das Können der Architekten des »goldenen Jahrhunderts« - sehr deutlich die 1648 vollendete Neue Kirche in Emden, die erste barocke Predigtkirche in Deutschland, die den großen Kirchen Hendrik de Keysers in Amsterdam nachgebaut wurde, was vor allem bei dem Dachreiter mit offener Laterne und Krone unverkennbar ist.

In den lutherischen Landschaften war der Umschlag weniger kraß. Neben Schrifttafeln mit den Zehn Geboten, dem Glaubensbekenntnis oder den Einsetzungsworten von Taufe und Abendmahl haben sie die Altarbilder erhalten und sogar neue Wandgemälde geschaffen, die häufig den Katechismus, das großartige Erziehungsbuch der Lutheraner, in Bildzyklen vorführen. Natürlich entwarfen auch protestantische Fürsten architektonische und städtebauliche Programme für ihre Residenzstädte, um ihre weltliche und kirchliche Herrschaft zu festigen. Spätere Generationen ließen sich sogar prächtige Barockschlösser und heroische Denkmäler errichten, nicht zuletzt die Hohenzollern in Berlin und Königsberg durch den gleichermaßen von Niederländern wie Italienern beeinflußten Andreas Schlüter.

Ein charakteristisches protestantisch-norddeutsches Gegenstück zu Würzburg, München und Salzburg ist Wolfenbüttel, die Residenzstadt der lutherischen Welfenherzöge von Braunschweig-Wolfenbüttel. Im Mittelalter reine Residenzburg ohne weitere Ansiedlung, wurde Wolfenbüttel seit der Mitte des 16. Jahrhunderts syste-

Grundriß der Residenzstadt Wolfenbüttel, 1627

Unweit der alten Frei- und Hansestadt Braunschweig hatten die welfischen Herzöge Wolfenbüttel zur Residenz ihres lutherischen Fürstenstaates ausgebaut.

matisch zur frühmodernen Residenzstadt ausgebaut. Ihr Begründer war Herzog Julius (1568-1589), der Nachfolger eines streng altgläubigen Vaters. Sogleich nach dem Regierungsantritt leitete er in seinem Fürstentum eine von den Untertanen bereitwillig aufgenommene Spätreformation ein. Um die mittelalterliche Burg und von dort weit nach Osten ausgreifend, legte er eine Befestigungsanlage mit modernen Wällen und Bastionen an. Innerhalb des so gewonnenen Areals entstand eine Stadt mit geometrisch-geradlinigem Grundriß, eine der wenigen planmäßigen Stadtanlagen der Renaissance in Deutschland.

Die mittelalterliche Wasserburg, die nun am Westrand der Stadt lag und mit dieser über eine Abfolge von städtebaulich reizvollen Plätzen und Straßenzügen in Beziehung stand, wurde über mehrere Generationen hinweg zum Renaissance- und Barockschloß erweitert. Dem Schloß, also dem Sitz des Fürsten gegenüber befand sich das zweigeschossige Zeughaus - das Waffenarsenal des Militär- und Machtstaates - mit einer Abmessung von zwanzig mal sechzig Metern. Ebenfalls von stattlichem Grundriß war die politisch-administrative Schaltstelle, die 1588 in der neuentstandenen Residenz vollendete Neue Kanzlei, wo bis zum Ende des 17. Jahrhunderts auch das Konsistorium tagte, die höchste Kirchenbehörde Braunschweig-Wolfenbüttels. Das architektonische Glanzstück aber bildete die Kirche Beatae Mariae Virginis, zwischen 1608 und 1626 als erster großer Neubau des Luthertums errichtet. Mit diesem gotisierenden Renaissancebau erreichte die neue protestantische Sakralarchitektur sogleich einen Höhepunkt, im Rang vergleichbar dem katholischen Antipoden, der Jesuitenkirche St. Michael in München.

Die Marienkirche, bis heute einer der größten Sakralbauten Niedersachsens, war Stadtkirche, Hauptkirche der Braunschweigisch-Wolfenbütteler Landeskirche und fürstliche Grablege in einem. Von deutschen Baumeistern entworfen, ist die Wolfenbütteler Hallenkirche stärker als die Münchener Jesuitenkirche einheimisch-mittelalterlicher Formensprache verpflichtet. In der Innenausstattung – wie ja auch bereits bei der Namensgebung – hebt sie sich entschieden vom Purismus calvinistischer Kirchen ab. Traditionsgemäß beherrscht ein Hochaltar den Raum, das ikonographische Programm ist jedoch durch und durch protestantisch, nämlich auf Christus allein ausgerichtet: in der Predella ein Abendmahlsrelief; im Hauptgeschoß eine Kreuzigungsgruppe, seitlich flankiert durch Christus am Ölberg und ein Ecce Homo; darüber die Grablegung und schließlich als Bekrönung der Auferstandene.

Diese Christozentrik ist typisch für die lutherische Andachtskunst generell. Statistiker haben errechnet, daß die Luthersche Wende das Andachtsbild zu hundert Prozent auf Christus ausrichtete, während er in der Vorreformationszeit nur auf etwa zwanzig Prozent der Bilder dargestellt war gegenüber je vierzig Prozent Darstellungen von Maria und anderen Heiligen.[30] Schließlich ein weiterer lutherischer Akzent: ein imposanter Orgelprospekt, auf dem eine heitere Schar von Engeln mit allen erdenklichen Instrumenten musiziert, denn anders als bei Katholiken und Calvinisten ist Musik für Lutheraner Gottesdienst.

Die Idee der Gemeindekirche war in Wolfenbüttel in die architektonische Gestaltung eingeflossen, getreu dem Programm Luthers, der bereits 1522 lapidar erklärt hatte: »Es gibt keine andere Ursache, Kirchen zu bauen, als daß die Christen zusammenkommen, beten,

Herzog Julius von Braunschweig-Wolfenbüttel mit den Söhnen und seine Frau Herzogin Hedwig mit den Töchtern, Gemälde von Hans Vredemann de Vries

Nur von Ferne erinnert dieses Familienporträt an spätmittelalterliche Stifterdarstellungen. Es ist die strenge Wortgläubigkeit des Protestantismus, die aus diesem Bild spricht. Auch dort, wo eine fürstliche Familie dargestellt ist, haftet der protestantischen Porträtmalerei ein bürgerlicher Zug an.

Das berühmte Schatzhaus des Geistes: die Bibliothek Herzog Augusts des Jüngeren in Wolfenbüttel, Kupferstich von Merian, 1654

Predigt hören und Sakramente empfangen können.« Zugleich war diese Kirche aber Fürstenkirche, denn sie diente der »höfischen Selbstdarstellung und Repräsentation« der Herzöge von Braunschweig-Wolfenbüttel, indem sie deren Souveränitätsanspruch gegenüber der nahegelegenen »Freistadt« Braunschweig dokumentierte. Fürstliche Siegeskirche sollte der Wolfenbütteler Renaissancebau sein und die mittelalterlichen Bürgerkirchen Braunschweigs überflügeln.[31]

Dem Sakralbau entsprach ein zweites Zentrum lutherischen Geistes, das wie kaum eine andere der neuen Institutionen die reformatorische Wende verkörperte, auch wenn es vornehmlich säkularen Zwecken diente: die Bibliothek, die noch heute Wolfenbüttel zum Schatzhaus alteuropäischer, protestantisch geprägter Buchkultur macht. Bereits der Barockdichter Siegmund von Birken sang ihr ein hohes Lied:

Dieser Bücher Lust Gezelt
Mag ich billig wol erkennen
Für ein Wunderwerk der Welt
Und es recht das Achte nennen.[32]

Dieses achte Weltwunder war so etwas wie ein Tempel protestantischer Wort- und Buchverehrung.

Bereits kurz nach dem gewaltigen Meinungsstreit, den die Reformation entfacht hatte, vermerkte Eberlin von Günzburg (1470-1533): »Der teutschen Bücher werden vil, und in teutscher sprach findt man yetzt alle göttliche und menschliche weißheit, auch aller ständ guts unnd bösß.« Wenig später, 1546, machte der Straßburger Reformator Dr. Kaspar Hedio den Pfalzgrafen Ottheinrich auf die Bedeutung von Bibliotheken aufmerksam. Es sei »ein gemein nutzig werck ..., ein Teutsche Bibliotheck an einem offnen ort zu haben für frumme gotsförchtige burger vnd leien«; da sollten »junge mans personen, auch junge handwerks gesellen ein offnen zugang [haben] auff die Sontag vnd feiertag vnd die zeit, so sie sunst in wein vnd bierheusern, auff den kegel vnnd spil plätzen oder sunst an onehrlichen orten üppig verzeren«; statt dessen könnten sie dort »in Teutschen Büchern ... selbs lesen oder hören lesen«, das aber müßte »zur besserung vnnd jrer seelen heil« dienen.[33]

In Wolfenbüttel waren es die lutherischen Landesherren selbst, die in gelehrter Bildung und frommer Gesinnung die Bücher zusammentrugen und auch der außerfürstlichen Welt zugänglich machten, zunächst im oberen Geschoß des Marstalls, später in einem eigenen Bibliotheksgebäude. Der leidenschaftlichste Sammler war Herzog August der Jüngere (1635-1666, * 1579), der sogar eigenhändig alle Kataloge schrieb und dessen Namen die Bibliothek bald trug: Bibliotheca Augusta Ducalis, die Herzog-August-Bibliothek. Als der Herzog 1666 starb, umfaßte seine Sammlung mehr als 100 000 Bände.

Wenn irgend etwas über die Jahrhunderte bezeichnend war für die Kultur und Mentalität des protestantischen Deutschland, dann diese Liebe zum Wort und zum Buch, ganz gleich, ob sie nun Lutheraner waren oder Calvinisten.

Der Leidenschaft zum Buch entspricht die Liebe zur Dichtung; weder in der Literatur noch in der Sprachpflege ist ein allgemeiner Niedergang zu spüren. In der zweiten Hälfte des 16. Jahrhunderts beherrschte zwar die lateinische Dichtung das Feld, aber das war kein Krisenzeichen, die Entwicklung der Nationalliteratur hat am Ende auch davon profitiert. Protestanten wie Katholiken erbauten sich am lateinischen Schuldrama, und es war offensichtlich ein recht breites Publikum, das auf diese Weise erreicht wurde. Es mußte ja auch nicht alles verstanden werden; die Darstellung und das Sehen waren wichtig. Selbst in den theaterfeindlichen calvinistischen Niederlanden konnte 1601 auf dem Markplatz von Leiden mit größtem Erfolg eine neulateinische Tragödie über die Ermordung Wilhelms von Oranien im Jahre 1583 aufgeführt werden.[34] Vaterländische Stoffe in lateinischem Gewand wurden auch in Deutschland auf die Bühne gebracht, und meist dienten die öffentlichen Plätze und Bauten als Kulisse.

Im Westen und Süden Deutschlands herrschte jedoch nicht das patriotische Geschichtsstück, sondern das katholische Jesuitendrama vor. Alljährlich zum Patronats- oder Schulgründungsfest aufgeführt - häufig vor der Kulisse der gegenreformatorischen Architektur -, diente es dazu, die Schüler wie die geladene Bildungs- und Politikelite in katholischer Glaubenstreue und christlich-stoischer Standhaftigkeit zu üben. Der konfessionellen Akzentsetzung entkleidet, kamen die Ideale des allgemeinen Barockdramas zum Vorschein, das der in den Niederlanden ausgebildete schlesische Protestant Andreas Gryphius (1616-1664) mit seinen Tragödien auf den Höhepunkt führte.

Die Bischofsstadt Salzburg mit ihrer von Santio Solari nach dem Muster der Peterskirche in Rom erbauten großartigen Domfassade bildete in den siebziger Jahren die Kulisse, vor der der Benediktiner Simon Rettenpacher (1634-1706) seine allegorischen Spiele mit Musik in Szene setzte. Neben Rettenpacher, der humanistischen Ideen zuneigte, brachten Jesuitengymnasium und Salzburger Benediktineruniversität auch den volkstümlichen und sprachgewaltigen Bußprediger Abraham a Santa Clara (1644-1709) hervor, der in Wien und Graz durch aufrüttelnde Kanzelreden der barocken Hofgesellschaft ebenso den Spiegel und das Memento mori vorhielt wie dem einfachen Volk.

Abraham a Santa Clara und die volkstümlichen Prediger des Kapuzinerordens, die in deutschsprachigen »Kapuzinaden« die Gläubigen aufzurütteln wußten, gehören dem Spätbarock an. Bis

Flugblatt gegen die Verderber der deutschen Sprache mit allerlei Fremdwörtern, lateinischen, welschen, spanischen oder französischen

Der Kampf um die Reinheit der deutschen Muttersprache war vor allem Sache der Protestanten. Das katholische Milieu zeichnete sich durch die Nähe zur Romania und zur regionalen Mundart aus.

dahin war die betonte Hinwendung zur deutschen Sprache allein typisch für das protestantische Milieu. »Die Autoren des katholischen Deutschland [hatten lange Zeit] auffallende Gleichgültigkeit gegenüber den grammatischen und poetologischen Bestrebungen der Protestanten in der Muttersprache« gezeigt. Das hatte zwei Ursachen: erstens das Beharren auf der höheren »dignitas« des Lateinischen, was mit den engen Kontakten zur Romania zusammenhing, und zweitens »die Empörung gegenüber der Anmaßung, die schriftsprachlichen Normierungen einer einzelnen Region des Deutschen Reiches für alle Regionen bindend zu machen«, was gegen die »protestantische« Hochsprache aus thüringisch-sächsischer Wurzel gerichtet war. Mit der Ausnahme Württembergs ist noch heute das selbstbewußt gesprochene lokale Idiom eher in katholischen Landstrichen zu Hause, während man sich in den protestantischen Gebieten um hochdeutsche Reinheit bemüht. »Das literarische Leben im frühneuzeitlichen Deutschland zerfiel folglich in zwei nicht nur ideologisch, sondern auch sprachlich sich abgrenzende Kulturkreise.« Die katholischen Autoren sollten diese Haltung bald teuer bezahlen, denn die Protestanten vereinnahmten nicht nur die deutsche Nationalliteraturbewegung, sondern prägten auch den sich im 18. und 19. Jahrhundert herausbildenden Kanon deutscher Hochdichtung. »Autoren des frühneuzeitlichen katholischen Deutschland sucht man dort [fast] vergeblich.«[35]

Die soziokonfessionellen Zusammenhänge in der deutschen Literatur des späten 16. und des frühen 17. Jahrhunderts sind noch immer nur unzureichend erforscht. Erst seit einiger Zeit suchen Literatur- und Sprachhistoriker die religiösen Impulse und soziokonfessionellen Bedingungen der großen Barockdichtung aufzudecken, bei Friedrich Spee von Langenfeld ebenso wie bei Andreas Gryphius und Martin Opitz. Innerhalb der nur auf den ersten Blick einheitlichen Barockliteratur schälen sich verschiedene, konfessionell bestimmte Zentren heraus: ein katholischer Kulturkreis mit Stützpunkten in München, Prag, später auch Wien, ein lutherischer um Paul Gerhardt (1607-1676) und Andreas Gryphius, schließlich ein calvinistischer am Heidelberger Hof mit weitgespannten Verbindungen nach Holland und Schlesien. Diesem letzten Kreis rechnet man heute auch den poetologischen und sprachlichen Reformismus des Martin Opitz und der Sprachgesellschaften zu, etwa der »Fruchtbringenden Gesellschaft« um den anhalt-köthenschen Fürsten Ludwig I.[36] Eine Sonderrolle spielt ein nur nach außen hin konfessionell eingefärbter Späthumanismus, der vor allem innerhalb der calvinistischen Tradition sein eigenes Recht behauptete.[37]

Auch auf diesem Feld sind die konfessionellen Zuordnungen jedoch sehr vorsichtig vorzunehmen. Modernität ist durchaus nicht allein im calvinistischen, Konservativ-Bewahrendes nicht nur im lutherischen und katholischen Kulturkreis zu Hause. Der lutherische Barockdichter Andreas Gryphius zum Beispiel war trotz der tiefen Religiösität seiner Sonette und Dramen ein scharfsinniger politischer Dichter.[38] Die lutherische Barockkultur zeigt nichts von einer dem Luthertum immer wieder unterstellten Abstinenz vom Politischen, nur daß die politische Dimension theologischer und religiöser Standpunkte nicht immer und nicht für alle offen zutage liegt.

Kling-gedicht

Auff die Fruchtbringende Gesellschafft/deren Nahmen/

Wort und

Gemählde.

Kompt / lernt vom Palmenbaum/ jhr die jhr euch begeben
In die Gesellschafft wolt/ wie jhr es stellet an
Daß euch Fruchtbringend heiß und halt ein jederman/
Jhr müsset seiner frucht in allem folgen eben:
Fast alles/ was bedarff/ der Mensch/ in seinem leben
Bringt vor der baum/ draus man Nehnadlen machen kan/
Garn/ Stricke/ Seide/ Schiff/ auch Mast/ und Segel dran/
Wein/ Eßig/ Brandtewein/ öhl seine früchte geben/
Brot/ Zucker/ Butter/ Milch/ Kees: Aus der Rinde wird
Ein Becher/ Leffel/ Topff; Ein blat von jhm formirt
Dachschindeln/ Matten auch von jhm geflochten werden:
Jn jedem Monat er/ vor- newe früchte bringt:
Wol dem / der gleich wie er darnach nur strebt und ringt
Daß er/ in allem frucht und nutzen bring auff erden.

Sinnbild und Sinnspruch der »Fruchtbringenden Gesellschaft«

Hinzu kommt die für die Barockdichter charakteristische Spannung zwischen Leben und Werk. Unter allen Barockdichtern ist Gryphius in seinen großen politisch-historischen Trauerspielen der entschiedenste Verfechter eines sakral-absolutistischen Souveränitätsprinzips und damit des modernen Fürstenstaates. In seiner Tragödie »Ermordete Majestät« oder »Carolus Stuardus«, die er sogleich nach der Hinrichtung König Karls I. von England durch die Puritaner verfaßte, erscheint die Opposition gegen den Monarchen nachgerade als Verstoß gegen die göttliche Weltordnung. Sein Brot verdiente dieser Fürsprecher des Fürstenstaates indes als Landessyndikus im Fürstentum Glogau, er »situierte sich also beruflich auf seiten einer vom Gang der Geschichte überholten ständischen Freiheit gegen den Hof oder bestenfalls zwischen beiden Positionen«.[39]

Das waren keine unüberbrückbaren Gegensätze; das Souveränitätsmanifest der Dichtung war keineswegs eine bloße Verherrlichung des obrigkeitlichen Macht- und Fürstenstaates, sondern viel eher eine kritische Rezeption der Bodinschen Souveränitätslehre. Diese kritische Distanzierung vom bloßen Machtstaat war die spezifische Leistung des lutherischen Denkens, war Ausdruck literarischer und politischer Kultur des deutschen Luthertums: In den Sonetten und Dramen des Gryphius ist der Souveränitätsanspruch des frühmodernen Staates lutherisch-christlich gebändigt, denn der Fürstenstaat ist eingebunden in die lutherische Rechtfertigungslehre. Eingespannt in die Zwei-Regimenter-Dialektik, ist der irdische Fürstenstaat dem Gottesstaat »hierarchisch zugeordnet mit einer entschiedenen Abwertungstendenz allen politischen Ordnungsmühens«.

In dieser Konstellation gibt sich das scheinbar absolutistisch-obrigkeitliche Herrscherbild von Andreas Gryphius als »ein lutherisches Gegenmanifest, eine Eitelkeitserklärung an die Adresse der kurrenten Souveränitätstheorien und deren Apotheose der Staatsklugheit« zu erkennen.[40] Nicht Immunisierung von Herrschaft wie bei der säkularen Souveränitätstheorie, sondern Hinweis auf den Amtscharakter jeder irdischen Herrschaft und damit deren Bindung an ein christliches Berufsverständnis – das ist das politische Manifest lutherisch geprägter Barockkultur.

Auf anderer theologischer Grundlage und in anderem internationalen Diskurs zeigt die Dichtung im calvinistischen und katholischen Bereich ein sehr ähnliches Bild. Das Jesuitendrama distanziert sich anfangs von der Souveränitätsidee, bindet diese dann aber ein in das Konzept einer verantwortungsvollen Symbiose kirchlicher und staatlicher Autorität. Vor allem der Wiener Hofdramatiker Nikolaus Avancini (1612-1686), ein Südtiroler Adliger, brachte »vaterländisch gestimmte Triumphspiele« zur Aufführung [41] und gab damit der politischen Komponente der »Pietas Austriaca« Ausdruck. Martin Opitz (1597-1639) war in der calvinistichen Welt Hollands, Heidelbergs und Schlesiens verwurzelt. Auch daraus resultierte eine politische und kulturelle Spannung zwischen Leben und Dichten, zwischen einer Religiosität, die zum »Ferment politischer Opposition gegen den Zentralismus des katholischen Kaiserhauses« wurde, und einem »humanistisch-calvinistischen Irenismus«, der geheimes Kraftzentrum des Lebens blieb.[42] Die eigentliche Leistung des Opitzschen Werkes lag aber auf der poetischen und poetologischen Ebene. Jenseits der Tagespolitik und der konfessionellen Kulturkreise verschrieb Opitz sich der Reform der deutschen Sprache und Dichtung, auf der dann eine Generation später die klassische Epoche der deutschen Literatur aufbauen konnte.

Gerade in ihrer Konzentration auf religiöse und theologische Fragen war die deutsche Barockdichtung politisch.[43] Auf ganz neue Weise wird in ihren Höhepunkten die Seelenstimmung des Individuums vernehmbar, das inmitten des Streits und des Chaos die Schönheit der Natur oder die Liebe besingt. Und auch diese Themen fanden in den einzelnen konfessionellen Kulturkreisen eine besondere Färbung: Friedrich Spee von Langenfeld (1591-1635), ein rheinischer Jesuit, faßt die barocke Liebessinnlichkeit mystisch-übersinnlich und findet in spiritueller Umdeutung erotischer und naturhafter Bilder den lyrischen Ton reiner Herzensfrömmigkeit. »Trutznachtigall« heißt die Sammlung seiner Lieder, die 1649, anderthalb Dezennien nach seinem Tod, erschien. Das Eingangsgedicht preist den Morgensang der Waldvögel und wendet sich dann in der fünften Strophe der alle übertönenden Sängerin zu:

Doch süsser noch erklinget
Ein sonders Vögelein,
So sein gesang volbringet
Bey Sonn- vnd Monetschein.
Trvtz-Nachtigal mitt Namen
Es nunmehr wird genandt,
Vnd vilen Wilt, vnd Zahmen
Geht vor, gantz vnbekandt

Trvtz-Nachtigal mans nennet,
Jst wund von süssem Pfeil:
Jn Lieb es lieblich brennet,
Wird nie der wunden heil.
Gelt, Pomp, vnd Pracht auff Erden,
Lust, Frewden es verspott,
Vnd achtets für beschwerden,
Sucht nur den schönen Gott.

Nur klinglets aller orten
Von Gott, vnd Gottes Sohn;
Vnd nur zun Himmelpforten
Verweisets allen ton:
Von Bäum- zun Bäumen springet,
durchstreichet Berg, vnd Thal,
Jn Feld- vnd Wälden singet,
Weiß keiner Noten Zahl.

Titelbild von Friedrich von Spee für seine Liedersammlung »Trutznachtigall«

Der Calvinismus, dem Sinnlichen abhold, hatte bereits Ende des 16. Jahrhunderts, also in vorbarocker Zeit, in den deutschsprachigen Psalmenübersetzungen von Paulus Melissus Schede (1539-1602), der seit 1586 Leiter der kurfürstlichen Bibliothek in Heidelberg war, eine eigene »geistlich-lyrische Ausdrucksform« gefunden, die zugleich der Reform des deutschen Verses den Boden bereitete.[44] Ihren Meister fand die Liederdichtung des Barock jedoch in dem Lutheraner Paul Gerhardt. Trotz der tiefen Verwurzelung in der Welt Luthers und der Reformation sind seine Lieder über die Epochen und Konfessionen hinweg in die Dichtung aller Deutschen eingegangen.

Nun ruhen alle Wälder,
Vieh, Menschen, Städt und Felder,
Es schläfft die gantze Welt:
Ihr aber, meine Sinnen,
Auf, auf! ihr sollt beginnen,
Was eurem Schöpfer wol gefällt.

Der Tag ist nun vergangen,
Die güldnen Sternlein prangen
Am blauen Himmels-Saal:
So, so werd ich auch stehen,
Wenn mich wird heissen gehen
Mein Gott aus diesem Jammertal.

Auch die Musik war konfessionell gespalten, wobei die tiefste Kluft innerhalb des Protestantismus verlief. Die Reformierten und Calvinisten mißtrauten der Sinnlichkeit der Musik so abgrundtief, daß in manchen ihrer Kirchen zeitweilig selbst die Orgel schweigen mußte.

Luther dagegen feierte die Musik ohne Umschweife als Geschenk Gottes, weil sie wie keine zweite Kunst geeignet sei, den Schöpfer zu loben, mit Instrumenten wie mit menschlichen Stimmen; »Theologie und Musik waren Schwestern«.[45] Es war diese religiös, ja theologisch begründete Feier der Musik, die das lutherische Kirchenlied hervorbrachte. Die protestantische Verbindung von Hochschätzung des Wortes und Hochschätzung der Musik machte die Deutschen zur Nation der Sänger und - dann später im 19. Jahrhundert - der Gesangvereine. Aus dieser Wurzel wuchsen die Passionen von Heinrich Schütz (1585-1672), dem Kapellmeister am lutherischen Hof des Kurfürsten von Sachsen, die großen Orgelwerke Dietrich Buxtehudes (1637-1707), des Organisten an der Marienkirche in Lübeck, die Oratorien und Opern Georg Friedrich Händels (1685-1759), der selbst Sohn einer lutherischen Pastorentochter war und dann Orgelschüler in Halle an der Saale und gefeierter Komponist in London, und vor allem das großartige Werk Johann Sebastian Bachs (1685-1750), des Kantors der Thomasschule zu Leipzig, der sogar dem Preußenkönig Friedrich Achtung abverlangte, obwohl dessen musikalischer Geschmack ja ganz auf französische und italienische Klänge ausgerichtet war.

Die Haltung des katholischen Deutschland zur Musik war nicht eindeutig; die religiösen Wurzeln sind nur schwach erkennbar: »Eine lange Reihe von Theologen und Konzilien sprach sich gegen zu komplizierte und laszive Kirchenmusik« aus. Die Prälaten der Renaissance- und Barockzeit liebten und förderten zwar an ihren Höfen das Musizieren, in der Kirche aber »versuchten sie alle, die Rolle der Musik zu begrenzen und einzuschränken, sie in Schablonen zu pressen ... und vor allem die gefürchtete Macht der Musik über die Seelen der Menschen in den Griff zu bekommen, indem man sie dem viel leichter zu kontrollierenden Wort unterordnete«.[46]

Im katholischen Milieu war die Entwicklung der neuzeitlichen Musik daher hauptsächlich auf weltliche Impulse angewiesen, die sich vor allem aus dem »humanistischen Gesittungsideal« ergaben, das dem Musizieren »einen hohen erzieherischen Wert zuwies«. Im 15. und 16. Jahrhundert wurden davon auch die Städte und das Bürgertum erfaßt; im 17. und 18. Jahrhundert waren dagegen insbeson-

Fraw Musica.

Fur allen freuden auff Erden /
Kan niemand kein feiner werden.
Denn die ich geb mit meim singen /
Vnd mit manchem süssen klingen.
Die kan nicht sein ein böser mut /
Wo da singen Gesellen gut.
Die bleibt kein zorn / zanck / has noch
Weichen mus alles hertzeleid. (neid
Geitz / sorg / vnd was sonst hart anleit.
Fert hin mit aller trawrigkeit.
Auch ist ein jeder des wol frey /
Das solche Freud kein sunde sey.
Sondern auch Gott viel bas gefelt /
Denn alle Freud der gantzen Welt.
Dem Teuffel sie sein werck zerstört /
Vnd verhindert viel böser Mörd.
Das zeugt David / des Königs that /
Der dem Saul offt geweret hat /
Mit gutem süssen Harffenspiel /
Das er jnn grossen Mord nicht fiel.
A iij Zum

Seite aus dem »Discant-Stimmbuch« des Georg Rhau, Wittenberg 1544

Luther schätzte als einziger der großen Theologen seiner Zeit die Musik ohne Wenn und Aber als eine mächtige und im Guten wirkende Kraft Gottes. Das war die religiös-theologische Voraussetzung für die Kirchenmusik des deutschen Luthertums, vor allem die großen Orgelwerke von Buxtehude, Bach und Schütz.

dere der Adel und die Fürstenhöfe Träger dieser weltlichen Musikkultur. Während das Musikleben in den lutherischen Gebieten zwei Pole besaß, nämlich die Kirche oder doch die Kirchengemeinde und den Fürstenhof, konzentrierte es sich im katholischen Bereich auf die Adelsgesellschaft und ihre Höfe. Vor allem der Wiener Hof erlebte glanzvolle Opern- und Konzertinszenierungen; von Ferdinand II. über Ferdinand III. bis hin zu Leopold I. waren die Habsburgerkaiser nicht nur Liebhaber, sondern auch Kenner der Musik. Leopold I. komponierte sogar selbst, und zumindest in dieser Hinsicht war er ein Vorläufer des musizierenden und komponierenden »Roi Philosophe« von Sanssouci.[47] Es gab keinen Unterschied der Qualität, wohl aber einen der Breite und der Tiefenwirkung der Musikkultur im lutherischen und katholischen Deutschland der Frühneuzeit.

Am Ende setzten dann doch Prozesse des Austauschs ein, die in komplizierter Weise verbunden waren mit der Entkonfessionalisierung und Säkularisierung, die nur zu häufig die Überleitung der religiösen Bild- und Formensprache in die weltliche Sphäre meinte. Ludwig van Beethoven (1770-1827), der dem katholischen Kulturkreis der südlichen Niederlande und des Rheinlandes entstammte, steht eben doch im Bann der von Luther ausgehenden religiösen Begründung der deutschen Musik: »Sprechen Sie dem Goethe von mir«, so schrieb er 1810 an Bettina Brentano, »sagen Sie ihm, er solle meine Symphonien hören, da wird er mir recht geben, daß Musik der einzige unverkörperte Eingang in eine höhere Welt des Wissens ist, die wohl den Menschen umfaßt, daß er aber nicht sie zu fassen vermag. So vertritt die Kunst allemal die Gottheit und das menschliche Verhältnis zu ihr ist Religion.«[48] Die Musik Beethovens ist keine Kirchenmusik mehr, aber deren religiöse Antriebe sind in ihr aufgehoben. Die musikalische Empfindsamkeit der Deutschen im 19. und 20. Jahrhundert gründete auf dem säkularisierten Boden der religiös-kirchlichen Musikkultur der Frühneuzeit.

VI.
Politischer und gesellschaftlicher Wandel. Das späte 16. Jahrhundert als Vorsattelzeit der Moderne

Nachdem alle Obrigkeit zum Beschirmen der Frommen und zum Strafen der Übeltäter von Gott allmächtig verordnet ist, damit ihre Gemeinde und Untertanen in der Furcht des Herrn gelehrt, in guter Zucht erhalten, mit Gerechtigkeit, guter Ordnung und Polizei stets gut regiert werden, ... haben wir darauf zu achten, daß die schweren Laster der Gotteslästerung, des Fluchens, Spielens, des Zu- und Volltrinkens, Tag und Nacht in Wirtshäusern Liegens sowie der Prunksucht in der Kleidung, was Weib und Kind sowie den Mann selbst an den Bettelstab bringt, dazu Streit und blutige Schlägereien, Ehebruch, Kuppelei und Hurerei, Wucher und alle anderen Bosheiten, von denen die Welt nun leider voll ist, nicht ungestraft bleiben, um des gemeinen Friedens und der Ordnung willen, sonderlich aber weil es Gott dem Allmächtigen zuwider, und sein heiliges Wort dadurch geschmähet wird. Daher weisen wir in einer jeden Stadt, Flecken oder Dorf die Vorsteher der Zünfte, sowie die Kirchengeschworenen [Kirchenvorsteher] mit ihren Pastoren oder Prädikanten an, daß sie alles, was sie hören und erfahren, was auf Straßen und an Mühlen erzählt wird, unserem Amtmann oder dem Landrichter mitteilen, damit dieser die Übeltäter nach Gebühr verurteile. Wer aber nach wiederholter Ermahnung von seinen Lastern nicht abläßt, der soll als ein mutwilliger Gotteslästerer zum Exempel für die anderen von uns öffentlich und schwer gestraft werden.[1]

Mit solchen Verordnungen, die in ihren Begründungen und Forderungen, ja häufig bis in den Wortlaut hinein identisch waren, gingen die fürstlichen und stadträtlichen Obrigkeiten von Ostfriesland bis Kärnten, von der Pfalz bis Ostpreußen seit Mitte des Reformationsjahrhunderts daran, ihre Territorien politisch und kirchlich zu konsolidieren und die verwirrende Vielfalt von sozialen Gruppen eigenen Rechts und besonderer Lebensführung einzubinden in die neue Territorial- und Untertanengesellschaft. Das galt für den hochfahrenden Adligen wie für den auf seine zahlreichen Sonderrechte pochenden Kleriker, für die Kaufleute und Handwerker der vielen unabhängigen Städte ebenso wie für die in entlegenen Weilern lebenden Bauern oder gar die Hirten, Schäfer und Vagierenden, die durch das Land zogen, niemandem untertan und nach eigenen Gesetzen lebend.

Diesen umstürzenden politischen und gesellschaftlichen Wandel nennen wir frühneuzeitliche Staatsbildung und Formierung der frühmodernen Untertanengesellschaft. Die Ursprünge reichen bis ins späte Mittelalter zurück. Das Augsburger Gesetzeswerk von 1555 hatte jedoch in rechtlicher wie in politischer Hinsicht neue Impulse gegeben, die diesen Wandel radikal beschleunigten; vor allem aber trieben die gewaltigen Energien der Konfessionalisierung die Veränderungen mit Macht in dieselbe Richtung. In der zweiten Hälfte des 16. Jahrhunderts trafen zwei Fundamentalprozesse der werdenden Neuzeit aufeinander, überlagerten sich, und zwar so, daß sich ihre Dynamik addierte: Die von Trient und Genf her ins Reich einbrechende theologisch-religiöse Dynamik traf auf die säkulare Dynamik des frühmodernen Staates, die Anfang des letzten Jahrhundertdrittels in Deutschland ebenfalls eine neue Schubkraft gewann.

Nach dem Aufbruch des späten Mittelalters und dem raschen Wandel der Reformation war im Schutze des Religionsfriedens eine

Sitzung der Regensburger Ratsversammlung, Miniatur von Hans Mielich, 1536

Zu Beginn des 16. Jahrhunderts besaßen die Städte gegenüber den Fürstenstaaten noch einen deutlichen Modernitätsvorsprung. Ihr Regiment und ihre Administration wurden zum Vorbild für die Regierungsgremien der Territorialstaaten.

Basis erreicht worden, auf der auch in der Vielzahl von kleineren Territorien die innere Umbildung des Staates und der Gesellschaft systematisch und kontinuierlich in Angriff genommen werden konnte. Es war innerhalb des langfristigen Wandlungsprozesses, den Theodore Rabb als »struggle for stability« charakterisiert,[2] eine – wie sich erweisen sollte – vorläufige Zwischenstation erreicht, auf der sozusagen ein erstes Fazit der ersten Phase des Wandlungsprozesses gezogen wurde beziehungsweise der Versuch dazu gemacht wurde. Was im späten Mittelalter aufgebrochen und in der Reformationszeit verändert worden war, das stand zu Ende des langen 16. Jahrhunderts als Baustein für das neue Staats- und Gesellschaftsgebäude zur Verfügung.

Auf dem langen Weg in die Moderne, der Ende des 15. Jahrhunderts begann und drei Jahrhunderte später in der sogenannten Sattelzeit,[3] der Schwellenzeit seit 1760, den Durchbruch brachte, war die Zeit des ausgehenden 16. und beginnenden 17. Jahrhunderts eine Phase beschleunigten Wandels, gewissermaßen eine Vorsattelzeit, um den Begriff von Reinhard Koselleck abgewandelt aufzunehmen. Die gewaltige Anstrengung, die über die Jahrhunderte in Europa Staat und Gesellschaft tief umformte, führte am Ende zur neuzeitlichen Rationalität und Modernisierung. Das meint im einzelnen eine Versachlichung in den gesellschaftlichen Beziehungen, ohne daß die für das Mittelalter charakteristischen personalen Strukturen bereits in den Hintergrund gedrängt wurden; eine zunehmende Differenzierung der politischen und sozialen Organisation; eine Professionalisierung und Akademisierung der Eliten; schließlich eine Disziplinierung als Fundamentalvorgang, der alle Bereiche des öffentlichen und privaten Lebens und alle sozialen Schichten erfaßte.

Diesem Wandel war alles unterworfen, überall zeigte sich das Neue: in der Herausbildung einer frühmodernen Bürokratie; in der

Ausweitung des staatlich-öffentlichen Tätigkeitsfeldes; im Beginn einer öffentlichen Steuer- und Wirtschaftspolitik; in der Wesensbestimmung des Staates aus dem Prinzip der Souveränität mit entsprechenden Folgen für die konkrete Politik der Fürsten; schließlich in dem Versuch, eine disziplinierte, einheitliche Untertanengesellschaft zu errichten. Aber all diese Tendenzen hatten sich gegen zähe Widerstände und das Gewicht des Traditionellen durchzusetzen; die endgültige Entscheidung fiel erst in der zweiten Hälfte des 18. und im frühen 19. Jahrhundert. In dieser Gleichzeitigkeit von Modernisierung und Traditionalität gehört die Frühe Neuzeit aufs Ganze gesehen noch zur alteuropäischen Welt.

1. Der frühmoderne Fürstenstaat

Die frühmoderne Bürokratie

Den Konstrukteuren des frühmodernen staatlichen Behördensystems stellte sich eine doppelte Aufgabe: die Ausrichtung der Lokal- und Sachinstitutionen auf eine oberste Verwaltungszentrale und damit die Einführung von Verwaltungsinstanzen; sodann die Schaffung eines Beamten im modernen Sinne, der nicht mehr dem feudalen Personenverband und dem Land verpflichtet war, sondern dem Träger der höchsten Staatsgewalt, also in Deutschland den Fürsten. Das waren längerfristige, idealtypisch zu begreifende Prozesse, die in den einzelnen Territorien sehr unterschiedliche Gestalt annehmen konnten und bis ins 19. Jahrhundert hinein immer wieder von Rückschlägen unterbrochen wurden. Die zweite Hälfte des Reformationsjahrhunderts brachte aber allenthalben einen Verdichtungsschub. Die Relikte autochthoner oder semi-autonomer Verwaltungsstrukturen, die sich auch nach der spätmittelalterlichen Einteilung in landesherrliche Verwaltungsbezirke erhalten hatten, wurden Schritt für Schritt zurückgedrängt; zugleich nahm die Zentralregierung des Landes eine differenziertere und effektivere Gestalt an. Die Lokal- und Regionalverwaltung wurde ihr untergeordnet. Das traf neben den Ämtern vor allem die Städte, die in bestimmten Regionen des Reiches - etwa im norddeutschen Hanseraum - politisch und administrativ bislang weitgehend autonom waren und daher in die mittelalterliche Ämterverfassung kaum integriert werden konnten.

Aber diese Erfolge blieben immer gefährdet. Der alteuropäische Regionalismus und das alteuropäische Personengeflecht behielten auch jetzt noch dem frühmodernen Staat und seinem Sach- und Institutionengefüge gegenüber ein zähes Eigenleben: Die größeren Städte zum Beispiel bewahrten oder entwickelten aufs neue eine Selbstverwaltung, wenn diese auch vom Staat abgeleitet war und seiner Kontrolle unterstand. Und vor allem bildeten sich angesichts der noch kaum zentralisierten und wenig vereinheitlichten frühmodernen Sozial- und Verfassungsverhältnisse immer wieder selbstbewußte Lokal- und Regionaleliten. Selbst aus den vom Landesherrn eingesetzten Amtsträgern wurde über die Generationen hin wieder eine lokal verwurzelte aristokratisch-adlige »Clique« eigener Autorität, die sich in Konfliktfällen eher den Interessen des Landes und der Stände als denjenigen des Fürsten verpflichtet fühlte. Auch dies ist ein gesamteuropäisches Phänomen, das die großen Nationalstaaten Westeuropas ebenfalls kannten, Frankreich nicht weniger als England, wo es in der Gestalt des Friedensrichters (Justice of the Peace) zum Prinzip der Verwaltung erhoben wurde. Es ist das Strukturproblem der »Amtsträger zwischen Krongewalt und Ständen«, dem später die absolutistischen Staaten durch den Typus des Staatskommissars Herr zu werden versuchten, den berühmten Intendanten in Frankreich oder den Steuerräten in Preußen.[4]

Um so wichtiger war es, daß der Augsburger Religionsfrieden den deutschen Fürsten die Möglichkeit eröffnete, eine landeskirchliche

Maximilian I. (1598-1651), Gemälde, um 1636/39

Maximilian, zunächst Herzog, ab 1623 Kurfürst von Bayern, war der Begründer des frühmodernen bayerischen Fürstenstaates, den er zugleich zur geistigen, politischen und militärischen Vormacht des Katholizismus im Reich führte.

Verwaltung aufzubauen, bei der die Stände keinerlei Beteiligungsforderungen mehr erheben konnten. Das gilt nicht nur für die protestantischen Länder, wo sich rasch das zuerst in Sachsen entwickelte Konsistorialsystem ausbreitete. Die Landeskirche wurde hier von einer aus Theologen und Juristen zusammengesetzten höchsten Landesbehörde - dem Konsistorium - geleitet, das in den reformierten Territorien durch gemeindliche Vertretungsgremien moderiert, aber nicht prinzipiell verändert wurde.[5]

Auch in katholischen Territorien entstanden geistliche Zentralbehörden. In Bayern war es der Geistliche Rat, der von 1570 an tätig war, von 1629 an unter der bis zum Ende des Alten Reiches gültigen Ordnung. Mit geistlichen und weltlichen Räten besetzt, die der Landesherr berief, präsidierte ihm der Probst des Kollegiatstiftes »Unserer Lieben Frau« in München; das ranghöchste weltliche Mitglied war der Hofkanzler. Der Geistliche Rat war in der Aufbauphase des bayerischen Territorialstaates ein wirksames Instrument landesherrlicher Kirchenpolitik, das die Herzöge, später Kurfürsten von Bayern entschlossen zur Stabilisierung ihrer politischen Position nutzten, nachdem ihnen die Kurie im Konkordat von 1583 sowie in den Rezessen von Salzburg (1628) und Augsburg (1631) die Kirchenhoheit zugestanden hatte. Neben einer allgemeinen Kontrolle des kirchlichen und religiösen Lebens oblag dem Geistlichen Rat die Beaufsichtigung der Klöster und der Präsentationen von Geistlichen für Pfarreien und Kollegiatstifte. Nicht selten kam es zu schweren Auseinandersetzungen mit dem Episkopat. Auch der katholische Territorialstaat kontrollierte das kirchliche Personal und steuerte die Verwaltung von Kloster- und Kirchengut.

Das Herzogtum, ab 1623 Kurfürstentum Bayern, ist ein glänzendes Beispiel für die erste Phase der frühmodernen Staatsbildung in den deutschen Territorien. Vom ausgehenden 16. bis in die Mitte des 17. Jahrhunderts nahm es innerhalb des Reiches im politischen Modernisierungsprozeß eine Vorreiterrolle ein, erst danach wurde es von Österreich und Preußen überrundet.

Der Vorsprung der bayerischen Staatsbildung war das Ergebnis einer glücklichen Abfolge fähiger und politisch geschickter Herrscher: Auf Albrecht V., der den Adel zähmte und das Protestantismusproblem löste, folgte der fromme Wilhelm V., der im Kölner Krieg die Grundlagen für den reichspolitischen Aufstieg Bayerns legte und im Innern durch aktive Förderung der Jesuiten die Weichen für die religiöse und gesellschaftliche Formung stellte. Sein Sohn Maximilian I. (1598-1651), der »wohl größte aller Wittelsbacher«, ein vorzüglicher Organisator und machtbewußter Realpolitiker, wurde dann zum eigentlichen Begründer des frühmodernen Territorialstaates in Bayern. In dem halben Jahrhundert seiner Regierung gelang nicht nur der Sprung in den höchsten Rang der Reichsstände, es wurden auch die institutionellen, rechtlichen, fiskalischen und ökonomischen Voraussetzungen dafür geschaffen, daß später das Kurfürstentum in reichspolitisch ungünstiger Lage überlebte und dabei stets eine bedeutende Rolle unter den deutschen und europäischen Mächten spielten konnte.

Erzogen im Geist des Jesuitenhumanismus, der Frömmigkeit und Reinheit der Lehre gleichermaßen festigte wie Staatsklugheit und praktisches Verwaltungsgeschick, nahm Maximilian bereits mit einundzwanzig Jahren, zunächst noch als Mitregent an der Seite des Vaters, die innere Staatsarbeit in die Hand. Sein katholischer Rigorismus, die harte Askese und vor allem die verschlossene, leicht kalt wirkende Hispanität seines Wesens haben lange sein Bild in der Geschichte verdunkelt. Leopold von Ranke, der protestantische Meister der großen Historiographie des 19. Jahrhunderts, trug die Kritik dem König von Bayern selber im Gespräch vor: Maximilian sei jesuitenhörig gewesen, habe den Kopf voller Abenteuerlichkeit gehabt, und der Hauptgesichtspunkt seiner Politik hätte sich als falsch erwiesen, auch und gerade für das Haus Wittelsbach. Heute hebt die strukturgeschichtliche Betrachtung stärker auf die sachliche Leistung beim inneren Staatsausbau ab. Und hier verdient Maximilian Bewunderung, nicht zuletzt, weil das alles einem nervösen, leicht verwundbaren Geist abgerungen wurde, »der sich zur Strenge zwingt und zur Haltung«, und weil der Begründer des zeitweilig modernsten der deutschen Territorialstaaten ein Mann war »mit auf und ab schwankender Gesundheit und tausend kleinen Leiden, der sich immer wieder das Letzte abverlangte«.[6]

Das Herzogtum Bayern war in vier Ämter eingeteilt, benannt nach den Amtsstädten, die Residenzstädte gewesen waren oder zum Teil noch waren. Diese Rentämter München, Landshut, Straubing und Burghausen waren verwaltungsorganisatorisch außerordentlich bedeutsame Mittelinstanzen zwischen der landesherrlichen Zentrale und der Lokalverwaltung, die durch ein Heer von Pflegern und Landrichtern ausgeübt wurde. Gar nicht oder nur unvollkommen

Allgorie auf die bayerischen Rentämter und die Universitätsstadt Ingolstadt, wahrscheinlich von Jan Sadeler, Mitte des 17. Jahrhunderts

Auf einem mit dem Christusmonogramm und den Wappen von Pfalzbayern und Lothringen geschmückten Podest nimmt Ingolstadt als Sitz der Wissenschaften die höchste Stufe ein, umgeben von den Hauptstädten der vier Rentämter: München, wo der Gottesdienst sein Zentrum findet, als Religio; Landshut mit seiner Festung und dem zentralen Zeughaus als Militia; Burghausen, die alte Residenzstadt, als Politica; Straubing, der Vorort der niederbayerischen Kornböden, als Agricultura.

eingebunden in diese Organisation waren zunächst die patrimonialen Gerichts- und Verwaltungsbezirke von Adel und Kirche sowie die Städte.

Ähnlich wie in vielen anderen Territorien – etwa in Kursachsen mit Amtmann und Schösser – besaßen auch die bayerischen Rentämter eine doppelte Verwaltungsspitze: den Viztum – von »vicedominus« – als Vertreter des Landesherrn, der den Vorsitz im Gericht des Amtes und die allgemeine Verwaltung wahrnahm, und den Rentmeister als obersten Fachbeamten für Finanz- und Wirtschaftsangelegenheiten. Wie der kursächsische Amtmann, so war auch in Bayern der Viztum in der Regel ein Adliger und damit einer jener erwähnten alteuropäischen Amtsträger zwischen Ständen und Krongewalt mit einer vom Landesherrn unabhängigen Gebiets- und Statusqualifikation. Die Rentmeister – in Kursachsen die Schösser – waren dagegen meist bürgerlicher Herkunft und verkörperten den neuen Typ des in stärkerer Abhängigkeit vom Landesherrn stehenden Beamten mit Sachqualifikation, die zunehmend durch ein Studium erworben werden mußte.

Die wichtigsten Verwaltungskompetenzen und damit das politische Gewicht, verlagerten sich Zug um Zug vom adligen Repräsentanten des »Landes« auf den staatlichen Fachbeamten, der zum Träger des »Finanzstaates«[7] wurde. Die Rentmeister besaßen einen eigenen Verwaltungsstab; unkontrolliert vom Viztum, arbeiteten sie direkt zusammen mit den Pflegern und Landrichtern der Lokalverwaltung einerseits und der Hofkammer andererseits, der für Wirtschaft und Finanzen zuständigen Zentralbehörde. Herzog Maximilian setzte die Rentmeister darüber hinaus ein, um den katholischen Glauben und die Sitten, vor allem die Sexual- und Ehemoral seiner Untertanen zu kontrollieren. Diese und andere Polizeibefugnisse der Rentmeister höhlten die von den Ständen mitkontrollierte ordentliche Niedergerichtsbarkeit sowie das Gericht des Viztums aus. Die Stände protestierten zwar heftig, aber vergeblich.

Die adligen Viztume behielten den Ehrenvorrang, und sie waren in ihren Amtsbezirken die offiziellen Stellvertreter des Landesherrn, vor allem in seiner Funktion als oberster Rechtswahrer. Das bedeutete jedoch nicht unbedingt eine Entmachtung und Abdrängung auf »bloße« Ehrenämter. Die Art und Weise alteuropäischer Herrschaftsausübung ließ sowohl den Inhabern des Sach-, also auch denjenigen des Ehrenamtes reale Möglichkeiten, zu politischem Einfluß zu gelangen. Welchen Gebrauch sie davon machten, hing von den jeweiligen Personen ab sowie von der politischen Gesamtkonstellation innerhalb des Territorialstaates. Das Jahrhundert zwischen 1550 und 1650 war die Zeit der bürgerlichen Rentmeister, und zwar nicht nur in Bayern. Als sich später der Adel an die Bedingungen der frühmodernen Staatsgesellschaft angepaßt hatte, sollte sich das rasch ändern. Fortan lag das politische Gewicht meist wieder bei den mit Adligen besetzten Landesämtern. Nicht wenige dieser Adligen des späten 17. Jahrhunderts waren indes Nachfahren von nobilitierten Bürgern des 16. Jahrhunderts.

Eine vergleichbare Spezialisierung und »Auslagerung« der politisch wichtigsten Sachkompetenzen fand bei der Zentralverwaltung statt. Dort lagen bislang alle wichtigen Aufgaben beim Hofrat, einer bereits im Mittelalter entstandenen Kollegiatbehörde, die sich seit dem frühen 16. Jahrhundert aus einer »gelehrten Bank« promovierter, meist bürgerlicher Juristen und einer »Ritterbank« des Adels zusammensetzte. Ihr war ein eigener Verwaltungsstab zugeordnet, die Hofratskanzlei. Da die rasch anwachsende Regierungs- und Verwaltungstätigkeit des frühmodernen Staates Hofrat und Hofkanzlei überforderte, gründete Herzog Albrecht V. 1550 die Hofkammer als eine Spezialbehörde für Wirtschafts- und Finanzangelegenheiten, deren wichtigste Aufgabe es war, der ererbten Schuldenlast Herr zu werden.

Zunächst bestand eine Personalunion mit dem Hofrat, denn dieselben Personen arbeiteten einmal als Hofrat, einmal als Hofkammer. Ein Vierteljahrhundert später, 1572/73, fand dann die personelle Trennung statt; die Kammer erhielt einen eigenen Präsidenten, später auch eine Hofkammerkanzlei und einen eigenen Verwaltungsstab. Die Kammerräte waren durchweg bürgerlich, weil der Adel die Mitarbeit in der Hofkammer als standeswidrig ansah. Unter Maximilian wurde diese Spezialbehörde dann zum eigentlichen Machtzentrum des Herzogtums, denn sie sicherte die fiskalischen und ökonomischen Ressourcen, ohne die die ausgreifende Territorial- und Reichspolitik des Wittelsbachers undenkbar war. Diese Maximilianische Hofkammerordnung von 1640 , die eine ältere von 1617 verbesserte, blieb bis 1765 in Kraft.

Die Staatseinnahmen wuchsen rapide, die Ausgaben wurden, wo es ging, beschnitten. Das war möglich, weil die Hofkammer sich sorgfältig informierte, rational plante und ständig kontrollierte. Entscheidend war die erwähnte enge Zusammenarbeit mit den Rentmeistern und den Pflegern: Die Rentmeister der vier Ämter führten alljährlich die sogenannten Rentmeisterumritte durch, auf denen sie die Rechnungen der Beamten in den Gerichten, Städten und Märkten kontrollierten. Einzelrechnungen, Protokolle des Umritts sowie die Rechenlegung der Rentmeister selbst wurden von der Hofkammer überprüft. Die wichtigsten Posten aber kontrollierte der Herzog persönlich. Die so gewonnenen Daten erlaubten es der Zentrale erstmals, einen Haushaltsplan aufzustellen, der die gesamten Einnahmen und Ausgaben berücksichtigte.[8] So wurden die Einnahmen systematisch gesteigert, voran bei der Salzgewinnung und der zum Teil im Staatsmonopol durchgeführten Bierbrauerei. Das erstmals in einer Zentralbehörde eingeführte Ressortprinzip wies jedem der Kammerräte einen geographisch oder sachlich umrissenen Aufgabenbereich zu. Kam eine Mißwirtschaft ans Licht, zog der Landesherr den zuständigen Kammerrat zur Verantwortung.

Die Grundsätze der bayerischen Finanzpolitik sind durch Herzog Maximilian I. selbst überliefert. Als ihn 1610 seine Cousine, die spanische Königin Margarete, bitten ließ, »in secreto und für sie allein« mitzuteilen, wie er es fertiggebracht habe, die bayerischen Finanzen in einen so guten Stand zu bringen, antwortete er:

Mich hat mörkhlich geholffen ein steiffes propositum, alle vnnotwendikheiten abzustellen, item dass ich selbs zu meinen sachen gesehen, die rechnungen selbs gelesen, vnd was ich für mengl dabei gefunden, geandet, bericht genommen, der sachen remediert, auch den mittlen, das einkhommen debito modo zu uerbössern, selbst nahgedacht; vnd ist in hac materia das sprichwort ganz wahr: oculus domini saginat equum ... die rehte reputation vnd grandezza stett nit in dem spendiern, sonder in dem

Bernhard Barth von Harmating (1560-1630)

Aus einer Münchener Patrizierfamilie stammend, konnte Bernhard Barth auch ohne Promotion zum Dr. jur. Karriere machen – als Hofrat, Hofrichter und Rentmeister im Dienste Herzog Maximilians. Als Vertrauter des Landesherrn wurde er zu ganz unterschiedlichen Aufgaben herangezogen, unter anderem auch zur Visitation der bayerischen Klöster. 1609 machte ihn der Herzog in Anerkennung seiner Verdienste zum Edelmann.

wolspendiern vnd gespärikheit; dann vil khlaine machen ein gross vnd von vilen hunderten entspringen vil tausent vnd auss den tausenten werden die milliones, vnd ein fürst, so nit bei diser itzigen bösen welt reich ist, der het khein authoritet noch reputation, vnd wo dise zwey nit sein, da muss das publicum bruchen leyden ...[9]

Am Ende wurden auch die untersten lokalen Amtsträger in das neue, staatliche Behördensystem eingegliedert. Bis ins 17. Jahrhundert hinein waren die Pflegeämter dem Adel oder verdienten bürgerlichen Räten der Zentralverwaltung überlassen, die die Einnahmen nicht direkt an die Landeskasse abführten, sondern daraus zunächst die Finanzausstattung des eigenen Amtes bestritten. Daran änderten zunächst auch die Rentmeisterumritte nichts. Viele dieser Pfleger nahmen zudem die Aufgabe nicht selbst wahr, sondern übergaben sie von ihnen eingesetzten und besoldeten Pflegeverwaltern, Privatbeamten also, die dem Landesherrn gar nicht verbunden waren. Maximilian ließ auch diese Verwalter von der Hofkammer visitieren und ihre Amtsführung überwachen. Von den Pflegern neu berufene Verwalter wurden auf ihre fachliche Qualifikation geprüft; seit 1643 ging auch ihre Ernennung von der Hofkammer aus. Nun war auch die Lokalverwaltung staatlicher Aufsicht unterworfen, und ihre Einnahmen flossen in die Kasse des Landesherrn, der seinerseits die Pflegeverwalter besoldete.

Als eine weitere zentrale Spezialbehörde trat der Defensions- und Kriegsrat neben den Geistlichen Rat und die Hofkammer, zunächst nur vorübergehend im Zusammenhang mit Bayerns Engagement im Kölner Krieg 1583, endgültig dann am Vorabend des Dreißigjährigen Krieges. Auch anderwärts waren »Landesdefensionswerke« ins Leben gerufen worden, und zwar in großen Ländern wie Österreich ebenso wie in Klein- und Kleinstterritorien wie zum Beispiel der Grafschaft Nassau. Die Kompetenz lag in all diesen Fällen teils beim Landesherrn, teils bei den Landständen. Auch der bayerische Kriegsrat war zunächst gemischt besetzt, mit landesherrlichen Räten und mit Verordneten der Landschaft; seine Aufgaben – Musterung, Bewaffnung und Ausbildung der Untertanen, Aufbau und Ausstattung von Arsenalen (Zeughäusern) und Verteidigungsbastionen – übte er in Zusammenarbeit mit der Hofkammer und dem Hofrat aus, mit landesherrlichen Behörden also.

Im Dreißigjährigen Krieg ergriff Maximilian die Gelegenheit, den Defensions- und Kriegsrat zu einer reinen landesherrlichen Behörde umzugestalten. Mit einer Verordnung vom 8. Mai 1620 verschaffte er sich das Monopol für alle Kriegssachen einschließlich der Aufsicht über die Bundes-, Kreis- und Landesdefensionskasse. In der Behörde arbeiteten fortan ausschließlich landesherrliche Kriegsräte. Zum Ende des 17. Jahrhunderts erhielt die Behörde als Vorsitzenden einen Kriegsdirektor, dazu eine eigene Kanzlei und Registratur. Bezeichnenderweise wurden hauptsächlich ehemalige Kammerräte in den nun so wichtigen Kriegsrat berufen: auch hier war die bürgerliche Fachkompetenz gefragt, die Loyalität sollte allein dem Fürsten gelten.

Der Adel dagegen konnte sich beim Heer und auf dem Schlachtfeld verdient machen, wo Mut und Reputation zählten. In einer modern anmutenden Kompetenzverteilung leitete der bürgerliche Kriegsrat die Musterungen, die Verproviantierung, die Ausrüstung sowie den Festungsbau, während die militärischen Operationen vom Feldmarschall Graf Tilly und seinen adligen Obristen verantwortet wurden. Die Modernität dieses militärischen Zweiges der Territorialadministration tritt auch in der Institution der Kriegskommissare zutage, die die Truppen begleiteten, die Kriegsorganisation sowie die Truppenführung überwachten und die Verbindung zum Landesherrn herstellten.

Schließlich entstand in der zweiten Hälfte des 16. Jahrhunderts eine oberste bayerische Landesbehörde, der Geheime Rat. Auch das entsprach den Gepflogenheiten, die sich in einigen deutschen Territorien - etwa in Österreich - bereits früher, in anderen gleichzeitig oder später durchsetzten. Die bayerische Entwicklung stellt insofern ein Kuriosum dar, als der Geheime Rat dort auf die Initiative adliger Magnaten unter Führung des Obersthofmeisters Ottheinrich von Schwarzenberg zurückging. In der Regel entstand der Rat aus dem persönlichen Regiment des Fürsten.[10] Doch wurde die Sonderentwicklung rasch korrigiert. Maximilian machte den Geheimen Rat zum wichtigsten Instrument landesherrlicher Entscheidung und Planung. Auch hier berief er überwiegend bürgerliche, juristisch ausgebildete Räte, mit denen er die »arcana« der bayerischen Politik auf der Grundlage der regelmäßig angeforderten Berichte der zentralen Fachbehörden beriet. Die Entscheidung fällte aber der Landesherr selbst, der später dazu überging, anstelle der Beratung durch das Kollegium jeweils nur diejenigen Geheimen Räte anzuhören, die im konkreten Fall kompetent waren.

Der Geheime Rat nahm auch die Oberaufsicht über die gesamte Verwaltung wahr und führte zu diesem Zweck regelmäßige Visitationen der Fachbehörden und der Regierung in den Ämtern durch. Maximilian entwarf sogenannte Fragstücke, Fragebögen, die den Beamten Auskunft über ihre Amtstätigkeit und diejenige ihrer Kollegen abverlangten. Die Adligen in der Hofverwaltung, vor allem im Hofrat, verwahrten sich gegen eine solche Kontrolle, die nicht standesgemäß sei. Ihr Präsident, Wolf Conrad von Rechberg, faßte seinen Protest jedoch bereits modern ab, das heißt er argumentierte sachlich und nicht auf die standesmäßige Reputation bezogen. Das neue Verfahren sei deswegen ehrenrührig, weil es den Eindruck erweckte, der Hofrat habe »justitiam nit administriert, unrecht und partheyisch erkhent«.[11] Aber Erfolg hatte der Einspruch nicht. Solche Visitationen lagen im Zug der Zeit. Das zeigen auch die Visitationen des Reichskammergerichts, die den Bayern übrigens als direktes Vorbild gedient hatten - ein Beweis für Modernisierungsimpulse, die von Institutionen des Reiches ausgingen.

All diese, den Adel irritierenden Neuerungen waren Ausdruck eines modernen Verständnisses von Verwaltung und Beamtentum; an die Stelle von Schutz und Schirm, Rat und Tat - die personenbezogenen Prinzipien des Mittelalters - traten die Sache und das Amt, der neuzeitliche Dienst im Auftrag des Staates, der sich in der Person des Landesherrn konkretisierte. Dem Landesherrn sei, so stellt die bayerische Hofkammerordnung von 1608 programmatisch heraus, »bey gar weittem nicht sovil an Versechung oder Erhaltung der Personen, also vil und mercklich an unsern Diensten und Ämbtern gelegen«.[12]

Als oberste »Dienstherren« orientierten sich die Landesherren

Hofkammerpräsident Dr. Johann Mändl (1588-1666), Kupferstich von Johannes Sadeler

In der kleinen Stadt Günzburg an der Donau geboren, bei dem Münchener Schulmeister Michael Mändl aufgewachsen und nach dem Studium in Ingolstadt und Perugia zum Dr. jur. promoviert, machte Dr. Mändl als bürgerlicher Rat im Dienste Herzog Maximilians von Bayern rasch Karriere, und zwar in der mit den Finanzen und der Wirtschaft befaßten Hofkammer, an deren Spitze er bereits 1632 trat. Da mit dem politisch-administrativen Einfluß auch das Geld kam, konnte Dr. Mändl mehr als ein halbes Dutzend Güter erwerben. Auf einem dieser Güter wurde er 1653 vom Kaiser zum Reichsfreiherrn »von und zu Deutenhofen« erhoben.

Ausschreiben Kaiser Karls V. zum Augsburger Reichstag, Bologna, 21. Januar 1530

Ein Beispiel für die Kontrasignatur aus einem frühen Stadium der Entwicklung. Das gedruckte Formular, in das ein Schreiber Datum und Anrede des jeweiligen Reichsstandes eintrug, ist rechts von Karl V. eigenhändig unterzeichnet, darunter folgt die Kontrasignatur des deutschen Sekretärs Alexander Schweiß.

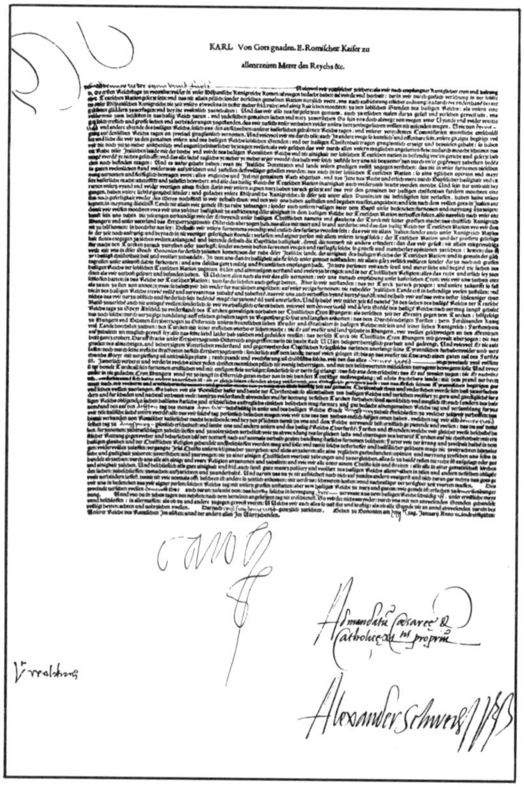
KARL Von Gots gnaden. E. Romischer Kaiser zu allenzeiten Merer des Reychs &c.

des ausgehenden 16. Jahrhunderts nicht mehr vorrangig an der standesmäßigen und familialen Reputation des Beamten, sondern an seiner durch Kontrolle und Berichtspflicht objektivierbaren Leistung und Pflichterfüllung. Der im Land verwurzelte, mit eigener Autorität verwaltende und mit eigenen Männern exekutierende Adlige in der Lokalverwaltung und der als Vertreter des Landes mit »interessiertem« Rat dem Fürsten zur Seite stehende Magnat in der Hofverwaltung wurden allmählich durch staatliche Funktionsträger verdrängt, die allein kraft fürstlicher Gewalt und nach Maßgabe ihnen erteilter Instruktionen die Verwaltungs- und Regierungsgeschäfte wahrnahmen.

Dieser Umbruch wurde durch eine sprunghafte Zunahme der Beamtenstellen erleichtert: In Bayern stieg allein in der Zentralverwaltung die Zahl der Hofräte von sechs in den fünfziger auf fünfunddreißig in den neunziger Jahren;[13] dazu kam die neueingerichtete Hofkammer mit zunächst neun, von 1630 an sechzehn Kammerräten sowie die insgesamt mehrere Dutzend zählenden Kriegs-, Geistlichen und Geheimen Räte, jeweils mit einer Schar von Unterbeamten und einfachen Bediensteten.

Die anschwellende Flut der staatlichen Akten, die seit der Mitte des 16. Jahrhunderts die Regale der neugegründeten Archive zu füllen begannen, belegen Seite um Seite die wachsende Bedeutung der frühmodernen Bürokratie. Die Spitzenbeamten übernahmen Schritt für Schritt Mitverantwortung; zunächst geschah das unter, seit Ende des 18. Jahrhunderts schließlich neben dem fürstlichen

Souverän. Das veranschaulicht der im 16. Jahrhundert ausgebildete, heute zum Alltag einer jeden Behörde gehörende Verwaltungs- und Regierungsusus der sogenannten Gegenzeichnung. Da die Herrscher die zahlreichen Verordnungen und Verfügungen, die sie durch ihre Unterschrift als Ausfluß ihres Willens zu erkennen gaben, bald nicht mehr in allen Einzelheiten überschauen konnten, ging man dazu über, die Verantwortung des nominell nur beratenden Beamten durch eine zusätzliche Unterschrift sichtbar werden zu lassen - Gegenzeichnung oder Kontrasignatur genannt.

Am weitesten durchgebildet finden wir dieses System bei Mandaten der habsburgischen Kaiser aus dem 16. bis 18. Jahrhundert: Der Kaiser unterschrieb ziemlich knapp unterhalb des Textes im linken Teil des Blattes. Merklich tiefer in dem reichlich vorhandenen freien Raum folgte in der Mitte die Gegenzeichnung des oft hochadligen Kanzlers oder Vizekanzlers, der inhaltlich mitverantwortlich war. Ganz rechts und nahe dem unteren Rand stand schließlich die zweite Kontrasignatur; hier unterschrieb ein Sekretär, der damit die formale Richtigkeit der Reinschrift garantierte.[14]

Als institutionalisiertes »Gedächtnis« der Regierung und Staatsverwaltung wurden Archive und Registraturen eingerichtet. Denn dies »gereicht«, so heißt es im Gutachten eines nassauisch-dillenburgischen Beamten, »zur Erleichterung und geschwinder Beförderung der Sachen, welche, wenn sie ... nicht zur Registratur gebracht sind, mit vieler Zeit-Verschwendung, auch mit keiner Wünschel-Ruthe gefunden werden können«.[15]

Die Fürsten erkannten sehr wohl, daß die Funktionsfähigkeit dieses Typs von Verwaltung von ausreichender Besoldung abhing. Aufgrund der noch schwachen und zudem von Rüstungsausgaben belasteten Finanzkraft konnten sie aber nur Teillösungen finden: So ersetzte Herzog Maximilian bei der Zentralbeamtenschaft Naturalienlieferungen und Verpflegung bei Hof durch eine niedrige Regelbesoldung von 400 Gulden, wozu noch außerordentliche Handgelder kamen oder Naturalien gemäß den vollbrachten Leistungen. Das führte jedoch bald zu Unzuträglichkeiten, weil mancher adlige Hofbeamte, der nicht zu besonderen Diensten herangezogen wurde, vom Eigenen zusetzen mußte, während bürgerliche Geheime Räte als die bedeutendsten Mitarbeiter des Herzogs jährlich bis zu 4 000 Gulden als Extrageld erhielten, also das Zehnfache der Regelbesoldung.

Zu diesem frühmodernen Dienstbeamtentum waren im Prinzip Adlige und Bürgerliche gleichermaßen geeignet. Da aber vielen Adligen der Abschied vom traditionellen, ständischen Amtsverständnis schwerfiel und sie immer auch, häufig sogar in erster Linie, das Interesse ihres Standes und des Landes - verstanden als Gegenpol zur fürstlichen Gewalt - im Auge hatten, brauchten sie für die Umstellung länger als das Bürgertum, das durch den Umbruch nur gewinnen konnte. Hinzu kam, daß im 16. Jahrhundert nur wenige Adlige bereit waren, die zur Ausübung der immer stärker juridizierten Verwaltung notwendige juristische Fachqualifikation durch ein Studium zu erwerben. Die Fürsten beriefen daher gerne Ausländer und Bürgerliche, wogegen sich die Stände durch »Indigenats«-Forderungen zur Wehr setzten, das bedeutet, daß die traditionellen Landesämter nur durch Einheimische besetzt werden sollten. Solange das Alte

In der Amtsstube des Advokaten, satirischer Kupferstich von 1618

Mit der Bedeutung der Juristen wuchsen auch Spott und Kritik an ihrem Tun. Bekannt ist Luthers vernichtender Ausspruch: »Juristen - schlechte Christen«.

Reich bestand, blieb aber eine hohe Fluktuation juristisch gebildeter Beamter erhalten. »Erst im Zeitalter der Nationalstaaten ist diese Mobilität und Internationalität der führenden Beamten verschwunden.«[16]

Eine Besonderheit Bayerns war, daß Maximilian speziell für den Finanz- und Wirtschaftszweig seiner Verwaltung bis hinauf zur Hofkammer einheimische bürgerliche Praktiker ohne akademische Graduierung, häufig sogar niederer Herkunft bevorzugte. Für ihn war ihre Vertrautheit mit den bayerischen Verhältnissen und ihre praktische Leistungsfähigkeit entscheidend. Diesen Männern stand eine rasante Vermögens- und Standeskarriere offen: Der Hofkammerpräsident Theodor Viechpeck (1545-1626) zum Beispiel wurde als Sohn eines Landshuter Bürgers geboren, der in herzögliche Dienste trat und 1572 vom Kaiser in den Reichsadel erhoben wurde. Der Sohn vollendete den Aufstieg und starb als reichbegüterter Freiherr von und zu Haimhausen.[17] Aus solchen nobilitierten Bürgergeschlechtern des 16. Jahrhunderts und jenen Adligen, die sich seit dem Anfang des 17. Jahrhunderts dem neuen landesherrlichen Dienst zuwandten, setzte sich die so einflußreiche Beamtenaristokratie des späten 17. und 18. Jahrhunderts zusammen.

Ausweitung der Staatsaktivitäten: Frieden und Recht, gute Polizei und Sozialfürsorge, Schule und Universität

Die im Reformationsjahrhundert einsetzende Ausweitung der Staatsaktivitäten wäre keinem Fürsten oder Hofrat des ausgehenden Mittelalters denkbar erschienen. Vieles, was in der Eigenverantwortung gesellschaftlicher Kräfte oder in der Zuständigkeit der mittelalterlichen Kirche gelegen hatte, war nun vom frühmodernen Staat aufgesogen oder zumindest seiner Kontrolle unterstellt worden. Das öffentliche und private Leben wurde durch detaillierte Verordnungen normiert.

Das galt zunächst für die Rechts- und Friedenssicherung. Mit der Beseitigung des Fehderechts und der Monopolisierung der legalen Gewaltanwendung hatten die Fürsten die Verantwortung für Ruhe und Ordnung übernommen. Das Reich und seine Institutionen - die Kreise und die Reichsgerichte - waren subsidiär geworden, das heißt, sie griffen nur dort stützend ein, wo die einzelnen Territorien den Aufgaben nicht gewachsen waren oder wo Interessen vorlagen, die mehrere Territorien und Reichsstände berührten. Der Prozeß der Verrechtlichung, besser der Vergerichtlichung von Konflikten brach sich Bahn. Das war eine Folge des spätmittelalterlichen Fehdewesens sowie der Bauernkriegskatastrophe. Die traumatischen Erfahrungen ließen die Fürsten auf Wege eines gewaltfreien Austrags von Interessengegensätzen sinnen, die vor allem zwischen Grundherren und Bauern bestanden, aber auch in den Städten zwischen Bürgern und Magistrat auftraten oder zwischen den Ständen und der Landesherrschaft.

Sollte dieser Impuls im »Prozeß der Zivilisation« fruchtbar werden, mußte das Gerichtswesen entsprechend um- und ausgebaut werden. Das setzte voraus, daß Gesetzeskodifikationen als alle Seiten bindende normative Grundlagen für die Tätigkeit der Gerichte erarbeitet wurden.

Die Vielzahl der lokalen Gerichte in Stadt und Land, die dem landesherrlichen Einfluß entzogen waren, mußten in einen Instanzenzug eingefügt werden, der bis zu einem obersten Territorialgericht reichte, das es ebenfalls noch aufzubauen galt. Der mittelalterliche Laienrichter, dem als genossenschaftlich legitimiertem »Umstand«, als Schöffenkollegium oder auch als herrschaftlich legitimiertem Gerichtsherrn die Urteilsfindung oblag, mußte ersetzt oder - das war der meist eingeschlagene pragmatische Weg - ergänzt werden von einem juristisch ausgebildeten Fachmann und damit durch den Richter im modernen Sinne. Für die Erstellung eines Gesetzes- beziehungsweise Rechtskodex mußten die alten, teilweise nur mündlich überlieferten Landrechte gesammelt, schriftlich fixiert

Das gerechte Regiment, Gerechtigkeitsbild von Daniel Freese im Lüneburger Rathaus, 16. Jahrhundert

Mit der Macht der Fürsten und der Stadträte wuchs die Sorge um das gute und gerechte Regiment. Sogenannte Fürstenspiegel, das sind Abhandlungen über die guten Fürsten, und Gerechtigkeitsbilder führten den Mächtigen vor Augen, daß ihnen das Regiment zum Wohl ihrer Untertanen übertragen worden war und sie sich dieser Aufgabe würdig zu erweisen hatten.
Dargestellt ist eine Allegorie auf die gute, gottgesegnete Regierung, die mit der Gerechtigkeit, dem Frieden und der Eintracht verschwistert ist, personifiziert in vier Frauengestalten: die auf einem von Gott beschützten Thron ruhende Respublica mit Concordia und Justitia an ihrer Seite und Pax vor ihr ruhend.

und durch römischrechtliche Normen ergänzt oder modifiziert werden. Auch in Deutschland war die Rezeption des gelehrten römischen Rechts seit dem hohen Mittelalter unaufhaltsam vorangeschritten. Es diente der inner- und überterritorialen Vereinheitlichung, und es war schlechterdings unentbehrlich, sollte das neue mehrstufige Gerichtswesen im Reich funktionsfähig gehalten werden.

Träger und Nutznießer all dieser Prozesse waren die Juristen, die meist dem Bürgertum entstammten; bei der Modernisierung des Rechts- und Gerichtswesens wurden sie jetzt - wie bei der Neuordnung der Behördenorganisation - die wichtigsten Mitarbeiter der Fürsten. Indem sie auf allen Richterbänken, vom Niedergericht über die Hofgerichte bis hin zu den höchsten Reichsgerichten, Platz nahmen, wurde die Professionalisierung der Rechtsprechung mächtig vorangetrieben. Eine unabhängige Richterschaft war das allerdings noch nicht. Dem stand nicht nur die Abhängigkeit von den Landesherren entgegen, sondern auch die vielfältige interessen- und standesmäßige Verwurzelung der Juristen in der alteuropäischen Ständegesellschaft.

Überhaupt war die Entwicklung außerordentlich komplex und keineswegs von vornherein ausschließlich auf den Fürstenstaat ausgerichtet. Sowohl beim Ausbau und bei der Vereinheitlichung der territorialen Gerichtsverfassung als auch bei den Rechtskodifikationen wirkten die Landstände mit, häufig ging von ihnen sogar die Initiative aus. In Bayern zum Beispiel leiteten die Stände 1605 die Kodifizierung des Landrechts ein.[18] Stärker noch war ihr Einfluß auf die Justiz in ständisch geprägten Territorien wie der Reichsgrafschaft Ostfriesland, wo 1593 ein ständisches Hofgericht eingerichtet wurde, das dem landesherrlichen Kanzleigericht sowohl als Erstinstanz als auch als Appellationsgericht bis ins 18. Jahrhundert den Rang ablief. In Zivilstreitigkeiten mit Landeseinwohnern, namentlich in Domanialfragen, hatte sich häufig selbst der Landesherr an das ständische Hofgericht zu wenden.[19]

In den meisten Territorien verlief die Entwicklung aber wie in Bayern, wo sehr bald der Landesherr und seine Juristen das Heft in die Hand nahmen. Als dort nach über fünfzehnjähriger Bearbeitung 1616 das von den Ständen geforderte bayerische Gesetzbuch veröffentlicht wurde, bedeutete das eine wesentliche Stärkung der fürstlichen Gewalt, denn die Kodifizierung war nur mit Hilfe eines Stabes landesherrlicher Juristen durchführbar gewesen. Die Vereinheitlichung der landschaftlich sehr unterschiedlichen Rechte kam den Zentralisierungstendenzen der Landesregierung zugute. Zwar stellte die Kodifikation die Bewahrung des Landrechtes sicher, zugleich war aber das römische Recht als subsidiäres Recht etabliert worden, das heißt, es fand immer dann Anwendung, wenn das Landrecht keine oder keine klare Aussage machte, was angesichts des raschen Wandels in den öffentlichen Dingen immer häufiger der Fall war. Das römische Recht war aber kaiserliches Recht und das heißt, daß es dem fürstlichen Prinzip grundsätzlich freundlich und förderlich war. Und da es die römischrechtlich geschulten Juristen waren, die das Gesetzbuch praktisch anwandten, gewann diese Seite rasch das Übergewicht. Das alte Recht war den Bedürfnissen des frühmodernen Staates angepaßt worden.

Mit dem Ausbau des territorialen Gerichtswesens wurden ältere Rechtswege über die Landesgrenzen hinweg abgeschnitten. Das betraf die Gerichte der Landstädte, die sich im Mittelalter häufig an »Oberhöfen« anderer Städte orientiert hatten, was keine Probleme aufwarf, solange es territoriale Grenzen nicht gab. Die größeren der neuen Territorialstaaten setzten nun alles daran, ihre Rechts- und Gerichtshoheit möglichst vollständig nach außen, dem Reich gegenüber, abzuschotten. Die Kurfürstentümer konnten sich dabei auf die Appellationsprivilegien der Goldenen Bulle stützen – das »ius de non evocando« und das »ius de non appellando«, das Verbot also, aus dem Land an ein fremdes Gericht zu appellieren –, was ihnen auch Schutz gegen eine Zitation vor eine solche Instanz gewährte. Auch die größeren Fürstenstaaten, die diese Appellationsprivilegien nicht besaßen, trafen Vorkehrungen, die Appellationsmöglichkeiten zu beschneiden: Bayern richtete eine dritte innerterritoriale Appellationsinstanz ein, und zwar am Geheimen Rat. Überdies griff man zu einem Verfahrenstrick: wo eben möglich, setzte man den Summarischen Prozeß ein, und der war nicht appellabel. Mit diesen und anderen Mitteln ließen sich auch ohne formelle Appellationsprivilegien die Einwirkungsmöglichkeiten außerterritorialer Gerichte drastisch verringern.

Ähnlich war die Entwicklung bei der Gesetzgebung. Im 16. Jahrhundert erfolgte sie zumeist in Zusammenarbeit zwischen Ständen und Landesherrn. Das gilt auch für die umfangreiche Polizeigesetzgebung, die in jener Epoche überall in Deutschland in immer neuen Fassungen verabschiedet wurde, und zwar zunächst auf Landtagen. Diese Polizeiordnungen regelten das alltägliche Leben der Untertanen in Stadt und Land bis ins kleinste, das sittliche Verhalten ebenso wie Wirtschaft und Beruf, den Gottesdienst und die Religion nicht weniger als das Fürsorge-, Bettel- und Medizinalwesen. Auch die staatlichen Vorkehrungen gegen die Seuchen, gegen die man bereits seit dem Mittelalter systematisch ankämpfte, wurden jetzt konkret und detailliert. Sehr modern muten energiepolitische Verordnungen an – etwa das bayerische »Badestuben-Mandat«, das Bauern, Handwerkern und gemeinen Bürgern untersagte, in ihren Häusern ein Privatbad zu unterhalten, weil dadurch unmäßig viel Holz verbrannt und außerdem unnötigerweise den öffentlichen Badestuben Abbruch getan werde.[20] Einen ähnlichen Duktus zeigen die zahlreichen Kleiderordnungen, in denen es einerseits um Sparsamkeit und Erhalt der Landesressourcen ging, andererseits um die Ständehierarchie zum Wohle der gesellschaftlichen Stabilität im Territorialstaat.

Im Zuge dieser Konsolidierung des fürstlichen Frühabsolutismus gelangte auch das »Polizeiwesen« – das nicht mit dem heutigen Exekutivorgan gleichen Namens verwechselt werden darf, sondern eher mit dem Innenministerium vergleichbar ist – in die alleinige Verfügungsgewalt der landesherrlichen Regierung. An die Stelle der auf Landtagen ausgehandelten umfassenden Polizeiordnungen trat eine Flut von Erlassen und Mandaten, die von Fachbeamten der fürstlichen Kanzleien ausgearbeitet worden waren. Auch auf dem immer weiter ausgreifenden Feld der Gesetzgebung wirkte die Routine zugunsten des Staates, und wiederum waren die sachverständigen Fachkräfte – die Beamten-Juristen – seine Agenten.

Die im Zuge von Reformation und Gegenreformation gewon-

Petrus Canisius (1521-1597), der erste große Jesuitenführer und Reformator des katholischen Bildungswesens in Deutschland, Kupferstich

Die in so mancher Hinsicht zerstörerische Konkurrenz der Konfessionskirchen hatte immerhin auch eine gute Seite – die kulturelle Vielfalt und den raschen Ausbau der Bildung. Pater Canisius sah den Bildungsvorsprung der Protestanten und setzte alles daran, ihn aufzuholen.

nene Kirchenhoheit erleichterte es dem frühneuzeitlichen Staat, in Bereiche des öffentlichen Lebens einzudringen, die im Mittelalter als kirchliche gegolten hatten und auf denen sich im Übergang zur Neuzeit eine Konkurrenz zwischen Kirche und heranwachsendem Staat herausgebildet hatte. Das betraf nicht nur Schule und Erziehung, Armen- und Krankenversorgung, sondern auch Ehe und Familie, die als »res mixtae« galten, das heißt als Dinge, die sowohl weltlichen als auch geistig-religiösen Charakters waren. In der staatlich-weltlichen Reglementierung waren im Mittelalter die Städte vorangegangen, die Ratsschulen und Universitäten gegründet sowie Spitäler, Armen- und Altenhäuser gebaut und in eigener Regie betrieben hatten. Auch hatten sie Bettelverordnungen erlassen und Kornmagazine errichtet, um in Zeiten des Hungers die Armen zu versorgen. Der Fürstenstaat knüpfte hier an und gewann in Allianz mit den Konfessionskirchen rasch Terrain.

Vor allem auf dem Feld des Bildungswesens ist die Energie des Konfessionsstaates eindrucksvoll. Selbst in Provinzstädten wie Helmstedt, Burgsteinfurt und Herborn legen noch heute prächtige Kollegiengebäude im Renaissancestil Zeugnis von seiner erfolgreichen Hochschulpolitik ab. Mit achtzehn neueröffneten Hochschulen ging geradezu eine Gründungswelle durch die Universitätswelt, die intensivste vor der klassischen Epoche. Erst danach kommt mit vierzehn Gründungen das späte Mittelalter (1348-1500), während die Zeit des Barock und der Aufklärung (1650-1800) sogar nur elf Neugründungen vorweisen kann.[21] Mit Marburg (1529) und Königsberg (1544), denen später Jena, Helmstedt, Gießen – eine Gegengründung zum inzwischen calvinistischen Marburg –, Straßburg, Rinteln und

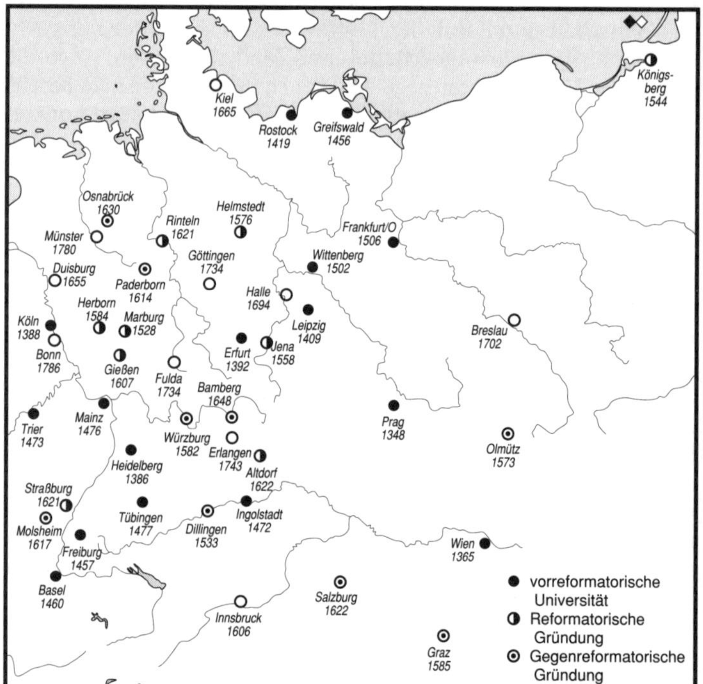

Deutsche Universitäten in der frühen Neuzeit

Ehemalige lutherische Landesuniversität von Braunschweig-Wolfenbüttel in Helmstedt

Altdorf (bei Nürnberg) folgten, setzten sich dabei die lutherischen Territorien an die Spitze.

Sie lieferten den katholischen Reformern das Vorbild und auch die zur Geldbeschaffung notwendigen Argumente. »Es ist ja wirklich traurig, daß die Katholiken in Deutschland nun mehr so wenig und noch dazu ganz armselige Universitäten haben«;[22] diese 1576 ausgesprochene Klage des Jesuiten Petrus Canisius, des »Zweiten Apostels Deutschlands« und charismatischen Gegenreformators, rüttelte die katholische Seite wach. Anknüpfend an frühe Reformen Johannes Ecks, der die Universität Ingolstadt zum Antipoden Wittenbergs gemacht hatte, wurde um die Jahrhundertmitte in Dillingen, im Hochstift Augsburg, eine Jesuitenuniversität gegründet, der in der nächsten Generation weitere gegenreformatorische Universitäten in Würzburg, Graz, Paderborn, Molsheim (bei Straßburg) und Salzburg folgten, wo die Benediktiner dieselben Aufgaben übernahmen wie andernorts die Jesuiten.

Natürlich hatten bald auch die Calvinisten ihre Universitäten: zwei alte, hochangesehene in Heidelberg und Marburg, die durch die Zweite Reformation der Kurpfalz und Hessen-Kassels dem Calvinismus zugeführt wurden, und eine 1584 gegründete, für ein halbes Jahrhundert sehr erfolgreiche in Herborn, einem Städtchen in der eng mit den Niederlanden verbundenen Westerwälder Grafschaft Nassau-Dillenburg. Hinzu kam noch eine Reihe von akademischen Gymnasien, unter anderen in Bremen und Burgsteinfurt, die wegen des Ausschlusses der Calvinisten vom Religionsfrieden nicht Volluniversitäten werden konnten. Am Ende hatte das Reformationsjahrhundert Deutschland zur hochschulreichsten Landschaft Europas gemacht.

Auch hinsichtlich der Universitätsverfassung »verlief der Weg, der schließlich zum Höhepunkt der *klassischen* Universität des 19. Jahrhunderts führte, nicht über [die so viel älteren Universitäten] Paris oder Bologna, sondern über die Mitte Europas«.[23] Die erste frühneuzeitliche Gründungswelle brachte einen neuen, den weltlichen Typ der Universität hervor. Die mittelalterliche Universität hatte immer etwas von einer Klerikergemeinschaft behalten: Die überwiegende Zahl der Professoren unterlag dem Zölibat, viele lebten in Mönchskonventen oder in Kanonikerstiften. Diese Tradition behielt die katholische Konfessionsuniversität bei, die protestantischen Universitäten besaßen dagegen einen rein weltlich-bürgerlichen Lehrkörper. Selbst die Theologieprofessoren waren in der Regel - ebenso wie ihre Kollegen im Pfarramt - verheiratet.

Den katholischen wie den protestantischen Universitäten gemeinsam war, daß sie nicht mehr auf die Kirche, sondern auf den Staat ausgerichtet waren. Auch das spiegelte die Dialektik der Konfessionalisierung, die in der totalen Inanspruchnahme von Staat und Politik für das Religiöse diesem zugleich Mittel und Wege eröffnete, in kirchliche Bereiche vorzudringen und sie schließlich weltlichen Bedürfnissen nutzbar zu machen.

Die moderne Konfessionsuniversität war zugleich Territorialuniversität, die den jeweiligen Partikularstaat mit Lehrern, Pfarrern und vor allem Beamten für die Lokal- und Zentralverwaltung versorgte. Die konfessionelle Orthodoxie, auf die sich Professoren und staatliche Amtsträger teilweise eidlich festzulegen hatten - in Württemberg und der dortigen Landesuniversität Tübingen zum Beispiel auf die lutherische Konkordienformel, in den katholischen Territorien auf den tridentinischen Eid, die »professio fidei Tridentina«-, war zugleich eine Verpflichtung auf den Landesherrn und seinen Territorialstaat.

Mit der vor allem in der juristischen und theologischen Fakultät deutlichen Ausrichtung auf die Berufskarriere hatten auch die Professoren und Studenten den Weg in die Neuzeit angetreten. Solche »Professionalisierung« war aber nur ein Impuls unter vielen und kaum der stärkste. Lehre, Studium und Berufsausübung waren an ein religiöses Bekenntnis gebunden, neben, ja meist vor der fachlichen Qualifikation waren wie im Staatsdienst weiterhin die persönlichen und familiären Beziehungen ausschlaggebend. Die Karriere wurde nach wie vor von der Nähe oder Ferne zum Hof bestimmt, Gerichts- und Verwaltungsämter wurden ebenso vererbt wie Lehrstühle. Die frühneuzeitliche Universität war auch darin ein Teil des Alten Reiches und seiner vormodernen Gesellschaft.[24]

Die »Bildungsrevolution«[25] in den großen Nationalstaaten West- und Nordeuropas des 16. und 17. Jahrhunderts hatte auch das Reich erfaßt, aber unter den Bedingungen der deutschen Situation vollzog sie sich unter dem Vorzeichen von Konfessionalisierung und Territorialstaatsbildung: In den Wirren der frühen Reformation standen für einen Augenblick auch Bildung und Wissenschaft auf dem Spiel, weil mancher der radikalen Theologen sie für überflüssig, wenn nicht für schädlich hielt.

Luther hatte sich solchen religiösen Eiferern mit der ihm eigenen Leidenschaft entgegengestemmt, unter anderem mit seinem berühmten Appell aus dem Jahre 1524: »An die Radherrn aller Stedte deutsches Lands: Das sie Christliche Schulen auffrichten und halten sollen.« Den Bildungsstürmern, die fragten: »Was ist uns aber nutze lateinische, griechische und hebräische Zungen und andere freie Künste zu lehren?«, hatte er darin entgegengehalten: »So lieb uns das Evangelium ist, so hart laßt uns über diese Sprachen halten [und sie] vor allen anderen ehren.« Und jene, die meinten, Bildung sei nur für Geistliche nütze, hatte er wissen lassen, daß »doch allein diese Ursache genugsam wäre die allerbesten Schulen, beide für Knaben und Maidlein, an allen Orten aufzurichten, daß die Welt ... doch bedarf feiner, geschickter Männer und Frauen, daß die Männer wohl regieren könnten Land und Leute, die Frauen wohl ziehen und halten könnten Haus, Kinder und Gesinde«.[26]

Luther hatte eine allgemeine Bildungsreform gefordert, die den scholastischen Ballast abwerfen sollte, damit »beides miteinander geht«, nämlich das Lernen in der Schule mit dem Handwerk, der Kaufmannschaft, dem Regieren und dem Regiment der Frau über Haus und Hof. Die Ratsherren und Fürsten, und zwar sehr bald auch die katholischen, griffen diese Aufforderung gerne auf, um das Verständnis für die Lehren ihrer jeweiligen Kirche zu fördern und die Bildung in ihren Ländern zu heben, mehr noch, um gehorsame und fromme Untertanen heranzuziehen und somit dem rasch zunehmenden Bedarf ihrer wachsenden Verwaltung an gutausgebildeten Landeskindern nachzukommen.

Die frühneuzeitliche Bildungsrevolution erhielt in manchen Ländern zusätzliche Impulse durch die Konfessionsspaltung und den politischen Antagonismus zwischen Fürst und Ständen. So vor allem in den habsburgischen Erblanden,[27] wo seit den dreißiger Jahren die Stände sogenannte Landschaftsschulen einrichteten, die wenig später zu Pflanzstätten des Protestantismus und der Ständeopposition wurden. Mit der Konfessionalisierung der siebziger Jahre setzte eine Gegenoffensive der habsburgischen Landesherren ein, die das für den frühmodernen Staatsausbau so dringend notwendige Schulwesen unter katholischem Vorzeichen reformierten und unter die Verfügungsgewalt des Fürsten brachten. Vorreiter waren die landesherrlich geförderten Jesuitenschulen, die bald in den Hauptstädten aller habsburgischen Länder aufblühten. Ihre Gründungsdekrete offenbaren, daß die Katholiken bei den Gelehrtenschulen einen ähnlichen Nachholbedarf verspürten, wie ihn Petrus Canisius für die Universitäten gesehen hatte.

Von der staatlichen und kirchlichen Bildungsoffensive profitierten zunächst die deutschen und lateinischen Schulen der Städte, seit der Mitte des Jahrhunderts dann auch das niedere Schulwesen auf dem Lande, und zwar selbst in mittleren und kleineren Territorien. So entstand zum Beispiel in der kleinen Grafschaft Nassau eine komplette und sich selbst tragende Schullandschaft, die sich auch auf die benachbarten Kleinterritorien ausbreitete.

Graf Wilhelm der Reiche (1516-1559), ein Lutheraner, hatte eher nüchtern-pragmatisch Luthers Mahnungen befolgt. Das Beispiel der Schul- und Hochschulpolitik im benachbarten Hessen unter Philipp dem Großmütigen vor Augen, sorgte er in den dreißiger und vierziger Jahren durch Reformen und Neugründungen für die Stadtschulen. Am Ende seiner Regierungszeit besaßen alle Städte in Nassau eine nach frühmodern-humanistischen Prinzipien eingerichtete Lateinschule. Diese außerordentliche Leistung des Landesherrn war einem seiner Beamten Grund genug für ein Ehrengedicht:

Titelbild der Erstausgabe von Luthers Schrift »An die Ratsherren aller Städte deutschen Lands«, Wittenberg 1524

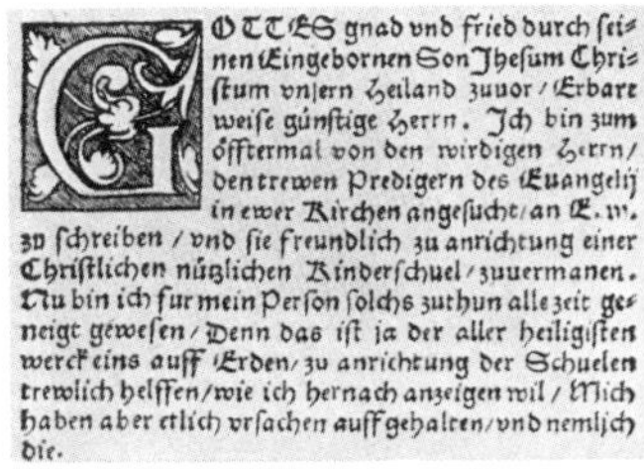
GOTTES gnad vnd fried durch seinen Eingebornen Son Jhesum Christum vnsern Heiland zuuor / Erbare weise günstige Herrn. Jch bin zum öfftermal von den wirdigen Herrn / den trewen Predigern des Euangelij in ewer Kirchen angesucht / an E. w. zu schreiben / vnd sie freundlich zu anrichtung einer Christlichen nützlichen Kinderschuel / zuuermanen. Nu bin ich fur mein Person solchs zuthun alle zeit geneigt gewesen / Denn das ist ja der aller heiligisten werck eins auff Erden / zu anrichtung der Schuelen trewlich helffen / wie ich hernach anzeigen wil / Mich haben aber etlich vrsachen auffgehalten / vnd nemlich die.

Kirche und Staat galt es mit gelehrten Männern zu versorgen, denn man brauchte nicht nur – wie Luther herausstellte – »die doctores, sondern das ganze Handwerk als da sind Cantzler, Schreiber, Richter, Fürsprecher, Notare«. Auch wer nicht zum Gelehrtenstand strebte, sollte in den sogenannten Deutschen Schulen eine gute Grundausbildung im Lesen, Rechnen und Schreiben erhalten, gleichgültig ob Junge oder Mädchen. So bedeutete die Reformation in Deutschland einen mächtigen Antrieb für die »Bildungsrevolution« des 16. Jahrhunderts.

drum Graf Wilhelm hochgemelt
Vünf Schulen hat er angestellt
die ein zu Siegen herrlich ist
Dillenburg und die andere dieser Frist
die dritt zu Herborn ist gestift
die Vierte zu Nassau aufgericht
zu Heyer [Haiger] man die fünfte find.[28]

Wilhelms Sohn, Johann VI., der Ältere (1559-1606), der Bruder Wilhelms von Oranien und wie dieser im niederländischen Unabhängigkeitskrieg engagiert, stellte das Werk des Vaters auf die Basis eines theoretisch reflektierten Konzepts. Seit 1580 war Johann ein Protagonist der Zweiten Reformation in Deutschland. Er ging systematisch vor und ließ sich von den Theologieprofessoren der 1584 in Herborn gegründeten Hohen Schule beraten. Allmählich entwickelte sich hier eine lebhafte Schul- und Bildungsdiskussion, an der neben den Theologen Kaspar Olevian und Wilhelm Zepper auch der in ganz Europa bekannte Jurist Johannes Althusius teilnahm.

Das in den abgelegenen Tälern des Westerwaldes in gelehrten Diskussionen erarbeitete und unverzüglich in die Tat umgesetzte Konzept strahlte weit über die Grenzen des kleinen Territoriums aus, bis hin zu den Puritanern in England. Es beruhte auf dem Prinzip der staatlichen Verantwortung für die Bildung der Untertanen, wobei die Zusammenarbeit mit der Kirche und deren Personal als selbstverständlich vorausgesetzt wurde. Insbesondere Zeppers Gutachten »Von Anordnung und Bestellung deutscher Schulen in Städten, Flecken und Dörfern« war der Bauplan, nach dem in den letzten beiden Dezennien des 16. Jahrhunderts das nassauische Schul- und Bildungssystem errichtet wurde.

Grundschulen sollten in jedem Kirchspiel vorhanden sein, ja der Planung nach in jedem Dorf, sogar in den kleinsten Filialdörfern. Ihre Leitung sollte in den Händen von Schulmeistern liegen, die zumindest die unterste Stufe einer akademischen Ausbildung erreicht haben sollten. Das wurde durch eine beträchtliche Anzahl landesherrlicher Stipendien ermöglicht, die den Inhaber verpflichteten, jederzeit einer Abordnung von der Universität an die Dorfschule Folge zu leisten. Vergegenwärtigt man sich, daß damals selbst in größeren Städten die Deutschen Schulen noch als eine Art Handwerksbetrieb galten und die kirchlichen oder städtischen Aufsichtsbehörden häufig hoffnungslos gegen das unzulängliche Können der Schreib- und Rechenmeister ankämpften, so ist die Leistung der nassauischen Regierung erst richtig zu ermessen.

Die Grundschulen wurden durch die städtischen Latein- oder Trivialschulen ergänzt sowie durch die 1584 gegründete und sogleich mit angesehenen Professoren versehene Hohe Schule in Herborn. Sehr bald besaß die kleine Grafschaft ein modern anmutendes dreistufiges Bildungssystem. Der Landesherr selbst bestätigt, daß er bei diesem Werk auch den individuellen Bildungsgang eines einfachen Untertanen im Auge hatte, wobei er allerdings ganz selbstverständlich von dessen späterer Verwendung in staatlichen oder kirchlichen Diensten ausgeht.

»Erstlich könne man«, so faßt der Graf seine Schulpolitik zusammen, »anfahen in den dorffschuelhen und die Jugend daselbsten lernen lassen. Darnach sie uff die Trivialschuelhen thun und doselbsten lassen lernen.« Schließlich könnten die Schüler auf der nassauischen Akademie in Herborn ihre universitäre Ausbildung absolvieren. Allgemein galt der Grundsatz, daß durch die »vil schulen, so wol in dorfen als auch in flecken und stätten angericht worden«, nunmehr »auch der gemeine man« in den Stand versetzt werden soll, Lesen und Schreiben zu lernen.[29]

Am Vorabend des Dreißigjährigen Krieges war das Grundschulnetz der Grafschaft Nassau so eng geknüpft, daß es in den wenige Quadratmeilen großen Schulbezirken Herborn und Dillenburg nicht weniger als zweiundzwanzig Dorf- und zwei Stadtschulen gab. Die Bildungschancen der ländlichen Bevölkerung und der unteren Schichten der Städte waren binnen einer Generation gewaltig gewachsen. Ähnliche Entwicklungen lassen sich auch in anderen Territorien, und zwar großen wie kleinen beobachten.

Deutschland hielt mit den europäischen Bildungstendenzen durchaus Schritt. Die Grundlagen waren geschaffen für die Alphabetisierung breiter Schichten, die dann im lutherischen Schweden im Verlauf des 17. Jahrhunderts sehr schnell einsetzte und zu der es auch in Deutschland gekommen wäre, wenn die institutionelle Basis und auch die Bildungsmentalität - soweit sich eine solche in der kurzen Zeit überhaupt in breiteren Schichten hatte festigen können - durch den Großen Krieg nicht wieder zerstört worden wären. Wie in Nassau, so sah man sich auch in den meisten anderen deutschen Territorien 1650 auf den Stand vor Beginn der »Bildungsrevolution« des 16. Jahrhunderts zurückgeworfen. Da man nach dem Dreißigjährigen Krieg andere Sorgen hatte und viele der Kleinterritorien auch später kaum den Anschluß fanden an die langsam zurückkehrende ökonomische und soziale Dynamik, sollte es in mancher Region des Reiches Jahrhunderte dauern, bis eine zweite »Bildungsrevolution« einsetzte.

Der Finanzstaat und seine Steuer- und Wirtschaftspolitik

Ich siche haltt, das sowol bej geistlichen alß weltlichen nur auf die ragion di stato gesechen wirdt vnd das der respectiert wirdt, der vil land oder vil gelt hatt, vnd dieweil wir deren khainß, so wer[d]en wir ... nimmermehr khein authoritet haben, biß wir doch in geltsachen vnß beßer schwingen ... eß soll ... vnß vrsach geben, auf dise geltsachen eußerist acht zu geben.[30]

Das schrieb der bayerische Herzog Maximilian I. im Sommer 1598 an seinen Vater. Er hatte damit die Hand auf den wunden Punkt einer jeden frühneuzeitlichen Machtpolitik gelegt: Der Territorialstaat des 16. Jahrhunderts war seinem Wesen nach »Finanz-« oder »Steuerstaat«, denn seine Existenz stand und fiel mit der Lösung der Finanzprobleme.[31] Umgekehrt wurden die Instrumente, mit denen er diese Finanzierung schließlich sicherstellte, zu einem der mächtigsten Schwungräder für die staatliche Durchdringung der Gesellschaft.

Das Mittelalter kannte keine Steuerhoheit und kein Steuerrecht im modernen Sinne. Finanzielle Hilfe erfolgte im Rahmen des Treueverhältnisses zwischen Herrn und Untertan oder zwischen Verband und Verbandsgenossen.[32] Sie war außerordentliche Hilfe in der Not, um die der Landesherr jeweils nachzusuchen hatte und über deren Berechtigung die Gebetenen mit zu entscheiden hatten. Steuer war »Bede«. Es gab einen Kanon von unzweifelhaften Berechtigungsfällen, etwa die sogenannte Fräuleinsteuer, also die Aussteuer einer heiratenden Prinzessin, ebenso Steuern für die Auslösung des Landesherrn aus Gefangenschaft und ähnliches mehr. In allen anderen Fällen war zäh zu verhandeln. Am Anfang stand also nicht die »ordentliche«, sondern die außerordentliche Steuer. Aber der Landesherr war keineswegs der einzige, der Steuern im mittelalterlichen Sinne forderte und einzog, das taten auch die Grundherren. Damit trifft die Unterscheidung von »öffentlichen« und »privaten« Steuern für das Mittelalter nicht zu. Relativ problemlos konnte der Landesherr von seinen eigenen Grundhörigen »grundherrliche Steuern« erheben.

Solange das Prinzip galt, der Landesherr habe die Kosten für Hofhaltung und »Staatsführung« aus seinem Eigengut, der später so genannten Domäne, zu bestreiten, wuchsen sich die Steuererhebungen nie zum Problem aus. Das änderte sich rasch, als der Rechts- und Gerichtsschutz, die wachsende Verwaltung und nicht zuletzt die Söldnertruppen, die das Lehnsaufgebot ersetzten, immer mehr Geld verschlangen. Ein regulärer und konsolidierter Staatshaushalt wurde unerläßlich. Die Einnahmen mußten gesteigert und verstetigt werden. Dazu boten sich zwei Wege an: die Ausweitung der Steuern und die systematische Nutzung des landesherrlichen Besitzes einschließlich der nutzbaren Hoheitsrechte, der sogenannten Regalien.

Die Umbildung der mittelalterlichen Bede zur »Staatssteuer« im modernen Sinne erfolgte in einem zähen, Generationen beanspruchenden Ringen. Auch dies war ein gesamteuropäischer Vorgang, der im Reich vergleichsweise spät einsetzte. Wieder ging es um eine Monopolisierung, die in Deutschland den Fürstenstaaten zugute kam. Diese Monopolisierung verlief in zwei Richtungen: nach unten gegenüber den Städten und Grundherren und nach oben gegenüber Kaiser und Reich.

Wiederum wurden 1555 in Augsburg entscheidende Weichen gestellt: Vorbereitet durch frühere Reichstagsbeschlüsse – vor allem die von 1495 und 1521 in Worms – wurde endgültig entschieden, daß die Fürsten und die Reichsstädte, nicht aber die Organe des Reiches die Reichssteuern erheben sollten. Dieses neue Recht wurde sogleich praktiziert, denn aufgrund der Türkengefahr wurden fast jährlich außerordentliche Reichssteuern ausgeschrieben. Ein Römermonat machte den Monatssold aus, den jeder Reichsstand für dasjenige Kontingent aufzubringen hatte, das er – nach Festsetzung der Matrikel von 1521 – im Falle eines Reichskrieges zum Heer des Heiligen Römischen Reiches Deutscher Nation zu stellen hatte. Kaiser Karl V. hatte insgesamt 73 ½ Römermonate benötigt. Unter Karls Großneffen, Kaiser Rudolf II., verschlangen die Türkenkriege bereits mehr als das Fünffache, nämlich 409 Römermonate. Wie sich die Gesamtsumme auf die einzelnen Reichsstände verteilt, zeigt die Reichsmatrikel von 1594.[33]

Ausgestattet mit reichsrechtlicher und hoher moralischer, ja religiöser Legitimation – Steuern für den Kampf gegen den Feind der Christenheit – sowie mit der nötigen Zwangsgewalt, Steuerverweigerer mit dem doppelten Betrag zu belegen, konnten die Fürsten ohne Einspruchsmöglichkeit der Landstände ein eigenes System für die

Reichsmatrikel, Stand 1594

Reichsstände	Reiter	Fußsoldaten	Geldwert [in fl]
Kurfürsten	255	1 238	8 012
Erzbischöfe	127	673	4 216
Bischöfe	264	1 417	8 836
Weltliche Fürsten	340	2 557	14 308
Prälaten, Orden, Balleien	154	708	4 680
Grafen u. Herren	279	724	6 244
Städte	333	2 783	15 128
	1 752	10 100	61 424

Erhebung und Verwaltung der Reichssteuer aufbauen und die Untertanen an fast regelmäßige Steuerzahlungen gewöhnen. Selbstverständlich kam das auch dem Ausbau des territorialen Steuerwesens zugute.

Viele Reichsstände zogen erheblich mehr Reichssteuern ein, als sie tatsächlich an den Kaiser abführten. Der Bischof von Würzburg zum Beispiel hätte als Reichssteuern für die Jahre 1566, 1576 und 1582 von seinen Untertanen insgesamt 163 268 Gulden verlangen dürfen, forderte tatsächlich aber nahezu das Doppelte, nämlich 294 166 Gulden. Nicht anders verfuhr sein protestantischer Nachbar, der Markgraf von Brandenburg-Ansbach: Zwischen 1594 und 1602 zahlten seine Untertanen 268 325 Gulden Türkensteuer, davon gelangten lediglich 134 504 Gulden an den Kaiser; 133 821 Gulden flossen in die fürstliche Schatulle - natürlich »nichts offenbart, sondern in gehaim gehallten«, wie es ein Gutachten landesherrlicher Räte angeraten hatte.[34]

Die einbehaltenen Überschüsse, die sich auch für andere Territorien nachweisen lassen, kamen der Staatsbildung der Fürsten zugute. Die Einnahmelisten des Kaisers wiesen dagegen noch 1619, als mit den Türken bereits mehrere Jahre Frieden herrschte, fast drei Millionen Gulden Außenstände auf.[35]

Bei den territorialen Steuern ließ sich das fürstliche Steuermonopol nicht so einfach errichten, was den »Steuerbetrug« am Reich verständlich macht. Zuständig für die Bewilligung von Steuern, häufig auch an der Steuerverwaltung beteiligt, waren die Landstände bis ins 17. Jahrhundert hinein Mitträger des Finanzstaates, und in der Regel leisteten sie gute Arbeit. Das widerspricht der alten Ansicht,[36] die Stände seien Bremsklötze der staatlich-politischen Modernisierung gewesen. Natürlich haben sie auf den Landtagen, wo sich ein formelles Antrags- und Bewilligungsverfahren entwickelte, mit den Landesherren und deren Beamten zäh über Notwendigkeit und Modalitäten jeder Steuerforderung gerungen und auch die Kontrolle über die Verwendung der Gelder verlangt. Sie lehnten es aber nicht prinzipiell ab, die neuen öffentlichen Aufgaben mitzufinanzieren. Grundsätzliche Obstruktion war selten - bis der absolutistische Druck den Ständen nur noch dieses Mittel ließ.

In einer Absprache zwischen den Fürsten und den Ständen wurde im 16. Jahrhundert der Katalog berechtigter Bedefälle ausgeweitet. Neue Steuertypen wie Herd-, Kopf- oder Viehschätzungen, Vermögens- und Einkommensteuern wurden entwickelt und waren bald weit verbreitet. Darüber hinaus erhoben die Fürsten die Akzise, eine Konsumsteuer, die auf den Gütern des täglichen Bedarfs, vor allem auf den Lebensmitteleinfuhren der Städte lag, aber auch auf dem Lande verbreitet war, etwa in Form der Bierakzise. Diese Verbrauchssteuer sollte später zu einer der Haupteinnahmequellen des absolutistischen Fürstenstaates werden, weil sie nicht dem Kanon der traditionell zustimmungspflichtigen Steuern angehörte.

Am Ende des 16. Jahrhunderts setzte dann das Bemühen der Fürsten ein, die Stände vom Steuerstaat fernzuhalten. Die Landtage mußten ständige Ausschüsse für Steuerfragen bilden, die ohne den Landtag Steuern bewilligen konnten. Solche Ausschüsse fügten sich natürlich dem Willen des Fürsten leichter als das Plenum eines Landtages. Zudem machte sich das Gewicht der behördenmäßig aufgebauten landesherrlichen Steuerverwaltung bemerkbar, die den Ständen gegenüber den Vorteil alltäglicher Präsenz hatte. Der entscheidende Durchbruch erfolgte, als es den Landesherren gelang, das Steuerbewilligungsrecht zu unterlaufen und von den Untertanen unbewilligte Steuern zu erheben, wozu sie in einer Notsituation berechtigt waren. Der permanente Notstand des Dreißigjährigen Krieges sollte die legale Chance zur Monopolisierung der modernen Staatssteuer bieten: Die Einberufung von Landtagen war nun nicht mehr nötig. In Bayern zum Beispiel, wo zwischen 1514 und 1579 das »Ständeparlament« dreiunddreißigmal und zwischen 1579 und 1612 immerhin noch sechsmal tagte, trat zwischen 1612 und 1669 überhaupt kein Landtag zusammen.[37]

Schleuse mit Sägemühle, Entwurf von Hans Vredemann de Vries, 1587

Der Landesherr als Förderer von Wirtschaft und Technik: Der Entwurf geht auf eine Anregung des Herzogs Julius von Braunschweig-Wolfenbüttel zurück.

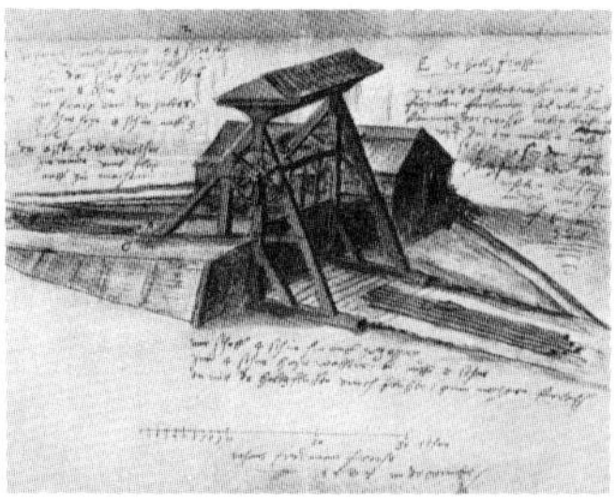

Zu einer prinzipiellen Beseitigung des ständischen Steuerbewilligungsrechts kam es jedoch bis zum Ende des Alten Reiches nicht. In den Klein- und Mittelterritorien behielten die Stände sogar eigene Finanzkassen; in den Großstaaten wurde der ständisch kontrollierte Ast des Steuerwesens jedoch immer unbedeutender, so daß die Finanzierung der Staatsausgaben schließlich unabhängig von den Ständen erfolgen konnte. Das fiel aber schon in die Zeit des vollentfalteten Absolutismus seit dem ausgehenden 17. Jahrhundert.

So lange der Fürstenstaat steuerlich nicht unabhängig war, behielten die Einkünfte aus Domänen und den nutzbaren Hoheitsrechten – den Regalien – für seinen Staatshaushalt zentrale Bedeutung. Seine Wirtschaftspolitik besaß daher noch bis ins 17. Jahrhundert hinein einen vornehmlich fiskalisch-dynastischen Charakter:[38] Die Fürsten waren nicht primär daran interessiert, die wirtschaftliche Leistungsfähigkeit ihrer Untertanen zu stärken, sondern suchten aus ihrer eigenen Naturalwirtschaft die größtmöglichen Gewinne zu ziehen, indem sie den Produkten ihrer Domänen günstige Märkte schufen. Das widersprach häufig der gesamtwirtschaftlichen Vernunft und hinderte die natürliche Wirtschaftsentwicklung, nicht zuletzt zum Nachteil des Territorialstaates selbst.

Nicht anders verhielt es sich mit der intensiven fiskalischen Ausbeute des Zoll-, Markt-, Geleit- sowie des Fluß- und Straßenregals. Um ihre Zoll- oder Geleiteinnahmen zu steigern, erzwangen die Landesherren ökonomisch unsinnige, den Warenfluß hindernde und verteuernde Verkehrsführungen. Meist war das gegen benachbarte Reichsstädte gerichtet, etwa die Württemberger Politik gegen Esslingen oder diejenige der Welfen gegen Bremen. Häufig waren aber auch eigene Landstädte betroffen, wie etwa Emden in der Grafschaft Ostfriesland und Wesel im Herzogtum Kleve. In Deutschland blieb die Entwicklung einer modernen Wirtschaftspolitik, die zuerst dem privaten und nicht dem staatlichen Wirtschaften Impulse gab, weit hinter der Entfaltung der administrativen bürokratischen Kapazitäten zurück.

Die etatistisch-fiskalische Verengung wurde zuerst bei den Regalien und vergleichbaren Monopolen überwunden: Berg-, Münz- und Mühlenregal, auch das Bier- und Salzmonopol wurden zu Kristallisationskernen einer frühmerkantilistischen Territorialwirtschaft. Einigen tüchtigen Landesherren gelang es, nicht nur die staatlichen Einkünfte merklich zu erhöhen, sondern auch der Wirtschaft ihrer Territorien günstige Wachstumsbedingungen zu schaffen. So hatte der für seine Knausrigkeit in Hofausgaben bekannte Herzog Julius von Braunschweig-Wolfenbüttel (1566-1589) im Harzer Bergbau (Silber, Vitriol, Alaun) samt dem dazugehörenden Montangewerbe, besonders in der Eisenverhüttung, beträchtliche Erfolge. Die so erworbenen Einnahmen nutzte er, um durch eine solide Münzpolitik und den Ausbau des Verkehrsnetzes, das bereits einen Kanal zwischen Oker, Aller und Weser vorsah, der Wirtschaft seines Landes günstige Entwicklungsbedingungen zu bieten. Ähnlich verfuhr Landgraf Wilhelm IV. von Hessen-Kassel (1567-1592), der eine genaue Bestandsaufnahme seines »oekonomischen Staates« vornehmen ließ, die Ausgaben bis in Einzelposten kontrollierte und Haushaltsvorschläge erprobte.[39]

Der »größte Staatswirt seiner Zeit« war der sächsische Kurfürst August (1553-1586), der von seinem Bruder Moritz, dem großen militärischen und reichspolitischen Gegenspieler Kaiser Karls V., ein schwerverschuldetes Land übernommen hatte, seinem Sohn Christian I. (1586-1591) aber eine volle Schatzkammer mit zwei Millionen Gulden an Barbeständen hinterlassen sollte. Dies gelang ihm, weil er durch eine ordentliche Rechnungsprüfung den Steuerfluß in die Zentrale verbesserte und die traditionelle, korrupte Abschöpfung durch die Lokalbeamten beseitigte. Durch Liegenschaftsregister, eine gezielte Forstwirtschaft sowie die Anlage von Mustergütern steigerte er die Erträge der Domanialwirtschaft und setzte durch eine stabile Währung, verbesserte Wasserstraßen, neue Montantechniken und eine Überwachung der Märkte der Territorialwirtschaft wichtige Wachstumsimpulse.[40]

Solche Erfolge blieben jedoch die Ausnahme. Die meisten Landesherren waren weiterhin hoch verschuldet, wie etwa Herzog Christoph von Württemberg (1550-1568), der trotz ernsthafter Bemühungen keinen ausgeglichenen Haushalt erreichte. Bei Einnahmen von rund 125 000 Gulden hatte er jährlich allein 85 000 Gulden Zinsen für den ererbten Schuldendienst und 50 000 Gulden an Besoldung für Landesbedienstete auszugeben.

Die frühmerkantilistische Wirtschaftsplanung konnte nur vereinzelt Wachstumsimpulse setzen. Der Dreißigjährige Krieg löschte diese Ansätze keineswegs mit Stumpf und Stil aus, vielmehr wurden sie in der sich rasch entfaltenden Kriegswirtschaft aufgehoben und verstärkt. Der Krieg wirkte partiell modernisierend. Das zeigt das imponierende Wirtschaftssystem, das der merkantilistische Großunternehmer Wallenstein in seiner böhmischen Herrschaft Friedland aufbaute. Durch eine abgestimmte Organisation von Pulver-, Muni-

Soleleitung von Reichenhall nach Traunstein, kolorierte Federzeichnung, um 1620

Um die wirtschaftlich und fiskalisch gleichermaßen attraktive Salzproduktion in Reichenhall zu steigern, ließ der bayerische Herzog Maximilian unter der Leitung des Zimmermeisters Hans Simon Reiffenstul diese 21 Kilometer lange Soleleitung aus insgesamt 9000 Holzrohren bauen, die 200 Jahre ununterbrochen in Betrieb blieb, bis sie durch eine moderne Konstruktion ersetzt wurde.

tions-, Waffen- und Textilproduktion sowie der umfassenden Verproviantierung des Heeres wurden hier die wirtschaftlichen Ressourcen des Landes systematisch genutzt und ein funktionstüchtiges Wirtschaftssystem errichtet. Auf der Basis solcher Erfahrungen und den Ansätzen der Vorkriegszeit konnte sich dann die merkantilistische Territorialwirtschaft nach 1650 rasch entfalten.

Im großen und ganzen blieb es an der Wende zum 17. Jahrhundert aber dabei, daß sich die Wirtschaftsmaßnahmen der Fürsten in erster Linie an den Interessen des Fiskus und des Staates im allgemeinen, nicht aber an denjenigen der Wirtschaft orientierten. Im Moment der frühmodernen Staatsbildung hatten verfassungsrechtlich-politische Überlegungen und Interessen Vorrang vor ökonomischen Zielsetzungen. So wurden zum Beispiel zur Durchsetzung der fürstlichen Kirchenhoheit sowie der Konfessionseinheit des Territoriums immer wieder wirtschaftlich aktive Bevölkerungsgruppen vertrieben. Nur wenige Regierungen entschlossen sich zur Duldung von Minderheiten, obgleich in all diesen Fällen – etwa in dem niederrheinischen Herzogtum Jülich – der ökonomische Gewinn der Toleranzpolitik offenkundig war. Um die Landstädte politisch zu unterwerfen und staatsrechtlich in das Territorium zu integrieren, verhängten die Landesherren immer wieder lange Verkehrsblockaden, die das städtische Wirtschaftsleben schwer schädigten. Noch weit schlimmer war die Festungs- und Bastionspolitik, durch die der frühneuzeitliche Machtstaat das Wirtschaftsleben einst blühender Handelsstädte im Wortsinne erstickte.

Und doch gilt, daß erst die Erfolge dieser politisch-verfassungsrechtlichen Durchdringung und Umformung der Territorien die Voraussetzungen für eine neuzeitliche Wirtschaftspolitik und für eine dauerhafte Konsolidierung der Staatshaushalte schufen. Die Finanzierung der ansteigenden Flut öffentlicher Aufgaben war nur zu bewältigen, wenn das Konglomerat von Besitz- und Rechtstiteln, das die mittelalterliche Landesherrschaft ausgemacht hatte, zu einem frühmodernen Territorialstaat umgeformt werden konnte. Das mußte nicht unbedingt der herrschaftlich-absolutistische Weg sein; auch ein genossenschaftlich-ständisch organisierter Territorialstaat war denkbar, wie das etwa die innere Geschichte der Schweiz und der Niederlande belegt oder in Deutschland selbst die inneren Erfolge der Dithmarscher Bauernpolitik bis zur Eroberung durch die Dänen.[41]

In Deutschland, das stand längst fest, sollte es der Fürstenstaat sein, der die frühmoderne Staatlichkeit ausbaute, »mit einer durch keine intermediären Gewalten eingeschränkten Regierungsgewalt an der Spitze, mit einer einheitlichen Verwaltung, zentralorganisierter Finanzwirtschaft und einer grundlegend veränderten Finanzverfassung«. Als die innere Souveränität der Fürsten gegenüber Städten, Adelsherrschaften und kirchlichen Institutionen durchgesetzt, das Mitbestimmungsrecht der Stände in der territorialen Finanzpolitik beseitigt und damit das Besteuerungsrecht des absolutistischen Staates errichtet war, erwachte das Interesse des Territorialstaates an umfassender Wirtschaftsförderung: Jetzt erst machte sich der Wohlstand der Untertanen unmittelbar in der Staatskasse bemerkbar.

Der absolutistische Fürstenstaat hat eine historische Funktion erfüllt, »und zwar sowohl in politischer als auch in ökonomischer und nicht zuletzt in finanzwirtschaftlicher Hinsicht«.[42] Die gesellschaftlichen Kosten, die die Deutschen dafür zu zahlen hatten, sind allerdings enorm, und dies sollte zu einer langfristigen Schwächung ihrer politischen Kultur führen.

Landeshoheit, Fürstensouveränität und die Realität des Ständestaates

Frühmoderne Staatsbildung, das bedeutete nicht nur, ja nicht einmal an erster Stelle, institutionelle und machtmäßige Verdichtung. Es war zugleich das Ergebnis einer geistig-theoretischen Auseinandersetzung mit den Prinzipien des politischen Zusammenlebens, die zu einer neuen Wesensbestimmung von Staat und Staatlichkeit führte. Es läßt sich sogar die These aufstellen, daß erst die Menschen des 16. Jahrhunderts dasselbe wie wir meinten, wenn sie vom »Staat« sprachen oder von der »res publica«, wie es in der für den theoretischen Disput noch bevorzugten lateinischen Sprache heißt.

Natürlich reichen die Ursprünge des neuen Staatsbegriffs zurück ins Mittelalter, namentlich die Rezeption des gelehrten, römischen Rechts war eine entscheidende Voraussetzung, aber dieser neue Staatsbegriff setzte sich erst in der zweiten Hälfte des 16. Jahrhunderts durch mit dem Werk des französischen Kronjuristen Jean Bodin (1529/30-1594). Bodins berühmtes Werk »Les six livres de la république«, das 1576 erstmals erschien und in vielen Neuauflagen und Übersetzungen - 1586 in einer von ihm selbst erarbeiteten lateinischen Fassung - rasch über ganz Europa Verbreitung fand, war nicht zuletzt eine Antwort auf die Konfessionalisierung der europäischen Gesellschaft.

Titelkupfer der berühmten »Sechs Bücher über die Republik« des französischen Kronjuristen Jean Bodin, 1583

Die konfessionellen Bürgerkriege hatten Frankreich an den Rand des Chaos gebracht, das menschliche Zusammenleben überhaupt stand in Frage. Eine Gruppe von Politikern - die meisten gleich Bodin römischrechtlich gebildete Juristen - suchten diese Gesellschaftskrise zu überwinden, indem sie einen dritten Weg zwischen der katholischen Liga und den Hugenotten einschlugen. Der Kerngedanke der »Politiques«, wie diese Gruppe genannt wurde, lief darauf hinaus, daß der Staat gestärkt und über die sich zerfleischenden Konfessionsparteien gestellt werden müsse. Zu diesem Zweck war es aber nötig, seine Machtmittel zu verbessern und seine theoretischen und rechtlichen Grundlagen so zu formulieren, daß seine Gewalt absolut war und von niemandem in Frage gestellt werden konnte - jedenfalls so lange nicht, wie der Inhaber der Staatsgewalt nicht zum Tyrannen entartete, der gegen das göttliche Recht verstieß.

Bodin hat diese Aufgabe genial gelöst, indem er das Wesen des Staates als »Souveränität« beschrieb. Damit war ein Begriff gefunden und ein Sachverhalt dingfest gemacht, der den neuzeitlichen Staat von seinem mittelalterlichen Vorgänger qualitativ unterschied und der bis heute konstitutiv ist für das moderne Staatsrecht. Indem der Staat auch und vor allem von kirchlichen Interessen und Einflüssen unabhängig wurde, war der moderne säkulare Staat begründet.

Bodins Erfolg beruhte nicht zuletzt auf seiner Methode. Sie nimmt nicht von der Begrifflichkeit und der Verfassungstheorie ihren Ausgang, sondern von der geschichtlichen Erfahrung, aus der die Bauprinzipien einer stabilen politischen Ordnung und darüber hinaus Handlungsanweisungen für die Zukunft abgeleitet werden. Die »Sechs Bücher über den Staat« sind ein mit Beispielen gesättigtes Werk, das zu zwei Dritteln aus historischen Dokumenten besteht. Für Bodin ist die Souveränität das tragende Strukturelement des Staates, ohne das kein Staat denkbar ist: »La Souveraineté est la puissance absolue et perpétuelle«, lautet seine Definition, oder – in der lateinischen Fassung – »Majestas est summa in cives ac subditos legibusque soluta potestas«.[43] Aus dieser berühmten Formel leitet sich der Begriff »Absolutismus« ab, mit dem wir jene Epoche seit der Mitte des 17. Jahrhunderts bezeichnen, in der die Fürstenstaaten das Mitspracherecht der Stände ausgeschaltet hatten.

Noch wichtiger waren jedoch die in der Bodinschen Wesensbestimmung der Souveränität enthaltenen prinzipiellen Aussagen über den neuzeitlichen Staat, die nicht an eine bestimmte Staatsform, etwa die Monarchie, noch an einen epochalen Staatstyp gebunden sind: Dauernde Gewalt (puissance perpétuelle) bedeutet, daß die Staatsgewalt weder zeitlich noch sachlich begrenzt ist und auch nicht entäußert werden kann. Übertragungen von Hoheitsrechten nach Art des Mittelalters, als Städte oder Adlige selbständig öffentliche Funktionen wahrnahmen und – in Deutschland – königliche Rechte, die Regalien, an die Fürsten gelangten, waren nach diesem Konzept nicht möglich. Sehr wohl war es dagegen möglich, Gewalt zu delegieren, etwa an die Beamten.

Jede Teilgewalt im neuzeitlichen Staat war demnach eine abgeleitete, vom Souverän als dem Inhaber der höchsten, unveräußerbaren Gewalt stammende Gewalt. Indem diese Gewalt absolut und keinen Befehlen anderer unterworfen war (puissance absolue), war das Gesetzgebungs-und Gewaltmonopol des neuzeitlich säkularen Staates errichtet. Eine Bindung an den Papst oder die Kirche konnte jetzt nicht mehr bestehen, ebensowenig an einen universellen Kaiser – womit bereits deutlich wird, daß sich bei der Übertragung des Souveränitätsprinzips auf das Reich Probleme ergeben mußten.

Aber auch nach innen war der neuzeitliche Staat souverän, das heißt weder den Ständen noch der eigenen Gesetzgebung (lex, loi) unterworfen. Anders als der mittelalterliche Herrscher unterlag er nicht dem Konsenszwang mit den Vertretern des Landes, noch der Pflicht, sich von den Magnaten beraten zu lassen. Im Gegensatz zu einem gängigen Mißverständnis, das sich von einem falschen Bild des Absolutismus herleitet, ist die Staatsgewalt unter der Bodinschen Souveränität indes keineswegs völlig ungebunden: Das natürliche und göttliche Recht (la loi de Dieu et de nature), die alten Grundgesetze des Landes (les lois fondamentales) sowie gerechte Verträge und Versprechungen (justes conventions et promesses) galten auch für den Staat und seinen höchsten Repräsentanten.[44] Nicht unumschränkte oder gar willkürliche Herrschaft, sondern die in Übereinstimmung mit den höchsten Rechtssatzungen ausgeübte Souveränität war für Bodin das Wesen des Staates.

Die Bodinsche Souveränitätslehre orientierte sich an Frankreich, einem frühmodernen »Nationalstaat« also. Auf das Reich war sie nicht ohne weiteres übertragbar, auch nicht auf die Territorien und deren Landesherren, die ja ein Teil des Reiches waren und damit dem Reichsrecht unterworfen, mochte dieses auch noch so locker geknüpft sein. Und auch der Kaiser war für sie, anders als für den französischen König, noch eine »staatsrechtliche« Realität. Von einer äußeren Souveränität konnte somit keine Rede sein. Auch nach innen ergaben sich Schwierigkeiten, da die Untertanen unter gewissen Voraussetzungen den Schutz des Reiches gegen ihre Landesherren in Anspruch nehmen konnten. Trotzdem ergriff die Souveränitätslehre das politische Leben auch der deutschen Territorialstaaten.

Im Reich hatte sich mit dem realen Machtzuwachs des Fürstenstaates ein neues theoretisches Konzept von Herrschaft entwickelt, das vereinfacht als Übergang von der *Landesherrschaft* im mittelalterlichen Territorium zur fürstlichen *Landeshoheit* des frühmodernen Territorialstaates charakterisiert werden kann. Diese Entwicklung erfolgte auf der pragmatischen Ebene alltäglicher Rechtsgeschäfte und war noch kaum ein Gegenstand staatstheoretischer Reflexionen. Im Verlaufe des 16. Jahrhunderts läßt sich in den Schriftstücken der Kanzleien ebenso wie in mündlichen Ausführungen fürstlicher Beamter eine qualitative Veränderung in der Begründung und Herleitung der landesherrlichen Hoheitsrechte erkennen. Die mittelalterliche Landesherrschaft hatte sich additiv aus einer Vielzahl von Einzelrechten zusammengesetzt, die zudem vielfach durchlöchert waren, weil Einzelpersonen und Korporationen Ausnahmeregelungen und Privilegien zugestanden wurden. Bei Konflikten zwischen dem Landesherrn und einzelnen oder Gruppen der »Landsassen« waren daher die beiderseitigen Rechte jeweils konkret abzugrenzen, und zwar durch eine historische und positivrechtliche Argumentation, die zu untermauern war mit Beweisen aus Urkunden, Rechtssatzungen oder altüberkommenen Gewohnheiten.

In den zahlreichen Auseinandersetzungen, die bis ins 17. Jahrhundert hinein landauf, landab die Ausweitung und Intensivierung der frühmodernen Staatlichkeit begleitet hatten, waren es die »Landsassen« oder - wie sie nun immer häufiger genannt wurden - die »Untertanen«, die in dieser ihnen selbstverständlichen Art ihre Freiheiten rechtlich begründeten. Es ging dabei um nicht mehr und nicht weniger als um die unabhängige Wahrnehmung von Hoheitsrechten in Regiment, Verwaltung, Rechtsprechung und - wichtig vor allem für die Städte - die Wirtschaftslenkung innerhalb gewisser personal oder geographisch bestimmter Teileinheiten des Territoriums. Die Oberherrschaft des Landesherrn wurde nicht in Frage gestellt.

So wehrte sich zum Beispiel die regional bedeutende Landstadt Lemgo Ende des 16. Jahrhunderts energisch gegen - wie sie es verstand - Übergriffe der Landesregierung in innerstädtische Angelegenheiten: bei der Rechtsprechung, der Steuererhebung, der Münz- und Wirtschaftspolitik, dem Geleitrecht und - auch und gerade - der Kirchen- und Konfessionshoheit. Lemgo wollte jedoch nicht Reichsstadt werden. Es ging »lediglich« darum, daß diese Rechte nach alter Gewohnheit vom Stadtrat ausgeübt wurden, und zwar unabhängig vom Landesherrn. Verordnungen, die das ändern wollten, beantwortete die Stadt, indem sie in jedem strittigen Punkt eine konkrete Abgrenzung zwischen städtischen Privilegien und landesherrlichen Rechten vornahm. Als zum Beispiel die gräfliche Regierung zur Durchsetzung ihres Besteuerungsmonopols die städtischen Verbrauchssteuern verbieten wollte, präsentierte der Stadtrat Privilegien des 14. und 15. Jahrhunderts, die das der Stadt erlaubten. Darüber hinaus bestritten die Lemgoer, daß die Akzise überhaupt ein »regal stück« sei, das heißt in den Bereich der landesherrlichen Prärogative falle.[45]

Diese Argumentation war Ende des 16. Jahrhunderts jedoch nicht mehr geeignet, die Landesherren dazu zu bewegen, an diesem oder an einem anderen konkreten Punkt auf ihre Ansprüche zu verzichten. Sie zeigten sich nicht mehr gewillt, mit ihren Untertanen über einzelne Rechte zu verhandeln oder gar – wie es bislang immer wieder geschehen war – mit ihnen Verträge zu schließen. Die juristisch gebildeten Beamten hatten den Fürsten klargemacht, daß nach dem neuen Staatskonzept Landesherren und Untertanen in konkreten staats- und verfassungsrechtlichen Fragen keine gleichberechtigten Verhandlungspartner sein konnten. Denn die Staatsgewalt des neuzeitlichen »Souveräns« war von ganz anderer Qualität als die mittelalterliche Landesherrschaft, mit der die Untertanen es irrigerweise noch zu tun zu haben meinten. Sie war »superioritas und hohe Obrigkeit«, das heißt Gebietsherrschaft, die in einer einheitlichen obersten Staatsgewalt konzentriert war und die nicht mehr durch Sonderrechte ausgehöhlt werden konnte. Jede andere Gewalt innerhalb des Staatsgebietes konnte nur von dieser höchsten Staatsgewalt delegiert sein, war abgeleiteter, nie originärer, autochthoner Qualität.

In diesem alltäglichen Kampf um die Etablierung der neuzeitlichen Staatsgewalt in den deutschen Territorien brachte die in Frankreich entwickelte Souveränitätslehre eine entscheidende Argumentationshilfe. Bereits wenige Jahre nach ihrem Erscheinen gehörten die »Six livres de la république« ebenso wie die Werke anderer Theoretiker des neuzeitlichen Fürstenstaates, etwa des niederländischen Staatstheoretikers Justus Lipsius, zum festen Bestand auch kleinerer Fürstenbibliotheken. Wegen der Rechtsverhältnisse im Reich war die Rezeption der Begriffe »Souveränität« und »souverän« für die Fürsten und den Fürstenstaat zwar kompliziert und langwierig;[46] der Sache nach entsprach die politische Praxis jedoch eindeutig der Bodinschen Souveränitätslehre, denn im Kern liefen all ihre Bemühungen darauf hinaus, die mittleren, von der Staatsgewalt relativ unabhängigen Gewalten auszuschalten und alle Einwohner direkt zu erfassen. Ihr Ziel war die Umwandlung der rechtlich vielfältig gegliederten mittelalterlichen Gesellschaft von »Landsassen« zum einheitlichen Untertanenverband der frühneuzeitlichen Territorialgesellschaft.

Allerdings dürfen auch hier Tendenzen nicht mit Ergebnissen verwechselt werden, am wenigsten hinsichtlich der politischen Ordnung der deutschen Territorien. Denn obgleich die Fürsten sich zum alleinigen Inhaber der Staatsgewalt stilisierten, spielten die Landstände im 16. Jahrhundert noch durchgehend eine bedeutende Rolle – als Gegen- wie als Mitspieler der Landesherren und ihrer Beamten.

Auch unter dem neuen Souveränitätsprinzip ging es nicht um die Vernichtung, sondern um die Zähmung der Stände. Sie hatten sich der einheitlichen höchsten Staatsgewalt in Gestalt der Fürsten unterzuordnen. Ihre Partikularinteressen sollten im Gesamtinteresse des Staates aufgehen. Besonders deutlich hat diese Maxime wiederum Kurfürst Maximilian I. von Bayern ausgesprochen. In einer eigenhändigen, geheimen Instruktion gab er seinem Sohn Anwei-

sung, stets darauf zu achten, daß die Landstände »nit deren privatnuz oder gelegenheit einer oder etlicher ständt, sondern deren sembtlichen unterthanen als supremam legem vor sich haben«. Wenn sie allerdings »solches nit thuen, noch sich nach der billigkeit unnd vernunft weisen lassen würden, [dann muß] der landesfürst als daz natürliche haubt ... hierin vorgreifen und sich seiner gewalt ... gebrauchen«.[47]

Die Stände blieben weiterhin die Repräsentanten des Landes und garantierten als solche seine Einheit und seinen Fortbestand auch unabhängig vom Willen des Landesherrn, nötigenfalls sogar dagegen, etwa bei den auch im 16. Jahrhundert noch zahlreichen Erbteilungen. Erst als in der ersten Hälfte des 17. Jahrhunderts der große Krieg den Landesherren das Notstandsrecht und Truppen in die Hand gab, die nach dem Abschluß des Friedens als »miles perpetuus«, als stehendes Heer also, dem fürstlichen Willen weiterhin den gewünschten Nachdruck verliehen, ging die Zeit des Ständestaates zu Ende, jedenfalls in den Großterritorien.

In der Epoche des Ständestaates hatten sich beim Regierungsantritt eines neuen Herrschers Stände und Landesherr gegenseitig Treue zu schwören. Der Fürst, der auf die Erbhuldigung seiner Stände angewiesen war, hatte die alten Rechte und Privilegien des Landes zu bestätigen. In einer Reihe von Territorien, vor allem im Westen des Reiches, in den Niederlanden gelegen, hatte sich im Verlaufe des Spätmittelalters ein fester Kanon herausgebildet, den jeder Thronfolger in toto als Grund- und Freiheitsrechte des Landes beziehungsweise seiner Bewohner zu beschwören hatte. Als 1519 im Reich eine kaiserliche Wahlkapitulation ausgehandelt wurde, konnten die Reichsstände an diese ältere Tradition der Landstände anknüpfen. Die Rechte der deutschen Territorialstände waren von

Ansicht der Fassade des Landschaftshauses in Landshut, Gemälde von Max Kröz, 18. Jahrhundert

Die niederbayerischen Landstände hatten in Landshut für ihre Amtsräume drei Häuser erworben, die sie 1599 nach einem Entwurf von Hans Pachmayr mit einer einheitlichen Fassadendekoration versehen ließen. Doch nicht der ständische Anspruch auf Mitregiment wurde hier programmatisch ausgedrückt, sondern die Loyalität gegenüber der Wittelsbacherdynastie: Zwischen den Fenstern der drei Etagen sind die bayerischen Herzöge von Otto I. bis zu dem regierenden Herzog Maximilian dargestellt. Über den Fenstern des zweiten Obergeschosses erscheinen sitzend die Tugenden, die der Fürst für ein gutes Regiment besitzen muß, nämlich Gerechtigkeit, Weisheit, Liebe, Beständigkeit und Tapferkeit, Hoffnung auf Gott und Mäßigung.

bescheidenerem Umfang und weniger spektakulär als der berühmte Grundrechtskatalog der brabantischen Stände, »Blijde Inkomst« oder »Joyeuse Entrée« genannt, weil jeder neue Herrscher ihn bestätigen mußte, bevor er in feierlichem Einzug die Hauptstadt Brüssel betreten durfte. Doch auch die deutschen Landstände nutzten die Erbhuldigung dazu, sich von dem neuen Landesherrn ihre Privilegien bestätigen zu lassen. Ein fester Kanon kam meist nicht zustande, so daß Umfang und Inhalt der Freiheits- und Grundrechte von der jeweiligen konkreten Machtkonstellation zwischen Ständen und fürstlicher Gewalt abhingen.

Eine besondere Aufgabe wuchs den Landständen in den zahlreichen durch Personalunion zusammengehaltenen Territorialkomplexen zu, die im Verlaufe der Frühneuzeit durch Erwerbungen und Erbanfall immer umfangreicher wurden. Innerhalb eines solchen zusammengesetzten Herrschaftsverbandes wurde mancher Teil leicht zum »Nebenland«, das nicht mehr um seiner selbst willen regiert oder gar gefördert wurde, sondern für die Kernlande dazusein hatte. Besonders deutlich wird das an der Oberpfalz, einem Nebenland der Heidelberger Wittelsbacher, oder an Kleve, Mark und Ravensberg, seit 1609 westliche Territorien Brandenburgs, oder besonders brisant an Hannover als einem Nebenland von Britannien. Die Lage war nicht prinzipiell anders, wenn die Nebenländer an die Hauptländer direkt angrenzten, wie etwa bei den österreichischen Erblanden und den benachbarten Königtümern Böhmen und Ungarn.

In all diesen Fällen waren es die Landstände, die die Interessen der Nebenländer gegenüber einer mehr oder weniger fernen »Zentrale« wahrten. In dieser Konstellation fielen Ständeinteressen und gemeines Interesse des Landes meist enger zusammen als bei einem einfachen, nicht zusammengesetzten Territorialstaat. Insbesondere die Regierungsgremien, voran der Hofrat, die in diesen Nebenländern auch während der Personalunion erhalten blieben, gerieten meist unter ständischen Einfluß. Grundlage war das Indigenatsrecht, das die Stände sich bei der Erbhuldigung zusichern ließen. Im 18. Jahrhundert mußten die Behörden der territorienübergreifenden Einheitsstaaten Preußen und Österreich geradezu um diese älteren Landesbehörden herumgebaut werden.

War die Position der Landstände besonders stark, so konnten sie im 16. und 17. Jahrhundert auch die formelle Stellvertretung des Landesherrn übernehmen, ähnlich wie in der mittelalterlichen Ämterverfassung ein Adliger zum Vicedominus ernannt werden konnte. Es lag aber im Interesse der Fürsten, einen eigenen, möglichst nicht selbst in dem Nebenland verwurzelten Regenten zu seinem Stellvertreter zu ernennen. Das geschah zum Beispiel im Falle von Christian von Anhalt, einem unabhängigen Reichsfürsten mit einem eigenen Kleinterritorium, den der Pfälzer Kurfürst am Vorabend des Dreißigjährigen Krieges als seinen Statthalter in die Oberpfalz schickte.

Auch in den Kernterritorien waren die Stände bisweilen am Regiment beteiligt, so etwa, wenn der Fürst längere Zeit außer Landes war und eines oder mehrere ihrer vornehmsten Mitglieder in die Regentschaft berufen wurden. Im Falle einer Minderjährigkeit des Thronerben traten die Stände häufig in den Regentschaftsrat ein; in den geistlichen Territorien nahmen sie sogar regelmäßig Regierungs- und Herrschaftsbefugnisse wahr, nämlich dann, wenn beim

Ableben des Bischofs, des Abtes oder der Äbtissin bis zur Wahl des Nachfolgers eine Sedisvakanz eintrat. In den weltlichen Territorien rückten sie in eine ähnliche politische Schlüsselposition nur ein, wenn das Fürstenhaus ausstarb. Im Falle rivalisierender Erbansprüche konnte die Haltung der Landstände sogar entscheidend werden. Wieweit sich ihr politischer Wille durchsetzte, hing allerdings von ihrem diplomatischen Geschick und den konkreten Machtverhältnissen ab. Das wurde an dem Versuch der Stände des Herzogtums Geldern deutlich, beim Erlöschen der einheimischen Dynastie 1538 den benachbarten Herzog Wilhelm den Reichen von Jülich-Kleve und Berg zum neuen Landesherrn zu berufen. Sie scheiterten, weil das gegen die Interessen der mächtigen Habsburger verstieß.

Im 16. Jahrhundert - in vielen Klein- und Mittelterritorien darüber hinaus bis zum Ende des Alten Reiches - waren die Stände auch an den normalen Verwaltungs- und Regierungsaufgaben des Territoriums beteiligt. Das gilt für das Finanz- und Steuerwesen ebenso wie für die Landesdefension, die Rechtskodifikation, die Rechtsprechung und die Gesetzgebung, vor allem in den weitausgreifenden Polizeiordnungen. Der Aufbau des frühmodernen Territorialstaates, der häufig als Leistung der Fürsten gefeiert wird, weil diese schließlich die Stände in den Hintergrund zu drängen wußten, wurde in der Durchbruchphase von den Ständen mitgetragen, und ist daher auch ihnen als historische Leistung anzurechnen.

Selbst die Reformation, die in den neueren Geschichtsbüchern zu Recht teils als »Stadt-«, teils als »Fürstenreformation« erscheint, wurde nicht ganz ohne die Stände vollzogen: Der Reformationsbeschluß der Landesregierung wurde häufig auf Landtagen diskutiert. Es kam zu formellen Bündnissen aller Stände oder einzelner Kurien - etwa des Adels - oder einzelner ihrer Mitglieder für oder gegen die Neuerungen. Und auch an manchen Kirchenordnungen, die in den protestantischen Territorien erlassen wurden und das kirchliche und religiöse Leben sowie die Organisation der Landeskirche umfassend regelten, waren die Stände beteiligt.

Aufs Ganze gesehen war aber gerade die Reformation eher ein Wendepunkt hin zum Verfall des Ständeeinflusses. Das war keine Konsequenz der lutherischen Theologie, sondern basierte im wesentlichen auf den Regelungen des Augsburger Religionsfriedens: Das »ius reformandi« und die damit verbundenen Episkopalrechte kamen allein den Landesherren zugute. Von einer Teilhabe der Stände oder von einem selbständigen Reformationsrecht, wie es während der Augsburger Verhandlungen etwa die Hansestädte für sich erringen wollten, war keine Rede. Lediglich in der Declaratio Ferdinandea leuchtete so etwas auf, konnte sich aber nirgends realisieren. Auf der Basis des Augsburger Gesetzeswerkes konnte sich dann die Konfessionalisierung - nicht die Reformation als solche - zu einem politischen und gesellschaftlichen Fundamentalprozeß entwickeln, der Staat und Gesellschaft im Sinne einer von den Ständen unabhängigen Fürstengewalt umprägte, in katholischen Territorien nicht anders als in protestantischen.

Das zeigt sich am Beispiel des Herzogtums Bayern: Gestützt auf das »ius reformandi«, was in katholischen Ländern »Recht zur tridentinischen Erneuerung« bedeutete, setzten die bayerischen Herzöge die Konfessionalisierung gezielt ein, um die Beamtenschaft und den Untertanenverband ideologisch zu vereinheitlichen und damit zugleich in weiten Bereichen des Alltags die unumschränkte Verordnungs- und Kontrollbefugnis des Fürsten zu etablieren: 1591 wurde allen Hof- und Staatsbeamten die »professio fidei Tridentina« vorgeschrieben, 1598 wurde der Gottesdienstbesuch genauestens geregelt:

Alle Minister, Räthe, Beamte, Edelleute und Diener des Hofes mußten täglich der Messe, an Sonntagen und Festen dem Hochamte und der Predigt, und in der Fasten- und Adventzeit den besonderen Kanzelvorträgen, an Festen der Nachmittagvesper beiwohnen, die Edelleute außerdem noch den anderen Gottesdiensten, an welchen sich ihr frommer Herr beteiligte. Für Versäumnisse war eine Strafe von vier Thalern angesetzt und als solche trotzdem zahlreich stattfanden, befahl Maximilian, die Buße im zweiten und dritten Fall zu verdoppeln und die Schuldigen ihm selbst anzuzeigen, da er sie ihres Amtes oder Dienstes zu entsetzen oder anderweitig exemplarisch zu strafen gedenke ... Ebenso muß der gesamte Hof, wie auch der Rat der Stadt, an den feierlichen Donnerstagsprozessionen teilnehmen, wer sich drückte, dem drohte eine 8-14tägige Gehaltskürzung (Mandat vom 2. 6. 1601). Ähnlich einschneidend ist die jährliche Pflicht jedes Untertanen zur Vorlage einer Bescheinigung über Beichte und Kommunionempfang (Beichtzettel) bei der zuständigen staatlichen Behörde (1605), die Pflicht zur Einhaltung der Fastentage (Freitag und Samstag), die Pflicht zur Kniebeuge mit Gebet beim Mittagsläuten (Türkenglocke) und Abendläuten (Ave-Maria-Läuten).[48]

Die politisch domestizierende und gesellschaftlich vereinheitlichende Kraft der Religion im Gewand der Konfession herauszustellen heißt nicht, die persönliche innere Betroffenheit der Gläubigen in Zweifel zu ziehen, bei den Untertanen nicht und ebensowenig bei den Fürsten und ihrer Beamtenschaft. Die Pietas Bavarica, die den Münchener Hof und die bayerische Gesellschaft auf den Geist des frühmodernen Fürstenstaates einschwor, wurzelte in einer verinnerlichten Frömmigkeit Herzog Maximilians, der sich in die spanische Mystik einer Teresa von Avila - einer wegen ihres unbedingten Reformeifers verketzerten und brennend verehrten Ordensheiligen der Unbeschuhten Karmeliterinnen - zu versenken wußte und der über Jahre hin geistlichen Rat von dem Karmelitergeneral, Mystiker und Feldprediger Dominikus a Jesus Maria erhielt. Nicht anders stand es mit der Pietas Austriaca, der Barockfrömmigkeit der Habsburgerherrscher, die zu eben derselben Zeit am Grazer Hof der Erzherzöge von Innerösterreich aufblühte und im ausgehenden 17. und 18. Jahrhundert am Wiener Kaiserhof zur vollen Entfaltung gelangte.

Die öffentlich zelebrierten Frömmigkeitsgesten - Wallfahrten, Prozessionen, Heiligenfeiertage - waren nur die im Barockzeitalter selbstverständlichen Inszenierungen einer inneren, privaten Religiosität. Mitten in wichtigsten Staatsgeschäften zog sich Maximilian von Bayern für Tage zu Exerzitien und Bußübungen zurück. 1636 reiste ein eiliger diplomatischer Gesandter des Herzogs August von Braunschweig-Lüneburg dem Kurfürsten von München nach Starnberg nach und wurde dort offiziell mit der Begründung zurückgewiesen, das Fürstenpaar befinde sich auf einer Vergnügungsreise. Dagegen konnte der Gesandte selbst in Erfahrung bringen, daß »die aigentliche Vrsach dieser Churfürstl. retirata die deuotion seye, in dem Ihre Churfürstl. Dhlltn. auf dem ohnfern von hier gelegenen hl. Berg Andex die Beicht vnnd Communion verrichten wöllen«.

In der Altöttinger Wallfahrtskirche fand man 1652, als Maximilian bereits verstorben war, einen Weihbrief, den der Herrscher während der politischen Krise des Jahres 1645 insgeheim in den dortigen Silbertabernakel hatte verschließen lassen. »In dein Eigentum«, so hatte er gelobt, »übergebe ich mich und weihe mich dir, Jungfrau Maria, mit diesem Blutzeugnis und dieser Unterschrift, Maximilian, oberster der Sünder.«[49] Geschrieben war die Urkunde mit dem Blut des Herrschers, ein aus der säkularen Perspektive der nachkonfessionellen Neuzeit schwer nachvollziehbares Symbol, das aber unmißverständlich dokumentiert, daß die barocke Herrscherfrömmigkeit in einer ganz privaten und individuellen Innerlichkeit verwurzelt war.

Für den weiteren Gang der deutschen Geschichte zweifellos wichtiger waren die verfassungs- und allgemeinen strukturgeschichtlichen Konsequenzen aus den kirchen- und konfessionspolitischen Entscheidungen, die Mitte des 16. Jahrhunderts zugunsten des Fürstenstaates gefallen waren. Wohin eine andere, ständefreundliche Weichenstellung hätte führen können, zeigt der Vergleich mit England. Auch dort brachte die Reformation die Staatskirche, und zwar entschiedener noch als in den deutschen Territorien. Der englische König war Supreme Head der Staatskirche. An diesem neuen kirchlichen Hoheitsrecht erhielten die Stände jedoch Anteil, weil der König - wie seine weltliche Souveränität - diese kirchliche Suprematie nur im Parlament besaß. Nicht der Absolutheitsanspruch, sondern die Stände triumphierten in England, »und das königliche Oberhaupt mußte sich hiernach in kirchlichen Angelegenheiten ebenso legal und konstitutionell benehmen, wie in der Regierung des weltlichen Staates«.[50]

2. Die alteuropäische Gesellschaft. Fremde Lebenswelten und der Einbruch sozialer Modernisierung

Die Gesellschaft des 16. Jahrhunderts zeigt eine bunte Vielfalt zeitlicher und regionaler Abstufungen. Es ist ein Bild voller Widersprüche und sich kreuzender Linien sozialen Auf- und Abstiegs, eine verwirrende Gleichzeitigkeit von bis in die Wurzeln gefestigter Tradition und rascher, umpflügender Veränderung. Von heute aus gesehen ist es von tiefer Fremdheit für den Betrachter. Trotz des Durchbruchs zur Neuzeit und zur Frühmodernität, ist die Gesellschaft zwischen Reformation und den Revolutionen des ausgehenden 18. Jahrhunderts »the world we have lost« – »die Welt, die wir verloren haben«.[51]

Diese Gesellschaft war ganz anders aufgebaut als die Wirtschaftsgesellschaft des Industriezeitalters, von der wir uns heute langsam entfernen, die aber unser Denken und unsere Vorstellungen noch tief prägt. Auch nach der Auflösung des mittelalterlichen Kosmos behielten der einzelne und die sozialen Gruppen ihren festen, hierarchisch gestuften Platz in der Gesellschaft. Im 16. Jahrhundert, dem ersten »bürgerlichen« Jahrhundert unserer Geschichte, war die Ständegesellschaft in Bewegung geraten. Neue Wertmaßstäbe und die hohe soziale Mobilität, die die Standesgrenzen übersprang, schwächten und durchlöcherten das alte geburts- und berufsständische Prinzip. Heftige Kritik war an den Auswüchsen und Mißbräuchen der Ständegesellschaft laut geworden, dennoch hatte sie sich behauptet. Von einigen extremen Stimmen abgesehen, war das Prinzip ständischer Gliederung als solches nie strittig geworden.

In der klassischen Ausprägung des Ständemodells gab es drei nach Ansehen, Status und Beteiligung an der politischen Gewalt unterschiedene Stände: den Klerus, den Adel und das rangmäßig nachgeordnete Bürgertum, die »einfachen Leute«. »Die Angehörigen dieser drei Stände waren ... durch eigene Pflichten, Wirkkreise und Tätigkeitsverbote, Titel und Anreden, auch durch ihre Kleidung und ihren Lebensstil voneinander abgehoben.«[52] Die Bauern waren ein eigener gesellschaftlicher Stand unterhalb des Bürgertums. Zu den politischen Ständen zählten sie, von einigen regionalen Ausnahmen abgesehen, in Deutschland nicht.

Im Zuge der Reformation war in den protestantischen Staaten der Klerus als eigener politischer und gesellschaftlicher Stand verschwunden. Die protestantische Geistlichkeit gehörte zum Bürgertum. Eine Schwächung der Ständegesellschaft war mit dieser Veränderung nicht verbunden, jedenfalls nicht längerfristig, denn auch die Theologen der evangelischen Konfessionskirchen waren sich darin einig, daß die ständische Gliederung gottgewollt sei und daher für das Zusammenleben in der diesseitigen Welt unwandelbar Gültigkeit besitzen müsse. Luther hatte eine eigene »Dreiständelehre« vorgelegt, die innerhalb der christlichen Gesellschaft den »status ecclesiasticus«, den »status politicus« und den »status oeconomicus« unterschied. Ergänzt wurde diese Ständetheorie durch die

Die gesellschaftliche Rangordnung, Flugblatt aus dem 17. Jahrhundert

Das »bürgerliche Jahrhundert« hat die ständische Gliederung der Gesellschaft nicht in Frage gestellt. Die soziale Pyramide baut sich auf um den Tod und erfaßt alle, vom Papst über König und Kardinal, geistliche und weltliche Fürsten, Bürger, Bauern, Soldaten bis hinab zum Narren.

Lehre von der Bewährung des Christen innerhalb seines weltlichen Berufes, die über Jahrhunderte die protestantische Gesellschaft nachhaltig prägen sollte.

Zwar hatte Luther das alles mehr theologisch als soziologisch gedacht, so bezog er jeden der drei Stände direkt auf Gott und seine Kirche. Jeder Mensch sollte an jedem dieser Stände teilhaben, wenn auch in unterschiedlichem Maße: auf der Basis des allgemeinen Priestertums am »status ecclesiasticus«, am »status politicus« als Mitglied der weltlichen Gemeinde, schließlich am »status oeconomicus« als Familien- und Haushaltsvorstand. Die Unterschiede im »eusserlichen Beruff« sind nach Luther nur zeitlicher Natur und berühren daher nicht den Persönlichkeitskern des Christen.[53] Die realgeschichtliche Konsequenz lief aber auf eine neue Legitimation und Wiederverfestigung der Ständegesellschaft hinaus, das heißt auf eine hierarchische Gliederung der irdischen Gesellschaft nach Ständen und Berufsfunktionen. Bei den Pietisten erfolgte die Unterteilung nach dem – wie wir heute sagen – Familienstand: In den Herrnhuter Gemeinden wohnte man in getrennten »Ständehäusern«, die ledigen Frauen, die ledigen Männer, die Eheleute, die Witwen, die Witwer. Jeder Stand hatte seine besonderen Rechte und jedes seiner Mitglieder wußte sich in einer eigentümlichen Weise Christus verbunden als dem Haupt der Gesellschaft.

Entscheidend für die Stabilisierung der Ständegesellschaft

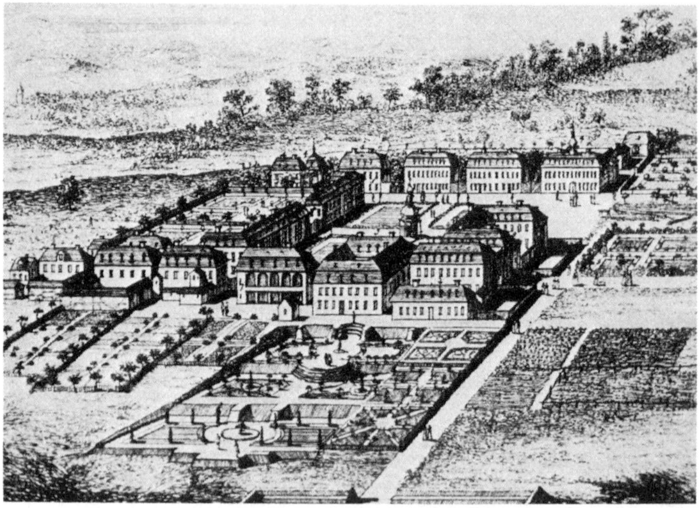

Herrnhuter Siedlung Herrnhaag bei Büdingen mit ihren Häusern für die einzelnen christlichen Stände: Junggesellen, Jungfrauen, Ehepaare, Witwen und Witwer, um 1750

waren aber nicht theoretische Entwürfe, sondern das Interesse und die Macht des frühmodernen Fürstenstaates. Nach ihrem Sieg über die Bauernhaufen im Jahre 1525 hatten Fürsten und andere Obrigkeiten freie Hand, das Fundament der Ständegesellschaft neu zu zementieren. Dabei gingen sie mit neuzeitlicher Systematik vor. Der frühmoderne Verordnungsstaat, der es liebte, alle Bereiche des öffentlichen und privaten Lebens aufs genaueste zu reglementieren und zu normieren, nahm sich auch der gesellschaftlichen Gliederung an. Landauf, landab wurden in den Territorien und Städten Kleiderordnungen erlassen, die fein säuberlich die Grenzen bestimmten, die zwischen den einzelnen Ständen und Einwohnergruppen zu beachten waren.

Neben den Bestimmungen über Art und Wert der Kleidung wurden noch eine ganze Reihe weiterer Standesmerkmale fixiert, etwa die Zahl der Gäste und Gerichte, die ein Adliger, Bürger oder Bauer sich bei den großen Familienfesten wie Hochzeit, Kindtaufe oder Leichenbegängnis leisten durfte. Diese Flut von Standesverordnungen war einerseits ein Zeichen dafür, daß die ökonomische und soziale Dynamik des 16. Jahrhunderts die Gesellschaft in Bewegung gebracht hatte und die Standesgrenzen nicht mehr als selbstverständlich galten, andererseits dokumentiert sie den eisernen Willen der Obrigkeiten, die wildschäumende Gärung unter Kontrolle zu bringen.

Die soziale Mobilität, die man nicht hindern konnte und an bestimmten Punkten auch nicht hindern wollte – erinnert sei an die Allianz zwischen Fürsten und Bürgern auf Kosten des Adels –, wurde durch das feste Ständeschema kanalisiert, so daß sich die Gefahr eines gesellschaftlichen Umsturzes deutlich verringerte. Die Obrigkeiten wollten unter allen Umständen verhindern, daß der religiös-kulturelle, der politische und ökonomische Aufbruch die Ständegesellschaft aus den Angeln hob. Und da sie die Macht hatten, ihr Gesellschaftskonzept durchzusetzen, blieb es auch in den ersten Jahrhunderten der Neuzeit bei einer bald wieder stabilen und unangefochtenen ständischen Gliederung der Gesellschaft.

Bereits fünf Jahre nach dem Aufstand der Bauern erließ das Reich eine Polizeiordnung, die den Rahmen absteckte, innerhalb dessen sich die entsprechenden Verordnungen der Fürsten und reichstädtischen Magistrate bewegten.[54] Sie enthält auch ausführliche Bestimmungen darüber, wie »sich ein jeder, weß Würden oder Herkommen der sey, nach seinem Stand, Ehren und Vermögen trage, damit in jeglichem Stand unterschiedliche Erkäntnüß seyn mög«, also daß auf den ersten Blick erkannt werden könne, zu welchem Stand ein jeder gehöre.

Adlige, fürstliche Räte und Doktoren sollen »Damast und dergleichen Seide« tragen, den sie mit sechs Ellen Samt verbrämen durften. Purer Samt und Karmesinatlas war den Grafen und Herren vorbehalten, dem nächsthöheren Stand, der gleich unter den Fürsten selbst angesiedelt war. An Pelz durften Adel und Doktoren Marder und dergleichen tragen, an Schmuck »Gülden Ring und Haarhauben, auch eine Ketten, die nicht über zweyhundert Gülden werth sey«. Den Frauen dieses Standes wurden vier Röcke zugestanden, »nemlich ein Sammet, und die übrigen drey von Damast, und nicht über vier, doch ohn Perlin, Silber oder Gold«.

Dem Bürgerstand, der noch ganz von der Stadt her definiert ist, widmet die Reichspolizeiordnung drei Kapitel mit insgesamt vier-

Trachten der einzelnen Nürnberger Stände, Einblattdruck

zehn Paragraphen. Die spätmittelalterliche und frühkapitalistische Wirtschaftsdynamik hatte in den Städten krasse Unterschiede in Besitz und Vermögen entstehen lassen und damit die soziale Differenzierung beschleunigt. Die Kleiderordnung unterscheidet deshalb »dreyerley Bürger und Inwohner«: »Gemeine Bürger und Handwerker«, »Kauff- und Gewerbs-Leut«, »Bürger, so vom Rath, Geschlechten, oder sonst fürnehmen Herkommens sind, und ihrer Zinß und Renthen leben«. Der oberste der Bürgerstände – nämlich die Patrizier, Ratsfamilien und Rentiers – durften sich ähnlich wie die Adligen, aber mit deutlich geringerem Aufwand, kleiden: den Rock mit höchstens drei statt mit sechs Ellen Samt verbrämt, als Futter Marderpelz, Gold- und Silberschmuck für höchstens fünfzig statt für vierhundert Gulden. Diese Bestimmungen über den Aufwand der Kleidung von städtischem Großbürgertum und Adel lassen den sozialkonservativen Grundzug der Ständeordnungen erkennen, ebenso das Ansinnen, das Gewicht ökonomischer Faktoren wieder zurückzudrängen zugunsten der traditionellen Werte von Geburt und Blut, kurz, das ererbte über das erworbene Ansehen zu stellen. Längst konnte sich gar mancher Großkaufmann und Patrizier in Lübeck, Köln, Frankfurt, Ulm und Nürnberg, von den Fuggern und Welsern in Augsburg ganz zu schweigen, rein ökonomisch gesehen die Prachtentfaltung weit eher leisten als der durchschnittliche Landedelmann.

Nicht anders verhielt es sich beim unteren und mittleren der Bürgerstände. Auch unter den Handwerksmeistern und innerhalb der Kaufmannschaft bestanden erhebliche Vermögensunterschiede, die sich im weiteren Verlauf des 16. Jahrhunderts noch vergrößern sollten. Die obrigkeitlichen Ständeordnungen stemmten sich dem entgegen, um das sozial beweglich gewordene mittlere Bürgertum in die Grenzen eines nach Auftreten, Lebensführung und – was das eigentliche Ziel war – Selbsteinschätzung einheitlichen Handwerker- oder Kaufmannsstandes zu verweisen. Die Tuche sowie die Art und der Wert des Schmucks wurden auch hier genau festgelegt, vor allem die Pelzarten: »Füchse, Iltis, Lämmer und dergleichen« für die Handwerker, »Marderkehln« für die Kaufleute. Wurde ein Handwerker, was in einer Reihe von Städten verfassungsmäßig vorgesehen war, in den Rat gewählt, durfte er das in seinem äußeren Auftreten kundtun, allerdings nicht durch die Kleidung der patrizischen Ratsgeschlechter, sondern nur durch den Aufwand, der dem nächsthöheren Bürgerstand, den Kaufleuten also, zugestanden war. Und natürlich sollte innerhalb des Handwerkerstandes genauestens darauf geachtet werden, daß der Unterschied zwischen Meistern und Handwerksknechten oder Gesellen gewahrt blieb.

Der »gemeine Bauersmann« wurde zusammen mit den »Arbeitsleut oder Taglöhnern auf dem Land« an die unterste Stufe der Ständehierarchie gebunden. »Kein ander Tücher, dann innländisch« durfte er tragen, und zwar als Rock »nicht anders als zum halben Waden«. Gold- und Silberschmuck, Federn, Pelz, Hut und Kappe waren ihm streng verboten. Die »Töchter und Jungfrauen« durften nur »ein Haarbändlein von Seyden tragen«, die Ehefrauen »kein andere dann schlechte Beltz von Lämmern, Geissen und dergleichen«. Bereits im äußeren Auftreten sollten Bauer und Bäuerin ihre dienende Stellung bekunden. Der jahrhundertealte Spott über den

Ständebaum, Petrarcameister, um 1520

Der am Vorabend des Bauernkrieges durch einen unbekannten Augsburger Meister angefertigte Holzschnitt durchbricht die gängige Darstellung der ständischen Gesellschaft: Nicht nur im Wurzelwerk erscheinen Bauern als gedrückte und tragende Grundlage des hochragenden Ständebaums. Bauern haben sich auch in seinen Wipfel geschwungen, hoch über Bürger, Doktoren, Fürsten und Könige, ja selbst über den Papst. Lässig ruht der Fuß des Bauern mit der Mistgabel auf der Krone des Kaisers, während sein Dudelsack spielender Genosse auf der Schulter des Papstes steht. Eine solche Darstellung ist im späteren 16. und im 17. Jahrhundert nicht mehr möglich – der frühmoderne Staat hat die Ständegesellschaft wieder zementiert; jedem Stand ist seine gottgegebene Stellung zugewiesen.

ungelenken und ungebildeten Landmann erhielt neue Nahrung. Wollte seine Frau sich schmücken, so sollte sie tölpelhaft im Ziegenpelz protzen.

Ein für allemal sollte die Zeit vorbei sein, da der Bauer den Versuch wagen konnte, seinen Platz im Wurzelwerk des Ständebaums zu verlassen, um sich selbstbewußt in die höchste Astgabel zu schwingen, hoch über Kaiser, Papst und Monarchen, wie es 1520 ein Holzschnitt des Petrarcameisters propagiert hatte. Wie sehr diese standesmäßige Zementierung der gesellschaftlichen Stellung des Bauern mit den ökonomischen Realitäten kollidierte, zeigt schon die Klage des ostfriesischen Edelmannes Eggerik Beninga, der sich am Reichtum der Marschbauern an Silberschmuck und kostbaren Tuchen stieß.[55]

Gar nicht erst erwähnt wurden in den Stände- und Kleiderordnungen die unterständischen Schichten und Randgruppen: die armen Leute in städtischen Buden und Kellern oder in Hütten und Kotten auf dem Lande, die Mitglieder unehrlicher Berufe wie Abdecker und Scharfrichter, die Bettler und das fahrende Volk. Sie alle gehörten gar nicht zur offiziellen Gesellschaft, obgleich ihre Zahl beträchtlich war und aufgrund der konjunkturellen und demographischen Entwicklung im Verlaufe des 16. Jahrhunderts weiter zunahm. Über die konkreten Lebensumstände dieser Menschen ist für die frühe Zeit nur wenig bekannt. Tagebuchaufzeichnungen und Autobiographien aus dem Kreis der fahrenden Schüler ergeben einige Momentaufnahmen, ohne jedoch Einblick zu gewähren in die ganze Tiefe des

Elends, der Not und der Hoffnungslosigkeit, aber auch des Übermuts, der Gerissenheit und des Gaunertums, die unter diesen Randgruppen geherrscht haben müssen. Der fahrende Scholar war in dieser »Unterwelt« nur ein Mitglied auf Zeit, das von der Hoffnung auf Aufstieg in die höchsten Ränge der Ständegesellschaft leben konnte, auch wenn gar mancher Scholar für immer in der Gegengesellschaft verschwand.

Thomas Platter (1507-1582), ein Bauernbub aus Grächen im Schweizer Wallis, der es bis zum angesehenen Rektor der Lateinschule und erfolgreichen Verleger in Basel brachte, mußte viele Jahre als »Schütz« und »Bacchant« auf Wanderschaft zubringen, bevor er in Schlettstadt, Solothurn und Zürich mit dem eigentlichen Studium beginnen konnte. Sein Wanderleben, das ihn kreuz und quer durch das Reich führte, begann er mit zehn Jahren als »Schütz« oder Gehilfe eines nicht viel älteren Vetters, »der den Schulen nachgezogen war nach Ulm und München, im Baierland«.[56] Das Reisen, wenn man die Fußwanderung denn so nennen will, war beschwerlich und voller Gefahren:

Eines Morgens kamen wir aus einer Stadt, in der wir übernachtet hatten, an die Donau, die dort ein reißender Fluß ist. Wir mußten über eine schmale Brücke ohne Geländer, die in der Nacht über und über vereist war. Es war nämlich Spätherbst um Allerheiligen. Anfangs wollte ich gar nicht hinüber. Endlich wurde ich gezwungen, vor dem Schüler her, hinüber zu gehen. Ach, was faßte mich da für ein Schrecken, es begann mich zu schwindeln, und angstvoll schrie ich, ich würde jetzt in den tiefen Strom hinabstürzen. Als ich an die Stelle kam, wo der Steg sich abwärts dem Ufer zu senkte, wurde meine Furcht auszugleiten noch größer. Um es kurz zu sagen: Was ich befürchtete, hätte geschehen können, wenn ich nicht wie durch ein Wunder behütet worden wäre. Als ich nämlich fast das Ende des glatten Steges erreicht hatte, da rutsche ich plötzlich aus und werfe durch mein Hinfallen auch den hinter mir kommenden Schüler, den ich weiter zurück glaubte, ebenfalls rücklings zu Boden. Beide lagen wir wie tot da. Keiner wagte ein Glied zu rühren, um nicht vollends in die Tiefe zu stürzen. Denn der Steg war sehr schmal und bestand nur aus einem einzigen Balken. Endlich gelang es uns mit Gottes Hilfe, indem wir auf dem Rücken liegend mit Händen und Füßen arbeiteten, halbtot von dem Steg hinabrutschend das Ufer zu erreichen. Wir dankten Gott, und nachdem wir uns abgewaschen hatten, setzten wir die angetretene Reise fort auf Eger zu.

Straßen und Wälder waren voller Räuber und Mordgesellen, die danach trachteten, den Vaganten die erbettelten Heller abzujagen. Sie übernachteten in dunklen und bedrohlichen Ställen oder Wirtshäusern und erfuhren am nächsten Tag, daß »das ganze Dorf im Verdacht der Mörderei« stand. Um den Hunger zu stillen, versuchten die Schüler Bauern und Hirten zu überlisten und erhielten, wenn der Diebstahl von Eiern oder Gänsen zu früh ruchbar wurde, gewaltig Prügel. In den Schulen, wo die fahrenden Scholaren ein und aus zogen, war *in den Lagerstätten alles voller Läuse, daß wir sie nachts im Stroh unter uns krabbeln hörten ... Bin auch oftmals hinaus an die Oder, das Wasser, das da vorbeifließt, gegangen. Habe mein Hemdlein gewaschen, an eine Staude gehängt, getrocknet, inzwischen den Rock gelaust, eine Grube gemacht, einen Haufen Läuse hineingeworfen, mit Erde zugedeckt und ein Kreuz daraufgesteckt.*

Innerhalb der Scholarengruppe herrschten häufig Eigensucht und Brutaliät. Die Schützen, die kleinsten unter ihnen, wurden zum Betteln geschickt, mußten aber alles ihren Bacchanten, der nächsthöheren Altersgruppe, abgeben. Wer es wagte, von dem Erbettelten selbst etwas zu essen, erhielt die Rute. Die Bacchanten kontrollierten die »Ehrlichkeit« ihres Schützen, indem sie ihm »auf der Gasse nachgingen, ihn hießen, ... das Maul mit Wasser schwenken und in eine Schüssel mit Wasser spucken, daß sie sähen, ob er etwas gefressen hätte«. So mußten die Kleinen Hunger leiden, obgleich die Bürger ihnen reichlich gaben: »Ich habe solchen Hunger gehabt, daß ich den Hunden auf der Straße die Knochen abgejagt und dann abgenagt, auch die Brosamen in der Schule aus den Dielenritzen gesucht und gegessen habe.« Immerhin, für Thomas Platter sollte auf die Vagantenzeit eine bürgerliche Existenz folgen: Sein Sohn Felix (1536-1614) konnte zu Pferd aufbrechen, um in Montpellier an einer der angesehensten Hochschulen des Abendlandes das Studium der Medizin anzutreten, und die beträchtlichen Kosten für die Promotion und das anschließende Festbankett brauchte er auch nicht zu scheuen.

Wie repräsentativ die Vita des Thomas Platter ist, wissen wir nicht zu sagen, auch nicht, wie eng die direkte Korrelation zwischen Bildung und sozialem Aufstieg in jenen Jahrzehnten generell war. Statistiker können beweisen, daß unter den arm Geborenen, die ihr Glück an den Universitäten suchten, »viele Hoffnungen auf Beruf, Ansehen und soziale Sicherheit unerfüllt geblieben sein müssen«.[57] Diese im sozialen Aufstieg erfolglosen Studenten, was keineswegs mit fehlender intellektueller Befähigung gleichzusetzen ist, teilten dann ihr Leben lang das Schicksal derjenigen, die sich ohnehin keine Hoffnung auf Besserung ihrer Lebensumstände machen konnten.

Das Selbstverständnis der frühneuzeitlichen Ständegesellschaft kreiste um zwei Begriffe: *honor*, die Ehre, und *otium*, die Muße. Jeder Stand hatte seine Ehre, auch die Bettler und Gauner. Aber es war eine abgestufte, eine trennende Ehre. Sie gab den Menschen Sicherheit, weil sie jedem gleichsam seinen »Wert« bescheinigte. Das sorgte für gesellschaftliche Stabilität, aber auch für Verkrustung, Feindseligkeit und Leid. Friedrich Hebbel, der, an Hegel geschult, ein feines Gespür für die Epochen und die sie leitenden Gesetze hatte, zeigt in seinem großen Drama »Maria Magdalena« den Umbruch der alten zur neuen Welt an der tragischen Schuld, in die der Schreinermeister Anton gestürzt wird, weil er im Strudel der auf Veränderung drängenden Verhältnisse an seiner alteuropäischen Handwerkerehre festhalten muß.

Im Wirtshaus hatte der Schreinermeister dem Gerichtsdiener Adam Gruß und Gesellschaft verweigert, mit dem harten Wort: »Leut im roten Rock mußten ehemals draußen vor dem Fenster bleiben und bescheiden den Hut abziehen, wenn der Wirt ihnen den Trunk reichte; wenn sie aber ein Gelüsten trugen, mit jemanden anzustoßen, so warteten sie, bis der Gevatter Fallmeister [der Henker also, H. Schi.] vorrüberkam.«[58] Der Gerichtsdiener rächt sich, indem er den zu Unrecht eines Diebstahls beschuldigten Meisterssohn Karl straßauf, straßab führt und so mit der Ehre dem Schreinermeister zugleich die öffentliche und private Grundlage seines Lebens zerstört.

Eine weitere Abstufung erfolgte durch das Ideal des »otium«. In Fortsetzung antiker Tradition definierte sich die gesellschaftliche

Stellung nach Nähe oder Ferne zur körperlichen Arbeit. Das Ideal war der von seinen Gütern lebende Adlige. Der Klerus und die im Zuge der politischen Modernisierung entstandenen frühneuzeitlichen Eliten - das gelehrte Beamtenbürgertum, später auch die Offiziere - standen der Sphäre körperlicher Arbeit ebenfalls fern.

Lebensunterhalt aus erwerbsgerichteter Betätigung galt im Ancien Régime als eine niedrige Subsistenzform und war deshalb mit der Zugehörigkeit zum Klerus und zum Adel unvereinbar. Unter den Erwerbstätigen wurde das geringste Ansehen denjenigen beigemessen, die körperlich arbeiteten, also den kleinen und mittleren Bauern, den Handwerkern und sonstigen Gewerbetreibenden, den Domestiken. Ein höheres Ansehen als die Handarbeit genossen solche erwerbsgerichteten Betätigungen, bei denen die organisierenden und leitenden Aufgaben die körperlichen Mühen überwogen, etwa die Arbeit der Händler, Kaufleute oder Reeder. Dies galt auch für die Inhaber großer landwirtschaftlicher Eigen- und Pachtbetriebe, die mehr als Herren über Haus, Hof, Familie und Gesinde denn als »Werktätige« angesehen wurden.[59]

Der Tod des Kindes, 1775

Die Säuglingssterblichkeit war erschütternd hoch. Durch die Hingabe an den göttlichen Willen bemühten sich die Eltern, ihr Leid zu ertragen.

Auch die Lebenskreise des Alltags waren ganz anderer Art als heute. Die Familie im modernen Sinne als eine auf Intimität und Liebe beruhende enge Lebensgemeinschaft von Eltern und Kindern war unbekannt. Mit dem Wort »Familie« (familia) verband man noch eher die mittelalterliche Vorstellung des »grundherrlichen Gesindes oder einer anderen Mehrheit abhängiger Personen«, etwa Dienstleute des Königs oder der Kirche, als die bürgerliche Kleinfamilie des 19. Jahrhunderts. Die wichtigste originäre Lebenseinheit war nicht die Familie, sondern das Haus.

Das Haus bildete einen sozialen Körper der Schöpfungsordnung, in dem der einzelne je nach seiner familiären Rolle als Hausvater, -mutter, Kind, Knecht oder Magd den Platz seines alltäglichen Lebens, den Raum für seine persönliche Entfaltung und für seine Pflichten, die Befriedigung seiner Bedürfnisse findet. Der soziale Status des Menschen ist vom Haus bestimmt, nur die Rolle des Hausvaters weist über das Haus selbst hinaus, indem er die Familie im »Außen« vertritt. Das Haus enthält potentiell alle Lebensbereiche, so etwa Arbeit und Konsum (Nahrung), Erziehung, Gottesdienst.[60]

Die Kindheit des Barockdichters Andreas Gryphius (1616-1664) illustriert diese Ordnung. Den Vater, der über dreißig Jahre älter war als die Mutter, verlor er mit fünf, seine Mutter mit zwölf Jahren. Die Mutter hatte gleich nach Abschluß des Trauerjahres wieder geheiratet, und Gryphius konnte nach ihrem Tod bei seinem Stiefvater Michael Eder bleiben, der seinerseits wieder heiratete, und zwar ein achtzehnjähriges Mädchen. Seine Knabenjahre verbrachte Gryphius also in einer Familie, mit der er weder über den Vater noch über die Mutter verwandtschaftlich verbunden war; seine Pflegemutter aber war lediglich fünf Jahre älter als er. Sie starb 1637, erst sechsundzwanzigjährig.

Gryphius war gerade einundzwanzig, als »des Todes Hand [ihn] dreymal weyse« gemacht hatte. Da er in ein sozial gehobenes Milieu hineingeboren worden war - der leibliche Vater war Pfarrer, die Mutter Offizierstochter, der Stiefvater Gymnasiallehrer, die Pflegemutter Tochter eines Hofrichters -, blieb ihm soziales Elend erspart. Der

Chronist vermerkt sogar, die zweite Frau seines Stiefvaters scheine ihm »eine liebevolle Stiefmutter gewesen zu sein«, das »familiäre Zusammengehörigkeitsgefühl« sei intakt geblieben.[61] Das auf den Tod der Stiefmutter verfaßte Gedicht legt davon Zeugnis ab, auch wenn es den zeittypischen Konventionen der Rhetorik sowie der Todes-Vanitas-Vorstellung verpflichtet ist:

O allzuschwerer Todt! eh denn Ihr recht noch blühet /
Noch eh die Mittags Sonn des Lebens Euch berührt /
Hat der / so keine Zeit vnnd junge jahr ansihet /
Euch in das enge Hauß des Grabes einlosirt.
Ach! hätt Ich eh denn Ihr die Augen zugedrücket /
Mocht gegenwertig seyn / Ich hät' vor so viel Trew
Doch inniglich gedanckt / eh Ihr den Geist verschicket /
Hätt ich Ewr wehrte Lieb gerühmbt ohn heucheley!
Ich hätt Euch vor gesehn; eh den Ihr gantz beschlossen /
Ihr hättet mir zuvor noch gutte Nacht gesagt.
Ich hätt Ewr Todtenkleid mit Thränen vbergossen
Und auff dem schwartzen Sarg den herben Fall beklagt!
...
Ihr seid vns nur voran / wir werden alle gehen
Der Ewigkeiten Weg; Ich / den des Todes Hand
Nun dreymal weyse macht; gedenck Euch bald zu sehen /
Weil schöner als zuvor im Seelen Vaterland /
Wenn Ich den kurtzen Rest des Lebens abgeleget;
Den mir des Himmels Gunst nur darumb noch nachsicht
Daß Ich den Vntergang der mich so sehr beweget /
Mit Thränen warer Lieb laß vnbeklaget nicht.[62]

Daß diese Gesellschaft durchaus nicht ohne emotionale Beziehungen in Ehe und Familie und ohne Verantwortlichkeit für Kinder war, wie es in vereinfachenden Sozialgeschichten mitunter dargestellt wird, das lehrt auch die Kindheit Johann Sebastian Bachs einige Generationen später: Zusammen mit einem etwa gleichaltrigen Bruder wurde er 1695 als zehnjährige Waise von seinem ältesten Bruder aufgenommen. »Doch läßt sich denken, daß dessen Einladung an die jungen Geschwister nicht leicht fiel. Die Bande des Blutes waren nicht durch gemeinsames Familienleben verstärkt worden, denn kurz nach Sebastians Geburt hatte Johann Christoph [bereits] das Elternhaus verlassen.«[63]

Die Kindheit des Andreas Gryphius oder die des Johann Sebastian Bach war nicht die Ausnahme, sondern die Regel. In solchen Lebensumständen mußten Liebe, Ehe, Familie und Kindsein sozial und emotional etwas ganz anderes bedeuten als in der Gegenwart, der dergleichen als kollektive Erfahrung fremd ist.

Auch die Krankheit, deren Ursachen nicht verstanden wurden und die häufig unheilbar war, wurde anders erfahren. Die letzten Pestwellen durchzogen Deutschland in der ersten Hälfte des 18. Jahrhunderts, endgültig besiegt haben Wissenschaft und Hygiene die »Geißel Gottes« sogar erst Ende des 19. Jahrhunderts. Auch im Kampf gegen die Pest zeigt sich das ausgehende 16. Jahrhundert übrigens als wichtiger Wendepunkt: »Die Anstrengungen bei Abwehrmaßnahmen, Vorbeugung und Bekämpfung nahmen nicht nur quantitativ zu, sie wurden auch konsequenter, systemati-

Die Apokalyptischen Reiter, Holzschnitt von Albrecht Dürer, 1498

Krieg, Hunger, Teuerung und Not als von Gott gesandte Geißeln der Menschheit.

scher und in gewisser Weise auch rationaler konzipiert und gehandhabt«, etwa mit dem bei Pestwarnung rigide durchgehaltenen Militärkordon.[64]

In seiner Alltäglichkeit war in Alteuropa selbst der Tod ein anderer als heute. Im ausgehenden 16. Jahrhundert ging man daran, ihn zu zähmen – den »mort apprivoisée«, den »gezähmten Tod«, nennen die französischen Mentalitätshistoriker den Tod des Barockzeitalters. Sie sprechen von einer »leidenschaftlichen Aneignung des Todes« und damit der Bewältigung seiner unabwendbaren Schicksalshaftigkeit.

Vor allem in katholischen Ländern entwickelte sich zugleich mit der tridentinischen Erneuerung eine barocke Todeskultur, die das Sterben zu einem öffentlichen Ritual machte. Das »ganze Haus«, der Mann oder die Frau, der Pfarrer, Anverwandte, Dienstboten und Freunde versammelten sich in der Stube am Sterbelager und nahmen Abschied, Abschied auf ein Wiedersehen in der jenseitigen Welt, an die doch wohl mehr Menschen glaubten als vier von fünf, wie moderne Skeptiker meinen berechnen zu können. Es folgte die feierliche Leichenbestattung mit ausführlicher Leichenpredigt, Leichenzug und Leichenschmaus, der so üppig war, daß die auf andere Nutzung der Ressourcen bedachten Fürsten in ihren Polizeiordnungen scharf dagegen einschritten. Die bestatteten Toten verschwanden nicht aus dem Leben ihrer Angehörigen und Freunde. Die Friedhöfe in den Städten und Dörfern waren Teil des Alltags. Diese Todeskultur ist verlorengegangen. Auf dem Weg über den »mort romantique«, der im 19. Jahrhundert einen Kult des Verfalls und der

Verwesung erweckte, kam es am Ende zum scientistischen Tod, zum »mort clandestine à l'hôpital«, der ein unpersönliches Ende setzt.[65]

Die Bedrängnis der Existenz war übermächtig, eine noch nicht begriffene und scientistisch gezähmte Welt beherrschte das Leben des einzelnen und der Gesellschaft. Doch die Menschen haben sich nicht resignierend unterworfen, sondern die Gefahr gebannt, indem sie soziale und emotionale Schutzwälle aufrichteten, hinter denen sie leben konnten. Der wichtigste war die Religion mit ihren heilenden Riten, den neuen, großartigen Gesten der Konfessionskirchen, der katholischen zumal. Für die breiten Bevölkerungsschichten spielte aber auch weiterhin eine un- oder besser vororthodoxe Volksreligion eine große Rolle. Die rituellen Bräuche und Vorstellungen dieser Volksreligion wurzelten in einem animistisch-magischen Weltbild: Uralte pagane Traditionen verbanden sich mit Elementen des alten und des erneuerten Christentums. Die magischen Vorstellungen der Volksreligion bezogen sich auf Naturereignisse, auf den Jahreszyklus des Säens und Erntens, auf Riten und Feste des individuellen und familiären Lebenszyklus wie Geburt, Mannbarkeit, Hochzeit und Tod. Und auch die auf Tiere und Menschen bezogene Volksmedizin gehört in diesen Umkreis.

Die neuzeitlichen Konfessionskirchen haben alles darangesetzt, diese Reste vorkonfessioneller, nicht normierter Religiosität teils unorthodoxen Ursprungs zu vernichten. Durchgehenden Erfolg hatten sie dabei nicht, die Volksreligion war der vormodernen, noch nicht rational-wissenschaftlich gebändigten Welt ein Bedürfnis und als solches ein Moment gesellschaftlicher Stabilität. Der Katholizismus stellte sich darauf ein und entwickelte selbst ein religiöses Brauchtum, das die sakral-magischen Bewältigungsansprüche des Volkes erfüllen konnte.[66]

Die Bauern blieben auch nach der Reformation in eine naturnahe Frömmigkeit eingebunden: Votivbild aus Dankbarkeit für die Errettung aus zwei Unglücksfällen beim Pflügen, die an zwei aufeinanderfolgenden Tagen eintraten, Württemberg 1757

Obwohl die Welt vor 1800 fremd anmutet, war das lange 16. Jahrhundert auch gesellschaftsgeschichtlich eine »Vorsattelzeit« auf dem Weg zur Schwellenzeit der Moderne im ausgehenden 18. Jahrhundert. Begriff und Realität der »Arbeit« erhielten jetzt neue Formen; damit wurde eine Bresche geschlagen in die feudale Werte- und Standeshierarchie:

Dann nichts ist also schwer und scharff,
Das nicht die Arbeit underwarff,
Nichts mag kaum sein so ungelegen,
Welchs nicht die Arbeit bringt zuwegen
Die Arbeit hat die Berg durchgraben,
Und das Thal inn die höh erhaben,
Hats Land mitt Stätten wonhaft gmacht,
Vnd die Ström zwischen Damm gebracht.

Nischenbildstock aus Kärnten

In katholischen Regionen gelang auch im Zeichen der neuzeitlichen Konfessionalität die Verbindung zwischen Theologie und Brauchtum.

In diesen Versen des Straßburger Literaten und Doctor Juris Johannes Fischart (1546-1590) ist der Geist des Auf- und Umbruchs auf die Arbeit bezogen.[67] Eine bürgerliche Kategorie, die unausgesprochen der Muße (otium) und dem – im bürgerlich-wirtschaftlichen Sinne – Nichtstun des Adels, der Prälaten und Mönche entgegengestellt wird.

Vor allem die Reformatoren Luther und Calvin entwickelten die spätmittelalterlichen Ansätze zu einer neuzeitlichen Arbeits- und Berufsethik fort, die mentalitäts- und sozialgeschichtlich den weiteren Weg in die Modernität wiesen. »Demnach haben«, so erklärte Luthers Klosterbruder Wenzel Linck 1523, »gemeynigklich die pauren und arbeytende leut meer einen standt der volkomenheit wann die geistlichen.« Die Arbeitshäuser, die bald landauf, landab entstanden, zuerst und am strengsten in den calvinistischen Territorien, trugen Inschriften wie: »Durch Arbeit ich ernehre mich, durch Arbeit man bestrafet mich«. Betteln und Müßiggang waren zur Sünde geworden, die den Christenmenschen schändete. Die Pietisten postulierten schließlich lapidar, »daß die Arbeit zum Christentum gehöre«. Das »ora et labora«, das die großen Orden des frühen Mittelalters geziert hatte, war zur allgemeinmenschlichen Maxime geworden.

Gesellschaftsgeschichtlich gesehen war dies jedoch eine Entscheidung des Übergangs. Denn weil *vom christlichen Arbeitsbegriff ein Streben nach sozialem Aufstieg und sozialer Mobilität ebensowenig abgeleitet werden konnte wie Programme sozialer Wandlung oder gar eines sozialen Umsturzes, folgte aus solcher Gleichheit keine sozialrevolutionäre Gleichmachung, sondern blieb die gestufte Ordnung unangefochten, ja durch den christlich begründeten Fürstenstaat neu legitimiert, erhalten. Gleichen Rang und gleiche Ehre aller Arbeit im »Christenstand« zu betonen, hieß daher auch keineswegs, in der politisch-wirtschaftlichen Praxis die Vielfalt der jeweils durch ständisch bedingte »Ehre« unterschiedenen Arbeit abzubauen. Auch wurde das Wort »Arbeit« in der Umgangssprache des 16. bis 18. Jahrhunderts noch keineswegs gleichmäßig auf alle menschliche Tätigkeit im Sinne des angestrengten, zielgerichteten Schaffens angewandt.*[68]

Indem Arbeits- und individuelles Leistungsethos über den Stand des Stadtbürgertums hinaus Geltung erlangten und auch der Adel, teils gewollt, teils gezwungen, nicht mehr ausschließlich – wie Hutten es programmatisch forderte – im »Familienstand«, sondern

»anderswo ... nach der Quelle des Adels« suchte,[69] war das 16. Jahrhundert auch in der Wertehierarchie ein *bürgerliches Jahrhundert*. Seine Spuren gingen auch dann nicht gänzlich verloren, als im 17. Jahrhundert mit der sogenannten Adelsreaktion der Gegenschlag erfolgte, so daß Geburtsstand und Ehre wieder über Generationen hinweg unangefochten über Kapital und Wirtschaftsleistung triumphierten. So läßt sich, wie allenthalben in Europa, auch in Deutschland eine deutliche Hinwendung des Adels zum Unternehmertum beobachten und damit zur ökonomischen Sphäre des »negotiums«, der »Nicht-Muße«, der Arbeit also, wobei man die Distanz zur Welt der körperlichen Arbeit selbstverständlich auch weiterhin wahrte.

Bereits der Humanist Albert Krantz (1448-1517) hatte geklagt: »Wie sehr verkehrt sich doch die Welt, Fürsten mengen sich in den Wucher gemeiner Leute und wiederum gemeine Leute in der Fürsten hohe Geschäfte.« Auch im 17. und 18. Jahrhundert zog sich der Adel aus der Sphäre des »gemeinen Wuchers« nicht mehr ganz zurück. Wir finden ihn insbesondere als Unternehmer in der landwirtschaftlichen Großproduktion und im Großhandel mit Landwaren, im Montangewerbe sowie beim manufakturellen Großgewerbe; die fürstlichen Porzellanmanufakturen sind hier nur das bekannteste Beispiel.[70] Diese Hinwendung zum Wirtschaftsleben war sicherlich in erster Linie eine Konsequenz ökonomischer Zwänge und Chancen. Und doch war sie nicht ganz unbeeinflußt von der mentalitätsgeschichtlichen und theologischen Umwertung der Arbeit, die im bürgerlichen 16. Jahrhundert vollzogen worden war.

»Ora et lapora«, Schmuckhandtuch aus Thüringen, 1766

»Bete und arbeite«, das war die Maxime, die den Untertanen bei allen Gelegenheiten, sonntags nicht anders als werktags, eingeprägt wurde.

Denselben Übergangscharakter hatten die Impulse des 16. Jahrhunderts für die Entwicklung der modernen Ehe und Familie. Luther, der selbst Frau und Kinder hatte, wurde nicht müde, die Notwendigkeit der Liebe zwischen den Ehepartnern und zu den Kindern zu betonen. Gegenüber den ökonomischen Elementen des »ganzen Hauses«, die nicht verlorengingen, trat die modern-individualistische Innerlichkeit in den Vordergrund. Trotz ihres sakralen Charakters war das nicht prinzipiell anders bei der katholischen Ehe, denn das Tridentiner Ehedekret betonte ausdrücklich, daß die Ehe von den beiden Eheleuten in freier wechselseitiger Anerkennung und Liebe begründet werde.

Auch die Stellung der Frauen wurde sowohl bei den Katholiken wie bei den Protestanten aufgewertet, durch die mit Macht einsetzende Marienverehrung bei den einen, bei den anderen durch die von Pastoren und Presbyterien unermüdlich geforderte »companionable marriage«,[71] was fast schon so etwas wie eine Partnerschaftsehe ist. »An die Stelle des aristotelischen Vater-Sohn-Schemas trat das Gegenüber von Eltern und Kindern, wie die Ehefrau auch gegenüber dem Gesinde als Mitregentin fungiert.«[72] Die Aufwertung der Ehe führte generell zu einer Aufwertung der Frauen; von der Ehefrau des protestantischen Pfarrers, die eigenverantwortlich in der Gemeinde eine Vielzahl von öffentlichen Aufgaben übernahm, läßt sich sogar sagen, ihr sei »so etwas wie ein eigener Beruf zuteil geworden«.[73]

Dennoch machten sich die sozialkonservativen Schranken geltend; es blieb beim Patriarchalismus. Der Mann blieb der durch die Schöpfungsordnung zum Regiment im Haus Berufene, und er

»regiert« auch die Ehefrau. Die traditionellen Sozialbeziehungen im »ganzen Haus« wurden nicht aufgebrochen, aber durch die Liebe und die christbrüderliche Verantwortung gegenüber dem Gesinde gemildert. Auch die umstürzend moderne Staatstheorie Jean Bodins ruht auf dieser Basis: »Die Familie«, verstanden als »ganzes Haus«, so lesen wir gleich zu Anfang des ersten Buches, »ist die wahre Quelle und der Ursprung des Staates und konstituiert ihn wesentlich ... Ist eine Familie gut regiert, so ist sie das wahre Abbild des Staates. Die häusliche gleicht der souveränen Gewalt.«[74]

Eine gesellschaftliche Modernisierung schien sich schließlich auch anzukündigen durch die verbreitete soziale Mobilität sowie durch gewisse klassenmäßige Züge im Aufbau der Gesellschaft, die seit dem 15. Jahrhundert gegenüber der standesmäßigen Gliederung an Bedeutung gewannen. Es sind viele Beispiele bekannt für den Sprung aus Handwerker-, bisweilen auch Bauernfamilien in die höchste Spitze des politischen Regiments, was in der Regel in derselben oder in der folgenden Generation auch die Erhebung in den Adelsstand brachte. Motor dieser Mobilität waren der frühmoderne Staat und die Fürstenmacht, die ja auf bürgerliche Räte setzen mußte, um den widerspenstigen Adel zu zähmen. Medium des Aufstiegs waren Professionalisierung und gelehrte Bildung, die der Adel noch mit Skepsis betrachtete, während sich das gelehrte Bürgertum sozial emportragen ließ.

Damit schien aber der geburtsständische Aufbau der Gesellschaft ins Wanken zu geraten. Ein weiterer Stoß drohte ihm von den sozialen Auswirkungen der wirtschaftlichen Expansion. Der Frühkapitalismus und die kommerzielle Revolution mit ihrer ökonomischen Dynamik führten dazu, daß es für die Lebenschancen und für die gesellschaftliche Position einzelner und sozialer Gruppen immer wichtiger wurde, welche Stellung sie im gewerblichen Produktionsprozeß oder zum Markt einnahmen. Ökonomische Zusammenhänge überlagerten rechtliche und statusmäßige Ordnungen, die klassenmäßige Gliederung trat neben die ständische.

Das gilt natürlich in erster Linie für die Städte, die Zentren des gewerblichen und kommerziellen Geschehens, wo mancherorts und in bestimmten Sparten aus mittelalterlichen Meistern und Gesellen von Handelsverlegern abhängige Kleinmeister ohne eigene Produktionsmittel und Lohnarbeiter wurden. Das gilt für Augsburg und insbesondere für Frankfurt, wo die Einwanderung von Glaubensflüchtlingen aus den ökonomisch fortschrittlichen Niederlanden die alten Sozialstrukturen zu zerschlagen drohte. In geringerem Umfang griff dieser soziale Wandel auch auf dem Land um sich. Die Differenzierung zwischen Dorfpatriziat, Kleinbauern und unterbäuerlichen Schichten war zum Teil eine ständische Differenzierung, indem sie nämlich auf Rechtsunterschieden im Besitzstand und der genossenschaftlichen Partizipation beruhte. Sie hatte aber auch klassenmäßige Züge, denn die verschiedenen Bauerngruppen konstituierten sich nach dem jeweils unterschiedlichen Anteil an den Marktchancen, die sich in der Agrarkonjunktur boten.

Der wirkliche Durchbruch zur Modernität erfolgte hier jedoch nicht: Sosehr die Fürsten die Bürger gegenüber dem Adel förderten – und damit die soziale Mobilität –, sowenig wollten sie die Standesschranken als solche gefährdet sehen. Ihre Verordnungstätigkeit nahm daher im ausgehenden 16. Jahrhundert immer deutlicher sozialkonservative Züge an, etwa in den Kleiderordnungen. Auch in den Städten regte sich rasch der sozialkonservative Zunftgeist, der ökonomische Innovationen verbot und mit der Standesehre die Standesprivilegien wieder hochhielt. Als der Adel sich schließlich auf die neue politische Realität des Fürstenstaates sowie auf die Notwendigkeit von Bildung einstellte, war auf allen Ebenen der Gesellschaft die soziale Reaktion eingeleitet. Auf das unruhige bürgerliche 16. Jahrhundert folgte nach dem Zwischenspiel des Dreißigjährigen Krieges, der eine Inkubationszeit dieser Reaktion war, ein Jahrhundert des Adels und der Höfe.

Und auch beim Bürgertum selbst blieb die Modernisierung auf halbem Wege stecken. Da für den Dienst in Staat und Kirche Ausbildung und berufliche Laufbahn wichtig geworden waren, hatte sich zwar bei Beamten- und Pfarrerbürgertum eine »Professionalisierung« durchgesetzt, aber das war nur ein Impuls unter vielen und kaum der stärkste. Gerichts- und Verwaltungsämter wurden ebenso vererbt wie Lehrstühle und Pfarrstellen. Im 18. Jahrhundert hatten in Württemberg nicht weniger als vierundvierzig Prozent aller protestantischen Pfarrer den Beruf von ihrem Vater »ererbt«; nicht wenige folgten ihm auch in der Pfarrstelle. Und katholische Kleriker, die keine legitimen Leibeserben hatten, pflegten im Alter zugunsten naher Verwandter zu resignieren, die in der Regel von der Kirche akzeptiert wurden.

Dieser Nepotismus war ein System alteuropäischer Eliterekrutierung, das auch in die tridentinische Kirche bis hinauf in die Kurie vorherrschte. Auch das Prinzip der Besoldung durch den Staat setzte sich bei den Beamten und evangelischen Pfarrern nur langsam und unvollständig durch. In der Regel herrschte eine Mischbesoldung aus Geldzahlungen, Naturalien, Amtseinnahmen und Erträgen aus eigenbewirtschafteten Amtsgütern. Die württembergischen Pfarrer zum Beispiel, deren Dotierung von Pfarrstelle zu Pfarrstelle anders war, bezogen im Schnitt ihr Einkommen nur zu rund dreizehn Prozent als fixe Geldzahlungen, einundvierzig Prozent erhielten sie in Naturalien, dreißig Prozent aus dem Kirchenzehnt, neun Prozent erwirtschafteten sie aus dem Amtsgut, der Rest kam aus Amtshandlungen, für die sie sogenannte Sporteln erhoben.[75]

Trotz aller Widersprüchlichkeit der gesellschaftlichen Entwicklung lassen sich zwei Haupttrends erkennen, die nach einer längeren Vorbereitungsphase gegen Ende des Reformationsjahrhunderts den sozialen Wandel beschleunigten, und zwar in enger wechselseitiger Verzahnung: die Umformung der Landsassengesellschaft des Mittelalters in die Untertanengesellschaft des frühmodernen Staates und die Sozial- oder Fundamentaldisziplinierung.

Die *Untertanengesellschaft* erwuchs aus dem Bemühen der jungen Fürstenstaaten, die vielgestaltige und nur locker organisierte Gesellschaft des Mittelalters in eine einheitliche Staats- und Untertanengesellschaft umzuformen. Aus Landsassen mit abgestufter Teilhabe an ursprünglichen Herrschaftsrechten sollten Untertanen werden. Standesmäßig, bei der Reputation und in ihrer Beziehung zum Fürstenhof waren sie zwar ebenfalls deutlich gegliedert, aber sie bildeten insofern einen einheitlichen Verband, als sie ohne Ausnahme der höchsten Staatsgewalt - dem Fürsten also - untertan sein und keine eigenen, sondern nur delegierte Hoheitsrechte ausüben sollten, die ihnen die Staatsgewalt übertrug. Das bedeutete politisch und administrativ, daß der Fürstenstaat jeden einzelnen Bewohner des Territoriums direkt zu erfassen suchte mit Vorschriften und Verordnungen, mit öffentlichen Lasten und Steuerforderungen. Es spielte keine Rolle, ob der Untertan einer adligen oder kirchlichen Herrschaft oder einem städtischen Bürgerverband angehörte. Privilegien und Partikularinteressen von Klerus, Adel und Stadtbürgertum galt es abzuschleifen zugunsten eines vom Fürsten und seiner Bürokratie festgesetzten einheitlichen Staatsinteresses.

Mit der Vereinheitlichung ging die *Sozialdisziplinierung* einher. Tun und Denken des einzelnen sowie der Gesellschaft insgesamt wurden Schritt für Schritt diszipliniert, also nach bestimmten sachlich gebotenen Normen ausgerichtet. Im privaten wie im öffentlichen Bereich zog die neuzeitlich rationale Lebensführung ein. Diese »Fundamentaldisziplinierung« der europäischen Gesellschaft wurde »durch den monarchischen Absolutismus bewußt gefördert oder unabhängig gelenkt«. Angesichts der Auflösung älterer Formen öffentlicher Gewalt war »die Stunde der Ordnung durch den frühmodernen absolutistischen Staat gekommen«, der zur Durchsetzung seines eigenen Machtanspruchs sowie zur Befriedung des ständischen und religiösen Konfliktpotentials das private und öffentliche Leben bis in Einzelheiten reglementierte.[76]

Die Sozialdisziplinierung läßt sich jedoch auch in nichtabsolutistischen Gesellschaften beobachten. Das Zucht- und Arbeitshaus, das den Disziplinierungsgedanken institutionalisierte und gegen Unter- und Randschichten richtete, war eine Erfindung der niederländischen Ständerepublik; von dort trat es seinen Siegeszug im absolutistischen Europa an. Und nicht nur der Staat steuerte die Disziplinierung. Auch die Familie, die Korporationen, die städtischen und dörflichen Gemeinden und vor allem die Kirchen[77] schlossen sich dieser Entwicklung an, und zwar auch, wenn sie vom Staat völlig unabhängig waren, wie die presbyterial verfaßten calvinistischen Untergrundkirchen des Rheinlands. Zur staatlichen Disziplinierung trat die Kontrolle durch den Familienvater, den »pater familias« des »ganzen Hauses«, durch den Meister, den Nachbarschaftsverband, den Pfarrer oder die Presbyter. Und nicht zuletzt setzte ein Prozeß der »Selbstdisziplinierung« ein, am deutlichsten bei den Eliten und in der höfischen Gesellschaft, die im »Prozeß der Zivilisation« voranschritt, aber auch in breiten Schichten der städtischen und ländlichen Bevölkerung.

Disziplinierung wurde zum Signum des Zeitalters. Militärisch trat das Exerzierreglement, der systematische Drill, seinen Siegeszug an. Das begann in den Niederlanden, am Hofe Moritz' von Oranien, der die erste neuzeitliche Heeresreform in Theorie und Praxis durchführte. Später schaute alles auf die preußischen Kasernenhöfe, wo die Rekruten zusammengeschmolzen wurden zu einem einheitlichen Truppenkörper, der mit der Präzision eines Uhrwerks vorwärtsmarschierte, lud, niederkniete, feuerte und erneut vorrückte. Straffe Körperhaltung und normierte Bewegungsabläufe gehörten fortan zum Bild des Soldaten.

In der Philosophie begann die große Zeit des Neostoizismus, der

Bamberger Zuchthaus, Kupferstich von 1627

Zur Besserung und Erziehung »böshafter Menschen« errichtete der frühmoderne Staat Zucht- und Arbeitshäuser.

ebenfalls in den Niederlanden sein Zentrum hatte und von dort durch die großen staatsphilosophischen Werke Justus Lipsius' nach Deutschland ausstrahlte. Er lehrte das Individuum, seine Emotionen zu beherrschen und seinen Willen der als richtig und notwendig erkannten Rationalität ein- und unterzuordnen. Das war zuerst an die Adresse der Fürsten, Beamten und Offiziere gerichtet, in popularisierter Form erfaßte der Neostoizismus aber auch die breiteren Schichten.

In gewisser Weise war das gesamte Barockzeitalter Ausdruck dieser stoischen Disziplinierung: In der Malerei, der Architektur und der Dichtung nicht anders als in der Gartenbaukunst galt das rational ausgeklügelte Maß. Und selbst dort, wo die scheinbar unkontrollierte Leidenschaft zum Durchbruch gelangte, war die Lockerung der emotionalen Selbstkontrolle nicht »auf die Entbindung individueller Affektivität gerichtet, sondern ganz im Gegenteil auf deren Verdrängung. Dem Wildwuchs menschlicher Emotionen wird gewissermaßen ein Musterangebot formal geregelter Affektäußerungen entgegengesetzt, das durchaus therapeutisch gemeint ist und dem Individuum seine Würde, der Gesellschaft ihre Ordnung zu sichern verspricht.«[78] Selbst die Sprache und die poetischen Formen wurden normiert und diszipliniert, in Deutschland durch Martin Opitz (1597 bis 1639), den schlesischen Barockdichter, Kunst- und Sprachtheoretiker, und die vielen Sprachgesellschaften, die an den Höfen und in den Städten des Reiches entstanden.

Nicht einmal die Zeit war ausgenommen: »Sie regierten sich nach der Uhr«, hatte es im späten Mittelalter von den Städtern geheißen,

Zum Inbegriff des Drills wurde der Soldat: Exerzierübungen aus Flemings »Der vollkommene Teutsche Soldat«, 1726

Titelkupfer zu »Teutsche Poemata« von Martin Opitz, 1624

Auch die Sprache und das Versmaß wurden von der frühmodernen Normierung erfaßt.

die auf den Türmen der Kirche öffentliche Uhren – erstmals zuverlässig belegt 1336 für San Gottardo in Mailand – errichteten und ihren Tagesablauf nach dem Glockenschlag ausgerichtet hatten. Im 16. Jahrhundert wurde die öffentliche Uhr »zu einem Symbol und zu einer Metapher für geordnete Verwaltung, für *gute Polizei* ... Landes- und Polizeiordnungen machen die Beschaffung öffentlicher Uhren und ihren dauernden Betrieb auch in den Dörfern zur Pflicht ... Das ermöglicht die Entfaltung einer abstrakteren und leistungsfähigeren Zeitordnung, deren organisationstechnisches Potential [allerdings] erst ganz allmählich erkannt und realisiert wird.«[79] Diese frühneuzeitliche Disziplinierung der Zeit war der Antrieb für den späteren technischen und wirtschaftlichen Aufstieg Europas im Industriezeitalter, für die Präzision der Post- und Nachrichtendienste, für das Raum und Zeit revolutionierende Eisenbahnwesen, für die maschinenmäßige Eingliederung des einzelnen in das Fabrik- oder Behördensystem der Moderne.

Voraussetzung war aber ein sozialpsychologischer Wandel, der die Einstellungen und Haltungen, die Mentalität der Menschen von Grund auf veränderte. Bis in die Frühe Neuzeit hinein lebten die Menschen naturnah und kreatürlich, gebunden an den Ablauf der Tages- und Jahreszeiten, also sommers nach einem anderen Rhythmus als winters. Die natürlichen Bedürfnisse und Leidenschaften folgten einem Weltbild, das bestimmt war von der visuellen und akustischen Realität des natürlichen Kosmos. In einem Generationen währenden Prozeß stellte sich dieser naturnahe Seelenhaushalt nun um; dabei hat keine Instanz diesen individual- und sozialpsychologischen Wandel so prägend gesteuert wie die großen Konfessionskirchen mit ihrer »Kirchenzucht«.

Neben, ja vor den staatlichen Amtmännern wurden die lutherischen Pfarrer, der tridentinische Seelsorgeklerus wie die calvinistischen Presbyter und Prädikanten, von konfessionalistischem Eifer zu unermüdlichem Einsatz getrieben, zu den wichtigsten Vermittlern des neuen moralisch-ethischen und politisch-rechtlichen Normensystems. Durch Hausbesuche, Visitationen, Kirchenzucht oder Episkopalgerichtsbarkeit kontrollierten und disziplinierten sie die alltägliche Lebensführung bis ins letzte Haus des entlegensten Weilers.

Betrachtet man die zahlreichen Abbildungen des prallen Lebens in den Badestuben des 16. Jahrhunderts, so wird verständlich, daß die »Puritaner« aller Konfessionen vor allem das sexuelle Verhalten zu zähmen trachteten, um Ehe und Familie zu stärken.

Durch sorgfältige Auszählung und Vergleiche der Daten von Eheschließung und Geburt des ersten Kindes ist deutlich geworden, daß in jenen Regionen, wo voreheliche Beziehungen zwischen Verlobten üblich waren, die Prozentsätze vorehelicher Schwangerschaften sprunghaft sanken, als die Kirchen das Ideal der Jungfräulichkeit predigten und Verstöße dagegen mit Kirchenstrafen belegten. In einem Dorf in der französischen Provinz Béarn, das man besonders genau untersucht hat, ging der Anteil der schwangeren Bräute bis Ende des 17. Jahrhunderts auf dreizehn Prozent zurück und dann stufenweise nochmals bis auf drei Prozent zu Anfang des 19. Jahrhunderts. Ähnlich verhielt es sich mit der Geburt unehelicher Kinder, die mancherorts Ende des 17. und Anfang des 18. Jahrhunderts praktisch nicht mehr verzeichnet wird. Diesen und anderen Aufgaben der Sittenzucht widmeten sich insbesondere die kirchlichen Gerichts- und Zuchtinstanzen: die lutherischen Matrimonialgerichte, die katholischen Sendgerichte oder die calvinistischen Presbyterien. Erst jetzt setzte sich die kirchliche Eheschließung - und damit die neuzeitliche Öffentlichkeit - allgemein durch und verdrängte die älteren, von der Familie und der Sippe geprägten Formen der Verlobung und der Eheschließung. Die eheliche Geburt war bald eine unerbittliche Voraussetzung für die Integration in die Gesellschaft:
Vorzeiger dieses Briefs, Cordt Brinckman, von weiland Johan Brinckman

Badehaus, Gemälde von Hans Bock d. Ä., 1572

Die derbe Wirklichkeitsfreude der Renaissance etablierte sich auch nördlich der Alpen. In immer neuen Formen wird das freizügige Leben ins Bild geholt, teils in Darstellungen des Jungbrunnens, teils in Schilderungen der Badefreuden in den Badestuben. Das änderte sich seit dem ausgehenden 16. Jahrhundert, als der frühmoderne Staat und die Konfessionskirchen erfolgreich darangingen, das öffentliche und private Leben zu disziplinieren.

sel. und Annen Geilhars, Eheleuten nach Gottes und der christlichen Kirchenordnung aus einem vollständigen Braut- und Ehebette, darin sie durch den Diener Göttlichen Worts vor offener Gemeinde hieselbst eingesegnet, und dazu dem Vater vorbemelt und unter dem Kranze und Bendelein angeführet, von gehörten beiden Eltern ehrlich, echt u. recht, teutsch und nicht wendisch, frei und niemand mit Leibeigentum behaftet und also von keinen verschmäheten oder unehrlichen Eltern und andern, so in ehrlichen Zünften oder Gilden nicht zu dulden, geboren worden.[80]
Einen solchen Beweis hatte jeder zu erbringen, der eine bürgerliche Existenz begründen wollte.

Mit gleicher Energie betrieben die Kirchenmänner die Erziehung zu Ordnung, Fleiß, Pünktlichkeit, Arbeitssamkeit, Sauberkeit, allgemein zu einem disziplinierten, nüchternen Leben, zu dem auch brüderlich-christliche Verträglichkeit in Ehe, Verwandtschaft und Nachbarschaft gehörten. Sie bekämpften das Fluchen, Raufen, Trinken und verlangten, daß jeder sich in Wort und Tat zügele. Sie predigten und kontrollierten die Pflichterfüllung in der Familie, also bei der Betreuung und Beaufsichtigung von Kindern und Gesinde, ebenso im Beruf, sei einer nun Staatsdiener, Arbeiter, Handwerker, Unternehmer oder Kaufmann. Und sie achteten auf Gehorsam und Ehrerbietung gegenüber Vater und Mutter, Hausvater und Meister, Amtmann und Pfarrer und nicht zuletzt gegenüber dem Fürsten und jeder Art von Obrigkeit. Bereits 1530 hatte ein Hamburger Bürger geklagt, er sei »sein Leben lang nicht soviel belehrt worden von Gehorsam der Obrichkeit wie durch die jetzigen Pastoren«.[81]

Das alles waren Tugenden, auf denen die Lebenshaltung der nächsten Jahrhunderte sowie die Dynamik und Effektivität der Neuzeit ganz allgemein beruhen sollten. Während der Frühneuzeit wurden diese Verhaltensweisen in allen europäischen Gesellschaften eingeübt und stellten somit keine Besonderheit der deutschen Mentalitätsgeschichte dar. Doch es gab eine spezifisch deutsche Variante: Die Sozialdisziplinierung ging hier einher mit der Territorialisierung. Sie hatte die Einfügung des einzelnen und gesellschaftlicher Gruppen in den homogenen Untertanenverband zum Ziel sowie das Abschleifen von regionalen und partikularen Interessen zugunsten eines territorialstaatlich definierten »gemeinen Besten«.

Dieses »gemeine Beste« wurde nicht von unten, im »staatsfreien« Spiel gesellschaftlicher Kräfte bestimmt, sondern von oben verordnet, durch den Fürsten beziehungsweise den Staat und seine frühmoderne Beamtenschaft, die in einer erschöpfenden »Polizeigesetzgebung« alle Bereiche des öffentlichen und privaten Lebens unermüdlich zu ordnen, zu steuern und zu reglementieren bestrebt war. In dieser bald übermächtigen Einwirkung des Staates auf die Gesellschaft liegt, wenn irgendwo, ein folgenschwerer Unterschied zwischen der deutschen Entwicklung und dem Weg, den Staaten wie England, Holland oder die Adelsrepublik Polen einschlugen. Dort war das »gemeine Beste« jeweils neu abzustimmen mit mehr oder weniger breiten Gesellschaftsgruppen, oder es wurde sogar von unten festgesetzt, in einem Interessenkampf eben dieser Gruppen.

VII.
Krise und Krieg

1. Die Krise des 17. Jahrhunderts

Krieg, Tod und Verderben wollen die Zeitgenossen vor Ausbruch des Dreißigjährigen Krieges in den Sternbildern gesehen haben. Holzschnitt auf einem Flugblatt aus dem Jahre 1627, das die angeblichen Himmelserscheinungen festhält

Wallensteins astrologisches Amulett mit der Sternenkonstellation des Feldherrn

Angst und Endzeiterwartung

Das »lange 16. Jahrhundert«, das für die Europäer die Welt so radikal verändert hatte, endete in einer Krise. Zu Beginn hatte das umstürzend Neue die Menschen in seinen Bann geschlagen: die Karavellen, die nach Asien und Amerika zogen; der Früh- und Handelskapitalismus, der die Waren der Welt auf den Markt der Städte brachte und mit steigender Nachfrage nach Agrarprodukten und Erzen selbst Dörfer und entlegene Bergtäler erfaßte; die Konturen einer neuen politischen und gesellschaftlichen Ordnung, welche die einen begeisterte, die anderen entschlossen und siegesbewußt zum Protest schreiten ließ; vor allem aber die neue Glaubensgewißheit, die den Menschen eine ruhige Seele und Sicherheit im Handeln gegeben hatte.

Als das Jahrhundert zu Ende ging, war der Optimismus verflogen. Die formierenden und reglementierenden Kräfte des Wandels bedrückten die Menschen. Die Schatten des Bevölkerungs- und Konjunkturaufschwungs stiegen herauf: Konkurrenzdruck und Zusammenbrüche einst berühmter Handelshäuser, Ernährungsnöte selbst bei der Mittelschicht, Pauperismus, Vagabondage, Elend, Hunger und Krankheit bei den Unterschichten und dem wachsenden Heer der Bettler und Vagabunden. Vor allem aber wirkten beängstigend und lähmend die fanatische Feindseligkeit, die nervöse Unversöhnlichkeit, die unerbittliche Konfrontation der Konfessionen und konfessionell gesteuerten Blöcke im neuen Europa der Mächte, das an die Stelle des – zumindest im Glauben – geeinten Abendlandes getreten war.

Man beobachtete gespannt den Sternenhimmel und wartete auf Zeichen, der Kaiser ebenso wie der adlige Kriegsmann oder der Handwerker. Als 1618 drei Kometen ihre Bahn ziehen, erscheinen etwa einhundertzwanzig Kometenflugschriften, die Zeiten des Schreckens ankündigen. In den Kirchen werden »Kometenpredigten« gehalten, die zur Buße mahnen. Der im Ulmer Territorium lebende Dorfschuster Johannes Heberle ist so »schröcklich und wunderlich ... bewegt«, daß er ein »Zeytregister« beginnt, um das »bedeutende große« Geschehen darin festzuhalten. Zum Kometen selbst notiert er:

Anno 1618 ist ein grosser comet erschine in gestalt einer grossen und schröckhlichen rutten, welcher unß von und durch Gott hefftig tröwet, von wegen unsers sindtlichen lebens, die wir vüllfaltig verdient und noch teglich verdienen; der selbig ist gesehen worden vom herpste an biß in der frieling. Was er bedeüt, was auch darauff volgen wirdt, das selbig ist mit heyßen trenen zu beweinen.[1]

Unter den Theologen regte sich Endzeitstimmung; sie beriefen sich wieder auf Jesaja, der »weissaget, daß in diesen letzten Zeiten die Wölfe bei den Schafen werden wohnen«. Vor allem die Calvinisten leiteten daraus den Auftrag ab, noch entschiedener vorzugehen gegen das Laster und das Sektierertum im Innern und nach außen

Der Halleysche Komet von 1618, der allgemein als Unheilsbote gedeutet wurde. Stich aus dem »Theatrum Europaeum« von Matthäus Merian

gegen den Antichristen in Rom und Madrid. Gereizt und gespannt ist die Stimmung vor allem im Nordwesten des Reiches, an der Nahtstelle der Systeme, wo sich am Dollart ein calvinistisch-niederländisch geführter und ein katholisch-spanischer Machtblock gegenüberstehen, bis 1595 Groningen in die Hand der Holländer fällt. Der Keim des Verderbens lauerte überall: Die schwangeren Frauen drohen »mit dem bösen Feind beschwert« zu werden, wenn Theologen und Politiker der »antichristlichen Gaukelei« und der Vermischung von göttlicher und satanischer Ordnung nicht entschieden wehren.[2]

Wie war es zu dieser tiefen Verunsicherung der Menschen gekommen? Hatten die Befürchtungen und Ängste einen wirklichen Grund, oder entsprangen sie allein den Hirnen fanatischer Ideologen? Wie richteten sich einzelne und die Gesellschaft in der wieder unbehausten Welt ein? Wie reagierten sie auf die neuen Seelennöte?

»Kleine Eiszeit«, Überbevölkerung und Anpassungsprobleme in der Wirtschaft

Die Phänomene waren nicht auf Deutschland beschränkt. Dem Aufschwung und der inneren Formierung sowie der äußeren, kolonialen Expansion zu Beginn der Neuzeit folgte nun überall die »allgemeine Krise« des 17. Jahrhunderts.[3] Die europäische Entwicklung trat in eine Phase ökonomischer und demographischer Stagnation sowie zwischen- und innerstaatlicher Turbulenzen. Dahinter stand ein verzweigtes Geflecht demographischer, sozioökonomischer, staatlich-politischer und kultureller Ursachen. Selbst das Klima verschlechterte sich, eine »kleine Eiszeit« kam im letzten Jahrhundertdrittel über Europa: das Klima wurde härter, die Ernten fielen schlechter aus, und in den Randzonen wich die Vegetationsgrenze zurück.[4]

Die seit 1525 gesammelten klimatologischen Daten der Schweiz zeigen eine lange Reihe milder Winter, die den Zürichsee nie zufrieren ließen. Das änderte sich 1560/62 abrupt: Bis 1573 überfror der See sechsmal bis zur Stadt, und es fiel sehr viel mehr Schnee, der bis zu drei Wochen länger als gewöhnlich liegenblieb. Zwischen 1585 und 1615 wiederholten sich solche extremen Wetterlagen noch mehrmals.[5]

Ungeachtet des gesamteuropäischen Geschehens verlief die Krise in den einzelnen Ländern und Regionen unterschiedlich, abhängig von dem Entwicklungsstadium und dem ereignisgeschichtlichen Verlauf des 16. Jahrhunderts. In Deutschland drückten die Konsequenzen von territorialer Staatsbildung und konfessioneller Teilung der Krise den Stempel auf. Bei allem Gewicht, das den demographischen, wirtschaftlichen und sozialen Grundströmungen des Zeitalters auch in Deutschland zuzumessen ist, macht ein vergleichender Blick auf andere europäische Länder doch rasch deutlich, daß es im Reich eine spezifische Konstellation gab und daß dort die Krise beherrscht wurde von politischen und religiösen Gegensätzen, die schließlich in die militärische Konfrontation trieben.

Die übergreifende, europäische Krise resultierte im Kern aus dem Zusammenhang zwischen dem Bevölkerungswachstum und der Leistungskraft der alteuropäischen Wirtschaft, vor allem der Landwirtschaft. Die Bevölkerung war über ein Jahrhundert lang gewachsen, zunächst schnell, später, bis etwa 1620,[6] nur noch langsam. Die steigende Nachfrage nach Nahrungsmitteln und der Zustrom südamerikanischen Silbers hatten die Preise in die Höhe getrieben. Die Reallöhne verfielen im letzten Jahrhundertviertel immer rascher, und es herrschte ein Überangebot an Arbeitskräften. All dies war regional und vor allem sozial ungleich verteilt – großer Reichtum stand neben bitterer Armut. Und diese Kluft wurde immer tiefer. So konnte die Krise mit einer Blüte im Bau- und Luxusgewerbe einhergehen, das Kunsthandwerk hatte Hochkonjunktur.

Landwirtschaft und Handel hatten alles getan, um die Bevölkerungsmassen in der Mitte und im Westen Europas ausreichend mit Nahrungsmitteln zu versorgen. Abgesehen von den niederländischen Marschgebieten, wo sich eine intensive, kapitalistische Landwirtschaft entwickelte, beruhte die Antwort auf die Herausforderung in einer Extensivierung des Anbaus und nicht in einer Intensivierung oder gar einer agrartechnologischen »Revolution«. Die alteuropäische Agrarproduktion blieb inflexibel. Sie konnte nur eine bestimmte Menge erzeugen, und damit war nur eine beschränkte Zahl von Menschen am Leben zu halten. Noch gegen Ende des 18. Jahrhunderts vertrat der englische Pfarrer und Bevölkerungstheoretiker Thomas Robert Malthus die feste Überzeugung, daß das Menschengeschlecht diesem Schicksal »durch keinerlei Bestrebungen der Vernunft zu entkommen« vermöge:

Ich behaupte, daß die Vermehrungskraft der Bevölkerung unbegrenzt größer ist als die Kraft der Erde, Unterhaltsmittel für den Menschen hervorzubringen. Die Bevölkerung wächst, wenn keine Hemmnisse auftreten, in geometrischer Reihe an. Die Unterhaltsmittel nehmen nur in arithmetischer Reihe zu ... Die natürliche Ungleichheit, die zwischen den beiden Kräften – der Bevölkerungsvermehrung und der Nahrungserzeugung der Erde – besteht, und das große Gesetz unserer Natur, das die Auswirkungen dieser beiden Kräfte im Gleichgewicht halten muß, bilden die gewaltige, mir unüberwindlich erscheinende Schwierigkeit auf dem Weg zur Vervollkommnungsfähigkeit der Gesellschaft.[7]

Die Demographen nennen dies die »Malthusianische Falle«. Die Frage war, ob das Bevölkerungswachstum zum Ende des 16. Jahrhunderts die gefährliche Schwelle bereits überschritten hatte, so daß die Falle zuschlagen mußte. Führten Teuerung, Hungersnöte, Überangebot an Arbeitskräften und damit Arbeitslosigkeit, Unterernäh-

Eisberg im Hafen von Delfshaven, anonymes Gemälde

In der zweiten Hälfte des 16. Jahrhunderts kommt eine »kleine Eiszeit« über Europa. Die Eisschollen der Nordsee werden in die Flußmündung hineingepreßt und türmen sich im Januar 1565 vor den niederländischen und deutschen Häfen zu gewaltigen, undurchdringlichen Barrieren.

rung, Krankheit und Epidemien zwangsläufig zu Massensterben, hoher Säuglingssterblichkeit und generell hohen Sterblichkeitsraten und damit zum Umschlag von Wachstum in Schrumpfung der Bevölkerung?

Die globalen Zahlen scheinen Malthus recht zu geben: Während die europäische Bevölkerung im 16. Jahrhundert um schätzungsweise 25 Prozent gewachsen war, nämlich von 81 auf 104 Millionen, betrug der Anstieg im 17. Jahrhundert nur 10 Prozent (von 104 auf 115 Millionen), wobei in der Regel das Wachstum in die zweite Jahrhunderthälfte fiel. In der Mittelmeerzone war die Bevölkerungsentwicklung sogar rückläufig, wenn auch nur von 23 auf 22 Millionen. In Zentraleuropa stagnierte sie bei 36 Millionen mit einem deutlichen Rückgang in der ersten Hälfte des 17. Jahrhunderts. Im Nordwesten und Norden, also in den Niederlanden und Belgien, England und Skandinavien, ist dagegen auch für das 17. Jahrhundert eine deutliche Expansion zu registrieren, und zwar von 12 auf 16 Millionen.[8]

Die genauen Ursachen und die innerdemographischen Zusammenhänge - Heiratsalter, Fruchtbarkeit und Sterblichkeitsraten - lassen sich jedoch nur schwer bestimmen. Zudem variierten sie von Region zu Region. In Deutschland fällt der Zusammenbruch des Bevölkerungswachstums - von 15 bis 16 Millionen auf 10 bis 12 Millionen - mit dem Dreißigjährigen Krieg zusammen.[9] Es ist daher unmöglich zu entscheiden, ob die »Malthusianische Falle« auch ohne Krieg zugeschnappt wäre oder ob sich die Probleme der relativen Überbevölkerung hätten lösen lassen.

Daß sich die Lage im ausgehenden 16. Jahrhundert zuspitzte, geht aus unzähligen Daten hervor.[10] Mißernten und Teuerungswellen häuften sich, die Preis- und Mengenangaben des wichtigen Kölner Kornmarktes, über den uns tägliche Berichte vorliegen, offenbaren gefährliche Engpässe. Vor allem im Südwesten des Reiches herrschte ein Überangebot an Arbeitskräften, so daß viele Menschen unterbeschäftigt oder sogar ohne Arbeit und Einkommen waren. Die Obrigkeiten versuchten zwar, den Mangel durch kluge Bevorratungspolitik zu steuern und die schlimmste Not durch Verteilung von Brot und Korn zu mildern, aber breite Teile der Bevölkerung bis hin zu den handwerklichen Mittelschichten der Städte blieben für die Krisen anfällig: Bereits ein kurzfristig verringertes Arbeitsangebot

Pestbild von Wilhelm Dilich in der Dorfkirche zu Großrückerswalde bei Marienberg im Erzgebirge, zwischen 1626 und 1629

Achtzehn schwarzflügelige, wie Söldner bewaffnete Gestalten kennzeichnen die Häuser, die von der Krankheit heimgesucht werden: allegorische Darstellung der Pest von 1583.

oder ein schlechtes Erntejahr brachten sie in Existenznöte, vor allem wenn sie keinen Garten hatten und kein Kleinvieh halten konnten.

Die Enge der dichtbevölkerten Städte, die schlechten hygienischen Verhältnisse und die endemische Unterernährung machten die Menschen leicht zu Opfern verheerender Seuchen. Nach einem ersten gefährlichen Pestzug in den sechziger Jahren kam es zwischen 1575 und 1578 zu einem großen Pestausbruch, der sich in Ausläufern bis ins 17. Jahrhundert hineinzog. Im ganzen Reich starben Tausende, vor allem in den Städten. Nürnberg, mit 45 000 Einwohnern eine der großen oberdeutschen Städte, hatte zwischen 1561 und 1585 mehr als 20 000 Epidemieopfer zu beklagen.

Zur Pest kamen andere Massenerkrankungen hinzu: In Nord- und Westdeutschland - von Mecklenburg über Niedersachsen bis ins Rheinland bei Koblenz - schloß sich an den Pestzug sogleich die Rote Ruhr an, so daß es zu einer zunehmenden Überlagerung der Verlustwellen kam. Vor allem dort, wo Truppen der sich belauernden Militärblöcke durchzogen, traten spezifische Ansteckungsepidemien auf - so die »Ungarische Krankheit«, ein Fleckfieber, und die Malaria in Nürnberg und Aachen. Wer aber, noch geschwächt von den Schrecken und Strapazen der Pest, von Malaria oder Ruhr erfaßt wurde, der hatte kaum eine Überlebenschance. Für die Heidestadt Uelzen, wo genaueste Angaben über das Epidemiegeschehen überliefert sind, ist nachgewiesen worden, daß die Rote Ruhr von 1597 bis 1599 unverhältnismäßig viele Frauen und Kinder hinweggerafft hat. Das war ein demographisches Krisenphänomen ersten Grades, denn normalerweise wurden in Alteuropa Epidemieverluste in wenigen Jahren aufgeholt, weil unmittelbar nach dem Ende des Sterbens die Heirats- und Geburtsdaten hinaufschnellten. Nun gab es aber einen Mangel an Frauen und Heranwachsenden, so daß eine rasche Regeneration so gut wie unmöglich war.

Auch die Wirtschaft schien an eine Grenze zu stoßen. Zwar sprechen die Wirtschaftshistoriker heute nicht mehr von einem generellen Niedergang der deutschen Wirtschaft am Ende des 16. Jahrhunderts, und zwar weder für Oberdeutschland noch für den Hanseraum. Besonders im Rheinland und im Nordwesten, wo das Reich direkt an die dynamische Atlantikzone grenzte, überwogen noch die Entwicklungsimpulse. Auch der zu Beginn des letzten Jahrhundertdrittels eingeleitete Bauboom hielt noch an: »Wieviel sind nur Häuser seit Menschen Gedenken aufgebaut worden«, wundert sich um 1600 in Meißen der sächsische Superintendent Strignitz. Nicht anders verhielt es sich in Lübeck, an der Nordseeküste, in den niedersächsischen und westfälischen Städten. Die prächtigen Renaissancebauten, die dort – ebenso wie in Mittel-, West- und Süddeutschland – heute noch die Innenstädte schmücken, stammen alle aus den Jahrzehnten um die Jahrhundertwende, so etwa das prächtige Rathaus des Elias Holl in Augsburg. Von einer Krise der Bauwirtschaft wird man daher kaum sprechen können.[11]

Man muß sogar fragen, ob die hochentfaltete deutsche Stadtwirtschaft ohne den Kriegseinbruch nicht doch in der Lage gewesen wäre, jenen Weg der Modernisierung zu gehen, den der belgische Wirtschaftshistoriker Herman van der Wee in einer aufsehenerregenden Studie für die Städte der ebenfalls hochentfalteten und von Kriegen schwergetroffenen flämisch-brabantischen Gewerberegion gezeigt hat: nämlich die konstruktive Anpassung der zünftischen Kleinproduktion an die veränderte gesamtwirtschaftliche Lage, vor allem durch hohes Qualitätsniveau und hochwertige Luxusgewerbe. Dafür waren die Aussichten in Oberdeutschland keineswegs schlecht, auch wenn die dortigen Städte nach der Verlagerung der Handelswege nicht mehr im Brennpunkt des europäischen Wirtschaftsgeschehens lagen. Die Goldschmiedekunst, Möbelschreinerei, Uhrmacherei und viele andere Luxusgewerbe standen in Blüte,

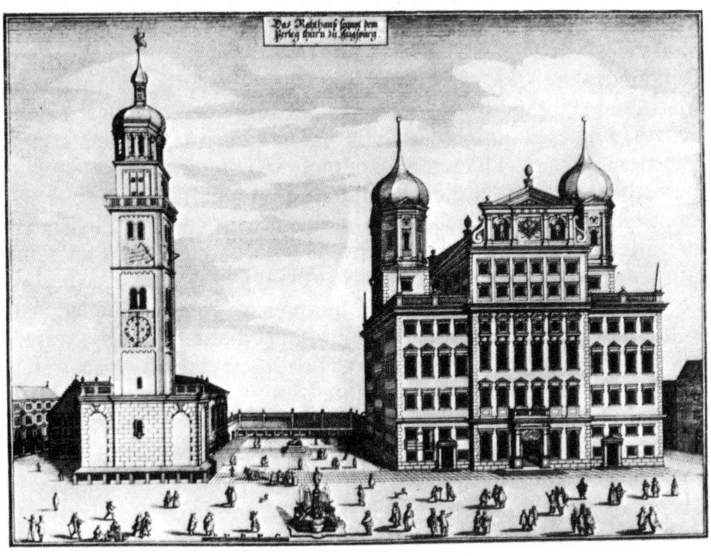

Rathaus und Perlachturm in Augsburg, Kupferstich von Lucas Kilian, 1619

Die Blütezeit des kommunalen Bauens war bis zum Beginn des Dreißigjährigen Krieges ungebrochen. In Augsburg entstand zwischen 1609 und 1620 das gewaltige Rathaus von Elias Holl, das die Renaissance-Elemente des blockhaften italienischen Palazzo und des nordalpin-deutschen Giebelhauses zu einer großartigen republikanischen Architektur verbindet.

Illustration aus dem Flugblatt »Eine neue Rätherschaft«

Betrügerische Geldwechsler treiben die Gold- und Silbermünzen im Wert hoch. Geschädigt sind die einfachen Leute: Handwerker, Krämer und Bauern, die sich erregt über die Geldentwertung beklagen.

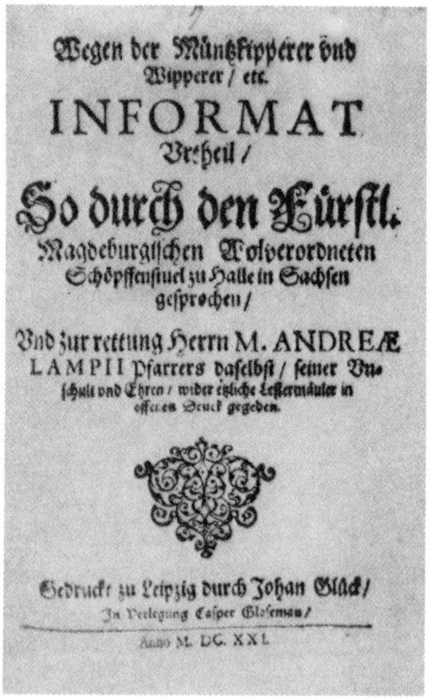
Wegen der Müntzkipperer vnd Wipperer / etc.
INFORMAT
Vrtheil /
So durch den Fürstl.
Magdeburgischen Wolverordneten Schöpffenstuel zu Halle in Sachsen gesprochen /
Vnd zur rettung Herrn M. ANDREÆ LAMPII Pfarrers daselbst / seiner Vnschult vnd Ehren / wider etzliche Lestermäuler in offenen Druck gegeben.

Gedruckt zu Leipzig durch Johan Glück /
In Verlegung Casper Closeman /
Anno M. DC. XXI.

Titelblatt eines vom Schöffenstuhl zu Halle ergangenen Urteils, 1621

Auch die Gerichte hatten sich mit der betrügerischen Praxis der Kipper und Wipper zu befassen, die Größe und Gewicht der Münzen durch Beschneiden und »Wippen« der Waage verringerten. Manche dieser Urteilssprüche wurden publiziert, um das Volk zu beruhigen.

so daß man sich durchaus eine kontinuierliche Fortentwicklung zum leistungsfähigen und einträglichen Hofhandwerk des 18. Jahrhunderts vorstellen könnte.[12]

Dennoch zeigte an der Wende des 16. Jahrhunderts das deutsche Wirtschaftsleben Krisensymptome, die geeignet waren, die Erregung und Ängste der Massen weiter zu steigern: Untersuchungen zu Oberdeutschland und Württemberg, die die unvollständigen Quellendaten zusammenstellen und mit einem systematisch-wirtschaftswissenschaftlichen Instrumentarium deuten, führen zu der Annahme, daß das Pro-Kopf-Einkommen seit den neunziger Jahren rückläufig war.[13] Zusammen mit der bereits erwähnten hohen Arbeitslosenrate ergaben sich daraus gravierende Probleme für die Unter- und Teile der Mittelschichten. Das war um so brisanter, als auf der anderen Seite des Sozialspektrums die Gewinne noch zunahmen.

In den deutschen Städten – von Nord bis Süd, von Ost bis West – tat sich eine Kluft zwischen Arm und Reich auf; in Westfalen, Niedersachsen, den wendischen Küstenstädten und in Kursachsen lebten bald zwischen zwanzig und vierzig Prozent der Stadtbewohner am Rande des Existenzminimums. In den Augsburger Steuerlisten machten »Habnits« und die unterste Steuerklasse rund drei Viertel aus.[14] Dem gespaltenen Markt mit seiner Massennachfrage nach Billigwaren und einer kleinen, aber potenten Käuferschicht für teuerste Luxusgüter entsprach die gespaltene Gesellschaft. Die in einer solchen Lage unvermeidlichen Spannungen wurden unerträglich, als unmittelbar nach dem Ausbruch des Krieges eine extreme Teuerungswelle das Reich überrollte. Der Geldbedarf der Kriegsherren ließ den seit langem steigenden Silberpreis so emporschnellen, daß kein Münzgesetz und keine Polizeiordnung mehr in der Lage waren, die Falschmünzerei zu verhindern. Die »Kipper und Wipper« traten auf den Plan; sie »kippten« die gute Münze, indem sie sie an den Rändern beschnitten oder durch Münzen minderwertiger Legierungen ersetzten, und sie »wippten« beim Abwiegen des Edelmetalls, indem sie präparierte Waagen benutzten.

Eine Anhäufung politischer und gesellschaftlicher Konflikte

Zu den Existenznöten, zu Krankheit und Tod kamen die politischen Zeitläufe. Die Mitte des Kontinents war von Waffenlärm erfüllt, lange bevor der Prager Fenstersturz jene Sequenz von militärischen Konflikten auslöste, die man den Dreißigjährigen Krieg nennt: Im Nordwesten trat der niederländisch-spanische Krieg im letzten Jahrzehnt des Jahrhunderts in ein entscheidendes Stadium, in die berühmten »zehn Jahre«,[15] die die Republik festigten und die benachbarten Zonen des Reiches in Mitleidenschaft zogen. Im Südosten waren die Türken nach dem Waffenstillstand von 1555 erstmals 1566 bis 1568 wieder offensiv geworden, und auch danach fielen sie fast jährlich ins Reich ein: Von 1593 bis 1615 wurde der »lange Türkenkrieg« ausgetragen. Weite Teile des Reiches waren durch diese Kriege indirekt betroffen, der Westen durch die »Spanische Straße«, über die fast jährlich Truppen nach Norden zogen, der Süden, weil dort die Kontingente zur Türkenabwehr zusammengezogen wurden und die Soldateska Unruhe und Epidemien verbreitete.

Verunsichernd wirkte auch der tiefgreifende politische und gesellschaftliche Wandel: Staatsbildung, Konfessionalisierung und Sozialdisziplinierung griffen in die Alltagswelt der Menschen ein, zerstörten bewährte Institutionen, Riten und Denkbilder und stigmatisierten Formen des politischen und religiösen Handelns, die über Jahrhunderte hin das öffentliche Leben bestimmt hatten. Die neuen Normen und Institutionen waren den Menschen zunächst fremd; Sicherheit und Stabilität vermochten sie kaum zu vermitteln. Desorientierung, Argwohn, Skepsis waren die Folge – und soziale Unruhe.

Jahrzehnte hindurch hatten die Konfessionskirchen gegen Volksglauben, Volksmedizin und jenes jahrhundertealte Brauchtum gekämpft, das dem Menschen in den Übergangsmomenten des Lebens – Geburt, Eheschließung und Tod – die Hilfe und Stütze des aus heidnischen Zeiten überkommenen Sippen- und Nachbarschaftsverbandes sicherte. Die neuen Konfessionskirchen boten zwar andere Formen der Tröstung an, aber diese hatten sich erst noch zu bewähren, und sie waren belastet, weil sie von oben, durch Staat und Kirchenleitung verordnet, aber nur selten von unten gewachsen waren. Man hat in diesem Zusammenhang vom Angriff einer »Elitekultur« auf die »Volkskultur« gesprochen.[16] Das ist in der Tat ein interessantes, aber komplexes Phänomen. Man wird nicht von einfachen Gegensätzen ausgehen können, sondern von Austauschprozessen zwischen unterschiedlichen Stufen einer Kultur. Fest steht aber, daß sich der kulturelle Wandel zu Ende des 16. Jahrhunderts beschleunigte und in der alltäglichen Lebenssicherung Bewährtes unter Druck geraten war.

Was die etablierten Großkirchen anboten, war wenig geeignet, diese individual- und sozialpsychologische Verunsicherung abzufangen: Die Theologen redeten von dem überall lauernden Bösen, vom Kampf in den eigenen Reihen und gegen den antichristlichen Feind; die Polemik übertrumpfte die Seelsorge. Nicht eine befreiende Heilsgewißheit, die einige Dezennien zuvor beim Auftreten Luthers die Nation erfaßt hatte, bestimmte gegen Ende des Jahrhunderts das religiöse Seelenleben der Deutschen, sondern die Bedrohung durch die Kinder Satans und der verbissen rechthaberische Wille oder Zwang zur Reinheit in Lehre und Sitten.

Ganz ähnlich sah es im weltlich-politischen Raum aus. Der frühabsolutistische Staat war mit dem Anspruch auf Souveränität und Allzuständigkeit seiner Behörden von oben in eine politische und gesellschaftliche Ordnung eingebrochen, die sich von unten aufbaute und auf der relativen Autonomie lokaler und regionaler Einheiten basierte: Grundherrschaften, Dörfer, Städte, Landschaften. Auch hier wurden neue, rationale und zukunftsfähige Formen und Institutionen politischen und administrativen Handelns eingeführt; von einer generellen Verschlechterung der Situation kann also keine Rede sein. Das Neue mußte jedoch erst einmal das Vertrauen der Menschen gewinnen. Die alten Formen des politischen Handelns waren über Jahrhunderte hin eingespielt gewesen, und sie hatten sich im Gefühl der Menschen bewährt. Wie sich an die alten Formen besondere soziale Interessen geknüpft hatten, so waren auch die neuen nicht nur sach-, sondern auch interessenbestimmt. Der Übergang von dem älteren lokal, regional und saisonal zu dem neuen staatlich und flächenmäßig bestimmten Ordnungssystem bedeutete zugleich Interessenkampf zwischen alter und neuer Politikelite und damit für die etablierten Eliten in Stadt und Land eine Zeit der Statusbedrohung und eines sich verengenden Erwartungshorizontes. Dies sind stets sozialpsychologisch brisante Momente, in denen eine Gesellschaft in Unruhe und Krise treibt.[17]

Die Jahrzehnte um die Wende des 16. Jahrhunderts waren dann auch eine Zeit politischer Unruhen und sozialen Aufbegehrens. Die alteuropäische Tradition des dörflichen Kommunalismus und städtischen Republikanismus, die im Zusammenhang mit der Reformation eine so große Rolle gespielt hatte, erreichte nochmals einen Höhepunkt: Die Bauern traten den sich rasch verschärfenden Forderungen der Grundherren und des unersättlichen Finanzstaates entgegen. Eine »Welle von parallelen Bewegungen im habsburgisch-bayerisch-salzburgischen Gebiet steht am Beginn einer ganzen Gruppe von Revolten und Bauernkriegen, die den jetzt beginnenden Zeitraum (von 1575 bis 1630) in eindeutiger Weise aus der gesamten Epoche hervorhebt«.[18]

In dieser Phase der Erschütterungen gab es zwei Zentren: die habsburgischen Erblande und Oberdeutschland, etwa in der reichsritterschaftlichen Herrschaft Thainhausen, in Hohenzollern-Sigmaringen, im Württembergischen, in Rechenberg, Hohenzollern-Hechingen. Aber auch außerhalb dieses Raumes, in Thüringen, Schlesien und im Schwarzwald, kam es zu Bauernrevolten. 1626 brach in Oberösterreich sogar ein neuer Bauernkrieg aus, der ausgelöst worden war durch die drakonische Besatzungs- und Rekatholisierungspolitik der Bayern, die 1621 das Herzogtum zum Pfand erhalten hatten, weil der Kaiser ihre Kriegshilfe nicht anders bezahlen konnte. Die Erhebung richtete sich aber zugleich gegen die Bedrükkung durch den frühabsolutistischen Fürstenstaat, der damals von dem bayerischen Herzog besonders energisch ausgebaut wurde.

Gleichzeitig wurden die deutschen Städte von Unruhen erschüttert: aufgrund von Konflikten zwischen Rat und Bürgerschaft im Innern und rechtlichen, selbst militärischen Auseinandersetzungen nach außen mit den Fürsten, die die städtischen Freiheitsrechte auf-

Flugblatt aus dem österreichischen Bauernkrieg von 1626 mit den zwölf Forderungen der Bauern, die an die Zwölf Artikel des Bauernkrieges erinnern, aber wesentlich radikaler sind

heben wollten. Zwischen 1580 und 1620 überrollten in dichter Folge Wellen von Bürgerunruhen das Reich, ergriffen Reichsstädte ebenso wie Landstädte: von Danzig (1604-1607) über Greifswald (1603, 1604), Stralsund (1612-1616), Rostock (1573, 1584) und Wismar (1595 bis 1600) nach Lübeck (1598-1605), Hamburg (Anfang des 17. Jahrhunderts), Bremen (1609) und Emden (1595-1610), von Leipzig (1592) über Göttingen, Braunschweig (1601-1604), Lemgo (1609 bis 1612), Höxter (1600-1604), Paderborn (1600-1604) bis nach Essen (1600), von Köln (1608-1610), Aachen (1592-1614), Wetzlar (1613-1616) und Frankfurt (1612-1616) bis hinab nach Worms (1613-1616) und Schwäbisch Hall - um nur die größeren zu nennen.[19]

Die Heftigkeit dieser Auseinandersetzungen zeigt, daß sie nicht einfach als Niedergangsphänomen des alteuropäischen Städtewesens gedeutet werden können, wie die Bauernrevolten ja auch die alte These vom Ausscheiden der Bauern aus dem öffentlichen Leben widerlegen. Die Stadtunruhen waren Ausdruck einer zugespitzten Situation, des Übergangs vom genossenschaftlich begründeten Stadtrepublikanismus zum herrschaftlich bestimmten Obrigkeits- und Souveränitätsmodell des frühmodernen Territorialismus. Die Wucht der Krise ergab sich daraus, daß zwei Kräfte aufeinandertrafen, die beide durch die Ereignisse des 16. Jahrhunderts gestärkt worden waren. Auf Dauer lagen die Siegeschancen jedoch eindeutig beim Fürstenstaat, so daß dieser Höhepunkt des stadtrepublikanischen Freiheits- und Autonomieverlangens zugleich den Wendepunkt bezeichnet zugunsten der modernstaatlich-territorialen Interpretation der städtischen Rechts- und Machtverhältnisse.

Eine Welle des Antisemitismus

Politisches Handeln und sozialer Protest waren indes nur die eine, die rationale Reaktion auf die tiefe Verunsicherung. Die wirtschaftlichen und politischen Schwierigkeiten und die religiös-kulturelle Anspannung führten vielerorts zu einer sozialpsychologischen Erregtheit, die sich in irrationalen Ausbrüchen und Massenhysterie Bahn brach. Die wenigen Judengemeinden, die es nach der spätmittelalterlichen Verfolgungswelle und dem heftigen Antisemitismus der Reformationszeit noch gab, wurden erneut von Vertreibung und Pogromen heimgesucht: Düsseldorf und Düren verboten den Juden die Ansiedlung, aus Wetzlar wurden sie 1609 ausgewiesen, in Dortmund durften sie sich ab 1597 nur noch tagsüber und gegen Zahlung eines Torgeldes aufhalten. Besonders heftig war der Antisemitismus in den Reichsstädten Frankfurt, Worms und Speyer, die große und traditionsreiche Judengemeinden beherbergten.

Die »Judensau«, Sandsteinrelief an der Wittenberger Stadtkirche aus dem frühen 14. Jahrhundert

Die Juden werden in derber Weise verspottet und verletzt, indem ein Rabbiner in obszöner Weise in Beziehung gesetzt wird zu dem von den Juden als unrein angesehenen Schwein – Ausdruck des Mittelalter und Neuzeit übergreifenden Judenhasses.

In Worms war es bereits 1563 zu einer jener Ritualmordanklagen gekommen, die stets auftauchten, wenn die Christen ihre eigenen Ängste und Befürchtungen im Gewand magischer Obsessionen gegen die Juden kehrten. Ein junger Sattlergeselle gab vor dem Magistrat zu Protokoll, er habe frühmorgens vom Werkstattfenster aus beobachtet, wie der Jude Abraham zum Bock sich mit einer welschen Frauensperson getroffen habe, die offensichtlich zu einem Soldatentroß gehörte. Die Frau habe dem Juden gegen Geld einen kleinen Jungen übergeben, den dieser unter seinem mit einem gelben Ring, dem Zeichen der Juden, gekennzeichneten Mantel versteckt habe. Alle drei seien dann im Ghetto verschwunden, von wo die Frau einige Zeit später alleine, weinend und offensichtlich betrunken zurückgekehrt sei. Obgleich der Sattlermeister die Geschichte seines Gesellen als Hirngespinst abzutun suchte, begann mit dieser Anzeige ein langer Prozeß, der weite Kreise zog. Dem Juden Abraham brachte er Gefangenschaft und Folter; die Judenschaft insgesamt rückte er wieder einmal ins Licht blutrünstiger Magier, die in okkulten Zeremonien Blut und Leben unschuldiger Christenkinder opferten. Im Unterschied zum Mittelalter erhielten die Juden nun zwar einen relativ fairen Prozeß. Nach dreizehn Monaten Haft kam Abraham gegen Zahlung einer Kaution von 20 000 Gulden frei und das Reichskammergericht scheint schließlich sogar für ihn entschieden zu haben. Im Volk hielt sich aber »das Bild des Juden als böser Magier. Die gerichtliche Widerlegung konnte das Hirngespinst jüdischer Kindsmorde nicht bannen.«[20]

Der Antisemitismus, der 1603 in Speyer und 1615 in Worms zu schweren Restriktionen und Vertreibungen geführt hatte, steigerte sich noch in Frankfurt, das damals das religiöse und politische Zentrum der deutschen Judenheit war. Die Gemeinde war innerhalb eines Jahrhunderts von etwa 100 auf rund 3 000 Seelen gewachsen. In der Handels- und Gewerbemetropole am Main, wo die Tendenzen des Zeitalters im Guten wie im Bösen zusammentrafen, prallten die zwei Wellen der Unruhe – die Bürgerbewegung und die Judenfeindschaft – aufeinander und überlagerten sich. Das Pogrom vom 21. August 1614 war Teil des berüchtigten Fettmilchaufstandes von 1612 bis 1614, benannt nach dem Lebkuchenbäcker Vinzenz Fettmilch, der die Erhebung der Bürgerschaft gegen ihren Rat anführte.

Es ging um die politischen Rechte der Gemeinde und um ökonomische und soziale Fragen. Vor allem der Wirtschaftsboom, den die in der Mitte des 16. Jahrhunderts nach Frankfurt eingewanderten flämischen und wallonischen Flüchtlinge der Stadt »beschert« hatten, hatte schwere soziale Spannungen hervorgerufen.

Politischer Bürgerprotest, Sozialunruhe und Judenfeindschaft fielen zusammen. Ärger über die ratsherrliche Willkür, Existenznöte breiter Handwerkerschichten, deren Abneigung zunächst mehr den wirtschaftlich erfolgreichen Niederländern als den in elender Beengung im Ghetto nordöstlich an der Stadtmauer zusammengepferchten Juden galt, wurden von dem tiefverwurzelten Antisemitismus Alteuropas aufgesogen. Über Jahrzehnte aufgestaute Ängste und Ressentiments der Frankfurter - bei Lohnarbeitern, Kleinmeistern und Krämern ebenso wie bei Kaufleuten, Juristen und Unternehmern - entluden sich, als unter Führung des Vinzenz Fettmilch der Sturm auf die Judengasse begann. Zwar leisteten die Ghettobewohner an den drei engen Toren erbitterten Widerstand, aber schließlich mußten sie der Übermacht der hauptsächlich aus Handwerksgesellen bestehenden Menge weichen, nachdem zwei Verteidiger und ein Angreifer zu Tode gekommen waren. Die Juden zogen sich zur Verteidigung auf den Friedhof zurück. Doch »nicht nach Kampf verlangte die Menge, sondern nach Beute«. Dreizehn Stunden lang wüteten Raub- und Zerstörungslust: Alle Truhen, Ecken und Wände wurden nach Geheimverstecken für Geld, Juwelen und Schuldverschreibungen durchsucht. Die Frauen hatten es auf Geschirr und Wäsche abgesehen, gar manche Frankfurterin habe - so hieß es später - »damals ihre Stube wohl mit Zinn staffiert«.

Der Spuk endete erst, als der Jüngere Bürgermeister an der Spitze

Sturm der Frankfurter Bürger auf die Judengasse und Geleit der Juden zum Main, wo Schiffe sie aufnehmen, um sie an ihre Zufluchtsorte zu bringen. Zeitgenössischer Kupferstich

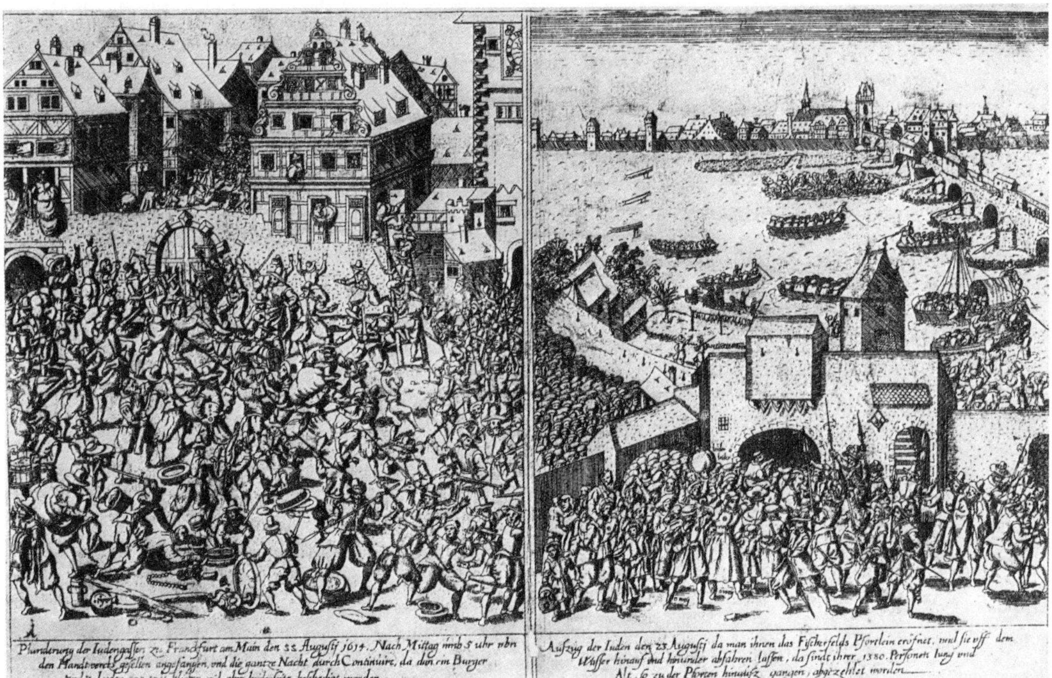

einer Schar Bewaffneter in die Judengasse einritt. Doch die Bewohner selbst schützte er nicht. Auf dem Friedhof zusammengepfercht und dem Haß der Menge ausgesetzt, hatten viele von ihnen die Sterbegewänder angelegt und die Sterbegebete angestimmt. Fettmilch selbst brachte endlich die erlösende Nachricht, daß man sich nicht auf den Tod, sondern »nur« auf die Vertreibung einzustellen habe: Im Namen des Bürgerausschusses sage er den Juden den Schutz auf. Von bewaffneten Bürgern geleitet, zogen daraufhin 1380 Personen durch die Fischerpforte an den Main, um mit dem schäbigen Rest ihres Besitzes in Offenbach, Hanau oder Höchst Zuflucht zu suchen. Einige wenige kehrten heimlich nach Frankfurt zurück, wo sie bei befreundeten Christen Unterschlupf fanden.

Zwar war es in Frankfurt wie auch anderwärts zu Beginn des 17. Jahrhunderts nicht zu dem Blutrausch vieler mittelalterlicher Pogrome gekommen. Das Unheil war aber auch so groß genug. Die Juden, erniedrigt, verängstigt und ruiniert, waren in alle Winde zerstreut, ihre blühendste und angesehenste Gemeinde in Deutschland scheinbar für immer vernichtet. Doch sollte sich das Blatt wieder wenden: Nachdem der Bürgeraufstand niedergeschlagen war, erließ der Kaiser am 3. Januar 1617 eine neue Judenordnung, die die Frankfurter Gemeinde restituierte und ihr für einige Zeit Sicherheit gewährte.[21]

Die Verfolgungswelle des ausgehenden 16. und frühen 17. Jahrhunderts zeigt neben dem alten Sündenbocksyndrom neue, frühmoderne Elemente der Judenfeindschaft, die eine Folge von Konfessionalisierung und Fürstenstaatsbildung waren. Die Streitpredigten des Konfessionalismus, die zum Kampf gegen die protestantischen Häretiker oder zum Endzeitringen mit dem römischen Antichristen und den Kräften der Finsternis aufriefen, setzten zugleich Kräfte frei, die über die zerstrittene Christenheit hinausdrängten und dem Judenhaß neue Nahrung gaben.

Das Souveränitätsprinzip des frühmodernen Fürstenstaates zog die Juden in das Konfliktfeld zwischen altständischem Freiheitsanspruch und neuzeitlichem Staatsreglement. In manchen Landstädten - wie zum Beispiel in Trier und Lemgo - waren die Juden der Feindschaft der Bürger ausgesetzt, weil sich der Fürst und seine Beamtenbürokratie ihrer annahmen. Auch in der Geschichte der Juden brachte somit diese Epoche eine Übergangskrise - von der mittelalterlichen Phase unter kaiserlichem und städtischem Schutz bis hin zur Zeit landesherrlicher Judenschutzpolitik. Nachdem die allgemeine Krise des 17. Jahrhunderts überwunden war, nahmen die Juden im Wirtschafts- und Gesellschaftssystem der merkantilistischen Territorialstaaten eine neue, wichtige Stellung ein. Der Hofjude wurde zu einer Institution, die dem Inhaber dieses Amtes Reichtum und Macht einbringen konnte, aber auch Feindschaft, Haß und Vernichtung.

Vielbeachtet wurde von den Zeitgenossen und den Nachfahren das Schicksal des württembergischen Geheimen Finanzrates Joseph Süß Oppenheimer (1698-1738), der zum engen Vertrauten Herzog Karl Alexanders von Württemberg aufgestiegen war. Er hatte diesen durch eine geschickte Finanzpolitik vom Steuerbewilligungsrecht der Stände unabhängig gemacht, womit die Grundlage für den fürstlichen Absolutismus gelegt worden war. Doch sogleich nach dem Tod seines hohen Gönners wurde Oppenheimer von der aufgebrachten Ständepartei ins Gefängnis geworfen und nach einem »Schauprozeß« wegen Amtserschleichung, Hinterziehungen und Hochverrat gehängt.

Hexenjagd

Mit der Krise steigerte sich auch die Hexenjagd. Das Geflecht der Ursachen ist außerordentlich komplex und auch heute noch, nach einer jahrzehntelangen historischen Hexenforschung, grotesken Fehldeutungen ausgesetzt. So etwa die These, die neuzeitliche Hexenverfolgung sei als »Nebenprodukt der Geburtenkontrollbekämpfung [zu] fassen«, inszeniert von Kirche und Staat, um durch Vernichtung des alteuropäischen Hebammenstandes die Interessen der modernen Ärzteschaft und den Anstieg der Bevölkerung zu fördern, der die Machtstaaten des 19. Jahrhunderts stabilisierte.[22] Dem widersprechen alle historischen Daten, denn das Problem des ausgehenden 16. Jahrhunderts, als in Europa die Hexenjagd begann, war nicht das einer Unter-, sondern das einer drängenden Überbevölkerung. Darüber hinaus haben sorgfältige historische Detailstudien längst gezeigt, daß der Hexenwahn nicht von den kirchlichen oder weltlichen Obrigkeiten ausging, sondern von Bauern und Handwerkern. Der bayerischen Regierung zum Beispiel sagte ein unbewiesenes, dafür aber zählebiges Klischee nach, sie habe im Zuge der Gegenreformation dafür gesorgt, »daß die Scheiterhaufen für die Hexen nicht erloschen«.[23] Als man aber jüngst die Archive systematisch auswertete, zeigte sich, daß in München lange Zeit die Gegner von Hexenprozessen den Ton angaben und daß das Herzogtum auch nach dem Beginn der Verfolgungen in den neunziger Jahren nicht zu deren Hochburg wurde. Anders verhielt es sich mit den fränkischen »Hexenbischöfen«, deren Verfolgungen in den Hochstiften Eichstätt, Würzburg und Bamberg in der Tat »zu den schlimmsten Exzessen der europäischen Geschichte gehören«.[24]

Das Phänomen ist so vielschichtig, wie es grausam ist. So kann nur ein differenziertes Bild der historischen Wahrheit einigermaßen nahekommen, und das meint, daß die chronologischen und regionalen Unterschiede gesehen werden müssen, ganz zu schweigen von der unterschiedlichen sozialen Zusammensetzung der Opfer wie der Täter. Und trotz aller begreifenden Annäherung wird ein Rest von Fremdheit bleiben, denn dies ist eine »verlorene Welt«, die sich mit instrumentellen und funktionalistischen Erklärungen nicht restlos erschließen läßt. Die Hexe und der Zauber waren für die Menschen Realität, für Fürsten und Juristen ebenso wie für Bauern und Handwerker. Schließlich sollte es aber die Elitekultur und nicht die Volkskultur sein, die die entscheidenden Stimmen und Argumente gegen die Hexenprozesse hervorbrachte.

Der Bauer, dessen Sohn beim Vorbeigehen einer alten Frau vom Pferd getreten tot niederstürzte, und die Krämersfrau, die der Ischias an den Krückstock brachte, nachdem sie mit einer Nachbarin in Streit geraten war, sie glaubten an die Hexe und verlangten Hilfe. Die Verfolgungswellen wurden nicht in Kanzleien und Konsistorien vorgeplant, sondern durch Menschen ausgelöst, die sich durch

Verhexter Stallknecht, Holzschnitt von Hans Baldung Grien

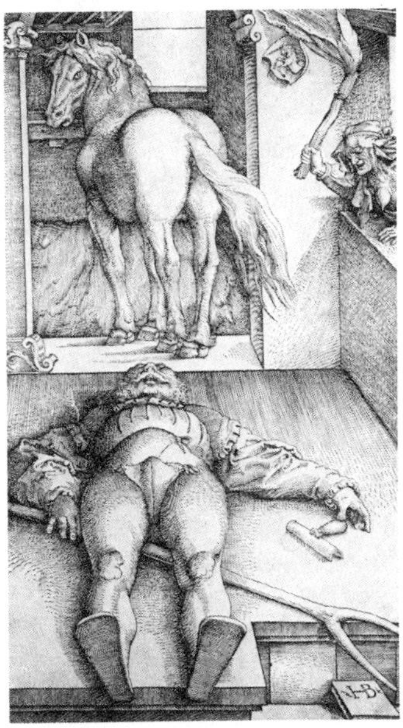

Szenen eines Hexensabbats, Holzschnitte aus dem »Compendium Maleficarum« des Francesco Maria Guazzo, 1626

Auf einem Ziegenbock reitend, erscheinen die Hexen.
Sie feiern mit dem Teufel und seinem Hofstaat ein Gelage.
Sie geben dem Teufel einen perversen Verehrungskuß.
Sie tanzen mit dem Teufel.
Sie vereinigen sich mit dem Teufel.
Nach Jahresfrist stellen sie ihre Hexenkinder den Vätern vor.
Die Hexenkinder werden vom Teufel getauft.
Teufelstaufe von Erwachsenen zur Aufnahme in die Hexensekte.
Hexenkatechese durch den Teufel.
Die Hexen berichten dem Teufel über ihre Missetaten.
Verspottung und Schändung des Kreuzes.
Als Hebammen verkleidet, verzaubern Hexen ein neugeborenes Kind.
Hexen bemächtigen sich einer Leiche, um ihre Zaubersalbe herzustellen.

Magie und Zauber bedroht fühlten; sie waren es, die von den kirchlichen und staatlichen Autoritäten Schutz vor den Mächten der Finsternis verlangten. Die Geschichte der Hexenprozesse ist in erster Linie ein sozialpsychologisches Problem. Das schließt nicht aus, daß einzelne und soziale Gruppen, am Ende auch der Staat, der die Prozesse durchführte, aus den Verfolgungen Nutzen zogen.

Die Hexenjagd war eben keine Erscheinung des »finsteren Mittelalters«, sondern gerade ein Produkt der anbrechenden Frühmoderne, grob gerechnet der Umbruchszeit zwischen 1450 und 1700. Nicht Kräfte der Reaktion waren am Werk, vielmehr brachten sich seelische Begleitumstände jenes Strukturwandels zur Geltung, der die alteuropäisch-traditionelle in die neuzeitlich-frühmoderne Gesellschaft überführte. Der Hexenwahn war Ausfluß einer sozialpsychologischen Verarbeitung von Veränderungen, die tief in das alltägliche Leben eingriffen und das Weltbild sowie das Lebensgefühl revolutionierten. Je schneller diese Modernisierung voranschritt, um so nervöser wurde die Hexenphantasie, steigerte sich bis zu der Massenhysterie von Verfolgungswellen, die Jahre und Jahrzehnte über Deutschland und Europa hinwegrollten.

Die erste systematische Zusammenfassung der Hexenlehre und der gegen die Mächte der Finsternis gerichteten inquisitorischen und gerichtlichen Abwehrmaßnahmen war der »Malleus maleficarum«, der »Hexenhammer«, der 1487 in Straßburg erschien. Verfasser waren der päpstliche Inquisitor und Kölner Dominikaner Prior Jakob Sprenger (um 1436-1495) und dessen Ordensbruder Heinrich Institoris (um 1430-1505), Inquisitor auch er. Dieses Buch wurde zum maßgeblichen Werk für die Hexenverfolgungen. In knapp zweihundert Jahren, von 1487 bis 1669, erlebte es nicht weniger als achtundzwanzig Auflagen.

Der »Hexenhammer« läßt noch heute erschauern, und dennoch ist der Text kein Instrument eines kollektiven irrationalen Blutrausches, sondern »ein ungewöhnlich scharfsinniges Buch, das den Ver-

such darstellte, die Welt der damaligen Zeit rational zu bewältigen, um in Ruhe und Gottvertrauen leben zu können«. Wenn man Unfälle, alles Unglück und Übel auf den Satan zurückführte, hatte man die Möglichkeit, Erkenntnisse und ein exaktes Verfahren auszuarbeiten, mit dem er und seine Verbündeten erkannt und unschädlich gemacht werden konnten.[25] Der »Hexenhammer« – wie die Möglichkeit der Hexenverfolgung überhaupt – vermittelte somit Lebenssicherheit im Moment einer rational nicht greifbaren Bedrohung. Und so erlebten die Menschen den sozialen Wandel nur gar zu oft. Ethnologen, die sich mit Zaubervorstellungen von Naturvölkern befassen, verallgemeinern diese Beobachtung: Der Glaube an Zauberei wirkt befreiend und sozial stabilisierend, weil er eine Überprüfung der sozialen Beziehungen ermöglicht.[26]

Die neue Hexenlehre setzte sich im Laufe des 16. Jahrhunderts zunächst nur langsam durch und verdrängte den älteren, weit weniger aggressiven Zauberglauben. Der Erfolg des »Hexenhammers« basierte im wesentlichen darauf, daß er einer Zeit, die an Systematisierung und Konzentration interessiert war, eine plausible Zusammenfassung spätantiker und mittelalterlicher Ketzerei- und Zaubervorstellungen bot. Später dann, als sich die Großkonfessionen in unerbittlicher Feindschaft gegenüberstanden und alles daransetzten, ihre Anhängerschaft auch von den letzten Spuren unorthodoxer Ansichten und Riten zu säubern, machte der »Hexenhammer« die Hexerei zu einer Art »Superverbrechen«.[27]

Auf diese Weise nahm der Hexentyp der europäischen Neuzeit Gestalt an: Die Hexe war eine Frau, die mit dem Teufel einen Pakt abgeschlossen hatte und damit von Gott abgefallen war, die sich zudem mit dem Teufel geschlechtlich vereinigte (Teufelsbuhlschaft); schließlich besaß sie die Fähigkeit, durch die Luft zu fliegen, was sie zu tun pflegte, wenn sie sich am Hexensabbat mit Gesinnungsgenossinnen zu nächtlichem Tanz und der Anbetung des Teufels zusammenfand. Das Schlimmste war, und dadurch fühlten sich die Mit-

Titelblatt des »Malleus Maleficarum« (Der Hexenhammer), des für die Hexenverfolgung maßgebenden Werkes von Heinrich Institoris († 1505) und Jakob Sprenger († 1495), Nürnberg 1519

menschen auch am meisten bedroht, daß sie über die Macht des »Schadenszaubers« verfügte. Dieser Schadenszauber, der in der Regel die Hexenanklage auslöste, war meist ein naturhaftes Ereignis, etwa plötzlicher Tod oder überraschende Krankheit bei Menschen oder Tieren, Unfruchtbarkeit, Hagelschlag und Unwetter, Verderben von Milch oder Eiern.

Der »Hexenhammer« verwies das Verfahren gegen die der Hexerei Angeklagten ganz in die Zuständigkeit der weltlichen Gerichte. In normalen Zeiten konnten die Beschuldigten hoffen, daß Juristen und landesherrliche Beamte auf einen ehrlichen Prozeß achteten, der ihnen die Chance ließ, mit dem Leben davonzukommen.[28] Auf den Höhepunkten des Hexenwahns war das fast ausgeschlossen. Das peinliche Verhör wurde so lange fortgesetzt, bis das Geständnis erfolgte, und da man stets darauf aus war, die Namen weiterer Hexen oder Hexer zu erfahren, die sich mit der Angeklagten auf den Hexensabbaten getroffen haben sollten, war der Denunziation Tür und Tor geöffnet.

Die Serien von Hinrichtungen waren nicht zuletzt eine Folge dieses Vorgehens bei den Verhören. Verlangte die Angeklagte, weil sie sich unschuldig wußte, die Hexenprobe, so brachte auch das keine Rettung. Denn nur wenn sie im Wasser versank, war die Unschuld bewiesen. Das wurde aber vom Büttel verhindert, der die Frauen am Strick hielt.[29] Einmal »überführt«, war der Scheiterhaufen gewiß, denn auch Reue und Abkehr vom Teufelsbund konnten das Todesurteil nicht mehr abwenden. War zunächst die Schädigung von Mensch und Tier Voraussetzung für ein rechtskräftiges Urteil, so sah die Kursächsische Kriminalordnung von 1572 erstmals davon ab und stellte das Teufelsbündnis allein bereits unter Todesstrafe.[30]

Ende der siebziger Jahre setzte die erste große Verfolgungswelle ein, die zwischen 1585 und 1600 ihren Höhepunkt erreichte. In der Verunsicherung der Krisenzeit bot sich den verängstigten Menschen in dem neuen Hexenbild eine plausible Erklärung für Not und Elend, und die war verbunden mit einer vermeintlich rationalen Abwehrstrategie. Die Theologen der zunehmend verfeindeten Konfessionssysteme, die allsonntäglich vom Großangriff der Mächte der Finsternis oder der Häresie predigten, taten ein übriges, die seelische Erregung zu schüren und gegen Menschen zu kehren, die durch ihr Äußeres oder ihre Eigenschaften auffielen oder in irgendeiner Weise mißliebig waren. Verfolgt wurden überwiegend, aber keineswegs ausschließlich Frauen, meist alte, gebrechliche, aber auch sehr junge, bei denen es gerade die außergewöhnliche Schönheit war, die ängstigte.

In den ersten Jahrzehnten des 17. Jahrhunderts ebbte die Verfolgungswelle zunächst ab, um auf der Höhe des Dreißigjährigen Krieges, von 1630 an, und zum Ende der Nachkriegszeit, etwa von 1650 bis 1670, erneut anzuschwellen. Ausläufer erfaßten noch das 18. Jahrhundert. So kam es 1749 bis 1756 im Südosten Deutschlands nochmals zu einer ganzen Prozeßserie. Die letzte Hinrichtung auf dem Boden des Reiches erfolgte am 11. April 1775 im Fürststift Kempten, mitten im Klima der europäischen Aufklärung, sozusagen zwischen Friedrich dem Großen und Kant. Insgesamt dürften den Hexenverfolgungen etwa 100 000 Menschen zum Opfer gefallen sein.[31]

Geographisch verteilte sich der Hexenwahn ungleich über

Deutschland. Wenig betroffen waren der Niederrhein – das Grenzgebiet zu den »aufgeklärten« Niederlanden also –, die nord- und ostdeutsche Tiefebene mit Ausnahme Mecklenburgs sowie Bayern. Das waren diejenigen Zonen Deutschlands, in denen die größeren Flächenstaaten lagen, auch dies ein Beweis gegen die These, der Apparat des frühmodernen Staates sei die Antriebsfeder gewesen. Die Kernzone der Hexenprozesse »war zugleich der Raum der größten territorialen Zersplitterung ... in ungefähr folgenden Grenzen: Lothringen, Kurtrier, Herzogtum Westfalen, Minden, Schaumburg, dann über die Harzgegend zu den anhaltischen Fürstentümern und von dort über die sächsischen Herzogtümer und die Bistümer Bamberg, Eichstätt, Augsburg bis zur Schweizer Grenze«.[32]

In vier großen Verfolgungswellen erwarb sich die kleine westfälische Hansestadt Lemgo den Beinamen »Lemje, dat Hexennest«:[33] Auch hier begann die Hexenwut in der Krise des ausgehenden 16. Jahrhunderts. Die Justiz blieb jedoch zunächst noch skeptisch und distanziert; sie untersuchte gründlich, bestrafte offenkundige Verleumdungen, achtete auf einigermaßen menschliche Anwendung der Folter und holte für das Urteil Universitätsgutachten ein. Abgesehen von zwei, drei Sonderfällen lautete das Urteil nur auf Landesverweisung. Aber mitten im Dreißigjährigen Krieg – zwischen 1628 und 1637 – erfaßte eine zweite Welle die Stadt, und jetzt fanden neunzig Menschen den Tod, darunter sechs Männer. Zehn der unglücklichen Opfer erlitten ihn schon während der Folter, achtundzwanzig auf dem Scheiterhaufen, der Rest war zum »Schwert begnadigt« worden, hauptsächlich weil der Stadtkasse dadurch ansehnliche Begnadigungsgelder zuflossen. Es folgten eine dritte und vierte Welle – von 1653 bis 1656 und von 1665 bis 1681 – mit achtunddreißig beziehungsweise neunzig Opfern. Insgesamt waren damit innerhalb von knapp zwei Generationen über zweihundert Hexen hingerichtet worden, in einer Stadt mit knapp fünftausend Einwohnern.

Zunächst waren vor allem Frauen aus dem Handwerkerstand betroffen, sicher war jedoch niemand: der lutherische Prediger an der Marienkirche Hermann Müller nicht, Catharina Cothmann, Kaufmannstochter und Ehefrau eines Kaufmannes nicht und auch nicht der Lehrer Hermann Beschoren. Von ihm ging in der Stadt das Gerücht, er habe mehrere seiner Zöglinge zum Teufelsbund verführt. Vielleicht war das nur ein makabrer Schülerscherz, aber er genügte, Beschoren peinlich zu befragen. Und da der Lehrer schwache Nerven hatte, bekannte er sogleich, siebzehn Knaben und Mädchen das Zaubern gelehrt zu haben. Darüber hinaus gestand er, von seiner »Buhlin Sibilla« beim Hexensabbat Kräuter erhalten zu haben, die er der schwarzbunten Kuh und den Ferkeln seiner Nachbarn sowie Pottkes Tochter heimlich gegeben habe, »davon sie kollerhaft im Kopf geworden«. Daß man die Akten an die juristische Fakultät der Universität Rinteln sandte, half dem Schulmeister nichts. Die Rechtsgelehrten entschieden, daß er »zuerst dreimal mit glühenden Zangen anzugreifen und folgends mit dem Schwerte vom Leben zum Tode hinzurichten und darauf der tote Körper mit dem Feuer zu verbrennen sei«.[34] Auch seine Frau mußte den Scheiterhaufen besteigen.

In ihrer Endphase wurde die Lemgoer Hexenjagd schließlich zu einer Auseinandersetzung innerhalb der politischen und wirtschaftlichen Elite der Stadt. Das »Bekläffen« während der Folter erwies sich als wahrhaft satanisch: In Todesnot nannten die Angeklagten bereitwillig Dutzende von Mitbürgern, die sie auf dem Hexensabbat beim Teufelstanz gesehen haben wollten. Natürlich dachten sie dabei zuerst an solche Personen, die sie nicht mochten oder mit denen sie aus irgendwelchen Gründen verfeindet waren. Schließlich scheint eine Gruppe skrupelloser Machthaber das »Bekläffen« regelrecht gesteuert zu haben, so daß der Hexenwahn zuletzt in der Tat systematisch für den Kampf um politische und ökonomische Machtpositionen eingesetzt wurde.

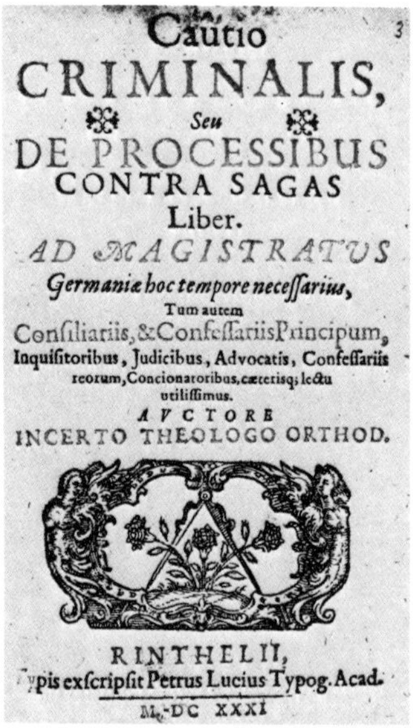
Cautio
CRIMINALIS,
Seu
DE PROCESSIBUS
CONTRA SAGAS
Liber.
AD MAGISTRATUS
Germaniæ hoc tempore necessarius,
Tum autem
Consiliariis, & Confessariis Principum,
Inquisitoribus, Judicibus, Advocatis, Confessariis
reorum, Concionatoribus, cæterisq; lectu
utilissimus.
AUCTORE
INCERTO THEOLOGO ORTHOD.
RINTHELII,
Typis exscripsit Petrus Lucius Typog. Acad.
M. DC XXXI

Titelblatt der 1631 anonym erschienenen »Cautio criminalis«, einer ganz frühen Kampfschrift gegen den Hexenwahn, verfaßt von dem Jesuitenpater und Philosophieprofessor Friedrich Spee von Langenfeld (1591-1635)

Es war eine Clique von drei Männern, die sich die allerletzte Verfolgungswelle zunutze machte: der »Hexenbürgermeister« Hermann Cothmann, der Ratssiegler Kuckuck und der Ratssekretär Johann Berner. »Diese Männer«, heißt es in einer späteren Klage am Reichskammergericht, »taten was sie wollten, denn sie waren Kommissare, Brandmeister, Ankläger, Richter und Henker zugleich und brauchten keine Verantwortung ihrer Prozeduren zu geben.«[35] Die Stadtfreiheit, die die Voreltern Anfang des Jahrhunderts dem frühmodernen Territorialstaat gegenüber gerettet hatten, nutzten die Enkel, um ungehindert durch landesherrliche Kontrolle ein Schrekkensregiment zu errichten.

In der politisch, wirtschaftlich und kulturell vom umliegenden Territorium isolierten Stadt, die zudem schwer unter dem großen Krieg gelitten hatte, waren die Ressourcen knapp geworden, so daß ein allgemeiner Konkurrenzkampf ausgebrochen war. Die Enge des Raumes, das Gefühl des Eingeschlossenseins und die enge, cliquenhafte Versippung und Parteibildung innerhalb des verarmenden Großbürgertums taten ein übriges, um die einst blühende Hansestadt zum Schauplatz der schlimmsten und längsten Hexenverfolgung zu machen.

Aber nicht alle riß der Strudel hinab. Selbst auf dem Höhepunkt der Verfolgungen wurden Stimmen laut, die zur Besinnung mahnten. Bereits 1563 erschien das Buch »De praestigiis daemonum« (Über das Blendwerk der Dämonen), in dem der Hexenglaube wissenschaftlich widerlegt und die Hinrichtungen offen als Unrecht gebrandmarkt wurden. Ihr Verfasser war der bedeutende Mediziner und Leibarzt Herzog Wilhelms V. von Jülich, Johann Weyer oder Wierus (1515-1588). Natürlich sah er sich scharfen Anfeindungen ausgesetzt, vor allem von katholischen Klerikern, aber auch von einem Mann wie Jean Bodin. Weyer mußte sich schließlich ins Privatleben zurückziehen, aber sein Werk erlebte dennoch 1586, also zu Beginn der ersten Verfolgungswelle, in Straßburg eine zweite Auflage.

Auch Männern der Kirche kamen bald Zweifel, so dem Jesuiten Friedrich Spee von Langenfeld, dem Autor der »Trutznachtigall«, als er in Paderborn und Würzburg zum Beichtvater der zum Tode verurteilten Hexen berufen wurde und die verzweifelten Frauen auf ihrem letzten Gang begleitete. Seine Schrift »Cautio criminalis seu de processibus contra sagas liber« (Rechtliche Bedenken gegen die Hexenprozesse), die 1631 anonym erschien und weite Verbreitung fand, konnte in manchen Gebieten die Prozeßflut zumindest eindämmen. Als sich dann im ausgehenden 17. Jahrhundert die gesellschaftlichen und politischen Verhältnisse zunehmend stabilisierten,

»Hexenbürgermeisterhaus« in Lemgo

Der prächtige Renaissancebau wurde 1568 bis 1571 für den Bürgermeister Hermann Kruwell erbaut; benannt ist das Haus nach dem berüchtigten Hexenverfolger Hermann Cothmann, der hier in der zweiten Hälfte des 17. Jahrhunderts wohnte.

schlossen sich immer mehr Menschen diesen Bedenken an, wobei auch die im Zuge der absolutistischen Zentralisierung erreichte effektive Kontrolle der lokalen Hexenprozesse durch die oberen Justizorgane hilfreich war.

Der endgültige Sieg moderner Skepsis über die frühmoderne Hexenlehre wurde im aufgeklärten Holland errungen, wo 1691 bis 1693 der Prädikant Balthasar Bekker ein dreibändiges, in cartesianischem Geiste geschriebenes Antihexenkompendium mit dem Titel »De betoverde wereld« (Die verzauberte Welt) verfaßte, das in ganz Europa viel Beachtung fand. In Deutschland sorgte vor allem der Jurist Christian Thomasius (1655-1728) für die Verbreitung einer aufgeklärten Rechtswissenschaft, die Hexenprozesse und Folter ablehnte. Als Professor an der modernen preußischen Universität Halle verfaßte er zwei bahnbrechende Traktate gegen den Hexenglauben: »De crimine magiae« (Über das Verbrechen der Zauberei, 1701) und »De origine ac progressu processus inquisitorii contra sagas« (Von Ursprung und Fortgang des Inquisitionsprozesses gegen Hexen, 1712).

»Geistlicher Rauffhandel«, Flugblatt auf den Streit der Konfessionen, 1620

Bereits vor dem Dreißigjährigen Krieg, als die Konfessionalisten Deutschland und Europa ins Chaos steuerten, mahnten einzelne Stimmen zur Verträglichkeit: Das Flugblatt hält den sich streitend in den Haaren liegenden Führern der Konfessionsparteien – dem Papst, Luther und Calvin – die Herzensfrömmigkeit der Einfalt entgegen.

René Descartes (1596-1650), der den modernen Rationalismus philosophisch begründete und dadurch das Fundament für die neuzeitliche, methodisch abgesicherte Selbstgewißheit des Denkens legte.

Unter dem Einfluß dieses modernen, des aufgeklärten Geistes bezeichnete das Landrecht für das Königreich Preußen bereits 1721 Teufelsbündnisse und Hexensabbat als Wahn und schränkte das Delikt der Zauberei erheblich ein. Endgültig verschwunden ist das Verbrechen der Zauberei erst aus den großen Gesetzeswerken der Aufklärung am Ende des 18. Jahrhunderts.[36]

Angesichts der offenkundigen Privatinteressen, die in den sechziger und siebziger Jahren den Lemgoer Hexenwahn gesteuert hatten, wundert es nicht, daß dieses westfälische »Hexennest« von der Gegenbewegung besonders rasch gesäubert wurde. Erste Hilfe leisteten auch hier die oberen Justizorgane: Als Maria Rampendal, die couragierte und vitale Frau eines Barbiers, Anfang der achtziger Jahre wider Erwarten unter der Folter nicht gestand, aber auch nicht starb, appellierte sie – außer Landes verwiesen – an das Reichskammergericht. Damit war das Schweigen gebrochen. Die Lemgoer Hexenjäger mußten nun mit scharfer Kontrolle rechnen und büßten schon wenig später Amt und Macht ein. Im Rat setzten sich ungewöhnlich früh die Aufklärer durch, so daß die Lemgoer bereis 1715 in einem symbolischen Akt die Hexenvergangenheit ihrer Stadt verurteilen konnten. Zum 1. Dezember 1715 notiert das Ratsprotokoll: *Nachdem man für dienlich befunden, das von den Vorfahren gemachte, bishero beibehaltene, also genannte Hexen- oder Schwarze Buch, zur Verhütung aller daraus etwa zu entstehenden Verdrießlichkeiten, zu abolieren, und weilen die darin angeführten Passagen guten Teils nunmehr für Torheiten gehalten werden, zu verbrennen: ist dasselbe ex archivo gekriegt in senatu Gegenwart zerschnitten und öffentlich verbrannt worden. – Und möchte man wünschen, daß dergleichen Buch niemalen gemacht wäre, alsdann diese gute Stadt noch wohl in besserem Flore seyn würde, weil sie guten Teils durch solchen fameusen Prozeß ruiniert worden.*[37]

Wissenschaftlicher Rationalismus und religiöse Innerlichkeit. Die Kräfte zur Überwindung der Krise

Der im ausgehenden 16. Jahrhundert zaghaft einsetzende Kampf gegen den Hexenwahn macht deutlich, daß die Krise auch Kräfte freisetzte, die Angst und Spannungen der Zeitläufe anders verarbeiteten als durch Antisemitismus und Zauberglauben. Auf dem Höhepunkt der Krise sammelten sich bereits einzelne Mosaiksteine an, aus denen sich später das optimistische Welt- und Menschenbild des ausgehenden 17. und 18. Jahrhunderts zusammenfügen sollte. In der säkular werdenden Philosophie und in den Naturwissenschaften bahnte sich der Durchbruch des wissenschaftlichen Weltbildes der Neuzeit an.

René Descartes, der Begründer des neuzeitlichen Rationalismus, zog unter wechselnden Fahnen mit den Konfessionsheeren durch Europa – zunächst unter Moritz von Oranien mit den calvinistischen Holländern, dann unter Tilly mit den katholischen Ligisten – und befaßte sich dabei im stillen mit philosophischen und wissenschaftlichen Problemen. Sein den Wissenschaftsbetrieb auf den Kopf stellendes Grundprinzip, die Vorurteile durch systematisch voranschreitendes Denken und unvoreingenommenes Forschen zu über-

Geistlicher Raufhandel.

O schaw doch wunder mein lieber Christ/
Wie der Bapst/Luther vnd Calvinist/
Einander in die Haar gefallen/
GOtt helffe den Verjrrten allen.

Deß HErrEn wort bleibt inn Ewigkeit

Die liebe fromme Einfalt/ durch einen armen Schafhirten vorgebildet/ sagt vnd klagt:

ACh HErr Gott/ ein elends wesen/
Wir können weder schreibn noch lesen/
Sein vngelehrt/ einfältig Leut/
Verstehen nicht den grossen Streit/
So all Lehrer täglich treiben/
In dem predigen vnd schreiben/
Werden im Glauben nur verjrrt/
Mancher gar Epicurisch wird/
Oder lebt so hinein im Tag/
Daß er gar nichts mehr glauben mag.
Es ist etwann bey hundert Jahr/
Fiel Luther dem Bapst in die Haar/
Der Bapst wolt das nicht gut seyn lan/
Fiel den Luther auch wider an/
Das rauffen wärt ein kurtze Frist/
Da mengt sich drein der Calvinist/
Fiel Bapst vnd Luther in die Haar/
Drauff der Zanck noch viel ärger war/
Dann Bapst vnd Luther widerumb
Sich raufften mit Calvin/ all vmb
Schwer Artickel/ ohn maß vnd end/
Das hochwirdige Sacrament/
Gab vns der Bapst in einer gstalt/
Der Luther wider/ brach das bald/
Räycht vns den Leib vnd Blut deß Herrn/
In beyder gstalt/ viel glaubtens gern;
Calvinus sagt die Meynung sein:
Es wer nichts da dann Brot vnd Wein/
Das grüblen verstehe ich nit/
In der Tauff habens auch viel Strit/
Vnd von der Person Jesu Christ/
Ein grosses dispuciren ist/
Von seiner Allenthalbenheit/
Ist widerumb ein schwerer Streit/
Deßgleichen von der Gnadenwahl/
Habens ein grossen Zanck zumal/
Luther spricht: daß jeder Mensch frey/
Zur Seligkeit versehen sey.
Aber Calvin verwirfft die Lehr/
Deß rauffens ist länder noch mehr:
Der Bapst rufft die Heiligen an/
Luther/Calvin lassens anstahn/
Wollen auch von der Meß nichts hörn/
Der Bapst helts heilig/ hoch in Ehrn/
Auff Maria die Jungfrawen/
Setzt Bapst Hoffnung vnd Vertrawen/
Dagegen Luther vnd Calvin/
Verachten das in jhrem Sinn.
Der Bapst wil/ man soll Walfahrt gahn/
Luther vnd Calvin fechtens an.
Der Bapst verbeuts Fleisch in der Fastn/
Drumb heissen sie jhn ein Fantastn.
Der Bapst die Heiligthumb verehrt/
Luther vnd Calvin solchs abwehrt.
Bapst vnd Luther die Bilder leidn/
Calvinus sagt: man soll sie meidn.
Meßgwand/Kertzen/ die Kirch zu ziern/
Das läst Luther dem Bapst passirn.
Dargegen wil der Calvinist/
Daß der Brauch gar vnnötig ist.
Bapst vnd Luther zu feyrn pflegen
ApostlTäg/ aber dagegen
Widerspricht solchs der Calvinist.
Im Calender auch ein Streit ist/
Der New Calender als ich sag/
Gfällt allweg eh vmb zehen Tag.
Luther vnd Calvin die zween Mann/
Wöllens zehen Tag später han.
Der Punct seynd ein grosser Hauffen/
Drumb sich die drey Männer rauffen/
Vnd wäret noch je länger je mehr/
Der gemein Läy beklagt das sehr/
Weil er davon wird jrr vnd toll/
Weiß nicht wem Theil er glauben soll/
Vnd ist länder zu vermuten/
Es möcht sich noch ein Lehr außbruten.

Beschluß:

HErr Jesu/ schaw du selbst darein/
Wie vneins die drey Männer seyn/
Komm doch zu deiner Kirch behend/
Vnd bring solch zancken zu eim end.

ENDE.

Seufzer nach dem goldenen Frieden, Kupferstich von 1645

Nach den Erfahrungen des mörderischen Glaubenskrieges mahnen Dutzende von Flugblättern die kriegführenden Parteien zur Besinnung und Umkehr: Christus mit dem Kreuz, der Schmerzensmann, mahnt die ergebnislos über den Frieden debattierende Versammlung geistlicher und weltlicher Würdenträger, sich auf den Kern der christlichen Botschaft zu besinnen und endlich Frieden zu schließen.

winden, will er 1619 in der Muße des Winterquartiers bei Ulm entwickelt haben, wo ihn weder Konversation noch Zerstreuung ablenkten und – wie er sich später erinnerte – wo »ich alle Tage allein in einer geheizten Kammer eingeschlossen blieb, so daß ich alle Muße hatte, mich mit meinen Gedanken zu befassen«. Sein berühmter »Discours de la méthode pour bien conduire sa raison, et chercher la vérité dans les sciences«, der die Summe seiner in der Einsamkeit gefundenen Erkenntnisse zog, erschien 1637 im holländischen Leiden. Darin sind vier Grundregeln formuliert, die die moderne naturwissenschaftliche Vernunft zur Herrschaft führten – und mit ihr den Fortschrittsoptimismus der Neuzeit:

Die erste besagt, niemals eine Sache für wahr anzusehen, von der ich nicht evidentermaßen erkenne, daß sie wahr ist: das heißt, sorgfältig Übereilungen und Vorurteile zu vermeiden und nichts in meinen Urteilen zu übernehmen, was sich meinem Geist nicht so klar und deutlich darbietet, daß ich keinen Grund hätte, daran zu zweifeln. Die zweite Regel verlangt, jedes Problem, das ich untersuche, in so viele Teile zu zerlegen, wie nötig ist, um es besser zu lösen. Die dritte, in der notwendigen Ordnung in meinen Gedanken voranzuschreiten, indem ich mit demjenigen beginne, was am einfachsten zu erkennen ist, um Schritt für Schritt ... zu dem Kompliziertesten zu gelangen. Und die letzte, immer genau und vollständig durchzunumerieren und generelle Überblicke aufzustellen, damit ich sicher bin, nichts zu vergessen.[38]

Das war die moderne naturwissenschaftlich-technische Methodik, die dem Menschen die neue Sicherheit des Denkens und Handelns gab. Auf dem Höhepunkt der Krise hatte der Philosoph Descartes den Weg zu einer methodisch gesicherten Stabilität entdeckt.

Selbst im religiösen Leben, das so ganz und gar von der theologischen Orthodoxie beherrscht schien, keimte in den Krisenjahrzehnten Neues auf, wobei sich wieder einmal ein für die geistige und gesellschaftliche Situation in Alteuropa aufschlußreiches Phänomen zeigte: Abseits vom Gezänk der sich in den Haaren liegenden Konfessionsideologen regte sich eine neue religiöse Sensibilität. Die »Stillen im Lande« begannen ihr Werk, das in den Schrecken der Kriegsjahre rasch Anhänger gewann und die Brücke zum Pietismus des späten 17. und des 18. Jahrhunderts schlug.

Im letzten Viertel des 16. Jahrhunderts war auch die Religion in eine Krise geraten. Das war eine direkte Folge der Konfessionalisierung, denn die ab- und ausgrenzende Orthodoxie, der der unwandelbare Buchstabe des Gesetzes wichtiger war als der lebendige Geist christlicher Erneuerung, hatte dazu geführt, daß Theologie und Frömmigkeit auseinanderfielen. Gleichzeitig wurden aber auch schon Kräfte für die Überwindung der Krise freigesetzt. Neben der vorherrschenden dogmatischen und kontroverstheologischen Literatur entfaltete sich relativ unabhängig ein Erbauungs- und Seelsorgeschrifttum.

Vor allem das Luthertum brachte bereits eine die innere Herzensfrömmigkeit anregende Gebets- und Postillenliteratur hervor, als die Calvinisten noch verbissen die zweite »Reformation des Lebens« propagierten. So konnten bereits die bahnbrechenden Werke der neuen Frömmigkeit erscheinen, als die europäische Christenheit noch tief in der Orientierungskrise steckte und sehenden Auges in das Chaos des religiösen Bruderkriegs steuerte – 1599 der »Freuden-

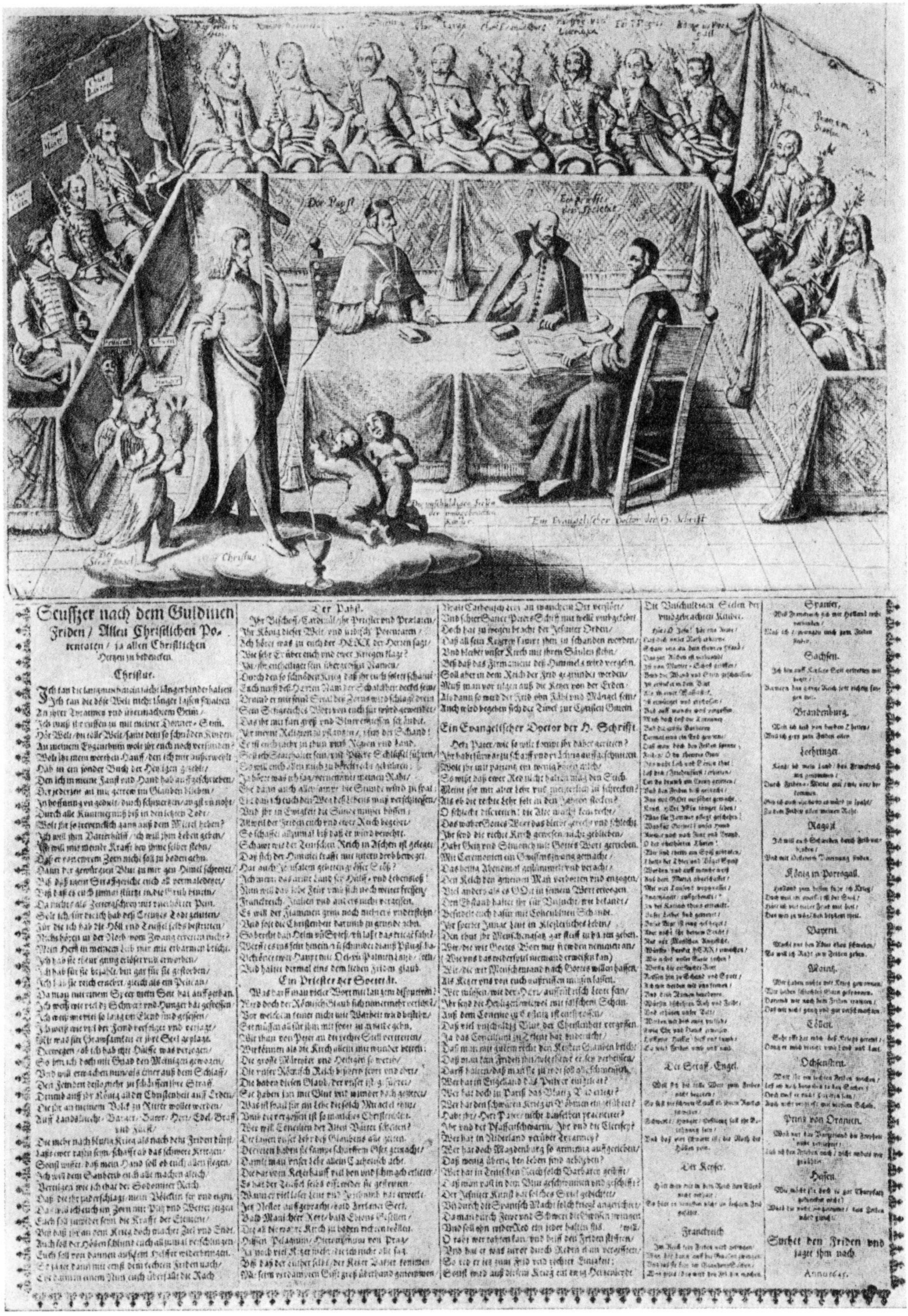
Der Papst
Christus
Der Straff Engel
Die unschuldigen Seelen der umgebrachten Kinder
Ein Evangelischer Doctor der H. Schrifft
Seufftzer nach dem Guldinen Friden / Allen Christlichen Potentaten / ja allen Christlichen Hertzen zu bedencken.
Christus.
Der Papst.
Ein Priester der Societät.
Ein Evangelischer Doctor der H. Schrifft.
Die Unschuldigen Seelen der umgebrachten Kinder.
Der Straff-Engel.
Der Keyser.
Franckreich
Spanien.
Sachsen.
Brandenburg.
Lothringen.
Ragozi
König in Portugall.
Bayern.
Maintz.
Cölln.
Prinz von Oranien.
Hessen.
Suchet den Friden und jaget ihm nach.
Anno 1645.

spiegel des ewigen Lebens« von Philipp Nicolai (1556-1608); 1605 das erste Buch »Von wahrem Christentumb« von Johann Arndt (1555-1621). Solche Bücher lenkten den in Orthodoxie erstarrenden deutschen Protestantismus zu seiner ursprünglichen Erkenntnis zurück, die ihm die Kraft zur Reformation gegeben hatte, »jenem grundsätzlichen protestantischen Protest gegen Äußerlichkeit und Veräußerlichung, aus dem heraus der evangelische Christ gerade das Innerliche als Wesenszug echter Christlichkeit empfunden hat«.[39] Da sich gleichzeitig auch im Katholizismus eine mystische Grundstimmung regte, die neben der Reinheit der Lehre die Frömmigkeit des inneren Menschen als wichtiges Ziel theologischer Arbeit setzte, waren der abendländischen Christenheit die Wege zur Überwindung sowohl der orthodoxen Erstarrung als auch der daraus gewachsenen Frömmigkeitskrise gewiesen.

Die Erschütterungen des Krieges zehrten die Lehr- und Systemgewißheit auf. Politiker und Theologen des Konfessionalismus sahen sich von der Herzensfrömmigkeit in den Anklagestand versetzt. »Luthrisch / Päbstisch und Calvinisch / diese Glauben alle drey sind vorhanden; doch ist Zweifel / wo das christentum dann sey«, so fragte der schlesische Dichter Friedrich von Logau (1604 bis 1655) und mit ihm bald die ganze Christenheit. Nicht mehr auf äußerliche Menschensatzungen vertraute man, sondern direkt auf den, für den zu streiten die Parteien vorgegeben hatten. Georg von Neumark (1621-1681), der Bibliothekar und Archivsekretär im sächsischen Weimar, dem der Krieg bereits Jugenderlebnis gewesen ist, gab 1657 der neuen Zuversicht in einem der schönsten Vertrauenslieder der geistlichen Dichtung Ausdruck:

Wer nur den lieben Gott läßt walten
und hofft auf ihn allezeit
den wird er wunderbar erhalten
in aller Not und Traurigkeit.
Wer Gott, dem Allerhöchsten, traut
der hat auf keinen Sand gebaut.

Mit der Wende zur Innerlichkeit war die Abkehr von der Allianz zwischen Religion und Politik vollzogen, die für das Leid der Glaubenskriege verantwortlich gewesen war. Die damit verbundene Distanzierung von der Politik und der öffentlichen Sphäre allgemein bedeutete aber zugleich eine Stärkung des fürstlichen Obrigkeitsstaates, dessen Programm es war, die öffentlichen Dinge von oben her durch »gute Polizei« zu regeln und den nach aktiver Beteiligung verlangenden Bürgergeist zurückzudrängen. Der Weg aus dem Chaos der weltlichen Verstrickung von Religion und Kirche war somit ein weiterer Schritt auf dem Rückzug der Deutschen aus der gesellschaftlichen Verantwortung für das »gemeine Beste«.

2. Die Krise des Staatensystems und der Auftakt zum Krieg

Mächtepolitisch steuerte das Reich im ausgehenden 16. Jahrhundert ebenfalls in die Krise. Die seit den siebziger Jahren aufgezogene weltanschaulich-ideologische Totalkonfrontation bemächtigte sich auch der Staaten und ihrer Beziehungen zueinander. Im Reich gaben jetzt Männer den Ton an, die Konfrontation wollten.

Im Nordwesten baute der Kölner Kurfürst Ferdinand von Bayern die katholische Bastion aus; in der Pfalz schwenkte Johann Kasimir (1583-1592) auf die aggressive Linie ein, die erst mit der Pfälzer Katastrophe am Weißen Berg endete. Beide standen in direkter Verbindung mit den internationalen Militärblöcken: mit Spanien als der Vormacht des gegenreformatorischen Europa und mit dem westeuropäischen Calvinismus, vor allem dem niederländischen, der soeben unter Moritz von Oranien zur Offensive übergegangen war. Auch der Kaiser war Konfessionalist, aber das blieb reichspolitisch vorläufig folgenlos, weil Rudolf II. (1576-1612) säbelrasselnde Weltläufe nicht mochte und weil sein eigenes Haus gegen ihn arbeitete.

Einmal auf weltanschaulich-militärischem Konfrontationskurs, setzten alle Befriedungsmechanismen aus. Das Reich steuerte in eine Totalkonfrontation, eine Ausgleichsinstanz nach der anderen wurde blockiert. Nach dem Hauptschuldigen zu fragen, wäre müßig: Das eine Mal wollten die Katholiken keinen protestantischen Beisitzer in einer Reichskammergerichtsdeputation akzeptieren; das andere Mal verweigerten die Calvinisten aus konfessions- und parteitaktischen Erwägungen die Türkenhilfe und scherten damit aus der bislang nie gefährdeten Verteidigungsallianz des Reiches aus. Es mangelte ganz einfach an Wertschätzung für Ausgleich und Frieden.

Das Verhängnis nahm seinen Lauf. Die katholischen Revisionisten leiteten eine juristische Offensive ein, um seit Jahrzehnten verlorenes Terrain wieder zu besetzen, und konnten sich dabei in der Regel auf den Buchstaben des Gesetzes berufen. Geführt von den aggressiven Calvinisten, ging im Gegenzug die protestantische Aktionspartei zur Obstruktionspolitik über, um durch Blockierung der Reichsinstanzen die drohende Rechtsniederlage zu verhindern, koste es, was es wolle. Zunächst gelang es noch, die offenen Konflikte lokal oder regional einzuhegen, den Streit um Aachen und Donauwörth ebenso wie die Auseinandersetzung zwischen Calvinisten und Lutheranern in Lippe und Ostfriesland oder den Erbfolgestreit um Jülich-Berg-Kleve und Mark. Schließlich aber nahm der Flächenbrand seinen alles verschlingenden Lauf.

Der gängigen Einschätzung nach wurde den Deutschen nun heimgezahlt, daß der Augsburger Kompromiß auf einer Ausklammerung nicht lösbarer Streitpunkte basiert hatte. Zwar ist es richtig, daß 1555 zwei »widerstreitende Prinzipien und Ideen« miteinander verbunden worden waren, nämlich die Sicherung des Status quo und die Freistellung der Veränderung und damit der Expansion der Konfessionen.[40] Doch warum sollte das, was eine Generation lang das friedliche Zusammenleben ermöglicht hatte, nicht weiter Bestand haben? Es war nicht der Augsburger Kompromiß, der zu Beginn des 17. Jahrhunderts den Frieden verspielte, sondern die Menschen, deren Einstellung sich in der Formierungszeit der Konfessionen verändert hatte. Erst dieser mentale Wandel machte die offenen Fragen, über die man 1555 keine Einigung hatte erzielen können, zum hochbrisanten Sprengstoff.

Konkret ging es wieder um die vier 1555 vertagten Probleme: um das Reformationsrecht in den geistlichen Territorien (angesprochen im »Reservatum ecclesiasticum« und in der »Declaratio Ferdinandea«), um die Säkularisation landsässiger Klöster, das »ius reformandi« der Reichsstädte und vor allem um den Ausschluß der Calvinisten vom Frieden. Zunächst hatte man in allen konkreten Streitfällen Lösungen akzeptiert, die strenggenommen gegen den Buchstaben des Gesetzes verstießen: Kurfürst Friedrich III. von der Pfalz war 1566 nicht aus dem Frieden ausgestoßen worden, obgleich jeder wußte, daß er Calvinist war. Die Reichsstädte handhabten ihr Reformationsrecht nach Art der Reichsfürsten, etwa Dortmund, das erst nach 1555 lutherisch wurde. Das Säkularisationsverbot war das Papier nicht wert, auf das es geschrieben wurde, war doch niemand zu sehen, der den protestantischen Landesherren und Stadtmagistraten im Innern ihrer Territorien oder Städte die Säkularisation hätte verwehren können. Ebenso ungehindert beseitigten die katholischen Bischöfe das Luthertum in ihren Landstädten und innerhalb ihres Landadels, die Declaratio Ferdinandea kümmerte sie dabei nicht.

Selbst beim Geistlichen Vorbehalt, dem machtpolitisch brisantesten, weil über erhebliche Gebietsverschiebungen und über die Stimmenverteilung auf dem Reichstag entscheidenden Streitpunkt, zeichneten sich Lösungen ab, die für Pragmatiker akzeptabel waren, weil sie auf der Linie langfristig wirksamer politischer und religiöser Entwicklungen lagen. Im Süden des Reiches und im Rhein-Main-Gebiet »griff« der Geistliche Vorbehalt durchgehend: Die Bistümer und Erzbistümer blieben katholisch. Trotz des spürbar wachsenden Einflusses von Habsburg und Wittelsbach behielten sie auch ihre Selbständigkeit. Domherrenpfründen und Bischofsamt waren weiterhin die Domäne regionaler Reichsritter und Kleindynastien: der Greiffenklau, Elz, Knöringen, Echter von Mespelbrunn, Fürstenberg, Schönborn und vieler anderer. Die geistlichen Territorien waren geradezu geschaffen für diesen Raum: Den zu Dutzenden hier ansässigen Ritter- und Grafenfamilien boten sie standesgemäße Versorgung. Wer die Wahl zum Bischof schaffte, stieg sogar in den Reichsfürstenstand auf. Im späten 17. und im 18. Jahrhundert wurden die fränkischen Schönborns als Erzbischöfe von Mainz und Erzkanzler des Reiches zum Exponenten eines »dritten«, katholischen Deutschland zwischen dem protestantischen und demjenigen der Habsburgerkaiser.

In den ganz überwiegend protestantischen Regionen des Nordens und Ostens bahnte sich dagegen der Übergang der häufig kleinen, als Enklaven bereits im Mittelalter gefährdeten Hochstifte an eine der jeweils benachbarten weltlichen Dynastien an. Der Geistliche Vorbehalt hatte hier keine Chancen. Das galt vor allem, wenn die Reichsstandschaft der Hochstifte zweifelhaft war. Schwerin, Kammin, Havelberg, Brandenburg, Lebus, Naumburg, Merseburg und Mei-

Heerschau der Gegenreformation, Parade vor dem Augsburger Bischof Heinrich von Knöringen. Ausschnitt aus einer über 7 Meter langen Papierrolle mit Gouache-Zeichnung der 4500 Mann starken bischöflich-augsburgischen Armee

Zu Beginn des 17. Jahrhunderts war der Frieden verspielt. In beiden Lagern setzten die Führer auf Konfrontation. Es begann die Zeit der Aufrüstung und der Heerschau.

ßen gelangten an evangelische Bischöfe und gingen dann ohne großes Aufsehen an Mecklenburg, Pommern, Kurbrandenburg und Kursachsen über. Selbst große Bistümer und Erzbistümer mit unbestreitbarer Reichsstandschaft waren in dieser Zone des Reiches durch den Geistlichen Vorbehalt nicht auf Dauer zu schützen: Magdeburg, Halberstadt, Bremen, Verden, Lübeck, Ratzeburg, Minden und Osnabrück - vorübergehend auch Hildesheim und Paderborn, die schließlich doch katholisch blieben - gelangten durch Wahl der Kapitel immer aufs neue an Mitglieder der umliegenden evangelischen Dynastien. Ihr späterer, im Westfälischen Frieden sanktionierter Anfall an Brandenburg, Holstein und Braunschweig zeichnete sich schon ab.

Diese Entwicklung entsprach der Vernunft der sich verfestigenden deutschen Konfessionslandschaft; zudem entsprach sie dem vorreformatorischen Arrondierungsprinzip, das Mittel- und Großterritorien benachbarte Klein- und Kleinstterritorien weltlichen oder geistlichen Standes vereinnahmen ließ. So waren die Bistümer Naumburg, Merseburg und Meißen, die zum Teil von Sachsen eingeschlossen waren,[41] bereits im Spätmittelalter gefährdet. Und das einst von mächtigen Bischöfen regierte Hochstift Utrecht hatte Karl V. ganz unabhängig von der Reformation säkularisiert und der habsburgischen Hausmacht angegliedert. Die Säkularisation im Zuge der europäischen Konfessionalisierung war der protestantische Weg, dieses Arrondierungsbedürfnis des frühmodernen Territorialstaates zu befriedigen und damit zugleich das frühneuzeitliche Bestreben der Dynastien nach Glanz und Einfluß.

Neben diesen Gebieten mit relativ glatter »Lösung« des Geistlichen Vorbehalts standen der Nordwesten Deutschlands, das Gebiet zwischen Rhein und Weser sowie der Südwesten mit Straßburg als eine dritte Zone, in der sich eine ebenso klare Entscheidung nicht erkennen ließ. Innerhalb der rund drei Dutzend geistlichen Territorien fiel das rein zahlenmäßig kaum ins Gewicht. Doch in einer Situation, in der jede Seite bereits den Sieg des Teufels für gekommen sah, wenn die andere nur ein weiteres Haus hinzugewann, entschieden just diese Fälle über Krieg und Frieden. Hinzu kam, daß große katholische Dynastien – voran die Habsburger und die bayerischen Wittelsbacher – gerade an diese bislang weder den Protestanten noch der katholischen Ritterschaft »anheimgefallenen« Bistümer Macht- und Statusinteressen knüpften: Zur territorialen Arrondierung und zur Ausweitung ihres dynastischen Einflusses im Reich stand ihnen – anders als noch dem frühen Karl V. – die Säkularisation nicht mehr zur Verfügung, das war nun ein protestantisches und damit teuflisches Instrument. Für katholische Dynastien war der Geistliche Vorbehalt daher eine Frage der Staatsräson. Indem sie in geeigneten Bistümern Sekundogenituren einrichteten, arrondierten sie ihren Territorialstaat oder stärkten ihre reichspolitische Stellung. Protestantische Säkularisation und katholische Sekundogenitur führten auf ganz unterschiedlichen Wegen zu demselben Ziel – zur Nutzbarmachung der Reichsbistümer für den modernen Machtstaat.

Mit der Formierung der konfessionellen Weltanschauungssysteme war die Zeit vorbei, da sich stillschweigend Lösungen angebahnt hatten, die den Weg des Faktischen beschritten. Zur Verbesserung der jeweiligen Position führte man nun Konflikte bewußt herbei. Das ließ das Reich von einer Zerreißprobe in die andere taumeln. Deutlich wurde das im Streit um die formalrechtlich katholische Reichsstadt Aachen, wo in den achtziger Jahren und im ersten Jahrzehnt des 17. Jahrhunderts die durch Einwanderung aus den Niederlanden kräftig gestärkten Protestanten die Oberhand gewannen. Oder im Magdeburger Sessionsstreit von 1588, als es um die von den Katholiken verbissen verwehrte Zulassung des evangelischen Administrators zur Visitationskommission für das Reichskammergericht ging, was seltsam berührt, wenn man bedenkt, daß das Erzstift bereits seit einem Vierteljahrhundert protestantisch regiert wurde. Um des Prinzips willen legten die Katholiken die Visitation lahm und damit ein Herzstück der Reichsjustiz. Schließlich wurden der Kölner Krieg (1583-1585) und der Straßburger Kapitelstreit (1583 bis 1604) zum Fanal für den Geistlichen Vorbehalt und die Katholizität der Domkapitel; in beiden Fällen ging es zugleich um strategische Positionen im internationalen Kräftespiel: am Oberrhein um die Sicherung der »Spanischen Straße« von Italien in die Niederlande, am Niederrhein um das Vorfeld des niederländischen Kriegsschauplatzes selbst.

Schließlich rollten die Katholiken auch die Säkularisation innerhalb protestantischer Territorien auf, nicht im Norden und Osten, wo das keinen Sinn gehabt hätte, sondern in den protestantischen Einsprengseln des Südens und Westens. Der »Vierklösterstreit« von 1598 an drehte sich um vier geistliche Konvente, die die zuständige evangelische Obrigkeit aufgehoben hatte, zum Teil bereits über vierzig Jahre zuvor. Es waren die Kartause Christiansgarten im Ries, das Margaretenkloster in Straßburg, das Karmeliterkloster in Hirschhorn am Neckar und das Kloster Frauenalb im Schwarzwald. Eine Klage am Reichskammergericht führte in kürzester Frist zum Erfolg: Die Grafen von Öttingen, der Straßburger Magistrat, der Reichsritter von Hirschhorn und der Markgraf von Baden-Durlach sahen sich ultimativ aufgefordert, die katholischen Orden in ihrem Besitz zu restituieren. Natürlich legten sie sogleich Revision ein und fanden dabei die einhellige Unterstützung der protestantischen

Ständepartei, denn das Urteil drohte zum Präjudiz für unzählige andere Fälle zu werden. Eine Entscheidung im Sinne der Protestanten war jedoch von vornherein ausgeschlossen. Der reichsständische Deputationstag, dem die Revision oblag, war mehrheitlich katholisch besetzt, zudem war angesichts des klaren Säkularisierungsverbotes im Augsburger Religionsfrieden die Rechtslage eindeutig. Um der unausweichlichen Niederlage zu entgehen, boykottierten die Protestanten im Jahre 1600 die anstehende Revision des Reichskammergerichts. Damit war die ständische Reichsjustiz endgültig lahmgelegt.

Wenig später wurde auch der Reichstag blockiert, der während des ganzen 16. Jahrhunderts vorzüglich gearbeitet hatte. In der Reichsstadt Donauwörth war es 1607 anläßlich der Markusprozession zu offenen Auseinandersetzungen zwischen katholischer Minderheit und protestantischer Mehrheit gekommen, nachdem der Augsburger Bischof Heinrich V. von Knöringen (1598-1646) bereits Jahre zuvor diese Prozession zu einer Art Heerschau des Katholizismus gemacht hatte, um in gegenreformatorischem Kalkül die Konfrontation herbeizuführen. Die Rechnung ging auf: Der Kaiser beauftragte den Herzog von Bayern mit der Reichsexekution, die dieser gründlich erledigte - indem er Donauwörth seinem Herzogtum eingliederte. Aus der freien evangelischen Reichsstadt war eine katholische, bayerische Landstadt geworden.

Doch dies war ein Pyrrhussieg: Der katholische Triumph einigte das tief gespaltene protestantische Lager. Das lutherische Kursachsen, wo man seit der gescheiterten Zweiten Reformation die Calvinisten wie den Teufel haßte, war bereit, ein Stück weit mit der calvinistischen Kurpfalz zu gehen. Hatten die Pfälzer auf dem Regensburger Reichstag von 1603 noch vergeblich versucht, die Protestanten zur Ablehnung der Türkensteuer zu bewegen, so war es ihnen fünf Jahre später ein leichtes, die Mehrheit der protestantischen Stände auf Konfrontationskurs zu bringen. Denn nach dem Fall Donauwörths konnte man sich von einer Politik des Ausgleichs nichts mehr versprechen. Während sich die Sachsen trotz allem noch um eine diplomatische Lösung in letzter Minute bemühten, verließen die Pfälzer mit ihrer Klientel am 27. April 1608 den Reichstag. An einen formellen Reichstagsabschied war nicht mehr zu denken.

Auf diese Weise waren in einer Zeit höchster ideologischer Spannungen und interessenpolitischer Gegensätze Reichsgericht und Ständeparlament ausgefallen, und damit jene Institutionen, die bislang durch Schlichtung oder Anhörung der gegensätzlichen Standpunkte den sofortigen militärischen Schlagabtausch stets verhindert hatten. Das Reich als Friedens- und Rechtssystem war ausgeschaltet. Es mußten vier von Krisen und Krieg erschütterte Jahrzehnte ins Land ziehen, bis den Deutschen klar wurde, daß der 1555 auf den mittelalterlichen Grundmauern errichtete Bau so schlecht nicht gewesen war. Sie gingen dann auch rasch daran, das Haus zu renovieren und die alten Mängel zu beseitigen, denn sie alle hatten mit Blut und Tränen erfahren müssen, daß eine zivilisierte Existenz im Zentrum Europas vorderhand ohne dieses Alte Reich nicht möglich war.

Doch zunächst setzte jedes der beiden Lager auf die eigene militärische Stärke: Am 14. Mai 1608, knapp drei Wochen nach der Sprengung des Reichstags, schloß die protestantische Aktionspartei im säkularisierten Ansbacher Kloster Auhausen bei Nördlingen das Militärbündnis der Union. Im Gegenzug traten am 10. Juli 1609 in München die katholischen Stände zur Liga zusammen. In Deutschland standen sich die Militärblöcke unversöhnlich gegenüber.

Die Union, die ebenso wie die Liga auf ältere Bündnisbestrebungen aufbauen konnte, wurde von der calvinistischen Pfalz angeführt. Es charakterisiert den Ernst der Lage, daß sich selbst Württemberg anschloß, die Vormacht des Konkordienluthertums. Unter den übrigen Mitgliedern dominierte die Pfälzer Klientel: Sachsen-Anhalt, Ansbach, Kulmbach, Baden-Durlach und Pfalz-Neuburg, später trat auch Brandenburg hinzu. Die Union umfaßte schließlich acht Fürsten, einen Grafen - den von Öttingen, der sich durch Bayern bedroht fühlte - sowie siebzehn Städte, darunter Straßburg, Nürnberg und Ulm.

Die Ballung im Westen und Südwesten mit Ausläufern nach Mitteldeutschland ist unverkennbar, die norddeutschen und große Teile der ostdeutschen Protestanten blieben fern. Vor allem Kursachsen, später auch wieder Kurbrandenburg suchten weiterhin ihre Interessen an der Seite des Kaisers. So blieb der Protestantismus auch auf dem Höhepunkt der Krise politisch gespalten; der aggressiven Unionsgruppe stand eine lutherische Neutralitätspartei gegenüber, die weiterhin zu partieller Unterstützung des Kaisers bereit war. Sie wurde von Kursachsen angeführt. Eine wichtige Rolle spielte auch Hessen-Darmstadt, später Kurbrandenburg, das sich wieder von der Union abwandte, als diese sich nicht in der Lage zeigte, die brandenburgischen Interessen am Niederrhein zu verteidigen.

Die Union war kein Bund des deutschen Protestantismus, sondern eine Interessenallianz bestimmter protestantischer Staaten. Das wurde bestätigt, als die Kurpfalz das Direktorium und Fürst Christian von Anhalt den Vorsitz im Kriegsrat zugesprochen erhielten. Bedenklich war der Mangel an Geld, was im Zeitalter der Söldnerheere durch nichts auszugleichen war. Die scheinbar glanzvollen internationalen Beziehungen der Union - Absprachen mit Frankreich, Savoyen und Schweden, formelle Bündnisse mit England (1612) und den Generalstaaten (1613) - galten nicht zuletzt dem Erwerb von Subsidien.

Mangelnde Finanzkraft und Einheitlichkeit des politischen Willens waren auch die Kardinalprobleme der Liga. Bereits seit 1603 hatte Bayern einen Ersatz für den 1598 aufgelösten Landsberger Bund angestrebt, um gegen die Protestanten gerüstet zu sein und im eigenen Lager ein Gegengewicht zu den Habsburgern zu bilden. Aufs Ganze gesehen waren die Münchener Wittelsbacher auch in der Bündnisangelegenheit tüchtiger und erfolgreicher als ihre Heidelberger Vettern. Nachdem der in München abgeschlossene Defensivpakt zunächst vor allem auf der Achse Bayern - Würzburg geruht hatte, traten - geführt von den Bischöfen und Prälaten - innerhalb weniger Monate fast alle katholischen Stände Süddeutschlands und schließlich auch die drei rheinischen Kurfürsten dem Bündnis bei; der bayerische Herzog wurde zum Bundesoberst ernannt. Zur Beratung der notwendigen politischen und militärischen Maßnahmen traten Ligatage zusammen, Finanzierung und Rekrutierung des Heeres lagen in der Hand eines oberländischen Direktoriums unter Vorsitz Bayerns und eines rheinischen unter Vorsitz von Kurmainz.

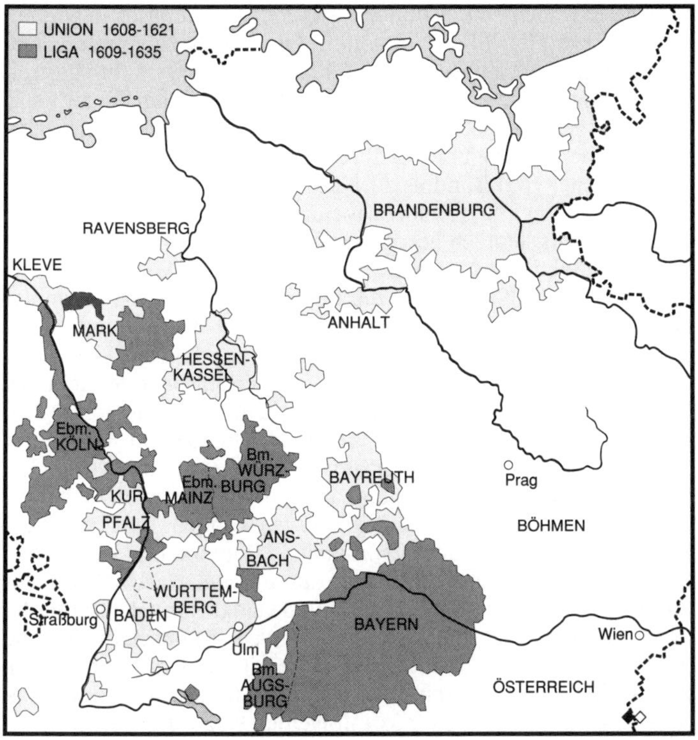

Die deutschen Einzelstaaten, die sich zur Union (1608-1623) und zur Liga (1609-1635) zusammengeschlossen haben

Die Organisation im katholischen Lager war effektiver und die Finanzen waren solider als bei der Union; die ausgezeichnete Finanzwirtschaft der bayerischen Herzöge machte sich bezahlt, zudem flossen regelmäßig Subsidien aus Rom. Theologische Spannungen nach Art des Calvinisten- und Lutheranergegensatzes waren vollends unbekannt. Aber es gab politische Rivalitäten. Seit 1614 betrieben die Habsburger unter Federführung des politisch ambitiösen Kardinals Melchior Khlesl eine systematisch angelegte Politik kaiserlicher Einflußgewinnung zu Lasten Bayerns. 1616 legte Herzog Maximilian sogar das Amt des Bundesobersten nieder, womit die Einheit der Liga zerbrochen schien. In der Not der Jahre 1618/19, die in erster Linie die Habsburger traf, war es für Maximilian aber ein leichtes, die in Rudimenten fortexistierende rheinische und oberländische Bundesgruppe wieder zu vereinigen und fortan mit unbestrittener Autorität die neuformierte Liga zu leiten. Mit dem brabantischen Grafen Johann Tserclaes Tilly (1559-1632), der bei den Jesuiten das Beten und bei den Spaniern das Kommandieren gelernt hatte, stand dem bayerischen Herzog ein erfahrener, die militärische Lage nüchtern berechnender und eine gebotene Chance entschlossen nutzender Feldherr zur Seite.

Auch in diesem Punkt war die katholische Liga den Protestanten überlegen. Christian von Anhalt brachte es 1620 fertig, in einer einzigen Schlacht die militärischen Chancen seines pfälzischen Herrn auf immer und diejenigen der protestantischen Reichsstände, zu deren Beschützer er sich soeben aufgeschwungen hatte, für ein ganzes Jahrzehnt zu verspielen. Die Union war zu diesem Zeitpunkt sowieso nur noch eine Schimäre. Was 1608 so energisch begonnen hatte, war bereits 1614 ins Stadium des Verfalls eingetreten: Der Pfalz-Neuburger glaubte seine Interessen im Jülicher Erbfolgestreit als Katholik besser wahren zu können und fand in der Tat entschiedene Unterstützung durch die Liga. Als Brandenburg 1617 vergeblich eine gleiche Rückendeckung durch die Union verlangte, trat auch dieser Partner vom Bündnis zurück.

Als die Union im April 1617 das Bündnis bis 1621 verlängerte, war sie also bereits deutlich geschrumpft. Zudem war sie politisch und militärisch-taktisch weitgehend handlungsunfähig. Vollends kläglich war ihre Rolle 1618/19: Ohne die Bewerbung Friedrichs V. von der Pfalz um die böhmische Krone in irgendeiner Weise beeinflußt zu haben, vermochte sie sich nach dem Ausbruch des Konflikts weder zu einer tatkräftigen Unterstützung ihres Bündnisoberhauptes noch zu einer entschiedenen Neutralität durchzuringen. Die vorsorglich zusammengezogenen Truppen setzte der Herzog von Bayern mit seinem Ligaheer spielend schachmatt: Der Vertrag von Ulm (3. Juli 1620) zwang die Unionstruppen zur Neutralität in jenen Gebieten, wo sie der Liga hätten schädlich werden können, und beließ zugleich den Katholiken die Möglichkeit, in Böhmen und in der Pfalz zu den entscheidenden Schlägen auszuholen. Nach Ablauf der Bündnisfrist ist die Union 1621 sang- und klanglos von der Bildfläche verschwunden. Dagegen feierte das Ligaheer Triumphe, weil es die einzige schlagkräftige Armee weit und breit war. Erst mit dem Aufstieg Wallensteins und seines kaiserlichen Heeres änderte sich das. Aufgelöst wurde die Liga 1635 infolge des Prager Friedens.

Trotz der beeindruckenden und erfolgreichen Solidarität zu Beginn des Krieges war auch die katholische Seite keineswegs ein geschlossener Block, auch wenn sie im Moment der Gefahr taktisch leichter zu einigen war. Unabhängig von der Konfessionssolidarität und dem aktuellen machtpolitischen Gleichklang bestanden zwischen Bayern und Habsburg die alten Interessengegensätze fort, und sie mußten in dem Moment wieder aufbrechen, in dem die protestantische Gefahr beseitigt und der Kaiser erstarkt war. Sosehr die Konfession seit dem Ende des 16. Jahrhunderts zur Leitkategorie des politischen, vor allem auch des allianzpolitischen Handelns geworden war – das Mächtespiel ging niemals ganz darin auf, weder in Deutschland noch in Europa. Maximilian von Bayern folgte unter katholischem Vorzeichen in gleicher Weise territorialstaatlich-fürstlibertären Mustern wie auf der Gegenseite sein mit ihm verfeindeter wittelsbachischer Vetter Friedrich von der Pfalz. Maximilian war Vorkämpfer der Gegenreformation und Zweckverbündeter des Kaisers und doch zugleich ein Verfechter bayerischer Territorialstaatsinteressen und reichsständischer Libertät. Damit war er aber ein Gegner der absolutistischen Bestrebungen des Hauses Habsburg, der »spanischen Servitut«, wie es damals unter den Fürsten hieß, und also Partner der Franzosen in ihrem Kampf gegen die spanisch-habsburgische Hegemoniestellung in Europa. Bereits die katholische Allianzpolitik Herzog Maximilians, die ihn zum Haupt des vom Kaiser unabhängigen Ligaheeres machte, war ein Ausdruck dieses Prinzips.

Die Aufrüstung der deutschen Konfessionslager war um so gefährlicher, als auch im übrigen Europa die Spannungen zugenommen hatten. In einer der Wetterecken drohte ein Unwetter aufzuziehen: Täglich rechnete man mit dem Ableben des kinderlosen Herzogs von Jülich-Kleve. Mehrere Reichsstände erhoben Anspruch auf das Erbe und auch der Kaiser, Spanien, die Niederlande und Frankreich waren entschlossen, ihren und ihrer Partei Vorteil zu wahren. Bereits im Vorfeld war klar, daß eine militärische Auseinandersetzung in der Mitte Europas kein »deutscher Krieg«[42] bleiben konnte, sondern eine Folge von »europäischen Kriegen«[43] auslösen würde.

Vor seiner Abreise an den Niederrhein, wo er in den Jülichschen Erbfolgekrieg eingreifen will, übergibt König Heinrich IV. von Frankreich in Paris das Regiment an seine Gemahlin Maria von Medici. Der Zeremonie wohnt Marias Sohn bei, der spätere Ludwig XIII. Gemälde von Peter Paul Rubens, zwischen 1622 und 1625

Das stand schon für die Zeitgenossen fest, die das Ringen im Reich stets europäisch deuteten. Für die Calvinisten am Dollart zum Beispiel war entschieden, daß Kölner Krieg und Straßburger Kapitelstreit Teile eines gesamteuropäischen Konflikts waren, der »Deutschland, Frankreich, England, Schottland, Dänemark, Polen und Niederland« gleichermaßen betraf und der ausging von der »Römischen Päpstlichen Tyranney« im Bündnis mit der expansiven »Monarchy der Spanier, der die gantze Christenheit unterthenig sein solte, wie das *Regnabit ubique* bey dem Leone Belgico außweiset«.[44]

Das war nicht nur »leyenda negra«, schwarze Legende, aufgestiegen aus dem abgrundtiefen Haß der Calvinisten auf die Vormacht der Gegenreformation. Auch nach den Demütigungen durch den Abfall der Niederlande nach dem Verlust der Armada ging die angeschlagene spanische Hegemonialmacht Anfang des 17. Jahrhunderts nochmals zu einer großen Offensive über. Nicht zuletzt durch den demographischen und kommerziellen Differenzierungsschub des langen 16. Jahrhunderts war inzwischen aber eine Reihe von Einzelstaaten erstarkt, die es auf Dauer nicht zulassen würden, daß ein einziger starker Wille den Kontinent dirigierte.

Spanien war nach dem Tod Philipps II. im Jahre 1598 im Innern einem rigiden Ministerabsolutismus unterworfen. In Europa ging es zur machtpolitischen Offensive über, um den Einflußbereich von Katholizismus und Casa de Austria auszudehnen. Als Reaktion darauf formierte sich unter der Führung der nördlichen Niederlande, den abgefallenen Provinzen des Rey Católico, der internationale Calvinismus und spornte die protestantische Welt zum Endkampf gegen Rom und Madrid an.

Die Aufrüstung der Konfessionsblöcke in Deutschland und Europa galt demnach zugleich dem Kampf um die Konturen des neuen Mächteeuropa nach der Abdankung der spanischen Hegemonialmacht. Auf dem Höhepunkt konfessionsgeleiteter Politik kündigte sich bereits der Paradigmawechsel an hin zu der nur noch säkularen, rein vom Staatsinteresse geleiteten Außenpolitik der zweiten Jahrhunderthälfte. Ein Konfessionskrieg in der Mitte Europas trug die Keime zum neuzeitlichen Staatenkrieg von vornherein in sich. Noch ein Weiteres war klar: Der Kreis der beteiligten Mächte würde sich gegenüber dem 16. Jahrhundert ausweiten, denn im Norden und Osten hatten mit Schweden und dem russischen Zarentum bereits zwei junge Staaten Ansprüche angemeldet.

Daß die Interessen- und Konfliktlinien der einzelnen europäischen Großräume ein den Kontinent überspannendes Geflecht diplomatischer und militärischer Aktivitäten bildeten, war auch das Ergebnis der Konfessionalisierung – ein weiterer Beweis für die modernisierende Kraft dieses Phänomens. Trotz der aggressiven Internationalität des Calvinismus war es aber die katholische Seite, die zu einer planvoll vorgetragenen Offensive schritt. Nachdem Spanien 1609 einen zwölfjährigen Waffenstillstand mit Holland akzeptiert hatte, konzentrierte sich Madrid auf den Nord- und Südosten des Kontinents, und zwar in einer ideologisch gefestigten, wegen der inneritalienischen Interessengegensätze politisch aber nicht immer spannungsfreien Allianz mit dem Heiligen Stuhl: Seit dem Regierungsantritt der katholischen Wasalinie in Polen im Jahre 1587 bestand die Chance, auch im Baltikum Fuß zu fassen. Das kam den Spaniern um so gelegener, als sie hier eine Möglichkeit sahen, den »Mutterhandel« der niederländischen Republik zu stören.

In Polen war 1587 der schwedische Wasaprinz Sigismund III. (1566 bis 1632), Sohn König Johanns III. und einer polnischen Jagiellonenprinzession auf den Thron gelangt. Damit war in Ostmitteleuropa die Konstellation verändert, und auch den Habsburgern eröffneten sich neue Wege, wobei sie auf die alten Pläne zurückgriffen, einen Erzherzog auf den Jagiellonenthron zu bringen. Trotz des lutherischen Bekenntnisstandes der schwedischen Dynastie war Sigismund katholisch. Unter dem Einfluß seiner jesuitischen Berater leitete er daher in dem weitgehend protestantischen Polen sogleich eine energische Gegenreformation ein und schloß sich dem katholischen Block an: Auf ältere Bemühungen des Papstes und Philipps II. aufbauend, das katholische Ostmitteleuropa zu einigen, schloß er 1592 eine Allianz mit den österreichischen Habsburgern, wie üblich durch ein Ehebündnis. Sigismund heiratete Erzherzogin Anna von Innerösterreich und wurde damit zum Schwager des späteren Kaisers Ferdinand II. Sigismund, der mit seinen Vorstellungen von einem alleinregierenden König in der Adelsrepublik Polen zunehmend auf Widerstand stieß und daher 1592 beim Tod seines Vaters das schwedische Erbe bevorzugen sollte. Er trug sich zeitweilig sogar mit dem Gedanken, die Jagiellonenkrone an einen Habsburger abzutreten, nämlich an Erzherzog Ernst, der bei der letzten Königswahl erfolglos gegen ihn angetreten war. Das wußte der polnische Reichstag jedoch im letzten Moment zu verhindern.

Dennoch hatte die Familienverbindung zwischen dem polnischen Wasa und dem Haus Habsburg außerordentliche Tragweite: es war der »österreichisch-spanisch-polnische Block geschaffen, der in der Geschichte des 17. Jahrhunderts so bedeutungsvoll wurde«.[45] Durch die allianzpolitische Einbindung des Polenkönigs, wenn auch nicht seines von Protestanten- und Adelsopposition erschütterten Reiches, hatte sich der katholische Block die Chance verschafft, seine antiprotestantische Front über Böhmen nach Nordosten vorzuschieben. Damit meldete er zugleich den Anspruch an, in dem soeben zwischen Polen, Schweden und Rußland entbrannten Kampf um das Dominium Maris Baltici ein Wort mitzureden.

Neben der polnischen Initiative standen die Bemühungen der katholischen Diplomatie unter Führung Spaniens, in den deutschen Habsburgerterritorien die Voraussetzungen für die Renaissance eines starken katholischen Kaisertums zu schaffen. Da die Söhne Maximilians II. sich im Bruderzwist verschlissen hatten und mit dem nahen Tod des kinderlosen Kaisers Matthias (1612-1619) abtreten würden, setzte man auf die jüngere Generation - vor allem auf Ferdinand von Innerösterreich, über dessen Hof zu hören war, daß dort »sowohl die Herren als die Räte von Jesuiten« regiert würden, »die sich Tag und Nacht mit, neben und bei diesem Herrn befänden, ohne welche I. Dl. weder seyn noch etwas thun könnten oder wollten, sondern es müßte alles durch ihre Hand laufen; was sie schafften und riethen, das müßte geschehen und wem sie zuwider wären, dem wäre auch I. Dl. ungnädig«.[46]

Um beim Tod des Kaisers Matthias einen Erbstreit zu verhindern, handelte der spanische Gesandte Graf Oñate mit Erzherzog Ferdinand einen Vertrag aus, der zugleich den innerdynastischen Vergleich und die weltweite Interessensicherung beider Linien im Auge behielt. Kaiserliche Majestätsrechte im Reichsgebiet wurden hierbei ebenso ins Kalkül gezogen wie die gefürchtete Schlagkraft der spanischen Infanteriequadrate: Der am 30. März 1617 abgeschlossene, aber über Jahrzehnte geheimgehaltene Oñatevertrag sicherte den österreichischen Habsburgern, konkret also dem Erzherzog Ferdinand von Innerösterreich, die Erblande, das Königtum in Ungarn und Böhmen sowie die Kaiserwürde. Die spanische Linie, also König Philipp III., der wie Erzherzog Ferdinand ein Enkel Kaiser Maximilians II. und Neffe des Kaisers Matthias war, verzichtete auf die deutschen Erblande und erhielt dafür die Anwartschaft auf Reichs- beziehungsweise Habsburgerrechte am Oberrhein - im Elsaß und der Ortenau - sowie in Oberitalien. Die »Spanische Straße« vom Mittelmeer über Italien, die Alpenpässe und den Oberrhein in die Niederlande sollte endgültig in die Hand der iberischen Macht gelangen.

Die kleinen Fürstentümer Finale (zwischen Mantua, Ferrara und Modena) und Piombino (an der Küste südlich von Florenz) gelang-

Karikatur auf die Anarchie im schweizerischen Graubünden, dem Übergangsgebiet von Italien nach Frankreich und ins Reich, 1615

Ein Ungeheuer mit vielen Tier- und Menschenköpfen, darunter derjenige von Jürg Jenatsch, dem Graubündener Freiheitshelden.

ten 1617 und 1621 tatsächlich als Reichslehen an Philipp III., aber das war nur ein formaler Akt, da die Spanier dort faktisch bereits seit längerem das Sagen hatten. Anders verhielt es sich mit Mantua und Montferrat. Als Ferdinand 1627 beim Tod des letzten italienischen Gonzaga in Erfüllung des Oñatevertrages, von dem Europa zwar nichts wußte, dessen Grundlinie aber offensichtlich war, diese Fürstentümer seinem Vetter übertragen wollte und dabei das Erbrecht der französischen Gonzagalinie überging, brach der Mantuanische Erbfolgekrieg aus, der dem Eintritt Frankreichs in den Dreißigjährigen Krieg präludierte und mit einer Niederlage der Habsburger endete. Durch diesen französisch-spanischen Interessengegensatz sowie durch den spanischen Zugriff auf das begehrte Veltlin, der eine Erhebung unter dem Volkshelden Jürg Jenatsch (1596-1639) hervorrief, wurden Oberitalien und die Schweiz in den Großen Krieg in der Mitte Europas hineingezogen.

Der glückliche Ausgleich zwischen den beiden Habsburgerlinien, der auf dem Doppelprinzip regionaler Interessenkonzentration und europaweiter Zusammenarbeit beruhte, sicherte den Spaniern die politische und militärische Handlungsfähigkeit im Reich und in Europa. Auch die deutschen Habsburger waren entscheidend gestärkt: Am Vorabend des Krieges stand die Casa de Austria so fest wie lange nicht mehr. Die Mitte des 16. Jahrhunderts von Karl V. getroffene Grundentscheidung hatte sich erneut als tragfähig erwiesen. Während rundum im Reich und in Europa die Dynastien in entgegengesetzten Lagern standen und sich für den selbstzerfleischenden Krieg rüsteten – die Wittelsbacher in Deutschland nicht anders als die Wasa in Polen und Schweden –, hatten die Habsburger die Achse Wien – Madrid erneut gefestigt.

Auch andere Weichenstellungen sollten sich im Moment des Kriegsausbruchs bewähren: Der Waffenstillstand mit den Niederlanden, der im Nordosten Ruhe verbürgte, ohne die Habsburger anderwärts zu binden; die wohlwollend, aber unverbindlich geführten diplomatischen Kontakte zwischen Madrid und London, die Jakob I. auf eine hocherwünschte Heiratsallianz hoffen ließen; vor allem aber der 1615 abgeschlossene Waffenstillstand mit den Türken, der 1619 standhielt, obgleich Bethlen Gábor, der unruhige Fürst von Siebenbürgen (1580-1629), die Prager Schwierigkeiten der Habsburger ausnutzte, ein Bündnis mit den österreichischen Protestanten einging und auf Wien vorstieß.

Unter den europäischen Mächten, die sich der spanischen Hegemonie entgegenstemmten, kam Holland die führende Rolle zu, auch wenn Frankreich inzwischen aus der innenpolitisch bedingten Lähmung erwacht war. Für den Augenblick triumphierten in Holland allerdings die Rathäuser über das Militärlager, die Kommerzien über die Kriegspartei, das Regentenpatriziat über die Oranier und die gemäßigt Reformierten über die fanatisch aggressiven Calvinisten. So konnte der Ratspensionär Johan von Oldenbarnevelt 1609 einen zwölfjährigen Waffenstillstand mit Spanien durchsetzen. Und da beide Seiten das Abkommen peinlich genau beachteten, herrschte an der Nahtstelle der beiden Macht- und Weltanschauungssysteme Waffenruhe.

Das aber war die Ruhe vor einem neuen Sturm. Die oranische Kriegspartei war noch stark genug, um im deutschen Vorfeld die niederländischen Interessen von Ostfriesland über das Emsland bis hinab an den Niederrhein militärisch abzusichern, etwa durch Besatzungen in Emden, Lingen, Rheinberg, Wesel und selbst Jülich. Vor allem diente der Waffenstillstand den Holländern dazu, Handel und Schiffahrt weiter auszubauen, und zwar - wie eine dem Waffenstillstand ablehnend gegenüberstehende Öffentlichkeit auf der iberischen Halbinsel zu Recht argwöhnte - hauptsächlich auf Kosten der Spanier. Während die Ostseeschiffahrt weiter expandierte, drangen die Niederländer systematisch in den Überseehandel ein: nach Afrika, Asien, aber auch ins spanische Lateinamerika. Eine Generation lang behaupteten sie sogar in Brasilien - als Nachfolger des mit Spanien in Personalunion verbundenen Portugal - ein eigenes Kolonialimperium. Da gleichzeitig auch England seine Überseeaktivitäten forcierte, war das Ende des iberischen Kolonialmonopols abzusehen.

Auch in Europa selbst liefen die Holländer den Spaniern wirtschafts- und handelspolitisch den Rang ab, nicht zuletzt durch den Handel mit der iberischen Halbinsel, dem berühmt-berüchtigten »handel op den vijnd«. Für beide Seiten war der Waffenstillstand schließlich nur noch ein Kräftesammeln vor einem unvermeidlichen Waffengang. Der oranischen Kriegspartei war es ein leichtes, sich 1619 Johan Oldebarnevelts, des Führers und Symbols der pazifistischen Kommerzienpartei, durch einen Justizmord zu entledigen und die Weichen auf Krieg zu stellen: Als 1621 wieder die Waffen sprachen, war das kein Unabhängigkeitskrieg mehr, sondern ein Ringen zweier europäischer Großmächte um politische und kommerzielle Einflußzonen in Europa und Übersee.

Noch deutlicher als die Niederlande fiel England als Gegengewicht zu Spanien aus. Gleich nach seiner Thronbesteigung im Jahre 1603 gab Jakob I. die antispanische Haltung seiner Vorgänger auf, beendete den 1598 ausgebrochenen offenen Krieg - allerdings nicht in Übersee - und steuerte in Europa generell eine Ausgleichspolitik, die in Konturen bereits das Balance-of-power-Prinzip seiner Nachfolger zeigt: Auf der niederländischen Gegenküste sollten weder die Holländer noch die Spanier triumphieren; Frankreich sollte so stark werden, daß es die Habsburger ausbalancierte, aber nicht niederdrückte.

Es lag ganz auf der Linie dieses komplizierten diplomatischen Gleichgewichtsspiels, das gleichzeitig gegen die wie mit den Habsburgern gespielt wurde, daß England in beide Richtungen Heiratsprojekte verfolgte. Für seinen Sohn betrieb Jakob I. eine spanische Hochzeit, was geradezu einer seiner Lieblingspläne war. Er machte sich damit jedoch nur zum Spielzeug der überlegenen habsburgischen Diplomatie und verspielte noch dazu Kredit im eigenen, seit dem Gunpowder Plot vom November 1605 wieder scharf antikatholischen Land. Rasch realisieren ließ sich dagegen der protestantische Heiratsplan für die Tochter, weil die öffentliche Meinung dafür war und der Bräutigam standesmäßig einen vergleichsweise bescheidenen Rang hatte und daher politisch wie fiskalisch keine hohe Mitgift fordern konnte: Am 14. Februar 1613 wurde die Ehe zwischen Elisabeth Stuart, Prinzessin von England, und Kurfürst Friedrich V., Pfalzgraf bei Rhein, geschlossen.

Ohne daß England sich zu einer wirklich aktiv proprotestantischen

Außenpolitik oder gar einer Kriegspolitik verpflichtet hatte, festigte diese Heirats- und Bündnispolitik seine Stellung innerhalb des protestantischen Lagers nicht unwesentlich. Wiederholt wurde Jakob in Streitigkeiten zwischen protestantischen Mächten als Schlichter anerkannt, etwa zwischen Schweden und Dänemark oder zwischen Brandenburg und Sachsen. Damit untermauerte die englisch-pfälzische Heirat den Zusammenhalt des antihabsburgischen Blocks. Eine wirkliche machtpolitische Stärkung bedeutete das nicht, zumal Jakob den spanischen Ehewunsch nicht aufgab.

Eine entschieden protestantische Außenpolitik betrieben dagegen die skandinavischen Königreiche: In Schweden war der katholische Wasa, Sigismund II. von Polen, rasch und vollständig gescheitert. Als er 1592 seinen Vater Johann III. beerbte, der seinerseits bereits katholisierende Neigungen gezeigt hatte - mit der Einführung der tridentinischen Liturgie und der Zulassung der Jesuiten - und sogleich erste Maßnahmen zur Stärkung des Katholizismus ergriff, regte sich bei Bauern und Adel der Argwohn, durch die Personalunion mit Polen ins Schlepptau auswärtiger Mächte genommen zu werden und die innere Unabhängigkeit und Eigenständigkeit zu verlieren. Sigismunds Onkel, der streng lutherische Herzog Karl von Södermanland, ergriff entschlossen die Zügel, verwies die Jesuiten und alle katholischen Priester kurzerhand des Landes, führte die Kirche zur streng lutherischen Orthodoxie zurück und band Sigismund in allen Regierungshandlungen an die Zustimmung des Reichstages. Eine gescheiterte militärische Intervention führte 1598 zur Absetzung des katholischen Wasa. 1604 wählte der Reichstag Karl von Södermanland zu seinem Nachfolger. Statt eines mächtigen in Personalunion verbundenen katholischen Nordostblocks von Skandinavien über das Baltikum, Polen, Böhmen bis zu den habsburgischen Erblanden im Südosten war damit in der östlichen Ostsee ein Gegensatz zwischen Polen und Schweden heraufgezogen, der unüberbrückbar war, da er dynastischer und konfessioneller Gegensatz in einem war.

Hinzu kam die Rivalität im Kampf um die Neugestaltung des ostmitteleuropäischen Mächtesystems. Hier war bereits Mitte des 16. Jahrhunderts das »Zeitalter der nordischen Kriege«[47] heraufgezogen, ausgelöst durch zwei ineinander verschlungene Vorgänge: die Herausbildung eines Machtvakuums im livländischen Raum durch den Niedergang der geistlichen Herrschaften des Mittelalters (Estland, Kurland, Dorpat, Ösel-Wiek, Riga) und die nach außen drängende Dynamik, die aus dem Aufstieg der beiden neuen »Nationalstaaten« Rußland und Schweden resultierte. Mit Polen, der mittelalterlichen Vormacht dieser Zone, waren die Interessen neu abzustimmen. Die Auseinandersetzungen, die mit der Offensive Karls IX. von Schweden (1604-1611) in der östlichen Ostsee aufbrachen, blieben aber noch ganz innerhalb des Kräftedreiecks Rußland - Schweden - Polen. Erst mit dem Eintritt Gustav Adolfs in den Dreißigjährigen Krieg wurde das nord- und ostmitteleuropäische Konfliktfeld direkt an das mitteleuropäische angeschlossen.

Dänemark, das ältere und einstweilen noch mächtigere der skandinavischen Königreiche, war dagegen stets aufs engste in die mitteleuropäischen Dinge involviert. Das war vor allem auf seine handelspolitisch bedeutsame Stellung am Sund zurückzuführen, der damals ganz von Kopenhagen kontrolliert wurde, da auch die heute schwedische Gegenküste in Schonen zu Dänemark gehörte. Da für die westeuropäischen Seefahrerstaaten Holland und England die sichere und freie Sunddurchfahrt lebenswichtig war, griffen sie in wechselnden Allianzen in das Mächtespiel der westlichen Ostsee ein, sobald diese Interessen gefährdet schienen. In der zweiten Hälfte des 16. Jahrhunderts war es bereits zu einem heftigen Ringen zwischen Dänemark, Schweden und der Hanse gekommen, das die alte dänische Vormacht noch für sich entscheiden konnte. Zeitweilig war sie sogar auf dem Sprung, sich in der östlichen Ostsee festzusetzen, denn seit 1588 regierte in Kopenhagen Christian IV. (1588-1648), ein bedeutender Renaissancemonarch, der die internationale Stellung Dänemarks entschieden zur Geltung brachte. Angesichts der lutherischen Tradition bestand kein Zweifel, daß Dänemark im protestantischen Lager stand. Christian sollte schließlich der einzige auswärtige Fürst sein, der seinen deutschen Glaubensgenossen im Moment schwerster Niederlage zur Seite sprang.

Frankreich schließlich war zwar eine katholische Macht, aber traditionell ein Rivale der Habsburger. Der mit achtzehn Millionen Einwohnern bevölkerungsstärkste europäische Staat war in den neunziger Jahren aus der innenpolitisch bedingten Lähmung erwacht und ins Theatrum Europaeum zurückgekehrt. Das war möglich geworden, weil die konfessionsneutrale Partei der »Politiques« über die von Spanien gesteuerten katholischen Konfessionalisten gesiegt und den ehemaligen Hugenotten Heinrich von Navarra auf den Thron gebracht hatte. Da Heinrich IV. (1589-1610), dem Paris eine Messe und seine ehemaligen Glaubensbrüder das Toleranzedikt von Nantes (1598) wert waren, die Anerkennung des Papstes fand, war ein mächtiger katholischer Staat entstanden, der dennoch nicht zum spanisch-gegenreformatorischen Block zählte; Frankreichs Außenpolitik war nicht konfessions-, sondern interessenpolitisch gesteuert.

So rückte das Land unter seinem ersten Bourbonenkönig wieder in die antihabsburgische Front ein, die die Valoiskönige einst so erfolgreich angeführt hatten. 1596 schloß Paris mit Holland und England eine überkonfessionelle Offensivallianz. Zwar gelang es der besorgten päpstlichen Diplomatie bereits nach zwei Jahren, Frankreich aus diesem Bündnis herauszulösen, so daß Heinrich 1598 in Vervins einen Separatfrieden mit Spanien schloß. Die politischen und militärischen Gegensätze blieben jedoch schroff: in Italien, im französisch-spanischen Grenzgebiet diesseits und jenseits der Pyrenäen, an der Nordwestecke des Reiches, wo Heinrich IV. durch diplomatische Schachzüge und »verdeckten« Krieg den alten Feind schwächte. Seit 1608 unterstützte er auch die Union der deutschen Protestanten.

Schließlich meinte Paris, die Zeit für einen großen Entlastungsschlag gegen die spanische Umklammerung sei reif. Eine günstige Gelegenheit bot sich, als der allseits erwartete Jülicher Erbfall sogleich ein heftiges Tauziehen in Gang setzte. Sowohl die beiden nächsterbberechtigten Verwandten Brandenburg-Preußen und Pfalz-Neuburg – die gemeinsam als Possedierende auftraten – bezogen politisch und militärische Position, als auch die Habsburger, die die Herzogtümer durch kaiserliche Sequestration ihren niederländischen Besitzungen angliedern wollten, nahmen entschieden Stel-

Ermordung König Heinrichs IV. von Frankreich durch den fanatisierten Katholiken François Ravaillac am 14. Mai 1610

lung. In Paris sah der für die auswärtigen Dinge verantwortliche Minister Sully eine günstige Gelegenheit, durch eine Intervention zugunsten der protestantischen Possedierenden Spanien empfindlich zu treffen oder gar - wenn sich die Sache günstig entwickeln sollte - in unmittelbarer Nachbarschaft zu den spanischen und generalstaatlichen Niederlanden auf Dauer die Präsenz Frankreichs zu etablieren.

Heinrich IV. schickte sich - in Absprache mit den Niederlanden, England und der deutschen Union - an, den Habsburgern in Wien wie in Madrid den Fehdehandschuh für einen Entscheidungskampf hinzuwerfen, in dem es um nichts weniger gehen sollte als um den Sturz der spanischen Hegemonialmacht und eine Neuverteilung der Gewichte und Rollen im internationalen Mächtespiel. Ein solcher Konflikt aber war kaum lokal zu begrenzen: 1610 drohte der große europäische Krieg der ideologisch und militärisch aufgerüsteten Blöcke. Indem Heinrich, der Hugenottenfreund, dem die katholischen Konfessionalisten zutiefst mißtrauten, sich außenpolitisch auf die Seite der Protestanten gestellt hatte, war er auch innerfranzösisch zum Parteimann geworden. Als er am 14. Mai 1610 den Louvre verließ, um sich zu den französischen Truppen zu begeben, traf ihn nach wenigen hundert Metern in der engen Rue de la Ferronnerie der tödliche Stahl des fanatisierten Ordensmannes Ravaillac. Frankreich wurde für weitere zwei Jahrzehnte auf seine inneren Probleme zurückgeworfen, bis es nach dem Fall der letzten Hugenottenfestung La Rochelle im Jahre 1629 erneut - und diesmal erfolgreich - die Habsburger herausfordern konnte, von dem eisern konsequenten Kardinal Richelieu unter einen einheitlich monarchisch-katholischen Willen gezwungen.

Die Ermordung Heinrichs machte es möglich, den Jülich-Klever Erbfolgestreit zu regionalisieren und damit die Konfrontation nochmals einzuhegen. Da sich die Feindseligkeit jedoch ständig verschärfte und auch die politische und militärische Aufrüstung rasch voranschritt, war es nur eine Frage der Zeit, bis ein anderer Funke das Pulverfaß zur Explosion bringen würde. Es war kein Zufall, daß es sich schließlich in Böhmen, im Zentrum des deutschen Habsburgerimperiums, entzündete. Und es war keine Prophetie, sondern nüchterner Realitätssinn, wenn der Kölner Kurfürst und Bruder des bayerischen Ligaführers, Erzbischof Ferdinand von Wittelsbach (1612 bis 1650), zu den in Prag aufziehenden Gewitterwolken sorgenvoll notierte:

Sollte es denn so sein, daß die Böhmen im Begriffe stenden, Ferdinand abzusetzen und einen Gegenkönig zu wählen, so möge man sich nur gleich auf einen zwanzig-, dreißig-, oder gar vierzigjährigen Krieg gefaßt machen.[48]

Das schwache, eigenbrödlerische Regiment Kaiser Rudolfs II. in Verbindung mit dem Bruderzwist im Hause Habsburg hatten in Böhmen Ständefreiheit und Protestantismus aufblühen lassen, die hier wie in den österreichischen Erblanden miteinander verschwistert waren. Als dann unter Kaiser Matthias (1612-1619) der Umschwung zu einem entschlossen antiständischen und gegenreformatorischen Regiment erfolgte, das bei der abzusehenden Nachfolge durch den notorischen Protestantenfeind Ferdinand von Innerösterreich an Schärfe zunehmen mußte, setzte ein aus der Revolutionsgeschichte wohlbekannter Mechanismus ein: Aufstände treten vorzugsweise dann auf, wenn bei wichtigen Gesellschaftsgruppen - hier den Ständen und den Protestanten - die zuvor rasch angestiegenen Zukunftserwartungen plötzlich und radikal zusammenbrechen.

In dieser Lage sah sich die protestantische Ständemehrheit Böhmens und Mährens unter Zugzwang, wollte sie nicht alles das an politischer und religiöser Freiheit verlieren, was sie soeben in zähem Kampf errungen hatte. Zum Konflikt kam es über zwei Kirchenbauten der Protestanten - in Braunau und Klostergrab -, die eine auf dem Gebiet einer Benediktinerabtei, die andere im Herrschaftsbereich des Prager Bischofs. Während die Protestanten bislang stillschweigend davon ausgegangen waren, daß die im Rudolfinischen Majestätsbrief von 1609 enthaltene Erlaubnis zum Kirchenbau unbeschränkt gelte, wurde ihnen von dem neuen Regime eröffnet, daß nur Grund und Boden gemeint gewesen sei, der im engeren Sinne zum Königsgut zähle, nicht aber die Gebiete geistlicher Herren. Um dieser Interpretation Nachdruck zu verleihen, warf man den Führer der Braunauer Protestanten, der die Herausgabe des Kirchenschlüssels verweigerte, in den Kerker und riß in Klostergrab die protestantische Kirche kurzerhand nieder. Als daraufhin - wie für solche Fälle im Majestätsbrief vorgesehen - die Defensoren, ein verfassungsmäßiges Selbstverwaltungskollegium der böhmischen Protestanten, sich der Angelegenheit annahmen, verfügten die habsburgischen Statthalter auf dem Hradschin ein Versammlungsverbot,

Bruderzwist im Hause Habsburg: Straßenkämpfe in Prag zwischen den Truppen Kaiser Rudolfs II. und dem Kriegsvolk seines Bruders Matthias am 15. Februar 1611. Anonymer Kupferstich

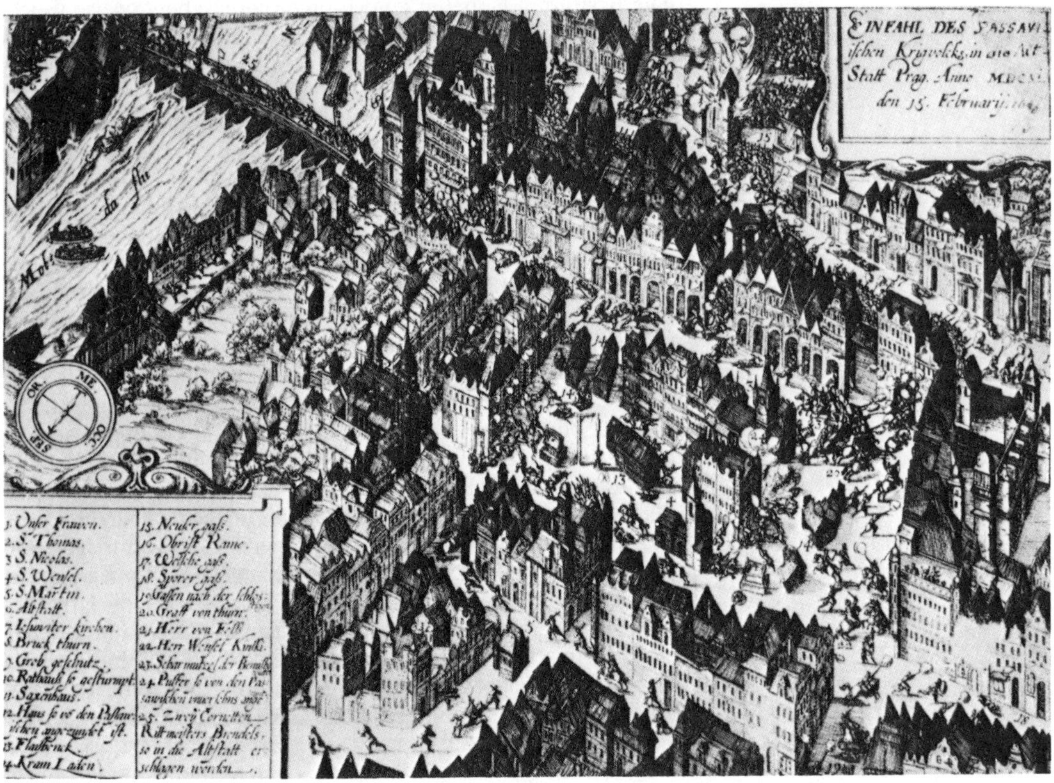

womit das im Majestätsbrief verankerte Defensorenkollegium faktisch suspendiert war. Das Verbot ging in Wirklichkeit auf die Wiener Zentralregierung und hier auf den Erzbischof Khlesl, den derzeit leitenden Minister, zurück, aber in Böhmen argwöhnte man, es sei das Werk der verhaßten Statthalter auf dem Hradschin. In den geheimen Verhandlungen der Defensoren reifte schließlich der Wille, durch eine spektakuläre Demonstration den Machenschaften des Hradschin Einhalt zu gebieten und entschlossen die Privilegien zu wahren. Dem Fürsten sollte klargemacht werden, daß sich seine Regierung auf dem gefährlichen Weg zur rechtsverachtenden Tyrannis befand, so daß die Stände zum legitimen Widerstand berechtigt waren.

Unter der gemeinsamen Führung des Calvinisten Graf Heinrich Matthias Thurn und des Lutheraners Joachim Andreas von Schlick drang am 23. Mai 1618 ein gutes Dutzend protestantischer Magnaten in den Hradschin ein, um die königlichen Beamten zur Rede zu stellen. Da ihnen erwartungsgemäß deren verängstigt und aufgeregt vorgetragene Rechtfertigung wenig einleuchten wollte, verlas man einen vorbereiteten Urteilsspruch gegen Wilhelm von Slawata und Jaroslaw Martinitz, die als Seele der antiständischen Politik des Kaisers galten. Das Urteil wurde sogleich vollstreckt, und zwar indem man die beiden Beschuldigten samt einem Sekretär packte und zum Fenster hinausstürzte. Der Prager Fenstersturz war also keine unüberlegte, spontane Aktion, sondern das alteuropäische Rechtsmittel zur Wahrung der bedrohten Ständefreiheit.

Die Bestraften landeten jedoch unvorhergesehenerweise weich, fünfzehn Meter tief im Schloßgraben auf einem Misthaufen; sie rafften sich auf und suchten das Weite. Den Protestanten war das ein Ärgernis, den Katholiken ein Zeichen des Himmels: Nicht der Misthaufen hatte die Rettung gebracht, sondern die von den Ketzern mißachtete Gottesmutter, die die Märtyrer des Glaubens auffing und sicher zur Erde geleitete.

Mit diesem Eklat waren die Brücken der Verständigung abgerissen: Die Stände beschritten den Weg des legitimen Widerstandes oder – wie man es in Wien sah – der Rebellion. Sie wandten sich von der als tyrannisch begriffenen Habsburgerdynastie ab und wählten nach dem Tod des alten Kaisers im März 1619 im August desselben Jahres auf einem Generallandtag in Prag nicht dessen Neffen, sondern den calvinistischen Heidelberger Wittelsbacher Friedrich V. zu ihrem neuen König. Als der gerade dreiundzwanzigjährige lebenslustige Kurfürst, gedrängt von seinen ehrgeizigen Beratern und seiner nach Purpur strebenden englischen Gemahlin, sich tatsächlich bereit fand, gegen die Habsburger anzutreten, war der Flächenbrand eines deutschen und europäischen Krieges unvermeidbar. Im Lager der Protestanten jubelte man, als der Pfälzer am 4. November im Prager Veitsdom die Wenzelskrone empfing, und man träumte sogar von einem protestantischen Kaisertum.[49] Doch das war die Begeisterung von Realitätsblinden. In Wirklichkeit waren die Karten denkbar schlecht gemischt für die Protestanten, im Reich, wo die Liga der Union weit überlegen war, ebenso wie in Europa, wo keine der protestantischen Mächte bereit war, sich auf das böhmische Abenteuer der Hurra-Calvinisten einzulassen, die Generalstaaten nicht und Jakob von England, der Schwiegervater des neuen Königs, schon gar nicht.

Wundersame Errettung der aus dem Fenster geworfenen Katholiken: Die Mutter Gottes persönlich dirigiert die Engel, die himmlische Tücher ausspannen, um Martinitz, Slawata und Fabricius sanft auf den Boden gleiten zu lassen. Anonymes Gemälde

Die erste Niederlage kam sozusagen über Nacht. Am 28. August 1619, einen Tag nachdem der Pfälzer in Prag zum böhmischen König gewählt worden war, gelang es Erzherzog Ferdinand ohne Schwierigkeiten, bei der Frankfurter Kaiserwahl alle Stimmen auf sich zu vereinigen; selbst der Pfälzer hatte für ihn gestimmt. In militärischer Hinsicht war der deutsche Habsburger allerdings ganz und gar unzureichend vorbereitet, und so wurde die böhmische Herausforderung zur großen Stunde des Bayernherzogs, der als Oberhaupt der Liga über ein schlagkräftiges Heer verfügte. Herzog Maximilian sprang Ferdinand entschlossen zur Seite.

Am 8. November 1620 wurde am Weißen Berg ein glänzender Sieg über die »Rebellen« erfochten, obwohl er dem zögernden Befehlshaber der kaiserlichen Armee, Graf Buquoy, geradezu abgerungen werden mußte. Die Schlacht war ein persönlicher Triumph Maximilians und seines von Tilly kommandierten Ligaheeres, das den Feind stellte und energisch zum Angriff überging, obgleich der Fürst von Anhalt auf dem Höhenzug des Weißen Berges seine pfälzisch-böhmischen Truppen in günstiger Stellung hatte aufmarschieren lassen. Der Erfolg gab dem Bayern recht: Das zuerst angegriffene Regiment Thurn wich vor dem Stoß der kaiserlichen Kavallerie zurück, die böhmischen Musketiere brannten hastig und zu früh ihre Gewehre ab. Als sie die Flucht ergriffen, zogen sie die Pikeniere, deren Lanzen dem Feind den letzten Hieb versetzen sollten, mit sich fort – binnen einer halben Stunde war der ganze linke Flügel der böhmischen Armee in Auflösung begriffen. Der Rest sah sich einer Zangenbewegung der Kaiserlichen und der Bayern ausgesetzt, so »daß er«, wie

Die Schlacht am Weißen Berg, Stich aus dem »Theatrum Europaeum« von Matthäus Merian

Herzog Maximilian am nächsten Tag an den Kurfürsten von Sachsen schrieb, »anfänglich seine aufgeworfene Schanz, hernach alle seine Feldstück [Kanonen], deren wir 7 erobert, verlassen und nach Prag, teils in den Tiergarten durch die Flucht zu salvieren sich unterstanden«.[50] Ein Jahr nach seinem hochgestimmten Einzug in Prag hatte Friedrich von der Pfalz bereits ausgeträumt – Winterkönig wurde er bald spöttisch genannt.

Die Schlacht am Weißen Berg war nicht nur eine der kürzesten der Kriegsgeschichte, sie brachte auch den Sieg, den die Sieger am entschiedensten nutzten. Über die Aufständischen brach ein furchtbares Strafgericht herein, mit Todesurteilen und Massenenteignungen sorgten die neuen alten Herren dafür, daß in kurzer Zeit der »widerspenstige Adel Böhmens und Mährens« ersetzt wurde durch einen dem Katholizismus und den Habsburgern ergebenen Neuadel.

Vor allem für Maximilian von Bayern hatte sich der Einsatz gelohnt. Mit dem Triumph, den er dem Kaiser zu Füßen legte, hatte er zugleich seine eigene territoriale und reichspolitische Machtposition erheblich gefestigt, auch gegenüber seinem kaiserlichen Vetter Ferdinand. Dieser mußte ihm die Kurwürde übertragen, die der geächtete Pfälzer verwirkt hatte, dazu die Oberpfalz als Pfand für die Kriegskosten. In seinem eigenen Territorium konnte der neue Kurfürst nun die entscheidenden Schritte zur Entmündigung der Landstände und zum Aufbau des fürstlichen Absolutismus tun.

Inzwischen hatte auch Spanien in den Krieg eingegriffen, da der niederländische Waffenstillstandsvertrag das Reich nicht berührte. Die Würfel waren durch eine spektakuläre Veränderung im Staatsrat, dem höchsten Entscheidungsgremium der iberischen Monarchie, gefallen. Dort hatte der Herzog von Lerma, der als Günstling Philipps III., Präsident des Staatsrates und Erster Minister seit zwei Dezennien selbstherrlich Spaniens Innen- und Außenpolitik bestimmte, 1618 allen Einfluß verloren, weil er schwere Korruptionsvorwürfe nicht entkräften konnte. Die Macht war an Baltasar de Zúñiga gegangen, einem Mann der Armee und zudem als ehemaliger Gesandter in Brüssel, Paris, Rom und Wien ein hervorragender Kenner der nördlichen Angelegenheiten.

Lermas Politik war es gewesen, die internationale Stellung Spaniens durch eine »Pax Hispanica« zu sichern, durch einen von Spanien garantierten europäischen Frieden, dem der Ausgleich mit England von 1604 ebenso galt wie der niederländische Waffenstillstand von 1609 und eine 1612 getroffene Eheabsprache mit Frankreich. Zúñiga aber war ein Repräsentant der Camarilla, die jetzt die Pax-Hispanica-Politik Lermas für alle Rückschläge verantwortlich machte, namentlich für das Vordringen Hollands in das spanische Überseeimperium. Doch gerade weil er die Weichen für den zweiten spanisch-niederländischen Krieg stellte, zögerte Madrid einen Augenblick, im böhmischen Krieg an die Seite Ferdinands zu treten. War es nicht klug, den für notwendig gehaltenen Schlag konzentriert auf die Niederlande zu richten und dem Risiko eines zweiten Krieges in Deutschland oder gar eines dritten mit England auszuweichen? Als Oñate, der in Wien auf einen kompromißlosen Kurs gegen die Rebellen drängte und bereits eigenmächtig Hilfe zugesagt hatte, glaubhaft machte, daß angesichts der Neutralität Frankreichs und

Die Köpfe der hingerichteten Aufständischen wurden auf den Turm der Prager Moldaubrücke gesteckt zur Abschreckung für jeden, der es wagen sollte, sich der absoluten Herrschaft der Habsburger in Böhmen zu widersetzen. Kupferstich aus dem »Theatrum Europaeum« von Matthäus Merian

Belehnung Maximilians I. von Bayern mit der pfälzischen Kurwürde, anonymer Kupferstich, Regensburg 1623

Nur Herzog Maximilian von Bayern und seinem Ligaheer war es zu verdanken, daß die Habsburger den böhmischen Spuk so rasch hatten vertreiben können. Als Dank verlieh Kaiser Ferdinand II. dem Wittelsbacher am 25. Februar 1623 die Kurwürde, die er dem geächteten Pfälzer abgenommen hatte.

Deß gwesten Pfaltzgrafen Glück vnd Vnglück.

WEr Glück vnd Vnglück wissen wil/
Der sch an deß Pfaltzgrafen spil.
Sehr glücklich war er in dem Reich /
So bald hett er nit seines gleich /
Jhm manglet nit an Leit vnd Land
Regieret weißlich mit Verstand
Ein Fraw von Königlichem Stam/
Die mehret jhm sein hohen Nam/
War glückhafftig mit jungen Erben
Sein Stam so bald nit solt absterben.
Von reich vnd arm von jung vnd alten
Ward er in grosser Ehr gehalten.
Wie solches dann auch billich gschach
Weil er die höchste Chur versach
Auß Weltlichen Churfürsten vier
Dem Römischn Reich war er ein zier.
Jn Summ jhm war wol allermassen
Wann er sich nur hett gnügen lassen.
O Ehrgeitz du verfluchte sucht:
Hie sicht man dein vergiffte frucht/
Die Ehr vnd Würd machst manchem süß
Biß er kompt andern vnder dFüß.

Wie ansehlich wie zierlich wol
Wie dapffer alles Glücks so vol
War Pfaltzgraf Friderich zuuor/
Ehe das jhn Hoffart hebt empor.
Die besten Maister in dem Rath
Die waren da sein höchster schad
Der Blessen / Camerarius /
Kein Müh kein Arbeit sie verdruß/
Biß sie jhn in die höch gebracht
Vnd auß jhm einen König gmacht
Das hett doch in die läng kein bstand
Weil er sich brauchet frembder Land
Sein Reich war nit von diser Welt
Darumb er bald zu boden felt.
Wo felt er hin? Jns tieffe Möhr/
Verlassen von seim gantzen Heer /
Die Staden haben jhn auffgfangen
Thun mit dem newen Fisch jetzt prangen
Vnd halten jhn für ein Gschawessen
Das Glück hat seiner gar vergessen
Hat jhn zu spott gmacht vor der Welt
Vnd wie ein Spiegel fürgestellt

Daß sich ein jeder hinfür baß
Am seinigen genügen laß
Wie gern wolten jhn seine Räth
(Die das Rath zu starck vmbgedräht)
Jetzt wider in die höch auffschwingen
Es will jhn aber alls mißlingen
Er ist zu tieff hinab gesuncken
Er wer villeicht gar wol ertruncken
Wann nit Holland geholffen hett
Da es vmb jhn noch mißlich steht
Dann als er auß dem Netz gekrochen
Hand sie jhm weiter nichts versprochen
Als daß er mög bey jhnen wohnen
Jetzt seynd hindurch vil gute Cronen.
Der hett zuuor vil Leit vnd Land
Der hat jetzund ein läre Hand
Der vor hett auff dem Haupt ein Cron
Hat jetzt kaum ein gantz Hemet an
Helff Gott dem armen Friderich
Er kompt doch nimmer vbersich.

Getruckt im Jahr/ 1621.

Flugblatt von 1621 mit dem Rad der Fortuna: Es verspottet Kurfürst Friedrich V. von der Pfalz nach seiner Niederlage am Weißen Berg als »Winterkönig« und »Glücksritter«.

der Vorsicht Jakobs von England das Risiko gering sei, bewilligte Madrid Subsidien für Ferdinand und die Liga. Bald trafen auch aus den Niederlanden und Italien spanische Hilfskontingente ein, die vor allem in den rheinpfälzischen Hausterritorien des Winterkönigs eingesetzt wurden, die dem Einfall der Feinde schutzlos preisgegeben waren.

Einen Moment lang sah es so aus, als ob Spanien – wie Oñate drängte – dieses günstig zur »Spanischen Straße« gelegene Land annektieren würde. Es blieb jedoch bei der einfachen militärischen Besetzung der linksrheinischen Pfalz. Denn angeführt von der Brüsseler Regierung unter Erzherzog Albrecht, der durch das Engagement im Reich die Schlagkraft der flandrischen Armee geschwächt sah, hatten sich in Madrid die Warnenden Gehör verschafft, die im Falle der Annexion eine direkte Konfrontation mit England und Frankreich vorhersagten. Die Sicherung der niederländischen Position war das im Augenblick wichtigste Ziel, dem auch die Operation im Reich dienen sollte. Während die Spanier die linksrheinische Pfalz besetzt hielten, unterwarf Tilly mit dem Ligaheer die rechtsrheinischen Teile des Kurstaates. Am 16. September 1622 fiel nach mehrwöchiger Belagerung die Residenzstadt Heidelberg, drei Tage später kapitulierte auch die Schloßbesatzung.

Das politische und geistige Zentrum des deutschen Calvinismus befand sich in katholischen Händen. Die berühmte, auf der Empore der Heiliggeistkirche aufbewahrte Bibliotheca Palatina, das Schatzhaus mittelalterlicher und protestantischer Gelehrsamkeit mit mehr als dreieinhalbtausend Handschriften, darunter unersetzbaren Unikaten, wanderte in Kisten verpackt über die Alpen nach Rom. Die Bibliothek des Vatikans nahm sie sorgsam auf – damit sich die Streiter der Gegenreformation an den Schriften des Gegners schulen konnten für die erhoffte Rückeroberung des häretischen Deutschland.

Nachdem die Stellung Habsburgs im Reich und in Europa nun so gesichert wie lange nicht war, sah Madrid die Zeit gekommen, England gegenüber die lästige Rücksichtnahme fallenzulassen. Als der englische Thronfolger Karl zusammen mit seinem Günstling Buckingham im Sommer 1623 zu einer romantisch-naiven Brautwerbungsfahrt aufbrach, zeigte ihm Madrid die kalte Schulter. Das führte zwar einen raschen und radikalen Umschwung der englischen Außenpolitik herbei, doch für Friedrich von der Pfalz und seine englische Gemahlin kam diese Hilfe zu spät. Eine reale Chance, die böhmische Krone zurückzuerobern, bestand längst nicht mehr, und selbst die Chance auf eine Restitution in das Pfälzer Kurfürstentum war verspielt. Verlassen von seinen Anhängern – die Union löste sich 1621 sang- und klanglos auf –, zog das glücklose Königspaar umher, von seinen triumphierenden Gegnern verspottet:

Ich bin ein Postbott außgesandt
Vom Graf Buquoy in alle Landt
Dem newen König nachzufragen
Der sich auß Böhm hat lassen jagen.
Ey liebe sagt wo findt ich doch
Den verlorenen Pfaltzgrafen noch?[51]

3. Ein kaiserlicher Reichsstaat auf der Spitze des Schwertes?

Nach dem böhmischen Desaster der Pfälzer hatten die protestantischen Söldnerführer Ernst von Mansfeld und Christian von Halberstadt zusammen mit dem frommen, für die protestantische Sache einstehenden Markgrafen Georg Friedrich von Baden-Durlach auf eigene Faust die Kämpfe fortgesetzt und damit den Krieg vom Südosten zum Westen und Nordwesten Deutschlands getragen. Um die Glaubensbrüder zu retten und den beängstigenden Machtzuwachs der Spanier und des Kaisers zu begrenzen, traten König Christian von Dänemark und die Generalstaaten auf den Plan, schließlich auch die Schweden und Frankreich. Der Brand pflanzte sich in immer neuen Kreisen fort: vom böhmisch-pfälzischen (1618-1623) und dänisch-niedersächsischen Krieg (1625-1629), der noch vorwiegend auf die inneren Probleme des Reiches konzentriert war, zum schwedischen (1630-1635) und schwedisch-französischen Krieg (1635-1648), als es zunehmend um auswärtige Interessen und die Balance im europäischen Mächtesystem ging, bis hin zum Westfälischen Frieden von 1648.

In dreißig langen Jahren wird ein Krieg zu einem eigenen Kosmos, der Haupt- und Staatsaktionen umfaßt, aber auch Leiden der Bauern und Bürger, Übermut und Elend der Soldateska, Triumph und Sturz von Heerführern und Kriegsfinanziers.

Dieser Dreißigjährige Krieg war das Schicksal zweier Generationen von Menschen, die das grausame Geschehen nicht begriffen, das über sie gekommen war, und sich dennoch in dem Chaos einrichten mußten. Sie taten es traumwandlerisch wie der Knabe Simplicius Simplicissimus in dem Barockroman Christophs von Grimmelshausen (1621/22-1676), zäh wie die listige Marketenderin Courage oder fromm wie der Liederdichter Paul Gerhardt, der den Krieg als Mahnung an die von Gott gewollte Vergänglichkeit begriff und in dem von Menschen angerichteten Chaos die Schönheit der Natur als Ausdruck einer guten Schöpfungsordnung feierte.

Not und Elend des Dreißigjährigen Krieges: Der Soldat ist Herr im Land und reitet auf einem Bauern. Holzschnitt aus einer zeitgenössischen Flugschrift

Allen gemeinsam war das Schicksal als Opfer. Hans Heberle, der über die Kometenerscheinung zum Chronisten gewordene Dorfschuhmacher, notiert:

Wir seyen gejagt worden wie das gewildt in wäldern. Einer ist ertapt und übel geschlagen, der andere gehauwen, gestochen, der dritte gar erschoßen worden, einem sein stückhle brot und kleider abgezogen und genommen worden.[52]

Die Bauern werden von den Soldaten ausgepreßt und geschunden. Eine anonym erschienene Flugschrift zeigt den Soldaten als den »Unbarmherzigen Bauernreiter«. Der Bauer klagt:

Die Häuser seind verbränt / die Kirchen seind zerstört /
Die Dörffer seind verkehrt / der Vorrhat ist verzehrt /
Mann siht der Länder trost die grossen Stätt verbrennen /
Die Herrligkeit deß Lands mag keiner mehr erkennen /
Durch Krieg / raub / mord und brand wird es zur wüsteney /
Das freye Römisch Reich wird jetzt zur Barbarey /
Trägt schon der acker frucht / unnd meinen wir zuschneiden /
So dörffen wir nicht hin / und müssen solches leyden /
Das sie der Reuter nimt / und uns noch drüber schmiert /
Daß wir nit mehr gesät / weil ihm noch mehr gebürt;
Wir werden auff das blut und marck gantz außgesogen /
Ja gar biß auff die Haut / gantz nackend außgezogen /
Es geht Gut / Blut und Muth / mit sambt dem Leben auff /
Es herschet über uns der mehr als Höllen hauff /
Das schwerd frist weib und kind; nach dem die pferd gestolen /
Und nichts mehr übrig ist / das die Soldaten holen /
So muß der arme Baur o übergrosse pein!
Mit einem Maul-Gebiß das Roß und Esel sein /
Der Reuter dummelt ihn / gibt ihm die scharpffe sporen /
Meint wann er nicht so renn / er hät die sach verloren.[53]

Unmenschlich wurden die Bauern behandelt, entmenschlicht waren aber auch die Täter. In seiner Unschuld kann Simplicius Simplicissimus die Soldaten nicht als Menschen erkennen. Er sieht »Roß und Mann für eine einzige Kreatur an und vermeinte nicht anders, als es mußten Wölfe sein«. Selbst als die Landsknechte, die er selber ahnungslos in das versteckt im Spessart gelegene Dorf geführt hatte, das Vieh abschlachteten, Magd und Mutter vergewaltigten, dem Knecht Jauche einflößten und dem gefesselten Vater »die Fußsohlen mit angefeuchtetem Salz einrieben, welches ihm unsere alte Geiß ablecken mußte«, muß er mit dem lachend in den Wahnsinn getriebenen Vater »Gesellschaft halber, oder weil ich's nicht besser verstunde, von Herzen mitlachen«.[54]

Diese Brutalität kann er nicht als Realität, sondern nur als Scherz begreifen. Aber das sich rasch drehende Rad der Fortuna sorgte dafür, daß der Soldat, der seine Freiheit womöglich aufs neue mit dem Einsatz seines Lebens erkaufen mußte, nur zu leicht selbst Opfer wurde – gezwungen, mit faulenden Gliedstummeln oder als lahmgeschossener Krüppel bettelnd auf die Straße zu gehen.

Friedrich von Logau hat sie gesehen, die »Abgedankten Soldaten«:

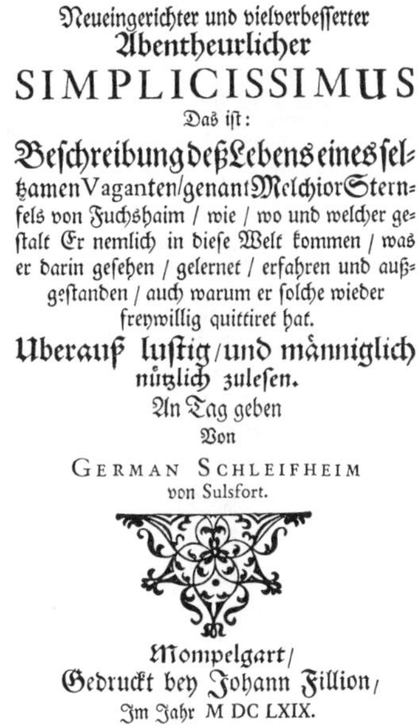
Neueingerichter und vielverbesserter
Abentheurlicher
SIMPLICISSIMUS
Das ist:
Beschreibung deß Lebens eines sel-
tzamen Vaganten/genant Melchior Stern-
fels von Fuchshaim / wie / wo und welcher ge-
stalt Er nemlich in diese Welt kommen / was
er darin gesehen / gelernet / erfahren und auß-
gestanden / auch warum er solche wieder
freywillig quittiret hat.
Uberauß lustig/und männiglich
nützlich zulesen.
An Tag geben
Von
GERMAN SCHLEIFHEIM
von Sulsfort.
Mompelgart/
Gedruckt bey Johann Fillion/
Im Jahr M DC LXIX.

Titelblatt des »Simplicius Simplicissimus« von Christoph von Grimmelshausen

Der Stelzfuß, Radierung von Jacques Callot

Der Krieg läßt das Heer der Bettler und Krüppel anschwellen, darunter viele Soldaten, die sich eben noch als Herren der Welt fühlten.

Würmer im Gewissen
Kleider wol zerrissen
Wolbenarbte Leiber
Wolgebrauchte Weiber
Ungewisse Kinder
Weder Pferd noch Rinder
Nimmer Brot im Sacke
Nimmer Geld im Packe
Haben mit genummen
Die vom Kriege kummen:
Wer dann hat die Beute?
Eitel fremde Leute.[55]

Nicht nur militärisch, auch politisch wurde das erste Jahrzehnt des Krieges zum Triumph des Kaisers und des Katholizismus: Da nichts so erfolgreich ist wie der Erfolg, strömten nach dem Sieg am Weißen Berg die Söldnerführer und Söldnerhaufen ins Lager des Kaisers, wo man sich Kriegsruhm und Beute versprach. Zudem waren nach den Konfiskationen in Böhmen und durch die Subsidiengelder der Verbündeten die kaiserlichen Kassen nicht mehr ganz so leer. Es war die Stunde der Kondottieri, der Kriegsunternehmer und Kriegsprofiteure, die unter Einsatz ihrer geringen Besitzungen sich mit dem Schwert in der Faust Reichtum, Macht und bei günstiger Gelegenheit eigene Herrschaften oder gar ein Fürstentum erstreiten wollten.

Diesen Typ des Heerführers gab es auch auf protestantischer Seite: Ernst von Mansfeld und Christian von Halberstadt jagten nach Kondottiereart unter der Fahne eines »gemeinen Besten« - hier der evangelischen Konfession - dem eigenen Interesse nach. Bei dem »tollen Halberstädter«, einem jungen, heißspornigen Sproß aus dem Welfenhaus, der seit kurzem Administrator des kleinen Bistums Halberstadt war, mag daneben auch chevaleresk-romantische Verehrung für die unglückliche schöne Winterkönigin im Spiel gewesen sein. »Tout avec Dieu et pour Elle«, war seine Devise.

Die großen Gewinne winkten jedoch für den Augenblick auf katholischer Seite. Dort stieg denn auch der skrupelloseste, aber auch genialste Kondottiere auf, den die deutsche Geschichte kennt, der böhmische Adlige Albrecht von Wallenstein (1583-1634). Aus eher bescheidenen Verhältnissen, wenn auch aus dem Hochadel stammend, hatte er seine Fortüne eingeleitet durch die Ehe mit einer begüterten jungen Witwe, deren Beichtvater die Verbindung ganz zielgerichtet zur Stärkung der katholischen Partei angebahnt zu haben scheint. Nach der Schlacht am Weißen Berg, an der Wallenstein selbst nur indirekt durch sein wallonisches Reiterregiment teilgenommen hatte, rundete der böhmische Adlige seinen Besitz ab, indem er fünfzig konfiszierte Adelsgüter aufkaufte, die zu Schleuderpreisen auf den Markt geworfen wurden.

Dem von Johannes Kepler aufgestellten Horoskop vertrauend, das sein Leben in dieselbe Sternkonstellation rückte wie das der großen Königin Elisabeth von England, und die Zeichen der Zeit richtig deutend, setzte Wallenstein auf Krieg und auf den Kaiser. So machte er sein Herzogtum Friedland zu einer einzigen Kriegsfabrik, in der Waffen, Munition, Schanzzeug, Kleidung und Schuhwerk, kurz, alles produziert wurde, was eine Armee braucht. Wallenstein wollte seine

Kriegszüge nicht nur logistisch bestens vorbereitet wissen und ruhmreich durchführen, er wollte auch daran verdienen.

Als der Dänenkönig, gestützt durch die Haager Allianz vom Dezember 1625 zwischen England, Dänemark, den Generalstaaten und Friedrich V. von der Pfalz, in Norddeutschland den Kriegsschauplatz betrat, sah der Friedländer seine Stunde gekommen. Er stellte dem Kaiser ein Söldnerheer von 40 000 Mann zur Verfügung, das er auf eigene Kosten unterhalten wollte. Ferdinand übertrug ihm den Oberbefehl über alle kaiserlichen Truppen im Reich. Das war eine lohnende Geschäftsverbindung für beide - für den kaiserlichen Kriegsherrn, weil er zum ersten Mal über ein schlagkräftiges Heer verfügen und auf diese Weise unabhängig von seinem verbündeten bayerischen Rivalen operieren konnte; für seinen Generalissimus, weil er freie Hand erhielt, zu weiterem Gewinn nach der - übrigens von Mansfeld geprägten - Devise »Der Krieg soll den Krieg ernähren« zu wirtschaften. Sein Unternehmer- und Feldherrengenie kam jetzt in großem Maßstab zum Zug.

Wallenstein, der Generalissimus mit Feldherrnstab als Herzog von Friedland

Wallenstein bewährte sich in einem triumphalen Siegeszug durch Norddeutschland. Am 25. April 1626 schlug er den Grafen Ernst von Mansfeld an der Dessauer Elbbrücke und trieb dessen Soldateska weit nach Ungarn hinab. Im Jahr darauf vereinigte er sich mit Tilly, der bereits zuvor, am 27. August 1626, bei Lutter am Barenberg nahe Salzgitter den Dänenkönig und seine norddeutschen Verbündeten vernichtend geschlagen hatte. Der Welfenherzog Friedrich Ulrich von Braunschweig-Wolfenbüttel, ein etwas unbedarfter Neffe Christians von Dänemark, der kaum begriff, was um ihn herum vor sich ging, unterwarf sich bedingungslos. Holstein, Mecklenburg und Pommern wurden nahezu mühelos besetzt, abgesehen von der vergeblich belagerten Seefeste Stralsund, die Dänen und Schweden vom Meer aus versorgten.

Damit standen die Habsburger am Saum der nördlichen Meere, der seit Jahrhunderten Kaisermacht nicht mehr verspürt hatte. Und es waren keine geborgten Siege mehr, die Ferdinand dorthin geführt hatten.

Am 22. Mai 1629 beugte sich Christian IV. im Frieden von Lübeck der kaiserlichen Übermacht. Er verpflichtete sich, dem deutschen Krieg fernzubleiben und erhielt dafür alle vom Gegner besetzten Länder zurück. Er hatte Glück gehabt: Eine Demütigung Dänemarks lag nicht im Interesse Habsburgs, denn das hätte den bereits in Livland und Ostpreußen lauernden schwedischen Löwen auf den Plan rufen können. Die im Sieg zur Mäßigung mahnende habsburgische Diplomatie verhinderte das, doch nur für den Augenblick.

Im Baltischen Meer schienen die Voraussetzungen geschaffen, an die Verwirklichung von Seemachtträumen zu denken, die schon vor Jahren kein Geringerer als der inzwischen in Spanien allmächtige Herzog von Olivares ausgemalt hatte. Wallenstein griff sie auf und entwickelte seine eigenen hochfliegenden Pläne: Zum »General des Ozeanischen und Baltischen Meeres« ernannt, wollte er durch Holstein einen Nord-Ostsee-Kanal graben lassen. Der Flottenplan scheiterte aber schließlich an Unstimmigkeiten innerhalb des habsburgischen Lagers und an der Verweigerung der protestantischen Hansestädte. Wie bereits zur Zeit Karls V. kam ein reichspolitisch sinnvolles Zusammengehen von Kaisertum und Bürgertum über

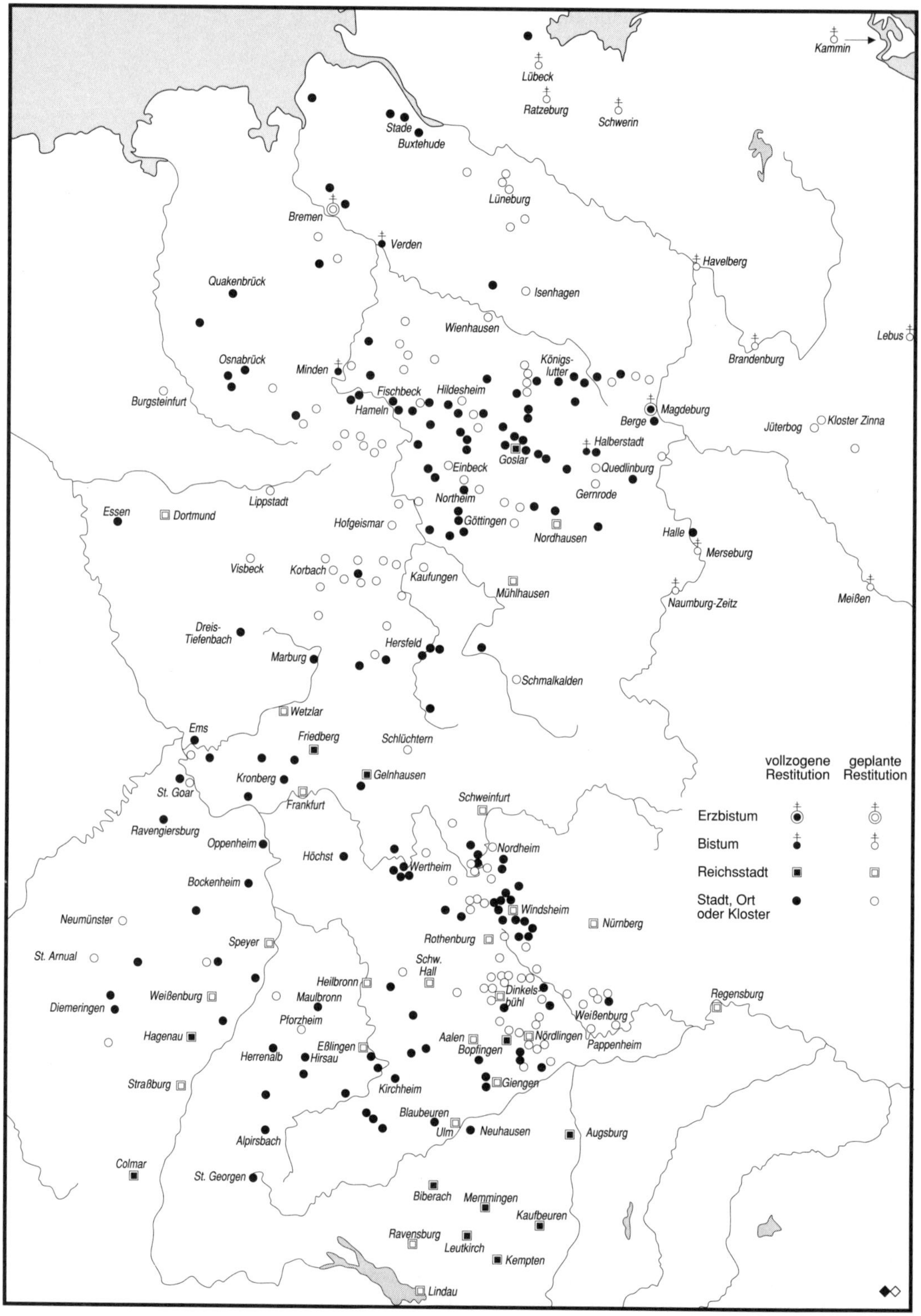
Kammin
Lübeck
Ratzeburg
Schwerin
Stade
Buxtehude
Lüneburg
Bremen
Verden
Havelberg
Quakenbrück
Isenhagen
Wienhausen
Lebus
Brandenburg
Osnabrück
Minden
Königs-
lutter
Burgsteinfurt
Fischbeck
Hildesheim
Hameln
Magdeburg
Berge
Jüterbog
Kloster Zinna
Halberstadt
Goslar
Einbeck
Quedlinburg
Gernrode
Lippstadt
Northeim
Essen
Dortmund
Hofgeismar
Göttingen
Nordhausen
Halle
Merseburg
Visbeck
Korbach
Kaufungen
Mühlhausen
Naumburg-Zeitz
Meißen
Dreis-
Tiefenbach
Hersfeld
Marburg
Schmalkalden
Wetzlar
Ems
Friedberg
Schlüchtern
vollzogene
Restitution
geplante
Restitution
Kronberg
Gelnhausen
St. Goar
Frankfurt
Schweinfurt
Erzbistum
Ravengiersburg
Bistum
Oppenheim
Nordheim
Höchst
Reichsstadt
Wertheim
Bockenheim
Stadt, Ort
oder Kloster
Windsheim
Neumünster
Nürnberg
Speyer
Rothenburg
St. Arnual
Schw.
Hall
Heilbronn
Regensburg
Weißenburg
Maulbronn
Dinkels-
bühl
Diemeringen
Weißenburg
Pforzheim
Hagenau
Aalen
Nördlingen
Pappenheim
Eßlingen
Bopfingen
Herrenalb
Hirsau
Straßburg
Giengen
Kirchheim
Blaubeuren
Ulm
Neuhausen
Augsburg
Alpirsbach
Colmar
St. Georgen
Biberach
Memmingen
Kaufbeuren
Ravensburg
Leutkirch
Kempten
Lindau

Auswirkungen des Restitutionsedikts von 1629

den Glaubensgegensätzen und dem tiefsitzenden Haß auf die Spanier nicht zustande. War dies ein erstes Zeichen, daß der Kaiser dabei war, den militärischen Sieg politisch zu verspielen? Zwei Entscheidungen, getroffen aus kaiserlicher Machtvollkommenheit und auf den ersten Blick Zeugnis unerschütterlicher Stärke, lenkten die Entwicklung genau in diese Richtung: die Verkündigung des Restitutionsedikts und die Fürstenerhebung Wallensteins.

Bereits 1624 hatte der Beichtvater Ferdinands, der Rektor des Wiener Jesuitenkollegs Wilhelm Lamormaini, nach Rom gemeldet, »daß dieser Kaiser, der einen besonderen Glaubenseid geleistet hat, große Dinge vollbringen kann, vielleicht sogar die Rückführung ganz Deutschlands zum alten Glauben«.[56] Das Anfang März 1629 ohne Beteiligung der Stände erlassene Restitutionsedikt war ein gewaltiger Schritt zu diesem Ziel. Auf den Anspruch gestützt, alle strittigen Bestimmungen des Augsburger Religionsfriedens aus kaiserlicher Autorität - und damit katholisch - auslegen zu können, verfügte Ferdinand II. nicht mehr und nicht weniger als eine gewaltige Umschichtung der seit rund hundert Jahren gültigen Besitzverhältnisse. Das in den evangelischen Territorien säkularisierte Kirchengut war restlos zu restituieren, ebenso die an Protestanten gelangten geistlichen Territorien. Politischer Nutznießer sollte vor allem das Haus Habsburg sein. Im bislang kaiserfernen Norden erhielten mehrere der den Protestanten abgesprochenen Bistümer einen habsburgischen Landesherrn.

Wenige Monate später, im Juli 1629, übertrug Ferdinand Fürstenwürde und Territorien der wegen ihrer Unterstützung Christians von Dänemark geächteten Herzöge von Mecklenburg-Schwerin und Mecklenburg-Güstrow als Reichslehen auf seinen Generalissimus Wallenstein. Aus dem böhmischen Kondottiere machte ein kaiserlicher Federstrich einen Reichsfürsten, eine ganz und gar unerhörte Entscheidung. War damit die Position des Kaisers gefestigt? Was die militärische Präsenz im Norden anlangt, allemal. Die Gegenküste zu Schweden, die zugleich in der Zone eines möglichen Vorstoßes zu Lande - von Preußen aus - lag, war nicht besser zu sichern. Aber war denn Ferdinand II. in dieser Angelegenheit überhaupt noch Herr seiner eigenen Entschlüsse? Wallenstein hatte den zögernden Kaiserhof immer unmißverständlicher auf die ungeheuren Summen hingewiesen, die die Habsburger ihm inzwischen schuldeten. Wie war die Schuld jemals zu begleichen, wenn nicht jetzt, durch den »Verkauf« des Herzogtums? Das war eine Gelegenheit, die aus Mangel an vergleichbaren Objekten wohl nie wiederkommen würde.

Was nach außen aussah wie eine souveräne Geste kaiserlicher Belohnung, war in Wahrheit ein Schacher zwischen forderndem Gläubiger und hilflosem Schuldner. Schlimmer noch: Die von allen Reichsfürsten, ob katholisch oder evangelisch, mit Argusaugen bewachte Fürstenlegitimität hatte der Kaiser mit Füßen getreten. Und dies hatte er getan für einen Emporkömmling aus einer böhmischen Magnatenfamilie, die von den Reichsfürsten längst nicht mehr als ebenbürtig anerkannt wurde, für einen Glücksritter, dessen Macht und Reichtum nie und nimmer das Fehlen rechtlicher Legitimität und dynastisch-blutmäßiger Reputation würde ausgleichen können. Die Hofräte in Wien hatten eindringlich davor gewarnt, die beiden mecklenburgischen Fürsten, deren Familie seit acht Jahrhunderten im Besitz des Herzogtums gewesen war und die sich der geschlossenen Unterstützung ihrer Landstände erfreuten, mit letztlich wenig stichhaltigen Vorwürfen ihrer angestammten Rechte zu berauben. Denn der Sturm der Entrüstung bei den deutschen Fürsten war vorherzusehen, und auch der alte Vorwurf spanischer Servitut und Tyrannei mußte sich wieder erheben, der den Habsburgern seit den Tagen Karls V. in der öffentlichen Meinung so großen Schaden zugefügt hatte.

Das Restitutionsedikt, das die Reichsgerichte und die kaiserlichen Kommissare zu exekutieren begannen, und der Regierungsantritt Wallensteins in dem wiedervereinigten Herzogtum Mecklenburg mußten die Landkarte des Reiches politisch und verfassungsrechtlich in einer Weise zugunsten des Kaisers verschieben, wie es noch ein halbes Jahrzehnt zuvor unvorstellbar gewesen wäre. Habsburg drohte weit in den Nordosten des Reiches vorzustoßen und darüber hinaus in der Ostsee und im Baltikum eine mächtepolitische Schlüsselrolle zu gewinnen.

Wien schlug Töne an, die die Fürsten seit langem nicht mehr gewohnt waren: Die weitreichenden Bestimmungen des Restitutionsedikts waren auf autokratisch-absolutistische Weise verfügt worden. Ferdinand hatte sich auf eine umfassende Kompetenz seines »kaiserlichen Amtes« berufen. Was von den Reichsständen über die Auslegung des Augsburger Religionsfriedens vorgetragen werde, sei für ihn unerheblich, allein seine Auslegung habe Gültigkeit. Es sei reichsrechtlich »klärlich« erwiesen, *daß [es] unnötig sei, auf des einen oder anderen Teils Bewilligung zu sehen oder zu warten, sondern der Kaiserlichen Majestät als dem Oberhaupt und Handhaber aller Ordnung und Gesetze, auch Beschirmer und Beschützer der Bedrängten alle vollkommene Gewalt und Macht zustehe, ihr kaiserliches Amt zu interponiren und was zu Fortpflanzung gemeiner Wohlfahrt und Abschaffung alles schädlichen Mißverstandes und Unheils im Römischen Reich ersprießlich sein mag, und vorigen Reichssatzungen gemäß ist, zu verordnen.*[57]

Im Gegensatz zu diesem Standpunkt des Wiener Hofes galt es seit Generationen als ausgemacht, daß einschneidende Rechtsveränderungen, wie sie Kaiser Ferdinand II. jetzt verfügt hatte, nur mit Zustimmung der Stände auf einem öffentlichen Reichstag erfolgen konnten. Das war zwar nicht reichsverfassungsrechtlich fixiert, aber Bestandteil der politischen Kultur. Das letzte allein aus kaiserlicher Machtvollkommenheit erlassene Reichsgesetz war das Wormser Edikt von 1521 gewesen. Zwar konnte sich Ferdinand auf einen 1627 in Mühlhausen zusammengetretenen Kurfürstlichen Konvent berufen, dessen Rat aber war reichsrechtlich fragwürdig, zudem parteiisch, weil die geistlichen Kurfürsten und vor allem Bayern den Ton angegeben hatten. Das alles sah sehr nach einem kaiserlichen Reichsabsolutismus aus, womöglich nach einer aufziehenden »Militärdiktatur«,[58] und in den fürstlichen Kanzleien meinte man zu wissen, Wallenstein habe öffentlich die Maxime verkündet, in Deutschland solle fortan wie in Frankreich und Spanien, den Einheitsmonarchien, nur noch einer Herr sein.

Der Umschwung erfolgte rasch und richtete sich gegen beide – den Kaiser wie den Generalissimus, wenn öffentlich auch der Esel für den Reiter die Schläge einstecken mußte. 1630, auf dem Regensburger Kurfürstentag, von dem Ferdinand erwartete, er werde seinen Sohn »vivente imperatore« zum Römischen König wählen und auf diese Weise ein weiteres Stück praktischer Fürstenlibertät aus dem Weg räumen, formierte sich eine unnachgiebige Fürstenopposition, die durch den französischen Gesandten, den Kapuzinerpater Joseph, geschickt angespornt wurde. Am unerbittlichsten verhielt sich der eben erst ernannte Kurfürst Maximilian von Bayern, ein Emporkömmling auch er, aber doch der Sproß einer alten und anerkannten Fürstendynastie.

Man war sich über die Zeichen der Zeit einig. Der Mainzer Kurfürst hatte bereits Ende 1629 nach München geschrieben:
Weil ... der Herzog von Fritland bishero fast alle und jede ständ im heil. röm. Reich indifferenter ufs höchste offendirt und disgustirt, auch ... zweifelsohne von einer männiglich wissenden intention künftig nicht abweichen werde, zu geschweigen er sich wegen des Herzogtums Mecklenburg bei diesem kriegswesen in privato sehr interessiert gemacht werden wir so lange er die direction bei der kayserlichen armee in händen behalten und füren wirt [auf der Hut sein müssen].[59]

Waren Maximilian und die anderen Ligafürsten als Vorkämpfer des politischen Katholizismus in den Krieg eingetreten, so sahen sie nach der Niederlage der protestantischen Mitstände nun ihr vorrangiges Ziel in der Stärkung der Fürstenlibertät. Wie ein Dreivierteljahrhundert zuvor zwischen Moritz von Sachsen und Karl V. endete auch das Bündnis zwischen Maximilian von Bayern und Ferdinand II. dort, wo der Kaiser seine Macht auf Kosten der Fürsten und der Territorialstaaten auszuweiten trachtete.

In Regensburg galt Fürstensolidarität mehr als Konfessionssolidarität. Die Kurfürsten, unter ihnen nur noch zwei Protestanten, die aber nicht persönlich nach Regensburg gekommen waren, zwangen den Kaiser, sich von seinem Generalissimus zu trennen. Grollend zog sich Wallenstein auf seine böhmischen Güter zurück, fest entschlossen, es Kaiser und Fürsten heimzuzahlen, sobald sich Gelegenheit bot. Auch das Restitutionsedikt mußte Ferdinand suspendieren, so daß der Schwächung der fürstlichen Territorialgewalt Einhalt geboten war. Von einer Wahl Erzherzog Ferdinands zum Römischen König war keine Rede mehr.

Auch außenpolitisch zog man nicht mehr an einem Strang. Der Kaiser hatte sich im Nordwesten gegen die Generalstaaten und in Italien gegen Frankreich Hilfe erhofft. Die Holländer, bei denen der unglückliche Pfalzgraf politisches Asyl und propagandistische wie militärische Unterstützung gefunden hatte, waren unter dem begabten Feldherrn Friedrich Heinrich von Oranien, einem Bruder des verstorbenen Prinzen Moritz, zur Offensive übergegangen. Er hatte soeben, 1629, nach einer vielbeachteten Belagerung, Den Bosch den Spaniern entrissen. Die deutschen Fürsten sahen jedoch keine Veranlassung, den Habsburgern aus der Not zu helfen, und so konnte Friedrich Heinrich 1632 jenen Maasfeldzug durchführen, der den nördlichen Niederlanden strategisch wichtige Gebietsgewinne brachte und in gewisser Weise den Niedergang Spaniens als europäischer Hegemonialmacht einleitete: Venlo, Roermond und Maastrich fielen nacheinander in staatische Hand und damit das gesamte mittlere Maastal.

Nicht anders erging es der Casa de Austria in Oberitalien. Regens-

Kardinal Richelieu, Marmorskulptur von Francesco Mochi, vor 1642

Von 1624 an Erster Minister von Frankreich, ist der Kardinal ein Interessenpolitiker wie kein zweiter, aber zugleich auch ein Konstrukteur des europäischen Friedens.

burg hatte die erwartete Hilfe nicht gebracht. Statt dessen hatte der Kaiser auf Drängen der Stände mit der französischen Gesandtschaft einen zweifelhaften Vergleich schließen müssen. Kardinal Richelieu (1585-1642), der allmächtige Erste Minister, der nach dem Fall der letzten Hugenottenfestung La Rochelle, 1629, das Land mit eiserner Hand pazifizierte und mit diplomatisch wie militärisch geschickten Schachzügen erneut ins europäische Mächtespiel brachte, akzeptierte diesen Vergleich dann nicht einmal. Aufgrund der Bedrängnis durch Holland und Schweden verengte sich der habsburgische Handlungsspielraum in Italien zusehends, und Frankreich konnte noch günstigere Friedensbedingungen durchsetzen.

Lange bevor das Frankreich der Bourbonen direkt in den Dreißigjährigen Krieg eingriff, hatte Richelieu bereits dafür gesorgt, daß er die entscheidenden Fäden in der Hand hielt: in Italien, wo er 1625 die französische Stellung durch die Besetzung des Veltlin und seiner wichtigen Pässe ausbaute; in Form von Subsidienverträgen mit dem protestantischen Schweden - der wichtigste geschlossen in Bärwalde im Januar 1631 - verbunden mit diplomatischen Vermittlungsdiensten zu den deutschen Protestanten; schließlich mit der Achse Paris - München, geschmiedet 1631 in der französisch-bayerischen Defensivallianz von Fontainebleau, eine bis ins 18. Jahrhundert fortwirkende mächtepolitische Weichenstellung und zugleich ein altes Motiv - der französische König als »vindex libertatis Germaniae«, als Beschützer der deutschen Fürstenfreiheit.

Die erste Herausforderung an die triumphierenden Habsburger sollte jedoch nicht von Paris, sondern von Stockholm ausgehen. Am 6. Juli 1630, drei Tage nach der Eröffnung des Regensburger Kurfürstentages, war der Schwedenkönig Gustav II. Adolf (1611-1632) auf der Insel Usedom gelandet, an der Spitze eines Bauernheeres von 13 000 Mann, das er rasch auf 40 000 Mann vergrößerte. Das protestantische Deutschland hatte seit langem seine Hoffnung nach Norden gerichtet. Ludwig Camerarius, der rührige Propagandist der calvinistisch-pfälzischen Sache, hatte bereits am Weihnachtstag 1623, der für die Protestanten sorgenverhangen war, prophezeit, der schwedische König werde als Erretter erscheinen und wie Gideon handeln, der einst nach Gottes Offenbarung den Götzendienst des Baal zerstörte, Israel befreite und die Midianiter über den Jordan zurücktrieb. *Non possum satis laudare heroicas illius Regis virtutes, pietatem, prudentiam, fortitudinem, profecto sine pari est in tota Europa.*[60]

Nun war der in ganz Europa unvergleichliche Glaubensheld tatsächlich auf dem Schlachtfeld erschienen, um den Habsburgern die sicher gewähnte Beute wieder zu entreißen. Das protestantische Deutschland sammelte sich unter seinen Fahnen, wenn nicht immer freiwillig und mit Begeisterung, so gezwungen oder nach diplomatischer Intervention Frankreichs. Herzog Bogislaw XIV. von Pommern tat den Schritt bereits wenige Tage nach der Landung, rasch gefolgt von den abgesetzten Herzögen von Mecklenburg, die sich von den Schweden in ihre Länder zurückführen ließen. Ähnlich ließ sich der calvinistische Landgraf Wilhelm V. von Hessen-Kassel durch eine Mischung von Glaubenseifer und politischem Kalkül leiten, denn die Siege des Kaisers waren ihn teuer zu stehen gekommen - durch Landverluste an das lutherische Hessen-Darmstadt und durch die Restitution des einst säkularisierten Stiftes Hersfeld. Schließlich

Nach der Landung der Schweden steht das Reich ganz im Bann ihres Königs Gustav Adolf. Kupferstich auf einem anonymen Flugblatt von 1630

traten auch die beiden bislang mit dem Kaiser verbündeten lutherischen Kurfürsten Georg Wilhelm von Brandenburg und Johann Georg von Sachsen auf die Seite der Schweden.

Sechs Tage nach dem Bündnisschluß besiegten Schweden und Sachsen am 17. September 1631 bei Breitenfeld, wenig nordwestlich von Leipzig, das seit der Entlassung Wallensteins vereinigte kaiserlich-ligistische Heer unter Tilly. Damit war der Vorstoß der Katholiken tief nach Sachsen hinein zum Stehen gebracht. Tilly, der mit 36 000 Mann angetreten war, hatte 12 000 Tote, 7 000 Gefangene sowie den Verlust seiner gesamten Artillerie zu beklagen. Die 40 000 Mann starken Protestanten zählten dagegen nur 3 000 Gefallene, vor allem Sachsen, die dem ersten Ansturm der Gegner nicht hatten standhalten können. Wichtiger noch war der moralische Aspekt dieses Erfolges: Nach den militärisch katastrophalen und politisch vernichtenden Niederlagen der zwanziger Jahre hatte ein protestantisches Heer erstmals eine überlegene Kampfweise gezeigt, die den Gegner entmutigte: taktisches Geschick und eine neue Beweglichkeit zeichneten sie aus, eine durch Musketiere verteidigte und daher besser einsetzbare, weil gesicherte Kavallerie und eine gleichermaßen geschützstarke wie mobile Artillerie, deren Entwicklung der Schwedenkönig höchstpersönlich im Auge behielt. Die deutschen Protestanten begaben sich mit neuerwachendem Glaubenseifer unter den Schutz des evangelischen Daniels aus dem Nordland.

Zweifellos galt die schwedische Intervention den bedrängten Glaubensbrüdern, die der Hilfe bedurften gegen Kaiser und Liga. Das protestantische Deutschland ehrte den Schwedenkönig zu Recht als Glaubenshelden, vor allem im 19. Jahrhundert durch den in der protestantischen Diaspora arbeitenden Gustav-Adolf-Verein oder die vielen Kinder, die seinen Namen erhielten. Das Eingreifen der Schweden in den deutschen Krieg war aber zugleich Teil einer größer angelegten, zuvor bereits in Polen und im Baltikum vorgetragenen machtpolitischen Offensive. Der skandinavische Bauernstaat, der im Innern eine ökonomische Modernisierung vorantrieb, strebte die Vorherrschaft in der Ostsee an und damit den Eintritt in den Kreis der europäischen Großmächte.

Wenn ein Krieg jemals einem Staat Aufstieg und Modernisierung gebracht hat, dann den Schweden diese Intervention in die deut-

Louis de Geer, Kupferstich von Jeremias Falck

In calvinistisch-puritanischer Strenge errichtete der aus den südlichen Niederlanden vertriebene »Kanonenkönig« sein niederländisch-schwedisches Rüstungsimperium.

Kanonengießer bei der Arbeit, Stich von Stradanus, 16. Jahrhundert

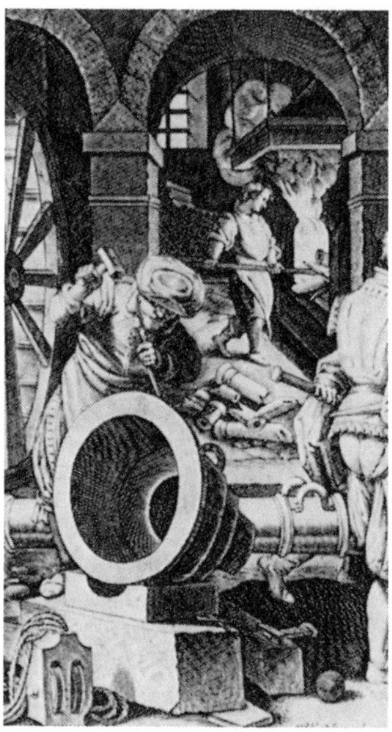

schen Händel. Von direkten Kriegseinwirkungen im eigenen Land vollständig verschont, gab der Aufrüstungsbedarf der großen Heere und Flotten des Kontinents dem skandinavischen Königreich die Chance, eine effektive, neuzeitliche Wirtschaft aufzubauen. Das kam vor allem der bis dahin mit archaischen Methoden und Betriebsverfassungsformen arbeitenden Metallproduktion zugute. Finanziert und organisiert wurden diese Reformen von niederländischen Unternehmern, die ihre eigenen Fachkräfte mitbrachten. Der berühmteste unter ihnen war der »Kanonenkönig« Louis de Geer (1587-1652), ein calvinistischer Glaubensflüchtling aus den Südprovinzen, der über Amsterdam nach Stockholm zog, von wo aus er ein wahres Wirtschaftsimperium leitete, mit Eisen-, Silber- und vor allem den berühmten Faluner Kupferminen, mit Erzhütten, Metallhämmern und Papiermühlen, dazu Textilwerkstätten und Kornmühlen zur Versorgung der Armee und der eigenen Arbeiter mit Kleidung und Nahrung. 1627 erhielt de Geer von Gustav Adolf ein Monopol für die schwedische Waffenproduktion.

Der Erfolg ließ nicht lange auf sich warten. So schnellte zum Beispiel der Export von gußeisernen Kanonen von armseligen zwanzig Tonnen in den zwanziger Jahren hinauf auf tausend Tonnen in den vierziger und zweitausend Tonnen in den sechziger Jahren. Der König selbst trug durch Experimente und ballistische Berechnungen dazu bei, daß die schwedischen Kanonen und Feuerwaffen stets verbessert wurden und zu den besten in Europa zählten, begehrt auch von den Gegnern.

Eine weitere Voraussetzung der schwedischen Großmachtpolitik war die Kriegsflotte, die Gustav Adolf bereits in den ersten Jahren seiner Regierung aufbaute, um jederzeit auf der deutschen Gegenküste eingreifen zu können. Auch dabei kamen ihm gleicherweise der Rohstoffreichtum seines Landes und das technische Können der niederländischen Schiffsbaumeister zustatten. Das Regalschiff der schwedischen Flotte sollte den Namen des Königshauses tragen: Es wurde um 1625 unter Leitung von Henrik Hybertsson de Groot auf der Stockholmer Werft gebaut, die damals mehr als dreihundert Männer beschäftigte. Die Wasa wurde mit vierundsechzig Geschützen bestückt und mit kunstvollem Schnitzwerk reich verziert, vor allem am Heck, wo sie das Reichswappen und die Königskajüte trug. Am Bugspriet war als Galionsfigur ein mächtiger, zum Sprung ansetzender Löwe angebracht. Er sollte das Meer, das er überspringen wollte, nie erreichen: Das mächtige Schiff kenterte am 10. August 1628 auf seiner Jungfernfahrt noch innerhalb des Stockholmer Hafens. Die schwedische Herrschaft über die Ostsee konnte dieses Unglück indes nicht erschüttern.

Die Schlacht von Breitenfeld öffnete den Süden des Reiches den Protestanten, wie ein halbes Dezennium zuvor der protestantische Norden dem Zugriff der Katholiken offengestanden hatte. Die evangelischen Territorien und Reichsstädte sahen den Schweden voller Erwartung entgegen, die Katholiken fürchteten in ihnen die Häretiker und Nordlandbarbaren. Die Liga unter Kurfürst Maximilian von Bayern und Feldmarschall Tilly warf sich ihnen Mitte April 1632 bei Rain am Lech entgegen, um sie am Übergang über den Fluß und am Einfall nach Bayern zu hindern. Gustav Adolf gelang es jedoch, eine Brücke auf eine Lechinsel zu schlagen und die gegnerischen Reihen unter schweres Geschützfeuer zu nehmen. Als Tilly tödlich getroffen aus dem Gefecht getragen wurde, zog sich Maximilian auf Ingolstadt zurück, wo Tilly am 30. April 1632 seiner Verwundung erlag.

Am 17. Mai 1632 hielt der Schwedenkönig seinen triumphalen Einzug in München, der Hauptstadt seines energischsten Feindes. In seiner Begleitung befand sich neben einigen kleineren Fürsten und Herren Friedrich V. von der Pfalz, für den die wittelsbachische Kur und das böhmische Königtum wieder in greifbare Nähe gerückt waren.

Die Not seiner Widersacher im katholischen Lager wurde für Wallenstein zur Stunde einer glanzvollen Rückkehr. Ferdinand hatte ihm bereits im Dezember 1631 unter dem Eindruck der Breitenfelder Niederlage die erneute Übernahme des Oberbefehls über die kaiserlichen Truppen geradezu aufgedrängt, weil nur er noch den »nordischen Löwen« zu bändigen versprach. Wallenstein hatte Bedingungen gestellt, um einem erneuten Zusammengehen von Fürsten und Kaiser notfalls Widerstand leisten zu können: Der Kaiser hatte ihm offensichtlich unumschränkte Befehlsgewalt zugestehen müssen, »in absolutissima forma« sei ihm das Kommando übertragen worden, wurde bald kolportiert. Zudem habe sich Ferdinand verpflichtet, dem Heer fernzubleiben. Alle Vereinbarungen wurden mündlich getroffen und sind nur durch spätere Quellen überliefert, die dem Generalissimus übelwollten. Aber die Ereignisse bestätigen, daß Wallenstein jetzt noch unabhängiger schalten und walten konnte und daß er weniger denn je ein an Weisungen des Kriegsherrn gebundener General im modernen Sinne war.

Auf dem Schlachtfeld bewährte sich diese Entscheidung, denn die Schweden sahen sich zum ersten Mal seit ihrem Eingreifen in den Krieg einem gleichwertigen Gegner gegenüber. Bei dem sächsischen Flecken Lützen, zwischen Naumburg und Leipzig, endete im Spätherbst 1632 ihr Siegeslauf. Wallenstein war in Sachsen eingefallen, um den protestantischen Kurfürsten wieder auf die Seite des Kaisers

Sarkophag mit dem Totenschädel des Feldmarschalls Johann Tserclaes Graf von Tilly in der Altöttinger Wallfahrtskirche

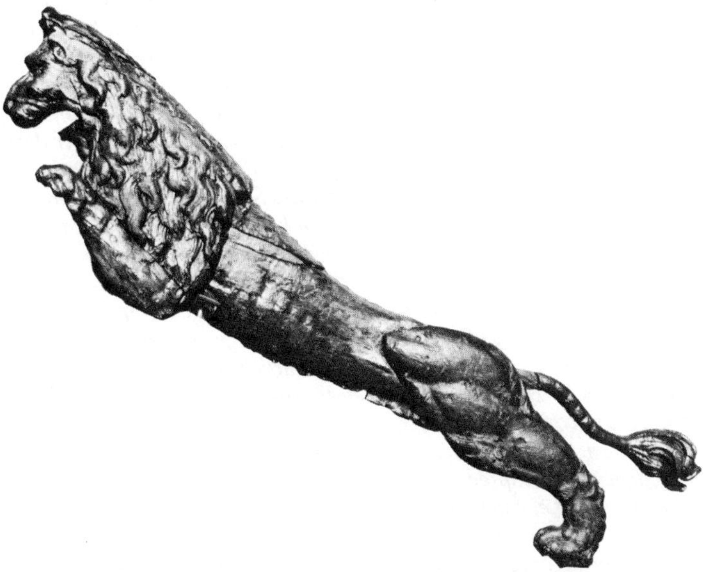

Der schwedische Löwe zum Sprung ansetzend, Galionsfigur der Wasa

Die europäische Randmacht Schweden erscheint im 17. Jahrhundert neu auf der europäischen Bühne. Die schwedische Kriegsflotte gewann für beträchtliche Zeit die Vorherrschaft in der Ostsee. Legende wurde die Wasa, das königliche Flaggschiff, das auf der Jungfernfahrt noch im Hafen von Stockholm unterging.

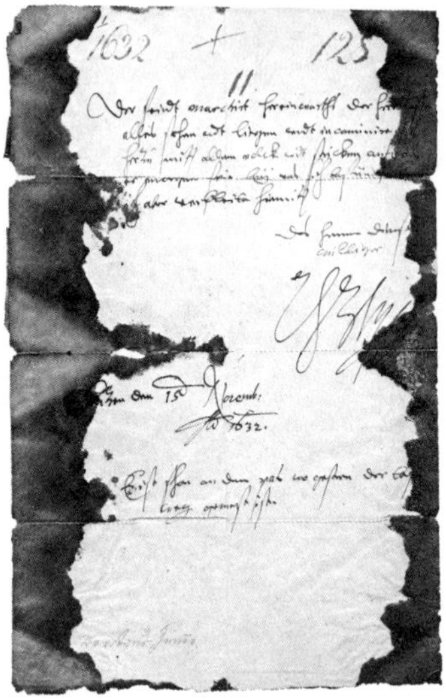

Ein an den Rändern blutbefleckter Zettel, mit dem Wallenstein seinen Feldmarschall Graf von Pappenheim am 15. November 1632 aufforderte, eiligst auf Lützen zu marschieren, weil die Schweden die Schlacht suchten.

zu zwingen. Als Wallenstein schon an das Winterquartier dachte, zog Gustav Adolf überraschend von Süden in Eilmärschen heran, um den Generalissimus noch vor dem Ende der Kampagne zur Entscheidungsschlacht zu zwingen. Kurzentschlossen stellte Wallenstein sich am 16. November dem Kampf, obgleich er die Reiterei unter Pappenheim erst noch herbeizitieren mußte.

Gleich zu Anfang brachte die schwedische Reiterei den Gegner in Bedrängnis. Der König aber, den eine angeborene Kurzsichtigkeit behinderte, geriet zur Mittagszeit, von Pulverdampf und Herbstnebel getäuscht, in eine Schar feindlicher Kürassiere und fand den Tod. Der Hergang des Geschehens ist von Friedrich Schiller im Dritten Buch seiner »Geschichte des Dreißigjährigen Krieges« ziemlich korrekt wiedergegeben:

[Indessen hat] der rechte Flügel des Königs, von ihm selbst angeführt, den linken des Feindes angefallen. Schon der erste machtvolle Andrang der schweren finnländischen Kürassiere zerstreute die leicht berittnen Polen und Kroaten, die sich an diesen Flügel anschlossen ... In diesem Augenblick hinterbringt man dem König, daß seine Infanterie über die Gräben zurückweiche und auch sein linker Flügel durch das feindliche Geschütz von den Windmühlen aus furchtbar geängstigt und schon zum Weichen gebracht werde. Mit schneller Besonnenheit überträgt er dem General von Horn, den schon geschlagenen linken Flügel des Feindes zu verfolgen, und er selbst eilt an der Spitze des Stenbockischen Regiments davon, der Unordnung seines eigenen linken Flügels abzuhelfen. Sein edles Roß trägt ihn pfeilschnell über die Gräben; aber schwerer wird den nachfolgenden Schwadronen der Übergang, und nur wenige Reiter, unter denen Franz Albert Herzog von Sachsen-Lauenburg genannt wird, waren schnell genug, ihm zur Seite zu bleiben. Er sprengte geradenwegs demjenigen Orte zu, wo sein Fußvolk am gefährlichsten bedrängt war, und indem er seine Blicke umhersendet, irgendeine Blöße des feindlichen Heeres auszuspähen, auf die er den Angriff richten könnte, führt ihn sein kurzes Gesicht zu nah an dasselbe. Ein kaiserlicher Gefreiter bemerkt, daß dem Vorübersprengenden alles ehrfurchtsvoll Platz macht, und schnell befiehlt er einem Musketier, auf ihn anzuschlagen. »Auf den dort schieße«, ruft er, »das muß ein vornehmer Mann sein.« Der Soldat drückt ab, und dem König wird der linke Arm zerschmettert. In diesem Augenblick kommen seine Schwadronen dahergesprengt, und ein verwirrtes Geschrei: »Der König blutet – Der König ist erschossen!« breitet unter den Ankommenden Schrecken und Entsetzen aus. »Es ist nichts – folgt mir«, ruft der König, seine ganze Stärke zusammenraffend; aber überwältigt von Schmerz und der Ohnmacht nahe, bittet er in französischer Sprache den Herzog von Lauenburg, ihn ohne Aufsehen aus dem Gedränge zu schaffen. Indem der letztere auf einem weiten Umweg, um der mutlosen Infanterie diesen niederschlagenden Anblick zu entziehen, nach dem rechten Flügel mit dem König umwendet, erhält dieser einen zweiten Schuß durch den Rücken, der ihm den letzten Rest seiner Kräfte raubt. »Ich habe genug, Bruder«, ruft er mit sterbender Stimme. »Suche du nur dein Leben zu retten.« Zugleich sank er vom Pferd, und von noch mehrern Schüssen durchbohrt, von allen seinen Begleitern verlassen, verhauchte er unter den räuberischen Händen der Kroaten sein Leben.[61]

Unmittelbarer, realistischer noch berührt uns der Vorgang im Stakkatoton der Wallensteinbiographie von Golo Mann:

[Es war an diesem Tag, daß Gustav Adolf] einen Musketenschuß in den

linken Arm erhielt und seinen Schimmel nicht mehr lenken konnte, der schwere, kurzsichtige Mann in Rauch und Nebel; seinen Begleiter bat, Franz Albrecht von Lauenburg, ihn aus dem Getümmel zu bringen, aber, hilflos abtreibend, auf einen Schwarm kaiserlicher Reiter traf, die ihn töteten mit Pistolenschüssen und Stichen, in den Kopf, in den Rücken, und dann ihn plünderten, Kette und Uhr und silberne Sporen, und Hut und Kleider und Stiefel auch, so daß der nackte Leichnam auf nackter Erde lag, der Löwe aus Mitternacht, der Kreuzfahrer, der Don Quixote.[62]

Die Nachricht vom Tod ihres Königs ließ die erbitterten Schweden bis in die anbrechende Nacht hinein in immer neuen Wellen gegen den Feind anstürmen. Wallenstein nutzte dann die Dunkelheit, sein schwer angeschlagenes Heer in Sicherheit zu bringen. Die zuletzt unter dem Oberbefehl Herzog Bernhards von Sachsen-Weimar kämpfenden Protestanten hatten das Feld behauptet, doch um welchen Preis! Der Tod Gustav Adolfs hatte den Glanz der schwedischen Waffen verdunkelt, das Schicksal des deutschen Protestantismus war wieder ungewiß geworden.

Aber auch die Zeitspanne des kaiserlichen Generalissimus war kurz bemessen. Lützen sollte auch Wallensteins letzte Schlacht sein. Als der unheimlich-geheimnisvolle Mann weitausgreifende Macht- und Friedenspläne entwickelte und hierüber hinter dem Rücken des Kaisers mit Sachsen und den böhmischen Emigranten, ja selbst mit Frankreich und Schweden Fühlung aufnahm, schien er den schma-

Die Schlacht bei Lützen, Gemälde von Jan Asselyn

Dargestellt ist der Moment, in dem der Schwedenkönig in Bedrängnis gerät.

Da der Kaiser dem mächtigen Heerführer keinen ordentlichen Prozeß machen kann, wird Wallenstein am 25. Februar 1634 in der böhmischen Festung Eger durch den irischen Hauptmann Devereux ermordet. Radierung aus dem »Theatrum Europaeum« von Matthäus Merian

len Grat der auch ihm auferlegten Loyalität gegenüber dem Kaiser als Reichsoberhaupt verlassen zu haben. Damit war sein Schicksal besiegelt. Auch am Kaiserhof traute man ihm nun zu, nach Königskronen oder gar nach der Kaiserkrone zu greifen. Am 25. Februar 1634 wurde Wallenstein in der Festung Eger von gedungenen Schergen niedergestochen wie ein toller Hund.

Das frühneuzeitliche Reichssystem hatte den genialen Glücksritter des Krieges besiegt. Im Deutschland des 17. Jahrhunderts war es nicht mehr möglich, nach Art der italienischen Renaissancekondottieri mit dem Schwert Dynastien und Fürstenhäuser zu begründen. Kaisertum und Fürstengewalt, so zerstritten sie auch untereinander über Kompetenz und Einflußsphären waren, suchten den Kreis von legitimen Herrschaftsträgern im Reich vor Eindringlingen zu schützen. War ein Aufsteiger so mächtig geworden, boten sich dem Kaisertum kraft seiner jahrtausendealten Legitimität und der weiten Skala attraktiver Entlohnungen andere Mittel der Exekution: Die Mörder Wallensteins fühlten sich als Vollstrecker eines rechtmäßigen kaiserlichen Urteils. Die Offiziere, die an dem Sturz des Mächtigen mitgewirkt hatten, wurden die neuen Herren in den weiten Besitzungen Wallensteins. Böhmen gelangte endgültig in den Besitz von Männern des Kaisers.

Der letzte Versuch, die von der Fürstenlegitimität getragene Reichsterritorialverfassung aus den Angeln zu heben, war gescheitert. Auch militärisch hatte das Kaisertum sich selbst gefunden: An die Spitze des Heeres trat König Ferdinand, der Sohn des Kaisers, der seinem Vater bereits auf dem böhmischen und ungarischen Thron gefolgt war. Piccolomini und Gallas, Männer nach dem Schnitt Wallensteins, hatten von nun an unter seinem direkten Oberbefehl Dienst zu tun.

4. Krieg und sozialer Wandel

Mord oder Exekution, das blutige Ende Wallensteins deutet über die Tragik eines einmaligen Schicksals hinaus. Die Weite, aber auch die Grenzen individueller Handlungsspielräume waren sichtbar geworden, selbst wenn der Rebell eine Statur hatte wie der große Generalissimus. Die Schicksalstragödie verweist auf die strukturgeschichtlichen Bedingungen, die den Leidenschaften der großen Einzelperson ebenso wie dem militärischen und politischen Geschehen den Rahmen setzten. Der gewaltige Krieg des 17. Jahrhunderts war ein tiefer Einschnitt in der Geschichte Deutschlands und Europas; aber die Entwicklung, die sich seit Generationen angebahnt hatte, hemmte er nicht ganz und gar. Er war nicht nur Haupt- und Staatsaktion, gewaltsame Zerstörung und Schreckenskosmos; er war auch ein mächtiger Motor des sozialen Wandels und der Modernisierung. Der im 16. Jahrhundert in Gang gesetzte Wandel wurde durch das Kriegsgeschehen nicht in jeder Hinsicht abgebrochen, vielmehr wurde er in zentralen Bereichen extrem beschleunigt. Augenfällig ist dies beim politischen Wandel: Der Krieg wurde zur Inkubationszeit von Absolutismus und höfischer Adelswelt, die zusammen die zweite Hälfte der Frühneuzeit prägen sollten, indem sie die große Systemtransformation am Ende des 18. Jahrhunderts weiter vorbereiteten.

Vorausgegangen waren Veränderungen in der Kriegführung sowie in der Militärverfassung, die sich seit dem ausgehenden Mittelalter angebahnt und seit Mitte des 16. Jahrhunderts beschleunigt hatten; diese frühneuzeitliche Militärrevolution[63] trat neben die anderen radikalen Veränderungen, die die Epoche kennzeichneten. Nach der endgültigen Ablösung der Ritterheere auf der Basis des Lehnsaufgebotes war die Infanterie zur Kernformation der neuzeitlichen Heere geworden. In der Reformationsepoche wurden die Truppen in Deutschland noch überwiegend aus dem Land selbst rekrutiert; allmählich aber waren aus den »Landsknechten«, für deren Wohl sich Kaiser Maximilian persönlich verantwortlich fühlte, aus aller Herren Länder zusammengelaufene »Kriegsvölker« geworden: Schotten, Franzosen, Kroaten, Wallonen, Italiener, Ungarn, sie alle dienten in den deutschen Armeen des Dreißigjährigen Krieges. Der neuzeitliche Typ des europäischen Kriegers war der Söldnersoldat, wie der Reiterritter der mittelalterliche Typ gewesen war. Die spanische Infanterie, deren mit langen Lanzen bewaffnete Quadrate die Schlachtfelder des 16. Jahrhunderts beherrschten, rekrutierte ihre Söldner noch weitgehend aus den iberischen Königreichen selbst. Die deutschen Heere des Dreißigjährigen Krieges wurden dann aber ganz und gar von der fremden »Völker Schar«[64] geprägt.

Die nächste Neuerung der Kriegstechnik betraf die rasch zunehmende Bedeutung und Durchschlagskraft der Schußwaffen: Das betraf nicht nur die leichte und schwere Artillerie, sondern auch die Infanterie und die Kavallerie. Vor allem aber wuchs die Kopfstärke der Heere: Im Dreißigjährigen Krieg waren es sechzig- bis siebzigtausend Mann; in den ersten Jahrzehnten des 18. Jahrhunderts kämpften dann bereits Heere von vierhunderttausend Soldaten.

Dem entsprach die Notwendigkeit, das eigene oder eroberte Territorium durch feste Plätze zu sichern, die sich zu immer gewaltigeren Befestigungsanlagen auf dem neuesten Stand von Ballistik und Technik entwickelten. Der frühneuzeitliche Krieg war zum großen Teil Belagerungs- und Stellungskrieg.[65]

Auf dem Schlachtfeld selbst – und auch dies war eine radikale Neuerung – kam es immer mehr auf Beweglichkeit und technische Perfektion an. Die gut gedrillten kleinen Einheiten, die aus der oranischen Heeresreform hervorgingen, und die Verbesserung von Geschwindigkeit und Präzision des Feuerns, um die sich der Schwedenkönig bemühte, wurden zum Vorbild der großen Armeen des 18. Jahrhunderts, voran der preußischen. All dies führte dazu, daß der Krieg und das Militärwesen eine neue Dimension gewannen, nicht nur hinsichtlich des Zerstörungspotentials, sondern vor allem in den politischen und gesellschaftlichen Konsequenzen.

Wie ein Staat die mit den riesigen Söldnerheeren und dem kostspieligen Festungs- und Belagerungskrieg verbundenen Organisations- und Finanzierungsprobleme zu lösen vermochte, war politisch entscheidend geworden. Davon wurden auch Staat und Gesellschaft geprägt: »Pecunia nervus rerum« (Das Geld ist der Nerv aller Dinge), dieser Satz galt mehr denn je. In Spanien zum Beispiel waren der machtpolitische Niedergang und die innere gesellschaftliche Verkrustung auch eine Konsequenz der nie befriedigend gelösten Kriegsfinanzierung. Immer wenn längere Zeit die Soldzahlungen ausblieben, versetzte die »spanische Furie«, die Meuterei der spanischen Soldateska, Freund und Feind in Angst und Schrecken.

Demgegenüber entwickelten die Generalstaaten, gestützt auf die libertär-bürgerliche Wirtschaftsgesellschaft der Republik, eine Technik der Geldschöpfung, die sie befähigte, eine Armee faktisch unbegrenzt zu unterhalten. Bei einem plötzlichen Finanzengpaß vermochten die Generalstaaten innerhalb von wenigen Tagen eine Anleihe von einer Million Gulden zu einem Zinssatz von drei Prozent zu plazieren, während in Spanien dazu monatelange Verhandlungen nötig und Zinssätze von sieben bis zehn Prozent zu zahlen waren. Das logistische Problem – die Kleidung und Verproviantierung der Armeen sowie Ausbau und Unterhalt der Festungen – hatte immer einschneidendere Konsequenzen. Für die flandrische Armee der Spanier hat man ausgerechnet, daß sie täglich fünfzig- bis sechzigtausend Laib Brot und Tausende von Hektolitern Wasser, Wein und Bier benötigte, dazu Heu und Hafer für Tausende von Pferden. Damit stellten sich außerordentliche Organisationsaufgaben, bei der Fourage, dem Troß und den technischen Einrichtungen für den Transport immer schwerer werdender Kanonen und Belagerungsmaschinen.

Es waren gewaltige Aufgaben, die von den Fürsten und ihren frühmodernen Bürokraten gelöst werden mußten und die ihre Institutionen wie ihr Selbstbewußtsein enorm ausweiteten. Der Entwicklungszusammenhang zwischen Krieg, Rüstung und Absolutismus brachte sich in diesem Jahrhundert allenthalben in Europa zur Geltung. Zeitweilig sah es so aus, als ob er selbst die niederländische Republik erfassen würde. Da Deutschland besonders lange und besonders verheerend vom Krieg heimgesucht wurde, waren hier die Veränderungen besonders radikal.

All das kam den Fürsten zugute, die die Organisationsanforderungen zusammen mit dem Notstand des Krieges - die »necessitas«-Situation, wie es in der zeitgenössischen Staatslehre heißt - zur Fundamentalrevision der politisch-gesellschaftlichen Ordnung in ihrem Sinne nutzten. Die Kronjuristen erklärten die Fürsten für befugt, zur Abwendung der dem Land drohenden Gefahr die Untertanen auch ohne oder mit nur formaler Zustimmung der Stände zu besteuern. Damit wurde das wichtigste Mitwirkungsrecht der Landstände ausgehöhlt. Landtage traten von nun an nur noch selten zusammen, bestenfalls waren sie durch Ständeausschüsse vertreten. Die von den Steuern bezahlten Söldnerheere entwickelten sich im Verlauf des 17. Jahrhunderts zu stehenden Heeren, für die der Westfälische Friede die reichsrechtlichen Grundlagen schuf. Damit hielten die armierten Fürsten innerhalb ihrer Territorien ein bis dahin nicht gekanntes Machtinstrument in Händen, mit dem sie jeden ständischen Widerstand im Keim ersticken konnten.

In Bayern zum Beispiel hatte Herzog Maximilian zwar bereits vor dem Krieg wichtige Weichen gestellt für ein autokratisches Regiment auf finanziell, bürokratisch und machtpolitisch gesicherter Basis,[66] doch erst der Krieg gab ihm Gelegenheit, diese Ansätze zum Absolutismus fortzuentwickeln. Während in Bayern zwischen 1514 und 1579 vierunddreißig und zwischen 1579 und 1612 sechs Landtage zusammentraten, davon zwei - 1605 und 1612 - in der Regierungszeit Maximilians, blieben sie danach ein halbes Jahrhundert, nämlich bis 1669, suspendiert.[67] Maximilian zog seine Steuern kraft eines Notstandsrechts ein und schaltete und waltete unter Hinweis auf den Krieg nach Belieben. Selbst den Ausschuß des Landtages überging er, nachdem Bayern 1632 Kriegsschauplatz geworden war. Ohne die Verordneten dieses Ständeausschusses zu konsultieren, ordnete Maximilian im Januar 1633 monatliche Kriegskontributionen und im September eine reguläre Steuer an. Die landesherrlichen Beamten trieben die Gelder sogleich unter militärischem Schutz ein. Nachdem der Herzog im Sommer 1633 die Kirchenschätze eingezogen hatte, beschlagnahmte er im darauffolgenden Jahr die Landschaftskassen, also das Vermögen der Stände. Beschwerden wies er zurück mit der Begründung, »der Drang des Krieges selbst bringt die Gesetze zum Schweigen«.

Die Lanzenquadrate der modernen spanischen Infanterie beherrschten im 16. und im frühen 17. Jahrhundert die Schlachtfelder Europas. Die Lanze im Anschlag, rückte die Abteilung vor - wie ein mechanisch angetriebener Koloß die Gegner überrollend.

Der bayerische Defensions- und Kriegsrat, der 1583 nur vorübergehend anläßlich des Kölner Krieges eingerichtet worden war, entwickelte sich seit 1620 zu einer weiteren rein fürstlich dirigierten Zentralbehörde neben Hofkammer und Geistlichem Rat. Indem er Musterung, Verproviantierung und Ausrüstung der Truppen sowie Bau und Unterhalt der Festungen zentral organisierte, war der allein dem Kurfürsten unterstellte Defensionsrat über Jahrzehnte hin das eigentliche Machtzentrum des bayerischen Staates.

In der Not des Krieges wurden die Fürsten zum unangefochtenen Garanten der äußeren Sicherheit. Parallel dazu festigten sie ihr Monopol auf Gewaltanwendung innerhalb ihrer Territorien. Nachdem die Kriegsfurie dann endlich gebannt war, gestanden die Staatstheoretiker dem fürstlichen Souverän diese im Ausnahmezustand erwirkte Machtvollkommenheit als ordentliche Rechte zu. Nach den schrecklichen Erfahrungen der dreißig langen Kriegsjahre schätzte man Ruhe und Frieden so hoch, daß es den Fürsten geradezu als

Pflicht auferlegt wurde, durch bewaffnete Macht, Gerechtigkeit und christliche Erziehung allen »inneren unruhen« vorzubeugen und »äußerlichen feinden oder innerlichen aufrührern« zu wehren.[68] In dieser Situation konnte der bayerische Kurfürst in seinem politischen Testament seinem Sohn und Nachfolger Ferdinand Maria die Regierungsmaxime mit auf den Weg geben, daß er als Landesherr und natürliches Haupt des Landes ohne Rücksicht auf die Stände »sich seines gewalts und rechts sonderlich aber in extraordinari nothfählen gebrauchen, wie wür dann solches zu verschidentlichen mahlen practicirt«. Denn in solchen Fällen habe »ein landesfürst ihres [der Stände] willens nit vonnöthen, sondern sich seiner landesfürstlichen superioritaet zu gebrauchen«.[69]

Allerdings verspielten in Bayern schwache Herrscherpersönlichkeiten schnell die Pfunde, die Maximilian im Krieg für den fürstlichen Absolutismus angesammelt hatte; in anderen Staaten jedoch, vor allem in Brandenburg und Österreich, setzte sich der Krieg-Absolutismus-Zyklus fort, bis dort im 18. Jahrhundert die großen zentralistischen Macht- und Militärstaaten etabliert waren. Daß sie über das Reich hinauswuchsen und zu europäischen Mächten wurden, entschied sich ebenfalls im Dreißigjährigen Krieg, denn den deutschen Fürsten wuchs in diesen Jahren endgültig das Bündnisrecht mit auswärtigen Staaten zu. Im Westfälischen Frieden wurde das dann reichsverfassungsrechtlich verankert.

Als vielleicht wichtigster geistesgeschichtlicher Wandel von weitreichender verfassungs-, staats- und politikgeschichtlicher Bedeutung vollzog sich in den Schrecken des Krieges die Säkularisation des Politischen. Es war ein geradezu dialektischer Vorgang: Auf dem Höhepunkt der Allianz von Politik und Religion in ihrer konfessionalistischen Konkretisierung wurde Politikern wie Kirchenmännern klar, daß es diese seit Generationen als naturgegeben angenommene Verschränkung war, die Staat und Gesellschaft ins Chaos gestürzt hatte. In der inneren und äußeren Krise des Glaubenskrieges »verzehrte sich die religiöse Motivation«[70] des politischen Handelns.

Wollte man zukünftig eine gesicherte Basis für ein friedliches Zusammenleben der Völker und der Menschen innerhalb eines Staates schaffen, so mußten Politik und staatlich-öffentliches Handeln von der Konfession und den mit ihr verbundenen zerstörerischen Leidenschaften abgekoppelt werden, sie mußten säkularisiert werden, das heißt, sie waren als autonome, rein innerweltlich legitimierte Kräfte zu verstehen. Nicht mehr eine durch die Religion geleitete und legitimierte, sondern die autonome, innerweltliche Politik war fortan die Leitfigur für das öffentliche Handeln. Das war die neue Basis, auf der in der zweiten Hälfte des 17. und im 18. Jahrhundert die europäischen Mächte im Innern und nach außen Politik machten.

Auch die Gesellschaft veränderte sich im Krieg und durch den Krieg immer schneller. Der Dreißigjährige Krieg war gesellschaftsgeschichtlich nicht Niemandsland, sondern ein wichtiges Brückenglied zwischen dem frühbürgerlichen Zeitalter des »langen 16. Jahrhunderts« und der aristokratischen Welt der Höfe in der zweiten Hälfte des 17. und des 18. Jahrhunderts. Nach seiner politischen, ökonomischen und mentalitätsgeschichtlichen Krise des ausgehenden 15. und

16. Jahrhunderts fiel dem Adel in der ersten Hälfte des 17. Jahrhunderts die Chance zu, seine gesellschaftliche Position auf einer neuen Basis wieder zu festigen. Auch das war eine direkte Konsequenz der allgemeinen Veränderungen innerhalb der europäischen Kriegsverfassung.

Der adlige Reiterkrieger hatte zwar mit dem Ende der Feudalheere seine Funktion eingebüßt, aber die Militärreformen des ausgehenden 16. Jahrhunderts boten dem europäischen Adel neue Aufgaben, die seinem Selbstverständnis entsprachen. Die von Justus Lipsius, dem Leidener Professor für antike Philosophie, und seinem Schüler Moritz von Oranien propagierte Disziplinierung des Soldatenberufes im Geiste des römischen Stoizismus wertete das Offizierskorps auf und machte es für den Adel attraktiv. Das galt bereits für das Oranierheer selbst. Während des Krieges blieb die ritterlich-adlige Selbstzucht zwar häufig auf der Strecke, aber dennoch gingen diese Impulse nicht verloren.

Als seit der Mitte des 17. Jahrhunderts die deutschen und europäischen Staaten dann stehende Heere aufbauten, bildete sich Schritt für Schritt das Offizierskorps im frühmodernen Sinne heraus. Es war in der Regel sowohl geburts- als auch berufsständisch geprägt, das heißt, es wurde vom Adel dominiert, der die militärischen Aufgaben aber nicht mehr als Feudalkrieger oder - wie die meisten Heerführer im Dreißigjährigen Krieg - als Kondottiere auf eigene Rechnung wahrnahm, sondern als Diener des Staates unter dem bindenden Oberbefehl eines höchsten Kriegsherrn. Im Dreißigjährigen Krieg kam Tilly, der das Ligaheer im Auftrag und unter der Oberaufsicht Maximilians von Bayern führte, diesem neuen Offizierstyp bereits nahe. Anders als Wallenstein strebte Tilly nicht danach, seine Kommandogewalt für eigene politische Ziele oder gar zur Errichtung eines eigenen Fürstentums einzusetzen. Er war Generalleutnant unter dem Oberbefehl Maximilians, ein selbstherrlich schaltender Generalissimus ist er nie gewesen. »Tillys Bereitschaft, sich der von Maximilian vertretenen Staatsgewalt unterzuordnen, entsprach seiner Auffassung von den Pflichten eines Feldherrn.«[71] Das war die moderne Sicht des Offiziersberufes als militärischer Dienst am Staat unter der politischen Führung des neuzeitlichen Souveräns.

Indem der alten Kriegerkaste Gelegenheit geboten war, sich im Offizierskorps mit dem frühmodernen Staat zu versöhnen, nahm unabhängig davon die Bereitschaft zu, ihm auch in zivilen Ämtern zu dienen: in der Bürokratie, am Hof und im diplomatischen Dienst, der sich während des Krieges rasch entfaltete, weil die Kämpfe ständig von Allianz- und Friedensverhandlungen begleitet waren. Selbst ökonomisch scheint der Krieg dem Adel nicht nur Schaden zugefügt zu haben. Natürlich blieben auch Adelsgüter und Adelsvermögen von Verlusten und Ruin nicht verschont, aber sie wurden durch »Kriegsgewinne« anderer Adelsfamilien wettgemacht. Besonders deutlich ist das in Böhmen, wo der militärische Triumph der Habsburger von einer gewaltigen gesellschaftlichen und ökonomischen Umwälzung begleitet war - zu Lasten des Bürgertums und des alten ständischen Adels und zugunsten einer neuen habsburgisch gesinnten Aristokratie.

Es war ein neuer Adel, der nach dem Ende der langen Kriegszeit in Deutschland und Europa die höfische Welt aufbaute. Bluts- und familienmäßige Kontinuität zum mittelalterlichen Adel war eher die Ausnahme. Aus dem Bürgertum waren neue Kräfte für den Staatsdienst mobilisiert worden, ebenso mancher, der im Krieg seine Fortüne gemacht hatte, etwa Johann Graf von Werth, ein Bauernsohn vom Niederrhein, der sich als tollkühner Reitergeneral auszeichnete und vom Kaiser geadelt wurde. Sie alle wurden verschmolzen zur Aristokratie des höfischen Jahrhunderts, die selbst in den sogenannten absolutistischen Systemen als erster Stand Staat und Gesellschaft mittrug.

Selbst in ökonomischer Hinsicht war der Krieg nicht nur zerstörerisch. Er wirkte auch als Schwungrad des ökonomischen Wandels. Über Holland heißt es in einem englischen Pamphlet, es sei »durch den Krieg ökonomisch hochgekommen und reich geworden«.[72] Das war vielleicht etwas vereinfachend gesagt, aber nicht ganz falsch. Schweden wandelte sich unter dem Druck des Krieges vom mittelalterlichen Agrarstaat zum frühmodernen Wirtschaftsraum mit intensiven Handelsverflechtungen und einem merkantilistischen Großgewerbe, vor allem auf dem Montansektor. Wegen der gewaltigen Verwüstungen im Zentrum der Kriegswirren liegen die Verhältnisse in Deutschland viel komplizierter. Aufs Ganze gesehen überwogen hier die zerstörerischen Folgen alles andere, und doch lassen sich selbst dort Ansätze für ein Wirtschaftswachstum und für ökonomische Wandlungsprozesse erkennen. Hamburg etwa, als uneinnehmbare Festungsstadt von direkten Kriegseinwirkungen verschont, profitierte vom Krieg nicht zuletzt deshalb, weil die Schweden ein Gutteil ihrer Finanztransaktionen über die Hansestadt abwickelten.

Wie die schwedischen, so expandierten auch die metallverarbeitenden Gewerberegionen des Rheinlandes, Sauerlandes, Thüringens und Sachsens. Da sie aber allesamt von schweren Zerstörungen heimgesucht wurden, konnten langfristige Modernisierungsimpulse davon nicht ausgehen. Die imposante Kriegswirtschaft, die Wallenstein in Friedland aufgebaut hatte, brach nach dem Tod des Herzogs zusammen. Im Gegensatz zu den Niederlanden entwickelten sich im Territorium Wallensteins keine dauerhaften krisensicheren Kapazitäten im Finanz- und Bankgeschäft. Zwar entwickelte Hans de Witte, der niederländische Finanzmann Wallensteins, neue Wege der Geld- und Kreditschöpfung, die ihn in die Lage versetzten, die riesige Armee des Generalissimus zu finanzieren. Als aber der politische Umschwung die Kreditwürdigkeit Wallensteins ins Zwielicht rückte, war dem europaweiten Finanzierungssystem der Todesstoß versetzt, und der geniale Bankier machte seinem Leben durch einen Sprung in den Brunnen seines Hauses ein Ende.

Und doch wurde die rational gelenkte und effektive Kriegswirtschaft des Friedländers, vom Kaiser und von den Reichsständen argwöhnisch bewundert, ein Modell für die Fürsten, die nach Beendigung des Krieges auf dem Weg zum territorialstaatlichen Merkantilismus rasch vorankommen wollten. Im Bericht eines habsburgischen Finanzbeamten, der die Wallensteinschen Besitzungen 1633 durchreiste, werden Wirtschafts- und Finanzsystem dieser böhmischen Musterländer unverhohlen als Vorbild für entsprechende Verbesserungen in den kaiserlichen Ländern selbst gepriesen. Im

Gegensatz zu den von den Habsburgern direkt verwalteten Gebieten Böhmens, so wurde der Wiener Regierung berichtet, seien in Friedland *die Cameralien in Wirtschaft als Geldsachen dermaßen mit solchen Ordnungen bestellt, darüber sich zu verwundern. Die ministri haben respektive ihrer Dienste große und gewisse Besoldung, dadurch die Corruptelen ganz unterbleiben und bei solcher guter Administration ein unsägliches Geld stündlichen einkommen tuet ... Also ist sich nicht zu verwundern, daß ... das ganze Land täglich zu merklichem Aufnehmen erbauet und alles in höchstem Wohlstand zu finden ist.*[73]

Nach der Ermordung Wallensteins hätte Wien Gelegenheit gehabt, das moderne, gleichsam auf dem Reißbrett entworfene Wirtschafts- und Finanzsystem Friedlands weiterzuführen, aber es sah sich dazu nicht in der Lage, weil die drängenden Umstände des Krieges für längerfristige Planungen keinen Raum ließen. So ging es in Deutschland allenthalben: Die unmittelbaren Kriegsereignisse und das Ausmaß direkter Zerstörung machten mögliche Wachstums- und Innovationsimpulse der Kriegswirtschaft zunichte.

Die wichtigste Veränderung, die sich im Grauen von Kampf, Hunger, Verstümmelung und Tod Bahn brach, betraf den Krieg selbst. Indem er Wolfsnaturen züchtete, zwang er den Menschen zur Selbstbesinnung; je länger sich der Krieg hinschleppte, um so mehr wurde die Soldateska zum Inbegriff der Sittenlosigkeit, ja des Teuflischen schlechthin. Neben dem religiösen Fanatismus, der insbesondere die Spanier auszeichnete, und der Abstumpfung durch das Kriegserleben trug zu dieser Verrohung bei, daß immer mehr fremde Kriegsvölker Deutschland durchzogen. War das schwedische Bauernheer bei seiner Landung ein Vorbild an Disziplin und Ordnung gewesen, so gab es wenige Jahre später dem berüchtigten »Schwedentrunk« den Namen, den wir aus dem Bericht des Simplicissimus kennen.

Gerade aus der kaum noch zu überbietenden Fanatisierung und der Verrohung in der Kriegführung wuchs unaufhaltsam der Zwang zur Einhegung der zerstörerischen Kraft. Über Generationen hinweg befaßten sich Militärtheoretiker und Juristen mit dieser Aufgabe. Lazarus Schwendi (1522-1584), Graf Johann von Nassau-Siegen (1561-1623) und Johann Jacobi von Wallhausen (1580-1627) hatten sich um die Verbesserung der Disziplin bemüht und neue, hohe Ansprüche an den Soldatenberuf formuliert. Ein moralisch gezügeltes Pflichtbewußtsein sollte einhergehen mit perfekter Beherrschung des Körpers und der Waffen; daneben sollten Grundkenntnisse in der Mathematik und der Fortifikationstechnik treten, die vor den großen Festungsbauten des Barock immer wichtiger wurden. Aber erst die entmenschlichte Soldateska des Dreißigjährigen Krieges machte den Verantwortlichen in allen Lagern klar, daß diesen Theorien Taten folgen mußten. Auch das Kriegs- und Völkerrecht, über das bereits seit dem ausgehenden Mittelalter nachgedacht wurde, erhielt im Feuersturm des langen Krieges seine Evidenz. Es wurde bald von allen europäischen Staaten anerkannt und konnte seit der Mitte des 17. Jahrhunderts einen entscheidenden Beitrag zur Humanisierung des Kriegsgeschehens in Europa leisten.

Am Ende dieser Schreckenserfahrung wurde die ausweglose Totalkonfrontation der Weltanschauungssysteme durch die Trennung von Konfession und Politik überwunden. Das war zugleich ein

Die Übergabe der holländischen Festung Breda an die Spanier, Gemälde von Diego Velázquez, um 1642

Das ausweglose Gegeneinander der Glaubensbekenntnisse und Weltanschauungssysteme, das Deutschland und Europa an den Rand des Abgrunds gebracht hatte, wurde am Ende in einem neuen Denken des Ausgleichs überwunden. Symbolisch führt das Gemälde von der Übergabe Bredas diese Wende vor: Der spanische Feldherr Spinola und der niederländische Festungskommandant Justinus von Nassau, Sieger und Besiegter, sind in der Geste der Humanität vereinigt.

Schritt hin zum modernen, pragmatisch bestimmten Verständnis vom politischen Handeln. Vorbereitet im Reichsdenken des Jesuiten Francisco Suárez (1548-1617) in Spanien und des Hugo Grotius (1583-1645) in Holland, ist diese Gesinnung symbolisch-künstlerisch erhöht in dem berühmten Gemälde »Las Lanzas« des spanischen Hofmalers Diego de Velázquez (1599-1660) zu finden, das er 1635 für den königlichen Salon im Palast Buen Retiro schuf.

Das Bild stellt die Übergabe der Festung Breda an die Spanier durch den Kommandanten der staatischen Besatzung am 5. Juni 1625 dar, und zwar jenen Moment, in dem sich die beiden Feldherren persönlich begegnen:[74] Ambrogio de Spinola, der Spanier, erhält von Justinus von Nassau, dem geschlagenen Verteidiger, die Schlüssel der Festung. Nicht Triumph und Erniedrigung stellt Velázquez dar, sondern eine vereinende und versöhnende Geste der Humanität, getragen von militärisch-adliger Selbstzucht und Beherrschung der Leidenschaften. Spinola geht ritterlich auf den besiegten Gegner zu, den Hut gezogen legt er ihm die Hand anerkennend und verständnisvoll auf die Schulter. Der Schlüssel, der Sieg und Niederlage symbolisiert, spielt in dieser menschlichen Begegnung kaum noch eine Rolle, auch wenn er das Bildgeschehen selbst formal und inhaltlich beherrscht.

Das Gemälde des Velázquez und die ihm zugrundeliegende historische Erfahrung sind vor dem Hintergrund der damals noch üblichen Kriegführung zu sehen. Noch im Mai 1631 war die Belagerung der Stadt Magdeburg durch die katholische Armee unter Tilly mit einer Katastrophe zu Ende gegangen. Religiös fanatisiert besaßen weder Belagerte noch Belagerer die Freiheit, eine humane Lösung anzustreben. Statt mit Übergabeverhandlungen endete die Belagerung mit dem Sturm der kaiserlich-ligistischen Kriegsvölker auf die mit 30 000 Einwohnern nach damaligen Verhältnissen große und reiche Stadt. Nicht humane Gesinnung, sondern die entfesselte

Die Zerstörung und Plünderung von Magdeburg am 20. Mai 1631, Kupferstich von Daniel Mannaßer, 1632

Wolfsnatur beherrschte mit Raub, Mord und Vergewaltigung die Stunde. Was nach den qualvollen Stunden der »Magdeburger Hochzeit«, wie Tilly die Inbesitznahme der Stadt durch seine Söldner genannt haben soll, übriggeblieben war, ging in einer Feuersbrunst unter, über deren Ursprung die Historiker noch heute rätseln. Die meisten der mittelalterlichen Kirchen wurden Opfer des Flammenmeeres, in ganz Magdeburg blieb nur eine Handvoll Häuser unversehrt, dazu ein, zwei Straßenzüge am Fischerufer, wo die Flammen nicht hinkamen.

Das war die Kriegführung des Terrors, wie ihn die asiatischen Reitervölker, vor allem die Tataren, seit je als politisches und faktisches Instrument einsetzten. Von einer Bändigung des Krieges und einer Humanisierung seiner Führung, die die Theoretiker des christlichen Europa seit Generationen forderten, war in Magdeburg nichts zu spüren. Und die böse Tat mußte fortzeugend neue gebären: Die protestantisch-schwedische Propaganda machte das Satanische noch satanischer mit dem Ergebnis, daß Gleiches mit Gleichem heimgezahlt wurde. Über den Krieg hinaus galt allgemein die von Bogislaw Chemnitzer, dem Propagandisten der schwedisch-protestantischen Partei, verbreitete Version als authentisch. Danach schlugen Kroaten und Wallonen in der St. Katharinenkirche *53 mehrentheils Weibspersonen, gantz unbarmhertziger Weise die Köpffe [ab] ...; auch etliche in der Geburt arbeitende Weiber [haben sie] hingerichtet, ein kleines Kind, so Sie auff der Gassen liegend und schreyend gefunden [haben] ihrer zween, jeder bey einem Beinlein erwischet und mitten voneinander gerissen: Die Weibspersonen und Jungfrawen, wann sie in den Häusern und den Gassen öffentlich ihren Muthwillen mit Ihnen vollbracht, hernach ins Fewer geworfen.*[75]

In Breda waren sich dagegen Sieger und Besiegte in einer bemerkenswerten Ritterlichkeit begegnet. Die humane Stilisierung, die Velázquez zehn Jahre nach dem Ereignis in seinem spanischen Atelier vornahm, war in der historischen Realität durchaus angelegt, und zwar auf beiden Seiten: Als die holländische Garnison nach neunmonatiger Belagerung feststellte, daß nur noch für vierzehn Tage »in den Häusern Brodt und Saltz zur Notturft« vorhanden sei, entschloß sich ihr Kommandant zur Übergabe, um Bürgern und Soldaten das Chaos einer Erstürmung zu ersparen. Die Spanier gewährten in der Tat großzügige Bedingungen, die sie auch aufs genaueste einhielten.

»Der Gubernator der Stadt Breda«, so lautete der erste der Übergabeartikel, »mit den Colonellen, Capitainen, Officirern und Soldaten ... solten wie dapffern Kriegsleuthen gebührete, außziehen mit ihrem vollen Gewehr und in guter Ordnung, das Fußvolk mit fliegenden Fahnen ..., die Reuterey mit fliegenden Cornetten, Trompeten Schall«. Kranke und verwundete Offiziere und Soldaten durften mit ihren Frauen und dem Hausgesinde bis zur Genesung in Breda bleiben. Hab und Gut blieben unangetastet, das der einfachen Bewohner ebenso wie das der Oranier, denen die Herrschaft Breda gehörte. Die Gefangenen wurden ohne Lösegeld ausgetauscht.

Der zivilen Einwohnerschaft Bredas wurden dieselben Rechte eingeräumt. Selbst das Konfessionenproblem ließ sich regeln: Protestanten sollten zwei Jahre lang »in ihrem Gewissen nicht beschweret oder zur andern Religion gezwungen werden, doch vorbehalten, daß sie ein stilles und eingezogenes Leben führeten«. Danach war ihnen gestattet, ungehindert mit allem Besitz abzuziehen. Die protestantischen Prediger mußten zwar sogleich die Stadt verlassen, aber »frey und unbeschädiget mit Weibern, Kindern, Hausgesinde und Mobilien«. Wirtschaftliche, finanzielle und rechtliche Abmachungen des alten, von den Spaniern alsbald ersetzten Magistrats wurden ausdrücklich bestätigt.[76] Bei allem Elend, das auch eine solche Kriegführung anrichtete, ließ sich doch ein satanisches Inferno nach Art der Magdeburger Brandschatzung auf diesem Wege ausschließen.

5. Die Endphase des Mächteringens und die Friedensschlüsse

Der Verlust von Lützen im Spätherbst 1632 hatte die Schweden militärisch und politisch kaum geschwächt. Auch ohne den großen König wußten sie ihre Stellung im Reich zu behaupten. An ihre Spitze war als Reichsverweser der bewährte Kanzler Axel Oxenstierna (1583 bis 1654) getreten, ein politisch wie militärisch fähiger Kopf. Im Heilbronner Bund vom 23. April 1633 gelang es ihm nochmals, das protestantische Deutschland zu einigen und nahezu geschlossen hinter die schwedische Vormacht zu bringen. Der schwedisch-protestantische Block reichte jetzt vom Südwesten über die Mitte bis hin zum Norden und Osten Deutschlands, wo die Schweden im Erzstift Bremen, in Pommern und Mecklenburg, indirekt aber auch in Kursachsen Fuß gefaßt hatten. Der geschickte Oxenstierna war bestrebt, die schwedische Herrschaft im Reich durch einen Kranz von Satellitenstaaten abzusichern, die ganz und gar von seiner Gnade abhingen. So machte er aus den eroberten Hochstiften Würzburg und Bamberg ein weltliches Herzogtum Franken und übertrug es Herzog Bernhard von Sachsen-Weimar (1604-1639), dem elften Sohn des thüringischen Duodezfürsten und einzig übriggebliebenen Kondottiere unter den deutschen Heerführern.

Die protestantischen Stände waren auf die Dauer jedoch nicht gewillt, sich von Schweden dirigieren zu lassen, zumal das einst disziplinierte evangelische Bauernheer immer rascher zu einer mordwütenden Soldateska entartete, der man den heiligen Glaubenseifer nicht mehr abnahm. Es tauchten Pläne auf, die Protestanten unter der Führung Sachsens zu einer selbständigen dritten Kraft zwischen Schweden und den Katholiken zu vereinigen. Dieses Projekt wurde beschleunigt und in eine neue Bahn gelenkt, als die Schweden im November 1634 bei Nördlingen von einem kaiserlich-spanischen Heer unter dem Römischen König Ferdinand, dem späteren Kaiser Ferdinand III., entscheidend geschlagen wurden. Die Schweden verloren bei dem Treffen weit über zehntausend Mann.

Kursachsen nahm ernsthafte Verhandlungen mit Kaiser Ferdinand II. auf, um nach Wegen zur Befriedung des Reiches zu suchen, die der Kaiser und die Fürsten, Protestanten wie Katholiken gemeinsam beschreiten könnten. Der Bayer Maximilian hatte bereits 1632 dem französischen Bündnis den Rücken gekehrt und war an die Seite des Kaisers getreten. In der öffentlichen Meinung regte sich ein Reichspatriotismus, der die fremden Heere auf deutschem Boden als Ursprung allen Unglücks brandmarkte. Damit waren die Zeichen für ein erneutes Zusammengehen von Kaiser und Reichsständen außerordentlich günstig.

Am 30. Mai 1635 wurde der Prager Friede geschlossen, dem alsbald nahezu alle Stände des Reiches beitraten, schließlich selbst das calvinistische Kurbrandenburg, obgleich die Schweden es besonders umwarben. Fern blieben nur Württemberg, wo die Wunden des Restitutionsedikts noch nicht vernarbt waren, Hessen-Kassel, das weiterhin meinte, nur der Krieg könne seine Interessen fördern,

Kaiser Ferdinand II. mit den Reichsinsignien, der Kette des Ordens zum Goldenen Vlies und dem Siegerlorbeer, anonymer zeitgenössischer Stich

Der Prager Friede von 1635 gilt trotz der Zurücknahme des Restitutionsedikts als Höhepunkt der neuerstarkten habsburgischen Kaiserherrschaft.

dazu einige norddeutsche Territorien im unmittelbaren Einflußbereich der Niederlande und Schwedens, allen voran Ostfriesland und das Hochstift Bremen. Der Prager Friede stand politisch und verfassungsrechtlich bereits auf der Basis, die später im Westfälischen Frieden dem Reich auf Dauer Frieden und Stabilität zurückgeben sollte. Diese Basis bildete die Unantastbarkeit von Territorialverfassung und Fürstenlegitimität, besonders deutlich in den Bestimmungen über Mecklenburg, wo die angestammte Dynastie restituiert wurde, ebenso in den Abmachungen zu Böhmen, die das in der Veränderten Landesordnung von 1627 errichtete Erbkönigtum der Habsburger reichsrechtlich festschrieben. Im Gegensatz zu der späteren Regelung erhielt der Pfälzer Wittelsbacher jedoch den Schutz der Legitimität nicht zurück, er blieb geächtet, seine Länder konfisziert.

Das Reich als Rechts-, Friedens- und Verteidigungsgemeinschaft wurde restituiert, indem die seit alters dazu vorgesehenen Institutionen, vor allem Reichstag und Kammergericht, wieder funktionsfähig gemacht wurden. Das Restitutionsedikt wurde formell aufgehoben, so daß alle – abgesehen von der Kurpfalz – zu dem Besitz- und Rechtsstand zurückkehrten, der sich über mehrere Generationen hin im Anschluß an den Augsburger Frieden herausgebildet hatte. Ein gravierendes Problem blieb aber ungelöst: Der Calvinismus wurde wiederum nicht als eigenständige Konfession anerkannt. Das war ein folgenreicher Fehler, der auch ohne die Intervention Frankreichs, die den Frieden schließlich wertlos machen sollte, den Keim neuer Konflikte in sich barg. So konnte Landgraf Wilhelm von Hessen-Kassel, der Führer der nur noch kleinen antikaiserlichen Kriegspartei des deutschen Protestantismus, den Prager Frieden propagandistisch wirksam diskreditieren, indem er verkündete, dies sei nur ein neues habsburgisches Manöver, »Teutschland gentzlich [zu] subjugiren und die libertet und evangelische religion [zu] extirpiren«.[77]

Bis in unsere Tage hinein ist umstritten, wofür der Prager Friede nun tatsächlich stand. Diese Frage wird stets spekulativ bleiben, weil dem Frieden ja keine reale Entwicklungschance gegeben war. Die einen sehen in ihm den eigentlichen Gipfelpunkt der absolutistischen Reichsstaatstendenzen und verweisen auf den Plan zur Neuregelung der Reichskriegsverfassung, der die Errichtung eines »Römisch Kaiserlicher Majestät und des Heiligen Römischen Reiches Kriegsheer« vorsah, das den Habsburgern unter bestimmten Voraussetzungen als Machtinstrument hätte dienen können.[78] Tatsächlich gelang es infolge der Prager Einigung den Habsburgern am 22. Dezember 1636 doch, Erzherzog Ferdinand »vivente Imperatore« zum Römischen König wählen zu lassen und damit ihr Kaisertum zu festigen. Andere Historiker weisen auf die Bindung der kaiserlichen Macht an die Mitwirkung der Stände hin und sprechen allen Ansätzen zu einem monarchischen Reichsstaat die Entwicklungschancen ab.[79] Alles hing jedenfalls von dem ehrlichen Willen der Beteiligten ab, »die werte Teutsche Nation zu voriger Integrität, Tranquillität, Libertät und Sicherung« zurückzuführen.[80] Hierzu war es nötig, die Stellung von Kaiser und Reich gegenüber den traurigen Verhältnissen der unmittelbaren Vorkriegszeit entscheidend zu stärken. Somit markiert 1635 durchaus einen Höhepunkt des habsburgischen Kaisertums, aber auf der moderierten Basis eines durch das Scheitern des Restitutionsedikts geläuterten Programms.

Der Prager Friede bleibt wichtig für die deutsche Geschichte, auch wenn die Ereignisse ihn rasch überholten. Mitten in der bald wieder finsteren Zeit des langen Krieges dokumentiert er den Willen beider Lager, zu einem tragfähigen Ausgleich zu kommen. Auf jeden Fall kam in ihm die Friedenssehnsucht der Deutschen zum Ausdruck. Er war eine wichtige Vorstufe zum endgültigen Friedensschluß, nicht zuletzt weil auf habsburgischer Seite neben dem alternden Kaiser bereits maßgeblich dessen Sohn Ferdinand beteiligt war, der seinem Vater 1637 in der Kaiserwürde nachfolgen und dann bald die Hauptverantwortung für den Friedenskongreß übernehmen sollte.

Es war aber noch ein weiter, beschwerlicher Weg von Prag nach Münster und Osnabrück. Noch standen dreizehn lange Jahre bevor, in denen der Krieg immer schrecklichere Formen annahm. Die Prager Friedenshoffnung zerbrach, weil der Krieg längst kein deutsches Ereignis mehr war und daher auch der Friede nicht mehr allein unter den Deutschen ausgehandelt werden konnte: Frankreich, das seit Jahren »verdeckt« am Kriegsgeschehen beteiligt war, hatte am 19. Mai, also wenige Tage vor Abschluß des Prager Friedens, Spanien den Krieg erklärt. Richelieu war damit offen in das europäische Mächteringen auf deutschem Boden eingetreten. Holland, Schweden, Savoyen, Parma, die Überbleibsel der deutschen Protestantenunion, alle Gegner des Hauses Habsburg vereinte der Kardinal mit Frankreich, um zugleich mit der Hegemonie Spaniens endlich die Umklammerung des Bourbonenstaates zu sprengen.

Damit war entschieden, daß Deutschland nur in einer europäischen Friedensordnung zur Ruhe kommen konnte. Für Schweden wie für Frankreich war eine Beendigung des Krieges nur akzeptabel, wenn über den Tagessieg hinaus in einer gesamteuropäischen Neuordnung eine dauerhafte Sicherung der eigenen Staatsinteressen gewährleistet war. Nicht anders sah es mit der dritten auswärtigen Großmacht aus: Unter der Devise »Pax et Imperium« kämpfte auch Spanien um eine Friedensordnung in Europa, die seinen eigenen Bedürfnissen entsprach.[81] Nach Lage der Dinge war die Entscheidung aber nur in Deutschland zu erkämpfen. Insbesondere die französischen Politiker strebten deshalb nach einer dauerhaften Präsenz im Reich, um in politischen und militärischen Allianzen mit den deutschen Fürsten das deutsche und europäische Machtsystem auszutarieren und dadurch dem habsburgischen Vormachtstreben in Europa ein für allemal den Boden zu entziehen.

So zerbrach das Friedenswerk, und die Schrecken kehrten in gesteigerter Gewalt zurück. Der französisch-schwedische Krieg (1635-1648) hat Deutschland dann am allerschlimmsten verheert und nahezu ruiniert. Tod, Leid und Elend waren die drei apokalyptischen Reiter, die die Menschen nun mit letzter Grausamkeit heimsuchten. Die Soldateska wütete immer zügelloser, die Heere zogen oft planlos herum, um Angst und Schrecken zu verbreiten und den Bauern die letzte Ziege im Stall abzustechen oder das letzte Zugtier fortzutreiben. Martin Opitz klagt:

Die alte deutsche Treu hat sich hinweg verloren.
Der Frieden Übermut, der ist zu allen Toren
Mit ihnen eingerannt; die Sitten sind verheert,
Was Gott und uns gebührt, ist alles umgekehrt.[82]

Plünderung auf einem Bauernhof, Radierung von Jacques Callot

Die Bildunterschrift lautet: Die Schurken tun sich noch mit ihren Streichen groß / verheeren alles rings und lassen nichts mehr los / der eine foltert, bis sie ihm das Gold verraten / der andere stachelt auf zu tausend Mißetaten / und insgemein vergehen sie sich an alt und jung / mit Diebstahl, Raub, Mord, Vergewaltigung.

Der Kaiser und die meisten Reichsstände blieben nach 1635 in einer Defensivallianz vereint, und auch über das Friedenswerk pflegte man weitere Unterhandlungen, etwa 1640/41 auf einem nach Regensburg einberufenen Reichstag. Doch die Kräfte reichten nicht aus, die wenigen, aber um so militanteren Kriegsstände zu bändigen und die auswärtigen Mächte aus dem Reich zu vertreiben. So herrschte ein mörderisches Gleichgewicht auf der Spitze der Schwerter, ein Hin und Her der Eroberungszüge, mit denen die gegnerischen Heere ganze Landstriche verödeten.

Wiederum waren es die offenen Übergangsgebiete und die Zonen entlang der großen nord-südlichen und west-östlichen Heerstraßen, die am meisten litten: der Oberrhein, Württemberg im Übergang zu Bayern, Bayern selbst, im Nordosten vor allem Sachsen, im Süden Thüringen und Böhmen. Regional begrenzte Waffenstillstände reihten sich aneinander, und die Heere zogen weiter von Schlacht zu Schlacht: 1636 in Wittstock an der nördlichen Grenze Brandenburgs zu Mecklenburg, und im November 1642 nochmals bei Breitenfeld in Sachsen triumphierten die Schweden über den Kaiser und die mit ihm vereinigten Reichsstände. Die Kriegsschauplätze lagen in der Verbindungszone zu den schwedischen Stützpunkten in Pommern und von dort ins skandinavische Mutterland. Die schwedischen Heerführer, zunächst Horn, dann Banér und Wrangel, verwüsteten mit Vorliebe Sachsen und Brandenburg, da sie auf diese Weise versuchten, die beiden protestantischen Mächte aus dem kaiserlichen Lager herauszubrechen. Vor Rheinfelden zwang der kaiserliche General Jan von Werth Ende Februar 1638 die französischen Truppen unter Bernhard von Weimar zum Rückzug aus den österreichischen Vorlanden, wurde aber drei Tage später an derselben Stelle vernichtend geschlagen, weil er seine Truppen sorglos hatte plündern lassen. Im November 1643 zahlte es von Werth den Franzosen heim, als er bei Tuttlingen ihre Vorhut plötzlich angriff, die Hauptmacht umzingelte und zur Kapitulation zwang: Mit 4 000 Toten und 7 000 Gefangenen, darunter acht Generälen, hatten die Franzosen für ihre Unachtsamkeit zu zahlen.

Eine Niederlage der Kaiserlichen bei Jankau südlich von Prag verlockte die Schweden Anfang März 1645 zum Vorstoß auf Wien. Damit wiederholte sich die Konstellation vom Beginn des Krieges: Zusammen mit den Protestanten rückt Georg I. Rákóczi (1593 bis 1648), Fürst von Siebenbürgen und Nachfolger von Bethlen

Gábor, auf die habsburgische Hauptstadt vor. Doch das Schwedenheer ist erschöpft und stark dezimiert, der Feldherr Torstensson krank, das Nachschubproblem über Hunderte von Kilometern von Skandinavien zum Südosten des Kontinents kaum zu lösen. Zudem ist den Schweden das Spiel von Aufstand und Unterwerfung, die Wandelbarkeit der politischen Fronten in diesem Südostraum fremd und unheimlich. So hatte Rákóczi, als die Schweden anrückten, bereits seinen Frieden mit den Habsburgern gemacht, der ihm Landgewinne und für seine ungarische Heimat religiöse Toleranz brachte. Wo es unvermeidlich war und ihre Herrschaft in den Erblanden nicht gefährdete, waren selbst die so leidenschaftlich gegenreformatorischen Habsburger zu Toleranzzusagen bereit. Die Schweden dagegen mußten schleunigst den Rückzug antreten, um ihr Heer in der fremden Welt des Südostens nicht aufs Spiel zu setzen. Das Haus Österreich, der ewige Phönix, erwies sich im Moment höchster Gefahr erneut allen Gegnern überlegen.

Doch unvermittelt sah die Lage wieder anders aus: Kursachsen schied im Vertrag von Kötzschenbroda, der im September 1645 mit Schweden geschlossen wurde, zunächst befristet, dann endgültig aus dem Krieg aus; im Osten war ein Pfeiler aus dem Gebäude gebrochen. Dann ging auch Friedrich Wilhelm, der Brandenburger Kurfürst, auf Distanz zum Kaiser. Im Süden waren mit den französischen Generälen Condé und Turenne neue Heerführer aufgetreten, die in der zweiten Jahrhunderthälfte den Waffen Ludwigs XIV. Ruhm und Glanz bringen sollten. Zwar wurden die Franzosen im Mai 1645 in einer kleineren Schlacht in Herbsthausen bei Mergentheim von bayerischen Truppen geschlagen, aber wenige Monate später behaupteten sie sich im Ries bei Alerheim östlich von Nördlingen in einem äußerst blutigen Treffen. Als auch die Schweden im Süden erschienen, sah sich Maximilian von Bayern, der seit 1632 treu an der Seite des Kaisers gestanden hatte, im März 1647 zum Waffenstillstand von Ulm gezwungen. Im Herbst kehrte er zwar auf den Kriegsschauplatz zurück, aber er vermochte sein Territorium nicht mehr zu schützen.

In der letzten Schlacht des langen Krieges ging es im Mai 1648 bei Zusmarshausen westlich von Augsburg noch einmal um das Einfallstor nach Bayern - wie Jahre zuvor im nahegelegenen Rain. Als die unter Turenne und Karl Gustav Wrangel (1613-1676), der seit der Abberufung des kranken Torstensson Oberkommandierender der Schweden war, kämpfende französisch-schwedische Armee siegte, lag das Herzogtum bis über den Inn hinaus schutzlos offen. Noch in den letzten Kriegsmonaten hatten die Bayern die schlimmsten Plünderungen zu ertragen.

Die Kampfhandlungen endeten, wo sie angefangen hatten. Der schwedische General Königsmarck war nach Böhmen vorgestoßen und hatte die Kleinseite von Prag erobert. Er war Herr des Hradschin und der glanzvollen Adelspalais. Noch einmal wurden Trecks von Planwagen voller Kunstgegenstände, Schmuck, kostbarer Waffen, Möbel und anderer Luxusartikel nach Norden über die Ostsee gesandt. Seit einem Jahrzehnt stattete der schwedische Adel auf diese Weise seine Schlösser aus, so daß noch heute ein Besuch auf Skokloster nordwestlich von Stockholm, wo einst die Wrangel residierten, zum Lehrstück süddeutsch-böhmischen Kunstgeschmacks

Mariensäule auf dem Münchener Marienplatz, Kupferstich von Bartholomäus Kilian II.

Als die schwedischen Häretiker die Residenzstadt der Vormacht des deutschen Katholizismus wieder räumen mußten, ließ Kurfürst Maximilian 1638 aus Dankbarkeit die Mariensäule errichten. Die Mutter Gottes steht triumphierend auf einer hohen Säule mit korinthischem Kapitell - Symbol für die Jungfräulichkeit. Am Sokkel vier Putten als Kämpfer gegen Not, Pest, Krieg und Ketzerei.

und Handwerkskönnens wird. Als belagerte Stadt erfuhr Prag, daß im fernen Westfalen endlich der Frieden geschlossen worden war.

Die Verträge waren am 24. Oktober 1648 gleichzeitig in Münster und Osnabrück unterzeichnet worden. Damit war das Ringen um Frieden, das den Krieg faktisch von Anfang an begleitet hatte, zum Abschluß gekommen. Der große europäische Krieg war zugleich die Geburtsstunde der neuzeitlichen Friedensdiplomatie. Nachdem der Prager Friede von 1635 deutlich gemacht hatte, daß pragmatische Lösungen der kirchlichen und politischen Interessengegensätze im Reich durchaus möglich waren, rissen die Kontakte zwischen dem Kaiser und den Reichsständen nicht mehr ab. Der Prager Friede, der durch den Kriegseintritt Frankreichs von heute auf morgen wertlos geworden war, hatte aber auch gezeigt, daß kein Vertragswerk Bestand haben würde, das die Interessen der auswärtigen Mächte nicht hinreichend berücksichtigte. Der europäische Krieg war nur durch einen europäischen Friedenskongreß zu beenden.

Der Kaiser nahm daher nicht nur zu den Reichsständen, sondern auch zu Frankreich und Schweden Fühlung auf. Kardinal Richelieu, der von 1624 bis 1642 in Paris als Erster Minister die Politik bestimmte, und der schwedische Reichsverweser Axel Oxenstierna waren durchaus zu einem Friedensschluß bereit, wenn über die Waffenruhe hinaus ein europäisches Friedenssystem entworfen würde, das die Staatsinteressen ihrer Länder zur Geltung brachte. Nicht anders dachte im Prinzip Graf Olivares, den man bisweilen den »spanischen Richelieu« nennt. Zwischen 1621 und 1643 leitete er die Außen- und Europapolitik Madrids unter der Devise »Pax et Imperium«, womit gemeint war, daß ein europäischer Friede die Interessen der Casa de Austria berücksichtigen müsse. »Ringen um den Frieden« bedeutet somit nichts anderes, als die jeweiligen politischen Ziele der kriegführenden Mächte in einer Neuordnung des internationalen Systems zu sichern.[83]

Vor allem Kardinal Richelieu, den deutsche Historiker lange Zeit zum skrupellosen, antideutschen Machiavellisten verzeichneten, arbeitete an den theoretischen Grundlagen eines modernen, säkularisierten Friedensbegriffs, der Europa auf Dauer aus der Krise der selbstzerfleischenden Glaubenskriege herausführen sollte.[84] Der Frieden hatte von der Pluralität der europäischen Staatengesellschaft auszugehen. Und vor allem war jedem Mitglied das Recht zuzubilligen, seine Staatsinteressen durch konkrete Festlegungen innerhalb eines auszuhandelnden Vertragswerkes optimal zu sichern. Auf der Basis dieses Rechts- und Ordnungsdenkens waren »für Richelieu europäische Friedensordnung und französische Hegemonie nur zwei Seiten derselben Sache«.[85] Frieden um des Friedens willen ergab in diesem Konzept keinen Sinn. Er war vielmehr zu definieren aus den politischen Interessen des eigenen Staates. Das Friedensdenken und die Friedensdiplomatie des großen französischen Kardinals, die sein Nachfolger Kardinal Mazarin (1642 bis 1661) zum Erfolg führte, legten im guten wie im bösen die Fundamente, auf denen das europäische Staatensystem in der zweiten Hälfte des 17. und im 18. Jahrhundert ruhte.

Im Hamburger Vorvertrag von 1641 einigten sich die deutschen und europäischen Mächte endlich auf Ort und Arbeitsweise des geplanten Friedenskongresses. Die Verhandlungen sollten in den

Einzug des holländischen Gesandten Adrian Pauw in die westfälische Kongreßstadt Münster im Jahre 1656, Gemälde des niederländischen Malers Gerard Terborch

beiden westfälischen Schwesterstädten Osnabrück und Münster geführt werden, und zwar getrennt für die Angelegenheiten zwischen Kaiser, den Reichsständen und Schweden sowie für diejenigen zwischen dem Kaiser und Frankreich. Richelieu hätte lieber einen einzigen Kongreßort gesehen. Er mußte sich aber dem Willen seiner schwedischen Allianzpartner beugen, die sich weigerten, mit dem Gesandten des Papstes zusammenzutreffen. Man legte aber ausdrücklich fest, daß »beide Kongresse als ein einziger angesehen« wurden.[86] Münster und Osnabrück wurden für neutral erklärt, ebenso die Verbindungsstraße über die Ausläufer des Teutoburger Waldes, auf der in einer knapp halbtägigen Reise der diplomatische Verkehr zwischen den Kongreßstädten leicht aufrechtzuerhalten war.

Da Frankreich noch auf eine Verbesserung seiner militärischen Ausgangslage setzte, verstrich der Eröffnungstermin, den man hoffnungsvoll auf den 25. März 1642 festgelegt hatte. Im Sommer 1643 bezog die kaiserliche Gesandtschaft in Münster Quartier. Es folgten im Frühjahr die Franzosen, dann auch der Abgesandte des Heiligen Stuhls, Kardinal Fabio Chigi. An einen Beginn der Verhandlungen war aber immer noch nicht zu denken, denn Schweden und Dänen hatten soeben einen neuen Waffengang eröffnet, und es war noch zu klären, ob alle Reichsstände zum Kongreß zugelassen werden sollten, was vor allem Schweden, Frankreich und das calvinistische Hessen-Kassel wünschten.

Schließlich waren auch diese Hürden beseitigt: Mit Schreiben vom 19. August 1645 lud der Kaiser offiziell alle Stände, die das Recht besaßen, auf einem Reichstag zu erscheinen, zu den Friedensverhandlungen ein. Schweden und Dänen bezogen in Osnabrück Quartier. Auch Spanien und die Niederlande schickten Abgesandte, die in Münster über die Beendigung ihres nun bereits achtzig Jahre währenden Krieges berieten. Insgesamt waren es schließlich siebenunddreißig ausländische und hundertelf deutsche Gesandte, die an den Verhandlungen teilnahmen. Abgesehen von den Skandinaviern wollten alle in Münster wohnen, das für einige Jahre zur »teuersten Stadt« in Europa wurde. Allein der Herzog von Longueville, neben dem Grafen d'Avaux Hauptgesandter Frankreichs, war mit einem Hofstaat von tausend Personen angereist. Die Stadtpalais des westfälischen Adels wurden zur diplomatischen Vertretung der großen europäischen Mächte. Da kein geeigneter Tagungsraum zur Verfügung stand, wurden die Verhandlungen in den Quartieren der einzelnen Gesandtschaften geführt.[87]

Mehr als drei Jahre lang waren Münster und Osnabrück die Schauplätze der europäischen Diplomatie und zugleich die Orte, auf die sich alle Friedenshoffnung der Christenheit richtete. In Stockholm, Paris, Den Haag, Wien und Madrid hatte man bereits vor Jahren ausführliche Geheiminstruktionen verfaßt, um den Gesandtschaften genaueste Anweisungen über Zielsetzung und Vorgehen an die Hand zu geben.[88] Die schwedische Hauptinstruktion, die ausführlich im Reichsrat behandelt worden war, datiert vom Oktober 1641. Die Bevollmächtigten, darunter Johan Oxenstierna, der Sohn des Reichsverwesers, erhielten darin den Auftrag, drei »Hauptpunkte besonders voran[zu]treiben und sich besonders angelegen sein [zu] lassen«: 1. Amnestie für alle Reichsstände, »namentlich für diejenigen, die sich der Krone Schwedens angeschlossen hatten«, 2. Satisfaktion der Krone Schwedens, 3. »Contentement der Soldateska«. Für Schweden kam demnach nur ein Frieden in Frage, der in Einklang stand mit der Zielsetzung, unter der Gustav Adolf eine Generation zuvor zur Offensive übergegangen war und der eine Entschädigung für die daraus erwachsenen schweren Verluste brachte: »Denn«, so heißt es in der Instruktion, »so große Auslagen wurden gemacht, so mancher stolze schwedische Mann hat sein Blut vergossen und insonderheit der unvergleichliche Held, König Gustav Adolf der Große, daß man mit einer geringen Summe nicht befriedigt werden kann.«

Nicht finanzielle Abfindung, sondern territoriale Faustpfänder zur Sicherung der europäischen Großmachtstellung und des Dominium Maris Baltici, darauf hatte der Reichsrat die Gesandten verpflichtet. Nach Lage der Dinge war das nur auf Kosten protestantischer Reichsstände möglich. Die Instruktion nennt Pommern, dazu Wismar und Warnemünde. Sei nicht ganz Pommern zu gewinnen – was wahrscheinlich sei –, so sei zu Vorpommern Kammin zu fordern samt der Insel Wollin und alle drei Odermündungen, Peene, Swine und die Dievenow. Noch bevor der Friedenskongreß offiziell eröffnet wurde, dehnte Schweden seine Forderungen auf die säkularisierten Hochstifte Bremen und Verden aus und damit auf eine Präsenz auch an der Nordseeküste. Um über Verhandlungsmasse zu verfügen, legten die schwedischen Gesandten im November 1645 dann sogar eine Maximalforderung vor, die die Stifte Magdeburg, Halberstadt, Minden und Osnabrück umfaßte.

Die am 30. September 1643 erlassene Hauptinstruktion für die französische Gesandtschaft war im wesentlichen noch von Richelieu verfaßt worden, der daran vom Eintritt in den Krieg bis zu seinem Tod im Dezember 1642 gearbeitet hatte. Sie steht unter einem einzigen großen Thema, das die französische Politik seit Generationen beherrscht und dessen Lösung Richelieu greifbar nahe sieht: die Sprengung der habsburgischen Umklammerung. Die französischen Gesandten, so heißt es gleich zu Beginn, sollten mit allen Botschaftern eng zusammenarbeiten, »von denen sie merken sollten, daß sie von Argwohn erfüllt sind gegen die Bundesgenossenschaft zwischen der deutschen und spanischen Linie des Hauses Österreich und der großen Macht, die dieses Haus sich dadurch zum Schaden der ganzen Christenheit erwirbt«.

Kardinal Fabio Chigi, der Gesandte des Heiligen Stuhls, bei den Münsteraner Friedensverhandlungen, Kupferstich von Pontius, 1648

Um die »erwünschte Trennung der spanischen und deutschen Linie des Hauses Habsburg«[89] dauerhaft zu erreichen, sollten die Gesandten zwei Instrumente einsetzen, nämlich von Frankreich geführte Allianzen zwischen antihabsburgischen Kräften und den Erwerb territorialer Bastionen im Grenzgebiet des Reiches: Es seien »zwei Vertragssysteme zu bilden, das eine in Italien, das andere in Deutschland, kraft deren alle Fürsten, Potentaten und Städte dieser Länder zu Garanten« der europäischen Neuordnung im französischen Sinne werden sollten. Und zur französischen Grenzerweiterung stellte Mazarin im Januar 1646 fest, daß Frankreich vom Haus Österreich »nur von der Seite Flanderns und Deutschlands her« etwas zu befürchten habe, weil sich nur dort die gegnerischen Kräfte vereinigen könnten und weil von dort aus jederzeit Paris bedroht werden könne. Diese Gefahr sei gebannt, wenn Frankreich die spanischen Niederlande erwerben könne »und wenn wir unsere Grenzen in allen Richtungen bis zum Rhein ausgedehnt hätten«.[90] Das waren keine nationalistischen Annexionspläne, zumal die Idee, die spanischen Niederlande zu teilen, von Holland ausgegangen war. Es läßt sich auch wohl kaum von einer »bewußt ... auf nationale Staatlichkeit ausgerichteten Machtpolitik« sprechen. Aber die letztlich darauf hinauslaufenden Konsequenzen hatten Richelieu wie Mazarin »bewußt - unbewußt« im Kalkül.[91]

In Paris wird niemand geglaubt haben, daß diese »Friedensziele« rasch und mühelos zu erreichen waren. Doch man war ihnen bereits näher, als man dachte. Der Kaiser, der zunächst noch auf eine glückliche Wende des Krieges gehofft und daher seine Gesandten ohne Instruktion gelassen hatte, war schließlich im Herbst 1645 zu einem weitgreifenden Entschluß gekommen. Um fortan entschiedener in die bislang dilatorisch behandelten Friedensgespräche eingreifen zu können, schickt er seinen Oberhofmeister Maximilian von Trauttmansdorff nach Münster, einen bewährten Diplomaten, der bereits 1635 maßgeblich am Prager Frieden mitgearbeitet hatte.

Gleich nach seiner Ankunft im November 1645 nahm Trauttmansdorff die Fäden des Kongresses in die Hand, um in den knapp anderthalb Jahren seines Wirkens die entscheidenden Weichen für den Erfolg zu stellen. Kaiser Ferdinand III. hatte unter dem 16. Oktober 1645 eine Geheiminstruktion ausgefertigt, die nur für den persönlichen Gebrauch Trauttmansdorffs bestimmt war. Darin hieß es zur Satisfaktion der Franzosen, daß der Hauptgesandte so lang wie möglich die Ansprüche abwehren solle. Wenn das aber den Friedensschluß gefährde, *endtlichen ihnen daß Elsas endtern Reihn [jenseits des Rheins] verwilligen gegen herüberlassung der vestung Preisach.*

Wann daß nicht zu erhalten, auch Preisach adjungiren, und wann der friden allein an Preiskhau [dem habsburgischen Breisgau] hafften sollte, entlich auch selbiges fahren lassen, doch dieses letzte non nisi in desperatissimo casu.[92]

Als die Verhandlungen mit Schweden, die der aus einer protestantischen österreichischen Adelsfamilie stammende und als Konvertit besonders glaubenstreue Trauttmansdorff sowieso nur halbherzig führte, durch die erwähnte Maximalforderung blockiert wurden, schwenkte der kaiserliche Hauptgesandte entschlossen auf eine Verständigung mit Frankreich ein. Dadurch konnte er den letzten Verzweiflungsschritt, auch das Breisgau preiszugeben, vermeiden. Doch der Verzicht auf das Elsaß hatte bereits weitreichende Folgen. Indem Österreich seine Stellung am Oberrhein räumte, wurde die »Spanische Straße«, der Verbindungsweg zwischen den spanischen Besitzungen in Italien und den Niederlanden, an einer entscheidenden Stelle unterbrochen. Die einstige Hegemonialmacht hatte von ihrer eigenen Schwesterdynastie einen Stoß erhalten, der sie endgültig ins zweite Glied der europäischen Staaten zurückverwies. Madrid beschleunigte daraufhin die Verhandlungen mit den Generalstaaten, so daß bereits am 30. Januar 1648 zwischen beiden Mächten ein Friedensvertrag abgeschlossen werden konnte, ein Dreivierteljahr früher als zwischen den übrigen Staaten.

Holland erhielt seine Unabhängigkeit und schied aus dem Reichsverband aus. Wichtiger noch – für Frankreich jedenfalls – war die Entfremdung zwischen Wien und Madrid. Die geradezu beschwörende Formel der kaiserlichen Instruktion, »der grav von Trautmanstorf wirdt vor allen dingen dahin zu sehen haben, daß es zu diser separation (der Teitschen und der Spanischen lini) nicht khume, auch ehender alles uber und uber gehen ehe er es darzue khumen lasse«, diese Formel war durch den Gang der Verhandlungen überholt. Realpolitisch war sie bereits ein Anachronismus, als der Kaiser sie formulierte.

Graf Trauttmansdorff legte seinen Friedensplan, der neben der Übergabe des Elsaß an Frankreich die Satisfaktion Schwedens mit Pommern, Bremen und Verden beinhaltete, im Juni 1647 vor. Damit war die Richtung gewiesen, in der die Lösung der europäischen Mächteprobleme zu finden war und auch tatsächlich gefunden wurde. So blieb noch die Regelung der innerdeutschen Angelegenheiten: Es waren die politischen Gewichte neu zu verteilen, wobei es vor allem um die Stellung des bis zuletzt an schwedischer Seite kämpfenden Hessen-Kassels sowie um die Entschädigung Brandenburgs für den Verzicht auf seine pommerischen Erbansprüche ging, und es waren die Religions- und Verfassungsfragen zu klären, die Deutschland in diesen langen Krieg gestürzt hatten.

Die Einigung über die notwendigen territorialen Veränderungen erwies sich vor allem deswegen als schwierig, weil Schweden entschieden auf einer angemessenen Entschädigung seines treuesten Bündnispartners Hessen-Kassel bestand, während umgekehrt der Kaiser nicht zulassen konnte, daß das lutherische Hessen-Darmstadt, das stets zu seinen Parteigängern gezählt hatte, zu sehr zurückfiel.

Kassel konnte sich auf Zusagen stützen, die noch der große Schwedenkönig gemacht hatte. Danach sollten die westfälischen

Bistümer Paderborn und Münster säkularisiert und Hessen-Kassel angegliedert werden. Dieser Plan entsprach zwar älteren territorialpolitischen Tendenzen dieses Raumes, die bereits im späten Mittelalter und zu Beginn des 16. Jahrhunderts eine Ausdehnung Hessens nach Nordwesten hin hatten möglich erscheinen lassen. Doch abgesehen davon, daß inzwischen die politische Eigenständigkeit Westfalens und Niedersachsens längst gefestigt war, sprengten diese Annexionswünsche den notwendigen konfessionspolitischen Ausgleich. Es wurde schließlich nicht mehr und nicht weniger gefordert, als daß Territorien, die nach jahrzehntelangen Anstrengungen dem erneuerten Katholizismus zugeführt worden waren und als dessen Bastionen im protestantischen Norden galten, einem calvinistischen Landesherrn ausgeliefert werden sollten. Dagegen erhob auch Frankreich Widerspruch, das gerne die Gelegenheit ergriff, als Schutzmacht der katholischen Reichsstände aufzutreten. Hessen-Kassel wurde daraufhin anderwärts entschädigt: mit Ämtern der lutherischen Grafschaft Schaumburg an der Weser und mit dem Stift Hersfeld, dazu erhielt es den wichtigsten Teil des auch von Darmstadt beanspruchten Marburger Erbes. Der Kaiser hatte die Interessen seines Bündnispartners Darmstadt nicht ungeschmälert zu behaupten gewußt.

Der kaiserliche Gesandte Maximilian Graf von Trauttmansdorff, der entscheidenden Anteil am Durchbruch zum Frieden hatte. Kupferstich von Pieter de Jode, 1648

Im Falle Brandenburgs ging es um eine Kompensation für das den Schweden zu überlassende Vorpommern, auf das die Hohenzollern gute Erbansprüche besaßen. Mehrere Territorien waren im Gespräch, wobei der kaiserliche Hauptgesandte Trauttmansdorff sich rasch bereit fand, solche Stifte in die Überlegungen einzubeziehen, die für den Katholizismus ohnehin verloren waren, weil sich dort der Protestantismus seit Generationen behauptet hatte. So war das Problem relativ reibungslos zu lösen: Der Große Kurfürst erhielt die Stifte Halberstadt, Kammin und Minden sowie die Exspektanz auf das Erzstift Magdeburg und konnte damit sein Gebiet beträchtlich erweitern und arrondieren, wenn er auch stets betonte, daß dies kein wirklicher Ausgleich für den Verlust Vorpommerns und der Odermündung war.

Hinsichtlich der Verfassungs- und Konfessionsfrage verpflichtete die kaiserliche Geheiminstruktion den Grafen Trauttmansdorff nachdrücklich, sich zu »befleissen, daß ... die stende des reichs allß glider mit mir allß dem haubt und vater ihnen [das heißt sich, H. Schi.] selbsten vereiniget, die disconcertirte harmonia imperii wider zusammen gestimmet, daß guete allte vertrawen wider gestiftet, die rechtschafene zusammensezung aller der stende wider firmiret«. In zwei Hauptpunkten müsse die »vergleichung oder verainigung der stende ... bestehen, nempe in puncto amnystiae et in puncto gravaminum«.[93] Der kaiserliche Hauptgesandte war damit beauftragt, unter Wahrung der kaiserlichen Interessen, und das waren ein Stück weit die katholischen Interessen, auf dem Kongreß zwischen den protestantischen und katholischen Ständen zu vermitteln, damit das Reich wieder funktionstüchtig werde. Dabei hatte er sich darauf einzustellen, daß beide Seiten einen formellen Zusammenschluß vollzogen hatten: die protestantischen Stände zum Corpus evangelicorum, die katholischen Stände zum Corpus catholicorum. Es sollte sich zeigen, daß die Verhandlungen dadurch erleichtert wurden und daß sich damit zugleich ein Weg eröffnet hatte, die konfessionellen

Spannungen innerhalb der Reichsverfassung generell und auf Dauer zu bändigen.

Unter »Amnestie« wurde geregelt, bis zu welchem Zeitpunkt Verstöße gegen den Augsburger Religionsfrieden – in der katholischen Auslegung – nachträglich als rechtmäßig anerkannt werden sollten. Dabei ging es im wesentlichen um den politischen, territorialen Besitzstand der protestantischen Stände. Der Kaiser hatte zunächst das Jahr 1630 genannt, womit die Gewinne der Katholiken im Zuge des Restitutionsedikts von 1629 gesichert gewesen wären. Da die protestantischen Stände dies nicht akzeptieren konnten, erlaubte Ferdinand III. seinem Gesandten, das Jahr 1627 zuzugestehen, »in extremo casu (da anderst der friet oder die vereinigung der stende nicht zu erhalten wären)« sogar das Jahr 1618, also den Zustand vor der militärischen Offensive der Katholiken in der ersten Phase des Krieges. Dieses Stich- oder, wie die Zeitgenossen sagten, Normaljahr dürfe aber unter keinen Umständen für die Erblande und die Königtümer des Kaisers gelten, Böhmen und Österreich mußten im Griff des katholischen Absolutismus der Habsburger bleiben. Der kaiserliche Hauptgesandte kam nie in die Verlegenheit, diese Extremvollmacht in Anspruch zu nehmen. Man einigte sich auf das Normaljahr 1624, was für die streng katholische Partei auf dem Friedenskongreß bereits schwer zu akzeptieren war, weil sie damit die zuvor protestantisch gewordenen norddeutschen Bistümer aufgeben mußte.

Mit dem zweiten Hauptpunkt des innerdeutschen Vergleichs, den Gravamina, zielte die kaiserliche Instruktion auf den Beschwerdekatalog ab, den die protestantischen Fürsten kurz zuvor in Münster vorgelegt hatten. Drei seit dem ausgehenden 16. Jahrhundert strittige und für den Krieg verantwortliche Hauptprobleme galt es zu lösen: den Geistlichen Vorbehalt, das heißt das Verbot, geistliche Territorien zu reformieren und zu säkularisieren; die Frage des Besitzstandes bei den geistlichen Gütern, die in protestantischen Territorien lagen und säkularisiert worden waren; schließlich die konfessionelle Parität bei den beiden Reichsgerichten, dem Reichskammergericht und dem Reichshofrat. Der Kaiser war im großen und ganzen bereit, die Vorstellungen der Protestanten zu akzeptieren und damit die Schwachpunkte in der Reichsverfassung zu beseitigen, die zu Beginn des Jahrhunderts die Krise heraufbeschworen hatten. Nur beim Geistlichen Vorbehalt wies er Trauttmansdorff lapidar an, dieser dürfe »kheinswegs verwilliget werden, sundern solle derselbe in favorem catholicorum bleiben«.[94]

Der Knoten war durchhauen, als das Corpus evangelicorum im April 1646 im Rathaussaal zu Osnabrück erklärte, es sei bereit, von seinen Maximalforderungen abzurücken und den Geistlichen Vorbehalt zu akzeptieren.[95] Es folgten die schwierigen Verhandlungen über das Normaljahr, in denen Graf Trauttmansdorff die Anhänger extremer Forderungen unter den Katholiken für ein Zugeständnis gewinnen mußte. Und es folgten Krisen, in denen das Erreichte wieder in Frage gestellt schien, vor allem durch jene katholischen Extremisten, die meinten, im Bündnis mit Frankreich und durch Intrigen mit Spanien das Steuer doch noch in ihrem Sinne herumreißen zu können.

Auf dem Höhepunkt einer solchen Krise im Juli 1647 verließ Trauttmansdorff den Kongreß. Er hatte aus Wien seine Abberufung erhalten und bereits seine Abschiedsbesuche gemacht, als die Evangelischen im Quartier der Brandenburger eine Besprechung der gegnerischen Parteien anberaumten, um in letzter Minute doch noch zum Abschluß zu kommen. Die Einigung schien greifbar nahe, da kamen alte Streitpunkte wieder hoch und spalteten die Parteien. Trauttmansdorff, der an den Gesprächen schon nicht mehr teilnahm, schickte »einen Zettel in die Sitzung hinein, ob der Frieden noch in dieser Stunde geschlossen werden könne, wo nicht, so wolle er fort«. Da die Einigung ausblieb, bestieg er die wartende Kutsche und verließ unter angemessenem Geleit die Stadt.

Allegorie auf Hugo Grotius und den Westfälischen Frieden, Gemälde aus dem Umkreis Terborchs, um 1660

In dieser Abwandlung des bekannten Friedensgemäldes von Terborch kommt zum Ausdruck, daß sich die Zeitgenossen der geistigen Vorbereitung des Friedenswerkes durch den großen holländischen Juristen und Rechtsphilosophen Hugo Grotius bewußt waren.

Man sagt, so schreibt Fritz Dickmann, der Historiograph des Friedens, *seine Abberufung sei ein Werk der spanischen Partei am Wiener Hof. Aber wir wissen es anders. Er hatte wohl selbst das Gefühl, daß seine Arbeit in Münster getan sei. Er hatte die Ansprüche der fremden Kronen befriedigt, die Mehrzahl der deutschen Streitfragen gelöst und die Grundlagen eines neuen Religionsfriedens gelegt. Was noch zu tun blieb, war wenig im Vergleich zu diesen Erfolgen, und sie waren der Preis seines Könnens und seiner nie erlahmenden Geduld. Jetzt erhoben sich gegen dieses wahrhaft bedeutende Werk von allen Seiten die Gegner und drohten es umzustürzen. Es war eine Lebensfrage für Deuschland, ob ihnen dies gelingen würde, und es ist der klarste Beweis für Trauttmansdorffs Größe als Staatsmann, daß man nach langen Wirren und Kämpfen*

Flugblatt von G. Altzenbach, das den Friedensschluß anzeigt und den Anbruch eines neuen Zeitalters der Kunst-, Wissenschafts- und Wirtschaftsblüte verkündet, erschienen in Köln, 1648

schließlich doch den Frieden auf den von ihm gelegten Fundamenten errichtete.[96]

Das Friedensdokument war am 24. Oktober 1648 endlich unterschriftsreif. Um nicht noch im letzen Moment durch Rangstreitigkeiten in Schwierigkeiten zu kommen, verzichtete man auf eine feierliche Unterzeichnung, wie das bereits am 15. Mai 1648 mit dem im Januar ausgehandelten Frieden zwischen den Niederlanden und Spanien im Münsteraner Rathaus geschehen war. Die Ausfertigungen der Verträge wurden der Reihe nach in die Quartiere der einzelnen Gesandtschaften gebracht und dort ratifiziert.

Ob sich der Friede und die von ihm ausgehende Neuordnung Europas bewähren würden, das ist eine Frage, die an die Geschichte des späteren 17. und des 18. Jahrhunderts zu richten ist. Im Herbst des Jahres 1648 kümmerte sich darum niemand. Die Diplomaten in Münster und Osnabrück waren froh, das schwierige Werk zum Abschluß gebracht zu haben. Die Menschen jubelten den Friedensboten zu, die mit Trompetenschall durch Deutschland ritten, um die Waffen zum Schweigen zu bringen.

In den Kongreßstädten wurde der Friedensschluß zu einem großen barocken Friedenszeremoniell, das die Vertragspartner ebenso zur Selbstdarstellung nutzten wie die gastgebenden Städte: durch Dutzende von Dienern, Reitern und Läufern, durch vier- oder sechsspännige Equipagen, die in einer nach Stand und Würde genauestens abgestuften Reihenfolge vorfuhren - zunächst die Sekretäre und Adjunkten, schließlich der Gesandte selbst -, durch Ehrenkompanien aus Bürgermilizen und Stadtsoldaten, mit Paukenschlag und Trompetenschall. In den Kirchen wurden Gottesdienste gefeiert:

Darauf das Te Deum laudamus allenthalben gesungen worden, eine überauß grosse procession durch die gantze statt gehalten, unter währender solcher procession seynd mit allen glocken durch die gantze statt gelutet worden. Auff dem Domhoff seynd 12 kammer-stücke gepflantzet gewesen, und mit denselben ist zu drey mahlen nacheinander salve geschossen worden.[97]

Dankgottesdienste, Friedensgeläut und Freudenschüsse, von denen diese gedruckte Friedenspostille aus Münster berichtet, pflanzten sich fort durch das ganze Reich. In Ulm zum Beispiel war es der 13. Dezember, an dem man, wie der Schuster Hans Heberle in seine Chronik eintrug, »das danckh- und freudenfest feyrlich beging, mit predigen, communicieren und fleißigem gebet«.[98]

Wohlauf und nimm nun wieder
Dein Saitenspiel hervor!
O Deutschland, und sing Lieder
Im hohen vollen Chor![99]

Nach den Klagen über die Schrecken des Krieges stimmt die Barockdichtung einen vielstimmigen Lobgesang auf die »Guldne Friedens-Zeit« an, die »der Himmelsfriedefürst, bereitet / In unserm Vaterland«:

Hier Reisen frey vnd Wolgemuth
Die Kramer: vnd die Kauffleut Guth.
Frey Sicher ist es in dem Feldt
Was man zu Thun man wolbestelt.
Frisch auff
Las vnfall lauff
Schmeckt wol Lex Ars, vnd ist guth
Der wol darein begreiffen Thut
Lex
Braucht die Zung zur Süssigkeit,
Lex, Ars, ist euch zum dienst bereit
Lex
Der MARS ist nun im
ARS.
Wohlgemeint, vnd böß verstanden,
Machet manche Schrifft zu schanden
Ja, Lex vnd Ars, Die steigen Wieder hoch,
Ihr leydt ist vmb, der Mars hatt nnn ein Loch,
Es hatt genug gedaurt, daß der Mars,
Hatt Ars getrillt, Nun ist der Mars im Ars.
2. Nun halten Lex vnd Ars, den Mars im Zaum.
Nun Wirdt vnd ist mir auß dem Mars ein traum,
Im Ars ist Lust, im Lex ist Süssigkeit,
Im Mars gestanck, Von Pulver sturm vnd streitt
3. Wo Lex vnd Ars, die Oberhandt behelt,
Da scheust der Mars nicht mehr so grob ins feldt
Der Mars ist roth Vnndt Schwartz, Lex aber Weiß,
Vnd Ars Wie Goldt, Lex Ars behelt den preyß.
4. So finster Vnndt so grewlich es im Mars,
So Sonnenklar Vnnd lieblich ist Lex Ars,
Lex Ars sind freundt; vnd halten nichts vom Mars,
Es sey dann Mars ein freundt vom Lex vnd Ars.
5. Wolan O Mars scheuß nur nicht mehr so grob,
Es zörnen sonst Lex vnnd auch Ars darob,
Wan Ars regiert, vnnd Lex die Zunge braucht,
So zittert Mars, scheust er gleich das es raucht
6. Im Mars ist nichts das vnß hertz erfrewt
Lex aber hat viel lust vnndt liebligkeitt
deßgleichen Ars, Ars ist so wunder fein
Daß Jedermann im Ars will Burger sein
7. Lex mich im Mars sehr Wenig schützen kan,
Dann Wo der Mars regiert, kombt Lex nicht an,
Nun aber Mars im Ars, Lex mich beschirmt
Vnd hilfft nun nicht daß Mars viel scheust vñstürmt,
8. Küst mir nun Ars, vnd Lex vñ flucht dem Mars,
Verflucht sey Mars, geküst sey Lex vnndt Ars,
O süsses Lex, o dreymahl schöner Ars
Wir küssen euch, kombt an verflucht sey Mars
9. Mars scheust vnd stinckt, Ars aber ist sehr mild,
Lex angenehm, der Mars ein greulich bildt,
Ars machet gunst, Lex hat daß lob, was Ars,
Was greulich ist, daß ist furwar im Mars,
10. Weg mit dem Mars, heran mit Lex vnd Ars,
Ars liebt die ruh, Lex auch, Krieg aber Mars,
Viel lieber fried als streitt, weil Mars verzehrt,
Was Ars erwirbt, Mars raubt, Lex Ars ernehrt.
Stecke dein nas tieff in Lex Ars,
Besser als in verstorbenen Mars
Den alle Hochgelehrte Leuth
Schmecken Lex Ars ahnlugentheu
Musica
Klingt alda
Ars
Ars
Mars vnser alter Kriegs leuth Gott,
Ligt Hier in Armis vnd ist Thot.
Ziehen auff ein ander Orth
Hie ligt der Krieg.
O du Thoter Mars
Vivat Lex Ars
Mars mit seine waffen
Ist Hier entschlaffen
Lerm ist gethan Wir mussen fort
Gott erbarme nun Sich.

Nun ziehet aus zu Land und Meer:
Ihr Kauf- und Handelsleute;
Die Straßen sind nun wieder leer
Und frei von Raub und Beute.
Es hat die güldne Friedenskraft
Die Diebesmützen abgeschafft
Und alle Plackereien.

Nun leget wieder Hand an Pflug,
Ihr wackern Ackerknechte,
Der Gaul, der Freibeuter trug,
Itzt träget Dorfgeschlechte.
Es hat der Reuter und sein Gaul
Bei euch zu füllen Bauch und Maul
Sich unter schon gestellet.

Nun gehet frisch und fröhlich aus,
Ihr Mähder und ihr Schnitter!
Und bauet wieder Hof und Haus,
Hausväter und Hausmütter.
Gesegnet sei die Frucht, die säugt,
Und Kind und Kindeskinder zeugt,
Die neue Welt zu bauen.[100]

Aber solcher Friedensjubel galt nicht allen Ländern Europas. Im Westen und im Nordosten des Kontinents hielt das Mächteringen an. Der bis zum Pyrenäenfrieden von 1659 fortgesetzte französisch-spanische Krieg (1635-1659) vermischte sich zeitweilig mit dem innerfranzösischen Bürgerkrieg der Fronde (1648-1653). Die beiden im deutschen Krieg bewährten Feldherren Condé und Turenne marschierten zunächst gemeinsam auf der Seite der Adelsopposition gegen den verhaßten Kardinal Mazarin, der 1643 das Erbe Richelieus angetreten hatte und im Innern mit derselben harten Hand den Absolutismus förderte. Der Übertritt Turennes auf die Seite der Krone führte 1652 dazu, daß Condé und die Prinzenfronde bei den Spaniern Unterstützung suchten. Die Kämpfe zogen sich jahrelang hin, vor allem in Oberitalien und an der Grenze zwischen Frankreich und den spanischen Niederlanden. Die zunächst erfolgreicheren Spanier gerieten immer stärker in die Defensive, als Mazarin 1657 ein Bündnis mit dem englischen Königsmörder Cromwell einging, der den Spaniern in der Karibik soeben Jamaika abgejagt hatte. Die macht- und wirtschaftspolitische Interessengleichheit überwand den Systemgegensatz zwischen französischem Absolutismus und englischem Republikanismus.

Spanien, dem die deutschen Habsburger so kurz nach Ende des Dreißigjährigen Krieges nicht zur Seite springen mochten, war der Zangenbewegung in Übersee und Europa nicht mehr gewachsen. Nachdem 1640 die Portugiesen die seit 1580 bestehende Personalunion mit Spanien gewaltsam zerrissen hatten und 1648 in Münster auch die formelle Unabhängigkeit der nördlichen Niederlande besiegelt worden war, trat das müde iberische Königreich nun endgültig zurück ins zweite, bald ins dritte Glied der europäischen Mächte. Dieser Rückzug erfolgte auf dem alten Kontinent ebenso wie auf den Meeren und in der Neuen Welt, wo Spaniens Herrschaft in der Mitte und im Süden zwar gefestigt blieb, gegenüber dem Norden aber rasch an Dynamik einbüßte. Das Ende brachte eine Schlacht in den Dünen der südlichen Niederlande, wo ein unter Turenne kämpfendes französisch-englisches Heer die ruhmvolle Armee von Flandern aufrieb. Im Pyrenäenfrieden konnte Spanien zwar die italienischen Besitzungen behaupten, und auch die südlichen Niederlande gingen nicht ganz verloren. Es mußte aber das Artois und weitere strategisch wichtige Teile an der niederländischen Südgrenze an Frankreich abtreten. An seiner eigenen Nordostgrenze mußte Spanien das Roussillon und einen Teil der Cerdagne abgeben, die Pyrenäen waren fortan die politische Grenze zwischen den beiden romanischen Monarchien.

Frankreich hatte den habsburgischen Ring gesprengt und schickte sich an, seine eigene Vormacht in Europa zu errichten, und zwar mit Turenne und dem von Ludwig XIV. rehabilitierten Condé an der Spitze seiner erfolgreichen und vor allem nach Osten, an der Grenze zum Reich operierenden Armeen.

Auch Schweden, der bewährte Allianzpartner der Franzosen, hatte bis zur endgültigen Sicherung seiner Vormachtstellung in der Ostsee noch eine gefährliche Phase innerer Unsicherheit und auswärtiger Kriege durchzustehen. Königin Christina, die seit Dezember 1644 selbständig regierende Tochter Gustav Adolfs, beunruhigte ihre Untertanen zunehmend durch »absonderliche« Eigenarten: Daß sie sich entschlossen zeigte, gleich der großen Elisabeth von England als »Regina Virginalis« zu herrschen, mochte noch hingehen. Auch die energisch autokratische Regierungsarbeit der selbstbewußten Frau ertrug der schwedische Adel, wenn auch murrend. Daß Christina aber im Ausland als »Sybille des Nordens« gefeiert wurde, weil sie sich so sonderbaren Leidenschaften wie der Kunst und der Wissenschaft zuwandte, das irritierte die Politikerelite Stockholms. Wohin sollte das führen, wenn der Königin die Gespräche mit Gelehrten der Universität Uppsala oder die Korrespondenz mit ausländischen Geistesgrößen wie dem Holländer Hugo Grotius und dem Franzosen René Descartes mehr bedeuteten als der bewährte Rat des greisen Kanzlers Oxenstierna. Vor allem aber erregten ihre Begegnungen mit Calvinisten und Jesuiten Argwohn, das eine nicht weniger als das andere. Alles das, was Schweden zur Großmacht hatte aufsteigen lassen, schien nichts mehr zu gelten: die schwedisch-nationale Gesinnung, die Königtum, Adel und Bauernstand verband, ebensowenig wie die Reinheit des Luthertums und der Vorrang kriegerischer Tugend, der für die gustavische Ritterschaft selbstverständlich gewesen war.

Doch ehe die Krise zum Ausbruch kam, schlug die Königin, die sich von Stockholm und den Regierungsgeschäften immer mehr eingeengt fühlte, dem Reichstag ein Tauschgeschäft vor, das dieser annahm. Für eine Jahresapanage von 600 000 Mark überließ Christina die Schwedenkrone ihrem Verlobten Karl Gustav von Zweibrücken, der bereits 1649 zu ihrem Nachfolger bestimmt worden war, da sie eine Heirat ausgeschlossen hatte. Der Wechsel vollzog sich am 16. Juni 1654 innerhalb weniger Stunden vor dem Reichstag in Uppsala. Die abgedankte Königin begab sich über Münster und Brüssel, wo sie offiziell zum Katholizismus übertrat, nach Rom und lebte dort bis zu ihrem Tode 1689, gefeiert als die in den Schoß der wahren Kirche zurückgekehrte Tochter des Erzketzers aus dem barbarischen Norden.

Inzwischen hatte der neue König Karl X. die machtpolitische Tradition seiner Wasavorgänger wieder aufgenommen und war entschlossen in den Kampf um die Sicherung der schwedischen Vormachtstellung in der Ostsee und im nordöstlichen Europa getreten. Die inneren Schwierigkeiten Schwedens hatten inzwischen Polen und Dänemark, die an den Rand gedrängten Vormächte früherer Zeiten, und Rußland, die junge, aggressiv auf Ausdehnung ihres Einflußbereiches bedachte osteuropäische Macht, auf den Plan gerufen. Sie alle sahen die Gelegenheit gekommen, auf Kosten des innerlich geschwächten skandinavischen Großreiches ihre eigene Position zu verbessern: Dänemark hoffte die schwedische Umklammerung sprengen zu können, unter der es seit 1648 in ähnlicher Weise litt wie zuvor Frankreich unter derjenigen der Habsburger. In Polen sammelte der katholische Wasakönig Jan Kasimir die antiprotestantischen Kräfte, um endlich die dynastische und konfessionelle Niederlage zu rächen, die seinen Vorfahren zu Anfang des Jahrhunderts von der lutherischen Wasalinie in Schweden zugefügt worden war. Der eigentliche Rivale bei der neuen Machtverteilung war aber Rußland, das prinzipiell auf Veränderung des Status quo in der ostmitteleuropäischen Mächtekonstellation setzen mußte. Denn nur auf diesem Wege konnte das noch weitgehend mittelalterliche Zarentum hoffen, schließlich in den Kreis der neuzeitlichen europäischen Großmächte einzutreten.

Der Schwedenkönig kam der Gefahr zuvor und fiel im Sommer 1655 von Pommern und Livland aus in Polen ein. Das war der Beginn des Nordischen Krieges, in den zeitweilig auch Brandenburg-Preußen hineingezogen wurde. Er endete erst im Mai 1660 mit dem Frieden von Oliva, den Frankreich vermittelt hatte, um seinen alten Allianzpartner vor größeren Verlusten zu schützen, denn dieser war durch den plötzlichen Tod König Karls X. in Bedrängnis geraten. Das durch weitere Teilfriedensschlüsse ergänzte Vertragswerk brachte zwar nicht die von Karl erstrebte Arrondierung des schwedischen Ostseeimperiums, aber es bestätigte im großen und ganzen Schwedens beherrschende Stellung als Vormacht im Norden und Nordosten des Kontinents.

Nach einem halben Jahrhundert politischer und militärischer Anspannung war der alte Kontinent fürs erste zur Ruhe gekommen. Der Frieden, der in Westfalen, in Oliva und auf der Fasaneninsel im Bidassoafluß der Pyrenäen geschlossen worden war, bedeutete zugleich Ende und Neuanfang. Es war nicht nur eine Kriegsperiode zu Ende gegangen, die dreißig, vierzig oder – im Falle des niederländisch-spanischen Krieges – sogar achtzig Jahre gewährt hatte. Es war ein Einschnitt erreicht, der den älteren von dem jüngeren Teil der frühen Neuzeit trennte. Nach den ersten anderthalb Jahrhunderten, die zunächst den Aufbruch in der Religion, der Politik, der Wirtschaft und der Gesellschaft, dann Verhärtung und schließlich die innere und äußere Krise gebracht hatten, war nun die Basis für eine neue Stabilität erreicht, die bis zum nächsten mächtigen Schub des Wandels im letzten Drittel des 18. Jahrhunderts andauerte. Die europäi-

Christina Wasa, 1644 bis 1654 Königin von Schweden, danach bis zu ihrem Tod 1689 Konvertitin in Rom, trat aus dem Schatten ihres Vaters heraus und versuchte die neue Großmacht im Norden nach eigenen Maßstäben zu regieren. Die »Sybille des Nordens« war eine Frau zwischen den Welten und den Zeiten, die sich nicht mit der von Männern bestimmten Rolle abfinden wollte und die nicht wahrnahm, daß in der neuen Zeit persönliche Devotion und Staatskonfession durchaus zu trennen waren.

schen Mächte konnten darangehen, den Ausbau des frühmodernen Staates zu vollenden und bei den internationalen Beziehungen eine kalkulierbare Ordnung zu etablieren.

Die Welt der Höfe und Allianzen war aufgezogen, die im Innern der Staaten vom Absolutismus und seiner höfischen Gesellschaft geprägt wurde und die mit Hilfe ausgeklügelter Bündnissysteme zwar nicht den ewigen Frieden garantierte, wohl aber den Krieg einzuhegen wußte. Deutschland, wo in manchen Gebieten von drei Einwohnern nur einer überlebt hatte und wo die Äcker wüst lagen, die Dörfer und Städte niedergebrannt waren, hatte den Frieden überhaupt erst noch zu gewinnen. Das Land mußte wieder aufgebaut werden, und der Wille zu »wahrer und aufrichtiger Freundschaft«, den Kaiser und Reichsstände im Westfälischen Frieden beschworen hatten, mußte sich erst noch bewähren - in den offengebliebenen Verfassungsfragen und dann vor allem in der alltäglichen Reichspolitik.

Anmerkungen

Anmerkungen zu Kapitel I

1 Zitiert nach Münster, Cosmographey, S. CCCXCVII-CCCCXI, CCCLXXXIX.
2 Pufendorf, Verfassung, S. 106 (Kap. VI § 9).
3 Nach Hassinger, Das Werden.
4 Mayer, in: HZ 159 (1938).
5 Moraw, in: Blätter f. dt. Landesgeschichte 112 (1976).
6 Straub, in: ZBLG 32 (1969), S. 221.
7 Moraw, in: Festschrift für H. Heimpel, Bd. II. 2, S. 50.
8 Eppelsheimer, Petrarca, S. 27.
9 Boockmann, in: Göttinger Jb 31 (1983), S. 79.
10 Rüthing, Höxter, S. 334.
11 Lutherkatalog, S. 72.
12 Gemeiner, Regensburgische Chronik, Bd. IV., S. 383.
13 Oberman, Werden und Wertung.
14 Moeller, Deutschland, S. 37f. u. 42; ders., in: ARG 56 (1965).
15 Abwandlung eines Wortes von H. Heimpel, in: ders., Der Mensch, S. 143.
16 Henning, Das vorindustrielle Deutschland, S. 179-232.
17 Münster, Cosmographey, S. CCCCX.
18 Suhling, Seigerhüttenprozeß, S. 172; auch HDWSG Bd. I, S. 342ff. Ausführliche Beschreibung der Technologie bei Agricola, De re metallica, Buch 11, S. 446.
19 Nef, in: The Journal of Political Economy 44 (1971), S. 586f.; HDWSG Bd. I, S. 424; Westermann, Das Eislebener Garkupfer; Strieder, Die deutsche Montan- und Metallindustrie; Laube, Studien.
20 Gaettens, in: Blätter für Münzfreunde 23 (1959).
21 Hitzer, Straße, S. 140; v. Pölnitz, Venedig, S. 336f.
22 Kießling, in: Geschichte der Stadt Augsburg, S. 177.
23 Zahlen nach Kellenbenz, in: Geschichte der Stadt Augsburg, S. 280.
24 F. Irsigler, in: Lutherkatalog, S. 29.
25 G. Parker, in: Cipolla, Borchardt, Europäische Wirtschaftsgeschichte, Bd. II; Klein, Geschichte der öffentlichen Finanzen; Henning, Das vorindustrielle Deutschland, S. 175ff.
26 Benecke, Society and Politics, S. 187, 197.
27 v. Stromer, in: Scripta Mercaturae 10 (1976).
28 Henning, Das vorindustrielle Deutschland, S. 216; Lutz, Ringen, S. 71ff.; knapp: ders., Reformation und Gegenreformation, S. 11; Simsch, in: Deutschland - Porträt einer Nation, Bd. III; Bauer, Unternehmungen und Unternehmungsformen; Freiherr v. Pölnitz, Jakob Fugger.
29 Ehrenberg, Zeitalter der Fugger, Bd. I, S. 119.
30 Zahlen nach Lutherkatalog, S. 198; »Mahnschreiben« bei v. Pölnitz, Jakob Fugger, Bd. I, S. 518f., dazu auch Bd. II, S. 506f.
31 Zit. nach Kellenbenz, in: Lutz, Das römisch-deutsche Reich, S. 43, 45.
32 Reinhard, Expansion, Bd. I, S. 95.
33 Reinhard, Expansion, Bd. II, S. 46; Kellenbenz, in: Lutz, Das römisch-deutsche Reich, S. 43f.
34 Reinhard, Expansion, Bd. II, S. 57.
35 Zitiert nach Abel, in: HDWSG I, S. 386.
36 Mauersberg, Wirtschafts- und Sozialgeschichte, S. 22-79; zu Leipzig: Keyser, Deutsches Städtebuch, Bd. II, S. 123.

37 Cipolla, Borchardt, Europäische Wirtschaftsgeschichte, S. 22; de Vries, Urbanization, S. 76.
38 Mauersberg, Wirtschafts- und Sozialgeschichte, S. 33.
39 Blaschke, Bevölkerungsgeschichte, S. 106f.
40 Ebd., S. 87.
41 Ebd., S. 163.
42 So Koerner, in: Forschungen und Fortschritt 22 (1959), S. 331.
43 Ebd., S. 328.
44 Henning, Das vorindustrielle Deutschland, S. 18f.
45 de Vries, Urbanization, S. 36.
46 Ebd., bei Zugrundelegung der Länder 5, 6, 7, 9 u. 15 sowie Teilen von 8 u. 10 (s. S. 20); s. auch Freund, Deutsche Geschichte, S. 52.
47 Blaschke, Bevölkerungsgeschichte, S. 78, 91.
48 Ebd., S. 86.
49 Riepenhausen, Die bäuerliche Siedlung, S. 94.
50 Heitz, Leinenproduktion; Kuske, Wirtschaftsentwicklung, S. 69ff.; Kisch, in: ders., Textilgewerbe, S. 162-257.
51 Brunner, in: ders., Neue Wege, S. 104.
52 Ennen, Janssen, Agrargeschichte, S. 190.
53 Zit. nach Abel in: HDWSG Bd. I, S. 389.
54 Zahlen bei Slicher van Bath, Agrarian History, S. 285, 335f.; ders., in: A.A.G. Bijdragen 10 (1963); Wiemann, in: Ostfriesland, Bd. I, S. 449; Abel in: HDWSG Bd. I, S. 519ff.; de Vries, Dutch Rural Economy; van der Wee, van Cauwenberghe, Productivity.
55 Zitat und Daten bei Abel, Agrarkrisen, S. 106.
56 Franck, Chronica, Blatt CCLXXIX u. CCLXXXV b.
57 Henning, Landwirtschaft, Bd. I, S. 185.
58 Schulz, Handwerksgesellen, S. 336ff., 436f.
59 Abel, Massenarmut, S. 26.
60 Ennen, Janssen, Agrargeschichte, S. 191.
61 Beninga, in: Tiarden, Das Gelehrte Ostfriesland, Bd. I, S. 104f.
62 HDWSG Bd. I, S. 404.
63 Zit. nach Janssen, Geschichte, Bd.VIII, S. 167, dort auch die anderen Zitate, S. 152; 162; 152, Anm. 2.
64 Ebd., S. 154.
65 Zit. nach Abel, Agrarkrisen S. 108; Simsch, Handelsbeziehungen, S. 138-148; Lütge, in: Sitzungsberichte der Bayerischen Akad. d. Wiss., S. 29ff.; Pickl, Routen, in: Festschrift für H. Wiesflecker, S. 143ff.
66 So Chaunu, Séville.
67 Parry, Europe, S. 22ff.; Mousnier, Les 16e et 17e siècles, S. 85ff.; Kellenbenz, in: Les grandes voies. Mit anderer Akzentsetzung: Braudel, Sozialgeschichte, Bd. I, München 1985, S. 436ff. Vorzügliche Dokumentation der Schiffsbautypen und der technischen Innovationen in der Abteilung »Schiffahrt« des Deutschen Museums in München.
68 Dollinger, Hanse, S. 446.
69 Herborn, in: Zeitschr. d. Aachener Geschichtsver. 90/91 (1983/84), S. 98, nach Regesten R. Doehaerds; van der Wee, Growth.
70 Zeiller, Topographia Germaniae Inferioris, S. 36.
71 Nef, in: The Journal of Political Economy, S. 588, 590.
72 Herborn, in: Zeitschr. d. Aachener Geschichtsver.
73 Schembs, »Weither suchen«.
74 Brulez, in: Bijdragen voor de Geschiedenis der Nederlanden 15 (1960); Schilling, Exulanten.
75 Kellenbenz, Sephardim.
76 Lütge, Wirtschaftsgeschichte, S. 391.
77 Zit. nach Schembs, »Weither suchen«, S. 22.
78 Vgl. auch Dietz, Handelsgeschichte; Schilling, Exulanten; ders., in: Histoire sociale / Social History (Ottawa) 16 (1983).

79 Aus wirtschaftswissenschaftlicher, systematischer Sicht setzt Henning, Das vorindustrielle Deutschland, S. 218, für das 17./18. Jahrhundert eine weitere frühkapitalistische Phase an. Allgemeinhistorisch ist die im Text getroffene Unterscheidung sinnvoller. So auch Lutz, Ringen, S. 425.
80 Hassinger, Das Werden, S. 342f.
81 Weber, Die Protestantische Ethik, in: ders., Gesammelte Aufsätze; dagegen Henning, Das vorindustrielle Deutschland, S. 214; Lutz, Reformation, S. 157ff.
82 Testament Johann Rincks, zit. nach Irsigler, in: Hanse in Europa, S. 322f.
83 Lüthy, Banque Protestante, S. 758 (Übers. d. Verf.).
84 Wallerstein, Weltsystem - eine insgesamt nicht problemlose Darstellung, s. die kompetente Kritik von de Vries, European Economy, S. 72f.
85 Brady, in: Sixteenth Century Journal III, 2 (1972). Natürlich war die frühneuzeitliche Gesellschaft aufs Ganze gesehen keine Klassengesellschaft, auch in den Städten nicht. Schilling, Konfessionskonflikt, S. 376.
86 Wohlfeil, Reformation; Vogler, in: Blickle u.a., Zwingli und Europa.

Anmerkungen zu Kapitel II

1 Moeller im Vorwort zu dem von ihm herausgegebenen Sammelband »Luther in der Neuzeit«, S. 7.
2 Frowein-Ziroff, Kaiser Wilhelm-Gedächtniskirche.
3 Lortz, Reformation.
4 Lutherkatalog; Luther und die politische Welt, hg. v. Iserloh, Müller; Leben und Werk Martin Luthers, hg. v. Junghans; Martin Luther 1483 bis 1546. Dokumente seines Lebens und Wirkens, hg. v. d. Staatlichen Archivverwaltung der DDR; Bartel, Brendler, Luther.
5 WA 54, S. 183f.
6 Oberman, Reformation, S. 12; ders., Luther.
7 Erikson, Luther, S. 15.
8 Zuletzt ausführlich Brecht, Martin Luther.
9 WA, Tischreden (TR), Bd.V, S. 558.
10 Zitate aus WA, TR, Bd. II, S. 134.
11 Erikson, Luther, S. 66ff.
12 WA, TR, Bd. III, S. 51.
13 Brecht, Luther, Bd. I, S. 57.
14 WA, TR, Bd. I, S. 294.
15 Apokalypse 1,16, zitiert nach: Luther, Heilige Schrift, S. 2475.
16 Zit. nach Lutherkatalog, S. 128.
17 Brecht, Luther, Bd. I, S. 129; vgl. auch Oberman, Luther, S. 171-177.
18 So Brecht, Luther, Bd. I, S. 219; die Vertreter des zeitlich früheren Ansatzes dürften unter den Kirchenhistorikern indes in der Überzahl sein; Literatur dazu ebd., S. 482, Anm. 1.
19 Luther, Heilige Schrift, S. 2270.
20 Iserloh, Luther, S. 47, 50 u. a.
21 Ebd., S. 51.
22 Gottlob, Kreuzablaß.
23 Myconius, Historia Reformationis, S. 15.
24 Zit. nach Hillerbrand, Brennpunkte, S. 48f.
25 Der Spottvers war alt - bereits 1482 hatte die Sorbonne in Paris über seine Rechtmäßigkeit zu befinden, s. Iserloh, Luther, S. 56.
26 Myconius, Historia, S. 21.
27 Luther im Rückblick auf den Ablaßstreit WA 51, S. 539.
28 Vgl. Brecht, Luther, Bd. I, S. 196.
29 Junghans, Wittenberg, S. 184 u. Abb. S. 93f.

30 WA Briefe, Bd. I, S. 110f.; dt. Übers. zit. nach Hillerbrand, Brennpunkte, S. 55-57.
31 Lutherkatalog, S. 163f.
32 Stackmann, Moeller, Laune Luthers? - Bedeutungsvoller Namenswechsel, in: FAZ 11.12.1982; ausführlicher: Moeller, Stackmann, Luder, Luther, Eleutherius, Göttingen 1981.
33 Moeller, Deutschland, S. 59.
34 Ebd., S. 51f.
35 Lutz, Ringen, S. 25, 27.
36 Selge, in: Reuter (Hg.), Reichstag, S. 180-207.
37 Etwa Stupperich, Reformatorenlexikon (nicht immer zuverlässig); Moeller, in: Lutherkatalog, S. 323-332.
38 Edwards, Luther and the false Brethren.
39 Hoyer, in: Jb. f. Regionalgeschichte 13 (1986); Fast, Der linke Flügel; Elliger, Thomas Müntzer; Nipperdey, Reformation; Steinmetz, Müntzerbild.
40 ADB 14, S. 532f.; NDB 10, S. 608f.; Dietz Mosse, »Godded with God«.
41 Schreiner, in: Brecht, Schwarz, Bekenntnis und Einheit; Schilling, in: Tracy, Luther, S. 21-30.
42 Moeller, in: Lutherkatalog, S. 320.
43 CR 88, S. 466-468; Übers. ins Neuhochdeutsche v. Hillerbrand, Brennpunkte, S. 156.
44 CR 88, S. 470f.; Übers. ins Neuhochdeutsche v. Hillerbrand, Brennpunkte, S. 167f. - Allgemein dazu: Moeller, Zwinglis Disputationen.
45 Beide Zitate aus dem ältesten Lebensbild Zwinglis von Oswald Myconius (1532), in: Ulrich Zwingli, hg. v. Finsler, Köhler, Rüegg, S. 15.
46 Gottfried Keller, Züricher Novellen, Berlin [23]1899, S. 404, 406f.
47 Moeller, Deutschland, S. 53.
48 Ders., in: Lutherkatalog, S. 330.
49 Troeltsch, Soziallehren, S. 605ff., 702f.; ders., Aufsätze zur Geistesgeschichte, S. 254f., 260f.; Heimpel, in: ders., Der Mensch, S. 156; dagegen: Schilling, in: Tracy, Luther; Schulze, Zwingli, in: Blickle u.a., Zwingli und Europa.
50 Koselleck, Art. »Bund«, in: Geschichtliche Grundbegriffe; Scheible, Widerstandsrecht.

Anmerkungen zu Kapitel III

1 So der venezianische Gesandte Badoero im Jahre 1557, zit. nach: Mentz, Deutsche Geschichte, S. 261.
2 Aus dem Romanzyklus von Thomas Mann »Joseph und seine Brüder«, im 2. Buch »Joseph der Ernährer«, das im Zusammenhang mit Josephs Berufung zum Traumdeuter und zum »Ernährungsminister« Ägyptens vom Regierungsantritt des jungen Pharao Amenhotep IV. (Echnaton) als politisch-gesellschaftlichem Umbruch handelt und von dem Vordringen des Sonnengottes Aton, wodurch die Macht des traditionell vorherrschenden Amun-Kultes und seiner Priesterschaft eingeschränkt wurde. In: Th. Mann, Gesammelte Werke in 12 Bdn., Frankfurt 1960 bis 1975, Bd.V, 2 (1960), S. 1377.
3 de Jong, Kerkgeschiedenis, S. 89.
4 Brief Martin Luthers an den Wiener Humanisten Johannes Cuspinian, Worms, 17. April 1521, in: Lutherkatalog, S. 201f.
5 »O seculum! O literae! Iuvat vivere«, Brief Huttens an Willibald Pirckheimer vom 25. Okt. 1518, in: Böcking, Ulrichs von Hutten Schriften, Bd. I, S. 217.
6 Neuser, Reformatorische Wende, S. 149.

7 v. Schubert, Lazarus Spengler.
8 Albrecht Dürer 1471-1971, S. 200.
9 Luther, Der kleine Katechismus, WA, 30 I, S. 257.
10 WA, Br. I, S. 332f.; dt. Übers. nach Hillerbrand, Brennpunkte, S. 37.
11 Zahlen nach Volz, in: Lüdtke, Mackensen, Kulturatlas, Bd. III., Karte 240.
12 Moeller, in: Mommsen, Stadtbürgertum, S. 30.
13 Stackmann, Schilling, Kap. X: Die Bibel, in: Lutherkatalog, S. 275.
14 Stackmann, in: ARG 75 (1984), S. 13, 16, 20.
15 So lautet die Quintessenz eines um 1480 in Nürnberg entstandenen Gutachtens über den Druck deutschsprachiger Bibeln. Ebd., S. 18.
16 Ebd., S. 19.
17 Brant, Narrenschiff, S. 3.
18 Vogel, in: Gutenberg-Jahrbuch 1964; ders., Bibeldrucke.
19 Lutherkatalog, S. 280.
20 Stackmann, in: ARG, S. 25.
21 Engelsing, Analphabetentum, S. 26; Eisenstein, Printing Press.
22 Moeller, in: Mommsen, Stadtbürgertum; ders., in: Köhler, Flugschriften; Köhler, in: Rabe u. a., Festgabe für E.W. Zeeden; Scribner, in: Mommsen, Stadtbürgertum; ders., For the Sake; Scheible, in: ARG 65 (1974).
23 Neumann, Bücherzensur; Klingenstein, Staatsverwaltung.
24 Moeller, in: Mommsen, Stadtbürgertum, S. 30f.
25 Ulrich von Hutten, Deutsche Schriften, S. 61 u. 134f., vgl. auch S. 355 u. 381.
26 Hutten an Luther in einem Brief vom 4. Juni 1520, in: Luther, WA, Br. II, S. 117.
27 Hutten, Deutsche Schriften, S. 356; vgl. auch Holborn, Ulrich von Hutten, S. 122-155.
28 Holborn, Hutten, S. 159; vgl. auch Brecht, in: Blätter für pfälzische Kirchengeschichte, 37/38 (1970/71).
29 Brecht, ebd., S. 309ff.
30 Zit. nach Übersetzung in: Hutten, Deutsche Schriften, S. 324f.
31 Ranke, Zeitalter der Reformation, Bd. I, S. 64, 69.
32 Press, Kaiser Karl V., S. 50.
33 Zimmerische Chronik, Bd. II, S. 560.
34 Ranke, Zeitalter der Reformation, Bd. I, S. 126.
35 Blickle, Revolution von 1525, S. 88, als Fazit umfangreicher Detailstudien der letzten Historiker-Generation.
36 Endres, Bauernkrieg, in: Bll. f. dt. Lg. 109 (1973); Press, in: Nass. Ann. 86 (1975), S. 168.
37 Brecht, in: Bll. f. pfälzische Kirchengeschichte, S. 303.
38 12 Memminger Artikel, in: Geschichte in Quellen, S. 145, 148.
39 Franz, Deutscher Bauernkrieg, stellt die Grenzen stark heraus; dagegen v. a. Press, Bauernkrieg, in: Nass. Ann. 86 (1975), S. 166.
40 Folgende Zitate aus den Zwölf Memminger Artikeln, nach Geschichte in Quellen, S. 145, 146, 147, 148f.
41 Franz, Quellen zur Geschichte des Bauernkrieges, S. 193; Kesslers Chronik, Auszüge in: Kaczerowsky, Flugschriften, S. 224ff.
42 Zit. nach Klein, in: Hess. Jb. 25 (1975), S. 75, Anm. 14.
43 Blickle, Revolution von 1525, S. 177f.
44 Ennen, Janssen, Agrargeschichte, S. 200; Schilling, in: Wehler, Bauernkrieg 1524-1526, S. 238.
45 Klein, in: Hess. Jb. 25 (1975), S. 78f.
46 Wehr, Müntzer. Schriften und Briefe, S. 179ff.; weitere Schriften auch bei Franz, Müntzer: Schriften und Briefe.
47 Franz, Müntzer, S. 455.

48 Brief vom 17. Mai 1525 aus Heldrungen, in: Wehr, Müntzer, S. 185-187; Franz, Müntzer, S. 473f.
49 Luther rechnete mit der Möglichkeit eines Sieges der Bauern: Wider die räuberischen und mörderischen Rotten der Bauern (1525), WA, Bd. 18, S. 360f.; Übers. ins Neuhochdeutsche v. Verf.
50 Tischrede von 1533, in: WA, TR, Bd. I, S. 195; Übers. aus d. Lat. v. Verf.
51 Kirchner, Der deutsche Bauernkrieg, zit. nach Klein, in: Hess. Jb. 25 (1975), S. 113.
52 Blickle, Revolution von 1525, S. 158 u. S. 163.
53 Ebd., S. 163.
54 So der Finanzmeister des Bundes, zit. nach ebd.
55 Bahnbrechend: Blickle, Landschaften.
56 Press, in: Zeitschrift für die Geschichte des Oberrheins 123 (1975); ders., in: ZHF 2 (1975), S. 59-93.
57 Klein, in: Hess. Jb. 25 (1975), S. 77.
58 Definition A. Strobel, zit. nach Klein, ebd., S. 79.
59 Nach Wiese-Schorn, in: Osnabrücker Mitt. 82 (1976).
60 Franz, Deutscher Bauernkrieg, S. 299.
61 Blickle, Landschaften, S. 203 u. 226f.
62 Troßbach, Bauernbewegungen; ders., Soziale Bewegung, S. 275. Allgemein die Arbeiten von Blickle und Schulze im Literaturverzeichnis.
63 Clasen, Wiedertäufer; ders., Anabaptism.
64 Lau, in: Hubatsch, Wirkungen, S. 68-100.
65 Moeller in seinem Pionierwerk »Reichsstadt und Reformation«, S. 9.
66 Mörke, Ruhe im Sturm.
67 Moeller, in: Mommsen, Stadtbürgertum, S. 27.
68 Engelsing, Analphabetentum, S. 32, dem Scribner, gegen Moeller argumentierend, folgt, in: Mommsen, Stadtbürgertum, S. 44. Zitat: Moeller, in: Mommsen, Stadtbürgertum, S. 37.
69 Lienhard, Horizons Européens, S. 38f.
70 Moeller, Reichsstadt und Reformation, S. 15.
71 Petrus a Beeck, Aquisgranum, Kap. XIII., S. 250, frei übers. v. Verf. Zu den protestantischen Städten vgl. Schilling, in: Bijdragen en Mededelingen 102 (1987).
72 Martin Luther, Das eyn Christliche versamlung odder gemeyne recht und macht habe, alle lere tzu urteylen und lerer tzu beruffen, (1523), WA, Bd. 11, S. 408-16.
73 Schilling, Konfessionskonflikt, S. 140.
74 Ders., in: Diederiks, Eliten, S. 26.
75 Moeller, in: Philologie, S. 318; Lehmann, in: Loock, »Gott kumm mir zu hilf«.
76 Das folgende nach der ausführlichen Analyse in: Schilling, Konfessionskonflikt, S. 74-82.
77 Franck, Chronica, Blatt CCLXXIX; Elsas, Umriß, Buch I, S. 539ff.
78 Schilling, in: Luntowski, Stadtgeschichte Dortmund, S. 183.
79 Schilling, in: Koenigsberger, Republiken; ders., in: Bijdragen en Mededelingen 102 (1987), das folgende stützt sich auf diese Detailuntersuchungen.
80 Baron, Crisis; Pocock, Machiavellian Moment; Schilling, in: Geschichte und Gesellschaft 10 (1984).
81 Maschke, in: ARG 57 (1966), Brunner, Souveränitätsproblem, in: ders., Neue Wege.
82 Boockmann, in: Bll. f. dt. Landesgesch. 119 (1983).
83 Kaser, Bewegungen, S. 34; in den letzten Jahren zahlreiche weitere Untersuchungen, v. a. Ehbrecht, Form und Bedeutung, in: ders., Führungsgruppen; Schilling, in: ZHF 1 (1974); Maschke, in: VSWG 46 (1959).

84 Luther, Das eyn Christliche versamlung, WA, Bd. 11, S. 408-416.
85 Kerssenbroch, Anabaptistici Furoris; Löffler, Wiedertäufer (Januar 1534: S. 8-12).
86 Cornelius, Berichte der Augenzeugen, S. 225.
87 Stupperich, Schriften Bernhard Rothmanns, S. 444.
88 Schilling, Konfessionskonflikt, S. 90ff. u. 253ff.
89 Heimpel, in: ders., Der Mensch, S. 156.
90 Gerteis, Die deutschen Städte, S. 2f.
91 Schilling, Konfessionskonflikt, S. 382f.
92 Ders., in: Koenigsberger, Republiken.
93 Nach Wiese-Schorn, Selbstverwaltung.
94 Langer, Stralsund.
95 So zuletzt zu diesem Problem Vogler, in: Blickle u. a., Zwingli und Europa, S. 51; Engels, in: Marx, Engels, Lenin, Stalin: Zur deutschen Geschichte, Bd. 1, Berlin 1953, S. 617.
96 Blickle, Revolution von 1525, S. 177f.
97 Moeller, Lutherkatalog, S. 323.
98 Höss, Georg Spalatin, S. 1.
99 Fabian, Dr. Gregor Brück, S. 12.
100 Luttenberger, Glaubenseinheit, S. 117, vgl. auch S. 118f.
101 Zit. nach Janssen, in: Goeters, Der Niederrhein, S. 31.

Anmerkungen zu Kapitel IV

1 Angermeier, Säkulare Aspekte – trotz dieses Ansatzes ein wichtiges Buch.
2 Wandruszka, Haus Habsburg, S. 95.
3 Boockmann, Stauferzeit, S. 353.
4 Wandruszka, Haus Habsburg, S. 93; Huizinga, Herbst.
5 Welt im Umbruch, Bd. 1, S. 140.
6 Zahlen nach Lutherkatalog, S. 198, 275.
7 Brandi, Kaiser Karl V., S. 100ff.; Dotzauer, in: Duchhardt, Herrscherweihe, S. 7f.
8 Moeller, Deutschland, S. 48; im Vergleich dazu zw. 1564 und 1600 nur 11 Reichstage, nach Neuhaus, Reichsstädtische Repräsentationsformen, S. 566. – Oestreich, in: Rausch, Die geschichtlichen Grundlagen, Bd. II, S. 242-278.
9 Zit. nach Brecht, Luther, Bd. I, S. 431ff.
10 Die insgesamt weit längere Erklärung in: Geschichte in Quellen, S. 122 bis 125; unser Wortlaut nach der Neuübers. durch Selge, Lutherkatalog, S. 201.
11 Faksimileabdruck in: Geschichte und Quellen, S. 121.
12 Zit. nach Brecht, Luther, Bd. I, S. 431.
13 Geschichte in Quellen, S. 126.
14 Schöffler, in: ders., Wirkungen, S. 105-188.
15 Brecht, Luther, Bd. I, S. 44 (1. Zitat); Geschichte in Quellen, S. 125f. (2. Zitat).
16 Wormser Edikt: Geschichte in Quellen, S. 127.
17 Albrecht Dürer, Tagebücher, S. 83, 86.
18 Moeller, Deutschland, S. 53.
19 Geschichte in Quellen, S. 157.
20 Scheible, in: Manns, Martin Luther, S. 45, 52, 50 u. 46.
21 Brief vom 18. März 1531 an den Nürnberger Syndikus Lazarus Spengler, in: Geschichte in Quellen, S. 176; weitere Schriftstücke: Scheible, Widerstandsrecht; Fabian, Entstehung.
22 Elliott, Old World, S. 85; Cortes-Zitat ebd., S. 84.

23 Headley, in: ARG 71 (1980); Lutz, Reformation, S. 30. Allgemein zur Kaiseridee Karls V.: Lutz, Reformation und Gegenreformation, S. 142ff.
24 Lutz, Christianitas Afflicta, S. 28.
25 Ebd., S. 27.
26 Press, in: Lutherkatalog, S. 208.
27 Geschichte in Quellen, S. 126.
28 Zit. nach Augustijn, in: Müller, Religionsgespräche, S. 53.
29 Zitat de Madariaga, Charles Quint, S. 326-333, dt. Übers. von Schilling.
30 Wander, Deutsches Sprichwörterlexikon, Bd. 2, S. 964.
31 Rabe, Reichsbund, S. 367; Press, in: Lutz, Das römisch-deutsche Reich.
32 Rabe, Reichsbund, S. 168.
33 Koselleck, in: Geschichtliche Grundbegriffe, Bd. 1, S. 611.
34 Geschichte in Quellen, S. 199.
35 Parker, Army of Flanders.
36 Geschichte in Quellen, S. 200.
37 Schilling, Konfessionskonflikt, S. 277.
38 Decot, Religionsfrieden.
39 Press, Kaiser Karl V., S. 50.
40 Aus den Paragraphen 13 und 14 des Augsburger Reichstagsabschiedes, in: Geschichte in Quellen, S. 204
41 Paragraph 15, ebd., S. 205.
42 Heckel, Staat und Kirche, S. 80.
43 Werminghoff, Geschichte der Kirchenverfassung, S. 262; Janssen, in: Goeters, Der Niederrhein, S. 9-42.
44 Wiesflecker, Reichsreform; Bader, Ein Staatsmann; neuerdings mit anderer Akzentsetzung Angermeier, Die Reichsreform 1410–1555.
45 Quellensammlung zur Geschichte der deutschen Reichsverfassung, bearb. v. K. Zeumer, S. 252, vgl. S. 251ff. u. 408ff.; Hartung, in: HZ 107 (1911), S. 339; Kleinheyer, Die kaiserlichen Wahlkapitulationen.
46 Luttenberger, in: Lutz, Kohler, Aus der Arbeit, S. 18; Oestreich, Verfassungsgeschichte; ders., in: ders., Strukturprobleme, S. 253-272.
47 Neuhaus, Repräsentationsformen; ders., in: ZHF 10 (1983).
48 Diestelkamp, in: Rechtsgeschichte als Kulturgeschichte; Sellert, Zuständigkeitsabgrenzung; Schulz, Einflußnahme; Laufs, Reichskammergerichtsordnung. - Schulze, Reich und Türkengefahr; Laufs, Der schwäbische Kreis. - Mencke, Visitationen. - Sellert, Prozeßgrundsätze.
49 Schmidt, in: Archiv für hessische Geschichte N.F. 41 (1983). - Allgemein: Schulze, in: Wehler, Der deutsche Bauernkrieg; Press, in: Klingenstein, Lutz, Spezialforschung.
50 Schild, in: Justiz in alter Zeit, S. 129.
51 Paragraph 179 der Carolina, in: Kroeschell, Deutsche Rechtsgeschichte Bd. 2, S. 269-272.
52 Foucault, Überwachen und Strafen, S. 59; Schild, in: Landau, Schröder, Strafrecht, S. 142f.
53 van Dülmen, Theater des Schreckens, S. 8.
54 Foucault, Überwachen, S. 23 u. 44.
55 van der Wee, in: Economic History Review 28 (1975), S. 217.
56 Bericht des Hofhistoriographen Frater Prudencio de Sandoval, zit. nach der französischen Übersetzung, in: de Madariaga, Charles Quint, S. 356, Übers. d. Verf.
57 Ebd., S. 357, Übers. d. Verf.
58 Geschichte in Quellen, S. 247.

Anmerkungen zu Kapitel V

1 Heckel, in: Schilling, Reformierte Konfessionalisierung, S. 24f., 31; ders., Deutschland, S. 63ff.
2 Zit. nach: Warmbrunn, Zwei Konfessionen, S. 404, dort auch das folgende.
3 Ebd., S. 388.
4 Po-chia Hsia, Society, S. 199; Schröer, Kirche in Westfalen, Bd. I, S. 439, 446f.
5 Bergsma, Aggaeus von Albada.
6 Ratserlaß vom 16. April 1583, zit. bei Warmbrunn, Zwei Konfessionen, S. 362.
7 Jedin, Geschichte des Konzils von Trient; ders., Krisis und Abschluß; Bäumer, Concilium Tridentinum; Schreiber, Weltkonzil.
8 Reinhard, in: Vorwort zu Schmidt, Collegium Germanicum, S. XIII.
9 Zeeden, Zeitalter, S. 104f.
10 Heinemann, in: Lomberg, Emder Synode.
11 Weber, Gesammelte Aufsätze, Bd. I, S. 192.
12 Schilling, in: HZ 1988.
13 Schilling, Konfessionskonflikt, S. 37.
14 Engelsberger, in: Fürsterzbischof Wolf Dietrich von Raitenau.
15 Zit. nach Stahl-Botstiber, ebd., S. 56.
16 Paarhammer, ebd., S. 84.
17 Ebd., S. 85.
18 Ebd., S. 114.
19 Schilling, Reformierte Konfessionalisierung.
20 Press, Calvinismus.
21 Heckel, Reichsrecht, S. 31.
22 Schilling, in: HZ 1988.
23 Press, in: Heinemeyer, Das Werden Hessens, S. 297.
24 Heimpel, in: ders., Der Mensch, S. 156.
25 Zit. bei: Schulze, in: Blickle u. a., Zwingli und Europa, S. 208.
26 Lutz, Ringen, S. 33.
27 Zit. nach Schreiner, Wissenschaftsfreiheit, S. 19. - Zur Kunstsammlung Rudolfs II.: Bauer, Haupt, in: Jb. d. kunsthistor. Sammlung in Wien 72 (1976).
28 Lutz, Ringen, S. 32f.
29 Zeitgenössische Beschreibung, zit. nach Rödiger, Smid, Friesische Kirchen, Bd. III, S. 18f.
30 Wohlfeil, in: ZHF 12 (1985), S. 152f.
31 Kunst, in: Berns, Festkultur, S. 643, 645.
32 Zit. nach Raabe, Herzog August Bibliothek, S. 12.
33 Beide Zitate nach Moeller, und zwar in: TRE, Bd. XI, S. 243 und in: Studien, S. 151.
34 Becker-Cantarino, in: Garber, Nation und Literatur.
35 Breuer, in: Garber, Nation und Literatur.
36 Garber, in: Deutsche Dichter; Conermann, Fruchtbringende Gesellschaft.
37 Berns, Breuer, Garber, Roloff, Schilling, in: Garber, Nation und Literatur.
38 Wiedemann, in: Deutsche Dichter, S. 459f.
39 Wiedemann, ebd., S. 441.
40 Wiedemann, ebd., S. 460.
41 Mann, Geschichte des deutschen Dramas, S. 78.
42 Garber, in: Deutsche Dichter, S. 117 u. 133.
43 Wiedemann, in: ebd., S. 459.
44 Garber, in: Schilling, Reformierte Konfessionalisierung, S. 326; Newald, Die deutsche Literatur, S. 30f.

45 Koenigsberger, in: Klingenstein, Lutz, Spezialforschung, S. 208.
46 Ebd., S. 205.
47 Hammerstein, in: Finscher, Claudio Monteverdi, S. 223, 225, 214.
48 Zitat nach Koenigsberger, in: Klingenstein, Lutz, Spezialforschung, S. 217.

Anmerkungen zu Kapitel VI

1 Polizeiordnung der Gräfin Anna von Ostfriesland (1545), in: Die evangelischen Kirchenordnungen, hg. v. Sehling, 7. Bd., II. Hälfte, 1. Halbband, S. 398; dazu weitere Polizeiordnungen in: Schmelzeisen u. a., Polizei- und Landesordnungen.
2 Rabb, Struggle for Stability.
3 Von R. Koselleck in die Sozialgeschichte eingeführter Begriff, in: Einleitung zu Geschichtliche Grundbegriffe, Bd. I, S. XV.
4 Gerhard, Amtsträger, in: ders., Alteuropa; ders., Alte und neue Welt.
5 Vgl. Organisationsschemata oben Kap. 5, S. 276f. nach: Jedin u. a., Atlas zur Kirchengeschichte, S. 74.
6 Dies und das folgende nach: Glaser, Wittelsbachkatalog II, 1, u. a. die Beiträge von Albrecht, Weitlauff, Hubensteiner, Merzbacher, Steiner. Grundlegende Monographie: Dollinger, Studien zur Finanzreform. Zitate: Hubensteiner, in: Glaser, Wittelsbachkatalog II, 1, S. 185. Zusammenfassend: Press, in: Jeserich, Verwaltungsgeschichte, Bd. I, S. 575 bis 599.
7 Oestreich, Geist und Gestalt, S. 279.
8 Dollinger, Studien, S. 162ff.
9 Zit. nach ebd., S. 10f.
10 Vgl. Oestreich, in: ders., Geist und Gestalt.
11 Zit. nach Glaser, Wittelsbachkatalog II, 1, S. 247.
12 Mayer, Quellen zur Behörden-Geschichte, S. 346.
13 Heydenreuter, in: Wittelsbachkatalog II, 1, S. 237.
14 Opgenoorth, Einführung, S. 103.
15 Königliches Hausarchiv Den Haag, Nassause Zaken C 29, Nr. 25, Bericht Passavant. Zit. nach H.J. Pletz, Nassau-Oranien als Nebenlande der niederländischen Oranien-Statthalter - verfassungs-, sozial- und kirchengeschichtliche Aspekte alteuropäischer Herrscherpraxis, Magisterarbeit Universität Gießen 1987, S. 77.
16 Heydenreuter, in: Glaser, Wittelsbachkatalog II, 1, S. 249.
17 ADB, Bd. X, S. 388.
18 Merzbacher, in: Glaser, Wittelsbachkatalog II, 1, S. 229.
19 König, Verwaltungsgeschichte.
20 Merzbacher, in: Glaser, Wittelsbachkatalog II, 1, S. 228.
21 Schindling, in: Moraw, Press, Academia Gissensis, S. 84.
22 Schneider, S.J., Petrus Canisius-Briefe, S. 211.
23 Moraw, in: Die Universität Prag, S. 123f.
24 Zahlreiche Beispiele bei Moraw, Kleine Geschichte.
25 Vgl. Stone, in: Past and Present 28 (1964).
26 Martin Luther, An die Ratherren aller Städte deutsches Lands, daß sie christliche Schulen aufrichten und halten sollen (1524), in: WA, Bd. 15, S. 36, 37, 44. Übers. ins Neuhochdeutsche v. Verf.
27 Heiß, in: Klingenstein, Lutz, Bildung.
28 Das folgende nach Menk, in: Jahrbuch für westdeutsche Landesgeschichte 9 (1983), S. 186.
29 Ebd., S. 191f.
30 Zit. nach Stieve (Bearb.), Die Politik Baierns, S. 479.
31 Krüger, in: GG 8 (1982); Petersen, in: Scandinavian Economic History Review 23 (1975).

32 Brunner, Land und Herrschaft, ND Darmstadt 1973, S. 273-303, bes.: S. 292, 299.
33 Schulze, in: ZHF 2 (1975), S. 50, Anm. 17.
34 Ebd., S. 51, 52.
35 Parker, Thirty Years' War, S. 17, 4 Millionen Taler, Umrechnung nach Tabelle S. XII.
36 Etwa Hartung, Staatsbildende Kräfte.
37 Parker, Thirty Years' War, S. 18.
38 Pitz, in: Haase, Die Stadt, Bd. III, S. 147.
39 Der Ökonomische Staat Landgraf Wilhelms IV., Bd. 1-3.
40 Klein, Geschichte der öffentlichen Finanzen. »Größter Staatswirt« nach Wilhelm Roscher.
41 Stoob, Geschichte Dithmarschens; Blickle, Deutsche Untertanen.
42 Klein, Finanzen, S. 20.
43 Les six Livres de la République, I. 8, S. 122.
44 Ebd., S. 258-260.
45 Eingabe vom 26.6.1606, zit. bei Schilling, Konfessionskonflikt, S. 232.
46 Quint, Souveränitätspolitik.
47 Zit. nach Dollinger, Studien, S. 70f.
48 Stieve, Das kirchliche Polizeiregiment, zit. nach Breuer, in: ders., Frömmigkeit, S. 18 (1. Zitat); ders., ebd., S. 19 (2. Zitat).
49 Zit. nach ebd., S. 15, 16; Hubensteiner, in: Glaser, Wittelsbachkatalog II, 1, S. 185-195; dazu Bd. II, 2, S. 225-256.
50 Elton, in: ZRG, KA, 70 (1984), S. 236.
51 Laslett, The World.
52 Mager, in: Wehler, Klassen, S. 67.
53 Hilfreicher Überblick über die Stände- und Berufslehre Luthers durch Strohm, Bräuer, in: Junghans, Leben und Werk.
54 Reichs-Polizei-Ordnung von 1530, abgedruckt in: Schmauss, v. Senckenberg, Sammlung, S. 336ff.
55 Beninga, zit. nach: Tiarden, Das Gelehrte Ostfriesland.
56 Folgende Zitate aus: Retter, Fahrende Schüler, S. 49, 35f., 54, 56, 58, 64.
57 Schwinges, in: ZHF 8 (1981), S. 309.
58 II. Akt, 7. Szene.
59 Mager, in: Wehler, Klassen, S. 69.
60 Schwab, in: Geschichtliche Grundbegriffe, Bd. II, S. 256 u. 264.
61 Wiedemann, in: Steinhagen, v. Wiese, Deutsche Dichter, S. 436; Flemming, Andreas Gryphius, S. 22f.
62 Andreas Gryphius, Gesamtausgabe, Bd. I, S. 22-24, Verse 21-32, 53-60.
63 Geiringer, Johann Sebastian Bach, S. 4.
64 Bulst, in: »Stadt im Wandel«, S. 263.
65 Zu Tod, Kindheit, Familie, Krankheit in Alteuropa gibt es inzwischen ganze Bibliotheken. Einstieg: Ariès, Geschichte des Todes; ders., Geschichte der Kindheit; Vovelle, Mourir autrefois; ders., Piété baroque; Imhof, Die verlorenen Welten; ders., Leib und Leben; Bulst u. a., Familie; Stone, Family; Shorter, Geburt; Flandrin, Familie.
66 Schieder, Volksreligiosität; Muchembled, Kultur des Volkes; Sabean, Power in the blood.
67 Johannes Fischart, Das Glückhafft Schiff von Zürich, zit. nach: ders., Die löblichen Umständ, S. 12.
68 Conze, in: Geschichtliche Grundbegriffe, Bd. I, S. 165.
69 In einem Brief an Willibald Pirckheimer vom 25. Okt. 1518, zit. nach: v. Hutten, Deutsche Schriften, S. 332.
70 Zusammenfassend mit älterer Literatur: Simsch, in: Studia Historiae Oeconomicae 16 (1981), dort auch S. 95 das Krantz-Zitat.
71 Ozment, When Fathers Ruled, S. 34.
72 Schwab, in: Geschichtliche Grundbegriffe, Bd. IV, S. 262.

73 Moeller, in: Philologie, S. 318; Maclean, Renaissance Nation.
74 Buch I, Kapitel 2, zit. nach der Übers. von Niedhart: Bodin, Über den Staat, S. 13.
75 Zahlen zur Pfarrgeistlichkeit nach Schorn-Schütte, in: Berding, Ullmann, Deutschland und Frankreich; Reinhard, Papstfinanzen.
76 Oestreich, Geist und Gestalt, S. 192, 195.
77 Schilling, in: Schmidt, Staat und Gesellschaft; ders., in: Kouri, Scott, Politics and Society; Münch, Zucht und Ordnung.
78 Wiedemann, in: Steinhagen, v. Wiese, Deutsche Dichter, S. 451.
79 Dohrn van Rossum, Zur Geschichte der mechanischen Uhr. - Einstweilen ders., »Nąch dem Glockenschlag, FAZ Nr. 125/1986 (21. Mai), S. 34; ders., in: Zoll, Zerstörung und Wiederaneignung.
80 1647 beim Rat der Stadt Lemgo vorgelegt, zit. nach Hoppe, Bürgerbuch, S. XIX.
81 Zit. nach Jensen, Hamburger Domkapitel, S. 412 (Original in Niederdeutsch); Münch, Ordnung, Fleiß und Sparsamkeit.

Anmerkungen zu Kapitel VII

1 Zillhardt, Der Dreißigjährige Krieg, S. 93, 86. - Lehmann, in: Brückner u. a., Literatur und Volk.
2 Zitate nach Schilling, in: Bijdragen en Mededelingen 102 (1987).
3 Trevor Aston, The Crisis; zuletzt Koenigsberger, in: ZHF 9 (1982).
4 Le Roy Ladurie, Histoire du Climat; ders., in: Honegger, Schrift und Materie.
5 Pfister, Bevölkerung, Bd. I, S. 67f.
6 v. Hippel, in: ZHF 5 (1978).
7 Malthus, Essay on the Principle of Population, S. 18f.
8 de Vries, Urbanization, S. 20, 36.
9 Henning, Das vorindustrielle Deutschland, S. 18f.
10 Einzelbelege bei Schilling, in: Clark, European Crisis.
11 Zit. nach Abel, in: HDWSG, Bd. I, S. 386; Kokkelink, in: Graßmann, Neue Forschungen, S. 57.
12 van der Wee, in: Mededelingen van de Koninklijke Akademie voor Wetenschappen van Belgie, Letteren 46 (1984); Du Plessis, Howell, in: Past and Present 94 (1982); Stürmer, Handwerk.
13 Bog, Oberdeutschland; v. Hippel, in: ZHF 5 (1978).
14 Blendinger, in: Maschke, Sydow, Städtische Mittelschichten, S. 49.
15 Fruin, Tien jaren.
16 Muchembled, Kultur des Volkes.
17 Davies, in: Zapf, Theorien.
18 Schulze, Bäuerlicher Widerstand, S. 49ff., Zitat S. 51.
19 Schilling, in: Clark, European Crisis; ders., in: ZHF 1 (1974); ders., in: Koenigsberger, Republiken.
20 Po-chi Hsia, Murderous Magic; allgemein: Monumenta Judaica, S. 224ff.; Wiesemann, Geschichte der Juden, S. 41ff.
21 Kracauer, Geschichte der Juden, Bd. I, S. 387, 388.
22 Heinsohn, G., O. Steiger, Die Vernichtung der weisen Frauen, Herbstein 1984, dazu die Rez. im »Spiegel« Nr. 43 (1984), S. 117-128; dazu korrigierend Behringer, Die Vernunft der Magie, Hexenverfolgung als Thema der europäischen Geschichte, in: FAZ, 19. August 1987, Nr. 190, S. 25.
23 So die Behauptung Trevor-Ropers, zit. nach Behringer, Hexenverfolgung, S. 26.
24 Behringer, Hexenverfolgung, S. 26 - eine zuverlässige und intelligente Regionalstudie, wo S. 27f., 241ff., 301ff. die Korrekturen zum Herzog-

tum Bayern zu finden sind. - Allgemein: Schormann, Hexenprozesse; Degn u.a., Hexenprozesse.
25 Schild, Justiz, S. 14.
26 Evans-Pritchard, Hexerei.
27 Behringer, Hexenverfolgung, S. 15.
28 Ebd., S. 245f.
29 Meier-Lemgo, Geschichte, S. 164.
30 Schild, Justiz, S. 104.
31 Schormann, Hexenprozesse, S. 55, 71; Behringer, Hexenverfolgung, S. 363.
32 Schormann, Hexenprozesse, S. 65.
33 Meier-Lemgo, Geschichte, S. 163-178.
34 Zit. nach ebd., S. 170f.
35 Zit. nach ebd., S. 173f.
36 Conrad, Deutsche Rechtsgeschichte, Bd. II, S. 435.
37 Zit. nach Meier-Lemgo, Geschichte, S. 178.
38 René Descartes, Discours de la Méthode, S. 58, S. 68-71. (Übers. d. Verf.).
39 Zeller, Der Protestantismus, Vorwort, S. XXV; dazu Lehmann, Zeitalter.
40 Dickmann, in: Lutz, Geschichte der Toleranz, S. 219.
41 Blaschke, Sachsen.
42 So zuletzt Barudio, Der Teutsche Krieg.
43 Steinberg, Der Dreißigjährige Krieg.
44 Missive oder Sendbrieffe etlicher Guthertzigen ... Studenten ... aus Rom in Deutschland newlich gesandt (calvinistische Flugschrift), Bremen 1592, S. 170f.
45 Platzhoff, Geschichte des Staatensystems, S. 116.
46 Hurter, Geschichte Kaiser Ferdinands II., Bd. III, S. 245.
47 Zernack, in: HZ 232 (1981); Wittram, Baltische Geschichte.
48 Zit. nach Gindely, Geschichte, 1. Abt., S. 112.
49 Duchhardt, Protestantisches Kaisertum, S. 136f.
50 Abgedruckt bei Gindely, in: Archiv für österr. Geschichte 56 (1877) S. 90.
51 Anonymes Gedicht »Postbott«, in: Maché, Meid, Gedichte, S. 5-7.
52 Zillhardt, Der Dreißigjährige Krieg, S. 225.
53 Anonymes Gedicht, zit. nach Maché, Meid, Gedichte, S. 140f.
54 Hans Jakob Christoffel von Grimmelshausen, Der Abenteuerliche Simplicissimus Teutsch, S. 17f.
55 Anonymes Gedicht nach Maché, Meid, Gedichte, S. 146.
56 3. August 1624 an Kardinal Franceso Barberini; zit. nach Bireley, Religion and Politics, S. 21.
57 Zit. nach Geschichte in Quellen, S. 309.
58 So der borussische Historiker Reinhard Koser, Der Kanzleistreit.
59 Zit. nach Albrecht, Die Politik Maximilians I., II. Teil, 5. Bd., S. 235.
60 Zit. nach F. H. Schubert, in: Zeitschrift für Geschichte des Oberrheins 102 (1954), S. 672.
61 Friedrich Schiller, Geschichte des Dreißigjährigen Krieges, S. 387-390.
62 Mann, Wallenstein, S. 885f.
63 Roberts, Military Revolution; Howard, Der Krieg; Papke, Miliz, S. 114ff., 154ff.; Wohlfeil, in: Geschichtliche Landeskunde 3 (1965); ders., in: Rössler, Deutscher Adel.
64 Gryphius, Tränen des Vaterlandes, 1636.
65 Parker, Spain and the Netherlands, S. 102; ders., The Army of Flanders.
66 Vgl. oben Kap. VI, § 1.
67 Aufstellung bei: Parker, Thirty Years' War, S. 18.
68 Veit Ludwig von Seckendorff, Teutscher Fürstenstaat, zit. nach Koselleck, in: Geschichtliche Grundbegriffe, Bd. V, S. 703.

69 Dollinger, Studien, S. 58, 66ff., 70f.; auch Bireley, Maximilian von Bayern.
70 Koselleck, in: Geschichtliche Grundbegriffe, Bd.V, S. 703.
71 Junkelmann, in: Glaser, Wittelsbachkatalog, Bd. II, 1, S. 379.
72 Englisches Pamphlet aus der Zeit des zweiten englisch-niederländischen Seekrieges: »Dutch Drawn to the Life« (1664) zit. nach C. Wilson, Queen Elizabeth and the Revolt of the Netherlands, London 1970, S. 19.
73 Zit. nach Mann, Wallenstein, S. 308f.
74 Gerstenberg, Diego Velásquez, S. 117ff.
75 Zit. nach Zeiller, Topographia Saxoniae inferioris, Frankfurt 1653, S. 175-176, fast derselbe Wortlaut dann auch in: Merian, Theatrum Europaeum, Bd. II (1629-1633), Frankfurt a. M. 1673, S. 368ff.
76 Zit. nach: Merian, Theatrum Europaeum, Bd. I (1617-1629), Frankfurt a. M. 1662, S. 838ff.
77 Zit. nach Altmann, Landgraf Wilhelm V., S. 84.
78 Wandruszka, Reichspatriotismus; Dickmann, Der Westfälische Frieden, hier S. 70ff.
79 Haan, in: HZ 207 (1968).
80 Geschichte in Quellen, S. 329.
81 Straub, Pax et Imperium.
82 Opitz, Klage, zit. nach Becher, Tränen des Vaterlandes.
83 Abwandlung der Aussage von Schormann, in: Frieden in Geschichte und Gegenwart, S. 79.
84 Dickmann, in: ders., Friedensrecht, S. 36-78; Thuau, Raison d'État; Church, Richelieu.
85 Dickmann, Westfälischer Frieden, S. XVI.
86 Abdruck des Präliminarvertrages, Geschichte in Quellen, S. 337.
87 Dickmann, Westfälischer Frieden; Wolf, in: Kohl, Westfälische Geschichte, Bd. I.
88 In Auszügen bei Geschichte in Quellen, S. 337ff. Umfassend mit den weiteren Akten in der Reihe Acta Pacis Westphalicae, hg. v. Brombach, Repgen, Serie I: Instructionen, Bd. 1ff. Die folgenden Zitate nach Dickmann, wenn nicht anders vermerkt.
89 So Mazarin in einem Erlaß vom 20. Januar 1646, Geschichte in Quellen, S. 345.
90 Ebd.
91 Weber, in: Lutz, Schubert, Weber, Frankreich und das Reich, S. 52.
92 Geschichte in Quellen, S. 341.
93 Ebd., S. 340.
94 Ebd., S. 341.
95 Dickmann, Westfälischer Frieden, S. 352. Ausführlich jetzt Ruppert, Die kaiserliche Politik.
96 Dickmann, Westfälischer Frieden, S. 412.
97 Acta Pacis Westphalicae, Serie III, Abt. D, Varia, Bd. 1: Stadtmünsterische Akten und Vermischtes, S. 235-236.
98 Zillhardt, Der Dreißigjährige Krieg, S. 224.
99 Paul Gerhardt, »Nach dem Großen Krieg«, zit. nach Weithase, Darstellung von Krieg und Frieden, S. 109.
100 Martin Rinckart (1586-1649), Friedensreiches Freuden-Lied: »Nun freut euch liebe Christen gemein«, zit. nach ebd., S. 106ff.

Verzeichnis der Abkürzungen und Siglen

ADB	Allgemeine deutsche Biographie
ARG	Archiv für Reformationsgeschichte
CR	Corpus Reformatorum
GG	Geschichte und Gesellschaft. Zeitschrift für Historische Sozialwissenschaft
GWU	Geschichte in Wissenschaft und Unterricht
HDWSG	Handbuch der deutschen Wirtschafts- und Sozialgeschichte
HGbll	Hansische Geschichtsblätter
HZ	Historische Zeitschrift
Lutherkatalog	Martin Luther und die Reformation in Deutschland. Ausstellungskatalog des Germanischen Nationalmuseums Nürnberg, Frankfurt/M. 1983
ND	Nach- bzw. Neudruck
NDB	Neue deutsche Biographie
TRE	Theologische Realenzyklopädie
VSWG	Vierteljahrsschrift für Sozial- und Wirtschaftsgeschichte
WA	Weimarer Ausgabe (Martin Luther. Kritische Gesamtausgabe)
ZBLG	Zeitschrift für bayrische Landesgeschichte
ZHF	Zeitschrift für Historische Forschung
ZRG, KA	Zeitschrift der Savigny-Stiftung für Rechtsgeschichte. Kanonistische Abteilung.

Bibliographie

Quellen

Acta Pacis Westphalicae, Serie I: Instruktionen, Bd. 1-3, Münster 1962ff.; Serie III, Abt. D, Varia, Bd. 1: Stadtmünsterische Akten und Vermischtes, Münster 1964.

Agricola, Georg, De re metallica libri duodecim, Buch 11, ND der deutschen Übersetzung, München 1977.

Albrecht, D. (Bearb.), Die Politik Maximilians I. von Bayern und seiner Verbündeten, 1618-1651, II. Teil, 5. Bd., München/Wien 1964.

Beek, Petrus a, Aquisgranum sive historica Narratio de regiae S. R. J. et coronationis regum Rom. sedis Aquensis civitatis origine ac processu, Aachen 1620.

Beninga, Eggerik, Dialog zwischen einem eigenbeerbten Bauern und einem Pachtbauern, in: E. J. H. Tiarden, Das Gelehrte Ostfriesland, Bd. 1, Aurich 1785.

Böcking, E., (Hg.), Ulrichs von Hutten Schriften, Bd. 1, Leipzig 1859.

Bodin, J., Les six Livres de la République, Faksimile der Ausg. Paris 1583, Aalen 1961.

Bodin, J., De Republica libri sex, 5. Aufl., Frankfurt/M. 1609.

Bodin, J., Über den Staat (Auswahl), Stuttgart 1976.

Brant, Sebastian, Das Narrenschiff, hg. v. M. Lemmer, 2. Aufl., Tübingen 1968.

Bruns, A. (Bearb.), Die Tagebücher Kaspars von Fürstenberg, Münster 1985.

Cornelius, C. A., Berichte der Augenzeugen über das münst. Wiedertäuferreich, Münster 1853.

Corpus Reformatorum (zitiert: CR); Bd. 1-28: Philipp Melanchthon, Braunschweig 1834-60 (ND New York, London, Frankfurt/M. 1963); Bd. 29-87: Johannes Calvin, Braunschweig 1863-1900 (ND 1964); Bd. 88-101: Ulrich Zwingli, Berlin/Leipzig 1905-(68).

Descartes, René, Discours de la Méthode, hg. v. E. Gilson, Paris 1964.

Dürer, Albrecht, Tagebücher und Briefe, München/Wien 1969.

Eppelsheimer, H. (Hg.), Petrarca. Dichtungen, Briefe, Schriften, Frankfurt/M. 1980.

Fischart, Johannes, Die löblichen Umständ und ergötzlichen Abenteuer des Gurgelritters Gargantua, hg. v. E. Schaeffer, Darmstadt o. J.

Franck, Sebastian, Chronica, ND d. Ausg. Ulm 1536, Darmstadt 1969.

Franz, G. (Hg.), Quellen zur Geschichte des Bauernkrieges, Darmstadt 1963.

Franz, G. (Hg.), Quellen zur Geschichte des deutschen Bauernstandes in der Neuzeit, Darmstadt 1963.

Franz, G., (Hg.), Thomas Müntzer: Schriften und Briefe, Gütersloh 1968.

Gedichte des Barock, hg. v. U. Maché u. V. Meid, Stuttgart 1980.

Gemeiner, C. Th. , Regensburgische Chronik, ND d. Ausg. Regensburg 1800-1824, 4 in 2 Bdn., München 1971.

Geschichte in Quellen, Bd. 3: F. Dickmann (Bearb.), Renaissance, Glaubenskämpfe, Absolutismus, München 1966.

Gigas, E. (Hg.), Briefe Samuel Pufendorfs an Christian Thomasius (1687-1693), München/Leipzig 1897.

Greflinger, G., Der Deutschen Dreyßig-Jähriger Krieg, ND München 1983.

Grimmelshausen, Hans Jakob Christoffel von, Der Abenteuerliche Simplicissimus Teutsch, München 1984.

Gryphius, Andreas, Gesamtausgabe der deutschsprachigen Werke, hg. v. M. Szyrocki, H. Powell, Bd. 1, Tübingen 1963.

Hillerbrand, H. J. (Hg.), Brennpunkte der Reformation, Göttingen 1967.

Hobbes, Th., Leviathan, or the Matter, Form and Power of a Commonwealth. Ecclesiastical and civil, hg. v. M. Oakeshott, Oxford 1960.

Hofmann, H. H. (Hg.), Quellen zum Verfassungsorganismus des Heiligen Römischen Reiches Deutscher Nation, 1495-1815, Darmstadt 1976.

Hoppe, H. (Bearb.), Das Bürgerbuch der Stadt Lemgo, 1505 bis 1886, Detmold 1981.

Hutten, Ulrich von, Deutsche Schriften, hg. v. P. Ukena, München 1970.

Instrumenta Pacis Westphalicae. Die Westfälischen Friedensverträge 1648, bearb. v. K. Müller, 2. Aufl., Bern 1966.

Jessen, H. (Hg.), Der Dreißigjährige Krieg in Augenzeugenberichten, Düsseldorf 1963.

Jessen, H. (Hg.), Friedrich der Große und Maria Theresia in Augenzeugenberichten, Düsseldorf 1965.

Kaczerowsky, H. (Hg.), Flugschriften des Bauernkrieges, Hamburg 1970.

Kerssenbroich, H. von, Anabaptistici Furoris, hg. von H. Detmer, 2 Bde, Münster 1899/1900.

Khevenhüller, G., Das Landeskroner Archiv – Österreichische Urkunden im Schloss Thurnau in Oberfranken, Klagenfurt 1959.

Kohl, W. (Hg.), Akten und Urkunden zur Außenpolitik Christoph Bernhards von Galen (1650 bis 1678), Teil 3: Vom Kölner Frieden bis zum Tode des Fürstbischofs (1674-1678), Münster 1986.

Die Korrespondenz Ferdinands I., Bd. 1, bearb. v. W. Bauer, Wien 1912; Bd. 2, bearb. v. W. Bauer u. R. Lacroix, Wien 1937/38; Bd. 3, bearb. v. H. Wolfram u. C. Thomas, Wien 1973/84.

Laufs, A. (Bearb.), Der jüngste Reichsabschied von 1654, Bern/Franfurt/M. 1975.

Leibniz, Gottfried Wilhelm, Bedencken Welchergestalt Securitas publica interna et externa ... im

Reich ... auf festen Fuß zu stellen, in: ders., Sämtliche Schriften und Briefe, hg. v. d. Preuss. Akad. d. Wiss., Reihe IV, Bd. 1, Darmstadt 1931.

Leibniz, Gottfried Wilhelm, Die Werke, hg. v. O. Klopp, 1. Reihe: Historisch-politische und staatswissenschaftliche Schriften, 4. Bd., Hannover 1865.

Longnon, J. (Hg.), Louis XIV., Mémoires, Paris 1927.

Luther, Martin, Biblia. Das ist die gantze Heilige Schrift, ND d. Ausg. Wittenberg 1545, hg. v. H. Volz, 2 Bde., München 1972.

Luther, Martin, Werke. Kritische Gesamtausgabe, 101 Bde. in 4 Reihen, Weimar 1883/1970 (Weimarer Ausgabe, zitiert: WA).

Madariaga, S. de (Hg.), Charles Quint, Paris 1969.

Mayer, M., Quellen zur Behörden-Geschichte Bayerns, Bamberg 1890.

Merian, M., Theatrum Europaeum, Bd. 1, Frankfurt/M. 1662; Bd. 2, Frankfurt/M. 1673.

Mémoires du Cardinal de Richelieu, hg. v. H. de Beaucaire, 10 Bde., Paris 1907/31.

Münch, P. (Hg.), Ordnung, Fleiß und Sparsamkeit. Texte und Dokumente zur Entstehung der »bürgerlichen Tugenden«, München 1984.

Münster, Sebastian, Cosmographey ... bis in das Jahr 1588 gemehret, Basel 1588, ND Grünwald bei München 1977.

Die lutherischen Pamphlete gegen Thomas Müntzer, hg. v. L. Fischer, München/Tübingen 1976.

Pufendorf, S., Die Verfassung des deutschen Reiches (Severini Monzambano Veronensis de statu imperii Germanici ad Laelium fratrem ... liber unus), übersetzt v. H. Denzer, Stuttgart 1976.

Retter, H. (Hg.), Fahrende Schüler zu Beginn der Neuzeit. Selbstzeugnisse aus dem 16. Jahrhundert, Heidenheim/Brenz 1972.

Saint-Simon, Louis de Rouvroy Duc de, Memoiren, übers. u. eingel. v. F. Lotheisen, Bd. 2, Stuttgart 1885.

Schmauss, J. J., H. Chr. von Senckenberg (Hgg.), Neue und vollständigere Sammlung der Reichs-Abschiede ..., 4 Teile, Frankfurt 1747, ND Osnabrück 1967.

Schmelzeisen, G. K. u. a. (Hgg.), Polizei- und Landesordnungen, 2 Halbbde. (= Quellen zur Neueren Privatrechtsgeschichte Deutschlands, Bd. 2), Köln/Graz 1968/69.

Schneider S. J., B., (Hg.), Petrus Canisius-Briefe, Salzburg 1959.

Schumann, H. (Hg.), Friedrich der Große. Mein lieber Marquis. Sein Briefwechsel mit Jean Baptiste d'Argens während des Siebenjährigen Krieges, Zürich 1985.

Seckendorff, V. L. von, Teutscher Fürsten-Staat, 2. verb. Aufl. m. Anm. versehen v. A. S. von Biechling, Jena 1737, ND Aalen 1972.

Sehling, E. (Hg.), Die evangelischen Kirchenordnungen des 16. Jahrhunderts, Bd. 1-5, Leipzig 1902-13 (ND Aalen 1970-79), Bd. 6 bis 15, Tübingen 1955-77.

Sellert, W. (Hg.), Die Ordnungen des Reichshofrates 1550-1776, 1. Halbbd., Köln/Wien 1980.

Der Ökonomische Staat Landgraf Wilhelms IV., Bd. 1 u. 2 hg. v. L. Zimmermann, Marburg 1933 u. 1934, Bd. 3 hg. v. K. Krüger, ebd. 1977.

Stieve, F., (Bearb)., Die Politik Baierns 1591-1607 (= Briefe und Akten zur Geschichte des 30jährigen Krieges, Bd. 4), München 1878.

Stupperich, R., (Hg), Die Schriften Bernhard Rothmanns, Münster 1970.

Treitzsaurwein, M., Der Weiß Kunig. Eine Erzählung von den Thaten Kaiser Maximilian des Ersten, Wien 1775, ND Leipzig 1985.

Vierhaus, R. (Hg.), Herrschaftsverträge, Wahlkapitulationen, Fundamentalgesetze, Göttingen 1977.

Volmar, I. Frhr. von, Diarium Volmar, bearb. v. J. Förster u. R. Phillipe, Münster 1984.

Wehr, G. (Hg.), Thomas Müntzer - Schriften und Briefe, Frankfurt/M. 1973.

Weismann, Ch., Eine kleine Biblia. Die Katechismen von Luther und Brenz. Einführung und Texte, Stuttgart 1985.

Zeiller, M., Topographia Germaniae Inferioris / daß ist Beschreibung und Abbildung der vornehmsten Stätten ... bey Caspar Merian, Frankfurt/M. 1659.

Zeiller, M., G. Merian, Topographia Saxoniae Inferioris, Frankfurt/M. 1653.

Zeumer, K., Quellensammlung zur Geschichte der deutschen Reichsverfassung in Mittelalter und Neuzeit, Leipzig 1904.

Zillhardt, G. (Hg.), Der Dreissigjährige Krieg in zeitgenössischer Darstellung, Hans Heberles »Zeytregister« (1618-1672). Aufzeichnungen aus dem Ulmer Territorium, Stuttgart 1975.

Zimmerische Chronik, hg. v. K.A. Barack, 4 Bde., Tübingen 1869.

Zwingli, Ulrich. Eine Auswahl aus seinen Schriften auf das 400jährige Jubiläum der Zürcher Reformation, hg. v. G. Finsler, W. Köhler u. A. Rüegg, Zürich 1918.

Übergreifende Darstellungen

Andresen, C. (Hg.), Handbuch der Dogmen- und Theologiegeschichte, 33 Bde., Göttingen 1980 bis 1984.

Aubin, H., W. Zorn (Hgg.), Handbuch der deutschen Wirtschafts- und Sozialgeschichte, Bd. 1, Stuttgart 1971.

Bagrow, L., R. A. Slulton, Meister der Kartographie, Berlin 1963.

Baltl, H., Österreichische Rechtsgeschichte, Graz 1972.

Bennassar, B., I. Jacquart, Le 16e siècle, Paris 1982.

Birtsch, G. (Hg.), Grund- und Freiheitsrechte im Wandel von Gesellschaft und Geschichte, Göttingen 1981.

Blickle, P., Deutsche Untertanen: ein Widerspruch, München 1981.

Blickle, P. u. a. (Hgg.), Zwingli und Europa - Referate und Protokoll des Internationalen Kongresses aus Anlaß des 500. Geburtstages von Huldrych Zwingli vom 26. bis 30. März 1984, Zürich 1985.

Bosl, K. (Hg.), Handbuch der Geschichte der Böhmischen Länder, Bd. 2, Stuttgart 1974.

Braudel, F., Sozialgeschichte des 15.-18. Jahrhunderts, 3 Bde, München 1985/86

Braunfels, W., Abendländische Städtebaukunst, Köln 1976.

Brecht, M., Martin Luther. Sein Weg zur Reformation, 1483-1521, Stuttgart 1981.

Butterfield, H., The Origins of Modern Science 1300-1800, London 1949.

Cipolla, C. M., K. Borchardt (Hgg.), Bevölkerungsgeschichte Europas. Mittelalter und Neuzeit, München 1971.

Cipolla, C. M., K. Borchardt (Hgg.), Europäische Wirtschaftsgeschichte, Bd. 2, Stuttgart 1979 (Originalausgabe: Cipolla, C.M. (Hg.) The Fontana Economic History of Europe, London 1974).

Dirlmeier, U., Untersuchungen zu Einkommensverhältnissen und Lebenshaltungskosten in oberdeutschen Städten des Spätmittelalters, Heidelberg 1978.

Dülmen, R. van, Entstehung des frühneuzeitlichen Europa, 1550 bis 1648, Frankfurt 1982.

Du Plessis, R., M. C. Howell, Leiden, Lille and the Early Modern Urban Economy, 1982.

Du Plessis, R., M. C. Howell, Reconsidering the Early Modern Urban Economy: The Case of Leiden and Lille, in: Past & Present 84 (1982), S. 49-84.

Elliott, J. H., Imperial Spain, 1469-1716, London 1969.

Engel, J. (Hg.), Die Entstehung des neuzeitlichen Europa, Stuttgart 1971 (= Handbuch der europäischen Geschichte Bd. 3).

Ennen, E., W. Janssen, Deutsche Agrargeschichte, Wiesbaden 1979.

Evans, R., Das Werden der Habsburgermonarchie 1550-1700 (dt. Übersetzung), Wien 1986.

Faber, K. G., Zur Vorgeschichte der Geopolitik. Staat, Nation und Lebensraum im Denken der deutschen Geographen vor 1914, Münster 1985.

Festschrift für Max Spindler zum 75. Geburtstag, hg. v. D. Albrecht, A. Kraus, K. Reindel, München 1969.

Fisch, J., Krieg und Frieden im Friedensvertrag. Eine universalgeschichtliche Studie über Grundlagen und Formelemente des Friedensschlusses, Stuttgart 1979.

Fischer, K., Galileo Galilei, München 1983.

Fuchs, W. P., Das Zeitalter der Reformation, in: Gebhardt, Handbuch der deutschen Geschichte, Stuttgart, 9. Aufl., 1970.

Gottlieb, G., u. a. (Hgg.), Geschichte der Stadt Augsburg, Stuttgart 1984.

Gross, H., Empire and Sovereignty. A History of the public law literature in the Holy Roman Empire. 1599-1804, Chicago 1973.

Geschichtliche Grundbegriffe. Historisches Lexikon zur politisch-sozialen Sprache in Deutschland, hg. v. O. Brunner, W. Conze u. R. Koselleck, Bd. 1-7, Stuttgart 1972 ff.

Harder, H.-B. (Hg.), Landesbeschreibungen Mitteleuropas vom 15. bis 17. Jahrhundert, Köln/Wien 1983.

Hassinger, E., Empirisch-rationaler Historismus: Seine Ausbildung in der Literatur Westeuropas von Guicciardini bis Saint-Evremond, Bern 1978.

Hazard, P., La Crise de la conscience Européenne, Paris 1935.

Heckel, Martin, Deutschland im konfessionellen Zeitalter, Göttingen 1983.

Helden, A. van, Measuring the Universe: Cosmic Dimensions from Aristarchus to Halley, Chicago 1985.

Henning, F.W., Das vorindustrielle Deutschland, 800-1800, Paderborn 1974.

Herrmann, H. W., F. Irsigler (Hgg.), Beiträge zur Geschichte der frühneuzeitlichen Garnisons- und Festungsstadt - Referate und Ergebnisse der Diskussion eines Kolloquiums in Saarlouis vom 24. bis 27.6.1980, Saarbrücken 1983.

Herzog-August-Bibliothek, Ausstellungskatalog: Architekt und Ingenieur - Baumeister in Krieg und Frieden, Wolfenbüttel 1984.

Hintze, O., Gesammelte Abhandlungen, Göttingen 1962-1967.

Hirsch, E., Dessau-Wörlitz. »Zierde und Inbegriff des 18. Jahrhunderts«, München 1985.

Höffner, J., Christentum und Menschenwürde, Trier 1947.

Imhof, A., Grundzüge der nordischen Geschichte, Darmstadt 1970.

Israel, J. I., European Jewry in the Age of Mercantilism, 1550-1750, Oxford 1985.

Jaehns, M., Geschichte der Kriegswissenschaften, München 1889-1891.

Jeserich, K. G. A., H. Pohl, G. C. von Unruh (Hgg.), Deutsche Verwaltungsgeschichte, Bd. 1, Stuttgart 1983.

Karka, F., Die Habsburger und der böhmische Staat bis zur Mitte des 18. Jahrhunderts, in: Historica 8 (1964), S. 35-64.

Kiesel, H., »Bei Hof, bei Höll«, Untersuchungen zur literarischen Hofkritik von Sebastian Brant bis Friedrich Schiller, Tübingen 1979.

Klein, E., Geschichte der öffentlichen Finanzen in Deutschland (1500-1870), Wiesbaden 1974.

Klemm, F., Zur Kulturgeschichte der Technik, Darmstadt 1982.

Koenigsberger, H. G., The Habsburgs and Europe 1516-1660, Ithaca, London 1971.

Kottje, R., B. Moeller, Ökumenische Kirchengeschichte, Bd. 1: Mittelalter und Reformation, Mainz 1970.

Kraus, A., Geschichte Bayerns. Von den Anfängen bis zur Gegenwart, München 1983.

Kriedte, P., Spätfeudalismus und Handelskapital: Grundlinien der europäischen Wirtschaftsgeschichte vom 16. bis zum Ausgang des 18. Jahrhunderts, Göttingen 1980.

Kriedte, P., H. Medick, Schlumbohm, J., Industrialisierung vor der Industrialisierung, Göttingen 1977.

Kröger, K., Das Vermessungswesen im Spiegel der Hausväterliteratur, Frankfurt/M./Bern/New York 1986.

Labrousse, C. E., La crise de l'économie francaise à la fin de l'Ancien Régime et au début de la Révolution, Bd. 1, Paris 1944.

Lüdtke, G., L. Mackensen (Hgg.), Deutscher Kulturatlas, Berlin/Leipzig 1928-36.

Martin Luther und die Reformation in Deutschland. Ausstellungskatalog des Germanischen Nationalmuseums Nürnberg, Frankfurt/M. 1983.

Lutz, H., Bayern und Deutschland seit der Reformation, in: Land und Reich, Stamm und Nation, Festgabe für Max Spindler zum 90. Geburtstag, München 1984, S. 1 bis 19.

Lutz, H. Reformation und Gegenreformation, München/Wien 1979.

Lutz, H., Das Ringen um deutsche Einheit und kirchliche Erneuerung, 1490-1648, Berlin 1983.

Marhel, E. H., Die Entwicklung der diplomatischen Rangstufen, Erlangen 1951.

Maschke, E., Verfassung und soziale Kräfte in der deutschen Stadt des Spätmittelalters, vornehmlich in Oberdeutschland, in: VSWG 46 (1959), S. 289-349 u. 433-476.

Mauro, F., Le 16e siècle européen. Aspects économiques, Paris 1966

Mendels, F. F., Proto-industrialization: The first Phase of the Industrialization Process, in: Journal of Economic History 32 (1972), S. 241 bis 261.

Moeller, B., Deutschland im Zeitalter der Reformation, 2. Aufl., Göttingen 1981.

Möller, H.-M., Das Regiment der Landsknechte - Untersuchungen zu Verfassung, Recht und Selbstverständnis in deutschen Söldnerheeren des 16. Jahrhunderts, Wiesbaden 1976.

Moraw, P., Von offener Verfassung zu gestalteter Verdichtung. Das Reich im späten Mittelalter 1250 bis 1490, Berlin 1985.

Näf, W. Die Epochen der neueren Geschichte. Staat und Staatengemeinschaft vom Ausgang des Mittelalters bis zur Gegenwart, 2 Bde., München 1970.

Oestreich, G., Geist und Gestalt des frühmodernen Staates. Ausgewählte Aufsätze, Berlin 1969.

Oestreich, G., Strukturprobleme der frühen Neuzeit. Ausgewählte Aufsätze, Berlin 1980.

Platzhoff, W., Geschichte des Europäischen Staatensystems, 1559 bis 1660, Berlin 1928, ND München 1967.

Ploetz, Deutsche Geschichte - Epochen und Daten, hg. v. W. Conze, 2. Aufl., Würzburg 1980.

Press, V., Kaiser Karl V., König Ferdinand und die Entstehung der Reichsritterschaft, Wiesbaden 1976.

Press, V., D. Stievermann (Hgg.), Martin Luther. Probleme seiner Zeit, Stuttgart 1986.

Quint, W., Souveränitätsbegriff und Souveränitätspolitik in Bayern. Von der Mitte des 17. bis zur ersten Hälfte des 19. Jahrhundert, Berlin 1971.

Rabb, Th., The Struggle for Stability in Early Modern Europe, New York 1975.

Ranke, L. v., Die römischen Päpste in den letzten vier Jahrhunderten, vollständige Ausgabe, 2 Bde, eingel. v. F. Baethgen, Stuttgart 1953.

Raum und Bevölkerung in der Weltgeschichte. Bevölkerungsploetz, Bd. 2, 2. Auflage, Würzburg 1956.

Reinhard, W. (Hg.), Humanismus im Bildungswesen des 15. und 16. Jahrhunderts, Weinheim 1984.

Rhode, G., Geschichte Polens, 3. Aufl., Darmstadt 1980.

Ritter, M., Deutsche Geschichte im Zeitalter der Gegenreformation und des Dreißigjährigen Krieges, 1555-1648, 3 Bde., Stuttgart 1889 bis 1908, ND Darmstadt 1962.

Rotberg, R. I., T. K. Rabb, Hunger and History - The Impact of Changing Food Production and Consumption Patterns on Society, Cambridge 1985.

Sabean, D. W., Power in the blood. Popular culture and village discourse in early modern Germany, Cambridge 1984.

Scheible, H., Das Widerstandsrecht als Problem der deutschen Protestanten 1523-1546, Gütersloh 1969.

Schild, W., Alte Gerichtsbarkeit. Vom Gottesurteil zum Beginn der modernen Rechtssprechung, München 1980.

Schild, W., Justiz in alter Zeit, Rothenburg o. d. T. 1984 (Katalog des Kriminalmuseums)

Schilling, H., Bürgerkämpfe in Aachen zu Beginn des 17. Jahrhunderts. Konflikte im Rahmen der alteuropäischen Stadtgesellschaft oder im Umkreis der frühbürgerlichen Revolution?, in: ZHF 1 (1974), S. 175-231.

Schilling, H., Gab es in Deutschland im späten Mittelalter und in der frühen Neuzeit einen Stadtrepublikanismus? Überlegungen zur politischen Kultur des altständischen Bürgertums, in: H. Koenigsberger (Hg.), Republiken und Republikanismus, 15. bis frühes 17. Jahrhundert, München 1988 (= Schriften des Historischen Kollegs, Kolloquien Bd. 11).

Schilling, H., Innovation through Migration: The Settlements of Calvinistic Netherlanders in 16th and 17th Century Central and Western Europe: in: Histoire Sociale - Social History 16 (1983), S. 7-33.

Schilling, H., Konfessionskonflikt und Staatsbildung, Gütersloh 1980.

Schilling, H., The Reformation and the Rise of the Early Modern State, in: J. Tracy (Hg.), Luther and the Modern State in Germany, Kirksville/Missouri 1986, S. 21-30.

Scholtis, H., Die Reichskriegsverfassung des Deutschen Reiches, Innsbruck 1964.

Schottenloher, K., J. Binkowski, Flugblatt und Zeitung - Ein Wegweiser durch das gedruckte Tagesschrifttum, München 1985.

Schröcker, A., Unio atque concordia, Reichspolitik Bertholds von Henneberg, 1484-1504, Würzburg 1970.

Schubert, F. H., Die deutschen Reichstage in der Staatslehre der frühen Neuzeit. Göttingen 1966.

Schubert, F. H., Volkssouveränität und Heiliges Römisches Reich, Darmstadt 1974.

Schulze, W. (Hg.), Aufstände, Revolten, Prozesse. Beiträge zu bäuerlichen Widerstandsbewegungen, Stuttgart 1983.

Schulze, W. (Hg.), Europäische

Bauernrevolten der frühen Neuzeit, Frankfurt/M. 1982.

Schulze, W., Reich und Türkengefahr im späten 16. Jahrhundert, München 1978.

Schulze, W., Bäuerlicher Widerstand und feudale Herrschaft in der frühen Neuzeit, Stuttgart 1980.

Schulze, W., Zwingli, lutherisches Widerstandsdenken, monarchomanischer Widerstand, in: P. Bickle u. a. (Hgg.), Zwingli und Europa, Zürich 1985, S. 199-216.

Skinner, Q., The Development of Modern Political Theory, Cambridge 1978.

Spindler, M. (Hg.), Das alte Bayern: der Territorialstaat vom Ausgang des 12. Jahrhunderts bis zum Ausgang des 18. Jahrhunderts (Handbuch der bayerischen Geschichte, Bd. 2), 2. Aufl., München 1977.

Stolleis, M., Pecunia nervus rerum. Zur Staatsfinanzierung in der frühen Neuzeit, Frankfurt/M. 1983.

Teuteberg, H. J., Homo habitans. Zur Sozialgeschichte des ländlichen und städtischen Wohnens in der Neuzeit, Münster 1985.

Totok, W., Handbuch der Geschichte der Philosophie, Bd. IV: Frühe Neuzeit: 17. Jahrhundert, Frankfurt/M. 1981.

Tremel, F., Wirtschafts- und Sozialgeschichte Österreichs, Wien 1969.

Vaughan, D. M., Europe and the Turc. A Pattern of Alliances 1350 bis 1700, Liverpool 1954.

Vogler, B., Le monde Germanique et Helvétique a l'époque des réformes 1517-1618, 2 Bde., Paris 1981.

Wallmann, J., Kirchengeschichte Deutschlands, Bd. II, Von der Reformation bis zur Gegenwart, Frankfurt/M. 1973.

Wandruszka, A., Das Haus Habsburg. Die Geschichte einer europäischen Dynastie, Freiburg 1968.

Watts, M., The Dissenters. From the Reformation to the French Revolution, Oxford 1985.

Weber, M., Wirtschaft und Gesellschaft. Grundriß der verstehenden Soziologie, Tübingen 1956.

Wehler, H. U. (Hg.), Klassen in der europäischen Sozialgeschichte, Göttingen 1979.

Whaley, J., Religious Toleration and Social Change in Hamburg 1529-1819, Cambridge 1985.

Whitehead, A. N., Wissenschaft und moderne Welt, Frankfurt/M. 1984.

Wiedemann, C., Andreas Gryphius, in: H. Steinhagen, B. v. Wiese (Hgg.), Deutsche Dichter des 17. Jahrhunderts, Berlin 1984, S. 435 bis 472.

Wilson, Ch., G. Parker (Hgg.), An Introduction to the Sources of European Economic History, 1500 bis 1800, London 1977.

Zaske, N. u. R., Kunst in Hansestädten, Köln/Wien 1986.

Ziehen, H., Das Heilige Römische Reich in seinen Gliedern. Sinnbilder des körperschaftlichen Reichsgedankens 1400-1800, 1962.

Zilsel, E., Die sozialen Ursprünge der neuzeitlichen Wissenschaft, Frankfurt/M. 1976.

Zu Kapitel I

Abel, W., Agrarkrisen und Agrarkonjunktur, 3. Aufl., Hamburg 1978.

Abel, W. (Hg.), Handwerksgeschichte in neuer Sicht, Göttingen 1978.

Abel, W., Massenarmut und Hungerkrisen im vorindustriellen Deutschland, Hamburg 1974.

Abel, W., Massenarmut und Hungerkrisen im vorindustriellen Europa, Hamburg/Berlin 1974.

Ammann, H., Die wirtschaftliche Stellung der Reichsstadt Nürnberg im Spätmittelalter, Nürnberg 1970.

Aretin, K. O. v., Heiliges Römisches Reich: 1776-1806. Reichsverfassung und Staatssouveränität, 2 Bde., Wiesbaden 1967.

Bader, K. S., Kaiserliche und ständische Reformgedanken in der Reichsreform des endenden 15. Jahrhunderts, in: ders., Schriften zur Rechtsgeschichte, hg. v. C. Schott, Sigmaringen 1984, S. 464 bis 484 (zuerst in: Historisches Jahrbuch 73, 1954, S. 74-94).

Bauer, O., Unternehmungen und Unternehmungsformen im späten Mittelalter und in der beginnenden Neuzeit, Jena 1936.

Benecke, G., Society and Politics in Germany 1500-1750, London 1974.

Blaschke, K., Bevölkerungsgeschichte von Sachsen bis zur industriellen Revolution, Weimar 1967.

Boockmann, H., Leben und Sterben im mittelalterlichen Göttingen, in: Göttinger Jb. 31 (1983), S. 73-94.

Brady, T.A., The Themes of Social Structure, Social Conflict and Civic Harmony in Jakob Wimpheling's Germania, in: Sixteenth Century Journal 3 (1972), S. 65-76.

Brulez, W., De diaspora der antwerpse kooplui op het einde van de 16e eeuw, in: Bijdragen voor de Geschiedenis der Nederlanden 15 (1960) S. 279-306.

Brunner, O., Das »ganze Haus« und die alteuropäische Ökonomik, in: ders., Neue Wege der Verfassungs- und Sozialgeschichte, 2. Aufl., Göttingen 1968, S. 103-127.

Chaunu, H. u. P., Séville et l'Atlantique (1504-1658), 12 Bde., Paris 1955-1959.

Dietz, A., Frankfurter Handelsgeschichte, Bd. 1-4, ND d. Ausg. Frankfurt/M. 1910-1925, Glashütten 1970.

Dollinger, Ph., Die Hanse, Stuttgart 1966.

Ehrenberg, R., Das Zeitalter der Fugger, Jena 1896, ND Hildesheim 1963.

Freund, M., Deutsche Geschichte, Gütersloh 1960.

Gaettens, R., Die Anfänge der Großsilbermünzen im Wert von Goldmünzen, in: Blätter für Münzfreunde 23 (1959), S. 75-86.

Gemeiner, C.Th., Regensburgische Chronik, ND d. Ausg. Regensburg 1800-1824, 4 in 2 Bdn., München 1971.

Hassinger, E., Das Werden des neuzeitlichen Europa, 1300-1600, 2. Aufl., Braunschweig 1964.

Heimpel, H., Der Mensch in seiner Gegenwart, 2. Aufl., Göttingen 1957.

Heitz, G., Ländliche Leinenproduktion in Sachsen, 1470-1555, Berlin 1961.

Henning, F. W., Landwirtschaft und ländliche Gesellschaft in Deutschland, Bd. I, 800-1750, Paderborn 1979.

Herborn, W., Der Antwerpener Markt und die Kauf- und Fuhrmannschaft der Reichsstadt Aachen (1490-1513), in: Zeitschr. d. Aachener Geschichtsver. 90/91 (1983/84), S. 97-147.

Hitzer, H., Die Straße, München 1971.

Irsigler, F., Die wirtschaftliche Stellung der Stadt Köln im 14. und 15. Jahrhundert, Wiesbaden 1979.

Irsigler, F., Hansekaufleute - die Lübecker Veckinchusen und die Kölner Rinck, in: Hanse in Europa. Brücke zwischen den Märkten, 12. bis 17. Jahrhundert, Ausstellungskatalog Kunsthalle Köln, Köln 1973, S. 301-328.

Irsigler, F., Rheinisches Kapital in mitteleuropäischen Montanunternehmungen des 15. u. 16. Jahrhunderts, in: ZHF 3 (1976), S. 145 bis 164.

Irsigler, F., Stadt und Umland im Spätmittelalter, in: E. Meynen (Hg.), Zentralität als Problem der mittelalterlichen Stadtgeschichtsforschung, Köln 1979, S. 1-14.

Janssen, J., Geschichte des deutschen Volkes, Bd. 8, Freiburg 1894.

Jecht, H., Studien zur gesellschaftlichen Struktur der mittelalterlichen Städte, in: VSWG 19 (1926), S. 48-85.

Kellenbenz, H., Das Römisch-Deutsche Reich im Rahmen der wirtschafts- und finanzpolitischen Erwägungen Karls V. im Spannungsfeld imperialer und dynastischer Interessen, in: H. Lutz (Hg.), Das römisch-deutsche Reich im politischen System Karls V., München 1982, S. 35-54.

Kellenbenz, H., Landverkehr, Fluß- und Seeschiffahrt im europäischen Handel, in: Les grandes voies maritimes dans le monde. XVe-XIXe siècles, Paris 1965, S. 65-174.

Kellenbenz, H., Sephardim an der unteren Elbe, Wiesbaden 1958.

Kellenbenz, H., Wirtschaftleben der Blütezeit, in: Geschichte der Stadt Augsburg, Stuttgart 1984, S. 258-301.

Keyser, E., Deutsches Städtebuch, Bd. II, Stuttgart/Berlin 1941.

Kießling, R., Augsburg zwischen Mittelalter und Neuzeit, in: Geschichte der Stadt Augsburg, Stuttgart 1984, S. 241-251.

Kisch, H., Vom Monopol zum Laissez-Faire: das frühe Wachstum der Textilgewerbe im Wuppertal, in: ders.: Die hausindustriellen Textilgewerbe am Niederrhein vor der industriellen Revolution, Göttingen 1981, S. 162-257.

Koerner, F., Die Bevölkerungsverteilung in Thüringen am Ausgang des 16. Jhs., in: Wiss. Ver. d. Dt. Instituts für Länderkunde in Leipzig, N.F. 15/16 (1958), S. 178 bis 315.

Koerner, F., Die Bevölkerungszahl und -dichte in Mitteleuropa zum Beginn der Neuzeit, in: Forschungen und Fortschritte 33 (1959), S. 325-331.

Kuske, B., Wirtschaftsentwicklung Westfalens in Leistung und Verflechtung mit den Nachbarländern, Münster 1943.

Laube, A., Studien über den erzgebirgischen Silberbergbau von 1470-1546, Berlin 1974.

Lütge, F., Das 14. und 15. Jahrhundert in der Sozial- und Wirtschaftsgeschichte, in: ders., Studien zur Sozial- und Wirtschaftsgeschichte, Gesammelte Abhandlungen, 1963, S. 281-335.

Lütge, F., Strukturwandlungen im ostdeutschen und osteuropäischen Fernhandel des 14.-16. Jahrhunderts, in: Sitzungsberichte der Bayerischen Akad. d. Wiss., phil.-hist. Klasse, München 1964, Heft 1.

Lütge, F., Deutsche Wirtschaftsgeschichte, 3. Aufl., Berlin 1966.

Lüthy, H., La Banque Protestante en France, 2. Aufl., Paris 1970.

Lutz, H., Die deutsche Nation zu Beginn der Neuzeit, München 1982.

Maschke, E., Deutsche Städte am Ausgang des Mittelalters, in: W. Rausch (Hg.), Die Stadt am Ausgang des Mittelalters, Linz 1974, S. 1-16.

Małowist, M., L'expansion économique des Hollandais dans le bassin de la Baltique aux 14e et 15e siècles, in: ders., Croissance et régression en Europe 14e-17e siècles, Paris 1972, S. 91-138.

Mauersberg, H., Wirtschafts- und Sozialgeschichte zentraleuropäischer Städte in neuerer Zeit, Göttingen 1960.

Mayer, Th., Die Ausbildung der Grundlagen des modernen deutschen Staates im hohen Mittelalter, in: HZ 159 (1938), S. 457-487.

Moraw, P., Franken als königsnahe Landschaft im späten Mittelalter, in: Bll. f. deutsche Landesgesch. 112 (1976), S. 123-138.

Moraw, P., Gedanken zur politischen Kontinuität im deutschen Spätmittelalter, in: Festschrift für H. Heimpel, Bd. 2, Göttingen 1972, S. 45-60.

Mousnier, R., Les 16e et 17e siècles, Paris 1954.

Nef, J.U., Silver Production in Central Europe, 1450-1618, in: The Journal of Political Economy 49 (1941), S. 575-591.

Oberman, H.A., Werden und Wertung der Reformation. Vom Wegestreit zum Glaubenskampf, Tübingen 1977.

Parker, G., Die Entstehung des modernen Geld- und Finanzwesens in Europa 1500-1730, in: C.M. Cipolla und K. Borchardt (Hg.), Europäische Wirtschaftsgeschichte, Bd. 2, Stuttgart und New York 1979, S. 335-379.

Parry, J.H., Europe and a Wider World, London 1949.

Pickl, O., Routen, Umfang und Organisation des innereuropäischen Handels mit Schlachtvieh im 16. Jahrhundert, in: Festschrift für H. Wiesflecker, Graz 1973.

Pitz, E., Wirtschaftliche und soziale Probleme der gewerblichen Entwicklung im 15./16. Jahrhundert nach römisch-niederdeutschen Quellen, Darmstadt 1973.

Pitz, E., Die Wirtschaftskrise des

Spätmittelalters, in: VSWG 52 (1965), S. 347-367.
Pölnitz, G. Frhr. von, Jakob Fugger, 2 Bde., Tübingen 1949, 1951.
Pölnitz, G., Frhr. von, Venedig, München 1951.
Reincke, H., Bevölkerungsprobleme der Hansestädte, in: HGbll 70 (1951), S. 1-33.
Reinhard, W., Geschichte der europäischen Expansion, Bd. 1: Die Alte Welt bis 1818, Stuttgart 1983; Bd. 2: Die neue Welt, Stuttgart 1985.
Riepenhausen, H., Die bäuerliche Siedlung des Ravensberger Landes bis 1778, Münster 1938.
Rüthing, H., Höxter um 1500, Paderborn 1986.
Schembs, H.-O., »Weither suchen die Völker sie auf«. Die Geschichte der Frankfurter Messe, Frankfurt/M. 1985.
Schilling, H., Niederländische Exulanten im 16. Jahrhundert. Ihre Stellung im Sozialgefüge und im religiösen Leben deutscher und englischer Städte, Gütersloh 1972.
Schmoller, G., Die Straßburger Tuch- und Weberzunft, Straßburg 1879.
Schubert, W., Arme Leute, Bettler und Gauner im Franken des 18. Jhts., Neustadt a.d. Aisch 1983.
Schulz, K., Handwerksgesellen und Lohnarbeiter, Sigmaringen 1985.
Schulze, W., Landesdefension und Staatsbildung, Wien 1973.
Schwarzlmüller, J., Vom Lehrling zum Meister im alten Schneiderhandwerk Oberösterreichs (vom Mittelalter bis zur Gewerbeordnung 1859), Linz 1984.
Simsch, A., Die Handelsbeziehungen zwischen Nürnberg und Posen im europäischen Wirtschaftsverkehr des 15. und 16. Jahrhunderts, Wiesbaden 1970.
Simsch, A., Wirtschaft und Gesellschaft im vorindustriellen Deutschland (800-1800), in: Deutschland - Porträt einer Nation, Bd. 3, Gütersloh 1985.
Slicher van Bath, B.H., The Agrarian History of Western Europe, 500-1850, London 1963.
Slicher van Bath, B.H., Yield Ratios, 810-1820, in: A.A.G. Bijdragen 10 (1963).
Straub, E., Zum Herrscherideal im 17. Jahrhundert, vornehmlich nach dem Mundus Christiano Bavaro Politicus, in: ZBLG 32 (1969), S. 193-221.
Strieder, J., Zur Genesis des modernen Kapitalismus, Forschungen zur Entstehung der großen bürgerlichen Kapitalvermögen am Ausgang des Mittelalters und zu Beginn der Neuzeit, zunächst in Augsburg, Leipzig 1935.
Strieder, J., Die deutsche Montan- und Metallindustrie im Zeitalter der Fugger, Berlin 1931.
Stromer, W. von, Die oberdeutschen Geld- und Wechselmärkte, in: Scripta Mercaturae 10 (1976), S. 23-51.
Stromer, W. von, Die Gründung der Baumwoll-Industrie in Mitteleuropa. Wirtschaftspolitik im Spätmittelalter, Stuttgart 1978.
Stromer, W. von, Der innovatorische Rückstand der hansischen Wirtschaft, Köln 1976.
Stolleis, M., Pecunia nervus rerum. Zur Staatsfinanzierung in der frühen Neuzeit, Frankfurt/M. 1983.
Suhling, L., Der Seigerhüttenprozeß, Stuttgart 1976.
Vogler, G., Reformation als »frühbürgerliche Revolution«, in: P. Blickle u. a. (Hg.), Zwingli und Europa, Zürich 1985, S. 47-69.
Vries, J. de, The Economy of Europe in an Age of Crisis (1600-1750), Cambridge 1976.
Vries, J. de, The Dutch Rural Economy in the Golden Age, 1500-1700, New Haven 1974.
Wallerstein, J., Das moderne Weltsystem: Kapitalistische Landwirtschaft und die Entstehung der europäischen Weltwirtschaft im 16. Jahrhundert, Frankfurt/M. 1986 (Originalausgabe: The Modern World-System, New York 1974).
Weber, M., Die protestantische Ethik und der Geist des Kapitalismus, in: ders., Gesammelte Aufsätze zur Religionssoziologie, 6. Aufl., Tübingen 1972.
Wee, H. van der, The Growth of the Antwerp Market and the European Economy, 3 Bde., Den Haag 1963.
Wee, H. van der, E. van Cauwenberghe (Hg.), Productivity of Land in the Low Countries, Löwen 1978.
Wesoly, K., Lehrlinge und Handwerksgesellen am Mittelrhein. Ihre soziale Lage und ihre Organisation vom 14. bis ins 17. Jahrhundert, Frankfurt/M. 1985.
Westermann, E., Das Eislebener Garkupfer und seine Bedeutung für den europäischen Kupfermarkt 1460-1530, Köln 1971.
Wiemann, H., Beiträge zur Wirtschafts- und Sozialgeschichte Ostfrieslands, in: Ostfriesland im Schutz des Deiches, Bd. 1, Pewsum 1969.
Wohlfeil, R. (Hg.), Reformation oder bürgerliche Revolution?, München 1972.

Zu Kapitel II

Altendorf, H.-D., P. Jezler (Hgg.), Bilderstreit - Kulturwandel in Zwinglis Reformation, Zürich 1984.
Bartel, H., u. G. Brendler, Luther. Leistung und Erbe, Berlin (DDR) 1986.
Bott, G., G. Ebeling, B. Moeller (Hgg.), Martin Luther. Sein Leben in Bildern und Texten, Frankfurt/M. 1983.
Büsser, F., Huldrych Zwingli. Reformation als prophetischer Auftrag, Göttingen 1973.
Dietz Mosse, J., »Godded with God«: Hendrik Niclaes and his Family of Love, Philadelphia 1981.
Elliger, W., Thomas Müntzer. Leben und Werk, Göttingen 1975.
Erikson, E. H., Der junge Mann Luther. Eine psychoanalytische und historische Studie, München 1954.
Fabiny, T., Martin Luthers letzter Wille - Das Testament des Reformators und seine Geschichte, Bielefeld 1983.
Fast, H., (Hg.), Der linke Flügel der Reformation, Bremen (1962).
Frowein-Ziroff, V., Die Kaiser-

Wilhelm-Gedächtniskirche, Berlin 1982.
Gottlob, A., Kreuzablaß und Almosenablaß, Stuttgart 1906, ND Amsterdam 1965.
Hoyer, S., Die Zwickauer Storchianer - Vorläufer der Täufer? in: Jb. f. Regionalgeschichte 13 (1986), S. 60-78.
Iserloh, E., Luther und die Reformation, Aschaffenburg 1974.
Junghans, H., Wittenberg als Lutherstadt, Göttingen 1979.
Koselleck, R., Art. »Bund«, in: Geschichtliche Grundbegriffe Bd. 1, Stuttgart 1972, S. 582-671.
Lortz, J., Die Reformation in Deutschland, Freiburg 1962.
Luther und die politische Welt. Wissenschaftliches Symposion in Worms vom 27.-29.10.1983, hg. v. E. Iserloh u. G. Müller, Stuttgart 1984.
Martin Luther 1483-1546. Dokumente seines Lebens und Wirkens. Im Jahre des 500. Geburtstags Martin Luthers hg. v. d. Staatlichen Archivverwaltung der DDR, Weimar 1983.
Moeller (Hg.), Luther in der Neuzeit, Gütersloh 1983.
Moeller, B., u. K. Stackmann, Luder, Luther, Eleutherius. Erwägungen zu Luthers Namen, Göttingen 1981.
Moeller, B., Zwinglis Disputationen, in: ZRG, KA, 87 (1970), S. 275 bis 324; 91 (1974), S. 214-364.
Myconius, F., Historia Reformationis, hg. von O. Clemen, 1915.
Nipperdey, T., Reformation, Revolution, Utopie. Studien zum 16. Jahrhundert, Göttingen 1975.
Oberman, H. A., Luther. Mensch zwischen Gott und Teufel, Berlin 1982.
Oberman, H. A., Die Reformation. Von Wittenberg nach Genf, Göttingen 1986.
Schreiner, K., Rechtgläubigkeit als »Band der Gesellschaft« und »Grundlage des Staates«. Zur eidlichen Verpflichtung von Staats- und Kirchendienern auf die Formula Concordiae und das »Koncordienbuch«, in: M. Brecht u. R. Schwarz (Hgg.), Bekenntnis und Einheit der Kirche. Studien zum Konkordienbuch, Stuttgart 1980, S. 351-380.
Steinmetz, M., Das Müntzerbild von Martin Luther bis Friedrich Engels, Berlin 1971.
Stupperich, R., Reformatorenlexikon, Gütersloh 1984.
Troeltsch, E., Aufsätze zur Geistesgeschichte und Religionssoziologie, hg. v. H. Baron (Ges. Schriften Bd. 4), Tübingen 1925.
Troeltsch, E., Die Soziallehren der christlichen Kirchen und Gruppen (Ges. Schriften Bd. 1), Tübingen 1919.

Zu Kapitel III

Baron, H., The Crisis of the Early Italian Renaissance. Civic Humanism and Republican Liberty in an Age of Classicism and Tyranny, Princeton/New Jersey 1966.
Becker, W., Reformation und Revolution, Münster 1974.
Blickle, P., Gemeindereformation. Die Menschen des 16. Jh. auf dem Weg zum Heil, München 1985.
Blickle, P., Landschaften im Alten Reich. Die staatliche Funktion des Gemeinen Mannes in Oberdeutschland, München 1973.
Blickle, P. (Hg.), Revolte und Revolution in Europa, München 1973.
Blickle, P., Die Revolution von 1525, München/Wien, 2. Aufl., 1981.
Blickle, P. (Hg.), Zugänge zur bäuerlichen Reformation, Zürich 1987.
Bloch, E., Freiheit und Ordnung. Abriß der Sozialutopien, Reinbek bei Hamburg 1969.
Boockmann, H., Spätmittelalterliche deutsche Stadttyrannen, in: Bll. f. deutsche Landesgeschichte 119 (1983), S. 73-91.
Brady, Th. A., Ruling Class, Regime and Reformation at Strasbourg, 1520-1555, Leiden 1978.
Brecht, M., Der theologische Hintergrund der zwölf Artikel, in: H. A. Oberman (Hg.), Deutscher Bauernkrieg 1525, Stuttgart 1974.
Brecht, M., Die deutsche Ritterschaft und die Reformation, in: Blätter für pfälzische Kirchengeschichte 37/38 (1970/71), S. 302-311.
Brunner, O., Souveränitätsproblem und Sozialstruktur in den deutschen Reichsstädten, in: ders., Neue Wege der Verfassungs- und Sozialgeschichte, 2. Aufl., Göttingen 1968, S. 294-321.
Buszello, H., Der deutsche Bauernkrieg als politische Bewegung, Berlin 1969.
Clasen, C. P., Anabaptism. A Social History, 1525-1618. Switzerland, Austria, Moravia, South and Central Germany, Ithaca/London 1972.
Clasen, C. P., Die Wiedertäufer im Herzogtum Württemberg und in benachbarten Herrschaften, Stuttgart 1965.
Deppermann, K., Melchior Hoffman. Soziale Unruhen und apokalyptische Visionen im Zeitalter der Reformation, Göttingen 1979.
Albrecht Dürer 1471-1971 (= Ausstellungskatalog d. Germ. Nationalmuseums Nürnberg), München 1971.
Ehbrecht, W., Form und Bedeutung innerstädtischer Kämpfe am Übergang vom Mittelalter zur Neuzeit: Minden 1405-1535 in: ders. (Hg.), Städtische Führungsgruppen und Gemeinde in der werdenden Neuzeit, Köln/Wien 1980, S. 115-152.
Eisenstein, E. L., The Printing Press as an Agent of Change. Communications and cultural transformations in early-modern Europe, 2 Bde., Cambridge 1979.
Elsas, M.J., Umriß einer Geschichte der Preise und Löhne in Deutschland, 2. Bde. in 3 Büchern, Leiden 1936-49.
Endres, R., Der Bauernkrieg in Franken, in: Bll. f. deutsche Landesgeschichte 109 (1973), S. 31-68.
Engelsing, R., Analphabetentum und Lektüre, Stuttgart 1973.
Fabian, E., Dr. Gregor Brück, Tübingen 1957.
Franz, G., Der deutsche Bauernkrieg, 10. Aufl., Darmstadt 1975.
Gerteis, K., Die deutschen Städte in der Frühen Neuzeit, Darmstadt 1986.
Goertz, H. J., Die Täufer. Geschichte und Deutung, München 1980.
Goertz, H. J. (Hg.), Umstrittenes Täufertum, 1525-1975. Neue Forschungen, Göttingen 1975.

Goeters, J. F. W., (Hg), Der Niederrhein zwischen Mittelalter und Neuzeit, Wesel 1986.

Heger, G., Johann Eberlin von Günzburg und seine Vorstellungen über eine Reform in Reich und Kirche, Berlin 1985.

Holborn, H., Ulrich von Hutten, Göttingen 1968.

Höss, J., Georg Spalatin, Weimar 1956.

Jong, O. J. de, Nederlandse Kerkgeschiedenis, Nijkerk 1978.

Kaser, K., Politische und soziale Bewegungen im deutschen Bürgertum zu Beginn des 16. Jahrhunderts mit besonderer Rücksicht auf den Speyerer Aufstand im Jahre 1512, Stuttgart 1899.

Kirchhoff, K. H., Die Täufer in Münster. Untersuchungen zum Umfang und zur Sozialstruktur der Bewegung, Münster 1973.

Kirchner, H., Der deutsche Bauernkrieg im Urteil der Freunde und Schüler Luthers, Theol. Habil.-Schr., Greifswald 1968.

Klein, T., Die Folgen des Bauernkrieges von 1525, in: Hess. Jb. f. Landesgesch. 25 (1975), S. 65-116.

Klingenstein, G., Staatsverwaltung und kirchliche Autorität im 18. Jahrhundert. Das Problem der Zensur in der theresianischen Reform, Wien 1970.

Köhler, H. J., Die Flugschriften. Versuch der Präzisierung eines geläufigen Begriffs, in: H. Rabe u. a. (Hgg.), Festgabe für E. W. Zeeden, Münster 1976, S. 36-61.

Krabbel, G., Caritas Pirckheimer - Ein Lebensbild aus der Zeit der Reformation, Münster 1982.

Langer, H., Stralsund 1600-1630. Eine Hansestadt in der Krise und im europäischen Konflikt, Weimar 1970.

Lau, F., Der Bauernkrieg und das angebliche Ende der lutherischen Reformation als spontaner Volksbewegung, in: W. Hubatsch (Hg.), Wirkungen der deutschen Reformation bis 1555, Darmstadt 1967, S. 68-100.

Lehmann, H., Das ewige Haus - Das lutherische Pfarrhaus im Wandel der Zeiten, in: H.-D. Loock (Hg.), Gott kumm mir zu hilf: Martin Luther in der Zeitenwende, Berlin 1984, S. 177-200.

Lienhard, M., Horizons Européens de la Réforme en Alsace, Straßburg 1980.

Lienhard, M., Mentalité Populaire, Gens d'Église et Mouvement Évangelique a Strasbourg en 1522 bis 23, Straßburg 1984.

Löffler, K., Die Wiedertäufer in Münster 1534/35, Jena 1923.

Luttenberger, A. P., Glaubenseinheit und Reichsidee. Konzeption und Wege konfessionsneutraler Reichspolitik (1530-1552), Göttingen 1982.

Lutz, R. H., Wer war der gemeine Mann? - Der dritte Stand in der Krise des Spätmittelalters, München 1979.

Maschke, E., »Obrigkeit« im spätmittelalterlichen Speyer und in anderen Städten, in: ARG 57 (1966), S. 7-23.

Mentz, G., Deutsche Geschichte im Zeitalter der Reformation, der Gegenreformation und des Dreißigjährigen Krieges 1493-1648, Tübingen 1913.

Meyer, H., Der Zweite Kappeler Krieg. Die Krise der Schweizerischen Reformation, Zürich 1976.

Moeller, B. (Hg.), Bauernkriegs-Studien, Gütersloh 1975.

Moeller, B., Einige Bemerkungen zum Thema: Predigten in reformatorischen Flugschriften, in: H.-J. Köhler (Hg.), Flugschriften als Massenmedium der Reformationszeit: Beiträge zum Tübinger Symposion 1980, Stuttgart 1981, S. 261-268.

Moeller, B., Reichsstadt und Reformation, Gütersloh 1962.

Moeller, B., Stadt und Buch. Bemerkungen zur Struktur der reformatorischen Bewegung in Deutschland, in: W. J. Mommsen (Hg.), Stadtbürgertum und Adel in der Reformation. Studien zur Sozialgeschichte der Reformation in England und Deutschland, Stuttgart 1979, S. 25-39.

Moeller, B. (Hg.), Stadt und Kirche im 16. Jahrhundert, Gütersloh 1978.

Mommsen, W. J. (Hg.), Stadtbürgertum und Adel in der Reformation. Studien zur Sozialgeschichte der Reformation in England und Deutschland, Stuttgart 1979.

Mörke, O., Die Ruhe im Sturm. Die katholische Landstadt Mindelheim unter der Herrschaft der Frundsberg im Zeitalter der Reformation, ersch. demnächst (Gütersloh 1989).

Neumann, H., Staatliche Bücherzensur und -aufsicht in Bayern von der Reformation bis zum Ausgang des 17. Jahrhunderts, Karlsruhe 1977.

Neuser, W. H., Die reformatorische Wende bei Zwingli, Neukirchen/Vluyn 1977.

Oberman, H. A. (Hg.), Deutscher Bauernkrieg 1525, Stuttgart 1974 (Zeitschrift für Kirchengeschichte 85,2).

Philologie als Kulturwissenschaft, Festschrift K. Stackmann, Göttingen 1987.

Piltz, G. (Hg.), Ein Sackvoll Ablaß - Bildsatiren der Reformationszeit, Berlin (DDR) 1983.

Pocock, J. G. A., The Machiavellian Moment: Florentine Political Thought and the Atlantic Republican Tradition, London 1975.

Press, V., Der Bauernkrieg als Problem der deutschen Geschichte, in: Nassauische Annalen 86 (1975), S. 158-177.

Ranke, L. von, Deutsche Geschichte im Zeitalter der Reformation, Bd. 1, Leipzig 1867.

Sabean, D., Landbesitz und Gesellschaft am Vorabend des Bauernkrieges. Eine Studie der sozialen Verhältnisse im südlichen Oberschwaben in den Jahren vor 1525, Stuttgart 1972.

Scheible, H., Reform, Reformation, Revolution. Grundsätze zur Beurteilung der Flugschriften, in: ARG 65 (1974), S. 108-133.

Schildhauer, J., Soziale, politische und religiöse Auseinandersetzungen in den Hansestädten Stralsund, Rostock und Wismar im ersten Drittel des 16. Jahrhunderts, Weimar 1959.

Schilling, H., Aufstandsbewegungen in der Stadtbürgerlichen Gesellschaft des Alten Reiches. Die

Vorgeschichte des Münsteraner Täuferreiches, 1525-1534, in: H. U. Wehler (Hg), Der Deutsche Bauernkrieg 1524-1525, Göttingen 1975, S. 193-238.

Schilling, H., Calvinismus und Freiheitsrechte, in: Bijdragen en Mededelingen betreffende de Geschiedenis der Nederlanden 102 (1987), S. 403-434.

Schilling, H., Dortmund im 16. und 17. Jahrhundert, in: G. Luntowski (Hg.), Dortmund - 1100 Jahre Stadtgeschichte, Dortmund 1982, S. 151-201.

Schilling, H., Das calvinistische Presbyterium in der Stadt Groningen während der frühen Neuzeit und im ersten Viertel des 19. Jahrhunderts. Verfassung und Sozialprofil, in: H. Schilling, H. Diederiks (Hgg.), Bürgerliche Eliten in den Niederlanden und in Nordwestdeutschland, Köln/Wien 1985, S. 195-273.

Schilling, H., Der libertär-radikale Republikanismus der holländischen Regenten. Ein Beitrag zur Geschichte des politischen Radikalismus in der frühen Neuzeit, in: Geschichte und Gesellschaft 10 (1984), S. 498-533.

Schubert, H. von, Lazarus Spengler und die Reformation in Nürnberg, hg. u. eingeleitet v. H. Holborn, Leipzig 1934.

Scribner, R. W., For the Sake of the Simple Folk. Popular Propaganda for the German Reformation, Cambridge 1981.

Scribner, R. W., How Many Could Read? Comments on Bernd Moeller's »Stadt und Buch«, in: Mommsen (Hg.), Stadtbürgertum und Adel in der Reformation, Stuttgart 1979, S. 44-45.

Stackmann, K., Probleme germanistischer Lutherforschung, in: ARG 75 (1984), S. 7-31.

Stalnaker, J., Auf dem Weg zu einer sozialgeschichtlichen Interpretation des Deutschen Bauernkrieges 1525-1526, Göttingen 1975.

Stayer, J. M., Zwingli before Zürich: Humanist Reformer and Papal Partisan, in: ARG 72 (1981), S. 55-68.

Troßbach, W., Bauernbewegungen im Wetterau-Vogelsberg-Gebiet 1648-1806. Fallstudien zum bäuerlichen Widerstand im Alten Reich, Darmstadt/Marburg 1985.

Troßbach, W., Soziale Bewegung und politische Erfahrung - Bäuerlicher Protest in hessischen Territorien 1648-1806, Weingarten 1987.

Vogel, P. H., Die Bibeldrucke von Dietenberger und Ulenberg, in: Gutenberg-Jahrbuch 1964, S. 227 bis 233.

Vogel, P. H., Europäische Bibeldrucke des 15. und 16. Jahrhunderts in den Volkssprachen. Ein Beitrag zur Bibliographie des Bibeldrucks, Baden-Baden 1962.

Wehler, H. U. (Hg.), Der Deutsche Bauernkrieg 1524-1526, Göttingen 1975.

Wiese-Schorn, L., Von der autonomen zur beauftragten Selbstverwaltung, in: Osnabrücker Mitt. 82 (1976), S. 29-59.

Zu Kapitel IV

Angermeier, H. (Hg.), Säkulare Aspekte der Reformationszeit, München 1983.

Angermeier, H., Die Reichsreform: 1410-1555. Die Staatsproblematik in Deutschland zwischen Mittelalter und Gegenwart, München 1984.

Augustijn, C., Die Religionsgespräche der vierziger Jahre, in: G. Müller (Hg.), Die Religionsgespräche der Reformationszeit, Gütersloh 1980, S. 43-54.

Bader, K. S. , Ein Staatsmann vom Mittelrhein. Gestalt und Werk des Mainzer Kurfürsten und Erzbischofs Berthold von Henneberg, Mainz o. J.

Boockmann, H., Stauferzeit und spätes Mittelalter, Berlin 1987.

Brandi, K., Kaiser Karl V. Werden und Schicksal einer Persönlichkeit und eines Weltreiches, 2 Bde. München, 7. Aufl. (1. Bd.), 2. Aufl. (2. Bd.), 1964-1967.

Decot, R., Religionsfrieden und Kirchenreform: der Mainzer Kurfürst und Erzbischof Sebastian von Heusenstamm 1545-1555, Wiesbaden 1980.

Diestelkamp, B., Das Reichskammergericht im Rechtsleben des 16. Jahrhunderts, in: Rechtsgeschichte als Kulturgeschichte, Festschrift A. Erler, Aalen 1976, S. 435 bis 480.

Dotzauer, W., Die Entstehung der frühneuzeitlichen deutschen Thronerhebung, in: H. Duchhardt (Hg.), Herrscherweihe und Königskrönung im frühneuzeitlichen Europa, Wiesbaden 1983, S. 1-20.

Dülmen, R. van, Theater des Schreckens. Gerichtspraxis und Strafrituale in der frühen Neuzeit, München 1985.

Elliott, J.H., The Old World and the New, 1492-1650, Cambridge 1970.

Fabian, E. (Hg.), Die Entstehung des Schmalkaldischen Bundes und seiner Verfassung 1529 bis 1531/33, 2. Aufl., Tübingen 1962.

Foucault, M., Überwachen und Strafen: Die Geburt des Gefängnisses, übers. von W. Seitter, 4. Aufl., Frankfurt/M. 1981.

Fueter, E., Geschichte des europäischen Staatensystems von 1492 bis 1559, München/Berlin 1919.

Hantsch, H., Die Kaiseridee Karls V., Graz/Wien/Köln 1958.

Hartung, F., Die Wahlkapitulationen der deutschen Kaiser und Könige, in: HZ 107 (1911), S. 306-344.

Headley, J. M., The emperor and his chancellor: a study of the imperial chancellery under Gattinara, Cambridge 1983.

Headley, J. M., Gattinara, Erasmus and the Imperial Configurations of Humanism, in: ARG 71 (1980), S. 64-98.

Heckel, M., Staat und Kirche nach den Lehren der evangelischen Juristen Deutschlands in der ersten Hälfte des 17. Jahrhunderts, München 1968.

Huizinga, J., Der Herbst des Mittelalters, München 1928.

Janssen, W., Landesherrschaft und Kirche am Niederrhein im späten Mittelalter, in: J. F. G. Goeters, J. Prieur (Hgg.), Der Niederrhein zwischen Mittelalter und Neuzeit, Wesel 1986, S. 9-42.

Kleinheyer, G., Die kaiserlichen

Wahlkapitulationen: Geschichte, Wesen und Funktion, Karlsruhe 1986.

Knecht, R. J., Francis I., Cambridge 1984.

Kohler, A., Antihabsburgische Politik in der Epoche Karls V. Die reichsständische Opposition gegen die Wahl Ferdinands I. zum römischen König und gegen die Anerkennung seines Königtums (1524 bis 1534), Göttingen 1982.

Kroeschell, K., Deutsche Rechtsgeschichte, Bd. 2, 4. Aufl., Opladen 1981.

Landau, P., F. Schroeder (Hgg.), Strafrecht, Strafprozeß und Rezeption: Grundlagen, Entwicklung und Wirkung der Constitutio Criminalis Carolina, Frankfurt/M. 1984.

Laufs, A., Der schwäbische Kreis, Studien über Einungswesen und Reichsverfassung im deutschen Südwesten zu Beginn der Neuzeit, Aalen 1971.

Laufs, A., Die Reichskammergerichtsordnung von 1555, Köln/Wien 1976.

Luttenberger, A. P., Reichspolitik und Reichstag unter Karl V.: Formen zentralen politischen Handelns, in: H. Lutz, A. Kohler (Hgg.), Aus der Arbeit an den Reichstagen unter Karl V., Göttingen 1986, S. 18 bis 68.

Lutz, H., Christianitas Afflicta. Europa, das Reich und die päpstliche Politik im Niedergang der Hegemonie Karls V. (1552-1556), Göttingen 1964.

Lutz, H. (Hg.), Das römisch-deutsche Reich im politischen System Karls V., München 1982.

Lutz, H., A. Kohler (Hgg.), Aus der Arbeit an den Reichstagen unter Karl V., Göttingen 1986.

Marongin, A., Capitulations Électorales et pouvoir monarchique au 16e siècle, Göttingen 1977.

Mencke, K., Die Visitationen am Reichskammergericht im 16. Jahrhundert. Zugleich ein Beitrag zur Entstehungsgeschichte des Rechtsmittels der Revision, Köln/Wien 1984.

Neuhaus, H., Reichsständische Repräsentationsformen im 16. Jahrhundert: Reichstag, Reichskreistag, Reichsdeputationstag, Berlin 1982.

Neuhaus, H., Reichstag und Supplikationsausschuß. Ein Beitrag zur Reichsverfassungsgeschichte der ersten Hälfte des 16. Jahrhunderts, Berlin 1977.

Neuhaus, H., Zwänge und Entwicklungsmöglichkeiten reichsständischer Beratungsformen in der zweiten Hälfte des 16. Jahrhunderts, in: ZHF 10 (1983), S. 279-298.

Oestreich, G., Zur parlamentarischen Arbeitsweise der deutschen Reichstage unter Karl V. Kuriensystem und Ausschußbildung (1519 bis 1556) (1971), in: H. Rausch (Hg.), Die geschichtlichen Grundlagen der modernen Volksvertretung, Bd. II, Darmstadt 1974.

Oestreich, G., Verfassungsgeschichte vom Ende des Mittelalters bis zum Ende des alten Reiches, in: Gebhardt – Handbuch der deutschen Geschichte, Bd. 2, (9. Aufl.) Stuttgart 1970, S. 361-436.

Parker, G., The Army of Flanders and the Spanish Road, 1567-1659. The Logistics of Spanish Victory and Defeat in the Low Countries' Wars, Cambridge 1972.

Press, V., Die Bundespläne Kaiser Karls V. und die Reichsverfassung, in: H. Lutz (Hg.), Das römisch-deutsche Reich im politischen System Karls V., München/Wien 1982, S. 55-106.

Press, V., Das Römisch-deutsche Reich – Ein politisches System, in: B. Klingenstein u. H. Lutz (Hgg.), Spezialforschung und »Gesamtgeschichte«, Wien 1982, S. 221-242.

Rabe, H., Der Augsburger Religionsfriede und das Reichskammergericht, in: Festgabe für E. W. Zeeden, Münster 1976, S. 260-280.

Rabe, H., Reichsbund und Interim. Die Verfassungs- und Reichspolitik Karls V. und der Reichstag von Augsburg 1547/48, Köln/Wien 1971.

Ranieri, F., Recht und Gesellschaft im Zeitalter der Rezeption. Eine rechts- und sozialgeschichtliche Analyse der Tätigkeit des Reichskammergerichts im 16. Jahrhundert, 2 Bde, Köln/Wien 1985.

Rassow, P., Die Kaiser-Idee Karls V., dargestellt an der Politik der Jahre 1528-1540, Berlin 1932.

Scheible, H., Melanchthon und Luther während des Augsburger Reichstages 1530, in: P. Manns (Hg.), Martin Luther. »Reformator und Vater im Glauben«, Stuttgart 1985, S. 38-60.

Schild, W., Der »endliche Rechtstag« als das Theater des Rechts, in: P. Landau, F. Chr. Schröder (Hgg.), Strafrecht, Strafprozeß und Rezeption, Grundlagen, Entwicklung und Wirkung der Constitutio Criminalis Carolina, Frankfurt/M. 1984.

Schmidt, G., Landgraf Philipp der Großmütige und das Katzenelnbogener Erbe, in: Archiv für hessische Geschichte N.F. 41 (1983).

Schöffler, H., Wirkungen der Reformation, Frankfurt/M. 1960.

Schulz, P., Die politische Einflußnahme auf die Entstehung der Reichskammergerichtsordnung 1548, Köln/Wien 1980.

Schulze, W., Die veränderte Bedeutung sozialer Konflikte im 16. und 17. Jahrhundert, in: H. U. Wehler (Hg.), Der deutsche Bauernkrieg 1524-1526, Göttingen 1975, S. 277 bis 302.

Schulze, W., Reichstag und Reichssteuern im späten 16. Jahrhundert, in: ZHF 2 (1975), S. 43-58.

Sellert, W., Prozeßgrundsätze und Stilus Curiae am Reichshofrat im Vergleich mit den gesetzlichen Grundlagen des reichsgerichtlichen Verfahrens, Aalen 1973.

Sellert, W., Über die Zuständigkeitsabgrenzung von Reichshofrat und Reichskammergericht, insbesondere in Strafsachen und Angelegenheiten der freiwilligen Gerichtsbarkeit, Aalen 1965.

Skalweit, S., Reich und Reformation, Berlin 1967.

Smend, R., Das Reichskammergericht, Teil 1, Geschichte und Verfassung, Weimar 1911.

Walser, F., Die spanischen Zentralbehörden und der Staatsrat Karls V., Göttingen 1959.

Wee, H. van der, Structural Changes and Specialization in the Industry of the Southern Netherlands,

1100-1600, in: Economic History Review 28 (1975), S. 203-221.

Welt im Umbruch. Augsburg zwischen Renaissance und Barock, 3 Bde., Augsburg 1980/81.

Werminghoff, A., Geschichte der Kirchenverfassung Deutschlands im Mittelalter, Leipzig 1905, ND Darmstadt 1969.

Wiesflecker, H., Kaiser Maximilian I. Das Reich, Österreich und Europa an der Wende zur Neuzeit, 5 Bde., München 1971-1986.

Ziehen, E., Frankfurt, Reichsreform und Reichsgedanke 1486-1504, Berlin 1940, ND 1965.

Zu Kapitel V

Bäumer, R. (Hg.), Concilium Tridentinum, Darmstadt 1979.

Bauer, R., H. Haupt, Das Kunstkammerinventar Kaiser Rudolfs II., in: Jb. der kunsthistorischen Sammlung in Wien 72 (1976).

Belstler, U., Die Stellung des Corpus Evangelicorum in der Reichsverfassung, Bamberg 1968.

Bergsma, W., Aggaeus van Albada, Groningen 1983.

Brecht, M., R. Schwarz (Hgg.), Bekenntnis und Einheit der Kirche, Stuttgart 1980.

Bücking, J., Frühabsolutismus und Kirchenreform in Tirol (1565 bis 1665), Wiesbaden 1972.

Conermann, K. (Hg.), Fruchtbringende Gesellschaft. Der Fruchtbringenden Gesellschaft geöffneter Erzschrein, 3 Bde., Weinheim 1985.

Droysen, G., Geschichte der Gegenreformation, Stuttgart o. J.

Elliott, J. H., Europe divided, 1559-1598, London 1968.

Fürsterzbischof Wolf Dietrich von Raitenau, Gründer des barokken Salzburg. Katalog zur vierten Salzburger Landesausstellung, Salzburg 1987.

Garber, K., Zentraleuropäischer Calvinismus und deutsche »Barock«-Literatur, in: H. Schilling (Hg.), Die reformierte Konfessionalisierung in Deutschland, Gütersloh 1986, S. 317-348.

Garber, K. (Hg.), Nation und Literatur im frühneuzeitlichen Europa, Tübingen 1988.

Garber, K., Martin Opitz, in: H. Steinhagen, B. v. Wiese (Hgg.), Deutsche Dichter des 17. Jahrhunderts, Berlin 1984, S. 116-184.

Gregor-Dellin, M., Heinrich Schütz, München/Zürich 1984.

Hammerstein, N., »Recreationes ... Principe dignae«. Überlegungen zur adligen Musikpraxis an deutschen Höfen und ihren italienischen Vorbildern, in: L. Finscher (Hg.), Claudio Monteverdi, Festschrift R. Hammerstein, 1986.

Heckel, M., Deutschland im konfessionellen Zeitalter, Göttingen 1983.

Heckel, M., Reichsrecht und »Zweite Reformation«, in: H. Schilling (Hg.), Die reformierte Konfessionalisierung in Deutschland, Gütersloh 1986, S. 11-43.

Heinemann, G., Das Verhältnis von Synode und Parlament, in: E. Lomberg (Hg.), Emder Synode 1571-1971, Neukirchen 1971, S. 285 bis 294.

Hroch, M., A. Skybova, Die Inquisition im Zeitalter der Gegenreformation, Stuttgart/Berlin/Köln/Mainz 1985.

Jedin, H., Geschichte des Konzils von Trient, 4 Bde., Freiburg 1951 bis 1975.

Jedin, H., Krisis und Abschluß des Trienter Konzils 1562/63, Freiburg 1964.

Königsberger, H., Musik und Religion im neuzeitlichen Europa, in: G. Klingenstein, H. Lutz (Hgg.), Spezialforschung und »Gesamtgeschichte«, München 1982, S. 197-220.

Krebs, R., Die politische Publizistik der Jesuiten und ihrer Gegner, Halle 1830, ND Leipzig 1976.

Kunst, H. J., Die Marienkirche in Wolfenbüttel eine Siegeskirche?, in: J. J. Berns (Hg.), Höfische Festkultur in Braunschweig-Wolfenbüttel 1590-1666, Amsterdam 1982, S. 643-662.

Laufs, A. (Hg.), Die Reichskammergerichtsordnung von 1555, Köln/Wien 1976.

Mann, O., Geschichte des deutschen Dramas, Stuttgart 1963.

Mezler-Andelberg, H. J., Erneuerung des Katholizismus und Gegenreformation in Innerösterreich, in: Südostdeutsches Archiv 13 (1970), S. 97-118.

Möglichkeiten der Reichspolitik zwischen Augsburger Religionsfrieden und Ausbruch des 30jährigen Krieges. Vier Vorträge von W. Reinhard, H. Neuhaus, K. Schlaich und K. Vocelka, eingel. v. W. Schulze (gehalten auf dem Historikertag in Münster 1982), in: ZHF 10 (1983) S. 253-351.

Moeller, B., Flugschriften der Reformationszeit, in: TRE, Bd. 11, Berlin/New York 1983, S. 240-246.

Moeller, B., H. Patze u. K. Stackmann (Hgg.), Studien zum städtischen Bildungswesen des späten Mittelalters und der frühen Neuzeit, Göttingen 1983.

Newald, R., Die deutsche Literatur vom Späthumanismus zur Empfindsamkeit, 6. Aufl., München 1967.

Po-chia Hsia, R., Society and Religion in Münster 1535-1618, New Haven/London 1984.

Press, V., Calvinismus und Territorialstaat, Stuttgart 1970.

Press, V., Hessen im Zeitalter der Landesteilung (1567-1655), in: Heinemeyer, W. (Hg.), Das Werden Hessens, Marburg 1986, S. 267-331.

Raabe, P., Die Herzog August Bibliothek als Museum, Wolfenbüttel 1970.

Reinhard, W., Gegenreformation als Modernisierung? Prolegomena zu einer Theorie des konfessionellen Zeitalters, in: ARG 68 (1977), S. 226-252.

Reinhard, W., Konfession und Konfessionalisierung in Deutschland, in: ders. (Hg.), Bekenntnis und Geschichte, Augsburg 1981, S. 165-189.

Roeck, B., Elias Holl, Regensburg 1985.

Rödiger, H. B., M. Smid, Friesische Kirchen, Bd. 3, Jever 1984.

Scheible, H., Die Entstehung der Magdeburger Zenturien, Gütersloh 1966.

Schilling, H., (Hg.), Die reformierte Konfessionalisierung in Deutschland – Das Problem der

»Zweiten Reformation«, Gütersloh 1986.
Schilling, H., Die Konfessionalisierung im Reich, in: HZ 1988.
Schilling, H., Konfessionalisierung als gesellschaftlicher Umbruch, in: S. Quandt (Hg.), Luther, die Reformation und die Deutschen, Paderborn 1982, S. 35-51.
Schmidt, P., Das Collegium Germanicum in Rom und die Germaniker, Tübingen 1984.
Schreiber, G. (Hg.), Das Weltkonzil von Trient, 2 Bde., Freiburg 1951.
Schreiner, K., Disziplinierte Wissenschaftsfreiheit, Tübingen 1981.
Schröer, A., Die Kirche in Westfalen im Zeichen der Erneuerung, Bd. I, Münster 1986.
Warmbrunn, P., Zwei Konfessionen in einer Stadt. Das Zusammenleben von Katholiken und Protestanten in den paritätischen Reichsstädten Augsburg, Biberach, Ravensburg und Dinkelsbühl von 1548 bis 1648, Wiesbaden 1983.
Weber, M., Gesammelte Aufsätze zur Religionssoziologie, Bd. I, 6. Aufl., Tübingen 1972.
Wohlfeil, R. u. T., Nürnberger Bildepitaphien. Versuch einer Fallstudie zur historischen Bildkunde, in: ZHF 12 (1985), S. 129-180.
Zeeden, E. W., Die Entstehung der Konfessionen, München/Wien 1965.
Zeeden, E. W., Das Zeitalter der Gegenreformation, Freiburg/Basel/Wien 1967.

Zu Kapitel VI

Albrecht, D., Die auswärtige Politik Maximilians I. von Bayern 1618-1635, Göttingen 1962.
Ariès, Ph., Geschichte der Kindheit, München 1984.
Ariès, Ph., Geschichte des Todes, München/Wien 1980.
Bireley, R., Maximilian von Bayern, Adam Contzen S. J. und die Gegenreformation in Deutschland 1624-1635, Göttingen 1975.
Breuer (Hg.), Frömmigkeit i. d. frühen Neuzeit, Amsterdam 1984.
Brunner, O., Land und Herrschaft, (ND d. 5. Aufl. 1965) Darmstadt 1973.
Bulst, N. u. a. (Hgg.), Familie zwischen Tradition und Moderne, Göttingen 1981.
Bulst, N., Vier Jahrhunderte Pest in niedersächsischen Städten, in: »Stadt im Wandel«, Bd. 4, Niedersächsische Landesausstellung 1985, Braunschweig 1985, S. 251-270.
Carsten, F. L., Was there an economic decline in Germany before the Thirty Years' War?, in: English Historical Review 71 (1956), S. 240 bis 247.
Dohrn Van Rossum, G., Zur Geschichte der mechanischen Uhr und den Auswirkungen der modernen Stundenrechnung seit dem Spätmittelalter, Manuskript Habil.-Schrift Universität Bielefeld.
Dohrn Van Rossum, G., Zeit der Kirche, Zeit der Händler, Zeit der Städte, in: R. Zoll (Hg.), Zerstörung und Wiederaneignung der Zeit, Frankfurt/M. 1987.
Dollinger, H., Studien zur Finanzreform Maximilians I. von Bayern in den Jahren 1598-1618. Ein Beitrag zur Geschichte des Frühabsolutismus, Göttingen 1968.
Elton, G. R., Lex terrae victrix: Der Rechtsstreit in der englischen Frühreformation, in: ZRG, KA, 101 (1987), S. 217-236.
Flandrin, J. L., Familien. Soziologie, Ökonomie, Sexualität, Frankfurt/M. 1978.
Flemming, W., Andreas Gryphius, Stuttgart 1955.
Geiringer, K., Johann Sebastian Bach, 3. Aufl., München 1985.
Gerhard, D., Alte und Neue Welt in vergleichender Geschichtsbetrachtung (Aufsätze), Göttingen 1962.
Gerhard, D., Amtsträger zwischen Krongewalt und Ständen. – Ein europäisches Problem, in: Alteuropa und die moderne Gesellschaft, Festschr. für Otto Brunner, Göttingen 1963, S. 230-247.
Glaser, H. (Hg.), Wittelsbach und Bayern, Bd. 2: Um Glauben und Reich, Ausstellungskatalog: München 1980.
Grenzmann, L., K. Stackmann (Hgg.), Literatur und Laienbildung im späten Mittelalter und in der Reformationszeit, Stuttgart 1984.
Hartung, F., Staatsbildende Kräfte der Neuzeit, Gesammelte Aufsätze, Berlin 1961.
Heiß, G., Konfession, Politik und Erziehung. Die Landschaftsschulen in den nieder- und innerösterreichischen Ländern vor dem Dreißigjährigen Krieg, in: G. Klingenstein, H. Lutz (Hgg.), Bildung, Politik, Gesellschaft, München/Wien 1978, S. 13-63.
Imhof, A. E. (Hg.), Leib und Leben in der Geschichte der Neuzeit, Berlin 1983.
Imhof, A. E., Die verlorenen Welten, München 1984.
Jedin, H. u. a. (Hgg.), Atlas zur Kirchengeschichte, Freiburg 1970.
Jensen, W., Das Hamburger Domkapitel und die Reformation, Hamburg 1961.
König, J., Verwaltungsgeschichte Ostfrieslands, Göttingen 1955.
Kraemer, H., Der deutsche Kleinstaat des 17. Jahrhunderts im Spiegel von Seckendorffs »Teutschem Fürstenstaat«, Darmstadt 1974.
Krüger, K., Finanzstaat Hessen 1500-1567. Staatsbildung im Übergang vom Domänenstaat zum Steuerstaat, Marburg 1980.
Krüger, K., Gerhard Oestreich und der Finanzstaat, in: Hessisches Jb. für Landesgeschichte 33 (1983), S. 333-346.
Krüger, K., K. Greve, Steuerstaat und Sozialstruktur, in: GG 8 (1982), S. 295-332.
Lanzinner, M., Fürst, Räte und Landstände. Die Entstehung der Zentralbehörden in Bayern 1511 bis 1598, Göttingen 1980.
Laslett, P., The World we have lost, London 1965.
Lehmann, H., Das Zeitalter des Absolutismus, Stuttgart 1980.
Maclean, A., The Renaissance Nation of Woman, Cambridge 1980.
Mager, W., Soziale Ungleichheit und Klassenstrukturen in Frankreich 1630-1830, in: H. U. Wehler (Hg.), Klassen in der europäischen

Sozialgeschichte, Göttingen 1979, S. 66-93.
Menk, G., Territorialstaat und Schulwesen in der frühen Neuzeit. Eine Untersuchung zur religiösen Dynamik an den Grafschaften Nassau und Sayn, in: Jahrbuch für westdeutsche Landesgeschichte 9 (1983), S. 177-200.
Moeller, B., Die Brautwerbung Martin Bucers für Wolfgang Capito. Zur Sozialgeschichte des evangelischen Pfarrerstandes, in: Philologie als Kulturwissenschaft, FS Karl Stackmann, Göttingen 1987 S. 306 bis 325.
Moraw, P., Die Universität Prag im Mittelalter. Grundzüge ihrer Geschichte im europäischen Zusammenhang, in: Die Universität Prag, München 1986 (= Schriften der Sudetendeutschen Akademie der Wissenschaften und Künste Bd. 7), S. 9 bis 134.
Mörke, O., Der gewollte Weg in Richtung »Untertan«. Ökonomische und politische Eliten in Braunschweig, Lüneburg und Göttingen vom 15. bis zum 17. Jahrhundert, in: H. Schilling, H. Diederiks (Hgg.), Bürgerliche Eliten in den Niederlanden und in Nordwestdeutschland. Köln/Wien 1985, S. 111-133.
Muchembled, R., Kultur des Volkes - Kultur der Eliten, München 1982.
Münch, P., Zucht und Ordnung, Stuttgart 1978.
Oestreich, G., Das persönliche Regiment der deutschen Fürsten am Beginn der Neuzeit, in: ders., Geist und Gestalt des frühmodernen Staates, Berlin 1969, S. 201-234.
Opgenoorth, E., Einführung in das Studium der neueren Geschichte, Braunschweig 1969.
Ozment, St. E., When Fathers Ruled. Family Life in Reformation Europe, Cambridge (Mass.) 1983.
Parker, G., The Thirty Years' War, London 1984.
Petersen, E. L., From Domain state to Tax state, in: Scandinavian Economic History Review 23 (1975), S. 116-148.
Pitz, E., Wirtschaftliche und soziale Probleme der gewerblichen Entwicklung im 15./16. Jahrhundert nach hansisch-niederdeutschen Quellen, in: C. Haase (Hg.), Die Stadt des Mittelalters, Bd. 3, Darmstadt 1973, S. 137-176.
Quaritsch, H., Staat und Souveränität, Bd. 1, Frankfurt/M. 1970.
Raeff, M., The Well-Ordered Police State. Social and Institutional Change through Law in the Germanies and Russia 1600-1800, New Haven/London 1983.
Reinhard, W., Papstfinanzen und Nepotismus unter Paul V. (1605 bis 1621), Stuttgart 1974.
Schieder, W. (Hg.), Volksreligiosität in der modernen Sozialgeschichte, Göttingen 1986.
Schilling, H., »History of Crime« or »History of Sin«?, in: E. I. Kouri, T. Scott (Hgg.), Politics and Society in Reformation Europe, London 1987, S. 289-310.
Schilling, H., Kirchenzucht und neuzeitliche Sozialdisziplinierung, in: G. Schmidt (Hg.), Staat und Gesellschaft im Alten Reich, Wiesbaden 1988.
Schindling, A., Die Universität Gießen als Typus einer Hochschulgründung, in: P. Moraw, V. Press (Hgg.), Academia Gissensis, Marburg 1982, S. 83-113.
Schnur, R. (Hg.), Die Rolle der Juristen bei der Entstehung des modernen Staates, Berlin/München 1986.
Schorn-Schütte, L., Die Geistlichen vor der Revolution, in: H. Berding, H. Ullmann (Hgg.), Deutschland und Frankreich im Zeitalter der französischen Revolution (erscheint 1989).
Schulze, W., Der Windische Bauernaufstand von 1573, Bauernaufstand und feudale Herrschaft im späten 16. Jahrhundert, in: Südost-Forschungen 33 (1974) S. 15-61.
Schwinges, R., Pauperes an deutschen Universitäten, in: ZHF 8 (1981), S. 285-309.
Shorter, E., Die Geburt der modernen Familie, Reinbek 1977.
Simsch, A., Der Adel als landwirtschaftlicher Unternehmer, in: Studia Historiae Oeconomicae (Universität Posen) 16 (1981) S. 96 bis 115.
Sommer, L., Die österreichischen Kameralisten in dogmengeschichtlicher Darstellung, Aalen 1967.
Stieve, F., Das kirchliche Polizeiregiment in Bayern unter Maximilian I., München 1876.
Stone, L., The Family, Sex and Marriage in England 1500-1800, London 1977.
Stone, L., The Educational Revolution in England 1560-1640, in: Past and Present 28 (1964), S. 41-80.
Stoob, H., Geschichte Dithmarschens im Regentenzeitalter, Heide/Holst. 1955.
Strohm, Th., und S. Bräuer, in: H. Junghans (Hg.), Leben und Werk Martin Luthers von 1526 bis 1546, Göttingen 1983.
Teichmann, J., Wandel des Weltbildes, Darmstadt 1983.
Vovelle, M., Mourir autrefois: Attitudes collectives devant la mort aux 17e et 18e sie'cles, Paris 1974.
Vovelle, M., Piété baroque et déchristianisation en Provence au 18e siècle, Paris 1973.

Kapitel VII

Altmann, R., Landgraf Wilhelm V. ..., Marburg 1938.
Aston, T. (Hg.), Crisis in Europe 1560-1660, Essays from Past & Present 1952-1962, London 1965.
Barudio, G., Der Teutsche Krieg, 1618-1648, 2. Aufl., Frankfurt/M. 1985.
Becher, J. R. (Hg.), Tränen des Vaterlandes. Deutsche Dichtung aus dem 16. und 17. Jahrhundert, Berlin 1954.
Behringer, W., Hexenverfolgung in Bayern. Volksmagie, Glaubenseifer und Staatsräson in der Frühen Neuzeit, München 1987.
Benecke, G., The Problem of death and destruction in Germany during the Thirty Years' War, in: European Studies Review 2 (1972), S. 239-253.
Bireley, R., Religion and Politics in the Age of the Counterreformation. Emperor Ferdinand II., William Lamormaini, S.J., and the

Formation of Imperial Policy, North Carolina 1981.

Blaschke, K.H., Sachsen im Zeitalter der Reformation, Dresden 1967.

Bliggenstorfer, R., G. Mann, Wallenstein. Bilder zu seinem Leben, Frankfurt/M. 1973.

Bog, J., Oberdeutschland. Das Heilige Römische Reich des 16. bis 18. Jahrhunderts in Funktion, Idstein 1986.

Bosbach, F., Die Kosten des Westfälischen Friedenskongresses, Münster 1984.

Carter, Ch.H., The Secret Diplomacy of the Habsburgs, 1598-1625, New York 1964.

Church, W.F., Richelieu and Reason of State, Princeton 1972.

Clark, P. (Hg.), The European Crisis of the 1590s, London 1985.

Conrad, H., Deutsche Rechtsgeschichte, Bd. II, Karlsruhe 1966.

Davies, C.J., Eine Theorie der Revolution, in: W. Zapf (Hg.), Theorien des sozialen Wandels, 3. Aufl., Köln 1971, S. 399-417.

Degn, Ch. u. a. (Hg.), Hexenprozesse, Neumünster 1983.

Dickmann, F., Der Westfälische Friede, hg. v. K. Repgen, 4. Aufl., Münster 1977.

Dickmann, F., Das Problem der Gleichberechtigung der Konfessionen im Reich im 16. und 17. Jahrhundert, in: H. Lutz (Hg.), Zur Geschichte der Toleranz und Religionsfreiheit, Darmstadt 1977, S. 203-251.

Duchhardt, H., Protestantisches Kaisertum und altes Reich, Wiesbaden 1977.

Endres, R., Zur wirtschaftlichen und sozialen Lage in Franken vor dem Dreißigjährigen Krieg, in: Jb. f. Fränkische Landesforschung 28 (1968), S. 5-52.

Evans-Pritchard, E. E., Hexerei, Orakel und Magie bei den Zande, Frankfurt/M. 1978 (Erstdruck Oxford 1937).

Foerster, R. H., Die Welt des Barock, München 1977.

Franz, G., Der Dreißigjährige Krieg und das deutsche Volk, Jena 1940, 4. Aufl., Stuttgart 1979.

Friedrichs, Chr. R., Urban Society in an Age of War: Nördlingen, 1580-1720, Princeton 1979.

Fruin, R., Tien jaren uit den tachtigjarigen oorlog 1588-1598, Den Haag 1924.

Gerstenberg, K., Diego Velásquez, München/Berlin 1957.

Gerteis, K., Monarchie oder Ständestaat. Der böhmische Aufstand von 1618. Quellen und wissenschaftliche Diskussion, Trier 1983.

Gindely, A., Geschichte des dreißigjährigen Krieges, 1. Abt., Leipzig 1882.

Haan, H., Der Regensburger Kurfürstentag von 1636/37, Münster 1967.

Haan, H., Kaiser Ferdinand II. und das Problem des Reichsabsolutismus, in: HZ 207 (1968), S. 297-345 (Wiederabdruck in: H. U. Rudolf, Der Dreißigjährige Krieg, Darmstadt 1977, S. 185-207).

Hattenhauer, H., Geschichte des Beamtentums, Köln/Berlin 1980.

Hippel, W. von, Bevölkerung und Wirtschaft im Zeitalter des 30jährigen Krieges. Das Beispiel Württemberg, in: ZHF 5 (1978) S. 413-448.

Howard, M., Der Krieg in der europäischen Geschichte, München 1981.

Hroch, M., J. Petráň, Das 17. Jahrhundert - Krise der Feudalgesellschaft?, dt. Übersetzung des 1976 in Prag erschienenen Originals in tschechischer Sprache, Hamburg 1981.

Hurter, Fr. von, Geschichte Kaiser Ferdinands II. und seiner Eltern bis zu dessen Krönung in Frankfurt, 17 Bde., Schaffhausen 1850-54.

Hurter, Fr. von, Geschichte Kaiser Ferdinands II., 4 Bde., (Bd. 8-11 der ganzen Geschichte), Schaffhausen 1857-64.

Israel, J. I., A Conflict of Empires: Spain and the Netherlands 1618-48, in: Past & Present 76 (August 1977), S. 34-74.

Johannsen, O., Louis de Geer, Berlin 1933.

Kamen, H., The Economic and Social Consequences of the Thirty Years' War, in: Past & Present 39 (1968), S. 44-61.

Kiernan, V. G., State and Society in Europe 1550-1650, Oxford 1980.

Kimminich, O., Die Bedeutung des Beamtentums für die Herausbildung des modernen Staats, in: W. Leisner (Hg.), Das Berufsbeamtentum im demokratischen Staat, Berlin 1975.

Koenigsberger, H. G., Die Krise des 17. Jahrhunderts, in: ZHF 9 (1982), S. 143-165.

Kokkeling, G., Hausbau und Hausnutzung in Lübeck vom 13. bis 17. Jahrhundert, in: A. Graßmann (Hg.), Neue Forschungen zur Geschichte der Hansestadt Lübeck, Lübeck 1985, S. 51-62.

Koser, R., Der Kanzleistreit, Halle 1874.

Kracauer, J., Geschichte der Juden in Frankfurt a. M. (1150-1824), Bd. 1, Frankfurt/M. 1976 (unveränd. ND d. Aufl. v. 1925).

Kuczynski, J., Geschichte des Alltags des deutschen Volkes, Bd. 1: 1600-1650, 4. Aufl., Köln 1982.

Le Roy Ladurie, E., Die Geschichte von Sonnenschein und Regenwetter, in: C. Honegger (Hg.), M. Bloch, F. Braudel, L. Febvre u. a. Schrift und Materie der Geschichte, Vorschläge zur systematischen Aneignung historischer Prozesse, Frankfurt/M. 1977, S. 220 bis 246.

Le Roy Ladurie, E., Histoire du climat depuis l'an mil, Paris 1967.

Lehmann, H., Die Kometenflugschriften des 17. Jh. als historische Quelle, in: W. Brückner u. a. (Hgg.), Literatur und Volk im 17. Jahrhundert, Wiesbaden 1985, S. 683-700.

Lehmann, H., Das Zeitalter des Absolutismus. Gottesgnadentum und Kriegsnot, Stuttgart/Berlin/Köln/Mainz 1980.

Lieberich, H., Die gelehrten Räte, in: ZBLG 27 (1964), S. 120-189.

Malthus, Th. R., An Essay on the Principle of Population as it affects the future improvement of Society, London 1798, dt. Übersetzung München 1977.

Mann, G., Wallenstein, Frankfurt/M. 1971.

Marwitz, U., Staatsräson und Landesdefension. Untersuchungen zum Kriegswesen des Herzogtums Preußen 1640-1655, Boppard 1984.

Mauser, W., Dichtung, Religion und Gesellschaft im 17. Jahrhundert. Die »Sonnete« des Andreas Gryphius, München 1976.

McCusker, J. J., Money and Exchange in Europe and America, 1600-1775, London 1978.

Mecenseffy, G., Habsburger im 17. Jahrhundert. Die Beziehungen der Höfe von Wien und Madrid während des Dreißigjährigen Krieges, Wien 1955.

Meier-Lemgo, K., Geschichte der Stadt Lemgo, 2. Aufl., Lemgo 1962.

Monumenta Judaica. 2000 Jahre Geschichte und Kultur der Juden am Rhein, hg. v. K. Schilling, Köln 1963.

Mühleisen, H.-O., Die Friedensproblematik in den politischen Emblemen Diego de Saavedra Fajardos. Ein Beitrag zur Staatsphilosophie aus der Zeit des Dreißigjährigen Krieges, München 1982.

Papke, G., Von der Miliz zum stehenden Heer. Wehrwesen im Absolutismus, München 1979.

Parker, G. u. Smith, L. M. (Hgg.), The General Crisis of the Seventeenth Century, London 1978.

Pfister, Ch., Bevölkerung, Klima und Agrarmodernisierung 1525 bis 1860, Bd. 1, 2. Aufl., Bern/Stuttgart 1985.

Platzhoff, W., Geschichte des europäischen Staatensystems 1559 bis 1660, ND d. Ausg. v. 1928, Darmstadt 1967.

Po-chi Hsia, R., Murderous Magic: Jews and Ritual Murder Discourse in Reformation Germany, erscheint 1988.

Polišensky, J. V., Der Krieg und die Gesellschaft in Europa 1618 bis 1648, Wien/Köln/Graz 1971.

Polišensky, J. V., The Thirty Years' War, London 1971.

Pusch, M., Der Dreißigjährige Krieg, 1618-1648, München 1978.

Rabb, K. Th., The Effects of the Thirty Years' War, in: Journal of Modern History 34 (1962), S. 40-51.

Raumer, K. von, 1648/1815. Zum Problem internationaler Friedensordnung im älteren Europa, in: Forschungen und Studien zur Geschichte des Westfälischen Friedens, Münster 1965, S. 109-126.

Raumer, K. von, Ewiger Friede: Friedensrufe und Friedenspläne seit der Renaissance, München 1953.

Regin, D., Traders, Artists, Burghers - A cultural history of Amsterdam 1976.

Roberts, M., The Military Revolution 1560-1660, Belfast 1956.

Ruppert, K., Die kaiserliche Politik auf dem Westfälischen Friedenskongreß (1643-1648), Münster 1979.

Schiller, F., Geschichte des Dreißigjährigen Krieges, Vollständiger Nachdruck der Erstfassung aus dem »Historischen Calender für Damen für die Jahre 1791-1793«, mit einem Nachw. v. G. Mann, Zürich 1985.

Schilling, H., The European Crisis of the 1590s: The Situation in German Towns, in: P. Clark (Hg.), The European Crisis of the 1590s, London 1985, S. 135-156.

Schormann, G., Hexenprozesse in Deutschland, Göttingen 1981.

Schormann, G., Das Ringen um Frieden im Dreißigjährigen Krieg, in: Frieden in Geschichte und Gegenwart, Düsseldorf 1985, S. 71-79.

Schubert, F. H., Ludwig Camerarius 1573-1651, Kallmünz 1955.

Schubert, F. H., Die pfälzische Exilregierung im Dreißigjährigen Krieg. Ein Beitrag zur Geschichte des politischen Protestantismus, in: Zeitschrift für die Geschichte des Oberrheins 102 (1954), S. 575-680.

Schubert, F. H., Die Niederlande z. Z. des Dreißigjährigen Krieges im Urteil des Diplomatischen Korps im Haag, in: Hist. Jb. 74 (1955), S. 252-264.

Schubert, F. H., Wallenstein und der Staat des 17. Jahrhunderts, in: GWU 16 (1965), S. 597-611, Wiederabdruck in: H. U. Rudolf (Hg.), Der Dreißigjährige Krieg, Darmstadt 1977, S. 185-207.

Stanka, R., Die böhmischen Konföderationsakte von 1619, ND d. Ausg. Berlin 1932, Vaduz 1965.

Steinberg, S. H., Der Dreißigjährige Krieg und der Kampf um die Vorherrschaft in Europa 1600-1660, Göttingen 1967.

Stolleis, M., Arcana Imperii und Ratio Status. Bemerkungen zur politischen Theorie des 17. Jahrhunderts, Göttingen 1980.

Stolleis, M. (Hg.), Hermann Conring (1606-1681). Beiträge zu Leben und Werk, Berlin 1983.

Straub, E., Pax et Imperium. Spaniens Kampf um seine Friedensordnung in Europa zwischen 1617 und 1635, Paderborn 1980.

Sturmberger, H., Adam Graf Herberstorff. Herrschaft und Freiheit im konfessionellen Zeitalter, München 1976.

Sturmberger, H., Aufstand in Böhmen. Der Beginn des Dreißigjährigen Krieges, München/Wien 1959.

Sturmberger, H., Georg Erasmus v. Tschernembl - Religion. Libertät und Widerstand, Graz/Köln 1953.

Sturmberger, H., Kaiser Ferdinand II. und das Problem des Absolutismus, München 1957.

Stürmer, M., Handwerk und höfische Kultur: europäische Möbelkunst im 18. Jahrhundert, München 1982.

Thuau, E., Raison d'État et pensée politique à l'époque de Richelieu, Paris 1966.

Trevor-Roper, H. R., The Crisis of the 17th Century, New York 1968.

Trevor-Roper, H. R., Religion, Reformation und sozialer Umbruch. Die Krisis des 17. Jahrhunderts, Frankfurt/M. 1970.

Vocelka, K., Die politische Propaganda Rudolfs II. (1576-1612), Wien 1981.

Wandruszka, A., Reichspatriotismus und Reichspolitik zur Zeit des Prager Friedens von 1635, Graz/Köln 1955.

Weber, H., Richelieu und das Reich, in: H. Lutz, F. H. Schubert, H. Weber, Frankreich und das

Reich im 16. und 17. Jahrhundert, Göttingen 1968, S. 36-52.

Wee, H. van der, De Industriele Ontwikkeling in de Nederlanden tijdens de 17de en 18de eeuw. Enkele kritische bemarkingen naar aanleiding van het debat over de protoindustrielen poging tot aanvulling van het synthese-model, in: Mededelingen van de Koninklijke Academie voor Wetenschappen etc. van Belgie, Letteren 46 (1984), S. 59 bis 77.

Weithase, J., Die Darstellung von Krieg und Frieden in der deutschen Barockdichtung, Weimar 1953.

Wittram, R., Baltische Geschichte, München 1954.

Zeller, W. (Hg.), Der Protestantismus des 17. Jahrhunderts, Bremen 1962.

Zernack, K., Schweden als europäische Großmacht der Frühen Neuzeit, in: HZ 232 (1981), S. 327 bis 357.

Zernack, K., Das Zeitalter der nordischen Kriege von 1558 bis 1809 als frühneuzeitliche Geschichtsepoche, in: ZHF 1 (1974), S. 55-79.

Zilsel, E., Die sozialen Ursprünge der neuzeitlichen Wissenschaft, 2. Aufl., Frankfurt/M. 1985.

Personenregister

Es sind grundsätzlich Lebensdaten genannt, im Text sind bei Herrschern die Regierungsdaten angegeben

Abbildungsnachweis

Archive und Leihgeber

Altötting, Foto Strauss: 431 oben; - Amsterdam, Rijksmuseum: 176; - Antwerpen, Stedelijk Prentenkabinet: 75; - Augsburg, Staats- und Stadtbibliothek: 200f., 265; - Augsburg, Städtische Kunstsammlungen: 245; - Bamberg, Staatsbibliothek: 152 oben; - Basel, Farbfoto Hinz: 369; - Basel, W. Speiser: 330; - Bautzen, Heinz Müller: 262; - Berlin, Archiv für Kunst und Geschichte: 29, 30, 69, 89, 96, 110, 154, 174, 183, 221, 223, 231, 253, 254, 297 oben, 309, 315, 331, 368, 385, 392, 416, 421, 429, 463; - Berlin, Bildarchiv Preußischer Kulturbesitz: 145 oben, 180f., 217, 232, 363, 446; - Berlin, Verlag Ullstein GmbH: 237, 443; - Berlin (Ost), Staatliche Museen: 222, 360, 377, 449; - Braunschweig, Herzog-Anton-Ulrich-Museum: 433; - Braunschweig, Landesmuseum: 49; - Braunschweig, Städtisches Museum: 98; - Coburg, Fremdenverkehrsamt: 247; - Coburg, Franz Höch: 212; - Coburg, Kunstsammlung der Veste Coburg: 207 oben; - Danzig, Kazimiers Lelewicz: 62 oben; - Darmstadt, Hessisches Landesmuseum: 189; - Den Haag, Algemeen Rijksarchief: 78 unten; - Detmold, Staatsarchiv: 47; - Dresden, Archiv Verlag der Kunst: 156; - Dresden, Deutsche Fotothek: 269; - Dresden, Zentrale Kunstbibliothek: 159; - Dublin, The Trinity College: 149; - Emden, Ostfriesisches Landesmuseum: 296; - Erlangen, Universitätsbibliothek Erlangen-Nürnberg: 103; - Erlangen/Nürnberg, Zentralinstitut für fränkische Landeskunde und allgemeine Regionalforschung der Universität Erlangen-Nürnberg: 297 unten; - Essen, Hermann Michels: 92, 158; - Frankfurt/M., Ev.-luth. Dreikönigsgemeinde: 173; - Frankfurt/M., Hermann Hessler: 362; - Frankfurt/M., Historisches Museum: 383; - Frankfurt/M., Sammlung der Deutschen Bundesbank: 41; - Friedeburg, Hans-Bernd Rödiger: 300, 301; - Genf, Bibliothèque Publique et Universitaire: 272; - Genf, G. Zimmermann: 408; - Gießen, Universitätsbibliothek: 77 unten, 78 oben; - Göttingen, Niedersächsische Staats- und Universitätsbibliothek: 140, 390; - Graz, Foto E.M. Fürböck: 279; - Greifswald, Film- und Bildstelle: 372 oben, 373, 378 oben, 417 oben, 422, 423, 434, 448; - Großrückerswalde/Erzgebirge, Dorfkirche: 376; - Hamburg, Projektstudio Rüdiger Proske: 71; - Karlsruhe, Badische Landesbibliothek: 155; - Karlsruhe, Bildarchiv des Badischen Landesmuseums: 361; - Karlsruhe, Landesdenkmalamt: 289; - Karlsruhe, Staatliche Kunsthalle: 185; - Kassel, Gesamthochschul-Bibliothek: 311; - Köln, Rheinisches Bildarchiv: 263; - Köln, Stadtmuseum: 280 links; - Kirchheim, Fürst Fugger-Glött: 27; - Landshut, Stadtmuseum: 345; - Leiden, Stedelijk Museum: 79; - Leipzig, Volkmar Herre: 88, 93; - Linnich, H. Oidtmann: 191; - Linz, Landesmuseum, Foto: Max Eiersebner: 381; - London, The British Library: 101; - London, The British Museum: 52, 53, 95, 129; - Lüneburg: Rathaus: 327; - Madrid, Museo del Prado: 442; - Marburg, Bildarchiv Foto Marburg: 186; - Marburg, Hessisches Staatsarchiv: 113, 213, 238, 324; - Mecheln, Dienst voor Toerisme: 225; - München, Bayerisches Hauptstaatsarchiv: 339; - München, Bayerisches Nationalmuseum: 280 rechts; - München, Bayerische Staatsgemäldesammlungen: 318; - München, H. Häusler: 299; - München, Staatliche Graphische Sammlung: 271, 323, 430 oben; - München, Stadtmuseum: 322; - Münster, Stadtmuseum: 165, 175, 453, 455, 457; - Münster, Westfälisches Landesmuseum für Kunst und Kulturgeschichte: 451; - Neuburg (Donau), Heimatverein/Historischer Verein: 399; - Nürnberg, Germanisches Nationalmuseum: 87, 105, 123, 128, 141, 208f., 326, 420, 459; - Nürnberg, Staatsarchiv: 19; - Nürnberg, Stadtbibliothek: 125; - Paris, Photographie Giraudon: 405; - Prag, Muzeum Hlavního Města: 413; - Prag, Národní Galerie, Foto Soňa Divišová: 412; - Privatbesitz: 150, 195; - Regensburg, Museen der Stadt Regensburg: 35; - Regensburg, Photo-Atelier Wagmüller: 417 unten; - Rom, Bibliotheca Apostolica Vaticana, Foto: Enzo

Valci: 25; - Rothenburg o.d. Tauber, Kriminalmuseum: 248f., 386f., 388; - Rotterdam, Atlas van Stolk: 257; - Rotterdam, Rotterdams Historisch Museum: 375; - Salzburg, Oskar Anrather: 286; - Salzburg/München, Mathias Michel: 285; - Schloß Blois: 22, 23; - Schloß Telč: 415; - Schloß Zeil, Fürstlich Waldburg-Zeil'sches Gesamtarchiv: 146; - Stockholm, Kungl. Livrustkammaren: 294; - Stockholm, Statens Sjöhistoriska Museum: 431; - Stralsund, Staatsarchiv: 378 unten; - Straßburg, Archives Municipales: 107; - Straßburg, Collection Bibliothèque Nationale et Universitaire de Strasbourg: 131; - Stuttgart, Württembergisches Landesmuseum: 37; - Ulm, Stadtarchiv: 64; - Wesel, Stadtarchiv: 169; - Wien, Ehem. k.k. Kupferstichsammlung: 99; - Wien, Erzbischöfliches Diözesanmuseum: 34; - Wien, Haus-, Hof- und Staatsarchiv: 211, 226; - Wien, Heeresgeschichtliches Museum: 432; - Wien, Kunsthistorisches Museum: 36, 372 unten; - Wien, Österreichisches Museum für Volkskunde: 358; - Wien, Österreichische Nationalbibliothek: 203, 293, 355; - Wien, Österreichisches Staatsarchiv: 241; - Wittenberg, Wilfried Kirsch: 86; - Wittenberg, Müller: 382; - Wolfenbüttel, Herzog-August-Bibliothek: 94, 291, 303, 319; - Wolfenbüttel, Staatsarchiv: 302, 338; - Wolfenbüttel, Gerhard Stoletzki: 304; - Würzburg, Photoverlag Gundermann: 298.

Publikationen

Die Acht und ihre sieben Siebe, hg. v. Jannes Ohling, Pewsum 1963: 58; - Alt, Robert, Bilderatlas zur Schul- und Erziehungsgeschichte, Bd. I, Berlin (Ost) 1966: 270, 333; - Bodin, Jean, Les six livres de la république, ND 1961 d. Ausgabe Paris 1583: 341; - Charnock, John, A History of Marine Architecture, London 1801: 74 rechts; - Chrisman, M.U., Lay Culture, Learned Culture, New Heaven 1982: 126; - Drews, Der evangelische Geistliche in der deutschen Vergangenheit, Jena 1905: 393; - Duhr, B., Geschichte der Jesuiten in den Ländern deutscher Zunge, Bd. I, Freiburg i. Breisgau 1907: 281; - Engelsing, Rolf, Analphabetentum und Lektüre, Stuttgart 1973: 164; - Flemming, Willi, Handbuch der Kulturgeschichte. Deutsche Kultur im Zeitalter des Barock, Potsdam 1937: 306, 353, 367 oben; - Foerster, Rolf Hellmut, Die Welt des Barock, München 1977: 351, 367 unten; - Franz, Günther (Hg.), Bauernschaft und Bauernstand 1500-1970, Büdinger Vorträge 1971-1972, Limburg/Lahn 1975: 59; - Freytag, Gustav, Bilder aus der deutschen Vergangenheit, Leipzig o.J.: 418; - Illustrierte Geschichte der frühbürgerlichen Revolution, Berlin (Ost) 1974: 31, 39, 40, 62 unten, 68, 97, 133, 137, 142, 143, 144, 145 unten, 147, 152f. unten, 153 oben, 157, 214; - Der Fruchtbringenden Gesellschaft Vorhaben ..., hg. v. K. Conermann, ND Weinheim 1985: 307; - Goette, Alexander, Holbeins Totentanz und seine Vorbilder, Straßburg 1897: 126f.; - Hitzer, Hans, Die Straße, München 1971: 43; - Jacobeit, Sigrid u. Wolfgang, Illustrierte Alltagsgeschichte des deutschen Volkes 1550-1810, Köln 1986: 161; - Kamen, Henry, The Iron Century. Social Change in Europe 1550-1660, London 1971: 430; - Kreis Büdingen, Wesen und Werden, Büdingen 1956: 352; - Kunst und Kultur im Weserraum 800-1600, Ausstellungskatalog Münster 1967: 70, 391; - Kunstdenkmäler in Polen, Bd. Südpolen, Leipzig 1984: 61; - Laube, Adolf u.a., Deutsche Geschichte, Bd. III, Köln 1983: 246; - Meyers Konversationslexikon, 1907: 74 links; - Mitteilungen des Vereins für die Geschichte der Stadt Nürnberg, 67. Bd., Nürnberg 1980: 28; - Münster, Sebastian, Cosmographey..., Basel 1588, ND Grünwald bei München 1977: 15; - Piltz, Georg (Hg.), Ein Sack voll Ablaß, Bildsatiren der Reformationszeit, Berlin (Ost) 1983: 235; - Republiek tussen Vorsten - Oranje, Opstand, Vrijheid, Geloof, Amsterdam 1984: 437; - Reuter, Fritz (Hg.), Der Reichstag zu Worms von 1521, Reichspolitik und Luthersache, Worms 1971: 207 unten; - Singer, Charles u.a. (Hgg.), A History of Technology, Bd. III, Oxford 1957: 127; - Thulin, Oskar, Martin Luther. Sein Leben in Bildern und Zeitdokumenten, München/Berlin 1958: 33; - Wäscher, Hermann, Das deutsche illustrierte Flugblatt, Bd. I, Dresden 1955: 395; - Widmer, Sigmund, Zürich - eine Kunstgeschichte, Bd. 6, Zürich 1978: 111; - Wieser, F.R. von, Die Karte des Bartolomeo Colombo über die vierte Reise des Admirals, in: Mitteilungen des Instituts für Österreichische Geschichtsforschung, Erg. Bd. IV, 1893: 218.

Die Karten und Graphiken wurden angefertigt im Freien Redaktionsdienst Berlin.

Umschlagabbildung: Archiv für Kunst und Geschichte, Berlin

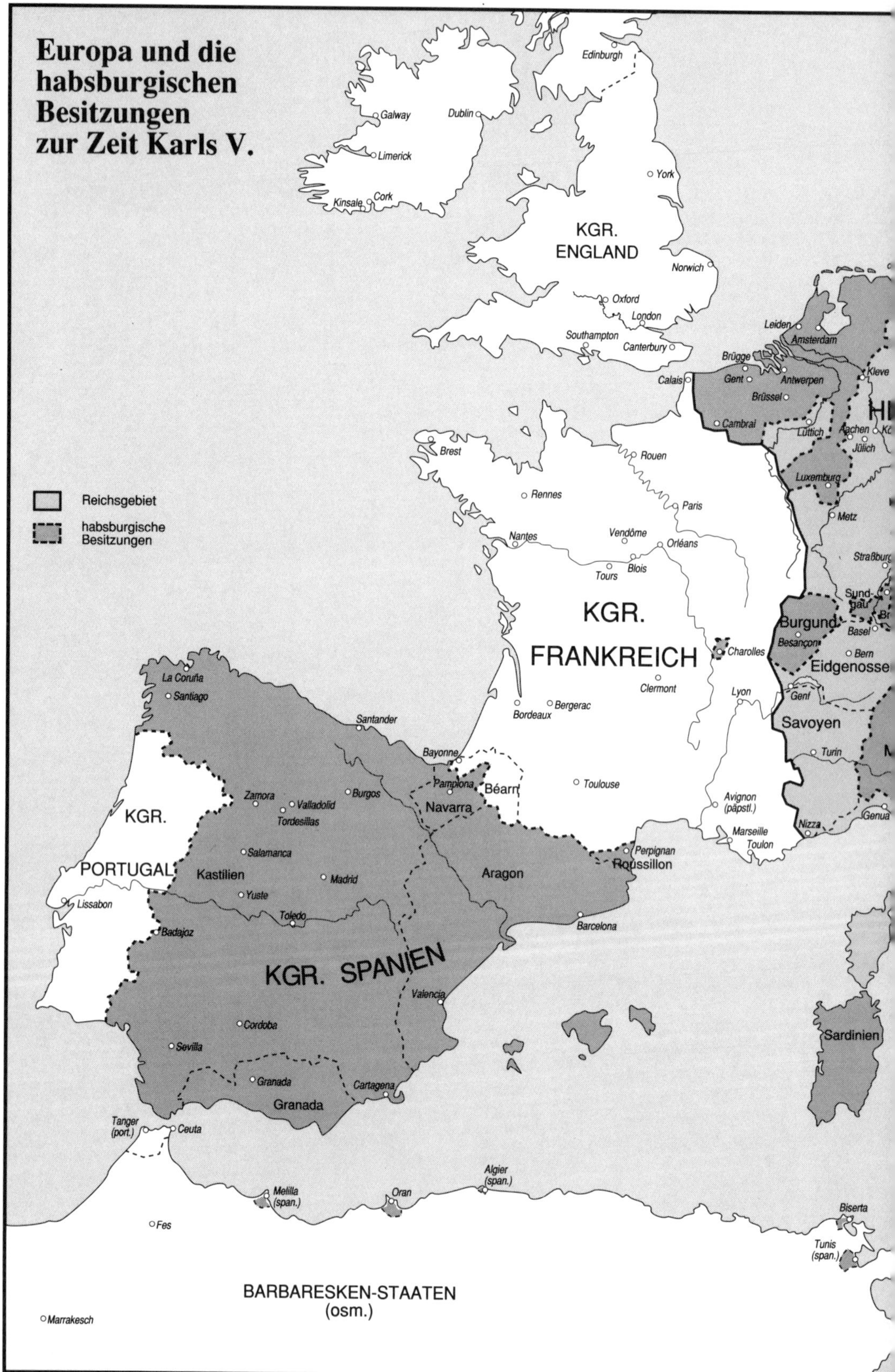
Europa und die habsburgischen Besitzungen zur Zeit Karls V.
Reichsgebiet
habsburgische Besitzungen
Edinburgh
Galway
Dublin
Limerick
Kinsale
Cork
York
KGR. ENGLAND
Norwich
Oxford
London
Southampton
Canterbury
Leiden
Amsterdam
Brügge
Gent
Antwerpen
Kleve
Calais
Brüssel
Cambrai
Lüttich
Aachen
Jülich
Brest
Rouen
Luxemburg
Rennes
Paris
Metz
Nantes
Vendôme
Orléans
Straßburg
Tours
Blois
Sund-gau
KGR. FRANKREICH
Burgund
Basel
Besançon
Charolles
Bern
Eidgenossen
La Coruña
Santiago
Clermont
Lyon
Genf
Bordeaux
Bergerac
Santander
Savoyen
Bayonne
Turin
Pampiona
Béarn
Toulouse
Zamora
Valladolid
Burgos
Navarra
Avignon (päpstl.)
Genua
KGR. PORTUGAL
Tordesillas
Nizza
Marseille
Toulon
Salamanca
Perpignan
Roussillon
Kastilien
Madrid
Aragon
Lissabon
Yuste
Toledo
Barcelona
Badajoz
KGR. SPANIEN
Valencia
Cordoba
Sardinien
Sevilla
Granada
Cartagena
Tanger (port.)
Ceuta
Algier (span.)
Melilla (span.)
Oran
Biserta
Fes
Tunis (span.)
BARBARESKEN-STAATEN (osm.)
Marrakesch

Jönköping
KGR.
SCHWEDEN
Wisby
LIVLAND
Riga
Dünaburg
ZARENTUM
Kalmar
Aarhus
DÄNEMARK
Lund
Kopen-
hagen
Malmö
Smolemsk
MOSKAU
Kowno
Wilna
Hzm.
Königsberg
Preußen
Mogilew
Minsk
Lübeck
Wolgast
Pommern
Danzig
Hamburg
Kammin
Marienburg
Stettin
GFSM.
Lüneburg
Branden-
burg
Thorn
KGR.
POLEN
Magdeburg
Wittenberg
Gnesen
Posen
Brest
Tschernigow
Lausitz
Mühl-
berg
Warschau
LITAUEN
Glogau
Erfurt
Sachsen
Breslau
Schmal-
kalden
Dresden
Schlesien
Lublin
Kiew
Würzburg
Prag
Krakau
Lemberg
Nürnberg
Böhmen
Olmütz
Mähren
Regens-
burg
Brünn
Kamenez
Bayern
Kremnitz
KGR.
München
Wien
Preßburg
Erlau
Tokaj
Österreich
Gran
Tirol
Salzburg
Raab
Otschakow
Innsbruck
Ofen
Debrecen
Fsm.
Siebenbürgen
UNGARN
Graz
Kärnten
Klagenfurt
Fsm.
Moldau
Brixen
REP.
Udine
Klausenburg
Trient
Laibach
Krain
Hermannstadt
VENEDIG
Triest
Szegedin
Kronstadt
Agram
Mohács
Braila
Verona
Venedig
Esseg
Belgrad
Bukarest
Fsm. Walachei
Ravenna
Zara
Widin
Warna
Ancona
Sarajewo
OSMANISCHES
KIRCHENSTAAT
Sofia
Pristina
Pescara
Ragusa
Rom
Vasto
Skutari
Üsküb
Adrianopel
Konstantinopel
Durazzo
Neapel
KGR.
NEAPEL
Saloniki
Nikäa
Tarent
Brussa
REICH
Larissa
Smyrna
Palermo
Messina
Lepanto
Athen
Korinth
Sizilien
Navarin
Malvasia
Rhodos
Malta
Kandia

Der Dreißigjährige Krieg

Kriegszüge und Bevölkerungsverluste

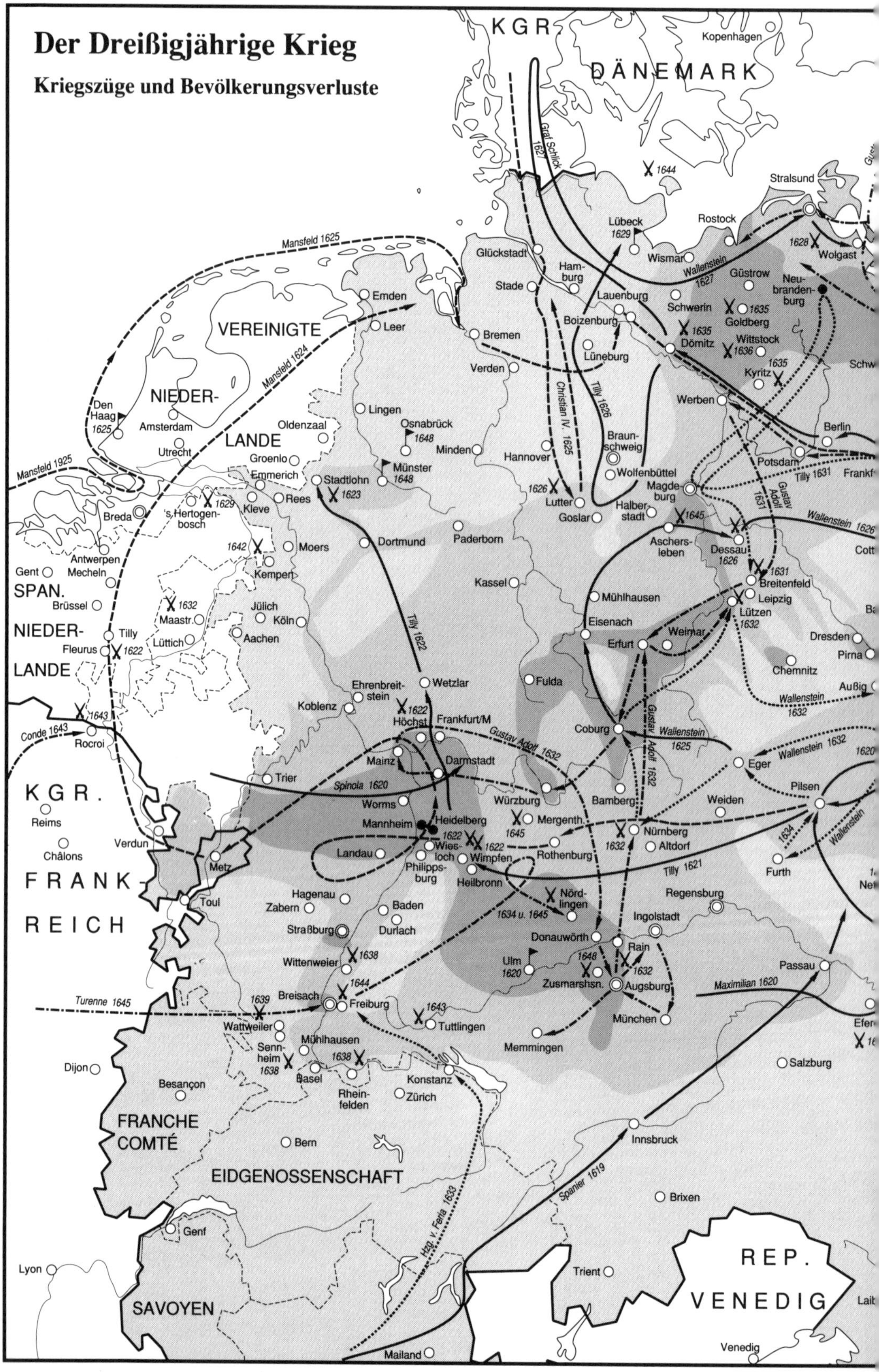

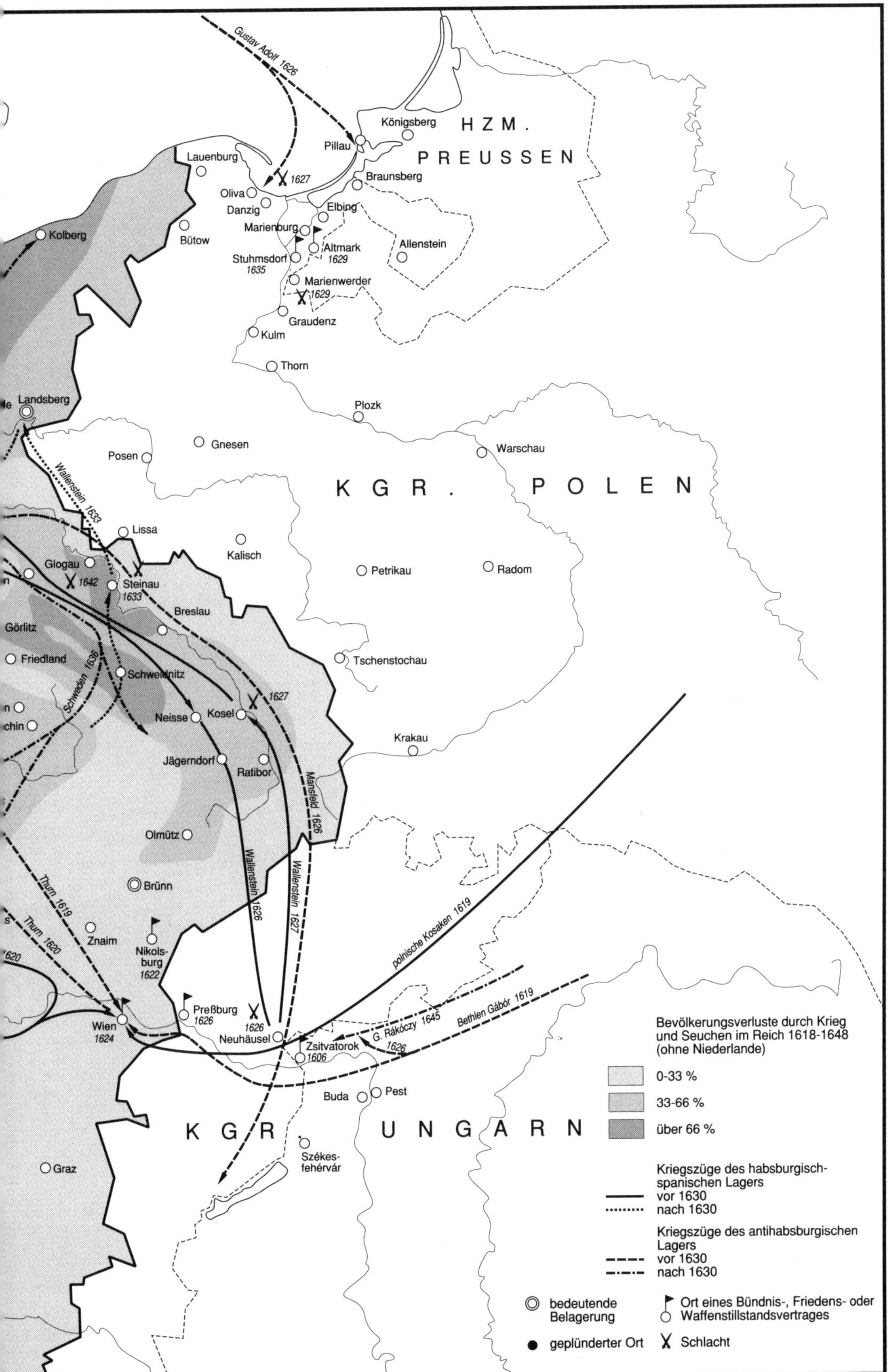

Gustav Adolf 1626
Königsberg
H Z M.
P R E U S S E N
Pillau
Lauenburg
1627
Braunsberg
Oliva
Danzig
Elbing
Bütow
Kolberg
Marienburg
Altmark
1629
Allenstein
Stuhmsdorf
1635
Marienwerder
1629
Graudenz
Kulm
Thorn
Landsberg
Plozk
Gnesen
Posen
Warschau
Wallenstein 1633
K G R. P O L E N
Lissa
Kalisch
Glogau
1642
Steinau
1633
Petrikau
Radom
Breslau
Görlitz
Friedland
Tschenstochau
Schwednitz
Schweden 1636
1627
Neisse
Kosel
Krakau
Jägerndorf
Ratibor
Mansfeld 1626
Olmütz
Wallenstein 1627
Wallenstein 1626
Brünn
Thurn 1619
Thurn 1620
Znaim
Nikolsburg
1622
polnische Kosaken 1619
Bethlen Gábor 1619
G. Rákóczy 1645
1626
Preßburg
1626
1626
Wien
1624
Neuhäusel
Zsitvatorok
1606
Buda
Pest
K G R. U N G A R N
Székesfehérvár
Graz
Bevölkerungsverluste durch Krieg und Seuchen im Reich 1618-1648 (ohne Niederlande)
0-33 %
33-66 %
über 66 %
Kriegszüge des habsburgisch-spanischen Lagers
vor 1630
nach 1630
Kriegszüge des antihabsburgischen Lagers
vor 1630
nach 1630
bedeutende Belagerung
Ort eines Bündnis-, Friedens- oder Waffenstillstandsvertrages
geplünderter Ort
Schlacht

Siedler Deutsche Geschichte

Das Reich und die Deutschen

Herwig Wolfram · Das Reich und die Germanen
Zwischen Antike und Mittelalter

Hans K. Schulze · Vom Reich der Franken
zum Land der Deutschen
Merowinger und Karolinger

Hans K. Schulze · Hegemoniales Kaisertum
Ottonen und Salier

Hartmut Boockmann · Stauferzeit und spätes Mittelalter
Deutschland 1125–1517

Heinz Schilling · Aufbruch und Krise
Deutschland 1517–1648

Heinz Schilling · Höfe und Allianzen
Deutschland 1648–1763

Die Deutschen und ihre Nation

Horst Möller · Fürstenstaat oder Bürgernation
Deutschland 1763–1815

Heinrich Lutz · Zwischen Habsburg und Preußen
Deutschland 1815–1866

Michael Stürmer · Das ruhelose Reich
Deutschland 1866–1918

Hagen Schulze · Weimar
Deutschland 1917–1933

Hans-Ulrich Thamer · Verführung und Gewalt
Deutschland 1933–1945

Adolf Birke · Nation ohne Haus
Deutschland 1945–1961

Umweltschutzhinweis:
Alle bedruckten Materialien dieses Taschenbuchs
sind chlorfrei und umweltschonend.

Siedler Taschenbücher erscheinen im Goldmann Verlag,
einem Unternehmen der Verlagsgruppe Bertelsmann.

1. Auflage
Vollständige Taschenbuchausgabe Oktober 1998

Redaktion: Ditta Ahmadi, Berlin
Umschlag: Design Team München
Umschlagabbildung: Archiv für Kunst und Geschichte, Berlin
Satz: Bongé+Partner, Berlin
Printed in Austria 1998
ISBN 3-442-75522-0
Gesamtkassette: ISBN 3-442-90565-6